OUVRAGES POSTHUMES
DE D. JEAN MABILLON,
ET DE
D. THIERRI RUINARD.

TOME III.

Contenant la Vie d'URBAIN II. les Preuves & le Voiage d'Alsace & de Lorraine, par D. T. RUINART.

A PARIS;

Chez { FRANÇOIS BABUTY, à Saint Chrysostome. } ruë S.
     { JEAN-FRANÇOIS JOSSE, à la Fleur de Lys d'Or. } Jaques.
Et chez { JOMBERT le jeune, ruë neuve de Richelieu près la Place de Sorbonne.

MDCCXXIV.
AVEC APPROBATION ET PRIVILEGE DU ROY.

MONITUM.

JAM ab anno 1706. hæc Urbani Papæ II. Acta prælo parata erant, digna fane quæ in lucem ederentur, nifi mors Auctoris præmatura, tam exquifito opere fruftrata Eruditos fuiffet. Ægre fuit, fateor, videre pretiofas illas magni viri reliquias in Mufæi pulvere cum blattis & tineis conflictantes; præfertim cum ex litteris bene multis cum ad Mabillonium, tum ad Auctorem ipfum fcriptis, perfpectum haberem, opus iftud expetitum fæpe, exfpectatum diu, & enixe flagitatum fuiffe. Votis tot Eruditorum nunc tandem facio fatis, nec dubito quin laboriofa hæc collectio aliis ejufdem Auctoris operibus refpondere, eofdemque plaufus promereri videatur. Hic certe Lector totum Ruinartum inveniet. Idem labor, idem in inveftigandis veteribus monumentis ftudium, eadem in dijudicandis fagacitas, eadem in explanandis fimulque componendis induftria; ut, etiamfi fuum Codici non præfixiffet nomen, ipfa Operis ratio nomen indicaffet.

Quænam illum caufæ impulerint, ut Urbani potius, quam cujufvis alterius Romani Pontificis Acta colligeret, conjicere, etiam ipfo tacente, non difficile eft. Altera ex iis fuiffe videtur, quod non folum fummus ille Pontifex præftantiffimi ingenii animique dotibus præditus B. Petri Sedem præ multis & rerum geftarum numero & vitæ sanctitate decoravit; sed etiam quod professionis, ut Auctor, Benedictinæ fuerit: & nativa quadam propensione ferimur in eos, qui in eodem vitæ instituto versati, de illo præclare meriti sunt, illique gloriam ac decus addiderunt. Altera sine dubio fuit, quod Urbanus in Remensis ecclesiæ ditione, immo in ipsa fortasse Remorum civitate natales habuerit suos; Auctor autem & ipse Remis oriundus, ecquem potius illustrandum elegisset, quam Concivem, præsertim in suprema ecclesiæ dignitate constitutum?

Hanc autem Elucubrationem in tres partes distribuerat. Prima Urbani Vitam, seu Acta describebat; secunda Epistolas, Diplomata, Privilegia, Canones aliaque ejusmodi Instrumenta complectebatur; in postremam rejecerat varia monumenta ex libris editis aut ex Chartariis eruta & pleraque cum antiquis Codicibus aut etiam cum Autographis collata, quæ probationum loco futura erant.

Primam hic integram damus; & ex tertia omnia, quæ Auctor in actis laudat & daturum se pollicetur. Secundam, ne res eædem iterato editæ & ingererent fastidium & nimio sumtu Litteratos onerarent, edendam olim reliquimus D. Simoni Mopinot, qui D. Petri Coustant successor Collectionem Pontificiarum Epistolarum continuandam in se recepit.

SYNOPSIS VITÆ URBANI PAPÆ SECUNDI.

I. *URBANI nomen, patria, & parentes. Ejus parentes Domini Bainsonii.* II. *Urbanus Remis educatus sub sancto Brunone. Quo senior non fuit. Utriusque ætas discutitur. Bruno ætate major Odone.* III. *Urbanus Remensis canonicus & archidiaconus. Ejus amor in ecclesiam Remensem.* IV. *Cogitat de secessu è sæculo. Fit monachus Cluniaci. Sub quo magistro institutus. Sub sancto Hugone. A quo Prior Cluniaci instituitur.* V. *Romam à Gregorio VII. accercitur. Qua occasione.* VI. *An Cavæ moratus sit.* VII. *Fit episcopus Ostiensis.* VIII. *Et papæ consiliarius.* IX. *Wibertus antipapa.* X. *Urbanus scribit Simonis epitaphium.* XI. *Wiberto in Vaticana basilica intronisato. Concilium indicitur. Odo ab Henrico captus.* XII. *De pace agitur. Odo liberatur.* XIII. *Henricus à Guiberto coronatus.* XIV. *Odo legatus in Germania. Gebehardus episcopus Constantiensis ordinatur.* XV. *Colloquio in Saxonia interest.* XVI. *Convocat concilium Quindeliburgense.* XVII. *Gregorius VII. moritur.* XVIII. *Odo Cluniaco transit. Nantuæ corpus sancti Maximi elevat. Sancti Hugonis miraculum.* XIX. *Desiderius Pontificatum recusat. Odo nominatur, sed absque effectu.* XX. *Victorem III. consecrat.* XXI. *Ejus defensio contra Hugonem Lugdunensem &c.* XXII. *Victoris III. mors. A quo vicarius & successor designatur Odo.* XXIII. *Urbani II. electio. Litteras ea de re scribit. Ex quibus aliquot supersunt.* XXIV. *Urbanum omnes amant.* XXV. *Particularis ejus electionis descriptio ex chronico Casinensi.* XXVI. *Pontifex Casini miraculo sanatur. Inde assumit Johannem diaconum.* XXVII. *Bantinum monasterium dedicat & privilegio donat. Quod violatum denuo firmatur.* XXVIII. *Falsum instrumentum dedicationis Cavæ.* XXIX. *Urbani iter in Siciliam.* XXX. *Anselmo archiepiscopo Mediolanensi mittit pallium &c. Litteras scribit.* XXXI. *Ecclesiam Cremonæ dotat.* XXXII. *Res Hispanicæ. Turbæ in ecclesia Iriensi. Concilii Fussellensis tempus. Primatus ecclesiæ Toletanæ restitutus.* XXXIV. *Artoldus Helenensis ab Urbano consecratur. De eo canon Artaldus.* XXXV. *Privileg. Cluniacense.* XXXVI. *Magalonæ episcopi speciali jure Pontifici Romano subjecti.* XXXVII. *Guidonem epistola Viennensibus commendat. Benedicto episcopo Namnetensium privilegia concedit.* XXXVIII. *Romæ hiemen transigit in magnis angustiis.* XXXIX. *Rerum in Germania & Henrici status. Beati Stanislai translatio. Catholicorum aliquot obitus. Henricus fugatus.* XL. *Epistola decretalis ad Pibonem. Urbanus Romæ moratur. Privilegium sancti Johanni Suessionensi concedit. Constitutiones Canonicorum regularium approbat. Aliud privilegium pro iisdem.* XLI. *Privilegium sancti Victoris Massiliensis.* XLII. *Res Germanicæ. Ibi Gebehardus fit apostolicæ sedis legatus. Epistola decretalis ad eumdem. De pœnitentiæ regulis. Qua in synodo statuta.* XLIII. *Schismaticorum furor. Mors Bonizonis episcopi. Et aliorum.* XLIV. *Mathildis Welphoni nubit.* XLV. *Gebehardi zelus.* XLVI. *Fiscamni exemptio firmata.* XLVII. *Monachos Becci apud Pontisaram urbem tuetur.* XLVIII. *Privilegium sancti Pontii Tomeriarum.* XLIX. *Scripsit de restauranda Tarraconensi urbe.* L. *Johannes diaconus fit Cancellarius.* LI. *Raynaldi archiepiscopi Remensis iter Romam.* LII. *Pax cum Græcis inita.* LIII. *Inter Roberti Guiscardi filios. Ab Urbani legato composita.* LIV. *Concilium Melphitanum. Ejus canones. Alia statuta. Ibi Rogerius fit sanctæ sedis ligius. Et mitra Petro abbati datur. Hoc anno habita synodus Melphitana.* LV. *Urbanus Bari transfert ossa sancti Nicolai & Eliam episcopum consecrat.* LVI. *An tunc concilium Trojæ habitum sit.* LVII. *Urbanus ecclesiam Brundusii consecrat.* LVIII. *Rhegium invisit.* LIX. *Episcopum Melitæ ordinat.* LX. *S. Bruno in Urbani comitatu.* LXI. *Donatio facta Casinensibus monachis.* LXII. *An Urbanus Farfæ abbatis electioni interfuerit.* LXIII. *Concilium Santonense.* LXIV. *Privilegium ecclesiæ Remensis. Monasterii Balmæ.* LXV. *Dalmatii archiepiscopi Narbonensis iter Romam. Concilium Narbonense.* LXVI. *Varia negotia Raynerio legato commendat.* LXVII. *Tarraconensem provinciam Narbonensi archiepiscopo commendat.* LXVIII. *Decretum Rustico abbati*

Vallumbrosæ &c. inscriptum. An aliud pro limitibus diœcesis Baionæ. LXIX. *Privilegium Majoris monasterii.* LXX. *Epistola pro monasterio Padolironensi.* LXXI. Thiemo Salisburgensis archiepiscopus ordinatur. LXXII. *Privilegium monasterii Raitempurchensis. Sancti Antonini Ruthenensis. Sancti Theofredi. Ecclesiæ Gratianopolitanæ. Congregationis Vallumbrosanæ. Epistolæ quatuor de his rebus. An aliæ.* LXXIII. *Privilegium monasterii sancti Johannis de Pinna.* LXXIX. Urbani decretum de libertate nuptiarum. *Epistola ad ejusdem loci abbatem.* LXXX. *Concilium Tolosæ.* Tarraconensis urbs Romano Pontifici data. Urbanus Bantinum monasterium protegit. Et Jordani principis filiam. Excommunicat Cenomanorum comitem. Schismatici ob Catholicorum mortem insolescunt. Iis respondet Stephanus episcopus Halberstatensis. Henrici expeditio in Italiam. *Bononiensium &c. Militiæ.* Pœnitentia militibus in justo bello permissa. LXXXI. Brunonis discipulis Cartusia restituitur. Ipse cum aliis in Calabriam secedit. Recusat archiepiscopatum Rhegiensem. Ejus apud Pontificem auctoritas. LXXXII. Urbanus Campaniam invisit. *Privilegium sancti Basoli.* LXXXIII. Sancto Anselmo scribit pro Fulcone episcopo Bellovacensi. Ad eum Anselmi responsio. LXXXIV. Confirmat privilegia ecclesiæ Ravellensis. Episcopos ordinat. Ex his forte Berengarius Venusii. An Gnitmundus Aversæ. Cui Gregorius. VII. scripsit. Et Urbanus. LXXXV. Mors Adalberonis episcopi Wirzburgensis. LXXXVI. Canonicorum regularium Aroasiensium institutio. LXXXVII. Erectio abbatiæ Tauniaci. LXXXIX. Henriciani Romæ prævalent. Mantuam capiunt. XC. Urbanus in Campania versatur. Willelmus abbas Hirsaugiensis nuntius. *Privilegium ecclesiæ Cataniensis.* XCI. *Concilium Beneventinum.* Ejus canones. Annus &c. Ibi asserta ecclesiæ Monopolis libertas. *Bulla Casinensis de corpore sancti Benedicti. Privilegium sanctæ Crucis Pictaviensis. Crispiniense.* XCII. Siciliæ ecclesiæ restauratæ. XCIII. Episcopatus à Rogerio instituti. Troini sedes Messanam translata. XCIV. Monasteria reparata. *Privilegium monasterii Liparensis. Sancti Angeli Militensis. Privilegium generale Rogerii.* XCV. Ecclesiæ Corsicæ episcopo Pisano subjectæ. XCVI. Restitutio Tarraconensis metropolis. XCVII. *Concilium Legionense de causa episcopi Iriensis.* Et de divinis *officiis.* XCVIII. *Virorum sanctorum in Germania obitus. Res ibi turbatæ.* XCIX. *Novum ibi Religionis genus.* C. *Paviliacensis monasterii restauratio.* CI. *Urbani litteræ pro S. Cypriano Pictaviensi.* CII. *Ivonis Carnoteni ordinatio. Quo anno facta. Difficultates solvuntur. Pontificis oratio ad eum habita. Frustra impetitur.* CIII. *Flandriæ cleri libertas vindicata.* CIV. *Gervinus in sede Ambianensi firmatur.* CV. *Urbanus prope Romam.* CVI. *Mathildis victoria in imperatorem relata.* CVII. *Urbani pars prævalet.* CVIII. *Ericus rex Danorum Urbani opem implorat. Lundunensis metropolis erectio* CIX. *Et Pisana.* CX. *Privilegium sanctæ Sophiæ Beneventi. Aliud monachorum Sylvaniaci.* CXI. *Pontifex reparationem Tarraconis urget. Privilegium sancti Laurentii Aversæ.* CXII. *Fulco abbas Divensis ad Urbanum confugit.* CXIII. *Concilium Stampense in causa Ivonis. Parisiense pro sancto Cornelio Compendiensi. Remense pro clero Flandriæ. Suessionense adversus Roscelinum.* CXIV. *Urbanus Philippi regis adulterinas nuptias detestatur. Iis resistit Ivo. Et alii. A quo celebratæ.* CXV. *Dedicatio ecclesiæ Cavensis.* CXVI. *Rescriptum pro Cartusia Calabrensi.* CXVII. *Urbani judicium de ecclesia Credonensi. Urbanus Materam venit.* CXVIII. *Attrebatensis ecclesia à Cameracensi separatur.* CXIX. *Constantienses pseudoepiscopum rejiciunt.* CXX. *Hugoni Lugdunensi reddita apostolica legatio.* CXXI. *Guibertus in Longobardia. Romæ an Urbanus concesserit privilegium Figiaci, Cavense.* CXXII. *Fulco Bellovacensis episcopus in sede confirmatus.* CXXIII. *Concilium Trojanum. Canones.* CXXIV. *Urbanus concedit privilegium ecclesiæ sancti Pauli Narbonensis.* CXXV. *Conradus imperatoris patris sui partes deserit.* CXXVI. *Lotharingi Urbano addicti.* CXXVII. *Conradus fit rex Longobardiæ.* CXXIX. **W**elpho *pater fit miles. Conventus Ulmæ.* CXXX. *Monasteria in Alemannia condita.* CXXXI. *Concilium Remis de restaurando Attrebatensi.* CXXXII. *Res coram Pontifice agitur.* CXXXIII. *Lambertus eligitur. Archiepiscopus Remensis differt consecrationem.* CXXXIV. *Gervinus in episcopatu Ambianensi firmatus.* CXXXV. *Dolensis episcopus pallium impetrat.* CXXXVI. *Radulphus archiepiscopus Turonensis contra Dolenses. Pallium obtinet.* CXXXVII. *Pausensis monasterii dedicatio.* CXXXVIII. *Urbanus collectas fieri rogat. Concilium Burdigalense.* CXXXIX.

Privilegium

Privilegium Monasterii-novi Pictaviensis. Sancti Quintini Bellovacensis. Burguliense. Syracusanum. CXL. *Christiani in Hispania prævalent. Rescriptum pro sancto Saturnino.* CXLI. *Decretalis ad Dominicum patriarcham Grandensem. Privilegium Lirinense.* CXLII. *Anselmi archiepiscopi Mediolanensis mors. Arnulfus ei succedit.* CLXIII. *Anselmus sit episcopus Cantuariæ. Cum rege dissidet.* CXLIV. *Urbanus Romæ degit.* CXLV. *Guibertinorum insidiæ.* CXLVI. *Atrebatensis & Cameracensis ecclesiarum divisio firmata.* CXLVII. *Lambertus electus Atrebatensis Romam advenit. Ibi ab Urbano consecratur. Ac privilegium obtinet. Variæ ea de re litteræ.* CXLVIII. *Dolensis & cæteri episcopatus Britanniæ metropoli Turonensi restituuntur.* CXLIX. *Lambertus Atrebati intronizatur.* CL. *Goffridi Vindocinensis expensæ pro Romana ecclesia. Urbani angustiæ.* CLI. *Privilegium Vindocinense. Litteræ pro ecclesia Oleronensi.* CLII. *Goffridus ab Urbano fit presbyter Sanctæ Priscæ ecclesiæ.* CLIII. *Episcopi Ravellensis ordinatio.* CLIV. *Urbani pars in Germania prævalet.* CLV. *Synodus Constantiæ. Ejus statuta.* CLVI. *Clades in Germania. Hinc multi convertuntur.* CLVII. *Fulconem episcopum Bellovaci Urbanus protegit.* CLVIII. *Lis inter archiepiscopum Viennæ & episcopum Gratianopolis.* CLIX. *Fulco comes Andegavensis absolutus in conventu apud Florentium. Privilegium Montis-Belli.* CLX. *Philippi regis adulterinæ nuptiæ. Concilium Remense. Quinam ei interfuerint. Professio Lamberti Atrebatensis. Confirmata divisio Atrebatensis ecclesiæ à Cameracensi.* CLXI. *Concilium Æduense.* CLXII. *Turbæ occasione Philippi Regis.* CLXIII. *Urbanus cum Rege moderate agit.* CLXIV. *Litteræ Urbani ad Com. Tolosanum pro Moissiaco & Cœmeterio B. Mariæ Deauratæ.* CLXV. *Bilionensium Canonicorum repressa temeritas.* CLXVI. *Urbanus in fuscia prævalet. Henrico in Longobardia infeliciter agente. Placentina Synodus indicta.* CLXVII. *Urbanus Bononiam venit.* CLXVIII. *Synodum Guastellensem celebrat. Canusii à Mathilde excipitur.* CLXIX. *Urbanus Cremonæ privilegium dat sancto Ægidio.* CLXX. *Concilium Placentiæ. In campo celebratum.* CLXXI. *Quo tempore; & quanto. Qui ei adfuerint.* CLXXII. *Quid in eo tractatum. De divortio Praxedis Augustæ. De excommunicatione Philippi regis. De sacris expeditionibus.* CLXXIII. *Hæreses proscriptæ.* CLXXIV. *Au-*

Tom. III.

vj

gis episcopo Constantiensi subjecta. CLXXV. *Canones de ecclesiæ disciplina.* CLXXVI. *Præfatio de beata Maria.* CLXXVII. *Confirmatum ibi privilegium sancti Ægidii Cluniacense. Lis de pago Salmoriacensi.* CLXXVIII. *Synodo absoluta. Ibi varia concedit privilegia. Hirsaugiense. Item aliud. Epistola ad Noviomenses. Duæ pro Attrebatensi ecclesia. Una pro lite Salmoriacensi. Privilegium Magalonense. Cluniacense.* CLXXIX. *Richerus episcopus Virduni Urbano paret.* CLXXX. *Urbanus à Conrado rege excipitur Cremonæ.* CLXXXI. Welpho *in Mathildem movet. Conradus Rogerii comitis filiam uxorem ducit.* CLXXXII. *Petrus rex Aragonum sedi apostolicæ addictissimus.* CLXXXIII. *Privilegium sancti Leonis Tullensis. Canonici regulares primo abbates obtinent.* CLXXXIV. *Urbanus Mediolani privilegium ecclesiæ Carcassonensi dat. Epistola de lite Salmoriacensi. Humbaldus episcopus Autissiodori consecratur. Arnulfus Mediolanensis. Herlembaldi translatio.* CLXXXV. *Urbanus Comi dedicat ecclesiam. Et Astæ. Fructuariæ privilegia confirmat. Et monasterii Pinariolensis.* CLXXXVI. *Anglicanæ turbæ ob sanctum Anselmum. Conventus Rochinghamiæ. Anselmus Hugonem Lugdunensem consuluit. Pallium Româ allatum. Quo ritu illud acceperit. Scribit Papæ.* CLXXXVII. *Anglia pacata Herbertus episcopus Thetfordensis restituitur. Privilegium monasterii sancti Ivonis. Monasterii - Belli.* CLXXXVIII. *Urbanus transit in Gallias, mense Julio.* CLXXXIX. *Anicii festum Assumptionis celebrat. Post ecclesiam Valentiæ dedicatam.* CXC. *Anicii indicit concilium Clarum-montem. Litteræ convocatoriæ.* CXCI. *Varias regiones peragrat. Festive ubique susceptus.* CXCII. *Ecclesiam Casæ-Dei dedicat. Privilegia concedit. Et Blasiliensi Parthenio.* CXCIII. *An abbatiam Rotmanensem adierit.* CXCIV. *Et Nemauso transierit. Apud sanctum Ægidium versatur. Privilegium Casæ-Dei.* CXCV. *Tarascone locum monasterii benedicit.* CXCVI. *Avenione privilegium S. Ægidio dat.* CXCVII. *Tricastri privilegia dat Canonicis S. Rufi.* CXVIII. *Monasterii & Ordinis sancti Antonii origo.* CXCIX. *Urbanus Matiscone concedit privilegia.* CC. *Cluniaci dat privilegium episcopo Matisconensi. Altare Cluniaci dedicat.* CCI. *An Remis concilium celebraverit. Dolensem ecclesiam dedicavit.* CCII. *Silviniaci corpus sancti Maioli transfert. Privilegium dat apud Monticulum.* CCIII. *Clarum-montem advenit.* CCIV. *Simul & alii episcopi &c.* CCV. *Eorum numerus.* CCVI. *Sedes & nomina nonnullorum. Ministri Papæ. Archiepiscopi. Episcopi. Abbates.* CCVII. *Concilium inchoatur.* CCVIII. *Durandi episcopi Claromontensis mors & exsequiæ.* CCIX. *Quid in eo concilio gestum. Cur diversæ à diversis canones referuntur. Tria ejus statuta.* CCX. *Eorum collectiones.* CCXI. *Quid in eis statutum. De beneficiis. De investituris. De treugis.* CCXII. *Canon de redemtione altarium. Ejus occasione turbæ excitantur. Gofridus Vindocinensis abbas vindicatur.* CCXIII. *Canonis præcedentis appendix.* CCXIV. *Alia decreta.* CCXV. *Variæ causæ ibi tractatæ. Primatus Lugdunensis.* CCXVI. *Lis de Salmoriacensi pago.* CCXVII. *De Dolensi archiepiscopatu.* CCXVIII. *De privilegiis Majoris-monasterii.* CCXIX. *Alia item privilegia asserta. Vindocinense, Attrebatense.* CCXX. *Schisma in Cameracensi ecclesia compressum.* CCXXI. *Gervinus episcopus Ambianensis abbatia Centulæ privatur.* CCXXII. *Unio monasterii Frigiaci & Conchensis firmata.* CCXXIII. *Anianæ abbatis præsumtio repressa.* CCXXIV. *Variæ aliæ causæ minoris momenti.* CCXXV. *Expeditio sacra ibi decreta. Pontifex orationes habet. Episcopus Podii exercituum ductor eligitur. Orationes Pontificis.* CCXXVI. *Urbani in promulganda hac expeditione magnanimitas. Pœnitentiæ loco instituta profectio ad expeditionem. Preces eadem occasione institutæ.* CCXXVII. *Urbani apologia in his expeditionibus promulgandis. Claromonti Urbanus privilegia &c. Ecclesiis dat S. Dionysio Novigenti. Molismo. Epistolam ad Gratianopolitanos. Acta contra Ananienses.* CCXXVIII. *Scribit ad Cameracenses. Ad Ecolismenses.* CCXXIX. *Decretum de Primatu Lugdunensi.* CCXXX. *Urbanus Celsinianensem ecclesiam dedicat.* CCXXXI. *Brivate privilegium dat Cluniaco. Alterum Compostellæ* CCXXXII. *S. Flori ecclesiam dedicat & privilegium dat. Privilegium pro Marciniaco. Piperacum fit abbatia. Mors Johannis episcopi Portuensis apud S. Florum.* CCXXXIII. *Pontifex Auriliaco transit. Mauricii Burdini fortuna.* CCXXXIV. *Urbani gesta apud Lemovicas. Sancti Martialis dedicatio. Dedicationis ritus.* CCXXXV. *Urbanus hoc anno Arelatum non adiit. Episcopi Wirciburgensis reconciliatio.* CCXXXVI. *Urbanus varia dat diplomata. Monasterio Angeriaco subjicit Bassacum. Sanctum Eparchium. Figiacum tuetur. Ecclesias sancto Martiali restitui curat. Privilegium Tutelense.* CCXXXVII. *Humbaldus episcopus Lemovicensis deponitur.* CCXXXVIII. *Carroff Altare consecrat.* CCXXXIX. *Pictavis celebrat festum sancti Hilarii. Benedicit Monasterium-novum.* CCXL. *Andegavos à Milone ducitur. Quis Milo?* CCXLI. *Manassem Remensem electum confirmat. Lis Trenorchii dilata.* CCXLII. *Dedicat basilicam sancti Nicolai. Transfert corpus Goffridi comitis. Scribit pro monachis sancti Vitoni.* CCXLIII. *Eclipsis. Monasterii Rotæ confirmatio. Ejus loci abbas Robertus Arbrissellensis.* CCXLIV. *Pontifex sanctum Maurum invisit.* CCXLV. *An Cainone Goffredum Barbatum liberavit.* CCXLVI. *Sablolii bullam dat pro sancto Nicolao.* CCXLVII. *Cenomannis tribus diebus moratur.* CCXLVIII. *Vindocini undecim. Professionem episcopo factam irritam facit. Consecrat altare Crucifixi.* CCXLIX *Concilium Rotomagense.* CCL. *Jarentonis abbatis in Angliam legatio.* CCLI. *Turonos Pontifex advenit. Scribit pro Manasse archiepiscopo Remensi. Publice prædicat. Majoris-monasterii basilicam dedicat. Statuta pro sancto Martino.* CCLII. *Concilium Turonense. Ibi ordinatus Marbodus Redonensis episcopus. Glanafolii restitutio. Cormaricum sancto Martino assertum. Quinam concilio interfuerint. Primatus Lugdunensis confirmatus. An Philippus ibi absolutus. Eblo excommunicatus. Privilegium Bainsonense. Trenorchii. Lis inter Trenorchienses & Canonicos Andegavenses composita. Rotæ fundatio confirmata. Privilegium sancti Vincentii Metis.* CCLIII. *Concilii finis. Solemnis processio.* CCLIV. *Privilegium Corbeiæ.* CCLV. *Pictavis papa privilegium sancti Martini firmat. Placitum pro lite inter Canonicos sancti Hilarii & monachos Monasterii-novi.* CCLVI. *Apud sanctum Maxentium dat privilegium Glannafoliensi monasterio.* CCLVII. *Angeriaco transit & privilegia consedit.* CCLVIII. *Apud Santonas celebrat Pascha, ibique sancti Martialis Lemovicensis & sancti Albini Andegavensis cœnobiis privilegia tribuit, ac ecclesiæ Remensis usus confirmat.* CCLIX. *Ibidem Eblo invasor maledicitur.* CCLX. *An Inculismam adierit Urbanus.* CCLXI. *Burdigalæ dedicat majorem ecclesiam.* CCLXII. *Et Noraci ecclesiam monasterii sancti Thomæ.* CCLXIII. *Leiraci monasterium Montis-alti confirmat Cluniaco.* CCLXIV. *Tolosæ privilegium Moyssiaco, quo veniens sancti Orontii cœnobio confirmat jus Cœmiterii.* CCLXV. *Tolosam reversus Bellila-*

sense monasterium Cluniaci Ordini addixit, & ecclesiam S. Saturnini dedicavit. CCLXVI. Carcassonam adit. CCLXVII. Tum Tomerias, ubi confirmat jura ecclesiæ Pampilonensis. CCLXVIII. Magalonam consecrat. CCLXIX. Apud Montempessulanum agit de electione episcopi Parisiensis. CCLXX. Nemausi concilium celebrat. Qui episcopi interfuerint. Ecclesia cathedralis dedicatur. Lis inter episcopum Tolosæ & Canonicos sancti Saturnini. Privilegia sancti Saturnini confirmata. Controversia Figiacenses inter monachos & Conchenses. Raymundi cessio facta sancto Ægidio. Rivipullensis monasterii jura servata. Primatus Lugduno assertus. Guibertus abbas Autisiodorensis deponitur. Anselli Bellovacensis electi causa suspensa. An Philippus rex Nemausi reconciliatur. Monachi ibi vindicati. Privilegium sancti Martini à Campis. CCLXXI. Urbanus apud sanctum Ægidium. Ejus præceptum pro Figiaco. Privilegium Rivipullense, Balneolense, Juviniacense. Diploma pro ecclesia sancti Saturnini. CCLXXII. Avenione aliud datum. Item pro sancto Ægidio. Pro monasterio sancti Andreæ. Avenionis ecclesia Canonicis regularibus data. CCLXXIII. An Pontifex Arelatem adierit. CCLXXIV. Montis-majoris privilegium Cabellione datum. CCLXXV. Aptæ ecclesiam sancti Eusebii consecrat. CCLXXVI. An Massiliam inviserit. CCLXXVII. Crucesignatorum Profectio. CCLXXVIII. Urbanus in Italiam reversus. CCLXXIX. Cremonæ privilegium dat sancto Basolo. CCLXXX. Latini episcopi Græcis in Calabria substituti. CCLXXXI. Lucæ Urbanum Crucesignati invisunt. CCLXXXII. Ei obviat Mathildis. CCLXXXIII. Henrici miserabilis status. CCLXXXIV. Urbanus concilium Lateranense celebrat. CCLXXXV. Daimberti episcopi Senonensis ordinatio dilata. CCLXXXVI. Gerardus episcopus Morinorum sedem dimittit. CCLXXXVII. Pontificis affectus in monachos, quos ad dignitates evehit. CCLXXXVIII. Concilium Santonense. CCLXXXIX. Glannafolium Casino confirmatum. CCXC. Urbanus Capuam invisit. CCXCI. Expeditionem prædicat Theatæ. CCXCII. Crucesignati ex omni gente in Orientem solvunt. CCXCIII. Romæ pro iis scribit Urbanus Alexio imperatori. CCXCIV. Privilegia Casini auget. CCXCV. Cluniacum protegit. CCXCVI. Privilegium ecclesiæ Arvernensis. CCXCVII. Bona Theatinæ ecclesiæ confirmata. CCXCVIII. Philippus rex absolutus. CCXCIX. Sancti Orientii jura tuetur. CCC. Ualrici mors. CCCI. Narbonensis ecclesiæ jura confirmata. CCCII. Privilegium ecclesiæ Verulensis. CCCIII. Robertus abbas Remigianus ab Urbano confirmatus. CCCIV. Concilium Gerundense. CCCV. Baldricus fit episcopus Noviomi & Tornaci. CCCVI. Urbanus Romæ degit fugiente Guiberto. CCCVII. Gebehardus ex abbate custos sancti Sepulchri. CCCVIII. Daimbertus Senonensis consecratur. CCCIX. Rescriptum pro sancti Andreæ Viennensis monachis. CCCX. Monasterium sancti Vigoris subjectum sancto Benigno. CCCXI. Litteræ pro sancto Michaele ad Mosam. CCCXII. Ordinis Cistercii initia. CCCXIII. Privilegium Urgellense. CCCXIV. Anselmi iter Romam. Secedit in solitudinem. CCCXV. Rogerium ducem adit. CCCXVI. Urbanus Beneventum se recipit. CCCXVII. Anselmus sedem dimittere non permittitur. CCCXVIII. Urbani cum Rogerio congressus. CCCXIX. Primatus ecclesiæ Salerni datus. CCCXX. Rescriptum pro sancto Brunone. CCCXXI. Crucesignati Antiochiam capiunt. CCCXXII. Schismaticorum Romæ conventus. CCCXXIII. Concilium Barense hoc anno celebratum. CCCXXIV. Barensis synodi acta. CCCXXV. Privilegium ecclesiæ Agrigenti. CCCXXVI. Concilium Burdigalæ. CCCXXVII. Urbanus Benevento transit. CCCXXVIII. Romæ scribit pro Vindocinensibus. CCXXIX. Ibi Goffridus loquitur de episcopo Andegavensi. CCCXXX. Philippus rex iterum interdictus. CCCXXXI. Privilegium sancti Cucuphatis. CCCXXXII. Rex Angliæ inducias obtinet. CCCXXXIII. Honores Anselmo delati. CCCXXXIV. Ejus cum pontifice colloquia. CCCXXXV. Schismaticorum in Anselmum reverentia. CCCXXXVI. Urbanus Romæ synodum indicit. CCCXXXVII. Concilium Romanum. CCCXXXVIII. Anselmus Roma exit. CCCXXXIX. Privilegium Psalmodiense. CCCXL. Archidiaconatus Salmoriaci Hugoni Gratianopolitano asseritur. CCCXLI. Aliud pro Corbiniaco. CCCXLII. Adalbertus abbas Schaffusæ. CCCXLIII. Magalonensis ecclesiæ jura vindicata. CCCXLIV. Cœmeterium sancto Vincentio Cenomannensi assertum. CCCXLV. Urbani obitus Romæ. Cardinales ab eo creati.

FINIS.

INDEX
INSTRUMENTORUM.

Historia Translationis Reliquiarum S. Maximi apud Nantuacum. p. 335.
Ex Historia ecclesiæ S. Jacobi de Compostella, auctoritate Didaci secundi Compostellanæ sedis Episcopi & primi Archiepiscopi, auctore Giraldo ejusdem Antistitis familiari. p. 339.
Promotio Petri Cardinensis monasterii monachi in Compostellanum episcopum. ibid.
De prælatione Didaci Gelmiride. p. 341.
De Dalmachia Cluniacensi monacho in episcopum Compostellæ promotum. ibid.
Dissolutio Dalmatii episcopi & prælatio secunda Didaci Gelmiridæ. p. 342.
Semotio Didaci primi ab episcopatu. p. 343.
Primatus Ecclesiæ Toletanæ in Hispaniis restitutus. p. 344.
Epistola Urbani Ildefonso de primatu Toletano. p. 346.
Gregorius IX. exemplaria epistolarum ex registro Urbani II. & aliis ad Rodericum Toleti archiepiscopum mittit. p. 348.
Epistola Urbani ad Hispaniæ episcopos de restitutione primatus Toletani. p. 349.
Epistola Urbani ad Hugonem Cluniacensem de primatu collato ecclesiæ Toletanæ. p. 350.
Epistola Urbani ad Bernardum archiepiscopum Toletanum. p. 351.
Privilegium domni Rainoldi Remorum archiepiscopi. p. 352.
Privilegium monasterii Balmensis apud Sequanos. p. 355.
Ex Domnizone de Vita Mathildis Ducatricis. p. 357.
Scriptum de injuriis quas fecit Guido Viennensis archiepiscopus ecclesiæ Gratianopolitanæ, & ejusdem ecclesiæ episcopo Hugoni ac pago Salmoriacensi. p. 358.
Privilegium ecclesiæ Matisionensis. p. 368.
Orationes ab Urbano habitæ in Concilio Claromontano. p. 369.
Notitia de consecratione Dominici altaris Carrofensis mona-

INDEX INSTRUMENTORUM.

sterii ab Urbano papa II. facta anno MXCVI. p. 384.
Textus de dedicatione ecclesiæ majoris Monasterii. p. 387.
Synodus habita anno MXCVI. p. 391.
Excerpta ex libro II. Domnizonis, de vita Mathildis. De Urbano II. p. 396.
Privilegium monasterii Latiniacensis. p. 401.
Lambertus Atrebatensis rationem Urbano reddit de causa abbatis S. Remigii. p. 403.
Epistola Canonicorum S. Emiliani ad Urbanum papam II. qua conqueruntur de monachis Nantoniensibus. p. 405.
Epistola Lamberti Atrebatensis ad Urbanum pro episcopo Teruanensi. p. 406.
Epistola Roberti abbatis S. Remigii ad Lambertum. p. 407.
Epistola Manassis archiepiscopi ad Morinos. ibid.
Epistola Hildeberti episcopi Cenomanensis ad Urbanum de Cemeterio S. Vincentii. p. 408.
Epitaphium Urbani papæ II. p. 410.
Epitaphium Wiberti pseudopapæ. ibid.

ITER LITTERARIUM
IN ALSATIAM ET LOTHARINGIAM. p. 411.

BEATI URBANI
PAPÆ II.
VITA.

 EMO est qui ambigat URBANUM Papam, hujus nominis secundum, ante Pontificatum Odonem, seu ut alii scribere solent Oddonem, sive Ottonem aut Othonem, appellatum, & nobili familia in Gallia prodiisse, & in Remensi ecclesia fuisse educatum; at non ita exploratum est apud auctores quo in loco natus fuerit. Alii nempe cum Remis, aut in aliquo Remensis pagi vico natum volunt, alii verò apud Castellionem celebre satis supra Maternam opidum, quod licet haud procul ab urbe Remorum distet, pertinueritque olim, & maxime eo tempore, quo in lucem prodiit Urbanus, ad Remensis Ecclesiæ dominium, situm est tamen in Diœcesi Suessionensi. Certe cum *natum Gallum ex opido Castellionis, quod est super Marnam fluvium in Archiepiscopatu Remensi,* disertis verbis asserit Cardinalis Pandulfus, qui sub Gelasio II. vitas Pontificum exaravit. Consentit Albericus in Chronico, & hæc communior est auctorum, potissimum recentiorum, sententia: unde cum ex no-

I. Urbani nomen, patria & parentes.

C. AN. MXLII.

Tome III.   A

bili familia Urbanum prodiisse omnes consentiant, visum est nonnullis rem omnino certam esse ac exploratam, hunc Pontificem è nobili Castellionensium in Campania Gallica dominorum familia oriundum fuisse; id Aubertus Miræus in notitia Ecclesiarum Belgii capite 115. & Andreas Chesnius, in historia singulari domus Castellionensis, ita pro certo habebant, ut ipsi in stemmate gentilitio familiæ Castellioneæ locum dederint, ubi Milonis filius, & Guidonis Manassis, ac alterius Milonis frater fuisse dicitur.

At refragatur huic sententiæ Albericus, qui licet Urbanum *ex opido Castellionis super Marnam natum* fuisse, ut ceteri, scripserit, asseverat tamen, ex Hugone & Guidone auctoribus quos laudat, eum fuisse filium domini *de Lageri.* Tum de ejusdem cognatione subdit: *Habuit* idem Urbanus *alium fratrem Rodulfum patrem Gerardi, cujus filius alter Gerardus genuit Odonem patrem Egidii de Lageri monachi Remensis; cujus soror Hersendis fuit mater Baldulsei,* seu ut habet codex ms. *Balduini monachi Igniaci.* Certe in Necrologio monasterii Molismensis in Campania *nonis Junii* memorantur *Heucherius* seu Eucherius, *& Isabellis uxor ejus, pater & mater domini Papæ Urbani, quorum,* ut ibi habetur, *anniversarium debemus facere solemniter.* Et in eodem Necrologio *die* III. *Kalendas Augusti,* Urbanus dicitur fuisse ejusdem loci *congregationis,* id est precum & aliorum piorum operum particeps: sed sive Eucherius ille, Lageriaci, qui vicus est Remensis Diœcesis, dominus, sive Milo Castellionis toparcha Urbani pater fuerit, ipsum Remensis provinciæ alumnum fuisse fatendum est. Immo cum Lageriacum cujus domini, ut infra dicemus, fortasse ex Castellionensibus orti erant, haud procul ab urbe Remorum distet, & ipsum Castellionis castrum, licet extra diœcesim situm, ad Remensem tamen Ecclesiam pertinuerit, ejusque clientes erant & vice domini Castellionenses toparchæ, utrique Remis ut plurimum morabantur, ob id potissimum quod essent Remensis Ecclesiæ milites; atque adeo ex alterutris Urbanus in ipsa Remorum civitate nasci potuit. Id certe innuit Ordericus Vitalis libro 8. Historiæ ecclesiasticæ, ubi eum *civem Remensem* diserte appellat. *Odo,* inquit, *natione Gallus, nobilitate & mansuetudine clarus, civis Remensis,* &c.

Neque hoc ab eo auctore temere dictum fuisse aliquis putet. Nam præter quam quod Ordericus præ cæteris scriptoribus accuratus & diligens est, id ipsum à Johanne magistro suo, Remis nato, discere potuerat, illarum rerum probe instructo, ut pote qui ex scholastico Remensis ecclesiæ, in qua cum ipso Odone haud dubio fuerat educatus, factus Uticensis monachus, ejus monasterii scholas tempore Orderici regebat. Haud multum ab ea opinione recedit Guibertus Novigenti abbas, & ipse accuratus auctor, tempore & loco proximus, qui *Urbanum ex Francia claro ex germine oriundum ex territorio & clero Remensi*, post multos gradus ad summi denique pontificatus apicem pertigisse scribit. Ex his autem patet quam late accipienda sint Guidonis abbatis verba, qui tomo 1. Bibliothecæ Labbeanæ, in historia abbatum sancti Germani Autisiodorensis cap. 8. scripsit: *Urbanum in Autisiodorensis civitatis confinio natum & educatum fuisse*. Et quidem magna esse non debet ea in re ejus scriptoris auctoritas, qui sæculo xiii. exeunte vivebat. At multo magis à vero deviavit alius earumdem partium, nuperus auctor in vita sancti Germani Autisiodorensis, qui ex nescio quibus falsis, aut male intellectis monumentis scripsit Urbani majores monasterii Regniacensis in diœcesi Autisiodorensi conditores fuisse. Id quippe vel ex hoc solo rejici debet, quod Regniacense monasterium Ordinis Cisterciensis longe post Urbani obitum exstructum fuerit. Denique non immorari juvat in refellendis iis, qui Odonem, Urbani in Ostiensi episcopatu successorem, ejus fuisse nepotem dixerunt, cum id nullo argumento, præter nominis similitudinem, probent. Certe id non habet Baldricus, qui hunc Odonem in carminibus tomo 4. Chesnii historic. Franc. laudat, quod commune cum Urbano Odonis nomen habuerit, eamdem monachi vitam fuerit professus, eamdem sedem obtinuerit, eamdem denique dignitatem, (istum nempe futurum Papam prædicebat) habiturus sit; non omissurus consanguineitatem, si aliqua inter illos intercessisset. Neque etiam id habet Guibertus lib. 2. de sacra expeditione, ubi alterius hujus Odonis meminit.

Porro Urbani parentes, quicumque demum illi fuerint, domini erant vici Bainsonensis, ad radices montis in quo si-

G. Viole.

Ejus parentes domini Bainsonii.

tum est Castellionis opidum, positi. Unde quis forte non immerito suspicabitur, eos etsi Lageriaci vici dominos, ex stirpe tamen Castellionensium topartharum, ut mox dicebam prodiisse: cum non modo Bainsonium, sed & Lageriacum quoque haud procul à Castellionensi opido distent, & Urbanus passim, auctorum tam veterum quam recentiorum consensu, *Castellionensis* dictus fuerit. Quod vero Bainsonium ad Urbani parentes pertinuerit, ille ipse testatur in diplomate pro ejus loci prioratu, quem suorum *parentum facultatibus* dotatum, fuisse asserit. Etenim hunc locum, quem Theobaldus Suessionum episcopus primum suæ ecclesiæ attribuerat, ac postmodum agente altero Theobaldo, Comite-Palatino Trecensi, ut refert Chesnius, monasterio Coinciacensi sub viginti solidorum annuo censu canonicis Suessionensis ecclesiæ persolvendo subjecerat, Cluniacensibus confirmavit pontifex, non modo auctoritate, qua pollebat, Apostolica; verum etiam ob id, quod hic census *cum patris sui consensu* institutus fuisset, & locus ille *eum ex parentum jure contingeret*. Bainsonensis autem prioratus hodieque subsistit, in catalogo generali beneficiorum ordinis Cluniacensis *sancti Petri de Buissono*, appellatus, diœcesis Suessionensis in Bria, seu potius in Campania, *prope Castellionem supra Matronam*.

II.
Urbanus Remis educatus sub S. Brunone.

Odonem in Remensi ecclesia, quæ tunc erat magnorum virorum in Galliis seminarium, educatum fuisse omnes uno ore fatentur; & quidem sub Brunone magistro, cujus fama illis temporibus per totam Europam celebris erat, postea tamen multo illustrior futura, cum primus ordinis Cartusianorum institutor & parens factus est. Certe Odonem fuisse Brunonis discipulum auctores vulgati passim tradunt, neque id quisquam jure inficiari potest; cum æque certum sit, nemine dissentiente, & Brunonem tunc temporis Remensis ecclesiæ scholis præfuisse; & Urbanum à teneris in eadem ecclesia fuisse enutritum. Utrumque diserte affirmat vetus auctor Libelli de institutionibus Cartusianorum, à Labbeo tomo 1. Bibliothecæ novæ ex vetusto codice Remigiano editus; qui etiam addit Brunonem Romam adiisse *cogente Urbano, cujus quondam præceptor fuerat*. Et quidem hic libellus habetur in codice ms. Cartusiæ Portarum quadraginta circiter annis post Brunonis obitum exarato.

His opponet fortasse non nemo eorum opinionem, qui Brunonem quinquagenarium obiisse dicunt anno MCI. Si enim semel id admittatur, cum Urbanus anno sui pontificatus duodecimo obierit, & quidem ante Brunonem, dicendus erit ipso Brunone ætate provectior, aut saltem æqualis ei fuisse, ac proinde non potuisse sub ejus magisterio educari, at id falsum esse manifestis argumentis facile demonstrabo.

Quo senior non fuit.

Verum priusquam de Brunonis ætate aliquid statuamus duo præmittenda sunt. Primo scriptores ferme omnes, sive antiquos, sive recentiores unanimi consensu Brunonem Urbani magistrum appellasse. Secundo nonnullos alios è Brunonis discipulis ad episcopatum Urbano adhuc vivente evectos fuisse, quod proinde æque Urbano ac istis contingere potuit. sane certum est de Odone Burgundiæ Ducis fratre ac principe è regia Francorum stirpe, qui licet litteras, ut ipsemet testatus est, sub Brunone Remis didicisset, anno tamen MLXXXV. monente Viguerio, Lingonensis episcopus factus est, proindeque triennio antequam Urbanus thronum Apostolicum conscenderet. Similiter Lambertus Pultariensis, & Petrus S. Johannis Vinearum apud Suessiones abbates, qui etiam Brunonis magisterio, ut ipsi dicunt in rotulis post mortem sancti viri transmissis, adoleverant, has dignitates vivente adhuc Urbano obtinuerunt. Cum itaque hæc omnino de illis certa sint, non video qua ratione negarentur de Urbano, quem ex veterum auctorum testimonio constat factum pontificem, cum *ætate mediocris* esset, & ea adhuc florente mortem obiisse.

Jam vero si de Brunonis ætate inquiramus, vix dubitari potest, quin vitam ultra quinquaginta annos produxerit. Quod ut evincatur, primo statuendum est tempus quo Remis docere desiit. Certe ex Gregorii VII. litteris, & ex Guiberto Novigenti abbate colligi posse videtur Brunonem Remensis scholæ præfecturam dimisisse occasione turbarum, quas in ea ecclesia Manasses Archiepiscopus excitaverat, proindeque anno circiter MLXXVI. aut sequenti. Et quidem initio anni MLXXVIII. *Godefridus cancellarius*, Brunonis in scholis regendis & in cancellarii dignitate successor, subscripsit Concilio Suessionensi in causa ecclesiæ sancti Quintini. At si

Utriusque ætas discutitur.

A iij

Bruno anno MCI. quinquagenarius, ut volunt adversarii, è vita excessisset; anno MLXXVI. aut sequente, quo scholæ Remensis curam dimisit, vix annum attigisset ætatis suæ vigesimum quintum, aut certe vigesimum sextum. Certum quippe est eum rexisse multis annis scholas Remenses; quod nonnisi ad quindecim, aut duodecim annos extendi potest, & sic celeberrimarum harum scholarum præfecturam suscepisset anno ætatis suæ circiter duodecimo, aut ad summum quinto decimo; quod nemo sanæ mentis, ut quidem mihi videtur, dixerit. Brunonem vero diu Remensibus scholis præfuisse disertis verbis affirmant inter alios ejus laudatores, in rotulis post ejus mortem ad varia loca transmissis, Noliensis monasterii canonici regulares, qui *visa schedula quæ Brunonis incomparabilis Philosophi obitum patefecit* ingemuere ob tanti viri occasum, *qui dudum ecclesiæ sedis Remensium summus didascalus.. & columna totius metropolis* diu *extiterat*. Noliensibus consentiunt ceteri ecclesiarum, & monasteriorum conventus in similibus rotulis, ubi eum variis honorum titulis condecorant. Hunc *gemmam sophiæ* appellant canonici sanctæ Mariæ Blesensis; *lucem ecclesiarum* monachi Bellovacenses sancti Luciani; *clarissimum sophistam* Miciacenses sancti Maximini; *Doctorem doctorum* Bernacenses; *Magistrorum decus, remigium turbæ Remensis* Parisienses sanctæ Mariæ majoris ecclesiæ canonici; hunc *doctrinæ præbuisse undam gentibus & cleris*, aiunt sancti Gervasii Valesienses; *cunctos superasse toto in orbe magistros*, sancti Timothei Remenses; *ejus doctrina tot factos esse sapientes quot mens nescit* sanctæ Mariæ Spulingenses; & monachi sancti Nicolai Andegavensis *ejus doctrinam toto fulgere in orbe*, unde ejus *sequaces* esse optant canonici cathedralis ecclesiæ sanctæ Crucis Aurelianensis. Nimius essem in ceteris elogiis ejus recensendis. At omittere non licet canonicorum Andegavensis ecclesiæ cathedralis sancti Mauricii testimonium, quo Brunonem asserunt magistrum fuisse non puerorum, aut minorum clericorum, sed virorum gravium & jam doctorum, qui sub eo *divina*, id est, theologiam addiscebant. Quod sane arguit eum jam tunc maturæ ætatis fuisse cum Remis ante suum secessum doceret. En aliquot eorum versus.

Ejus & eximia celebratur ubique sophia,
Plusquam Maronis laudatur lingua Brunonis,
Gloria Platonis vilescit laude Brunonis.
Hic præcellebat doctoribus, hic faciebat
Summos doctores, non instituendo minores:
Doctor doctorum fuit hic, non clericulorum.
Nam nec honestas verborum, nec gravitates
Sumpsit Brunonis nisi vir magnæ rationis.
Nuntiat egregiam divina docendo sophiam.

Hinc in chronico Malleacensi Bruno *perfectus philosophus* ab Adhemaro appellatur; quem inter alios non Berengarius, ut quidam male intelligunt, sed Fulbertus Carnotensis, anno MXXVIII. defunctus, philosophiæ suæ heredem reliquerat.

Jam vero quis dixerit tantum virum, quem omnes ferme Galliarum, Angliæ & Italiæ ecclesiæ veluti celeberrimum scientiarum magistrum certatim commendarunt. has laudes annos viginti aut paullo plus aut minus natum promeruisse? Quis inquam, sibi in animum induxerit, Brunonem ea ætate *diu* scholas adeo celebres cum tanta eruditionis & doctrinæ fama rexisse, ut post viginti secessionis annos mors ejus tamquam omnium doctorum magistri à plerisque orbis Christiani ecclesiis celebrioribus deplorata fuerit. Denique si visiones in nostræ causæ subsidium adducere liceat, Bruno senex erat, proindeque quadraginta quinque, aut etiam quinquaginta annis major, cum in Calabria moraretur. Etenim Rogerius comes, ut ipse in vulgata ea de re charta narrat, cum Capuam obsideret *à sene reverendi vultus*, qui ei *venerabilis pater Bruno* esse videbatur, monitus fuit, ut ab insidiis Sergii cujusdam proditoris caveret. Ex quibus omnibus facile colligitur, nihil omnino impedire quominus admittatur Brunonem Urbani, cum in Remensi schola litteris vacaret, magistrum fuisse. Idque anno sæculi undecimi circiter sexagesimo: unde rerum series sic ordinari potest. Gervasius anno MLV. thronum Remensem adeptus, paullo post Brunonem, jam antea, ut Manasses affirmavit in sua Apologia, canonicus Coloniensis ecclesiæ san-

Bruno ætate major Odone.

C. AN. MLX.

cti Chuniberti, Remos advocavit, eique collata cancellarii dignitate suæ ecclesiæ scholarum curam demandavit. Enutriebatur tunc inter alios nobiles ejus ætatis clericos Odo noster, quem si anno MLX. octavum decimum circiter ætatis suæ annum, attigisse admittamus, quod sane pene certum videtur; nihil omnino obstabit, quominus eo tempore sub Brunonis disciplina enutritus, & postea variis dignitatibus decursis, Pontificatum Romanum adeptus fuerit anno MLXXXVIII. ætatis suæ anno circiter XLVI. *modica ætate*; & tandem anno MXCIX. decesserit, annum agens LVII. adhuc *florens* & vegetus. Hæc forte paullo fusius quam oportebat tractata sunt; sed id exegit Brunonis simul & Odonis seu Urbani causa; cum honorificum sit Brunoni tantum habuisse discipulum, & Odoni sub tam sancti viri disciplina educatum fuisse. Quantum vero sub celebri illo magistro in litterarum studiis & exercitiis virtutum profecerit Odo, pauca quæ ex ejus scriptis supersunt, ac reliqua illius vitæ præclara gesta, quæ suis locis exponemus, satis abundeque testantur.

III. Urbanus Remensis canonicus.

Urbanum non solum in Remensis ecclesiæ gremio enutritum fuisse, sed etiam in nobili ejus ecclesiæ canonicorum collegio locum obtinuisse varii auctores passim tradunt. Cùm vero illa ecclesia ceteras non dignitate solum, sed etiam morum sanctitate & vitæ communis observatione tunc antecelleret, ejus canonici dicti sunt à nonnullis regulares, Atque inde nata est posteriorum quorumdam auctorum opinio, qui Urbanum olim canonicum regularem fuisse scripserunt, & quidem Lateranensis congregationis, ut alii addidere: adeo proclivis est à præconceptis opinionibus ad errorem gradus. Sed his immorari non vacat.

Et archidiaconus.

Vero similius est, quod scripsit Albericus in chronico, Urbanum ecclesiæ Remensis archidiaconum fuisse. Is enim ipse est Odo, si non fallit catalogus archidiaconorum Re-

AN. MLXX. mensium à Marloto tomo I. metropolis Remensis editus, qui anno MLXX. hanc dignitatem obtinebat. Cave tamen ne illum confundas cum alio ejusdem nominis archidiacono Remensi, qui variis chartis sub Widone & Gervasio archipræsulibus inter alios subscripsisse memoratur. Cum enim iste hanc dignitatem anno MLII. obtineret, ut patet ex Widonis

nis archiepiscopi charta, quam Marlotus tomo 2. retulit, alius necessario dicendus est fuisse à nostro Odone, qui anno MLXXXVIII. cum adhuc modicæ ætatis esset, ut loquitur Ordericus Vitalis, pontifex est renuntiatus. Certe Odonis nomen communius tunc temporis erat, ut quis infitiari velit, duos ejus nominis archidiaconos eo sæculo esse potuisse in Remensi ecclesia. Si quis vero id perneget; proferemus in testimonium ejusdem ecclesiæ necrologium vetus, in quo die quinta Februarii memoratus *obitus Odonis archidiaconi;* diversi proculdubio à nostro, qui mense Julio desinente Pontifex Romanus è vita recessit.

Porro Remensem Ecclesiam semper coluit ac fovit Urbanus etiam post adeptum Pontificatum, quod ex variis ejus epistolis, quas suo ordine proferemus, patebit. Ejus quippe & illius archiepiscoporum prærogativas insigni diplomate asseruit; & altero confirmavit ejusdem Ecclesiæ canonicorum privilegia, dum monachos Remigianos adversus Ingelramnum Lauduni episcopum tuitus est, ut nihil dicam de Basolianis monachis, quos ab advocati sæcularis jugo liberavit. Mirum est autem quantum desudaverit pius Pontifex in restituenda episcopali Atrebatum sede, quæ à trecentis ferme annis proprio episcopo caruerat, quod se ideo fecisse passim testatur, ut Remorum metropolim in antiquam suam dignitatem restitueret. *Urbanus* quippe, ut Hermannus habet in historia restaurationis sancti Martini Tornacensis, Spicilegii Acheriani tomo XII. *quoniam in Ecclesia Remensi educatus fuerat, valde eam super alias diligebat; & ut antiquam ei dignitatem duodecim episcoporum reddere posset, non parum laborabat.* Etenim præter Atrebatensem, tentaverat etiam Tornacensem Ecclesiam à Noviomensis episcopi subjectione liberare. At quod ipse ob ingruentes difficultates efficere non potuit, ab Eugenio III. post aliquot annos, agente sancto Bernardo, præstitum est. Erat autem antiqua Remensis provinciæ in Galliis prærogativa, ut duodecim episcopalibus sedibus gaudens, judicia canonica in proprio sinu, absque alienarum provinciarum ope absolvere posset. Cæterum cum periclitanti Ecclesiæ Remensi post Raynaldi archiepiscopi obitum sub-

Ejus amor in ecclesiam Remensem.

venire voluisset Ivo Carnotensium antistes, Urbani opem imploravit epistola 116. in qua ei hanc Ecclesiam *non solum quod regni haberet diadema, & cæteris pœne Ecclesiis, Gallicanis exemplum ruinæ vel resurrectionis existeret*, commendavit; sed etiam quod illa aliquando ejus *mater* fuisset. *Remensem*, inquit, *metropolim, aliquando matrem vestram* &c. *vestris consolationibus refoveri postulamus*. Et quidem cassa non fuit Ivonis expostulatio, ut patet ex variis litteris, quas Pontifex ea occasione conscripsit, in quibus sincerum erga hanc Ecclesiam animi sui affectum verbis tenerrimis explicat, & affectibus comprobavit. Insignis est præ cæteris ea de re locus in epistola ad clerum, ordinem, milites & plebem Remis existentes, ubi sic eos alloquitur: *affectionis nostræ viscera, filii in Christo carissimi, angustata sunt, quia vos pastoris sollicitudine...... novimus destitutos. Sed in tribulatione hac per omnipotentis Dei Gratiam caritatis nostræ præcordia dilatantur, quia vos &c. ampliori devotione congratulamur.*

IV. Cogitat de secessu e sæculo.

Non itaque immerito applaudebat sibi de tanto alumno Remensis ecclesia; sed ille majora charismata æmulatus ad vitam perfectiorem anhelabat; nec dubium quin ea in re Brunonis consiliis & adhortationibus plurimum adjutus & confirmatus fuerit. Nam Bruno, ut ex ejus epistola, quam multo postea in Calabria positus ad Radulphum præpositum scripsit, patet, sæpius cum aliis Remensis ecclesiæ primoribus, e quorum numero sane Odo ut pote archidiaconus erat, de contemtu mundi, & de alterius vitæ gaudiis colloquia miscere solebat, quibus invicem ad sæculi fugam animabantur. Cæteros autem præcessisse videtur Odo. Nam aliquot annis, antequam Bruno Cartusiensis ordinis fundamenta poneret, ipse abjectis sæcularibus pompis & curis, in cœnobium Cluniacense secessit. Ibi ab Hugone abbate sanctissimo veste monastica donatus est, cujus ideo se *filium & alumnum* appellat in epistola quam ad eum paulopost suam ad pontificatum assumtionem scripsit. Quo vero id anno contigerit incertum est. At si Odo fuerit Remensis ille archidiaconus ut veri-simile est, quem ex catalogo Marloti supra laudavimus, Remis adhuc versabatur anno MLXX. quippe qui

Fit Monachus Cluniaci.

hoc anno subscripserit donationi factæ Ecclesiæ Ruminia- C. MLXXII.
censi, uti videre est apud eumdem Marlotum. Haud tamen diu postea differri potest ejus conversio, si verum sit quod ex Cluniacensi chartario colligi posse videtur, eum anno circiter MLXXVI. jam Priorem Cluniaci existitisse. Et quidem hoc ipso anno duo alii archidiaconi, numquam autem plures in ecclesia Remensi fuerunt, Guido videlicet & Garinus, donationi Manassis archiepiscopi factæ sancti Basoli monasterio subscripsisse cum Brunone cancellario, memorantur.

Odo Cluniaci constitutus institutorem in vita monastica habuit Petrum, qui postmodum Cavensis in Italia abbas & Policastri episcopus fuit, si credamus vetusto auctori, qui dedicationis ecclesiæ Cavensis historiam conscripsit. Is enim Urbanum ejusdem Petri discipulum passim appellat, eumque ob id potissimum laudat, quod etiam pontifex factus hunc ipsum Petrum veluti magistrum suum semper reveritus fuerit. Consentiunt vetera alia, maxime domestica, monumenta Cavensis monasterii apud Ughellum. At nihil ea de re habet Venusinus abbas anonymus, qui Petri & aliorum primorum ejusdem loci abbatum vitas paullo post illud tempus conscripsit. Exstat tamen ejusdem Petri alia vita, quam ex codem Ms. Romano penes nos habemus, in qua Urbanus Petri *condiscipulus* olim fuisse dicitur, atque itineris ejus cum è Gallia Cavam rediit comes. Certe utrumque simul apud Cluniacum vixisse vix quisquam infitiari potest, & ipse abbas Venusinus testatur Petrum, cum moraretur Cluniaci, varia simul ibi officia exercuisse. Ut ut sit, ipse Urbanus non modo se filium & alumnum beati Hugonis appellavit, uti jam ex ejus epistola observavimus, verum etiam disertis verbis profitetur se ab eo ipso in monastica disciplina institutum fuisse. En ejus verba ex privilegio, quod eidem Hugoni & monasterio Cluniacensi primo pontificatus sui anno concessit. *Est*, inquit, *præterea quod nos tibi non minus, tuoque monasterio faciat debitores, quoniam per te monastica religionis rudimenta suscepi, in tuo cænobio per secundam S. Spiritus gratiam sum renatus.*

Sub quo magistro institutus.

Sub S. Hugone.

Verum oculatior erat S. Hugo, quam ut tantam lucernam sub modio delitescere diu sineret. Quare illum Cluniaci priorem instituit. Ea dignitate se aliquando potitum fuisse ipse Urbanus palam professus est in sermone quem habuit in dedicatione majoris altaris ejusdem loci, uti infra videbimus. Id vero non multum post ejus conversionem factum fuisse testatur Guibertus libro 2. Historiæ Jerosolymitanæ, his verbis; *Is Cluniacus factus ex clerico monachus.... non multo post rexit officium prioratus*, ut scilicet abbati suo Hugoni, variis negotiis occupato adjumento esset. Quid autem hac in dignitate constitutus præstiterit, ignotum nobis est, nisi quod nonnullis chartis subscripsisse inveniatur. Præsens erat apud Avalonem, quando Hugo Burgundionum dux ecclesiam sanctæ Mariæ illius castri Cluniaco subjecit. Ibi enim ipse *Odo Prior Cluniaci* eumdem Hugonem cum fratribus ejus, Odone, & Roberto tunc clerico, atque Widone comite Matisconensi, aliisque Burgundiæ proceribus, qui huc convenerant, *in fratrum Cluniacensium societatem admisit, ut scilicet in orationibus & eleemosynis, vel etiam ceteris jam dicti loci benefactis à modo participes exsisterent*. Habitus est hic conventus xi. Calendas Martii anno MLXXVIII. quod probat præter nostrum exemplar, indictio 1. ibi apposita, quamvis ad annum præcedentem in Spicilegii Acheriani tomo 6. eadem donatio referatur. Coram eodem Odone priore Bernardus quidam in Capitulo dimisit ea quæ Cluniacensi monasterio rapuerat è bonis quæ frater ejus Tosceranus ad conversionem veniens contulerat, ut narratur in chartis 146. & 605. earum quæ sub sancto Hugone factæ sunt; idem Odo prior memoratur in charta 321.

Quanti autem meriti fuerit, inde colligere possumus, quod cum Gregorius VII. qui tunc Romanæ Ecclesiæ difficillimis temporibus præerat, ab Hugone abbate aliquot è suis monachis viros scientia & virtute præstantes petiisset, quos in maximis, quæ tunc urgebant, Ecclesiæ negotiis adjutores posset adhibere, inter alios primus, Hermanno teste, electus fuerit Odo, qui his in angustiis Pontifici præsto esset. Sic enim ille in historia restaurationis sancti Martini Tornacensis jam laudata: *Tempore domni Hugonis Cluniacensis abbatis contigit, ut quidam Remensis ecclesiæ canonicus, magnæ probitatis vir, nomine Odo, vitam sæcularem relinqueret, & in eadem Cluniacensi ecclesia monachus fieret. Cumque ibi per aliquot annos religiosissime vixisset*, & *domnus papa Gregorius VII. eidem domno Hugoni abbati mandasset, ut sibi aliquos de monachis suis viros sapientes transmitteret, quos competenter episcopos ordinare posset: domnus Hugo ei inter ceteros præfatum Odonem transmisit, quem papa urbi Ostiensi episcopum consecravit*, Guibertus etiam *proficiente merito*, Odonem *civitati Ostiæ Gregorii VII. papæ jussu destinatum fuisse* tradit: quibus auctoribus consentiens Ordericus Vitalis libro 4. historiæ ecclesiasticæ, addit alios quoque Cluniacenses monachos Odoni socios datos fuisse, à Pontifice animo gratanti susceptos, Odonemque præ ceteris in consiliarium electum fuisse. *Poscenti*, inquit, *Papæ Hugo Cluniacensis abbas Odonem præfati*, Cluniacensis, *monasterii priorem, qui Remensis ecclesiæ monachus fuerat, cum aliis idoneis cœnobitis Romam transmisit. Quos Papa velut à Deo sibi missos adjutores ovanter suscepit. Odonem nempe præcipuum sibi consiliarium elegit, & Ostiensi ecclesiæ pontificem constituit.* Hæc Ordericus ad annum MLXXVIII. ubi occasione electionis Gregorii VII. ad pontificatum, multa in unum congessit, quæ illo sedente variis temporibus contigerunt. Odonem vero ante annum MLXXVIII. Romam non adiisse plusquam probabile est ex donatione Hugonis Burgundiæ ducis superius laudata, quam hoc ipso anno factam fuisse diximus, cum adhuc Odo prior esset monasterii Cluniacensis: nisi forte dicatur Odonem primo ante illud tempus à Gregorio Romam accersitum, deinde in Gallias rediisse, unde postea anno MLXXVIII. iterum in Italiam profectus fuerit, Ostiensem episcopatum accepturus. Certe Petrus Cavensis quicum Odo in Italiam accessisse dicitur, si alteri ejus vitæ scriptori credamus, ab Hildebrando, nondum pontifice, revocatus fuerat. At nulla videtur esse hujus duplicis itineris admittendi necessitas; Odonis vero cum ejus sociis in Italiam accersendi occasio hæc videtur fuisse,

Qua occasione.

mors scilicet Geraldi Ostiensis episcopi, cui anno ut scribit Bertoldus, MLXXVII. defuncto Henricus Augustus factiosum quemdam hominem Johannem nomine, substituerat. Verebatur enim Gregorius, ne, si schismatici eo modo invaderent plures ecclesias, res catholicorum in pejus abirent. Quare operæ pretium esse censuit vigilantissimus Pontifex, ut aliquos secum præsto haberet viros morum sanctitate ac sapientiæ fama illustres, quos pro opportunitate, ut habet Hermannus, præficeret ecclesiis viduatis: Electi adhoc sunt inter alios Odo noster, & Petrus qui ante aliquot annos è Cavensi prope Salvinum monasterio Cluniacum transmigraverat; vir adeo industrius, ut ibi septem, & ut alii dicunt, etiam plura officia simul Cluniaci exercuerit.

VI.
An Cavæ moratus sit.

Hos in Italiam appulsos, post salutatum pontificem, Cavam divertisse vix dubitari potest, cum eos ibi aliquandiu simul vixisse disertis verbis affirmet vetus auctor historiæ dedicationis ejusdem loci: nec sane alio titulo potuerit Urbanus, ut mihi videtur, inter viros illustres istius monasterii, ut passim fit, recenseri. Fateor equidem abbatem Venusinum, qui in vita sancti Petri eumdem Petrum è Gallia, permittente Hugone, Cavam reversum fuisse scribit, nihil prorsus habere de Odone, aut ejus sociis à Gregorio expetitis: at illius silentio præponderant auctor laudatus historiæ dedicationis Cavensis, alter vitæ sancti Petri scriptor, & alia monumenta Cavensia. Deinde cum certum sit utrumque, sive simul, sive seorsim, his temporibus è Galliis in Italiam transmigrasse, verisimile est eosdem, si quidem uterque non statim atque huc advenerunt, ad insulas pontificales sunt assumti, aliquod temporis intervallum in aliquo monasterio exegisse; & quidem potius in Cavensi, quam in alio quocumque, quod illud Cluniacensi ordini addictum esset; quodque ibi Petrus, cujus Odo saltem amicus erat, & apud Cluniacum vitæ monasticæ socius vitam monasticam professus fuisset. Fabulantur nonnulli, iique nescio quibus decepti scriptoribus, Urbanum Romæ primum in Lateranensi monasterio canonicam vitam amplexum, artioris deinde vitæ studio in Cavense secessisse; hinc transmigrasse Cluniacum, ibique sub Odilone aut Hugone vixisse cum Hildebrando, qui tum & ipse Cluniaci monachus erat; ab eodem postea, simul atque is Romanus Pontifex creatus est, Romam accersitum Cardinalisque dignitate atque Ostiensi episcopatu ornatum fuisse. Sed hæc omnia meræ nugæ sunt, quibus refellendis immorari piget.

Non diu licuit Odoni aut Petro in Cavensi solitudine commorari. Nam Gregorius hoc ipso, quo in Italiam advenerant, MLXXVIII. anno, post exturbatum, ut testatur Ughellus in Italia sacra, Johannem schismaticum, Odonem episcopum Ostiensem creavit; Petrus vero *non multo post suum*, ut narrat secundus ejus vitæ auctor, *è Cluniaco reditum, Policastrensis episcopus ordinatus est.* Neque nos movere debet utriusque vitæ S. Petri auctoritas, ubi Petrus non solum à clero & populo, sed etiam à Gisulfo Salernitano principe Policastrensis urbis episcopus postulatus esse dicitur. Nam Gisulfus jam ab anno MLXXV. Salernitano principatu spoliatus à Roberto Guiscardo fuerat, ut scribit Anonymus Casinensis in Chronico, atque hoc ipso anno Romam ad Gregorium confugerat. Quid ergo ad electionem Petri, si facta fuisset anno MLXXVIII. Princeps ille exutus conducere potuit? Nisi forte apud Gregorium intercesserit, ut Petrus, quem virum bonum & sanctum probe noverat, in Policastrensi solio collocaretur. Atque hoc modo facile conciliatur uterque vitæ Petri scriptor cum aliis historicis. Nam Gisulfi etiam è patria pulsi multum intererat ut aliquis sibi notus hanc dignitatem obtineret. Certe Petrus *non multo post suum e Cluniaco reditum*, ut habet secundæ vitæ Auctor, Policastrensis episcopus factus est. Qua in dignitate cum *parum temporis expendisset*, in monasterium Cavense reversus, statim Leoni Abbati paullo ante ejus mortem, ut ex utroque vitæ Auctore constat, substitutus est. Leo autem, uti ex calendario Cavensi & chronico brevi ad cyclos Paschales certum videtur, obiit mense Julio anni MLXXIX. quæ omnia cum intra unius anni & aliquot mensium spatium facile contingere potuerint, nostro calculo optime concordant. His non admodum

VII. Fit episcopus Ostiensis.

consentit Bulla quam Urbanus in Cavensium favorem dedit. Verum in hac Bulla complura, quæ variis temporibus evenerunt simul in unum congesta sunt. Deinde multis interpolationibus, ut legenti patet, deformata est; neque etiam in variis exemplaribus sibi constat; ita ut multa in uno occurrant, quæ in altero exemplo desiderantur.

Si tamen certum cuipiam videatur Petrum ante Gisulfi fugam creatum episcopum fuisse, ut certe innuit uterque vitæ auctor, dicendum erit Petrum multo ante Odonem in Italiam fuisse reversum, quem nonnisi post aliquot annos Odo subsecutus Cavam convenerit; errasseque secundum vitæ auctorem qui illud iter quod hi viri sancti seorsim confecerant, simul ab iis susceptum fuisse crediderit.

VIII.
Et papæ consiliarius.

Quid vero Odo factus Ostiensis episcopus primis episcopatus sui annis fecerit, nusquam legitur apud auctores antiquos; at eum tunc Gregorio magnis negotiis pene obruto semper præsto fuisse haud dubium est. Certe huc revocari potest Orderici locus, jam à nobis supra laudatus, in quo Gregorius dicitur *sibi* Odonem *præcipuum consiliarium elegisse*. Qui reipsa toto sui episcopatus primo quadriennio semper Pontificis lateri adhæsit, ut eum suis consiliis, suaque opera adjuvaret. Id innuit Benno pseudocardinalis & Gregorii atque Romanæ ecclesiæ hostis infensissimus, qui Odonem *Gregorii Pedisequum* appellare solet. Idem ipse auctor narrat in vita Gregorii VII. Odonem nostrum & Cunonem, fervente quæstione de Eucharistia contra Berengarium in concilio Romano anni MLXXIX. missos à Gregorio fuisse ad sanctam Anastasiam, ut ibi cum Suppone ejusdem ecclesiæ archipresbytero, jejunio & orationibus operam dantes tribus diebus, recitatis totidem psalteriis, ac missis celebratis, à Deo audire mererentur, ut olim sancto Gregorio simili occasione contigerat, quid de Eucharistiæ fide sentiendum esset.

Anno MLXXIX.

Certe difficillima erant tunc tempora ob graves discordias, quæ inter sacerdotium & imperium, tum maxime vigebant, quasque ferme insanabiles reddiderat Henricus Germaniæ rex electione Guiberti hominis facinorosi, quem jam à triennio sede Ravennensi extrusum, hoc anno in pseudopontificem

Anno MLXXX. IX. Wibertus antipapa.

B. URBANI PP. II. VITA.

pseudopontificem renunciari curavit, ut hanc larvam Gregorio legitimo pontifici opponeret. Id factum est apud Brixinam Norici urbem in conciliabulo triginta episcoporum schismaticorum anno MLXXX. septimo calendas Julii, ut videre est apud auctores passim vulgatos.

Anno MLXXXII. Romæ adhuc morabatur Odo, si verum sit eum Simonis e Crispeiensi comite tunc Jurensis monachi, eo anno, ut notat Albericus, defuncti, epitaphium scripsisse, nec mirum est hunc honorem Simoni fuisse delatum, cui locus inter apostolicos tumulos in Vaticana basilica concessus fuit, non solum ob eximiam ejus generis nobilitatem, sed, & id maxime, ob ingentia merita in ecclesiam Romanam, cui tuendæ à Gregorio in Italiam accersitus fuerat, uti narratur in ejus vita, sæculo V. parte 2. act. SS. ordinis Benedictini.

Anno. MLXXXII. X. Urbanus scribit Simonis epitaphium.

Ecclesiæ calamitates novo facinore auxit Henricus Augustus, anno MLXXXIII. cum post tentatam frustra superioribus annis urbem Romam, una ejus parte hoc anno potitus, captaque Leonina urbe Guibertum suum in sancti Petri Basilica sub falso Clementis III. nomine pontificem proclamari curavit; quem non Ostiensis & Albanensis seu Portuensis antistites, ad quos id muneris juxta privilegium eorum sedibus à SS. Patribus concessum, ut ait Bertoldus, pertinebat; sed Mutinensis & Ariminensis episcopi *jam multis annis depositi & anathematizati inthronizaverunt,* quod alii ab aliis episcopis factum scribunt. Præferenda esset Bertoldi auctoritas, ut pote qui tunc vivebat, & res singulas per singulos annos accurate digessit, si sibi constaret. At ipsemet anno MLXXXIV. loco Ariminensis Aretinum nominat; quod alii quoque auctores habent. Et quidem Episcopos Mutinensem & Aretinum non benedictionem, sed damnationem quam habebant, imposuisse Wiberto, scribit Gebehardus Salisburgensis archiepiscopus in epist. ad Hermannum Mettensem. Haud dubium quin & Ariminensis & Aretinus episcopi huic cæremoniæ adfuerint, nam Bertoldus observat, ad annum MLXXXIV. præter eos quos nominat, ceteros quoque episcopos excommunicatos Wiberti ordinationi interfuisse, quam anno subsequenti Albertus Stadensis & alii auctores consignant.

Anno MLXXXIII XI. Wiberto in Vaticana basilica intronizato.

B. URBANI PP. II. VITA.

AN. Christi 1083.
Concilium indicitur.

In tanta rerum perturbatione visum est Ecclesiæ proceribus operæ pretium esse congregare Synodum, cujus *statuta*, inquit Bertoldus, *de causa regni, nec Henrico, nec Romanis; immo nulli penitus liceret prævaricari.* Eam Gregorius mense Novembri habendam indixit, litteris ea de re ad omnes episcopos & abbates datis. Henricus vero in Langobardiam reversus, abhibito jurejurando, pollicitus est omnem securitatem universis, qui aut ad Synodum ituri essent, aut, ea finita, ad propria reverterentur; at promissorum suorum immemor, paullo post, fracta fide, plerosque eorum, qui ad concilium properabant, ac inter alios ipsum Odonem Ostiensem episcopum,

Odo ab Henrico captus.

quem ad eum Gregorius legatum miserat, in itinere apprehendi jussit, atque in captivitate detentos multis tormentis immaniter cruciari. Audiendus ea de re Bertoldus, qui rem his verbis exponit. *Legati Theutonicorum principum* ad Concilium *ire debuerant, sed ab Henrico in via apud Forum-Cassii capti & fœdati sunt circa festum sancti Martini, licet omnibus illam synodum petentibus securitatem juramento promiserit.... Erant autem religiosissimi monachi & clerici, quos in captivitate fecit cruciari, cum quibus & Ottonem venerandum Ostiensem episcopum captivatum, videlicet ad ipsum ab apostolica sede transmissum.* Hæc ille: verum nec illa, nec etiam vis acerbior Odonem à Gregorii legitimi pontificis obedientia umquam dimovere potuerunt. Is e contrario cum suis collegis, Albanensi & Portuensi episcopis, *libentius*, uti ad annum sequentem habet Bertoldus, extrema quæque sustinere præoptasset, quam *tam sacrilegæ*, Guiberti *ordinationi tanquam superbissimæ præsumptioni immisceri*. Bonam voluntatem effectu comprobarunt, si quidem *domino apostolico* Gregorio *conjuncti* eamdem ordinationem synodali judicio canonice condemnarunt.

ANNO MLXXXIV. XII. De pace agitur.

Tantas vero tamque graves Ecclesiæ calamitates ægre patiebantur viri passim religiosi, è quibus nonnulli, qui neutri parti suspecti erant, ad pacem inter Pontificem & regem conciliandam operam contulerunt. Hæc ex Pandulfo discimus in gestis pontificum, ubi inter alios signanter exprimit Hugonem Cluniaci abbatem, qui cum aliis viris probis Henricum monuit, ne anathemata à tot pontificibus illata parvipenderet. Paruit ille, aut certe, ut innuit ille autor, parere simulavit ; atque Odone, ceterisque captivis libertate redeundi ad propria donatis, cum Gregorio se pacem initurum spopondit, si ille sibi vellet imperiale diadema imponere. Sed cum Gregorius id se facturum negaret nisi sub certis conditionibus, quas Henricus recusabat, res infecta remansit ; & ille in schismate obfirmatus coronam à suo Guiberto solemniter recepit ; quo facto fas deinceps non fuit atrox illud scandalum ab Ecclesia removere. Libet Pandulfi locum integrum proferre ; *in tertio*, inquit, *quoque anno Rex ad obsidendam Romam reversus est: sed quia se ipsum excommunicatum à Cluniacensi abbate, atque aliis religiosis Deum timentibus pro certo haberi cognovit, ut eorum simplicitatem melius circumvenire posset, ad callida se argumenta convertit. Post captionem itaque Ostiensis episcopi & aliorum multorum, quos recepit, absolutos dimisit ; universis Romam visitare volentibus firmam securitatem dedit, quam juramento publice confirmavit. Et ut favorem popularem omnino prosequeretur & gratiam, in publico dixit, quod à domino Gregorio papa imperialis coronæ dignitatem vellet accipere..... At Gregorius respondit : Ego versutias & calliditates Regis frequenter expertus sum. Si autem vult in iis in quibus manifeste peccavit Deo & Ecclesiæ satisfacere, libenter absolvam, & imperialem sibi coronam cum benedictione imponam..... quod verbum cum Rex, remordente conscientia, penitus denegaret facere.... Pontifex diffidens sese in Crescentii castrum recepit &c.*

Henricus vero qui Lateranensem basilicam invaserat, ipsa Dominicæ resurrectionis die coronam in Ecclesia, *non gloriæ*, ut ait Bertoldus, *sed confusionis* à suo Guiberto suscepit ; Gregoriumque legitimum pontificem in altera Urbis parte obsedit. Inutiles tamen fuere ejus conatus, nam Pontifex Roberti Guiscardi Normannorum in Italia principis opera paulo post liberatus, Synodum in ipsa Urbe celebravit, in qua schismatici rursus excommunicati fuerunt. De hac Synodo Bertoldus ad hunc annum. *Dominus autem papa*, inquit, *collecta Synodo, iterum senten-*

ANNO.
CHRISTI
1084.
Odo liberatur.

XIII.
Henricus à Guiberto coronatus.

Excommunicatur.

Anno Christi, 1084. tiam anathematis in Guibertum hærefiarcham, Henricum & omnes eorum fautores promulgavit, quod & in festo sancti Joannis Baptistæ præterito jam dudum Romæ fecit, cum Henricus adhuc ibi moraretur. Tum addit hanc sententiam à legatis apostolicis, Petro videlicet Albanensi episcopo in Francia, & *Ottone Ostiensi episcopo in terra Theutonicorum ubique* fuisse *divulgatam*. Atque hæc prima est legationis apostolicæ mentio, qua Odo noster in Germania functus est.

XIV. Odo legatus in Germania.

Una autem e præcipuis ejus curis in ea legatione fuit, ut antistites ecclesiis orbatis provideret, animi vigore & probitate morum præstantes, quales sane exigebat iniquorum illorum temporum necessitas. Ex his fuit Henricus comes de Aslo, quem Hermanni Regis & cleri ac populi Paderbornensis consensu ac Odonis legati apostolici auctoritate Paderbornæ episcopum institutum fuisse memorat Schatenus in ejusdem ecclesiæ annalibus. Huc etiam revocari debet Reinwardi in Mindensem episcopum electio, si verum sit, ut idem auctor habet, *cum acclamante clero & populo ab Ottone Ostiensi episcopo, legato apostolico Gregorii pontificis per Saxoniam* in Egilberti demortui locum subrogatum fuisse. Sed nemo ex his celebrior fuit Gebehardo filio Bartoldi ducis, quem legatus morum sanctitate & natalium splendore illustrem, ex monacho Hirsaugiensi episcopum Constantiensem creavit; postea futurum sedis apostolicæ legatum, & strenuissimum in Germania ecclesiæ catholicæ defensorem. Hunc *invitum immo multum reclamantem ac ejulantem, clericis & laicis petentibus & laudantibus* ab Odone hoc anno XI. Calendas Januarii consecratum fuisse observat Bertoldus. Cum *pridie, id est, festo sancti Thomæ* presbyter, cum ipsomet Bertoldo chronici scriptore & aliis clericis, fuisset ordinatus. Gebehardum à nostro *Ottone* fuisse consecratum testatur etiam Paulus Bernradiensis in vita Gregorii VII. nec audiendus contra tantos testes Bruschius recens auctor, qui id à Petro Albanensi factum fuisse scribit. Et quidem Anonymus Apologiæ Henrici IV. auctor Ottoni (sic quippe Odonem nostrum appellare amant scriptores Germani) vitio vertit hanc ordinationem, quasi hoc facto cano-

Gebehard. episc. Constant. ordinat.

nes violasset, qui id, etsi non esset provinciæ metropolitanus, absque Moguntini archiepiscopi facultate facere ausus fuisset. Erat vero, uti omnes consentiunt, Gebehardus vir sanctus, & episcopali dignitate haud indignus, qui, ut refert Trithemius in chronico Hirsaugiensi, *regularis vitæ fervorem quem in monasterio innocenter vivens servare consueverat*, episcopus factus minime intermisit. Ceterum Odonem Constantiæ aliquamdiu commoratum fuisse, multaque ibi ad Ecclesiæ bonum ordinasse ex canonibus concilii Quindeliburgensis anno proximo habiti colligitur.

ANNO CHRISTI. 1085.

Initio anni sequentis, Odo Hermannum, quem Saxones adversus Henricum loco Rudolfi in regem elegerant, convenit; & colloquio quod inter ipsos Saxones & Henricianos habitum est die xv. post festum Epiphaniæ interfuit. Sed nihil ibi decretum est, propterea quod utraque pars, post multas concertationes, sibi quasi de victoria applaudens à colloquio discesserit. Non convenit inter auctores quo in loco habitus fuerit ille conventus, quem abbas Urspergensis & Trithemius in chronico Hirsaugiensi apud Berbares opidum Thuringiæ, alii Gestrungæ aut Goslariæ in eadem provincia celebratum fuisse volunt. Ibi Gebehardus Salisburgensis archiepiscopus catholicorum partes prolixa oratione tuitus est; cui cum Werilo archiepiscopus Moguntinus in Henrici favorem respondisset, res eo devenit ut non modo verbis, sed etiam armis acriter fuerit pugnatum. Eodem tempore Odo Apostolicus legatus Udonem Hildesheimensem episcopum, qui relictis Saxonibus ad schismaticorum partes transierat sacris interdixit. Nihil vero adeo catholicorum animos permovit, ac nova Wicelonis archiepiscopi assertio, qui in pleno conventu veritus non est affirmare, quemcumque hominem tamdiu divinis legibus subjacere non posse, quandiu ille fuerit rebus suis spoliatus. Quam quidem sententiam hæresim, ipsumque adeo Wicelonem *hæresiarcham* deinceps catholici appellare non dubitarunt.

XIV. Colloquio in Saxonia interest.

Turbata his rixis Germania, ii qui Gregorio adhærebant, ut se suosque contra adversariorum conatus tuerentur, Synodum indicendam statuerunt; quæ in ipsa

XVI. Convocat concilium Quindeliburg.

Paschatis hebdomada apud Quindeliburgum, seu, ut illorum temporum auctores Germani scribunt, Quintilineburgum Saxoniæ superioris urbem celebrata est, cum ibidem Odo legatus, Hermannus rex & alii proceres peregissent festa paschalia. Huc convenere cum legato duo archiepiscopi, Gebehardus Salisburgensis & Hartwigus Magdeburgensis, aliique complures episcopi, qui multa & quidem præclara, in hac Synodo statuerunt, quæ à Bertoldo ad hunc annum referuntur.

In eadem Synodo condemnata est Weziliana, uti eam vocabant, hæresis, de qua superius diximus; & synodali judicio, ut habet Bertoldus, laudata atque confirmata fuit ordinatio domni Gebehardi Constantiensis episcopi, quam Odo anno præcedenti celebrarat; *immo*, uti ille auctor prosequitur, hic confirmata fuere ea *omnia quæ præfatus sedis apostolicæ legatus, cum esset Constantiæ, ordinaverat*. Tum anathema dictum est in episcopos schismaticos, eorumque caput Wibertum sedis apostolicæ invasorem, ejusque pseudocardinales, Hugonem - Album, Johannem Portuensem, Petrum cancellarium &c. quam sententiam, ne aliqua solemnitas deesset, patres omnes accensas candelas manibus gestantes publice promulgarunt. Mirum est in hujus concilii subscriptionibus, quæ referuntur in appendice ad tomum x. conciliorum Labbei, Odonem sub solo *monachi Cluniacensis & legati Gregorii papæ* titulo recenseri, nulla pontificalis ejus dignitatis facta mentione; licet certum sit eum tunc episcopum Ostiensem fuisse. Episcopi vero factionis Henricianæ, qui tertia hebdomada post finitam hanc synodum Moguntiam convenerant, pariter excommunicarunt Gregorii defensorem atque episcopos catholicos ex suæ potestatis civitatibus expulerunt, sublectis in eorum locum aliis, qui ipsis adhærerent. Hujus conciliabuli episcoporum nomina prætereo, quæ videsis in eadem conciliorum Labbei appendice: at catholici xiv. concilii Quindeliburgensis quos illi excommunicarunt, ii erant *Gebehardus Salisburgensis, Hardwicus Magdenburgensis, seu Magdeburgi, Adalbero Vvirtzburgensis, Altmannus Bathavensis, seu Patavii, Bernar-*

B. URBANI PP. II. VITA.

dus, an Wernharius, seu Guernerius, *Mersburgensis*, *Guntherus Citicensis*, *Benno Mæsianus*, seu potius Misnensis, *Albertus Vangionus*, id est Wormaciæ, *Burkardus Halberstatensis*, *Hermannus Mediomatricus*, *Reginardus Mindensis*, *Vvigoldus Augustanus*, *Gebehardus Constantiensis*, & *Henricus Bambergensis*.

ANNO CHRISTI, 1085.

Inter ea Gregorius, qui relicta Urbe primum in monasterium Casinense secesserat, Salerni moritur die VIII. calendas Junii, ubi in ecclesia sancti Matthæi ab eo consecrata honorifice sepultus est. Cum vero proximus esset morti, interrogatus quid sentiret de futuro sibi successore, nonnullos ad id munus aptos designasse fertur, Hugonem scilicet Lugduni archiepiscopum, Anselmum Lucensem, Odonem Ostiensem, aut certe Desiderium abbatem Montis-Casini, sic plerique antiqui auctores. At Petrus Casinensis ait Gregorium hortatum fuisse episcopos & cardinales, ut Desiderium eligerent, aut si id fieri non posset, unum aliquem ex tribus aliis memoratis. Anselmum omittit Paulus Bernradiensis in vita Gregorii, sed recensitis tribus aliis quos Pontifex indicaverat, subjungit: *Verum quia Otto nondum à Germaniæ & Galliæ partibus redierat, ubi apostolica legatione functus.... & alia nonnulla ad stabilimentum Ecclesiæ prudenter ordinaverat; Hugo quoque sua lustrans gubernacula procul aberat, interim suasit eligi vicinum Desiderium licet brevissime victurum &c.* At vix umquam adduci potuit Desiderius, ut pontificatum quem statim post Gregorii obitum ei omnes detulerunt, assumeret, resque in longum protracta est.

XVII. Gregorius VII. moritur.

Odo autem ex Germanica legatione in Italiam hoc anno reversus Cluniacenses suos in transitu imvisit, ibique infirmorum ecclesiam consecravit, uti discimus ex historia translationis sancti Maximi. Quæ translatio solemni ritu hoc anno in monasterio Nantuacensi à nostro Odone facta est. Hanc historiam ab auctore anonymo sed æquali descriptam, ex codice ms. ejusdem loci, in hujus voluminis appendice integram referemus; sed interim pauca ex ea delibanda sunt. Nantuacum, seu ut vulgo hodie dicitur, Nantua celebre est monasterium diœcesis Lugdunensis apud Sebusianos, olim abbatiæ titulo dona-

XVIII. Odo Cluniaco transit.

Nantuæ corpus S. Maximi elevat.

tum, quod postmodum Cluniacensi monasterio subjectum fuit. Ibi servabantur sancti Maximi, uti putabant, Regiensis episcopi, reliquiæ, sed absque ullo cultu, eo quod hactenus retectæ terra publice fidelium venerationi nondum exhibitæ fuissent. Ex adventu Odonis, Hugo Cluniaci abbas Nantuacique monasterii tum Prior, censuit opportunam sibi sacras illas e terra levandi reliquias oblatam esse occasionem, quare consilio cum eo ceterisque, qui ibi forte aderant, inito, præmississque jejuniis & orationibus, die VI. calendarum Septembrium sancti Antistitis ossa e vetusto tumulo in capsam paratam translata publicæ populorum venerationi exhibuerunt, quod hoc anno contigisse colligimus ex ipsis historiæ laudatæ verbis, ubi Hugo dicitur die dominico, IX. calendas Septembris capitulum convocasse. Quippe ab anno MLXXVIII. quo Odo factus fuit episcopus Ostiensis ad annum MLXXXVIII. quo conscendit thronum apostolicum, dies dominica semel tantummodo in diem XXIV. Augusti incidit, idque anno MLXXXV. cui proinde consignanda est hæc corporis sancti Maximi elevationis solemnitas. Et quidem certum est hoc ipso anno Odonem è Germania in Italiam rediisse, quo in itinere Cluniacum & Nantuam invisere facile poterat. In veteri Nantuacensi Kalendario memoria habetur translationis sancti Maximi &c. sed die VIII. calendas Septembris, quod videtur esse nostri exempli mendum, nam in historia dicitur statutum fuisse, ut in posterum ejus festivitas die VII. calendas ejusdem mensis celebraretur.

Huc revocari debet res mira, quam sancto Hugoni apud *Nantuacum*, dum hic Odo noster morabatur, contigisse memorant. Cum enim ei relatum fuisset Willencum, qui tum erat Prior Caritatis ex hac vita migrasse, statim vir sanctus ad altare pro defuncto hostiam vivam Deo Patri oblaturus accessit. At non passus est tantum virum falli veritatis auctor, revelatumque ei est, non Willencum, sed Orium fato functum esse. Quod sanctus Abbas completo sacrificio adstantibus palam declaravit. *Erat ibi*, inquit Hugo monachus vitæ sancti Hugonis auctor æqualis, *Odo, qui Prior fuit Cluniacensis, post episcopus Ostiensis, deinde apostolicæ sedis pontifex summus Urbanus secundus:*

qui

B. URBANI PP. II. VITA.

qui legatione transmissâ, invenit juxta viri Dei verbum non Vuillencum obiisse, sed Orium. Odo post hæc in Italiam rediit, ubi nihil omisit cum cæteris Romanæ ecclesiæ fidelibus, ut dignus Gregorio successor daretur.

Anno Christi 1086.

Effluxerat jam pene annus integer à morte Gregorii sine pontifice, quod nullo pacto Desiderius Casinensis abbas adduci posset ad Ecclesiæ regimen suscipiendum. Has moras etiam in schimaticos rejecit Bertholdus, qui cum Guiberto suis factionibus catholicos perturbabant. Sed tandem, ut narrat Petrus diaconus in continuatione Leonis Ostiensis libro 3. chronici Casinensis capite 66. quotquot erant Romæ ecclesiæ & beato Petro viri fideles, sive ex clero, sive ex nobilibus aut populo, in diaconiam sanctæ Luciæ convenerunt; ibique, quod jam semel & iterum atque iterum palam & privatim fecerant, Desiderium multis precibus & lacrymis cœperunt urgere, ut ne diutius ecclesiam Romanam, quæ eum ad Pontificatum elegerat, in tanto rerum discrimine orbatam pastore remanere permitteret, sed frustra. Quare illi rogant, ut saltem eum, qui ad tantum onus suscipiendum illi aptus videretur, judicaret. Accepit ultro Desiderius conditionem, habitoque consilio cum Cencio consule Romanorum, statim Odonem Ostiensem episcopum in Pontificem nominavit. Ibant omnium suffragia in Odonem, cum ecce, inquit ille auctor, *repente quidam de Cardinalibus,* cujus nomen non retulit, *contra canones hanc esse electionem affirmans, nequaquam se consensurum clamavit,* ceteris contra nitentibus, *& pro tempore, pro necessitate hoc ferre oportere adstruentibus.* Sed frustra, *nam ceteri hunc nequaquam ad suam sententiam flectere valuerunt.* Quid vero in hac Odonis electione contrarium sacris canonibus inventum fuerit, non exprimit Petrus: at, si bene judico, nihil aliud obtendere poterat cardinalis ille Anonymus, nisi quod cum Odo jam esset Ostiensis episcopus, ad Romanæ ecclesiæ regimen transferri non posset absque aliqua canonum infractione, qui passim prohibebant episcoporum ex una ad aliam ecclesiam translationes. Verum quod vetat ecclesia ad reprimendam ambitiosorum aut avarorum episcoporum immoderatam cupiditatem, seu nimiam dominandi in clero li-

XIX. Desiderius pontificatum recusat.

Odo nominatur, sed absque effectu.

Tom. III.

bidinem, illud ipsum quandoque permittit, immo & nonnumquam exigit, cum aliqua urget necessitas: qualis sane tunc maxime instabat in tanta rerum perturbatione. Vicit tamen unici illius obfirmata in suo sensu pervicacia; ceterique omnes ei cedere coacti, iterum unanimi sententia in Desiderii electionem concurrunt; ac statim, velit nolit, eum cappa rubea indutum ipso die Pentecostes anni MLXXXVI. Pontificem sub Victoris III. nomine proclamant: verum cum ille nec dum plane electioni suæ consentiret, ejus consecratio in sequentem annum dilata est.

Anno insequenti celebrato apud Capuam concilio ad quod Odo noster Ostiensis Hugonem Lugdunensem invitaverat, Victor episcoporum ac principum qui cum eo erant precibus & lacrymis devictus, pontificia insignia, quæ statim post suam electionem Casinum remeans dimiserat, recepit ac die XII. calendas Aprilis in dominica palmarum indutus purpura, cruce præcedente in publicum solemniter processit, celebratisque in monte Cassino Paschalibus festis Romam perrexit, ubi, post expulsum è basilica Vaticana Guibertum, in ea consecratus est ab Odone nostro Ostiensi, Petro Albanensi, Portuensi & Tusculano Romanis episcopis, aliisque, Cardinalibus quoque, Episcopis atque Abbatibus assistentibus: quod quidem, ut auctor est idem Petrus, dominica post Ascensionem die VII. Idus Maii factum est. Consecratus tamen fuisse dicitur *exeunte Maio* apud Bertoldum, sed forte error est librarii, legendumque est *ineunte Maio*.

Accusat Odonem Hugo Lugdunensis fractæ fidei, quod Victorem contra propriam sententiam & promissa sibi aliisque facta, humani aliquid passus ordinaverit. Plura habet ea de re in duabus epistolis ad comitissam Mathildem quam sibi conciliare, atque ad suas partes attrahere nititur. In iis vero litteris ea refert quæ adversus Victorem machinatus fuerat. *Cum*, inquit, *Ostiensis episcopus nobiscum bene per omnia cucurrisset, ut vidit quod Abbas,* sic Victorem appellare consuevit, *per potentiam principis Jordani ad consecrandum se Romam ire intendebat; timens forte ne sua dignitate privaretur, si ab aliis prima manus consecratio ei imponeretur, conversus est in die belli; & immemor factus propositi, & factæ nobis sponsionis, quod dicere pudet, cum Abbate pacem faciens, reverentiam ei per omnia sicut Papæ exhibuit.* Verum quod Hugo in Odone occasione hujus ordinationis reprehendit, videtur esse laude dignum. Nam etsi forte aliquid in Victore reprehendendum fuerit, quod non ausim dicere, non tamen tanti esse poterat momenti, ut electio jam facta, & ab omnibus, immo & ab ipso Hugone ejusque sequacibus (ut ipsemet fatetur, & ei Victor in concilio Beneventano exprobravit) approbata infirmari deberet; maxime cum periculum esset, si id Odo fuisset aggressus, ne ea occasione Ecclesia, tot jam procellis agitata, novo schismate vexaretur. Unde recte satius judicavit vir prudens Victoris electioni unanimi omnium catholicorum assensu factæ & confirmatæ consensum præbere, quam specie majoris studii disciplinæ ciere novos tumultus. Hinc merito Hugo ipse & Cardinalis Richardus Massiliensis abbas, antea legatus apostolicus, qui soli videntur Victoris ordinationi contradixisse, in Beneventano concilio à Victore, cæteris patribus hanc sententiam *judicio & auctoritate sua*, ut habet Petrus in chronico Casinensi, approbantibus, communione privati sunt, quod sese ipsi à ceterorum catholicorum unanimitate sejunxissent. Et quidem Mathildis, quam duabus epistolis Hugo sollicitaverat, à Victoris obedientia retrahi non potuit. Hugonem vero ipsum hac in re, sicut & Richardum, quod Odoni exprobrabant, aliquid humani passos fuisse, eorum agendi ratio satis superque ostendit. Etenim, ut Victor ipse in concilio Beneventano coram patribus exposuit, antequam Victor suæ electioni consensisset, eum ad Pontificatum suscipiendum Hugo & Richardus simulate adhortabantur, subjectionemque ei omnem tunc spondebant; quod sperarent eum in sua sententia perseveraturum, ac sic alterutrum ex ipsis, ad Pontificatum, quem ille pervicaciter recusabat, perventurum: at cum Victor assensum tandem præbuisset, nulla eis relicta adipiscendæ hujus dignitatis spe, nisi Victor ipse pelleretur, *conceptam ambitionis flammam*, ut aiebat Pontifex in

Anno Christi 1087.

concilio mox laudato, *clibanus exturatus evomuit*. Illi nempe sua exspectatione frustrati fere in apertum schisma eruperunt, Odonemque, quod Victorem ordinasset, vituperare & conviciis onerare ausi sunt. Verum, cum illi hunc nævum postea, ad Ecclesiæ unitatem redeundo, abluerint, ipseque Hugo in secunda ad Mathildem epistola contestatus fuerit, se numquam à cæterorum catholicorum communione discessisse, parco de hujusmodi culpa diutius disserere, ne cineri illorum atque ossibus dolorem inurere voluisse videar. Moneo tantum alteram ex duabus Hugonis ad Mathildem epistolis insertam ab Hugone Flaviniacensi fuisse in chronico Virdunensi, alteram vero ex Mss. Cod. Cluniacensis monasterii editam esse to. 2. Spicilegii Acheriani, acta denique concilii Beneventani legi apud Petrum diaconum L. 3. chronici Casinensis. At Urbani epistolas, quas sibi ab Hugone Cluniacensi monstratas fuisse dicebat Hugo, in quibus Pontifex Cluniacenses monebat, ut sese ab ejusdem Hugonis & Richardi Massiliensis abbatis communione removerent, nusquam vidimus.

Dignitatem quam ægre adeo susceperat Victor haud diu retinuit. Etenim cum Beneventi, ubi concilium celebrabat, in morbum lapsus, exitus sui diem imminere persensisset, Casinum statim rediit, ibique Oderisio sibi in monasterii regimine substituto, episcopos & cardinales, qui in ejus comitatu erant, convocavit, *eosque monuit ac præcepit*, uti narrat Petrus libro 3. Chronici Casinensis capite 73. ut Odonem Ostiensem episcopum, post suam ipsius mortem, quam proxime eventuram esse non dubitabat, juxta Gregorii morientis votum in Romanum Pontificem eligerent ; *quem, quia præsens aderat, manu apprehensum cæteris episcopis tradidit, dicens: Accipite eum, & in Romana sede locate: meamque vicem in omnibus, quousque id facere possitis, habete*. Paullo post, mense scilicet Septembri, Victor moritur ; sed ejus successoris electio, ob temporum difficultates in sequentem annum dilata est.

Decursis à Victoris obitu sex circiter mensibus de successore tandem actum est. Conventus ea de re apud Terracinam Campaniæ Romanæ urbem mense Martio, anno MLXXXVIII. habitus est, in quo catholicorum omnium unanimi consensu simul, & applausu Odo episcopus Ostiensis Romanus Pontifex renuntiatus fuit sub *Urbani II.* nomine. Nemo autem non laudavit, quod Odonis generis nobilitas, animi mansuetudo, suavitas morum, vitæ innocentia, in tractandis negotiis prudentia & dexteritas, in adversis constantia insuperabilis, aliæque virtutes, quæ maximum Pontificem decent, omnibus essent notæ. Eum nebulosis illis temporibus, *à Deo Israel maximum principem contra allophylos constitutum* fuisse scribit Ordericus Vitalis libro 8. cui *Dominus turrem David cum propugnaculis contra faciem Damasci committeret.* Tum eum sic repræsentat. *Hic erat natione Gallus, nobilitate & mansuetudine clarus, civis Remensis, monachus Cluniacensis, ætate mediocris, corpore magnus, modestia discretus, religione maximus, sapientia & eloquentia præcipuus.* Urbani electionem laudat quoque Domnizo, lib. 2. cap. 7. ubi cum ob eloquentiam *Rhetorem* appellat, qui, inquit, *ut Salomon dicebat, & considebat, ut justus leo.* Eumdem *doctrina & sanctitate vitæ quovis grandi magistratu dignum fuisse*, Platina asseverat.

Venia autem dignus est Bertoldus, qui in Germania constitutus contra aliorum auctorum testimonium, & ipsius Urbani epistolas, scripsit hanc electionem Romæ fuisse factam, at à cæteris in celebrandis hujusce pontificis laudibus non dissentit. *Romæ*, inquit, *cardinales & episcopi, & reliqui de clero & populo catholico Ottonem Ostiensem episcopum, religione & eruditione celebrandum, papam CLXI. ordinaverunt; eique nomen Urbani Secundi indiderunt,* IV. *idus Martii.* Hac ipsa eadem die Urbani electio consignatur in brevi chronico Cavensi ad cyclos Paschales; immo & in ipsis Urbani litteris, quas ea de re scripsit.

Et quidem Bertoldus testatur novum Pontificem statim post suam electionem litteras encyclicas per totum orbem Christianum misisse. *Insequenti*, inquit, *die missis litteris omnibus catholicis; & suam ordinationem omnibus declaravit, & se in omnibus vestigia sui prædecessoris piæ me-*

ANNO CHRISTI, 1088.
XXII. Urbani III electio.

Litteras ea de re scribit.

moriæ Gregorii papæ observaturum denunciavit. Testis est Domnizo lib. 2. cap. 3. Urbanum tunc aut certe paullo postea ad Mathildem comitissam scripsisse, ut eam ad perseverandum in tuenda adversus schismaticos sedis apostolicæ causa adhortaretur. Ceterum non epistolas modo, sed etiam legatos ab Urbano in diversas plagas missos fuisse tradit Ordericus libro laudato, ut principes Christianos in fide & unitate confirmaret. *Confisus in Domino cælorum*, ait hic Auctor, *qui non relinquit virgam peccatorum super sortem justorum, misit legatos & epistolas Romanæ auctoritatis Francis & Græcis, aliisque gentibus per orbem constitutis, ut in fide catholica irrefragabiliter persisterent & omnem scissuram à lege Dei & corpore Christi, quod est Ecclesia, callide præcaverent.*

Aliquot ex epistolis illis, ab Urbano statim post suam electionem scriptis, supersunt. Una inscripta est Salisburgensi metropolitano, aliisque Germaniæ episcopis catholicis, quos ad perseverantiam in Ecclesiæ catholicæ obedientia paucis, sed maxime efficacibus, verbis adhortatur. Alteram scripsit ad episcopos Viennensis in Gallia provinciæ in qua post significatam eis suam electionem, illos monet, ut suæ metropoli succurrant, quæ ob diuturnam sedis vacationem jacturas graves patiebatur. Eadem occasione, eodemque tempore, Pontifex ad Hugonem abbatem Cluniacensem, suum olim in disciplina monastica magistrum scripsit, qua verbis tenerrimis eum adhortatur, ut quanto citius fas ei fuerit Romam accedat ipsi, ad tam grave onus portandum, opem allaturus. Similes litteras, sed quæ exciderunt, Raynaldum Remorum antistitem ab Urbano recepisse conjicit Marlotus tomo 2. metropolis Remensis, ex charta initio anni sequentis data, in qua Raynaldus invitante Urbano se Romam adire testatur. An etiam ad Anglorum antistites, quorum primam sedem tunc obtinebat beatus Lanfrancus Cantuariæ archiepiscopus, scripserit novus Pontifex, haud certum est: at ex sancti Anselmi gestis colligitur Urbanum ante ejusdem Sancti electionem nec admissum nec rejectum in Anglia fuisse.

Tanta autem erat apud omnes de Urbano opinio, ut nullus

eum non amaret, nullusque pro vero & optimo Pontifice eum libenter non agnosceret, præter Henricum Augustum, ejusque sequaces; quos tamen adeo, pro sua prudentia & lenitate morum demulsit, ut plerosque illorum puderet se tam amabili, tam sancto viro adversari. Hinc sub ejus vitæ finem vix aliqui supererant qui Guiberto pontifici adhærerent. *Solus*, inquit Ordericus, *Henricus Teuthonum princeps & Pedisequi ejusdem Guiberto adhærebant; Galli vero & Angli, aliæque gentes pene omnes per orbem Urbano pie obsecundabant.* Quin & *Pisani,* ut habet Bertoldus, *Genuenses & alii multi ex Italia,* debellato uno ex Africanis regibus, *cum apostolicæ sedis tributarium fecerunt.* Cujus expeditionis meminit Chronicon Pisanum, in quo duæ *munitissimæ* urbes die sancti Xixti captæ memorantur.

Anno Christi, 1088. XXIV. Urbanum omnes amant.

Huc usque varios auctores, qui data occasione summatim de Urbani electione scripserunt, laudavimus: jam vero proferre libet egregiam ejus descriptionem, quam Petrus diaconus libro 4. chronici Casinensis cap. 2. inseruit, ubi omnem ejus seriem cum singulis circumstantiis fuse & particulatim explicat.

XXV. Particularis ejus electionis descriptio ex chron. Casin.

„Post mortem Victoris tristitia ingens & desperatio cunctos nostræ partis invasit; & jam fere quid agerent, vel qualiter se de Ecclesia intromitterent, ignorabant. Episcopis circumquaque dispersis frequentes nuntii, crebrique legati tam Romanorum, quam Ultramontanorum & comitissæ Mathildæ ad eosdem episcopos transmissi hortabantur pariter ac rogabant, ut.... in unum convenientes caput facere christianitatis satagerent; membra Dei auxilio capiti non defutura. Tandem itaque rursum in unum coadunati, una cum abbate nostro Oderisio miserunt litteras Romanis clericis ac laicis, sancti Petri fidelibus, ut quotquot ex eis possent, prima hebdomada quadragesimæ Terracinam venirent: quotquot vero non possent, assensum suum in persona, quam ipsi concordi voto eligerent, propriis litteris repræsentarent. Similiter etiam miserunt litteras universis circumquaque per Campaniam, Principatum, atque Apuliam manentibus episcopis atque abbatibus, ut quicumque

» possent absque canonica excusatione per seipsos ad præ-
» dictum locum & tempus occurrerent: non autem valen-
» tes, aut per idoneas personas, aut certe per litteras,
» consensum suum transmittere perstuderent. Factum est,
» & quarta feria primæ hebdomadis quadragesimæ, VIII.
» scilicet idus Martii, congregati sunt apud Terracinam
» Campaniæ civitatem cum episcopis & cardinalibus Ro-
» manis supra nominatis, atque cum nostro abbate O-
» derisio, archiepiscopi, episcopi, atque abbates ex diver-
» sis partibus, numero quadraginta, ab urbe autem Ro-
» ma, Johannes Portuensis episcopus, omnium cardina-
» lium & clericorum catholicæ dumtaxat parti faventium:
» Benedictus vero præfectus: universorum laicorum fide-
» lium legationem & consensum unanimem per litteras
» attulerunt. Legatorum autem Ultramontanorum &
» Mathildæ comitissæ nonnulli interfuerunt, orantes in-
» stanter ut eidem propter quam convenerant rei, cum
» auxilio & gratia Spiritus Sancti, ita studerent, ut læta
» illis à quibus legati fuerant nuntia referre valerent.
» Altera igitur die convenerunt omnes pariter ad episco-
» pium prædictæ civitatis in Ecclesia beati Apostolorum
» Principis & sancti Christi levitæ Cœsarii, & cum re-
» sedissent, surgens in medium Tusculanensis episcopus,
» retulit per ordinem omnia, quæ de ordinatione Ecclesiæ,
» vel papa Gregorius antea, vel postmodum Papa Victor
» statuerant, simul etiam quam ob causam ipsimet universi
» tunc in eodem loco convenerant. Dehinc surgens epi-
» scopus Portuensis, & Benedictus præfectus, retulerunt
» & ipsi tam clericorum quam laicorum fidelium à Roma
» super hoc negotio legationem pariter atque consensum;
» videlicet, ut quemcumque ipsi tunc unanimi voto ad
» hoc officium promoverent, eumdem omnes pari & simili
» consensu in apostolica sede statuendum reciperent. Cum-
» que hujus monasterii abbas & archiepiscopus Capuanus,
» & ad postremum qui convenerant, benefactum recteque
» dictum laudassent.... statuerunt demum communi con-
» silio, ut per tres illos dies, id est quintam & sextam
» feriam, ac sabbato triduanum specialiter jejunium ce-
» lebrarent in abstinentia & orationibus ac eleemosynis

divinitus

B. URBANI PP. II. VITA.

divinitus ostendi sibi personam tantæ dignitati condignam continuis precibus impetrarent. Dominica itaque die valde mane omnes iterum in eadem ecclesia congregati, cum inter se pariter nonnulla de re hujuscemodi tractavissent, exsurgentes tres cardinales episcopi, qui caput ejusdem concilii erant, Portuensis scilicet, Tusculanensis & Albanensis, ambonem ascenderunt, factoque silentio, uno simul ore pronunciant, Ottonem episcopum placere sibi in Romanum pontificem eligendum. Cumque utrum omnibus idem quoque placeret, sicut est consuetudo, requirerent; repente mirabili ac summa concordia, omnes magna voce hoc sibi placere, dignumque illum universi conclamant apostolicæ sedis papam existere. Tunc Albanensi episcopo pronunciante, *Urbanum* illum placere vocari; mox cuncti surgentes capiunt, eumque cappam laneam exuentes, purpuream induunt, & cum acclamatione, atque invocatione Spiritus Sancti ad altare beati Petri apostoli illum pertrahentes, in pontificali solio ponunt quarto idus Martii: sicque ab eodem Pontifice missa solemniter celebrata, universi gaudentes, Deoque gratias referentes, redierunt ad sua. Hæc Petrus diaconus, quibus jungenda quæ ipse Urbanus habet in epistolis supra laudatis.

Narrat idem Petrus libro 4. cap. 5. Urbanum post suam electionem sacrum Casini montem invisisse, ibique sancti patris Benedicti meritis à gravissimo lateris dolore, quo frequenter afflictari solebat, tuncque vehementer afficiebatur, liberatum fuisse. Subjungit Petrus hoc miraculum testimonium sui *corporis* apud Casinum *præsentia* à beato Benedicto patratum fuisse, quod, inquit, ea de re Pontifex dubitare videretur. Et quidem vulgati auctores bullam Urbani ea occasione datam laudant. Sed hæc à Baronio ad annum MLXXXVIII. aliisque viris doctis veluti spuria rejicitur. De hujus sinceritate alii judicabunt; at dissimulare non licet eam ob notarum chronologicarum defectus, & rerum in ipsa contentarum insolentiam; immo ipsum etiam stilum apud cordatos homines & eruditos in falsi suspicionem non immerito venisse. Et quidem licet nolimus infitiari Urbanum sancti Benedicti meritis in sa-

Annо Christi 1088.

XXVI. Pontifex Casini miraculo sanatur.

Bulla Casin. t. 1. p. 12.

cro Monte sanitatem recuperasse; haud tamen admittimus, quod ille Auctor narrat, sanctum Patrem Pontifici apparuisse, ut eum de præsentia sui ipsius corporis apud Casinum, quam antea non credebat, faceret certiorem. Liquet enim ex aliis passim locis, Petrum ejusmodi historiolas occasione miraculorum re ipsa à sancto Benedicto patratorum passim suis narrationibus immiscuisse, quæ cum rerum gestarum veritate stare non possunt.

Anno Christi 1088.

Inde assumit Johannem diac.

Si eidem Auctori credamus, Urbanus monasterium Casinense rursus invisit paulo ante Trojanam synodum. *Quo tempore*, inquit, *cap. 7. supradictus papa Urbanus iterum ad has partes deveniens Johannem Cajetanum loci hujus, id est Casini, monachum diaconum in Lateranensi patriarchio ordinavit.* At Johannis promotio, ut in hunc locum observat Angelus de Nuce, ad primum Urbani accessum revocari debet, idque compluribus & indubitatis diplomatibus certum est, quæ à Johanne hoc ipso anno MLXXXVIII. Urbani pontificatus primo subscripta passim reperiuntur. Certe hanc notam diserte habent Urbani litteræ pro primatu Toletanæ ecclesiæ in Hispaniis, privilegium Cluniacense, & alia quibus subscripsit Johannes *præsignatoris* titulo usque ad annum MLXXXIX. quo Cancellarii dignitatem obtinuit.

XXVII. *Bantinum monast. dedicat & privilegio donat.*

Adhuc in Casinensi monasterio versabatur Urbanus, cum à Rogerio duce & fratre ejus Boamundo, Roberti Guiscardi filiis, simul & ab Ursione abbate monasterii Bantini prope Acheruntiam in Apulia siti, invitatus est, ad ejusdem loci ecclesiam in honorem beatæ Mariæ consecrandam. Quod cum fecisset pontifex illorum principum eorumque *comitum & baronum* interventu, idem monasterium maximis prærogativis donavit. Quæ fusius in diplomate ea de re donato explicantur. Illud privilegium inter Urbani epistolas primum locum obtinet in editione conciliorum Labbeana, sed sub hoc falso titulo, *de ecclesia sanctæ Mariæ Casinensis monasterii à se consecrata & privilegio munita.* Exstant apud Ughellum, tomo 7. Italiæ sacræ, ubi de Acheruntinis archiepiscopis, litteræ Paschalis secundi, quæ hoc ipsum Urbani privilegium confirmant. Quin & cum Apuliæ quidam proceres, Rogerio

B. URBANI PP. II. VITA.

proculdubio atque Boamundo alio intentis, monachos ejusdem loci, direptis etiam monasterii bonis & chartis, vexarent, Urbanus ea de re ad Rogerium & ejus fratrem scripsit, ut sua auctoritate temerarios illos compescerent, minatus insuper se sacrilegos adeo homines anathemati subjecturum, nisi brevi resipiscerent.

Anno Christi, 1085.

Papæ monitis obsecundarunt pii principes, monasteriumque novo privilegio munierunt, quod ab ipsis aliisque comitibus & nobilibus viris subscriptum est, ne chartarum & diplomatum quæ perierant jactura, detrimentum aliquod locus ille sacer pateretur. In novo autem illo instrumento Rogerius ac ejus frater Boamundus inter cetera sibimet ipsis gratulantur, quod eorum opera summus ipse Pontifex propriis manibus hujus monasterii ecclesiam consecrasset. Tum laudant privilegium ab eodem pontifice concessum, quod *triginta duobus catholicis patribus innixis singulis pastoralibus virgis, adstantibus,* præsente *comitum & baronum innumera multitudine* roboratum fuisse testantur. Et ne quid loci tutelæ firmitatis deesset, narrant quibus conditionibus id à pontifice præstitum fuerit. *Monasterium ipsum,* inquiunt, *dominus papa consecrare omnino renuit, priusquam idem & omnia sua in nostra & hæredum nostrorum speciali cura & defensione omnimoda reciperemus; & convicini comites & barones qui aderant, Apostolica jussione evangelicis sacramentis adstricti, eidem monasterio & rebus omnibus suis pacem & defensionem perpetuam, & generalem libertatem se ubique custodire promitterent.* Tum recensent varias donationes à seipsis factas, confirmantque & augent monasterii immunitates. Quia vero privilegii quod ab Urbano datum fuerat autographum simul cum aliis chartis direptum, non amplius inveniebatur, curarunt providi principes, ut aliud ejus exemplar authenticum describeretur, quod primi locum & auctoritatem haberet. Digna sunt eorum verba, quæ hic inserantur. *Nos,* aiunt, *tacti dolore intrinsecus, & extrinsecus aspersi rubore, quoniam labor debitæ nostræ sollicitudinis pretiosum Apostolicum instrumentum, nostris supplicationibus constitutum, & subreptum tempore nostro nunc usque reperiri non potuit; secundum quod fideliter ab eo exemplatum invenimus, nostro*

Quod violatum denuo firmatur.

E ij

nostrorumque comitum & baronum pari memoria protestante, præsens hoc simile liberatorium scriptum per manus magistri Theodosii nostri notarii scribi mandavimus, & plumbea bulla, nostro solito typario impressa confirmari, &c. Quæ apud Baronium habentur ad annum MXC. ubi instrumentum istud datum Canusii mense Julio, indictione XIII. integrum habetur, cum Rogerii Boamundi aliorumque optimatum subscriptionibus.

XXVIII. Ex his autem facile intelligitur quantum à vero aberraverit Ughellus tomo 7. Italiæ sacræ ubi in catalogo antistitum Acheruntinorum hanc Bantini monasterii dedicationem ad annum MXCIII. ex veteri, ut putat, monumento revocare conatur. Etenim quamvis inficiari nolimus Urbanum anno MXCIII. aut etiam aliis temporibus; ut innuit Petrus diaconus in continuatione Chronici Casinensis, Casinum invisere potuisse, immo & eum in Apuliam cum memoratis principibus variis temporibus non semel convenisse, si tamen certa sunt monumenta quæ numero superiori laudavimus, & sane illa esse certa haud dubitari potest, vix ultra annum MLXXXVIII. differri potest hujus dedicationis celebritas. Etenim anno MXC. quo datum est secundum illud Rogerii & Boamundi instrumentum, jam à celebrata dedicatione aliquod, & quidem satis longum temporis intervallum effluxisse debuerat, ut non solum Apuliæ proceres immemores suorum promissorum, Bantini monasterii bona & chartas diripuerint ; sed etiam ut tempus habuerit Urbanus, instante Ursione abbate, jam dictos principes commonendi, ut tantum scandalum sua auctoritate comprimerent. Quod re ipsa mense Julio, uti fert eorum diploma, coactis totius provinciæ viris nobilibus anno ipso MXC. jam fecerant.

Jam vero si libeat dicere quid de hoc Ughelli monumento sentiamus. Illud ad Bantinum monasterium nihil pertinere, sed aut ab aliquo nebulone confictum fuisse, aut certe ad monasterium Cavense referri debere, nobis videtur. Et quidem *monasterium sanctæ Mariæ de Pauso, vulgariter Doventuum nuncupato*, quod in ea charta memoratur, nemo novit : nec nisi divinando Ughellus, ac post eum Lubinus in Notitia abbatiarum Italiæ, & forte alii nonnulli recentiores illud esse monasterium Bantinum conjecerunt. Si vero hoc qualecumque instrumentum simul cum Cavensis monasterii privilegiis & dedicationis ejus historia conferatur, ex iis plane illud confarcinatum fuisse, quisque facile advertere poterit: quod probant sanctissimæ Trinitatis mentio, indulgentiæ utrobique eædem, dedicatio utraque mense Septembri facta, eædem gratiæ utrique loco ac ecclesiæ Compostellanæ indultæ, bulla in favorem novæ dedicationis utrobique Salerni mense Octobri data, & alia quæ huc appellare non vacat. De Cavensi dedicatione infra ad annum MXCII. agemus.

ANNO CHRISTI 1088.

Urbanum eodem anno in Siciliam transmisisse, non modo recentiores auctores, sed ipse etiam testatur Gaufredus Malaterra monachus Benedictinus auctor illorum temporum accuratus, qui res Rogerii comitis gestas, ipso adhortante, quatuor Libris conscripsit. Is narrat libro 4. cap. 13. Rogerium Siciliæ comitem, fratrem Roberti Guiscardi, adeoque alterius Rogerii ducis Apuliæ & Boamundi patruum, *anno* MLXXXVIII. *inchoante Aprili* Buceram Siciliæ urbem obsedisse, ibique suscepisse Urbani legatos *cum litteris sigillatis,* quibus invitabat eum Pontifex, ut Troinam, quo ipse properabat, quam posset celerrime accederet, secum de rebus gravibus colloquium habiturus. Affuit condicto die comes, ut prosequitur ille Auctor, & finito colloquio Pontificem *multis donariis honoratum dimisit.* Quid vero negotii inter eos ageretur, Gaufredus diserte non retulit, nisi forte id fuerit quod subjungit de Constantinopolitano imperatore, Alexio Comneno, quem Urbanus missis *ante paucos dies,* id est statim post suam in pontificatum electionem, legatis Nicolao abbate Cryptæ ferratæ, & Rogerio diacono, *paterna increpatione commonuerat,* quod in provinciis sibi subjectis Latinos sacerdotes, abjectis azymis, in pane fermentato sacrificare cogeret. Addit idem Auctor, imperatorem suscepta humiliter pontificis increpatione, eum per eosdem *legatos* ex itinere jam reversos invitasse *chartulis litteris aureis scriptis,* ut intra unius anni & dimidii terminum in Græciam veniret, ad tractandum ea de re in concilio apud Constantinopolim celebrando: sicque communi utriusque

XXIX. Urbani iter in Siciliam.

gentis consensu pax firma in Ecclesia sanciretur. Hoc quidem, ut refert idem auctor, Rogerius Urbano consulebat; sed veritus Pontifex, ne se absente Guibertini, qui Romæ potentes erant, omnino prævalerent, illud iter aggredi ausus non est: & eosdem aut certe alios legatos sui loco Urbanus ad imperatorem iterato misit, qui pacem anno sequenti utcumque cum illo composuerunt. Certe urgentissimum & quidem improvisum aliquod magni momenti negotium huic in Siciliam itineri occasionem præbuisse inde colligimus, quod Pontifex, qui ante aliquot dies Casini versabatur, immo & in Apulia ad Bantinam ecclesiam dedicandam cum Rogerio & Boamundo comitis Rogerii ex fratre nepotibus nihil aliud cogitans accesserat, Terracinam reversus, repente dimissis omnibus in Siciliam *longo itinere*, uti Gaufredus habet, *fatigatus* transmiserit, ut cum Rogerio colloqueretur, qui hoc anno captis, ut refert Lupus Protospata, Syracusis, Bruceram, ut ex Gaufredo diximus, tunc, *mense* scilicet *Aprili*, obsidebat. Aiunt vulgati apud Rocchum Pyrrhum in Sicilia sacra auctores Urbanum ea occasione in sacello quodam subterraneo cathedralis ecclesiæ Troinensis Missam celebrasse, atque in ejus rei memoriam appositam fuisse inscriptionem, qua vetitum est ne deinceps in locum illum mulieres ingrederentur.

Respirabat tunc Mediolanensis ecclesia sub Anselmi Catholici viri pontificatu, qui ante aliquot annos in locum Tedaldi schismatici suffectus, baculum à Rege susceperat; ob id ne, aut certe ob aliquam aliam causam, quam incertam esse Ripamontius dicit, in Gregorii Pontificis offensionem incurreret: sed ei post modum pœnitenti culpam condonavit Urbanus, atque ipsi in solium, quod sponte dimiserat, restituto ac confirmato, pallium per Herimannum Cardinalem misit cum epistola, cujus solum superest fragmentum in Urbani vita, quod referetur inter ejus epistolas. Idem ferme præstitit Urbanus erga Henricum Suessionensem Episcopum, qui cum Episcopatus investituram à Philippo Rege accepisset, Romam veniens coram Pontifice sponte dignitatem abdicavit: huic tamen renitenti & nolenti præcepit Urbanus, ut sedem repeteret, accepto juramento, se numquam iis, qui à sede Apostolica fuissent excommunicati, communicaturum esse, aut interfuturum eorum consecrationibus, qui per nefas episcopatus vel abbatias occupassent. Idem factum fuisse Belvacensi episcopo tradit Pandulfus in vita Urbani, id quod etiam Platina testatur. Redeo ad Anselmum Mediolanensem.

ANNO
CHRISTI,
1088.

Huic Urbanus litteras scripsit de reconciliatione lapsorum, ex quibus Ivo parte 6. c. 407. decretalem Epistolam excerpsit, quæ passim edita, sed multum ex vulgato Anselmo Lucensi aucta dabitur inter Urbani litteras, cum duobus aliis canonibus, in concilio Belvacensi anni MCXIV. nostro Pontifici pariter attributis, quorum primus *clero*, alter *populo Mediolanensi* inscriptus est. Hunc utrumque canonem, etsi nonnulli censeant Alexandro II. tribuendum esse, Urbano abjudicare visum non est; cum forte simili malo idem omnino remedium ab utroque Pontifice adhibitum fuerit. Neque enim insolens videri debet unum & eundem canonem à duobus Pontificibus promulgatum fuisse. Nam canon *Presbyterorum filios* dist. 56. cap. 1. magna ex parte repetitur. c. 11. *Nisi aut*, qui Urbano utroque in loco assignatur, & reipsa inter Melphitani & aliorum Urbani conciliorum decreta occurrit: & tamen in concilio Belvacensi supra memorato dicitur esse Gregorii VI. & Urbani II. Et apud Ivonem parte 6. c. 410. Gregorii VII. & Urbani II. Visum est aliquando mihi, idem ferri posse judicium de canone *Clerico jaciente* dist. 50. c. 37. quod ex Urbani epistola *ad Guernerium Narbonemsem*, antequam Pontifex fieret, defunctum, decerptus diceretur. At postmodum à viris doctis didici errorem in titulum irrepsisse, legendumque esse *Guernerio Mersburgensi*, qui reipsa Urbani II. tempore vixisse memoratur. Quare illum canonem sub sincero ejus titulo referemus in Appendice. Quo autem anno hæc ad Guernerium epistola scripta fuerit, haud liquet. Bucelinus observat Guernerium pro Gregorio VII. stetisse, & tamen inter Episcopos catholicos qui concilio Quintiliburgensi anno MLXXXV. subscripserunt, legitur Bernardus Mersburgensis, an idem qui Wernarius seu Guernerius dictus sit,

Bucelinus quippe Bernardum non recenset.

Hoc ipso anno ecclesiam collegiatam sanctæ Agathæ apud Cremonam, quam Gregorius VII. ampliaverat, Urbanus dotavit, attributis ei ecclesiarum sancti Valerii & sancti Christophori, prope eandem urbem sitarum, reditibus, ut refert Joseph Bresceanus in chronico Cremonensi Ms. quod præ manibus habemus. Clericos seculares hujus Basilicæ in regulares canonicos mutasse circa annum MXC. dicitur idem Pontifex apud Merulam, sed illi postea ad sæcularem statum rediere. Aliud privilegium hoc etiam anno indulsit Urbanus monasterio sanctæ Crucis Saxivivi, in territorio Fulginensi, quod Mainardo ejus auctori & primo abbati inscriptum dicitur in ejusdem loci chronico Italico. At ejus exemplar habere non licuit, sicut nec alterius quod hoc ipso anno datum fertur Petro abbati Carrofensi apud Pictones in Gallia, quamquam istud, si non fallor, aliud non est ab eo quod anno MXCVI. eidem monasterio concessum suo loco dicemus.

Quod ad res Hispanicas attinet. Augebatur ibi quotidie novis incrementis catholica fides Christianorum prinpum fortitudine, qui pulsis Mauris urbes præclaras, & provincias interdum integras recuperabant. Auctor Indiculi rerum Aragonicarum à Pistorio tom. 3. Hispaniæ illustratæ editi habet Urbanum Alfonso Aragoniæ Regi ejusque successoribus & regni proceribus condonasse, ut decimæ in ditionibus quas à Mauris recuperarent, ab eis reciperentur, exceptis episcoporum sedibus & dignitatibus.

At sedente Urbano, non Alfonsus, sed Sancius & Petrus Arragoniam obtinebant, quare id, ni fallor; intelligendum est de Petro, cui Urbanus hanc facultatem indulsit. Etsi id etiam Alfonso Regi concessum dicatur, id referri debet ad Aldefonsum seu Alfonsum Legionis & Castellæ Regem tunc inter Reges Hispanos eminentem qui recepto ante aliquot annos ex Barbaris Toleto, *Imperatoris Hispaniæ* titulum accepit curavitque ut ei urbi Bernardus monachus Cluniacensis, qui tum monasterio sancti Facundi præerat, archiepiscopus præficeretur. Atque ea fuit occasio renovandi hujus ecclesiæ antiqui splendoris, quem diuturna Barbarorum dominatio obscuraverat.

Iriensi

B. URBANI PP. II. VITA.

Irienſi eccleſiæ, cui tunc ſuberat urbs Compoſtella, jam ab aliquot annis præfecerat Rex Sancius Didacum, virum haud ignobilem, ſed qui, ut ait auctor Hiſtoriæ Compoſtellanæ adeo externis curis implicitus erat, ut interiora non ſatis curaret. Hunc neſcio quo caſu commotus Alfonſus in vincula conjecit, unde magna tumultuatio, turbæ ingentes in hac eccleſia concitatæ. Cum itaque omnia peſſum irent, nec celeberrimæ eccleſiæ, quæ jam tunc beati Jacobi reliquiarum poſſeſſione gloriabatur, cladem æquo animo ferre valerent viri probi, Alfonſus ut hanc à ſe injuriam amoliretur, alium epiſcopum in Didaci locum intrudere conatus eſt. Oportunam hujus conſilii exſequendi occaſionem offerebat ei, ut quidem ipſi videbatur, Synodus apud ſanctam Mariam de Fuſellis, quam tunc Ricardus ſancti Victoris abbas, legatus ſedis apoſtolicæ à Gregorio VII. in Hiſpaniis inſtitutus congregaverat. Quare immiſſis ſubornatoribus, perſuaſum eſt callide Didaco, ut, ſi vellet abſolvi à vinculis, ſe reum in concilio fateretur, & humilitate proculdubio cor regis emolliendum fore, nec aliam ei ſupereſſe obtinendæ libertatis viam. Aſſenſit ille, ſed res alio vertit quam ipſe putaverat. Quippe cum Alfonſus in concilium veniſſet, adductuſque eo jubente, fuiſſet Didacus, atque uti edoctus fuerat, virga & anulo in manus legati conſignatis, epiſcopali dignitate coram omni populo ſe indignum proclamaſſet, ſtatim pronuntiavit legatus eum epiſcopali dignitate deciciſſe, licentiamque dedit alterum in ejus locum ſubſtituendi. Nec mora, Petrus Candidinienſis abbas, qui data opera præſto erat, à Rege deſignatus in epiſcopum, ſtatim aſſumtus atque conſecratus eſt. Is Biennio rexit eccleſiam Irienſem, ad annum ſcilicet MXCI. quo in Legionenſi concilio à Rainerio apoſtolicæ ſedis legato exauctoratus fuit, cum jam Ricardus, re ad Urbanum delata, apoſtolica legatione ſpoliatus fuiſſet. Hæc omnia diſcimus ex veteri Hiſtoria Compoſtellanæ Eccleſiæ quæ initio ſæculi duodecimi, jubente altero Didaco, primo Compoſtellæ archiepiſcopo ſcripta eſt à Geraldo ejus familiari. Ex hac Hiſtoria ea quæ ad rem noſtram pertinent referemus in Appendice excerpta anno

Anno Chriſti 1088. Turbæ in eccleſia Irienſi.

42 B. URBANI PP. II. VITA.

Anno Christi, 1088.

MDCCIII. ex cod. Mſ. doctiſſimi Ferrerae apud Madritum parochialis ecclesiae rectoris, à viro cl. Johanne *Le Grand*, cum eſſet à ſecretis illuſtriſſimo abbati Eſtraeo, qui tum Chriſtianiſſimi Regis legatione ad Philippum V. Hiſpaniarum regem in ea urbe fungebatur.

Concilii Fuſſellenſis tempus.

Inter caetera vero quae ex eadem Hiſtoria diſcimus, illud ſane obſervatione dignum eſt, quod inde facile colligi poſſit quo tempore celebratum fuerit concilium Fuſſellenſe, variis temporibus ab auctoribus Hiſpanis aſſignatum. Non enim ad annum MCXXXV revocari debet, ut putavit Sandovallius, aut ad Paſchalis II. Pontificatum, ut viſum eſt piae memoriae Cardinali Aguiri ordinis Benedictini ſplendori, qui illud cum Palentino in quo, ut legitur in vita beati Geraldi, recitatum fuit Braccarenſis ecclesiae privilegium, confudit: ſed anno MLXXXVIII. deſinente, aut ſequentis initio celebratum fuiſſe dici debet. Nam Petrus Abbas, qui ejus concilii tempore, aut ſaltem ſtatim atque finitum fuit, Irienſem ecclesiam occupavit, poſt duos regiminis annos exauctoratus fuit à Rainerio legato ſedis apoſtolicae, in concilio Legionenſi, quod ex omnium conſenſu anno MXCI. conſignari debet. Ejuſdem veteris monumenti ope multum illuſtrantur aliquot Urbani epiſtolae, in quibus Pontifex vehementer conqueritur apud Alfonſum regem, de captivitate *epiſcopi ſancti Jacobi*, ac de ejuſdem illegitima exauctoratione, à Richardo contra regulas attentata. Hinc etiam diſcimus, cur Urbanus ablata Richardo legatione vices ſuas in Hiſpania Bernardo Toletano antiſtiti commiſerit. Cetera ſuis locis exponentur.

Primatus ecclesiae Tolet. reſtitutus.

Cum itaque his turbis ecclesiae Galliciae agitarentur, Bernardus jam conſecratus Toleti epiſcopus, ut plerique exiſtimant, quod quidem veriſimilius eſt; aut certe ſolummodo ad hanc ſedem deſignatus, ſi, ut alii volunt, verum ſit eum ab Urbano, quod ipſe nunquam dixit, conſecratum fuiſſe, Romam venit adverſus Richardum, ſi Roderico Toletano credamus, conqueſturus, vel ut aliis placet, ad viſitanda apoſtolorum limina, & ut obſequia ſua novo Pontifici, ſive ille fuerit Victor, ut quidam dicunt; ſive ſucceſſor ejus Urbanus, quod magis videtur antiquis monumentis consentaneum, deferret: eo etiam intendebat ut eâ occasione antiquorum ecclesiæ Toletanæ privilegiorum obtineret restitutionem, quod colligi potest, immo diserte habetur in Urbani epistolis. Certe Bernardum cum litteris commendatitiis Alfonsi regis venientem benigne ab Urbano exceptum fuisse testatur ipse idem Pontifex in epistola ad eundem regem; qui in altera ad Hugonem Cluniacensem, ait Bernardum à se *reverenter* fuisse *exceptum*, tum ob ejus commendationem, tum ob ipsius Bernardi, & sedis Toletanæ, quam regebat, reverentiam. Hinc statim eidem primatum in ceteras Hispaniarum ecclesias Urbanus contulit, data bulla Anagniæ idibus Octobris hujus anni, in qua Pallii privilegium, & primatum in Hispaniis se ei conferre declarat, ad id *precibus Ildefonsi regis* excitatus, ob antiquas ecclesiæ Toletanæ prærogativas. Qua de re non Regem modo aut Hugonem abbatem, sed etiam universos Hispaniarum archiepiscopos certiores fecit. Litteras vero quas hujus rei causa scripsit Pontifex, etsi notis chronologicis careant, ad hunc annum pertinere nemo non videt. Præmissum Toletanæ ecclesiæ privilegium in Appendice locum habebit, sicut & Gregorii IX. de eadem re rescriptum ad Rodericum Toletanum archiepiscopum, qui privilegiorum ecclesiæ suæ exemplaria sua authentica ab eo Pontifice postulaverat. Ipsas autem litteras edendas relinquimus laborioso eruditoque Pontificiarum epistolarum collectori, ne repetita sæpius earumdem rerum editione litteratis librorum emtoribus oneri simus.

Emersit circa illud tempus gravis controversia in provincia Narbonensi inter Artaldum electum Helenensem episcopum & Dalmatium ejus metropolitanum, qui eum ob simoniæ suspicionem consecrare renuebat. Artaldus hanc repulsam passus Romam adiit, ibique præstito sacramento purgatus, ab Urbano ipso consecratus est. Id fusius, uti conjicere licet, descriptum erat in Urbani gestis, ex quibus canonem *Artaldus* in suum decretum Gratianus invexit 8. q. 3. c. 2. ubi ille mendose, uti dicemus, *episcopus Arelatensis* appellatur. De quo errore cum hic canon ad Urbanum nostrum spectet, juvat hic paulo accu-

ANNO CHRISTI 1088.

XXXIV. Artoldus Helenensis ab Urbano consecratur.

ratius inquirere. Franciscus Bosquetus merito reprehendit Gratiani editores, quod pro *Arelatensis* legendum esse *Electensis*, censuerint; cum, inquit, certum sit Electensem ecclesiam, etsi Narbonensi provinciæ ab initio subjectam, ante Johannis XXII. tempora episcopali titulo ornatam non fuisse. At ceteris felicior non fuit vir eruditus in vulgata lectione propugnanda, quam retineri debere contendit, ut inde probaret Arelatenses episcopos olim Narbonensi metropolitano subjectos fuisse. Etenim nec Arelatensis ecclesia unquam ad provinciam aut primatum Narbonensem pertinuit; nec inter Arelatenses episcopos Artaldus ullus usquam memoratur. Alia itaque solvendæ hujus difficultatis via ineunda est, quam videtur invenisse vir cl. Stephanus Baluzius in additis ad Librum 5. de Concordia sacerdotii & imperii cap 41. ubi monet legendum esse in hoc canone *Artaldus Elenensis episcopus*, Helenensis quippe ecclesia tunc temporis subjecta erat metropoli Narbonensi. Et quidem tunc vivebat Artaldus, qui Elenensem sedem eo sæculo desinente tenuit, ut confirmatur ex his verbis Libri 4. Marcæ Hispanicæ, *Artalli electi episcopi Helenensis mentio fit VI. Idus Maii, XXVII. anno regnante Philippo rege*. Qui quidem Philippi annus si à patris ejus obitu computetur, ad annum MLXXXVIII. revocari debet; quo reipsa Artaldum electum fuisse credimus, & sub ejusdem anni finem Romæ, quo post varias peregrinationes jam redierat Urbanus, consecratum. Laudat idem Baluzius duos codices vetustos Mss. unum scilicet Puteanum, qui nunc exstat in Bibliotheca Regia, & alterum quem penes se servat, in quibus hic dicitur, *Artaldus Alanensis episcopus*, quæ lectio etsi mendosa, sinceram tamen quam propugnamus confirmat. His adde Urbani epistolam anno sequenti scriptam ad Raynerium apostolicæ sedis legatum, qua Pontifex ei causam haud dubio istam, quæ inter episcopum Elenensem & Narbonensem metropolitanum versabatur, discutiendam committit. Hic exhibendus est locus integer ex decreto Gratiani, cum *Gesta Urbani secundi*, ex quibus hic canon depromtus dicitur, modo non habeantur.

Post electionem pro indemnitate ecclesiæ licet Electo juramentum præstare.

Artaldus Arelatensis (*lege Helenensis*) episcopus, Narbonensis ecclesiæ suffraganeus, Romam consecrandus ad dominum Urbanum papam venit, suus quippe archiepiscopus eum consecrare nolebat, quoniam post electionem suam propter bona ecclesiæ conservanda canonicis juravit. Consecratus itaque est à domino papa Urbano, ante purgatus hujusmodi juramento. De juramento quod canonicis nostræ ecclesiæ feci post electionem, nullam conventionem ante ut eligerem feci. Narbonensis vero archiepiscopus nullius præter id criminis causa consecrationem nostram omisit, me sciente; neque mihi criminis conscius sum propter quod à sacra me unctione *Mss.* à sacerdotio me repellat.

Contra hanc ordinationem Narbonensem archiepiscopum reclamasse discimus ex epistola ad Raynerium modo laudata; quem tamen causa cecidisse patet tum ex isto canone; tum ex eo quod Artaldus ecclesiam Helenensem diu postea quiete rexerit, variisque conciliis, ac potissimum Nemausensi, ubi præsens erat ipse Pontifex, inter alios catholicos antistites interfuerit, ut probat Baluzius locis laudatis. Porro Elenensis seu Helenensis episcopatus sedes post varias fortunas, quas idem Baluzius describit in notis ad Gratianum, translata Perpinianum, tandem ante aliquot annos à Tarraconensis archiepiscopi jurisdictione subtracta, Narbonensi antiquæ suæ metropoli restituta est.

Urbanus qui Idibus Octobris Anagniæ erat, uti ex privilegio Toletanæ ecclesiæ patet, paulo post Romam reversus, ibi ipso die primo Kalendarum Novembrium amplissimum privilegium sancto Hugoni ejusque monasterio Cluniacensi concessit, in quo, inter cetera observatione digna, Pontifex se sancto abbati ejusque cœnobio *debitorem* agnoscit, quod *per eum monasticæ religionis rudimenta susceperit, & in eo loco per secundam sancti Spiritus gratiam fuerit renatus*; quibus verbis professionem mo-

ANNO CHRISTI, 1088.
ᴂ. q. 3. c. 2.

XXXV.
Privilegium Cluniacense.

Vide App.

nasticam non obscure alterum baptismum appellat.

Anno Christi, 1088. XXXVI. Magalonæ episcopi speciali jure Pont. Romano subjecti.

Mense sequenti Pontifex Gotofredo episcopo ecclesiam Magalonensem cum comitatu Substantionensi confirmavit, litteris ea de re hoc anno datis Romæ xix. Kalendas Januarii. Cur vero tunc Gotofredo necessaria fuerit ecclesiæ Magalonensis confirmatio, qui multo antequam Urbanus pontifex fieret, hanc sedem obtinuerat, discimus ex Antonio de Verdala, ejusdem ecclesiæ episcopo, in Libello de serie episcoporum Magalonensium apud Labbeum tomo 1. Bibliothecæ novæ, ubi ille auctor refert Petrum Melgorii comitem anno MLXXXV. Kalendis Maii dedisse Gregorio VII. Pontifici Romano jus omne quod habebat in episcopatu Magalonensi, simul cum comitatu Substantionensi in manus Petri episcopi Albanensis, sedis apostolicæ legati, & Gotofredi ejusdem ecclesiæ jam tunc episcopi. At Pontifex, accepta donatione, comitatum Petro ejusque successoribus *in feudum* reddidit *sub sacramento fidelitatis & censu annuo unius unciæ auri optimi*; jus vero omne, quod apostolica sedes hac donatione acquisierat, transfudit in Gotofredum, qui ex eo tempore vices pontificis ea in re obtinuit; & ejus ecclesia *sub speciali Romanæ sedis tutela* posita fuit: unde comites Substantionenses Magalonensium episcoporum facti sunt feudatarii, & ipsi episcopi Romanis pontificibus specialiter addicti fuerunt, quæ omnia huic confirmationis bullæ de qua agimus locum præbuere. Porro Gotofredus postea multas ecclesias & possessiones suæ ecclesiæ canonicis contulit, ut eos ad vitam communem, & regulam sancti Augustini amplectendam incitaret; qua in re auctoritate Urbani adjutum fuisse docet idem auctor, qui observat datam fuisse ab Urbano ea occasione potestatem Gotofredo, ejusque successoribus *insistendi*, quod frustra ab ejus decessore tentatum fuerat, *ut clerici ad canonicam & religiosam vitam converterentur, arguendo, obsecrando & increpando*.

XXXVI. Guidonem epist. Viennensibus commendat.

Hoc ipso anno, ut ex Chronico antistitum Viennensium à Burnone ejusdem urbis archiepiscopo edito discimus; Viennenses post diuturnam, quod conqueritur Urbanus in epistola ad ejus provinciæ episcopos, aliquot annorum cunctationem, in archiepiscopum elegerunt Guidonem, è Bur-

B. URBANI PP. II. VITA. 47

gundionum principum familia, qui confestim ad Urbanum accessit & benigne ab eo exceptus, ac per aliquod tempus in curia Romana retentus est. Eum postea Viennam revertentem Pontifex litteris, ad omnes ejus urbis ordines datis, commendavit. Has ad hujus anni finem revocandas esse suadet rerum gestarum series.

Circa idem tempus, ut quidem videtur, Urbanus Benedicto Namnetensium episcopo, qui ei, ut conjicimus, recens electo gratulatus fuerat rescripsit; ejusque ecclesiæ, ac monasterii Kemperlegiensis, cui etiam abbas præerat, privilegia confirmavit. At canonizationem sancti Garlœsii quam idem antistes efflagitabat, in aliud tempus distulit, quod hæc causa in plenaria Synodo expendi deberet.

Totam hujus anni hyemem Pontifex transegit Romæ, sed in tantis angustiis, ut vix ei necessaria suppeditarentur. Guibertus nempe cum suæ factionis hominibus ita pontificios exagitabat, ut nequidem respirare eis tuto liceret. Urbanum in turre quadam captivum detentum fuisse, at postea à Roberto Wiscardo inde liberatum tradit Gerohus apud Tegnagellum, sed hic auctor quod Gregorio VII. contigit, incaute ad Urbanum refert. Certius est Domnizonis testimonium, quod in Appendicem nostram referemus, ex Libro 2. cap. 3. ubi ait Odonem quemdam *de Tulliere* à Guiberto suis ipsius copiis fuisse præfectum, ut Urbanum bello continuo lacesseret. At nemo melius ea de re scripsit quam Pandulfus in vita Gelasii secundi. Gelasius porro is ipse est Johannes Cajetanus, quem Urbanus diaconum cardinalem & cancellarium creavit, cujus constantiam Pandulfus summopere laudat, ob id potissimum quod Pontificem tot tantisque ferme obrutum calamitatibus numquam deseruerit. Libet hic hujus auctoris verba proferre.

In diebus igitur illis non, sicut credo, absque Spiritus « consolatoris oraculo, frater Johannes Cajetanus jam « adolescens, monachus Casinensis, ab omni simul catho- « lica Romana ecclesia & Urbano Papa, qui ei præerat, « in tantarum perturbationum auxilium ac consilium, « partemque est sollicitudinis vocatus &c. Domnus Urba- «

ANNO CHRISTI, 1088.
XXXVII. Benedicto episcopo Namnetensi privilegia concedit.

XXXVIII. Romæ hyemem transigit in magnis angustiis.

"nus.... cum accivit, imminente persecutione Alleman-
"nica, in tantum miseriarum per Girbertum adstrictus,
"quod prætermissis aliis, à quodam famosissimo viro at-
"que illustri, Petro-Leonis Romæ in insula Lycaonia,
"intra duos egregii Tiberis pontes, vix ab inimicorum in-
"sidiis sustentatus matronarum Romanarum, & aliquando
"muliercularum pauperum eleemosynis sustentabatur.
Huc, nisi fallor, aut certe, ut jam diximus, ad prima
ejus pontificatus initia revocari possunt Domnizonis versus
ex cap. 3. Lib. 2. in quibus Urbanus à Guibertinis impetitus
ad Mathildem scripsisse dicitur, ut Gregorii præceptorum
memor Ecclesiæ causam non deserat, quod quam virili
animo fecerit mulier fortissima, exponit idem auctor in
consequentibus, nosque suis locis dicemus.

At quantumvis graves fuerint Romæ & in Italia Ecclesiæ & regni turbæ, quas Henriciani & fautores pseudopapæ Wiberti his temporibus excitarunt, haud tamen minores fuere tumultus in Germania, adeo ut divisis inter se
in varias factiones urbibus & provinciis, ipse etiam Henricus non semel in vitæ & imperii periculum inciderit.
Welpho autem Bavariæ dux, qui ei adversabatur, jam ab
initio hujus anni, ut narrat Trithemius, Augustam-Vin-
delicorum occupaverat, capto ejus urbis episcopatus
invasore Sigefrido. Quo etiam tempore alius schismaticus,
qui Wormatiæ sedem antea invaserat, facti pœnitens,
relicto episcopatu, Hirsaugiam secessit & monachus ibi
effectus est. Inter ea Hugo comes de Egentheim
Alsatiam recepit; & Mettenses, cum audiissent Urbanum
in Victoris demortui locum suffectum fuisse, idque in
Germania fuisse promulgatum, pulso Brunone pseudoepiscopo, qui post alterum invasorem, sed jam tunc pœ-
nitentem, hanc sedem occupare tentabat, palam protesta-
ti sunt, nullum se umquam alium episcopum, præter Hermannum, qui verus & legitimus eorum pastor erat, ob
idque ab Henricianis in Tuscia captivus detinebatur, re-
cepturos. Unde Bruno adeo ab omnibus despectus est,
teste Bertoldo, ut anno sequenti *ad catholicorum partem
repedare compulsus fuerit.*

Hoc etiam anno, aut certe sequenti, crebrescentibus
ad

ad tumulum beati Stanislai Cracoviensis episcopi miraculis, sacrum ejus corpus die 27. Septembris ex sancti Michaelis templo in ecclesiam cathedralem solemni ritu translatum fuit. Ei postea Innocentius IV. sacros honores decrevit, & exhinc inter martyres, celebratur. Hæc fusius apud Longinum ejus vitæ scriptorem.

ANNO Christi, 1088.

At prosperos illos eventus mors aliquot sanctorum virorum interturbavit. Ex his fuit Burchardus Halberstatensis episcopus, quem schismatici immani sacrilegio die VIII. Idus Aprilis interfecerunt. Hunc brevi secuti sunt Wigoldus episcopus Augustanus, Bernhardus, qui fuerat Constantiensis ecclesiæ scholarum magister, Bertoldus item egregius doctor; & qui præ ceteris illustris erat, Gebehardus archiepiscopus Salisburgensis ecclesiæ catholicæ propugnator indefessus, ad quem ejusque collegas Urbanus primam omnium, Pontifex factus, epistolam de sua electione scripserat. Obiit XVII. Kal. Julii ut in ejus vita legitur, edita Augustæ Vindelicorum. Librum scripsit contra schismaticos, quem Tegnagellus in sua collectione integrum exhibet. Præter hæc, Saxonibus cum Henrico reconciliatis, Hermannus qui adversus eum in Regem electus fuerat, compulsus est in Lotharingiam se recipere, ubi paulo post defunctus, Mettis sepultus est. Verum postea mutatis vicibus, Saxones iterum adversus Henricum rebellarunt; & ipse insignibus regiis spoliatus turpiter victus fugatusque fuit, ut refert Bertoldus ad finem hujus anni, ubi scribit Henricum *biduana obsidione ad confessionem anathematis & expetitionem reconciliationis adactum fuisse*. At diuturna non fuit nec sincera hæc reconciliatio, & paulo post suorum promissorum oblitus rursus rediit ad vomitum. Hæc licet Dodochinus sancti Disibodi abbas anno sequente consignat in appendice ad Marianum Scotum, quem sequitur Trithemius: præferenda est Bertoldi tum viventis autoritas, qui hanc cladem Henrico illatam bis commemorat, sub finem nempe hujus anni, & sequentis initio, quod pro more suo à Christi natalium festivitate repetit. Porrò victoriam, quam ea occasione Ekkehardus Marchio de Henrico reportavit, tantam fuisse asseverat Bertoldus, ut imperator, perditis re-

Catholicorum aliquot obitus.

Henricus fugatus.

Tom. III. G

B. URBANI PP. II. VITA.

ANNO CHRISTI, 1088.

galibus infignibus, vix de manibus infequentium ereptus, e Thuringia ubi Gleicham arcem obfidebat, Bambergam ufque fugere coactus fuerit; ibique natalium Chrifti feftivitatem abfque ullo apparatu *inglorius folemnizare*.

XL. Epift. decretalis ad Pibonem.

Circa illud tempus Urbanus à Pibone Tullenfium epifcopo de variis caufis interrogatus decretalem ad eum epiftolam, *cum confenfu Synodalis Concilii* refcripfit, quam primis Urbani pontificatus annis fcriptam fuiffe ex eo colligimus, quod in ea Pontifex capite 4. innuat fe Piboni refpondere, antequam ullum Concilium generale celebraffet. At anno MLXXXIX. ut habet Bertoldus, Urbanus *generalem Synodum* CXV. *epifcoporum collegit*. Forte Pibo, cum poft iter Jerofolymitanum in monafterio fancti Benigni Divione monachum induiffet, ad ecclefiam fuam redire paulo poftea juffus, has Urbano difficultates propofuit. Iter illud fufceperat anno MLXXXIII. & Tullum jam reverfus erat anno MLXXXVIII. ubi obiit anno MCVII.

MLXXXIX. XL. Urbanus Romæ moratur.

Primos hujus anni menfes, *Romæ in infula*, ut refert Bertoldus, *quæ inter duos pontes fita eft* tranfegit Urbanus, & quidem his in anguftiis pofitus, quas paulo fuperius ex Pandulfo commemoravimus; nihil omnino fubtrahens utilium, quominus gregi fibi commiffo in omnibus prodeffet; ita majora negotia pertractans, ut tamen ea quæ tanti non videbantur effe momenti curaret; ac fic iis quæ ad univerfale ecclefiæ regimen pertinebant intentus, ut non negligeret privatorum negotia, quæ ad eum referebantur. Hæc omnia rerum ab eo geftarum feries vera effe comprobabit. Hujus anni initio privilegium olim exhibendum conceffit canonicis regularibus fancti Joannis de Vineis apud Sueffionas ut eos fub apoftolica fedis tutela pofitos ad artiorem regulæ fuæ praxim, quam paulo ante fufceperant, magis ac magis obfervandam adhortaretur: quare fuper omnia ftatuit, ut *canonicæ conftitutiones, perpetuis temporibus in eorum ecclefia, inviolabiter obfervarentur*. Has conftitutiones vidiffe & approbaffe Urbanus dicitur in veteri ejus loci chronico, cujus auctor id probat ex earum titulo, qui in authentico earum exemplari, & forte autographo, fuo tempore habebatur. Hæc funt ejus verba de Urbano loquentis. *Is primus fuit erga canonicam noftram*, fic

Privilegium S. Johan. Sueffion. Vide append.

Conftitutiones canonic. reg. approbat.

B. URBANI PP. II. VITA.

veteres canonicorum regularium monasteria appellare consueverant, *benedictionum apostolicarum & largitionum distributor, qui constitutiones nobis proprias & particulares approbavit & corroboravit, quemadmodum titulus illis præfixus connotat.* Incipiunt canonicæ institutiones ecclesiæ « sancti Johannis in Vineis, editæ secundum regulam « sancti Augustini; confirmatæ à bonæ memoriæ viro Ur- « bano Pontifice II. quas debemus inviolabiliter servare. « Duabus autem & quadraginta lectionibus absolvuntur, « &c. Certe Urbanum Pontificem speciali dilectione prosecutum fuisse canonicos regulares sancti Augustini, qui tunc recens excitati in ecclesia florebant, probant varia ejus diplomata quæ supersunt, suis locis proferenda. Ex quibus Gerosius præpositus Reichersspergensis in expositione psalmi LXIV. seu libro de corrupto statu ecclesiæ ad Eugenium III. papam, tomo 5. miscellaneorum Baluz. edito locum insignem profert, quem seorsim edere visum non est, cum iisdem omnino verbis habeatur in plerisque canonicorum regularium privilegiis. Porro aliud sancti Johannis Suessionensis privilegium ex Sirmondi schedis, quod etiam ex codice MS. Reginæ Sueciæ, nunc Ottoboniano, Romæ habemus, edidit Labbeus tomo 10. conciliorum, sed quod prioris excerptum facile crederemus, nisi præter pauca alia, diversam haberet chronicam notam. Et quidem non omnino insolens est, ut idem Pontifex duobus diplomatibus, diverso tempore datis, eadem ferme jura uni loco concesserit: quo autem anno datum istud fuerit, ne conjiciendo quidem expiscari potuimus, præsertim cum in cod. ms. Decretalis formam præferat.

Ad hujus quoque anni initia revocandum est privilegium, quod Urbanus monasterio Massiliensi sancti Victoris primo Pontificatus sui anno indulsit, non quidem indictione XI. ut vulgata exemplaria præferunt, sed XII. quæ huic anno convenit. Et quidem anno præcedenti die x. Kalendas Martii (nam hoc mense datum dicitur) nondum Urbanus sedem apostolicam conscenderat, & Richardus abbas cui inscriptum est, adhuc in Hispania tunc temporis morabatur, ubi legationis apostolicæ; quam à Gregorio VII. acceperat, munia exercebat, licet à Victore pri-

Marginalia:
ANNO CHRISTI, 1089.

Aliud privileg. pro iisdem.

XLI. Privileg. S. Victoris Massilien.

mum defecisset, postea fortasse ipsi reconciliatus. At hoc anno Ricardus, illa dignitate ab Urbano, quod minus caute, ut ait Rodericus, legationis officium obiret, & forte ob alias nobis ignotas causas exutus, & ad monasterium suum reversus hoc privilegium à Pontifice obtinere potuit. Nec mirum videri debet, tunc illi Urbanum gratificari voluisse; necessarium quippe erat tantum virum, cujus animus ob ablatam sibi legationem exasperari potuisset, conciliare sibi, & re ipsa Richardus, sicut & Hugo Lugdunensis, qui simul à Victoris obedientia recesserant, Urbano semper postea addictissimi fuere. Non itaque summovendum est ab hoc anno privilegium illud Massiliense, quod ad cod. ms. Tolozanum Beatæ Mariæ Deauratæ collatum alias proferetur.

ANNO CHRISTI, 1089.

XLII. Res Germanicæ.

Nihil autem magis cordi erat Urbano quam ut Germaniæ subveniret, quam sciebat à schismaticis multum eo tempore conturbari. Supererant quidem adhuc ea in regione præter Hermannum Mettensem, qui ante aliquot dies sedem suam receperat, & alios paucos, omnino quatuor catholici episcopi, *quorum*, inquit Bertoldus, *in Teutonicis partibus confortamento reliqui catholici schismaticis à principio restiterunt*. Ii erant Adalbero *Niceburgensis*, Altmannus *Pataviensis*, Adelbertus *Wormatiensis*, & Gebehardus *Constantiensis*. Is ultimus ab Urbano, cum in Germania apostolicæ sedis apocrisiarius esset in episcopum consecratus, probe ei notus erat: quare eundem Pontifex factus apostolicæ sedis legatum *in tota Alemania, Bajoaria, Saxonia, viciniisque regionibus* creavit litteris ea de re *Romæ* datis xiv. *Kalendas Maii*, & quidem hoc anno, uti docet nos Bertoldus, tantaque visa est earum auctoritas, ut ab Ivone & Gratiano in Decretis suis veluti regulæ juris omnino certæ & approbatæ laudari meruerint. *Decretalem epistolam* appellat Bertoldus, *litteras Synodales* Cardinalis Baronius, quod eas *ex Synodo* scriptas fuisse existimaverit *ut ex ejus fragmento*, inquit, *patet quod ab Ivone laudatur*. Sed id jam omnino certum est, ex ejus ipsius, quam modo habemus integram, lectione; hanc nempe à se scriptam fuisse Pontifex testatur *fratrum* suorum *communicato consilio, diuque excommunicationis*, de qua potissimum in ea agitur, *quæstione tractata*

Ibi Gebhardus fit apos. sedis legatus.

Epist. Decretalis ad eum.

atque adeo in subsequentibus conciliis nihil aliud ea de re, quam quod in ea epistola praescribitur, decretum fuit. Praeter alia vero bene multa, quae potissimum in his litteris novo suo legato commendat Urbanus, praeclaras regulas praescribit de modo recipiendorum excommunicatorum ad poenitentiam; qua in re acerbissimis illis temporibus magna cautela adhibenda erat, ne facilitate recipiendi lapsos ecclesiae disciplina labefactaretur, aut e contrario nimia austeritate exacerbarentur animi eorum, qui quadam veluti necessitate, aut certe levitate ingenii, potius quam malitia in excommunicationem incurrerant: quippe cum, uti observat Bertoldus, *Guibertus ejusque complices*, per fas & nefas, saepe etiam accepto pretio, sectatores suos per diversa loca *ordinare non cessarent*, *excommunicationis malum in tantum propagabatur*, ut etiam, *catholici vix se ab eorum contagio possent illaesos custodire*. Quare providus Pontifex & pius complures excommunicatorum gradus distinguit, ut & superborum ac pervicacium temeritati resistatur; & simul succurratur simplicium ac infirmorum imbecillitati.

Quod vero in ea epistola Urbanus declarat, se in his poenitentiae gradibus assignandis, Gregorii VII. vestigiis inhaesisse; confirmatur ex epistolae fragmento, quod Hugo Flaviniacensis in chronico suo refert, in quo Gregorius morti proximus dicitur omnes, exceptis Henrico & Guiberto, ac *principalibus personis quae consilio aut auxilio favebant illorum nequitiae & impietati* absolvisse & benedixisse.

Jam vero si quaeratur qua in Synodo gravis illa quaestio de excommunicatis agitata fuerit, de qua ad Gebehardum scribit Urbanus, non admodum facilis erit responsio, nisi forte id factum fuisse dicatur in illa Synodo generali cxv. episcoporum quam hoc anno & quidem Romae, ut multi volunt, Urbanus apud Bertoldum collegisse dicitur; in qua ut idem autor ait: *ecclesiastica statuta suorum praedecessorum apostolica authoritate confirmavit*. Illud tamen incommodi est in hac sententia quod Urbanus *communicato quidem fratrum consilio* epistolam ad Gebehardum se scripsisse dicat, sed paulo inferius id in *Synodo generali* factum non fuisse aperte fateatur: ut ut sit, certum est ea

B. URBANI PP. II. VITA.

ANNO CHRISTI. 1089.

in Synodo, Romæ aut quovis alio in loco habita, quam Bertoldus commemorat, sicut & Urbanus in epistola sua faciendum decernit, mitius actum fuisse cum iis, qui non nisi occasione aut metu, aut vi ad schismaticos defecerant, postcaque ad ecclesiam fuerant reversi. Unde Romani ut idem autor narrat, in tantum adversus Guibertum efferbuerunt, ut ab iis *turpiter fuerit expulsus* & coactus *juramento promittere*, quod *non amplius apostolicam sedem invadere præsumeret*, adeo ut, *jam aliquantulum diuturna regni discordia inter catholicos & schismaticos* exinde tepescere cœperit: *ut non jam bellum ad invicem, sed pacem componere sanius judicarent*. Immo res eo processerat, ut colloquio inter Henricum & eos qui ab Urbano stabant, habito, spes aliqua effulgeret, pacis in Ecclesia & Imperio restituendæ. Isti enim Henrico pollicebantur, se ei *auxilio & consilio* nusquam non adfuturos, si dimisso Guiberto vellet *ad ecclesiasticam communionem per catholicum Pastorem remeare. Quam conditionem non multum* Henricus *respuebat*. Sed restitere suæ ipsius factionis episcopi, quod vererentur ne pace composita cum Guiberto & ipsi exauctorarentur. Quare & *ei penitus hac vice dissuaserunt ne sanctæ Ecclesiæ reconciliaretur*.

XLIII.
Schismaticorum furor.
Mors Bonizonis episcopi.

Ea, uti videtur, occasione ita crevit schismaticorum in catholicos odium, ut etiam aliquot catholicorum Episcopos interimere ausi fuerint. Horret animus in referenda Bonizonis Sutriensis crudeli morte, quem & cum propria urbe ejectum Placentini pro episcopo recepissent, schismatici effossis oculis, truncatisque pene omnibus membris, immaniter, uti refert Bertoldus, trucidarunt, quod XIV Julii contigisse discimus ex ejus epitaphio apud Ughellum tomo 2. Italiæ sacræ: simili fere supplicio affectus fuit à schismaticis Liprandus presbyter Mediolanensis, *cui nasum & aures in contumeliam* præciderunt. Porro Bonizonis aliquot opuscula recenset Lambecius tomo 2. Bibliothecæ Cæsareæ, nempe *paradisum augustinianum* ex beati Augustini sententiis & verbis omnino contextum, quem sancto Johanni Gualberto nuncupavit; librum decretalem, & Epitomen historiæ Pontificum Romanorum, quam Martinus Polonus laudavit. Idem scripsit *Librum de Sacramentis*

B. URBANI PP. II. VITA.

ad Galterium Leonensis monasterii abbatem, quem in codice MS. Ambrosianæ bibliothecæ invenit Mabillonius: ad rem nostram magis spectat ejus liber de gestis Urbani ibidem memoratus, quem etiam ipsemet sub finem epitomes laudat, his verbis à Lambecio lib. 2. c. 8. relatis *Urbani vero Pontificis acta & de ejus victoria si quis scire voluerit, legat librum quem scripsit in Hugonem*, Cardinalem scilicet schismaticum cognomento Album, *& ibi inveniet ad plenum dilucidata quæ voluerit.*

ANNO CHRISTI. 1089.

At istud opus aut periit, aut certe incognitum alicubi latet; sicut & *dialogus* Gualfredi episcopi Senensis *de utroque apostolico*, in quo interlocutores producebat Urbanum & Guibertum, ut videre est apud Ughellum tomo 3. Italiæ sacræ. Sed ad schismaticos revertamur, qui non minus in Germania, quam in Italia sæviebant. Ibi enim Hugo comes de Egensheim strenuus catholicorum defensor, cum Argentorati apud episcopum nihil diffidens moraretur, ab ejus ministris pridie nonas Septembris, ut narrat Bertoldus, dolose interemtus est. Hoc ipso etiam anno, uti idem auctor refert, Petrus Albanensis episcopus, cognomento Ignitus, in persequendis Simoniacis nominatissimus obiit, cujus memoriam VI. Idus Januarii vulgata Martyrologia celebrant. Eodem anno die IV. nonas Maii, ut habet Hugo Flaviniacensis abbas in Chronico Virdunensi, tomo 2. Bibliothecæ novæ Labbeanæ Theodoricus Virdunensis antistes supremum obiit diem, Ecclesiæ Romanæ reconciliatus à Gerardo antea Archidiacono, tunc monacho sancti Vitoni, cui Pontifex excommunicatos absolvendi potestatem contulerat, ut paulo fusius narrat Laurentius de Leodio in historia Episcoporum Virdunensium, tomo 12. spicilegii Acheriani.

Et aliorum

Urbanus inter ea, ut novo robore catholicorum partes firmaret, voluit Mathildem comitissam, Godefridi ducis relictam Welphoni alterius Welphonis ducis Bavariæ filio nuptui tradere, quod re ipsa hoc anno factum fuisse tradit Bertoldus, *non tam pro incontinentia*, nunquam enim matrimonio usi fuerunt, ut idem auctor asserit paulo inferius, *quam pro Romani Pontificis obedientia, ut nempe Mathildis virilius sanctæ Romanæ Ecclesiæ contra schismati-*

XLIV. Mathildis Welphoni nubit.

cos possetsubvenire. Volunt nonnulli Urbanum harum nuptiarum occasione Senas usque in Tusciam properasse, ubi Mathildem convenisse dicitur, quod quidem Bertoldus reticuit; sed testatur catholicorum hostes nihil omisisse, ut Welphonem lacesserent, quem tamen frustra *impetere tentaverunt*: quare cum, ut idem auctor prosequitur, *ei resistere non possent treugas usque in Pascha ab eo per interventum conjugis ejus imploraverunt*. Nec plura potuit Henricus. De *prædicto conjugio tristatus* expeditionem in Saxoniam paravit, ex qua paulo post fractis viribus *sine honore reverti compulsus est.*

Interim Gebehardus auctoritate legationis apostolicæ, qua initio hujus anni, ut diximus, donatus fuerat, gnaviter utebatur; eo etiam titulo maxime laudandus, quod, uti Trithemius refert, inter episcopales curas, regularis vitæ fervorem, quem sub Wittelmo abbate Hirsaugiæ hauserat, nunquam intermiserit. Is monasterium Hirsaugiense ab eodem sancto Abbate recens restructum, & cellam Richenbacensem auctoritate Urbani consecravit: sed sua in defendendis Ecclesiæ causis magnanimitas tunc potissimum enituit, occasione Ottonis cujusdam in Alemania comitis, quem ob publicum cum uxore Ludovici comitis quam vivente marito sibi copulaverat, adulterium excommunicavit: satis quippe non fuit novo illi Baptistæ adulterum viventem arguisse, nisi eum quoque post mortem quam impœnitens pertulerat, insequeretur. Cum enim Ottoni Ludovici milites, qui tantum domini sui dedecus ferre non poterant, caput amputassent, ac ejus corpus in quodam monasterio ab eo constructo fuisset sepultum; illud Gebehardus foras projici jussit, atque asini, ut ex scripturæ verbis refert Bertoldus, sepultura donari, id est absque sepultura dimitti; quod revera factum est, & bona ejus à militibus direpta fuere, ut in eo, ait idem auctor, maledictiones Prophetæ in Judam traditorem *& diripiant alieni labores ejus* adimplerentur.

Haud minori animo sedis apostolicæ majestatem vindicavit in Nortmannia, ipse Urbanus. Quippe cum Willelmus archiepiscopus Rotomagensis ob sublatum ecclesiæ suæ à comite Roberto Gisortii opidum, totam Nortmanniam

manniam sacris interdixisset; ac monachi Fiscamnenses, quod soli Romano Pontifici subjecti essent, officium divinum intermittere noluissent ab archiepiscopo excommunicati sunt. Sed re ad Urbanum delata, ille archiepiscopum ipsum pallii usu interdixit; quem non nisi post multas preces, & legationes tam ab ipso archiepiscopo, quam à comite Romam missas ei restituit; & ne quid in posterum simile fieret ecclesiæ Fiscamnensis privilegia novo diplomate confirmavit. Non quidem licuit Urbani litteras invenire, sed superest ejus rei notitia in veteri instrumento tunc temporis scripta quæ in collectione Epist. Pontif. integra exhibebitur. An vero de hac interdictione intelligendus sit Eadmerus lib. 4. Novor. quam levatam fuisse interventu sancti Anselmi scribit, alii viderint.

Eidem Willelmo archiepiscopo Urbanus scripsit circa illud tempus in gratiam monachorum Beccensium, qui in ecclesia sancti Petri apud Pontisaram degebant. Hos Pontisarensis opidi accolæ, canonicis sancti Mellonis adjuncti, prohibere conabantur, ne signa ad officium divinum pulsarent. Quod *irreligiosum esse ac inhumanum* pronuntiat pontifex, vultque ut deinceps id eis liberum sit: litteræ datæ sunt *trans Tyberim* III. *Kalendas Augusti*, quas proinde ad hunc annum revocandas esse conjicimus.

Paulo ante illud tempus, id est ipsis Kalendis Julii insigne privilegium concessit Urbanus Frotardo abbati sancti Pontii Tomeriarum in Gallia Narbonensi, quo locum illum à cujuscumque Episcopi jurisdictione eximit, aliisque compluribus prærogativis exornat: illud debemus beneficio clarissimi viri Stephani Baluzii, atque ultima est, nisi fallor bulla, in qua Johannes *præsignatoris domini Papæ* titulo usus est.

Scripsit quoque eadem die Pontifex ad Catalaniæ proceres quos ad reparandam Tarraconensem urbem adhortatur, ut præsidium sit firmum adversus Sarracenos, & in ea *Cathedra episcopalis* restitui possit. Tunc commissa erat jam à multis annis episcopo Ausonensi cura Tarraconensis ecclesiæ, extincta in ea provincia metropolitica dignitate, quæ ad Narbonensem Archiepiscopum decreto comprovincialium Episcoporum & populorum consensu devoluta fuerat. Hanc vero restitutionem potissimum urgebat

Tom. III.

Berengarius Ausonensis episcopus, sperans se eo pacto ad metropolitani dignitatem haud dubie perventurum, & quidem eadem causa diu, ut testatur ipse Pontifex, Romæ moratus est, cum huc ad invisenda apostolorum limina, suaque obsequia novo Pontifici reddenda, hujus anni initio, aut sub finem præcedentis accessisset. Datæ sunt hæ litteræ Romæ, Kalendis Julii hoc anno. Tarraconensis tamen ecclesia non nisi biennio postea, uti dicemus, dignitatem suam recuperavit.

<small>ANNO CHRISTI, 1089.</small>

Porro litteræ quas ea occasione Urbanus scripsit, datæ dicuntur, *per manus Johannis sanctæ Romæ ecclesiæ Diaconi Cardinalis & cancellarii*; cum antea, ut diximus, Johannes *præsignatoris domini Urbani* titulum semper adhibuisset; unde conjici potest, eum tunc primum Romanæ ecclesiæ cancellarii dignitatem obtinuisse. Certe Pandulfus in vita Gelasii II. (qui est ipse Johannes) observat eum ab Urbano, qui tunc Romæ inter duos pontes in magnis angustiis constitutus morabatur, cancellarium fuisse institutum, proindeque non in Casinensi monasterio, quando primum in Pontificis comitatum assumtus fuit, aut reliquo tempore, quod in variis itineribus in quibus Pontifici adhæsit, exactum est. Hæc sunt Pandulfi verba post enarratas calamitates, quas Romæ Pontifex sub finem anni præcedentis, & hujus initio pertulerat. *Tunc Papa litteratissimus & facundus fratrem Johannem virum utique sapientem ac providum sentiens, ordinavit, admovit, suumque cancellarium ex intima deliberatione constituit: ut per eloquentiam sibi à domino traditam, antiqui leporis & elegantiæ stilum, in sede apostolica jam pæne omnem deperditum, sancto dictante Spiritu, Johannes Dei gratia reformaret, ac Leoninum cursum lucida velocitate reduceret.* Et quidem omnes ferme Urbani bullæ datæ sunt *per manus Johannis diaconi cardinalis*, &c. Unde mirari subit Petrum diaconum in libro de viris illustribus Casinensis monasterii cap. 31. laudasse Leonem quemdam Cardinalem qui *scripsit ex nomine Urbani Papæ quam plures epistolas, & fecit registrum ejus.* In quem locum Marus, post reprehensos Baronium & Possevinum, aliosque auctores, qui hunc Leonem cum Leone Marsicano, vulgo Ostiensi dicto, chronici Casinen-

<small>L. Johannes diac. fit Cancellarius.</small>

B. URBANI PP. II. VITA.

sis auctore, de quo Petrus capite præcedenti egerat, contuderunt; subjungit Leonem istum complures epistolas exarasse, ex quibus inquit, viginti sub Urbani nomine apud Binium tomo 7. conciliorum editæ sunt. At nusquam reperire licuit ullam sive bullam sive epistolam Urbani, quæ à Leone scripta fuisse dicatur ; sed ut diximus pleræque, immo fere omnes, à Johanne scriptæ fuerunt, quod mirum est à Petro, etiam ubi de illo Johanne sub Gelasii II. nomine egit, omissum fuisse.

ANNO CHRISTI. 1089.

Circa medium hujus anni Raynaldus Remorum antistes Romam advenit ab Urbano invitatus, quod iter ante Maii finem eum incœpisse colligitur ex illius charta in gratiam monachorum Remigianorum data hoc anno MLXXXIX. indictione XII. Philippi Francorum regis XXX. proindeque ante diem vicesimum tertium Maii. Nam hoc ipso die Philippus tricesimum regni sui annum incœpit, consecratus Remis ante sui patris obitum, die sacro Pentecostes, anno MLIX. In illa autem charta, quam Marlotus edidit tomo 2. metropolis Remensis libro 2. cap. 4. Raynaldus *cum expetitione domini Papæ Urbani Apostolorum limina ecclesiamque Romanam visitare aggrederetur, ante corpus beatissimi & gloriosissimi patroni* sui *Remigii oratione facta, in capitulum* perrexit *de* suo *itinere locuturus;* ibique *altare de vico sancti Remigii* abbati Henrico totique archicœnobii Remigiani congregationi concessit. Cum vero, ut Bertoldus refert, Urbanus hoc anno litteras *Philippi Regis Francorum debitam subjectionem ei promittentis, susceperit*, verisimile est eas à Raynaldo fuisse delatas. Erat enim, ut ipse Pontifex in quadam epistola testatur, Philippo acceptissimus. Forte reliquum hujus anni exegit Romæ, nam ut inferius dicemus, amplissimum privilegium ab Urbano sub hujus anni finem accepit.

LI. Raynaldi archiep. Remensis iter Romam.

Aliquam etiam inter Græcos & Latinos concordiam eodem tempore initam fuisse colligi potest ex Bertoldo, qui refert Urbanum per suos legatos absolvisse Imperatorem Constantinopolitanum ab excommunicatione. Is erat Alexius Comnenus, qui anno præcedenti, ut ex Gaufredo Malaterra vidimus, §. 29. Urbanum Constantinopolim invitaverat, ut *concilio congregato, disputatio inter Græcos & La-*

LII. Pax cum Græcis inita.

tinos fieret dicens se libenter discussioni catholicæ assensurum. Unde vero simile est, quod etsi id ob temporum difficultates per se ipsum præstare non potuerit Urbanus, suos tamen legatos in Græciam miserit, qui hanc qualemcumque pacem inter Latinam & Græcam ecclesiam composuerint; forte utrique genti suum ritum permittendo, nam de fermenti usu in Eucharistia potissimum agebatur; donec aliquid firmius in concilio generali decerneretur.

ANNO CHRISTI, 1089.

Pacem quam Urbanus per legatum suum composuisse dicitur hoc anno inter Rogerium & Boamundum Roberti Guiscardi filios, qui ob paternam hereditatem inter se dissidebant, ut narrat Roccus Pyrrus tomo 3. Siciliæ sacræ in notitia VI. quæ est de ecclesia Mazarensi. Is auctor profert fragmentum libri tricesimi historiarum Leonis Marsicani de Gregorio VII. & Urbano II. in quo hujus dissidii historia memoratur. At illud Leonis opus ignotum est, nisi, quod quidem verum existimo, sit *Historia peregrinorum* quam Petrus diaconus libro 3. de viris illustribus monasterii Casinensis capite 30. eidem Leoni tribuit: in ea quippe agitur de illa pace inter Roberti filios inita. Et quidem isti *peregrini* non videntur alii esse ab iis qui post concilium Claromontanum in Orientem profecti sunt ad sacras expeditiones, ex quibus fuit Henricus monachus ordinis Benedictini ad hanc inter fratres concordiam componendam ab Urbano legatus, qui postmodum cum Boamundo ad bellum sacrum profectus, factus est primus ex Latinis Antiochenus patriarcha; cujus in hac expeditione acta Leo qui fuerat ejus educator, in laudato fragmento potissimum narrat. Sic autem, post multa de illius parentibus præmissa, sermonem prosequitur. *Henricus jam adolescens anno* MLXXXIX. *transmittitur à Papa Urbano II. ut pacem ineat inter Rogerium & Boamundum fratres, contendentes de regno Calabriæ & Apuliæ post obitum patris Roberti Guiscardi; à quibus constitutus arbiter & judex, æquali lance regnum divisit. Inde ad Urbanum rediit, ut de felici legatione rationem redderet.*

LIII.
Inter Roberti Guiscardi filios.

Ab Urbani legato composita.

Meminit etiam Gaufridus Malaterra libro 4. cap. 10. alicujus dissensionis quæ inter Rogerium & Boamundum, post Roberti eorum patris obitum orta ad biennium usque perduravit. Sed cum idem auctor capite sequenti innuere videatur hoc dissidium, de quo loquitur anno MLXXXVI. utriusque principis *fidelium consilio* fuisse compositum, nonnulli fortasse existimabunt Gaufridum de iis quæ ante Urbani pontificatum contigerant, Leonem vero de altera inter fratres altercatione quam Urbani legatus composuit, scripsisse. At utrumque auctorem de uno & eodem bello, quod Urbani tempore inter eos principes exarsit, fuisse locutum, facile demonstratur. Etenim præterquam quod nemo dixerit inter Roberti obitum qui anno MLXXXV. mense Julio contigit, & annum MLXXXVI. biennium intercessisse, Gaufridus ipse scrupulum omnem removet, ubi ait, hujus pacis gratia Barium Boamundo cessisse: certum quippe est ex Johanne archidiacono Barensi, qui tunc temporis in illis partibus vivebat, Barensem urbem paulo ante synodum Melphitanam, cui anno MLXXXIX. præfuit Urbanus, e Rogerii potestate in Boamundi ejus fratris ditionem translatam fuisse. Hic quippe auctor in Historia inventionis sancti Sabini de Eliæ archiepiscopi consecratione agens ait, Eliam in Barensem archiepiscopum *voluntate & consensu Rogerii ducis* proindeque ejus loci domini, fuisse electum. Tum subjungit Urbanum papam, qui eo tempore synodum apud Melphiam celebrabat, à Boamundo, *qui Barum jam suo tenebat sub dominio* invitatum in eamdem urbem venisse, ubi Eliam consecravit. Ex quo loco manifestum est Barium paulo ante synodum Melphitanam ad Rogerium pertinuisse, quando quidem Eliæ electio cum ejus consensu facta est; & paulo post transiisse ad Boamundum, cum jam sub finem concilii eam *sub suo habuisse dominio* dicatur; quod cum ex pacis initæ conditione factum fuisse Gaufridus scripserit, concludendum est eam pacem, quam ille auctor memorat, aut paulo ante concilium Melphitanum, aut certe eo durante, proindeque anno MLXXXIX. quem etiam Leo in fragmento laudato assignavit, fuisse compositam. Nostram sententiam confirmant Lupus Protospata & Robertus Salernitanus, auctores domestici, qui scribunt bellum Rogerium inter & Boamundum Roberti filios exarsisse anno MLXXXVIII. nec tamen assentiri possum Peregrinio suspicanti in castigationibus ad Lupum initam illam fuisse concordiam in ipso concilio Melphitano. Ea enim, ut ex Leonis fragmento constat, interveniente Urbani absentis legato facta est, non proinde in concilio Melphitano, cui Urbanus ipse præsens aderat & præsidebat. Non idcirco tamen dixerim pacem illam diu ante concilium initam fuisse. Quin potius in eo pontificis & patrum autoritate confirmatam fuisse libenter asseverarem, nisi Leo ea de re in laudato fragmento siluisset.

Anno. Christi 1089.

LIV. Concilium Melphitanum.

Illud concilium ineunte autumno præsentis anni Urbanus celebravit apud Melphiam Apuliæ urbem, cui episcopi septuaginta cum duodecim abbatibus interfuisse dicuntur; huc convenientibus, uti scribit Lupus Protospata in chronico, omnibus episcopis Apuliensium, Calabrorum, & Brutiorum, cum duce Rogerio & universis Comitibus Apuliæ & Calabriæ ac aliarum provinciarum Hoc est, ut forte nonnullis videbitur concilium quod Bertoldus ad hunc annum *generalem synodum* cxv. *episcoporum* appellat, in qua Urbanus suorum prædecessorum statuta auctoritate apostolica confirmavit. Quanquam alii, & quidem, ut fatendum est, non absque aliquo probabili fundamento synodum à Bertoldo laudatam Romæ habitam fuisse volunt: ut supra, num. 43. diximus. Conditi sunt in hac Melphitana synodo canones sexdecim in quibus præclara, potissimum adversus simoniam & incontinentiam clericorum, statuta continentur. Decernitur etiam cujus ætatis esse debeant promovendi ad ordines sacros, quive sint ab iis repellendi; tum prohibentur clericis vestes indecoræ & sæculares, nonnullaque alia statuuntur de monasteriorum bonis: denique monentur episcopi, ut à falsis pœnitentiis caveatur.

Ejus canones.

Alia statuta.

Præterea Johannes diaconus Cardinalis & cancellarius Romanæ ecclesiæ, in epistola ad abbatem Molismensem, quæ in Labbeana editione hujus concilii canonibus subjungitur, nonnulla de eo concilio habet, quæ prima fronte in vulgatis ejus canonibus videntur desiderari: ut scilicet, *quæ usque ad istud concilium per principes data monasteriis fuerant, firma & integra illis permanerent & de cætero abbates ab hujusmodi acquisitionibus abstinerent: quo, uti prosequitur, temperamento, & abbates ab ecclesia-*

B. URBANI PP. II. VITA. 63

rum invasionibus abstinuerunt, & episcopi non omnino spoliare monasteria voluerunt. Sed his verbis nihil aliud indicare voluit Johannes, quam ea quæ in canonibus quinto & sexto concilii constituta fuerant adversus abbates, qui ecclesiarum bona ipsis data absque episcoporum consensu recipere non verebantur. Aliud item hujus concilii statutum refert Lupus Protospata, quod in canonibus vulgatis non invenitur, *ut* scilicet, *sancta Trevia retineretur ab omnibus subjectis*; quibus verbis significari contendit Peregrinius concordiam inter Rogerium & Boamundum fratres initam, de qua superius diximus; cui quidem sententiæ haud refragabor, si hæc Lupi verba de fœderis illius antea pacti confirmatione & manutentione intelligantur.

In eadem synodo *dux Rogerius*, teste Romualdo archiepiscopo Salernitano, *ligius* Urbani *factus promisit jurejurando, se servaturum fidem Romanæ Ecclesiæ & eidem Papæ ejusque successoribus canonice intrantibus; & accepit per vexillum ab eo terram cum ducatus honore.* Consentit Ptolomeus Lucensis in libro de genealogiis edito à Surita, ubi scribit hoc sacramentum à Rogerio in Synodo Melphitana præstitum fuisse, *qui se ligium hominem ecclesiæ confessus est pro terris Apuliæ.* Idem auctor multa ibidem congerit de Rogerii successoribus, qui præstito pari sacramento se esse ecclesiæ feudatarios agnoverunt, quosque pontifices vexilli porrectione investire consueverant. Urbanum & Rogerium conjunctissimos fuisse patet, quod utriusque jussu Guillelmus Apuliensis res Normannorum præclare in Italia gestas versibus descripserit, uti ipse initio sui operis testatur.

Plerique etiam contendunt in hac synodo contigisse, quod de Petro abbate Carensi passim apud vulgatos auctores legitur, Urbanum scilicet ei, cum inter alios concilii patres nudo capite sederet, mitram misisse, qua deinceps uteretur. Et quidem licet non adeo constet, qua id occasione aut loco factum fuerit, res tamen ipsa videtur esse certa, ut pote relata ab anonymo abbate Venusino, in ejusdem beati viri vita, quam paulo post ipsius obitum conscripsit. Non ingratum erit ejus verba huc proferre. *In synodo*, inquit, *ei more suo nudo capite residenti, sanctæ memoriæ Papa Urbanus pontificalem infulam misit, quam utique vir do-*

Anno Christi, 1089.

Ibi Rogerius fit S. sedis ligius.

Et mitra Petro abbati datur.

mini, & pro summi Pontificis reverentia venerabiliter recepit, & officiosissime salutavit; & tamen ejus sacerdotalis mitræ usum, etiam rogante Papa contemsit. Eidem sancto viro Urbanus imperavit, ut modico vino uteretur, quod ob debilitatum omnino stomachum vocem pæne amisisset, ut narrat idem auctor, & post eum vetus poeta anonymus apud Ughellum tomo 7. Italiæ sacræ relatus: hæc erat nostri Pontificis adversus sanctos viros caritas & sollicitudo. Petrum vero Melphitano concilio interfuisse discimus ex ipso Urbano, qui in decreto in causa Carensis monasterii eo tempore lato testatur Alfanum Salernitanum archiepiscopum & Pertanum episcopum adversus Petrum conquestos fuisse quod aliquot monasteria, quæ ad ipsos pertinebant, invasisset: quam causam concilii tempore cum in sua camera, assistentibus sibi aliquot episcopis, expendisset pontifex, secundum Carenses pronuntiavit, ut ipse testatur in laudato decreto, quod ex archivo Carensi descriptum exhibebitur.

Hoc anno habita syn. Melphitana.

Synodum Melphitanam anno MLXXXIX. consignarunt vetustissimi quique auctores, quibus consentit brevis præfatio ejus canonibus etiam in cod. Mf. præfixa, nec ulla esset ea de re difficultas, nisi Baronius & plerique recentiores eam ad annum sequentem revocare conati fuissent; decepti procul dubio auctoritate Romualdi Salernitani, qui ut ipsis videtur, hanc synodum ad annum MXC. retulit. At vereor, nisi sit Librarii erratum, ut suspicatur Peregrinius, ne auctores illi falsi fuerint ex modo computandi quem plerique ejus temporis auctores in illis ulterioris Italiæ regionibus adhibere solebant: illi enim annum inchoant cum indictione Romana à mense Septembri; ita ut vulgarem calculum in annorum designatione quatuor mensibus antevertant. Sic anonymus Barensis à Peregrinio editus, aliique passim illarum partium scriptores vulgati annos incipiunt; quos si hic imitatus fuerit Romualdus, ut quidem vero simile est, differre dicendus est à cæteris auctoribus, in assignanda hujus synodi epocha, ut pote quæ exeunte mense Septembri, indictione XIII. celebrata fuit. Verum ut ut fuerit de Romualdi opinione, certum est hanc synodum anno MLXXXIX. habitam fuisse. Quod diserte habent cum

Lupo

B. URBANI PP. II. VITA.

Lupo Protospata, alii etiam auctores æquales. Nihil apertius haberi ea de re potest, quam Johannis diaconi & cancellarii qui huic concilio interfuit, testimonium in epistola supra laudata ad abbatem Molismensem, in qua sic habet: *Secundo pontificatus sui anno dominus noster Urbanus papa concilium apud Melphiam Apuliæ urbem celebravit.* Et post pauca, *Hoc sane concilium Melphitanum celebratum est anno dominicæ Incarnationis* MLXXXIX. *quæ autem scribimus, præsentes nos & audisse & vidisse noscatis.* Idem probat Johannes archidiaconus Barensis, qui uti cæteri auctores, disertis verbis locat Eliæ archiepiscopi consecrationem, quæ ipso Urbano teste anno MLXXXIX. mense Octobri celebrata est, proxime post concilium Melphitanum. Sic enim loquitur in historia inventionis sancti Sabini apud Baronium ad annum MXCI. & Ughellum tomo 7. Italiæ sacræ. *Post obitum Ursionis successit Elias archiepiscopus* Barensis, *qui primus abbas fuerat, corpusque sancti Nicolai sua in procuratione absque ordinatione tenebat. Hoc autem electo in archiepiscopum voluntate atque consensu ducis Rogerii filii ducis dicti Roberti, Melfiam papam Urbanum adivimus, qui ibidem Synodum celebrabat mense Septembri, quem rogavimus, ut usque Barum descenderet, prædictumque consecraret Eliam in archiepiscopatus honorem, domino Boamundo eumdem papam nobiscum deprecante, qui eo tempore Barum jam suo tenebat sub dominio.* His consentit bulla ipsius Urbani ad Petrum Cavæ abbatem data hoc anno die XI. Kalendas Octobris, in qua præter alia multa pontifex Cavensis monasterio confirmat ea loca, de quibus *nuper* inquit, id est in concilio Melfitano ut patet ex decreto quod laudatum est num. præcedenti, *habita quæstio* fuerat. Invitatus itaque Urbanus à Boamundo, post finitam Synodum Melphitanam Venusia transiit, ubi bullam quam modo laudabamus, concessit in gratiam Cavensium, tum invisit Barensem ecclesiam tunc temporis, celeberrimam, ob frequentia miracula, quæ ad corpus sancti Nicolai, hoc anno MLXXXVII. allatum, fieri dicebantur. Ibi beatissimi antistitis ossa pontifex propriis manibus *in locum parati aditi* collocavit, & licet hoc fuerit *contra morem*, ut ipse loquitur, *Romanæ & apostolicæ ecclesiæ in propria sede* Eliam Barensis & Canusi-

Tom. III. I

ANNO CHRISTI, 1089.

LV. Urbanus Bari transfert ossa S. Nicolai & Eliam episc. consecrat.

næ quæ jam tunc unitæ erant, ecclesiarum archiepiscopum electum *ob devotionem sancti Nicolai, & populi id efflagitantis dilectionem* consecravit. Hæc omnia fusius exponit ipse Urbanus in privilegio num. 26. quod ea occasione Eliæ & ejus Barensi ecclesiæ concessit die IX. Octobris datum. Porro ipsum consecrationis Eliæ diem discimus ex chronico Anonymi Barensis ad annum MXC. quem pro more suo à Septembri præcedentis anni simul cum indictione inchoat, ubi sic habet MLXXX. *indict.* XIII. *mense Septembri* id est anno MLXXXIX. juxta vulgarem computandi modum *intravit Urbanus Papa in civitate Bari pridie Kal. Octobris: & in Kal. Octobris ædificavit confessionem sancti Nicolai.* Eadem ferme habet Lupus Protospata ad annum MLXXXIX. *Urbanus venit in civitatem Barum & consecravit illic confessionem sancti Nicolai & Eliam archiepiscopum.* Elias ex monacho Carensi factus abbas sancti Benedicti prope portum Barensem, primus omnium in suam ecclesiam susceperat corpus sancti Nicolai ex Licia anno MLXXXVII. advectum: deinde præfectus fuerat ecclesiæ recens eidem sancto extructæ in ipsa urbe Barensi, ut ex Johanne archidiacono Barensi narrat Ordericus Vitalis libro 7. cui tandem in archiepiscopum assumto, suffectus est in abbatiæ regimine Eustachius monasterii omnium sanctorum prope eandem urbem conditor, secundus & ultimus sancti Nicolai abbas: nam eo pariter in archiepiscopum electo ecclesia sancti Nicolai ad canonicos sæculares translata est, ut narrat Ughellus tomo 7. & post eum Lubinus & alii. Eustachio abbati sancti Nicolai insigne privilegium concessit Paschalis II. anno MCVI. in quo pontifex testatur corpus sancti Nicolai tempore *Victoris III. ex transmarinis partibus in urbem Barisinam advectum*, ab Urbano II. *loco quo nunc*, inquit, *reverentia digna servatur, in crypta inferiori summa cum veneratione, desuper altare in honorem Domini* consecrato reconditum fuisse.

LVI. An tunc Concil. Trojæ habitum sit.

Alterum in Apulia concilium sub hujus anni finem Trojæ celebratum fuisse volunt Baronius, Binius, Chesnius in vitis pontificum ceterique illorum auctorum sequaces, qui illud concilium primum Trojanum sub Urbano

II. appellant, à Petro diacono, Ivone Carnotensi, Gratiano, Magistro sententiarum, aliisque passim celebribus auctoribus, uti aiunt, memoratum. At merito refragantur alii viri eruditi, qui unicum sub Urbano II. Trojanum concilium admittunt, anno MXCIII. uti ex Bertoldo constat, celebratum. Unde primum illud, quod Baronius & alii auctores laudati, anno MLXXXIX. consignant, expungendum esse contendunt: & quidem, nemo unquam ante illos nostræ, aut nostrorum patrum ætatis auctores duo concilia Trojæ sub Urbano habita laudavit: quæ vero à Trojano concilio, uti Labbeus observavit, Ivo, Gratianus aut alii auctores antiquiores protulere, nullam habent temporis notam, unde colligi possit, ea uno potius quam altero anno sancita fuisse. Denique nec Petrus ipse cujus testimonio potissimum niti videtur Baronius, duas usquam Trojæ synodos agnovit; immo nec certum tempus Trojanæ synodo assignavit libro 4. cap. 7. chronici Casinensis, unde tamen argumentum suum repetunt adversarii: sic enim caput illud absolute inchoat *Sequenti tempore Papa Urbanus iterum ad has partes*, Montis-Casini, *adveniens*, &c. *Quo tempore dum apud Trojam synodum celebraret.*

At inquies, Petrus loco laudato, Johannis Cajetani ordinationem in diaconum eo tempore ab Urbano factam fuisse refert, quo *apud Trojam Synodum* idem pontifex celebravit. Unde cum certum sit, uti superius probatum est, ex multis diplomatibus, Johannem primo Urbani anno Diaconum fuisse ordinatum, inferre licet synodum Trojanam quam hic Petrus memorat, ad Urbani pontificatus primordia esse revocandam; proindeque cum æque certum sit eumdem pontificem anno MXCIII. synodum eadem in urbe celebrasse, duo Trojana concilia necessario admittenda erunt. Verum nihil certi ex hoc Petri testimonio inferri potest, nempe qui, uti observavit Angelus de Nuce in notis ad hunc locum, eo loci, quod & alias sæpe ei contigit, *exactam temporum rationem non servavit*. Deinde Johannes ab Urbano, quando primum ad Casinense monasterium advenit, diaconus ordinatus est: at Petrus hic non de illo

Anno Christi, 1089.

sed de secundo pontificis ad sacrum montem accessu diserte loquitur, proindeque non de prima Johannis ordinatione; sed de altera, nempe de illius *in diaconum patriarchii Lateranensis* promotione intelligendus est, quæ sane promotio ad annum MXCIII. quo Trojæ concilium celebratum fuit, revocari potest, sicque nulla remanet duas Trojæ synodos admittendi, etiam ex Petri testimonio, necessitas, sed ad rerum seriem revertendum est.

Anno Christi, 1089.

LVII. *Urb. ecclesiam Brundusii consecrat.*

Consecrato itaque apud Barium Helia archiepiscopo, Urbanus Brundusium in provinciam Hidruntinam perrexit ubi eum anno præsenti ecclesiam dedicasse memorat Lupus Protospata auctor æqualis, qui post ea quæ superius de Barensis archiepiscopi consecratione retulimus, hæc subjungit: *& consecravit Brundusinam ecclesiam prædictus Papa Urbanus.* Ex hoc Lupi testimonio emendandus est Ughellus tomo 9. Italiæ sacræ, ubi hanc dedicationem anno præcedente consignavit. Eidem ecclesiæ episcopalem dignitatem, quæ ob cladem Brundusio à Sarracenis illatam Urium translata fuerat, restitui imperavit Urbanus, scriptis ea de re litteris ad Godinum episcopum, qui quod ei Uritana commoratio magis arrideret, omisso Brundusii titulo Uritani episcopi nomine contentus erat, & quidem Brundusinum non nisi post Urbani mortem dignitatem suam recepit, ut ex Paschalis ejus successoris epistola patet apud Ughellum tomo 9. Urbani ea de re epistolam, cujus fragmentum exhibet, integram in Historia Brundusina haberi monuit Ughellus loco laudato. At hanc historiam, aut saltem epistolam integram invenire non licuit.

LVIII. *Rhegium invisit.*

Ceterum in extremam usque Calabriam penetrasse Urbanus dicendus est, si eum hoc anno Rhegium Calabriæ ulterioris metropolim invisisse, atque ab Arnulfo archiepiscopo susceptum hospitio fuisse verum sit, uti dicitur apud Ughellum. Verum etsi infitiari nolim Urbanum in Calabriam adiisse, hoc tamen iter ab eo post Trojanam synodum susceptum fuisse, sustineri nequit. Etenim anno MXCIII. quo celebratum fuit Trojanum concilium, & quidem unicum sub Urbano, uti probavimus, jam dudum Arnulfus e vivis excesserat, sed Ughellus recentiorum duas synodos Trojanas admittentium opinione haud dubie præoccupatus in hunc errorem impegit, sicque quod hoc anno MLXXXIX. factum fuerat, ad alium transtulit.

ANNO CHRISTI, 1089.

Ad illud idem iter, si conjecturis uti liceat, revocari debet Gualterii, primi post recuperatam à Rogerio comite & Saracenis insulam Melitensis episcopi ordinatio, quam hoc anno ab Urbano secundo celebratam fuisse testatur Rochus Pyrrhus tomo 3. Siciliæ sacræ. Certe Gualterius, sub finem hujus anni, nam indictio XIII. jam tunc currebat, subscripsit cuidam instrumento Sicelghaitæ uxoris Roberti ducis, quod ab eodem auctore tomo 2. in notitia ecclesiæ Panormitanæ refertur: quod quidem instrumentum differri ulterius non potest, nam Sicelghaita anno sequenti defuncta est, die XVI. Kalendas Maii, ut ex Necrologio Casinensis monasterii discimus.

LIX. Episcopum Melitæ ordinat.

Eadem etiam occasione Brunonem Cartusianorum parentem cum Urbano Calabriam perlustrasse plusquam probabile est. Is nempe à pontifice, suo olim, ut diximus, cum litteras vir sanctus in Rhemensis ecclesiæ academia doceret, discipulo evocatus, hoc anno ad illum accessit, nec dubium quin etiam eum secutus fuerit in Apuliam & Calabriam, cum eo animo Brunonem accersivisset Urbanus, ut ejus consiliis in rebus difficillimis, quæ tunc frequenter emergebant, uteretur. Aliud habetur ejusdem rei argumentum, quod nempe Brunonis sanctitas ex eo tempore adeo nota fuerit apud Calabros, ut paulo post datus ei fuerit locus in ea regione ad inhabitandum, quem reipsa anno sequenti cum nonnullis è suis incolebat. Id constat ex Rogerii comitis diplomate quod G. Surianus in notis ad vitam S. Brunonis, & Ughellus Tomo 9. simul cum Theodori Squillacensis episcopi confirmatione ediderunt.

LX. S. Bruno in Urbani comitatu.

Ex eo, uti videtur, itinere Urbanum per Hirpinos Romam redeuntem invisit Balduinus Dominus Castri Pontis S. Anastasii in comitatu Telesino, qui ejusdem Pontificis assensu & monitu, consentiente etiam Roffrido archiepiscopo Beneventano, dedit Casinensi monasterio Ecclesiam S. Dionysii prope illud castrum sitam, non tamen ante, quam eam à fundamentis reparatam multis donis & possessionibus locupletasset. Hanc donationem Marius Vipera

LXI. Donatio facta Casin. mon.

in chronologia archiepiscoporum Beneventanorum refert ad præsentem annum ex Petri Diaconi regiltro & L. 4. Chronici Casin. At quod subjungit ex Falconis chronico de legatione 110. ferme nobilium Beneventanorum ad Urbanum Papam facta, erratum est. Hæc nempe ad Paschalem II. revocanda est; quod Vipera facile advertere potuisset, cum ipse eam anno MCII. scilicet triennio post Urbani obitum, consignaverit.

<small>ANNO CHRISTI, 1089.</small>

<small>LXII. An Urbanus Farfæ Abbatis electioni interfuerit.</small>

Celebrata etiam hoc anno fuit Raynaldi in Farfensem apud Sabinos abbatem electio, cui Urbanum interfuisse asseverat auctor Chronici brevis ejusdem monasterii, quod Chronicon manu exaratum penes nos est: quanquam suspicari licet Urbani nomen pro Wiberto in Chronicon illud errore Amanuensis irrepsisse. Refert enim Gregorius ejusdem loci monachus & oculatus testis Wibertum, quem Clementem appellat, omnem in hoc monasterio, quod erat speciali jure Imperatori subjectum, potestatem habuisse. Immo idem auctor narrans Raynaldi paulopost Berardo locum facere coacti electionem, nihil de Urbano aut Guiberto habet. Et quidem Diaconius & alii inter Guiberti Cardinales recensent Theodoricum abbatem & Maginulfum monachum Farfenses, & ipse Theodoricus sub Sylvestri III. nomine pontificatum ambiit.

<small>LXIII. Concilium Santonense.</small>

Cum hæc in Italia gererentur Amatus Oleronensis episcopus & Vicarius apostolicæ sedis in Aquitania, concilium die quarta Novembris celebravit apud Santonas, in quo, teste Chronico Malleacensi, ad sedem Burdigalensem, quæ jam ab annis ferme tribus vacua manserat, translatus est. Hanc translationem *nolente*, nisi sit error librarii, forte legendum *volente*, Guillelmo Aquitaniæ duce factam fuisse testatur Adhemarus episcopus Ecolismensis in charta donationis ab eo coram illa Synodo factæ Monasterio S. Maxentii apud Pictones, quæ refertur à Sammarthanis Tomo 1. Galliæ Christianæ. In eadem forte Synodo agitari debebat controversia inter monachos Vindocinenses & sancti Albini Andegavensis mota, de prioratu Credonensi, uti innuitur in veteri instrumento T. 2. Miscellan. Baluz. edito. At ne id fieret, impedivit comes Andegavensis, nec plura rescire licuit de illa Synodo, quam Sammarthani in

B. URBANI PP. II. VITA.

Gallia Christiana & Lopezius in Burdigalensi historia, anno præcedente non bene consignant, decepti haud dubie charta Adhemari modo laudata, quæ data dicitur *anno* MLXXXVIII. *nonis Novembris, indictione* XII. at legendum MLXXXIX. quod probatur, non modo ex Chronico Malleacensi modo laudato, verum etiam ex charta Willelmi cujusdam Ferrani ab ipsis Sammarthanis relata. Qui quidem Willelmus nonnulla ecclesiæ sancti Severini apud Burdigalam ablata restituit anno MLXXXVIII. *tertio nonas Decembris, Simone Agennensium episcopo locum Burdigalensis archiepiscopi* jam ante biennium defuncti *tenente*. Quod sane falsum esset, si mense Octobri ejusdem anni Amatus in Concilio Santonensi factus fuisset archiepiscopus. Et quidem post Gotcelini archiepiscopi obitum, qui anno MLXXXVI. contigit, sedes tribus circiter annis, ut ipsi Sammarthani observarunt, vacua remansit, proindeque ad annum MLXXXIX.

ANNO CHRISTI, 1089.

Anno labente Urbanus Romam reversus privilegia nonnullis ecclesiis & monasteriis concessit. Insigne est præ ceteris illud quod Raynaldo Remorum archiantistiti ejusque ecclesiæ indulsit seu potius confirmavit, datum Romæ die VIII. Kalendas Januarii, ex quo proinde inferre licet Pontificem hoc anno natalium Christi solemnitatem in Urbe celebrasse. Illud privilegium ex veteri codice ms. descriptum lege, si otium est, in Appendice. Hoc sequetur aliud post dies tres concessum Balmensi apud Sequanos nobili monasterio, quod ex ipso autographo descriptum ab ejusdem loci ascetis accepimus.

LXIV. Privilegium ecclesiæ Remensis.

Monast. Balmæ.

Vix etiam ultra hujus anni finem differri potest iter Dalmatii archiepiscopi Narbonensis Romam, quod, præter alias causas, ob pervulgatam Urbani ad Catalauniæ proceres de restauranda Urbe Tarraconensi epistolam suscepit; veritus ne hac occasione, quamvis id *se salva Narbonensis ecclesiæ justitia* velle declarasset Pontifex, provincia Tarraconensi a sua jurisdictione subtraheretur. Hoc enim se præstiturum satis innuerat Pontifex, nisi Narbonensis antistes hanc antiquam metropolim *auctoritate privilegii Romani* ipsi subjectam fuisse probare posset. Quo privilegio se munitum non esse haud ignorabat Dalmatius. Hoc

LXV. Dalmatii archiepisc. Narbon. iter Romam.

vero iter ab eo tunc temporis susceptum fuisse inde colligimus, quod mense Martio sequentis anni concilium provinciale in sua metropolitana Urbe celebraverit, & quidem redux è Romano itinere. Id ex eo patet quod in hac ipsa Synodo finita fuerit controversia, inter ipsum Dalmatium & abbatem Crassensem orta, de qua apud Pontificem Romæ idem Dalmatius conquestus fuerat, quamque Urbanus Raynerio legato suo componendam commendaverat. Si enim ante Romanum iter sopitæ fuissent illæ contentiones, ut revera in ista Synodo sopitas fuisse declarant ejus acta, frustra postea Dalmatius illas ad Pontificium tribunal Romæ detulisset, frustra etiam Urbanus de his sopiendis ad legatum suum scripsisset. Hanc porro Synodum initio anni sequentis celebratam fuisse ex iisdem ejus actis patet apud Baluzium in conciliis provinciæ Narbonensis, & Labbeum in Appendice tomi 10. conciliorum generalium, ubi *anno Domini Incarnationis* MXC. *decimo-tertio Kalendas Aprilis* habita fuisse disertis verbis dicitur.

Quid vero eo in itinere profecerit Dalmatius discendum est ex litteris, quas ea occasione conscripsit Urbanus. Primo eum Pontifex clero populoque Narbonensi, ac etiam comiti & vicecomiti commendavit, eisque præcepit ut illi tanquam Patri, & Christi vicario obedientiam & honorem exhiberent; minatus se eos, qui ecclesiæ Narbonensis bona retinerent, anathematis gladio feriturum. Deinde Raynerio cardinali, quem in Hispaniam legatum miserat, binas litteras scripsit, quibus maxime illi commendat, ut potissimum inquirat de injuriis quas Dalmatius se à Frotardo Tomeriarum abbate pertulisse conquerebatur. Fortasse ille abbas abutebatur insigni privilegio, quod, uti diximus, mense Julio hujus anni ab Urbano acceperat, unde Pontifex maxime insistit in utraque ad legatum epistola, ut hanc causam diligentissime examinet, pro qua specialiter missus fuisse dicitur. Nam Frotardus, qui Romam primus venerat, res multo aliter, ut ait ipse Urbanus in prima epistola, quam Dalmatius præsente legato ante ejus in Hispaniam discessum, Pontifici retulerat. Dalmatius quippe & Barcinonensis episcopus ad id Romam potissimum venisse videbantur, ut adversus illum abbatem

justitiam

B. URBANI PP. II. VITA.

justitiam sedis apostolicæ flagitarent. Denique ad ipsum Frotardum scripsit Urbanus, ut se penitus legati judicio subjiciat; & si vera essent ea quæ de illo ferebantur, plene & *congrue* satisfaciat ambobus illis antistitibus. Denique ei maxime commendat Pontifex, ut *Narbonensem antistitem sicut proprium & pastorem spiritualem.... revereatur & diligat.*

Quod vero spectabat ad jus metropoliticum in Tarraconensem provinciam quo brevi se spoliatum iri verebatur Dalmatius; quoniam res erat difficilis, mandavit legato suo Urbanus, ut dum Tarraconensis urbs repararetur, nihil prorsus ea de re innovaret. Res enim, ut ait V. C. Petrus de Marca Libro 4. Marcæ Hispanicæ, erat lubrica & anceps: quare ausus non est Urbanus Dalmatii querelas insuper habere, qui uti ipse Pontifex loquitur, *præjudicium sibi factum de illa Tarraconensium episcoporum substractione intimabat*, quos Narbonensis ecclesia *per annos quadringentos sine alterius ecclesiæ reclamatione possederat.* At ex altera parte haud ignota erat Urbano antiqua Tarraconensis ecclesiæ dignitas, qua casu, non ob aliquod malum facinus miserabiliter exciderat; cum scilicet ipsa metropoli à barbaris occupata, residui provinciæ episcopi cum suis ecclesiis, inconsulto Romano pontifice, Narbonensis metropolitani, ut pote vicinioris, custodiæ & curæ, potius quam jurisdictioni, multo minus servituti attributi fuerant. Quare in his rerum ambagibus, prudens Pontifex neminem vel specie tenus lædere volens, caute agendum ratus provisorio decreto constituit, ut donec Tarraconensis urbs repararetur, Tarraconensis provinciæ episcopi Narbonensi archiep. tamquam proprio metropolitano subjicerentur. Quia vero, paulo ante Toletano archiep. primatum, salvis metropolitanorum juribus, in universas Hispanias contulerat, voluit ut iidem episcopi Toletano archiepiscopo tamquam privati obedirent, *donec archiepiscopus Narbonensis se eorum primatem fuisse certa possit auctoritate monstrare.* Dalmatius quippe Urbano dixerat *privilegia de primatu ecclesiam suam habuisse*, ac multa protulerat ad id probandum instrumenta: quare Urbanus legato suo præscribit, ut de illis privilegiis *diligenter* inquirat, non

ANNO CHRISTI, 1089.

LXVII. Tarracon. provinciam Narbon. archiepiscopo commendat.

Tom. III.   K

quidem ut de iis judicaret, sed ut ad se ipsum hæc causa, magni utique momenti, referretur. Atque res eo in statu mansere usque ad annum MXCI. quæ omnia in epistolis quatuor Urbani fusius exponuntur. At hic observare juvat, præter has Urbani litteras quæ apud Labbeum Tomo 10. conciliorum editæ sunt, unam de his controversiis in ejusdem tomi Appendice haberi, *L. Cardinali presbytero* datam, in qua agitur de controversia inter Narbonensem archiepiscopum *& abbatem Comoriensem* nata. Sed hæc epistola ea ipsa est *Raynerio legato* inscripta, sub quo eodem titulo ejus fragmentum jam Labbeus ipse retulerat inter alias Urbani epistolas. Eum fefellit exemplar quo usus est, in quo Amanuensis errore L. pro R. in titulum irrepserat, sicut & *Comoriensem*, pro *Tomeriensem*. Qua de re lectorem monitum velim, ne quis ea occasione intrudere velit abbatiam *Comoriensem* aliunde ignotam; aut denique, ut cardinali Aguirio accidit, legatum Urbani L. qui numquam exstitit, admittat. In his porro litteris præclara multa habet vigilantissimus Pontifex de legati officio, cum Raynerium potissimum monet, ut ne favore aliquo, aut nimio zelo actus in alterutram partem contra veri rectique regulas se abripi patiatur. Hoc ipso anno Attilanus Zamoræ episcopus ab Urbano canonizatus dicitur in martyrologio Romano, quod an verum sit, non una est apud auctores etiam Hispanos sententia.

Antequam Hispanias dimittamus, paucis agendum est de percelebri monasterio sancti Johannis Baptistæ de Pinna, cujus loci abbatem Aymericum Sancius Aragonum rex Romam misit, privilegiorum sui monasterii confirmationem ab Urbano petiturum. Regis & abbatis petitioni assensit Pontifex, & quidem sub hujus anni finem, aut certe sequentis initio, ut conjicere est ex ipso diplomate Sancii id referentis, quod datum est *æra* MCXXXVIII. VIII. *idus Maii, anno* III. *pontificatus Domni Urbani Papæ II. anno ab Incarnatione Domini* MXC. *indictione* XIII. *&c.* Mirum autem est quantis donis & privilegiis cumulaverint Aragoniæ reges locum istum sacrum, qui ad eorum sepulturam erat deputatus. Sed præ ceteris enituit potis-

B. URBANI PP. II. VITA.

simum Sancius, qui ter quaterve Romam ejus monasterii abbates misit, ad asserenda privilegia & bona, quæ à Regibus & præsulibus huic monasterio collata fuerant. Juvat ea quæ in uno illius diplomate pertinent ad Urbanum huc proferre, in quo sic loquitur. "Sancio abbate defuncto & domno Aymerico abbate in locum ejus posito, cupiens hoc cœnobium adeo prorsus munire & tueri apostolicoque simul & Regali patrocinio, domnum Aymericum abbatem Romæ ad beatissimum Papam Urbanum misi secundum, obnixe deprecans paternitatem illius, ut prædictum locum in defensione & patrocinio beatorum apostolorum Petri & Pauli susciperet; & privilegium tale eidem loco conferre dignaretur, quo à rapacitate malorum hominum, vel ab invasione episcoporum, necnon à præjudicio Cardinalium & archiepiscoporum, seu à dominatione mala succedentium regum, locus isdem tueri aut defendi possit: & ut abbas ejusdem loci libere, ipse & sui, ad sedem Romanam in omnibus causis & judiciis ecclesiasticis vel sæcularibus; necnon & in ordinationibus abbatum, possint se reclamari. Qui beatissimus pater Urbanus, audita meæ humilitatis petitione, credo non meis meritis, sed sancti Johannis gratia commotus, locum hunc in apostolica suscepit protectione, datoque libertatis privilegio, apostolico patrocinio munivit." Hæc ibi Sancius, quæ paulo fusius referre visum est ad supplendum privilegii defectum, quod invenire non licuit. Regium vero illud diploma integrum exhibet Hieronymus Blanca in commentariis rerum Aragonensium.

ANNO CHRISTI. 1089.

Idem Rex hac, aut altera occasione, Urbanum consuluit de sua ipsius nepte, an invita viro copulanda esset, cui eam cogente necessitate sponsam promiserat. Respondit Pontifex id nequaquam fieri debere, cujus ea de re rescriptum ab Ivone & Gratiano in suis decretis adoptatum, & ab Hildeberto Lib. 2. epist. 26. alias 42. relatum. Huc revocare visum est, quod nullam usquam præferat temporis notam. Sancius, qui ab anno MLXVII. Aragonibus imperabat, quarta die Junii anno MXCIV. occubuit cum Oscam Urbem obsideret: ad eum responsionem habet apud Ivonem Dec. pag. 8. cap. 24. & apud Gratianum

LXIX.
Urbani decret. de libertate nuptiarum.

ANNO
CHRISTI,
1089.
LXX.
Epistola
pro monast.
Padoliron.

31. q. 2. c. 3. in Bullario Casinensi F. 2. p. 118.

Habetur alia ejusdem Pontificis epistola, quam sub hujus anni finem, aut saltem ante Mantuanam obsidionem, initio sequentis anni incoeptam, Mathildi comitissae scripsit in Gratiam Padolironensis monasterii adversus Mantuanum episcopum. Hic ecclesiam sancti Floriani ad illud monasterium pertinentem injuste retinebat, adeoque vult Urbanus, ut Mathildis episcopum ad restitutionem adigat.

MCX.
LXXI.
Thiemo
Salisb. archiepisc.
ordinatur.

Anni MXC. initio cum Catholici, uti narrat Bertoldus, in Baioaria invalescerent, Thiemonem antea sancti Petri abbatem, in Salisburgensem archiepiscopum elegerunt, quem statim solemni ritu Altmannus episcopus Pataviensis sedis apostolicae legatus, assistentibus sibi Adalberone Wirtzburgensi & Meginwardo Frisingensi Catholicis episcopis consecravit. Ille vero Gebehardi sanctissimi decessoris sui *vestigiis insistens*, uti in ejusdem Gebehardi vita legitur, *in defensione veritatis catholicae & propagatione religionis divinae* multum insudavit. Hanc ordinationem VII. idus Aprilis celebratam fuisse observat auctor chronici Salisburgensis apud Canisium tomo 6. qui addit Thyemonem ab Urbano II. Pallio donatum fuisse.

LXXII.
Privileg.
monast.
Raitempur.

Eodem tempore, si nullus in anno & mense designandis error irrepserit, Urbanus praeposituram Raitempurchensem in Frisingensis Bavariae urbis dioecesi sitam, apostolicae sedi à Welphone Bajoariorum duce ejusque conjuge Juditha ablatam, *sub speciali* Romanae ecclesiae *tuitione* suscepit. Bullam ea de re refert Hundius tomo 3. metropolis Salisburgensis. At non satis sibi constant chronologici characteres in ea appositi; data quippe dicitur Anagniae mense Februario hujus anni, indictione XV. quae eo anno erat XIII. deinde sententia Scripturae Sacrae quae in sigillo adhiberi solet, Urbano III. non II. convenit. Urbano tamen III. haec Bulla tribui non potest. An Lanfrancus, qui illam absente, aut alias impedito Johanne cancellario, conscripsit, aliam sententiam adhibuerit, incertum. Cetera vero omnia in his notis optime sibi cohaerent, nec locus ullus esse videtur de ejus sinceritate dubitandi. Forte illa errata ex Amanuensium incuria irrepserunt.

Nondum tamen Romam reversus fuisse videtur die xxv. Martii hujus anni, cum hac ipsa die *episcopi urbis*, id est Cardinales Ubaldus *Sauinensis & Johannes Tusculanensis* ecclesiam sanctæ Mariæ *ad Pineam* dedicasse *tempore Domni Urbani II. Papæ* dicantur in veteri inscriptione quam Martinellus in Roma sacra, & Mabillonius referunt. At paulo post varia Romæ consistens diplomata diversis locis concessit.

Ex his est privilegium pro monasterio canonicorum regularium sancti Antonini apud Ruthenos, quod datum est Romæ die v. ante Kalendas Aprilis. Aliud ibidem ipsis Kalendis Aprilis indulsit Guillelmo abbati monasterii sancti Theofredi apud Vellavos, diœcœsis Aniciensis, in quo recensentur & confirmantur ejusdem monasterii possessiones. Quod aliud edidit Baluzius in suis Miscell. T. 2. p. 117. in gratiam Hugonis episcopi Gratianopolitani, hac ipsa eadem die hujus anni, ut quidem nobis videtur, indultum, licet apud Baluzium ut in apographo nostro, quod ex Gratianopolitanæ ecclesiæ chartario habemus, annum sequentem præferat, sed Amanuensis errorem esse veri simile est, non solum quod alii chronologici characteres ibi appositi annum præsentem designent, verum etiam quod *scriptum, per manum Gregorii Scriniarii atque notarii sacri palatii*, ut præcedens hac ipsa eadem die datum, sicut & alia nonnulla ejusdem temporis, dicatur, quod non habent diplomata anni sequentis, immo nec ulla alia aliorum annorum, si bene memini. Vetat Pontifex in hac Bulla alienationes ecclesiasticorum bonorum, & ne res defuncti episcopi, vel ecclesiæ à quopiam rapiantur, quas vult à canonicis integras reservari episcopo successori futuro.

Aliud insigne privilegium, apud Tambur. de jure Abb. T. 2. p. 468. paulo post præcedens, id est sexta die ejusdem mensis Aprilis, indulsit Urbanus Vallumbrosanis monachis, quo non modo Vallis-Umbrosæ monasterii principis jura & possessiones, sed etiam totam multorum monasteriorum, quæ ibi recenset, congregationem, ante aliquot annos à Johanne Gualberto institutam, confirmavit. Tum decernit Pontifex ut alia monasteria, quæ deinceps novellæ huic congregationi aggregabuntur, iisdem privilegiis gaudeant, eorumque omnium caput sit ipsa Vallis-umbrosæ abbatia; adeoque constituit ut ad ejus abbatis electionem, præter loci monachos, superiores quoque cæterorum omnium monasteriorum congregationis suffragii jus habeant; & si quispiam ex illis abbatibus, ad *generale regimen electus* fuerit, dimissa propria abbatia, *ad principale cœnobium transeat*, cujus nutu *omnia unita monasteria* regantur. Datum est Romæ hoc anno MXC. indictione XIII. die VIII. idus Aprilis, Urbani Pontificatus anno III. quæ notæ omnes apprime sibi cohærent; at mirum est in illo privilegio nusquam abbatem, qui tunc Valli-umbrosæ præerat nominatum fuisse; forte quod, cum in omnis congregationis gratiam concessum fuisset ad ejus generale regimen statuendum, satius judicaverit Pontifex illud omnibus universim membris quam cuiquam abbatum specialiter inscribere. Tunc vero Valli-umbrosæ præerat Rusticus beati Johannis Gualberti post Rodulfum successor.

LXXIII. Decretum Rustico abb. Vallumbrosæ &c. inscriptum.

Is ipse est Rusticus, qui simul cum Petro episcopo Pistoriensi Urbanum consuluerat, de ordinatione Daimberti quem à Wecilone archiepiscopo Moguntino, schismatico simul & simoniaco, diaconum ordinatum, ipse Pontifex in episcopum Pisanum consecraverat. Urbani responsum à Labbeo tomo 10. conciliorum ex ms. codice S. Victoris Parisiensis editum est. Cui jungenda altera ad eosdem responsio, seu potius, ut quidem verisimile est, ejusdem responsionis altera pars quæ apud Gratianum habetur 1. *q. 7. c. 24. Daibertum.* In utraque Urbanus agnoscit sibi non incompertum fuisse Daimbertum à Wecilone schismatico diaconatum suscepisse. Sed tamen quia ille *non simoniace* fuerat ordinatus, *ac corpore & spiritu ab hæreticis egressus* fuerat, eumdem *utilitatibus ecclesiæ pro viribus insudantem, ex integro*, ecclesiæ *necessitate ingruente, diaconum se constituisse* respondet Pontifex. Nulla est in utroque illo responso temporis nota, ac cum certum sit Daimberti ordinationem, cujus occasione scriptæ sunt illæ litteræ, ad primos pontificatus Urbani annos revocandam esse, vix ultra hunc annum differri possunt. Quare eas huc referre visum est.

Huc etiam referri posse mihi aliquando visum est, Urbani Bullam, qua Pontifex Baïonenfis in Novempopulania Galliæ provincia diecœfis limites præfcripfiffe dicitur apud Sammarthanos, tomo 2. Galliæ Chriftianæ, laudato ea de re fcripto, quod datum aiunt *v. idus Aprilis*, indictione XIII. *anno* 1106. Et quidem hoc anno defunctus erat Urbanus; fed ex indictione, quæ anno MXC. convenit, emendandum effe conjiciebam exfcriptoris erratum. Verum vifis ejus ecclefiæ monumentis. quas mecum illuftriff. antiftes Renatus Francifcus de Beauveau communicari juffit, deprehendi errorem effe Sammarthanorum, qui Pafchalis II. Bullam incaute ad Urbanum tranftulerunt. In ea tamen legendum *indictione* XIV. aut certe dicendus eft Pontifex ut fæpe alias, fecutus fuiffe calculum Pifanum, quo annus à fine præcedentis Martii inchoabatur.

ANNO CHRISTI, 1090.
An aliud pro Limitibus diecœfis Baïonæ.

Hoc item menfe datum eft Romæ privilegium Majoris-monafterii prope Turonum urbem, Bernardo abbati infcriptum; quo Urbanus ipfum monafterium uti jam à Victore III. indultum fuerat, fub fpeciali fedis apoftolicæ tutela fufcipit; eo pacto, inter alia, ut electus abbas à Turonenfi archiepifcopo *confecrationem accipiat*, fed *fine omnis profeffionis exactione*. Hanc claufulam inferi curavit Pontifex occafione profeffionis, quam epifcopi ab ordinandis abbatibus exigere tunc temporis volebant; cum è contrario hanc præftare renuerent abbates; etiam non exemti; quod in ea nefcio quid fimoniaci invenirent: præterea exemti timebant, ne eo pacto epifcoporum jurifdictioni fubjici viderentur. De qua controverfia actum eft fufius in Præfatione ad primam partem actorum fanctorum ordinis S. Benedicti fæculi XI. §. 3. Datum eft Majoris-monafterii privilegium, die XVI. Kalendas Maii. At magnis poftea controverfiis occafionem præbuit. Quippe cum ex antiqua confuetudine archiepifcopus & Clerus urbis folerent pafchale feftum in Majori-monafterio celebrare, & ea occafione multa fierent illicita tantæque folemnitati haud congruentia, quæ hoc privilegio abolebantur, id ægre tulerunt clerici, ac nihil non adverfus monachos intentarunt, obtenta etiam adverfus eos à Rodulfo archiepifcopo excommunicationis fententia, ut illud privilegium

LXXIV. Privileg. Majoris-monaft.

irritum facerent: Exinde veluti aperto bello in monachos ita desævierunt ut etiam annonas, quæ in monasterium deferebantur, diriperent. Rodulfo archiepiscopo mortuo, ei alter cognominis in sede & in odio adversus monachos successit; & licet pallium ab Urbano impetrare non potuisset, quin prius fuisset pollicitus se Majoris monasterii privilegio obediturum, sponsionis tamen suæ post paululum immemor, monachos vexare decessoris sui exemplo non destitit, donec re variis in episcoporum conventibus agitata, tandem in concilio Claromontano concordia inita fuit, ut dicemus ad annum MXCV. Tamen has rixas post Urbani obitum recruduisse ex Ivonis epistola 108. facile colligi potest.

Epistola ad ejusdem loci abbatem.

Eo tempore, aut certe, uti videtur, jam antea Bernardo ejusdem loci abbati scripserat Urbanus de dimittendo monasterii regimine cogitanti, quod nescio quid vitiosi in suam ipsius ordinationem irrepsisse vereretur. Sed eam culpam si aliqua fuisset, ac quomodocumque contigisset, ei condonavit Pontifex, ea conditione, ut de cætero fratrum suorum *saluti vigilantius ac ferventius instare non desineret.* Porro ex Ivonis Carnoteni epistola 73. intelligimus, ni fallor, hoc ipsum quod in ordinatione Bernardi reprehendebatur, nihil aliud fuisse, quam professionem archiepiscopo ab eo cum benediceretur præstitam. Ibi enim ait Ivo, mirari se quod Majoris-monasterii fratres ægre suo abbati obedirent, eam ob causam quod ab archiepiscopo excommunicato benedictus, sedi ejus metropolitanæ subjectionem promisisset. Quod frivolum Ivoni videbatur, abbatibus hac in re & monachis minime faventi.

LXXV. *Concilium Tolosæ.*

Quo tempore hæc Urbanus in Italia gerebat, ejus legati apud Tolosam concilium in Galliis celebrarunt circa festum Pentecostes, quod Bertoldus *generalem synodum* appellat, & ad quam *episcopos diversarum provinciarum* convenisse, ibique Urbanum per suos legatos *multa in ecclesiasticis causis quæ corrigenda erant, correxisse* scribit. In eo concilio uti prosequitur idem auctor, *Tolosanus episcopus de illatis sibi criminibus expurgatus est, & legatio pro restauranda Christianitate in Toletana civitate, rege Hispanorum supplicante, destinata* fuit. Hanc porro synodum

nonnulli

nonnulli anno MLXXXIX. immo & alii præcedente consignarunt, cui Bernardum Toletanum archiepiscopum, ex itinere Romano, ut vult Rodericus Toletanus, redeuntem interfuisse dicunt. At his præferenda est Bertoldi, tum viventis, auctoritas, qui disertis verbis eam anno MXC. circa festum Pentecostes celebratam fuisse asserit. Haud tamen diffitemur Bernardum Toletanum ei interfuisse, quod colligere licet ex Urbani epist. ad Gotthiæ fideles, pro monasterio sancti Ægidii. Quænam vero *legatio* illa sit, quæ in Hispaniam, efflagitante Alfonso rege, ad restaurandam *Toletii christianitatem destinata est*, vix intelligi potest, nisi his verbis indicari dicamus, Librorum officii divini juxta ritum Romanæ ecclesiæ editorum receptionem, ut scilicet deinceps, abrogatis Gotthicis, Hispanicæ ecclesiæ Romanis libris uterentur. Certe anno sequenti, agente Rainerio legato apostolico, qui huic quoque synodo interfuerat, id in concilio Legionensi, ut ibi dicemus, cautum fuit.

ANNO CHRISTI, 1096.

Soluta autem Tolosana synodo, Raynerius Urbani legatus in Hispaniam pergens per Catalauniam transivit, ubi Raymundus Barcinonis comes, aggregatis provinciæ optimatibus, Urbem Tarraconensem sedi apostolicæ solemniter donavit ea conditione, ut eam & universa quæ ad illam attinebant, ipse ac ejus posteri *tenerent per manum & vocem sancti Petri, ejusque Vicarii Romanæ sedis apostolici, per quinquennium persolventes ei censum viginti quinque librarum purissimi argenti*, quæ donatio facta est *per manum Domni Raynerii Romanæ ecclesiæ cardinalis, qui nunc*, inquit Raymundus, *legatione fungitur in partibus nostris. Æra millesima* [*centesima*] *vigesima-octava*, anno ab Incarnatione Domini MXC. Hujus donationis instrumentum à Labbeo, Aguirio, aliisque conciliorum collectoribus editum est, cui inter alios complures Berengarius, quod sane mirum est, nisi id Amanuensis liberalitati debeatur, sub *Tarraconensis Archiepiscopi* titulo subscripsit, quamvis hac dignitate ante annum sequentem potitus non fuerit. Forte Berengarius Ausonensis ecclesiæ, cui diœcesis Tarraconensis unita erat, episcopus, jam tunc metropolitani nomen assumserat, cujus auctoritatem nonnisi anno sequenti adeptus est.

LXXVI. Tarraco. urbs Rom. Pont. data.

Tom. III. L

ANNO CHRISTI, 1090.
LXXVII. Urbanus Bantinum monast. protegit.

Querelas interea ad Urbanum detulit Urso Bantini monasterii in Apulia abbas, adversus nonnullos istius provinciæ optimates, qui ejus monasterii res & chartas diripuerant, ipsumque contumeliis affectum latronum more spoliaverant. Rem indigne tulit Pontifex, moxque conscriptis ad Rogerium & Boamundum, Apuliæ principes litteris, eos commonuit, ut tam gravi scandalo conveniens remedium afferrent. Quod re vera ab ipsis præstitum est, ut fusius exposuimus ad annum MLXXXVIII. Urbani epistola ea de re, nullam habet chronologiæ notam; at eam hoc anno, & quidem ante mensem Julium scriptam fuisse facile colligitur ex Rogerii & Boamundi instrumento, quod Baronius integrum retulit, *Datum Canusio anno dominicæ Incarnationis* MXC. *ducatus V. mense Julio, indictione* XIII. quo quidem instrumento illi principes, Urbani monitis excitati, convocatis apud Canusium provinciæ optimatibus Bantini monasterii privilegia & possessiones confirmarunt, ut eo pacto damna tam sancto loco illata utcumque resarcire conarentur.

LXXVIII. Et Jordani principis filiam.

Huc etiam revocare libet aliud exemplum, quo comprobari potest Urbani studium adversus eos qui justitiæ jura violabant. Illud est judicium, quod Pontifex in Raynaldum Rinellum provisorie tulit, accusatum, quod Jordani principis Capuani filiam adolescentulam raptu potius, quam justi conjugii spe, invitis parentibus sibi desponsasset. Certe hunc Raynaldum hominem violentum fuisse patet ex chronico Casinensi libro 4. cap. 9. ubi dicitur castrum Fractarum dolo à Casinatibus abstulisse, quod postea vi & armis retinere conatus est. Hoc autem judicium quod Ivo & Gratianus retulerant, ideo revocamus ad præsentem annum, quod ipsum ulterius differre prohibeat Jordani obitus, quem sub hujus anni finem contigisse ex antiquis auctoribus Camillus Peregrinius probat.

Excommunicat Cenoman. comitem.

Aliud item Urbani in emendandis vitiis sollicitudinis exemplum suggerit nobis Ordericus Vitalis libro 8. ubi scribit Hugonem comitem Cenomanorum ab eodem Pontifice hoc anno sacris fuisse interdictum, quod legitimam suam uxorem Roberti Wiscardi filiam repudiasset.

Finitis induciis, quæ usque ad Pascha, uti anno

B. URBANI PP. II. VITA.

superiore diximus, perdurare debebant, cum Hermannus Mettensis antistes & Bertoldus dux Alemanniæ, acerrimi sedis apostolicæ defensores, sororque Bertoldi, Hungarorum regina, mense Maio, ut Bertoldus scribit, obiissent; ac paulo post Eggebertus Saxoniæ marchio occubuisset, insidiis, uti aiunt, Quintiliburgensis abbatissæ, quæ Henrici Augusti soror erat, occisus; schismatici ad arma recurrere constituerunt, tanta cum animi elatione, ob eos, uti eis videbatur, felices successus, ut de pontificiis actum esse palam divulgarent. Certe ea erat Walbrami Magdeburgensis antistitis, (Cicensem seu Noviburgensem episcopum appellat Trithemius in chronico Hirsaugiensi) sententia, qui litteras ad Ludovicum principem eo tempore scripsit, ut eum desperatis pontificiorum rebus, quorum præcipui fautores, justo Dei judicio, ut ipse jactitabat, misere perierant, ad Henrici partes attraheret. At longe ab ea opinione aberant Catholici, ut ex Ludovici responso discimus, quod ejus nomine Stephanus, qui & Herrandus dicebatur, ex abbate Ilseburgensi episcopus Halberstatensis, Waltramo dedit. Utrasque litteras retulit Dodochinus abbas S. Disibodi, in Appendice ad Marianum Scottum, quæ ibi videri possunt. Certe is Stephanus locum habere debet inter strenuos Urbani propugnatores, ob multa alia scripta, quibus ecclesiam defendisse apud Trithemium loco laudato dicitur. E re nostra fuissent quatuor epistolæ ad Urbanum Pontificem, quas ille auctor memorat. At exciderunt.

Inter hæc Henricus parata expeditione in Italiam ingreditur, cui Langobardiam devastanti Welpho Italiæ dux Mathildis uxoris suæ, uti scribit Bertoldus, adhortationibus *confortatus* resistere conabatur. At Mathildem suos exercitus ipsammet duxisse testatur Domnizo, qui totam hanc expeditionem, rudibus licet versibus, egregie describit capite quarto, quod ideo fere integrum retulimus in Appendice. Sigonius hac occasione commissum fuisse censet ingens illud prælium Sorberiense, in quo Ebrardus Parmensis & Gandulfus Regiensis episcopi; qui Guiberti partes tuebantur, à Mathildis militibus victoria potitis capti fuere. At fallitur vir eruditissimus: Sorberiensis quippe

Anno Christi, 1090.
LXXIX.
Schismati i ob Catholicorum mortem insolescunt.

Iis respondet Stephanus episc. Halberstat.

LXXX.
Henrici expeditio in Italiam.

L ij

B. URBANI PP. II. VITA.

Anno Christi 1090.

victoria, vel ipso Domnizone testante, ante Urbani pontificatum obtigit, quamquam capite 3. nonnulla de Urbano miscuerit ille auctor, quæ anticipato retulit. Et quidem Bertoldus, testis omni major exceptione, amborum istorum episcoporum mortem anno MLXXXV. consignat. Ceterum cum Henricus hoc anno Mantuam obsideret, Welpho & Mathildis, hanc urbem ut eam magis ac magis in sua fide continerent, ab omni tributo & vectigali exemerunt, dato ea de re diplomate Mantuæ anno MXC. V. Kalendas Julias, quod Sigonius refert, sed hæ liberalitates urbis deditionem non impedivere, anno sequenti factam. *Magna* autem, ut refert Bertoldus *hoc anno fames multas regiones repente afflixit, quamvis non magna sterilitas præcesserit terræ:* unde eam contigisse dubium non est occasione internorum illorum discidiorum, quæ à schismaticis commovebantur.

Bononiensium &c. militiæ. Girardacci Hist. di Bologna, lib. 2.

Tradunt historiæ Bononiensis scriptores, nec dissentit Sigonius, suæ urbis cives in illis bellorum tumultibus egregie pontificis partes adjuvisse, memorantque institutam ea occasione militiam, in quatuor cohortes distributam, ex totidem tribubus, in quas urbs divisa fuerat; assignatis unicuique cohorti suis tribunis & vexillis. Inde Bononienses *vexilliferos* appellatos fuisse volunt. Addit Sigonius ceteras quoque Langobardiæ urbes Bononensium imitatione idem institutum recepisse. Cum vero iis temporibus aperto bello Pontificii adversus schismaticos decertarent, subiit in quorumdam animos scrupulus, an subjiciendi pœnitentiæ essent Christi fideles, qui in congressibus bellicis, tunc frequentibus, excommunicatos occidissent. Huc quippe nisi mea me conjectura fallat, revocari debet Urbani rescriptum Lucano episcopo, quod Ivo Carnotenus & Gratianus in suis decretis retulere. Interrogatus ea de re Pontifex respondit, quod etsi excommunicatorum interfectores in justo bello, quale tunc urgebat, homicidæ censendi non essent; quia tamen aliquid sinistri in eorum voluntatem irrepere potuerit, congruam eis *secundum eorum intentionem* satisfactionem injungendam esse. Sic antea Patres concilii provinciæ Remensis anno DCCCCXXIII. pœnitentiæ subjecerant eos qui in prælio

Pœnitentia militibus in justo bello permissa.

Suessionico inter Robertum & Carolum de regno decertantes interfuerant, quod proculdubio vix fieri possit, ut in ejusmodi bellis intestinis solo pacis aut boni publici intuitu pugnetur. Et quidem Theodosium Magnum simili occasione laudavit sanctus Ambrosius, quod post victoriam de Eugenio tyranno reportatam aliquandiu à sacris abstinuerit. Videndus ea de re Isidorus Pelusiota lib. 4. epist. 200.

Anno Christi, 1090.

Quid inter hos turbines fecerit Urbanus non produnt veteres historici. At Bruno Cartusianorum institutor, quem anno præcedenti, ut diximus, Pontifex ad se è Galliis evocaverat, tum cum eo versabatur, ut eum consiliis suis adjuvaret. Erant etiam cum Brunone ipsius discipuli, qui cum tanti patris absentiam ferre non valuissent, eum paulo post ejus discessum, dimissa Cartusia, in Italiam secuti fuerant, quare Bruno Cartusiæ locum Segnio abbati Casæ-Dei, commisit. Verum sive quod inter tot tumultus boni illi eremitæ regularibus exercitiis vacare quiete non possent, sive quod Bruno ipse moleste ferret dilectam suam Cartusiam omnino vacuam relinqui, illis tandem persuasit, ut illuc sub Landuini, quem vir sanctus in sui locum Cartusiæ priorem instituerat, regimine victuri revertantur; acceptis ab Urbano litteris, queis Seguinum rogabat, ut illis Cartusiæ eremum restitueret. Quod ita factum fuit die hujus anni xv. Kalendas Octobris. Hinc colligere licet Brunonis discipulos circa mensem Julium ex Italia discessisse. Et quidem non multo post Bruno ipse cum Lanuino & aliis sociis in Calabriam secessit, ubi cum à Rogerio Calabriæ & Siciliæ comite inter venandum uti narrant vulgati auctores, inventi fuissent, locum condendo monasterio aptum ab eo acceperunt. Ut ut sit de ea historia, Rogerius ipse in diplomate, quod hoc anno in eorum gratiam edidit, *notum omnibus* vult *esse, per Dei misericordiam à Galliarum partibus ad regionem Calabriæ sanctæ religionis viros, Brunonem scilicet & Lanuinum cum eorum sociis, pervenisse; qui contemta mundialis gloriæ vanitate soli Deo elegerant militare. Horum itaque, pii principis verba refero, desiderium ego cognoscens, & ipsorum meritis & precibus apud Deum adjuvari desiderans, ab eorum caritate multis precibus obtinui, ut in terra mea*

LXXXI. Brunonis discipulis Cartusia restituitur.

Ipse cum aliis in Calabriam secedit.

locum sibi habitabilem eligerent, in quo ad serviendum Deo, qualia vellent habitacula præpararent. Tum eis locum solitarium assignat inter *Arena & opidum Stilum*, cum *tota silva &c. per leucæ spatium* in circuitu. Hujus eremi ecclesiam dedicari curavit idem Rogerius anno MXCIV. quod ab archiepiscopo Panormitano, adsistentibus aliis quinque episcopis factum fuisse, declarat in altera charta, quæ edita est à Roccho Pyrrho tomo 3. Siciliæ sacræ. Primam vero ejus principis donationem firmavit & ampliavit Theodorus Squillacensis antistes, in cujus diœcesi sita erat nova illa Cartusia, uti ex ejus charta patet data die XVII. Decembris hujus anni, quam simul cum Rogerii donatione Urbanus post biennium, & tandem Paschalis ejus successor confirmaverunt, ut videre est apud Ughellum tomo 9. Italiæ sacræ.

Quanti autem Brunonem fecerit Urbanus, ex eo patet, quod vacante tunc temporis Rhegiensi ecclesia, quæ præcipua est Calabriæ metropolis, ad eam ipsum evehere modis omnibus conatus fuerit, sed frustra. Vir quippe sanctus Cartusiam suam omnibus sæculi dignitatibus anteponebat; immo & eam prætulisset ipsi etiam pontificis comitatui, si illi fuisset permissum, quod ipse contestatur in epistola ad suos Cartusienses conscripta, in qua sic loquitur: *De me, fratres, scitote, quoniam mihi unicum post Deum est desiderium veniendi ad vos, & quando potero, opere adimplebo.* Plura ibi habet de mundi contemtu & eorum felicitate, qui omnibus curis exemti uni Deo in solitudine vacare possunt. Similia, immo & plura habentur, in altera ejus epistola ad Radulphum Viridem tunc præpositum, postea archiepiscopum Remensem, suum olim, cum in ea urbe moraretur, familiarem. Porro ad hunc annum Brunonis ad Rhegiensem archiepiscopatum electionem, quam vulgati auctores anno MXCV. consignare solent, ideo revocamus, quod hoc solummodo anno sub Urbani pontificatu sedes illa vacua fuerit, morte scilicet Arnulphi archiepiscopi, cui, recusante dignitatem illam Brunone, substitutus est sub hujus anni finem Rangerius. Hic quippe privilegium Theodori Squillacensis episcopi supra laudatum confirmavit die XVII. Decembris

B. URBANI PP. II. VITA.

anno MXC. *Archiepiscopus Rhegiensis electus*, ac deinceps ad annum MCVI. variis conciliis & publicis instrumentis subscripsisse memoratur sub archiepiscopi titulo, ut videre est apud Ughellum, tomo 9. Italiæ sacræ. Verum etsi Bruno nulla fulgeret dignitate, nihilo tamen minor fuit apud Pontificem ejus auctoritas, ut præter cetera probat Paschalis II. epistola ad Lanuinum ipsius in Calabrici monasterii regimine successorem, quem sic Pontifex alloquitur. « Te in locum sanctæ memoriæ magistri Brunonis « successisse cognovimus. Sit ergo in te ejusdem viri spiritus, « idem sit eremiticæ vitæ vigor, eorum morum & gravi- « tatis constantia: quia nos, opitulante Domino, quidquid « auctoritatis & potestatis ipsius Magistri probabilis sapien- « tia & religio ab apostolica sede promeruit personaliter, « hoc tibi eodem te spiritu comitante concedimus. « Certe non Brunonem modo, sed & ipsum Lanuinum quandoque Urbanus ad se accersebat, ut ex brevi ejus epistola mamanifestum est.

Visum est Urbano circa hujus anni medium, cum ei Romæ vix respirare liceret, provincias Rogerio & Boamundo subjectas adire, ut ibi paulo liberius rerum ecclesiasticarum curam ageret. Certe eum sub medium mensis Augusti hoc anno in Campania exstitisse constat ex privilegio sancti Basoli, quod Sinuessæ datum est hoc anno die XVIII. Kalendas Septembris Burchardo ejusdem loci abbati inscriptum.

Paulo ante, nempe ipsis Kalendis Augusti, nam ex rerum serie id hoc anno factum fuisse constat, Pontifex ex urbe Capua ad beatum Anselmum tunc temporis Beccensem in Normannia abbatem scripserat, ut ei Fulconem Bellovacensem episcopum, antea monachum Beccensem & ipsius Anselmi discipulum, commendaret; quia vero ille ad tantum onus sustinendum impar, si solus esset, videbatur, beato abbati mandat Pontifex, ut ei ipse, aut certe, eo impedito, aliquis ex ejus fratribus, semper adsistat illius episcopi *monitor, corrector atque consultor*. Tum certiorem eum facit, se, quidquid in ejusdem episcopi ordinatione vitiosum irrepere potuerat, *indulsisse*. Denique varia Anselmo negotia commendat, quæ in ejus

Anno Christi, 1089.

Ejus apud Pont. auctoritas.

LXXXII. Urbanus campaniam invisit.

Privileg. S. Basoli.

LXXXIII. S. Anselmo scribit pro Fulcone episc. Bellovacensi.

epistola explicantur. At ibi, sicut & in aliis passim Urbani epistolis, observare licet illius sollicitudinem & curam in accersendis ad se viris doctis & piis, qui eum ad pontificatus onera sustinenda adjuvarent. Respondit post aliquod tempus Urbani litteris Anselmus, ut ei de Fulconis, per quem illas acceperat, electione rationem redderet. Ei vero assensum suum præbuisse asseverat *coactum Francorum regis & cleri Bellovacensis instantia, cum assensu Remensis archiepiscopi, nullo resistente*; ita ut, nisi, inquit vir sanctus, *hoc facerem, Deum timerem offendere*. Quare Pontificem rogat, ut datis ad archiepiscopum, aliosque provinciæ Remensis antistites, immo & ad Bellovacenses proceres aliis litteris, Fulconem jam secundo Romam profectum adversus malevolos homines à quibus ferme opprimebatur, sua auctoritate communiat. Tum compatitur vir sanctus in hac epistola, quæ est 33. libri 2. Pontifici in medio tribulationum posito, ideoque ipsi suas suorumque fratrum preces pollicetur, *ut ei Deus mitiget à diebus malis donec fodiatur peccatori fovea*. Denique prædicit *quod Deus non relinquet virgam peccatorum super sortem justorum: quia hereditatem suam non derelinquet, & portæ inferi non prævalebunt adversus eam*. Denique privilegium pro suo Beccensi monasterio postulat, quod an umquam impetraverit, incertum est. Quid vero postea Fulconi contigerit in consequentibus dicemus.

Interea Urbanus, cum apud Salernum esset, Ravellensis seu Rebellensis ecclesiæ, quam Victor III. ejus decessor in episcopalem sedem erexerat, privilegia confirmavit, dato diplomate die ipso nonarum Octobrium.

Creavit etiam Urbanus diversos episcopos per illud tempus, ex quibus Petrus in chronico Casinensi libro 4. cap. 7. duos laudat ex Casinensi monasterio assumtos, Benedictum scilicet in Sardinia insula, & Raynaldum Cajetæ, qui hoc anno, ut idem auctor habet capite sequenti, altare sancti Erasmi, & anno sequenti ex anonymi chronico, ecclesiam sancti Andreæ in sacro monte consecravit. Hoc eodem anno, ut jam diximus, Rangerius Rhegiensis ecclesiæ regimen suscepit. Is primum in Majorimonasterio prope Turonos monachus fuerat, unde Cavam translatus,

B. URBANI PP. II. VITA.

translatus, Urbano notus fuit, à quo, ut habet Ughellus, tomo 9. Italiæ sacræ, Cardinalis tum Rhegiensis archiepiscopus factus est. Idem auctor tomo 6. scribit Amicum sancti Vincentii de Volturno hoc quoque anno creatum ab Urbano fuisse *Cardinalem presbyterum sanctæ Crucis in Jerusalem*, qui postea in Æserniensem episcopum assumtus, demum Casini temporibus Calixti II. obiit.

ANNO CHRISTI, 1090.

Ad hunc etiam annum uti videtur, revocari potest Berengarii promotio ad Venusinum episcopatum. Hic in Uticensi sancti Ebrulfi monasterio Nortmanniæ sub beato Theoderico abbate educatus, Robertum Theoderici successorem, quem Osbernus invasor è monasterio excedere coegerat, in Apuliam fuerat secutus, ubi cum per multos annos monasterio sanctæ Trinitatis apud Venusium præfuisset, tandem, uti Ordericus Vitalis refert libro 7. *pro vitæ merito & sapientiæ doctrina ad pontificatum præfatæ urbis à Papa Urbano promotus est*. Tunc tamen à *plebe electum* Venusinæ *urbis episcopatum* suscepisse asserit idem auctor libro 3. Et quidem utrumque potest esse verum. At mirum est hunc Berengarium ab Ughello in catalogo Venusinorum antistitum tomo 7. Italiæ sacræ recensitum non fuisse.

Ex his forte Berengarius Venusii.

Laudat idem Ordericus Vitalis libro 4. Guitmundum monachum Crucis sancti Buderni, seu sancti Leufredi in Nortmannia, quem post varias fortunas Gregorius VII. *Cardinalem sanctæ Romanæ ecclesiæ præfecit, & Urbanus papa jam probatum in multis metropolitanum Aversis urbis solemniter ordinavit*. Consentit Calixti Bulla apud Ughellum tomo 1. Italiæ sacræ: sed qua ratione id componi possit cum aliis auctorum etiam æqualium testimoniis, vix intelligi potest. Nemo quidem nescit Guitmundum seu Witmundum è monacho sancti Leufredi, ob scripta in Berengarii errores celebrem in Aversanum episcopum assumtum fuisse. Id enim præter Ordericum, Ivo Carnotensis antistes epist. 78. Willelmus Malmerburiensis & alii graves auctores passim affirmarunt. At idem Ivo decreti parte 4. cap. 213. Gratianus, dist. 8. cap. 5. *si consuetudinem*, & alii decretum proferunt ex Gregorii VII.

An Guitmundus Aversæ.

Tom. III. M

ANNO
CHRISTI,
1090.
Cui Greg.
VII. scripsit.

epistola ad Witmundum Aversanum scripta, in quem titulum errorem irrepsisse nemo dixerit, si consulat codices mss. & editos, in Baluzii notis ad Gratianum laudatos. Quid igitur? si divinare licet, aut duo fuere Guitmundi Aversani episcopi, ut suspicatus est Ughellus; aut certe Gregorius nostrum Guitmundum primo Aversæ urbis episcopum creavit; & Urbanus eumdem pallii concessione archiepiscopi titulo & honore condecoravit; tum ut tantum hominem aliqua prærogativa singulari illustraret; cum, ut Normannis principibus, qui hanc urbem exstruxerant & potissimum colebant, gratum faceret. Certe Ordericus innuit Urbanum nescio quid singularis privilegii ea occasione Guitmundo in Normannorum gratiam concessisse. *Hæc urbs*, inquit, *tempore Leonis IX. à Normannis, qui primo Apuliam incoluerant constructa est, & à Romanis, quia ab adversis sibi cætibus ædificabatur, Adversis dicta... divitiis opulenta Cisalpinorum.... Normannorum optione soli papæ gratanter obedit, à quo Guitmundum sophistam mystici decoris pallio insigniter redimitum Pontificem accepit. Qui archipræsul eam diu rexit, & apostolicis privilegiis ab omni mortalium exactione liber plausit.* Hæc conjiciendo dicta sint, donec aliquis certiora inveniat. Huic Guitmundo rescripsit Urbanus, de recipiendis excommunicatorum, modo resipuerint, eleemosynis. Quam epistolam, aut certe insignem ejus partem, circa Julium mensem, sed anno incerto, scriptam Ivo & post eum Gratianus in decretis suis retulere.

Et Urbanus

LXXXV.
Mors Adalberonis
episc. Wirzburg.

Verum eo tempore quo variis ecclesiis in Italia pastores providebat Urbanus egregium ac invictissimum sedis apostolicæ propugnatorem in Germania amisit, Adalberonem scilicet Wirzburgensem episcopum, qui licet è patria extorris fuerit, & frequenter è sua sede pulsus, ecclesias tamen dedicare, monasteria restaurare, aut de novo condere, aliaque sui ordinis munia exercere non destitit. Etsi *post innumera*, ut ait Bertoldus, & consentit vitæ hujus auctor, *pericula, & varias persecutiones in bona confessione diem clausit extremum* die sexta Octobris, sepultus in monasterio Lambacensi, quod à suis parentibus conditum & multis à se bonis locupletatum; ordini Benedictino addixerat. Ejus vitam ab auctore subpari monacho Lambacensi scriptam dedimus inter acta Sanctorum ordinis S. Benedicti, parte 2. sæculi 6.

Illustratus etiam fuit hoc anno Urbani pontificatus institutione Canonicorum regularium congregationis Aroasiensis, sic dictæ ab Aroasia principe monasterio in diœcesi Atrebatensi, quod sub se viginti abbatias olim habuisse perhibetur. Primus eorum præpositus, nondum enim tunc temporis canonicis regularibus abbates præesse consueverant, fuit Hildemarus, qui cum duobus aliis eremitis fundamenta posuit hujus ordinis, cujus vitæ austeritatem egregie describit Jacobus à Vitriaco in historia occidentali, capite 23. & post eum Locrius & alii passim auctores laudarunt, sed hæc fusius persequi non pertinet ad nostrum institutum.

Circa idem tempus ecclesia sanctæ Mariæ, quæ corpore sancti Hippoliti martyris nobilitabatur, apud Tauniacum Santonum opidum, e clericali ad monasticum ordinem translata est: constituto ibi cum aliis Angeriacensibus monachis primo abbate Fulcherio, sub clientela monasterii Angeriacensis, cui nova hæc abbatia subjecta remanere debat. Hæc facta est Gaufridi Tauniacencis domini, loci conditoris præscripto, qui ut id ipsum ab Urbano papa obtineret, Romam adierat: qua de re *papa*, ut legitur in veteri instrumento, *valde lætificatus ex auctoritate beatorum Petri & Pauli, & sua, quidquid de ecclesia fiebat, & danti* Gofrido scilicet, *& accipienti* Odoni abbati Angeriacensi, *diligenter annuit, secutus antecessorem suum Ildebrandum, magnæ & admirandæ sanctitatis virum, qui dum adhuc viveret hoc ipsum Gofrido concessisse cognoscitur. Itaque auctoritate*, uti in eadem charta legitur, *sedis apostolicæ & privilegio* Odo monachos eo in loco instituit, ex quibus unum, Fulcherium nomine, Ramnulfus episcopus in abbatem benedixit, data omnibus potestate, ut quicumque vellent, possent novæ illi abbatiæ bona sua conferre. Hæc ex ipso veteri instrumento delibavimus, quod in archivo Angeriacensi servatur, datum *anno* MXC. *indictione* XIII. Gofridus autem hujus abbatiæ institutor, is ipse est adversus quem alter Gofridus Vindocini abbas, lib. 3. epist. 32. scripsit ad Ramnulfum Santonensem episcopum, quem rogat ut nullas ei inducias concedat, quin prius sibi *secundum Domini Papæ decretum* satisfecerit. Sed rem de qua agitur non explicat.

Dominus papa eo tempore, id est anni MXCI. initio, ut Bertoldi verbis utar, *in partibus Campaniæ morabatur, & ab omnibus Catholicis debita reverentia colebatur, videlicet à Constantinopolitano imperatore, & à Philippo Francorum rege, aliisque diversorum regnorum principibus, tam ecclesiasticis quam sæcularibus, excepto Teutonicorum regno, ubi multi ex Catholicis in partem excommunicatorum avaritia decepti sponte sua se transtulerunt.* Omnem enim tunc movebat lapidem Henricus, ut quosvis etiam vi aut fraude ad suas partes attraheret, adeo ut Romanos suæ ipsius factionis ad id facinus adduxerit, ut *turrem Crescentii*, sic tum S. Angeli castellum appellabant, *quæ ea tenus Domino papæ obediebat, dolo captam diruere tentaverint.* Magnopere enituit hac occasione optimi Pontificis animo profunde insita mansuetudo, qui cum, ut prosequitur Bertoldus, *facile Romam cum exercitu intrare, & rebellium contumaciam domare potuisset, magis cum mansuetudine causam suam agere* delegit, cedendo scilicet patienter temporis iniquitati, potius quam armis dimicando. Illud tamen facinus Henrico, qui tum Mantuæ incubabat, animum adjecit. Immo Mantua ipsa post diuturnam undecim mensium obsidionem, feria sexta Parasceves, die XI. Aprilis capta, civium proditione, ut Domnizo habet, aliquot civitates ei vicinæ, rejecto Welphonis ducis, seu Malthildis ejus sponsæ dominio, Henrici partes amplexæ fuerunt. Unde qui rebelles Romæ erant, insolentiores facti *Guibertum hæresiarcham quem jam dudum expulerant, iterum Romam intrare & sanctam ecclesiam suis, non benedictionibus, sed maledictionibus infestare permiserunt.*

Urbanus interea varias Campaniæ regiones peragrabat, huc illucque pro temporum necessitate commeare coactus. Quod cum referret Trithemius sic exclamat: *O tempora, O mores! Romæ in cathedra sancti Petri Wigbertus sedebat idolum, & verus Christi vicarius nullum manendi locum poterat invenire tutum!* Et quidem cum tunc Willelmus Hirsaugiensis abbas, vir sanctitate morum, & fide in sedem apostolicam insignis, Gebehardum monasterii sui priorem ad Urbanum *misisset cum supplicatoriis litteris, postulans sibi, vel parum aliquid reliquiarum beati Petri destinari*: benigne quidem Gebehardum excepit Pontifex, sed Guiberto Romam obtinente, ei non potuit quidquam ex Apostolorum reliquiis donare. Verum tamen ne nuntius ad tam sanctum virum, qui ob sedis apostolicæ causam frequenter exagitatus fuerat, vacuus rediret, alias quas secum ferre consueverat Pontifex sanctorum exuvias ei tradidit Hirsaugiam beato abbati deferendas. Certe nonnulla vidimus passim eorum temporum instrumenta, etiam in Galliis conscripta, quæ data dicebantur *Urbano sanctæ Romanæ ecclesiæ presidente sub persecutione Henrici tyranni*, aut sub similibus formulis, quæ idem aliis verbis exprimebant. Haud tamen sine honore erat, etiam in his angustiis Pontifex, quem viri utriusque ordinis illustriores earum regionum quas invisebat ut plurimum comitabantur. Ita hoc anno sub finem mensis Januarii, *cum Papa Urbanus Capuæ esset*, uti narrat Petrus diaconus libro 4. Chronici Casinensis cap. 9. Raynaldus-Rivellus, qui Castrum Fractarum paulo ante in Casinenses vi invaserat, *ibi adstantibus multis clericis atque nobilibus Capuanis* publice Orderisio abbati *discalceatis pedibus satisfecit*, ac indulgentiam promeruit. Scio equidem nonnullos id factum ad annum MXCIII. quo dedicata est ecclesia sancti Andreæ, distulisse ex Petri verbis male intellectis: Sed hanc dedicationem, eodem die, non vero eodem anno, ut quidem putarunt, quo Raynaldus Fractas invasit, celebratam fuisse scite advertit Camillus Peregrinius in serie abbatum Casinensium, ubi hanc publicam satisfactionem anno MCXI. consignari debere multis & quidem invictis, si bene judico, argumentis probat. An vero postea Romam statim redierit Pontifex incertum est, sed ipsum Anagniæ initio Martii exstitisse constat ex privilegio ecclesiæ Catanensis, quod in ea urbe VII. *idus Martii* Ansgerio episcopo indulsit.

Paulo post Urbanus, fervente licet schismaticorum furore, *generalem Synodum*, uti à Bertoldo appellatur, Beneventi collegit, in qua *sententiam anathematis super Guibertum hæresiarcham & omnes ejus complices synodali judicio con-*

ANNO CHRISTI, 1091.

Privileg. eccle. Catanensis.

XCI. Concilium Beneventi.

firmavit. Benevenranam ecclesiam tunc regebat Roffridus episcopus, à quo Pontifex in Urbem adveniens, ut tradit Ughellus, honorifice susceptus fuit. Canones quatuor de disciplina ecclesiastica in eadem synodo conditi vulgo circumferuntur, qui locum olim inter Urbani epistolas habebunt. In quarto præcipitur omnibus viris & feminis, tam laicis quam clericis, ut in capite jejunii quadragesimalis *cinerem supra capita sua accipiant.* Hoc porro concilium anno MXCI. celebratum fuisse, præter Bertoldum, disertis verbis legitur in veteri codice Romano, ex quo Labbeus ejus canones edidit, & quidem *die v. Kalendas Aprilis*, *indictione* XIV. nec dissentit codex Anianensis, licet annum MXC. habeat, sed quem, uti ex notis chronicis quas exhibet, facile advertitur, ad Paschale festum sequentis anni producit. In utroque autem codice observatur tot episcopos & abbates ad illud concilium convenisse, *ut eorum numerus facile adnotari non potuerit.* Inter eos vero, si Baronio credamus, celebris erat Petrus Cavæ abbas, quamvis alii auctores, ut jam diximus, aliter sentiant, cui Pontifex etiam reluctanti mitræ usum concessit. Verum sive in hoc concilio, sive in Melphiensi, aut etiam in Claro-montano, ut nonnullis placet, sive tandem in Trojano, ut habet domesticum Cavense Chronicon, perinde est ad probandam Urbani erga viros sanctos reverentiam, & Petri abbatis humilitatem. Id autem Petrus fecit, si Venusino abbati ejus vitæ auctori fidem habeamus, *ut quorumdam arrogantiam humilitatis exemplo condemnaret. Qui dum se inaniter extollunt, indebitos sibi sanctæ ecclesiæ honores non metuunt usurpare.* Nec plura se habuisse de hac Synodo fatetur Labbeus.

Discimus tamen ex Bulla Urbani ad Romualdum episcopum Monopolitanum in ea synodo actum quoque fuisse de controversia, quæ inter hunc episcopum & archiepiscopum Aritanum seu Brundusinum vertebatur. Contendebat Brundusinus antistes ecclesiam Monopolis debere esse metropoli suæ subditam. Quod pernegabat Romualdus, prolatis in suæ causæ subsidium veteribus instrumentis, quæ illam soli Romano Pontifici subjectam esse probabant. Et quidem examinatis in pleno concilio illis privilegiis, Brundufinus archiepifcopus caufa cecidit, & confirmata eft omnium patrum fuffragiis Monopolitanæ ecclefiæ libertas, ut teftatur ipfe Urbanus in bulla ea de re Beneventi hoc anno, Kalendis Aprilis data, quam apud Ughellum videre licet. Ex his colligi poteft Bullam fub Urbani nomine datam Capuæ hac ipfa die Kalendarum Aprilium, de *præfentia corporis* fancti Benedicti apud Cafinum, ad hunc annum revocari vix poffe, licet indictionem XIV. quæ re ipfa præfenti anno convenit præferat in fuis notis Chronologicis: nifi forte quis dicere velit Urbanum mane Beneventi privilegium Monopolitanum conceffiffe, tum profectum Capuam, ibique hac ipfa die fubfignaffe illam Cafinenfium Bullam. Sed hoc non unum eft iftius refcripti vitium, ut fufius diximus ad annum MLXXXVIII. Ipfum tamen olim referetur fuo ordine, ne illud, qualecumque fuerit, inftrumentum Cafinenfibus noftris invidere videamur. Multo majoris, immo certæ fidei eft privilegium, quod ejufdem concilii Beneventani tempore Adhelis abbatiffa fanctæ Crucis apud Pictavos, ab Urbano obtinuit die IV. ante Kalendas Aprilis. Illud ex apographo defcriptum dabitur inter Urbani epiftolas. Denique adhuc Beneventi morabatur Urbanus, cum acceffit ad illum Raynerius abbas Crifpinienfis in Belgio, atque ab eo *munimentum fui monafterii obtinuit*, ut legitur apud Surium & Bollandum die 7. Aprilis, in vita fancti Alberti, tunc temporis reclufi in eodem monafterio, qui fuum abbatem hoc in itinere comitatus eft; fed ejus privilegii exemplum nufquam invenire licuit.

ANNO CHRISTI, 1091.

Bulla Cafin. de corpore S B.

Privileg. S. Crucis Pictav.

Crifpinienfe.

Ea tempeftate, uti difcimus ex Gaufrido Malaterra & variis inftrumentis paffim editis, Rogerius comes pulfis è Sicilia Sarracenis, eo potiffimum animum intendit ut ecclefias, quæ à Barbaris penitus deftructæ fuerant, reftitueret. Hinc monafteria paffim reparavit, nonnulla vero de novo conftruxit. Quæ omnia Urbani confilio agebat, accepta ab eo auctoritate erigendi novas, aut veteres epifcopales fedes reftituendi, etiam in ipfis monafteriis, cum res exigeret. Atque adeo quotiefcumque fubfequentibus temporibus difficultates emerfere circa Siciliæ eccle-

XCII. Siciliæ ecclefiæ reftauratæ.

siarum dispositiones, Pontifices Romani, qui tunc fuerunt, ad Urbani constitutiones recurrendum esse censuerunt. Ita Paschalis II. in diplomate pro Mazariensi ecclesia decernit, ut res eo in statu permaneant, *sicut, annuente Deo, & Mazariensis & ceterarum parochiæ per Apostolicum bonæ memoriæ Urbanum dispositæ sunt.* Et Eugenius III. in Bulla ad Robertum Messanæ episcopum, ejus ecclesiæ privilegia confirmavit, *Urbani papæ dispositioni* inhærens. At nemo melius hanc rem exposuit, quam ipse Rogerius in variis instrumentis ea occasione confectis, ex quibus unum inter alia insigne selegimus, in gratiam Catanensis ecclesiæ datum, quod integrum refert Rocchus Pyrrhus. In eo Rogerius testatur Urbanum *ore suo sanctissimo*, haud dubium quando cum in Siciliam convenerat, uti ex Malaterra ad annum MLXXXVIII. diximus, sibi præcepisse & rogasse, ut Siciliæ ecclesiarum curam susciperet, *quare*, inquit, *per diversa Siciliæ loca idonea ecclesias ædificavi jussu summi Pontificis Apostolici, & episcopos ibidem collocavi.... ipso laudante & concedente, & ipsos episcopos consecrante.* Tum donat pius Princeps Ansgerio episcopo simul & abbati urbem Catanensem. In altera charta, quam idem Rocchus Pirrus exhibet, Rogerius post recensitas multas donationes Catanensi ecclesiæ à se factas, subjungit, Urbanum se *suppliciter* exorasse, ut suam ea de re constitutionem confirmaret. Quod ab eo præstitum esse ait, dira intentante in illos qui *eam tam benefactam violarent, vel aliquid inde subtraherent, aut monachos ibi Deo servientes umquam perturbarent.* Ea est ipsa Bulla quam supra num. xc. laudavimus. *Ansgerio episcopo & abbati Cataniensi* ideo inscripta, quod in ecclesia sanctæ Agathæ Cathedrali monachi Benedictini canonicorum loco, sicut & in plerisque aliis Siciliæ ecclesiis, tunc haberentur, idemque esset eorum abbas qui & episcopus; quæ consuetudo hodieque subsistit in metropolitana ecclesia Montis-regalis, & in Cataniensi ecclesia usque ad finem sæculi decimi-sexti observata fuerat. Ansgerius vero hic laudatus, qui è monasterio sanctæ Eufemiæ assumtus, celebre postea monasterium Catanæ excitavit cum amplissimo templo, quod ut refert Rocchus

chus Pyrrus, in *tota Sicilia maximum* est.

Quænam vero fuerint sedes illæ episcopales à Rogerio comite per id tempus in Sicilia institutæ, aut potius restitutæ, docet nos Robertus Troinensis seu Messanensis episcopus, in quadam charta pro monasterio Liparensi, apud Rocchum Pyrrum in notitia ecclesiæ Pactensis tomo 3. Siciliæ sacræ relata, in qua illæ recensentur his verbis. *Primum Traginensem ecclesiam in pristinum statum restituit Rogerius, in qua dominum & venerabilem Robertum primum constituit episcopum; deinde Agrigentinam, & Mazarensem; sequenter autem Catanensem, ac ultimum Syracusanam constituit ecclesiam* &c. Plura habet Gaufridus Malaterra libro 4. cap. 7. ubi exhibet nomina episcoporum, qui primi has sedes obtinuere. *Comes,* inquit, *ecclesias per universam Siciliam reparat. ..... In urbe Agrigentina pontificalibus infulis cathedram sublimat...* Huic ecclesiæ Gerlandum quemdam, natione Allobrogem, virum, ut aiunt, magnæ caritatis & ecclesiasticis disciplinis eruditum., episcopum ordinans præfecit. Haud secus apud Mazaram facere addens... Stephanum quemdam Rothomagensem, honestæ vitæ virum, episcopum ordinavit. Apud Syracusam vero adjiciens, Rogerium decanum ecclesiæ Troinensis...., in Provincia ortum pontificalibus infulis sublimavit.... Apud sanctam Eufemiam monachum quemdam natione Brittonem ecclesiæ Catanensi ordinari curavit. Is est Ansgerius de quo modo loquebamur. Monasterium vero sanctæ Eufemiæ, quod hic memoratur, præ cæteris erat celebre, in quo Robertus Wiscardus Robertum abbatem Uticensem è suo monasterio ab invasore pulsum constituerat, cum aliis monachis, qui suum abbatem è Normannia secuti fuerant. Hinc factum ut eo in loco, sicut & apud sanctam Trinitatem Venusii, & sanctum Michaelem Meliti, quæ etiam duo monasteria idem princeps Roberto regenda commiserat, consuetudines monasterii sancti Ebrulfi Uticensis vigerent, ut Ordericus-Vitalis observavit libro 3. Hist. ecclesiasticæ.

Jam vero si Roccho Pyrro credamus, Troinensis sedes episcopalis, cui tunc Robertus præerat, hoc ipso, aut certe anno præcedenti Messanam, agente eodem Rogerio

Tom. III. N

ANNO CHRISTI, 1091.
XCIII.
Episcopatus à Rogerio instituti.

Troini sedes Messanam translata.

comite translata est; & quidem *Urbani consilio*, ut id ipse Rogerius testatur in instrumento apud eumdem autorem relato, in quo idem princeps pontificalem sedem in ecclesia sancti Nicolai, quam ipse Messanæ construxerat à se institutam fuisse testatur. Quin & plerique episcoporum, quos ex Malaterra superius laudavimus, hoc etiam ipso anno consecrati dicuntur apud eumdem Rocchum Pyrrum, nempe Gerlandus Agrigenti, Stephanus Mazaræ & Anigerius Catanæ; Rogerius Syracusis anno MXCIII. ordinatus est. De his antistitibus & eorum sedibus, cum opportuna erit occasio, suis locis iterum dicemus.

XCIV. Monast. reparata.

Ceterum haud minus sollicite religiosus princeps monasteriis reparandis, ac restituendis episcopatibus incumbebat; ut probant varia ejus instrumenta apud Rocchum Pyrrum. Qua in re Rogerium Urbani *ordinationem* secutum fuisse patet ex duabus ipsius chartis; una videlicet pro monasterio sanctæ Mariæ de Mili, & ex altera pro monasterio de Itala seu Gitala, prope Messanam, quæ chartæ referuntur in parte 4. Siciliæ sacræ, ubi de abbatiis. Porro inter alia monasteria, quæ tunc temporis restaurata fuerunt, celebris erat abbatia sancti Bartolomæi in insula Lipari sita, cui idem Rogerius anno MLXXXVIII. *fratrem Ambrosium* præfecit, hunc ipsum quem Urbanus Militi in Calabria hoc anno existens privilegio donavit III. nonas Junii. Circa idem tempus aliud privilegium indulsit Pontifex monasterio sancti Angeli Militensis, quod paulo ante Rogerius comes extruxerat. Nullas quidem præfert chronologiæ notas hoc diploma, in ejus Apographo, quod ab eminentiss. D. Cardinali Coloredo accepimus, sed rerum & locorum convenientia nos adduxit, ut illud hic simul cum aliis comitis Rogerii benefactis commemoraremus. Ceterum idem Rogerius generale ab Urbano privilegium habebat, ut quæcumque monasteria in ditionibus sibi subditis dotasset, omnino libera essent, cujus rei ipse testis est in charta pro monasterio Boicensi Panormitanæ diœcesis, data anno MXCVIII. in qua locum illum declarat *ab omni onere & servitute & molestia liberum fore; sicut*, inquit, *à Domino Urbano sanctissimo papa Romano potestatem & cautelam accepi, ut monasteria mea*

Privileg. monast. Lipar. S. Angeli Militens.

Privileg. generale Rogerii.

B. URBANI PP. II. VITA.

libera facerem ab omni persona. Sed jam ad Urbani gestorum seriem revertendum est.

Quo autem ille post absolutum concilium Boneventanum perrexerit, non omnino liquet. Si verum esset quod ait Ughellus in præmissis ad catalogum Pisanorum episcoporum, tomo 3. Italiæ sacræ, Urbanum Bullam in Pisanæ ecclesiæ gratiam III. Kal. Junii, apud Beneventum dedisse; id certo nobis constaret. At cum idem autor hanc ipsam Bullam postea integram exhibuerit IV. *Kalendas Julii datam*, res in incerto manet. Hanc vero ultimam lectionem alteri præferendam esse plusquam probabile est. Nam uti ex altera mox laudata Bulla patet, Urbanus Mileti in Calabria erat III. nonas Junii. At vix fieri potuerit, ut tam brevi temporis intervallo, tantum iter, nempe ex Campania in Calabriam ulteriorem, confecerit. Deinde prima die Julii Urbanus Capuæ, proindeque prope Beneventum versabatur. Hinc verisimile est eum absoluto concilio Calabriam invisisse; indeque reversum, insignem hanc Bullam, qua Corsicæ ecclesiæ ad apostolicam sedem pertinentes Pisano episcopo subjiciuntur, Beneventi dedisse. Hanc vero gratiam Dagbertus, Pisanus tunc temporis antistes, meruerat ob suam & Pisanorum civium fidelitatem in ecclesiam Romanam, cui difficillimis illis temporibus semper addictissimi fuerunt.

Paulo post nempe ipsis Kalendis Julii, cum idem Pontifex, ut mox dicebamus, esset Capuæ, Tarraconensem ecclesiam in pristinam suam dignitatem omnino restituit. Dalmatius nempe Narbonensis metropolitanus, rejectis à Pontifice, quas proferebat ad jus suum stabiliendum Stephani papæ litteris, quæ spuriæ aut saltem interpolatæ inventæ sunt, causa cecidit; cum nullo probabili instrumento probare potuisset Tarraconensem metropolim aliqua auctoritate apostolica suæ ecclesiæ subjectam fuisse. Ea occasione arrepta Urbanus Berengarium episcopum Ausonæ, cujus ecclesiæ antistitibus diœcesis Tarraconensis cura demandata fuerat, Tarraconensem archiepiscopum, quod jam dudum meditabatur, statim renuntiavit, eique pallium concessit dato ea de re diplomate. Hoc facto Narbonenses archiepiscopi jus omne metropoliticum,

Margin notes:
ANNO CHRISTI, 1091.
XCV. Ecclesiæ Corsicæ episc. Pisano subjectæ.
XCVI. Restitutio Tarracon. metropolis.

B. URBANI PP. II. VITA.

Anno Christi 1091.

quod tam diu in Tarraconensem provinciam exercuerant, amisere.

XCVII. Concilium Legionense de causa episc. Iriensis.

Interea cum occasione exsequiarum Garsiæ regis, ut narrant Hispanici scriptores, Reynerius legatus apostolicus, Bernardus Toleti archiepiscopus, aliique antistites & abbates, Legionem convenissent, concilium ibi celebrarunt. In eo agitata est Didaci sancti Jacobi episcopi causa quam Urbanus, ut ex ejus litteris supra laudatis patet, potissimum Reynerio commendaverat. Et quidem Petrus abbas, quem, uti diximus, Richardus, anno MLXXXVIII. in hanc sedem ordinari passus fuerat, in hac synodo exauctoratus est. At Didacus sedem suam non recepit, sive quod ea indignus esset, sive, quod quidem veri similius est, id ausi non fuerint patres, ne Alfonsi regis, cui ille invisus erat, animum eo pacto exacerbarent. Quare ejus ecclesiæ cura Didaco Gelmindi iterum commissa fuit; donec, uti conjicere est, statueret Pontifex quid facto opus esset. Id certe colligi posse videtur ex historia Compostellana superius data, cujus fragmentum, uti jam polliciti sumus in appendice referemus. Ex ea vero liquet Dalmatium abbatem ex familia Cluniacensi, post unius anni intervallum, omissis Didaco & Petro, *auctoritate sanctæ Romanæ ecclesiæ*, Compostellanum seu Iriensem episcopum tandem ordinatum fuisse.

Et de div. officiis.

Porro multa in hac Legionensi synodo de officiis ecclesiasticis statuta fuisse, Rodericus Toletanus libro 6. cap. 30. Lucas Tudensis & alii passim auctores scripsere, quod de mutatione officii Muzarabici in Romanum, in aliis Hispaniæ conciliis jam imperata, nonnulli interpretantur, atque huc revocari posse putant, id quod à Patribus decretum fuisse dicitur, *ut secundum regulam S. Isidori ecclesiastica officia in Hispaniis regerentur*. At hunc locum ad Muzarabicum officium nihil pertinere monet piæ memoriæ Cardinalis Aguirius, qui contendit his verbis nihil aliud designari, quam epistolam sancti Isidori ad Landefredum episcopum Cordubensem scriptam; in qua singula officia eorumque sanctiones particulatim explicantur. Quippe cum hæc ob Maurorum invasiones diu in Hispaniis neglecta haud dubium fuissent, ea synodi

Patres ad praxim revocanda esse censuerunt. Statutum denique in eo concilio fuit, ut omissis litteris Gotthicis, quas Gulfilas episcopus adinvenerat, deinceps Gallicani characteres adhiberentur.

ANNO CHRISTI, 1091.

Multi viri illustres his temporibus in Germania obierunt, inter quos celebris fuit Fridericus *comes & marchio*, egregius apostolicæ sedis defensor, qui, ut ait Bertoldus ad annum sequentem, ubi plura de eo habet, *sub habitu sæculari more sancti Sebastiani, strenuissimi militis* partes agebat. Hujus obitus contigit die III. Kalendas Julii. Eum brevi secutus est Willelmus Hirsaugiæ abbas sanctissimus, qui mediis in persecutionibus, ut habet ejus vitæ auctor in actis sanctorum ordinis Benedictini, invicto animo causam catholicæ ecclesiæ agens, nihil non ad ejus defensionem audebat, adeo ut plerumque innumeram prope modum omnis conditionis hominum, qui ad eum confugiebant multitudinem in monasterio suo receperit, & aluerit. Hic III. nonas Julii abiit ad superos, quem post unum mensem, die scilicet sexta Augusti, secutus est sanctus Altmannus episcopus Pataviensis, cujus vita à monacho Gotwicensi anonymo conscripta, alia ab ea quam Tegnagellus vulgavit, edita est Augustæ Vindelicorum, anno MDCXIX. simul cum vita sancti Gebehardi Salisburgensis, & sancti Adalberonis Herbipolensis episcoporum, qui omnes in catholicæ ecclesiæ defensione perditissimis iis temporibus maxime claruerunt. Paulo ante Willelmum obierant duo alii abbates etiam ob vitæ sanctitatem, & fidem in apostolicam sedem celeberrimi, Wolphelmus scilicet Brunwillarensis in diœcesi Coloniensi, die 21. Aprilis, & Benedictus Clusinus in faucibus Alpium die 31. Maii.

XCVIII. Virorum SS. in Germania obitus.

Mense Augusto sequenti, ut tradit Bertoldus, Welpho Bavariæ dux Henricum in Longobardiam convenit cum eo pacem initurus, si ille Wibertum dimittere & bona quæ sibi injuste ablata fuerant restituere voluisset. At renuente has conditiones Henrico, dux in Allemanniam reversus est, ubi turbæ ita excreverunt, ut paulo post de novo rege eligendo actum sit. Quod re ipsa factum fuisset, inquit Bertoldus, *si quorumdam pigritia sive malevolentia non impedisset.* Ita ille.

Res ibi turbatæ.

Anno Christi, 1091.
XCIX.
Novum ibi religionis genus.

Mirum autem est tam calamitosis temporibus succrevisse in Alemannia novam vivendi formam, quæ apostolicos mores æmulabatur. *Hi enim etsi habitu nec clerici, nec monachi viderentur*, ut idem Bertoldus narrat, oculatus testis, *nequaquam tamen eis dispares erant... qui abrenuntiantes sæculo, se & sua ad congregationes tam clericorum, quam monachorum regulariter viventium devotissime contulerunt, ut sub eorum obedientia communiter vivere & eis servire mererentur.* Hæc est *religio quadrata*, à Paulo Bernriedensi in vita Gregorii VII. laudata, quam cum nonnulli, nescio quo acti livore seu invidentia vituperare ausi fuissent, tueri aggressus est Urbanus, cui apud Teuthones apostolica legatione fungenti, pii ejus instituti sanctitas probe nota fuerat. Unde hoc anno illam solemniter approbavit & confirmavit, datis ea de re ad monasteriorum præpositos litteris. Cum vero anno sequenti, ut idem auctor habet, laicus quidam novum id vivendi genus professus, ab eo temere resiliisset, hunc Urbanus scriptis ad Gebehardum Constantiæ episcopum legatum suum litteris, anathemate feriri præcepit, nisi quam primum *apostasiæ suæ* & tanti sacrilegii crimen pœnitentia condigna diluere conaretur. Hinc, crescente novi ejus instituti fama, non solum innumeri viri & mulieres, qui in urbibus aut in monasteriorum viciniis commorabantur, illud tam sanctum propositum arripuerunt, qui sub clericorum & monachorum obedientia, mancipiorum more iis quotidiani pensi servitium persolvebant; verum etiam eadem vivendi forma in villis & locis agrestibus, recepta fuit; *ubi*, teste eodem Bertoldo, *filiæ rusticorum innumeræ conjugio & sæculo abrenuntiare, & sub alicujus sacerdotis obedientia vivere, & religiosis cum summa devotione non cessaverunt obedire.... etiam multa villæ ex integro se religioni contradiderunt, seque invicem sanctitate morum prævenire incessabiliter studuerunt. Sic utique Deus*, exclamat Bertoldus, *sanctam suam ecclesiam in periculoso tempore mirabiliter consolari dignatus est: ut de multorum conversione gauderet, quæ de excommunicatorum aversione jam diu non cessavit dolere.* Huc ni fallor, revocari debet quod Gerohus in Syntagmate de statu ecclesiæ apud Tegnagellum edito, refert cap. 16. multos clericos & monachos occasione persecutionis amplexos fuisse vitam asperiorem in agris suburbanis & monasteriis campestribus.

ANNO CHRISTI, 1091.

In Galliis reparato per Galterium sanctæ Trinitatis de monte, seu sanctæ Catharinæ prope Rotomagum abbatem, Paviliacensi sanctæ Austrebertæ monasterio, quod à Nortmannis dirutum fuerat, Urbanus Guillelmo archiepiscopo Rotomagensi, ad cujus diœcesim locus ille pertinebat, scripsit ut eum ad pium illud opus promovendum & absolvendum excitaret, atque adeo universis qui eidem cœnobio aliquid conferrent, quartam pœnitentiarum ab episcopo aut presbytero injunctarum partem relaxavit. Datæ sunt pontificiæ litteræ *Cessimi*, alii legerunt *Cossinii* forte Casini, IV. idus Octobris hujus anni, quas lapidi è ruderibus ecclesiæ erecto insculptas unus è nostris descripsit. In eodem lapide diplomati pontificio subjuncta erat loci donatio facta, Galterio abbati per Thomam de Pacify militem cui instrumento Guillelmus archiepiscopus & alii viri nobiles subscripsisse dicebantur.

C. Paviliacensis monast. restauratio.

Erat Urbanus hoc anno, uti ex tempore ordinationis Ivonis Carnoteni colligimus, apud Alatrium Latii urbem initio Novembris, ibique IV. nonas ejusdem mensis litteras Raynaldo abbati sancti Cypriani Pictavensis concessit, quibus ei confirmat, *quidquid juris & canonicæ potestatis habebat in ecclesia sanctæ Crucis apud Englam.* Hac cautione usus est in hoc rescripto Pontifex, veritus, monente Ivone qui tum in Carnotensem episcopum electus in Curia Urbani erat paulo post ab eo consecrandus, ne si Raynaldo hæc ecclesia simpliciter concederetur, eam ille pulsis clericis qui ibi degebant ad monachos transferret. Id tamen paulo post evenisse discimus ex ipso Ivone epist. 36. ad Petrum Pictavensem episcopum, in qua graviter adversus hunc antistitem conqueritur, quod post expetitum diu, & impetratum clericum huic Englensi ecclesiæ præficiendum, eumdem postea repulisset, ut in ea institueret monachos sancti Cypriani. Tum laudatis Urbani ea de re litteris, eas monachorum causæ patrocinari non debere contendit, quod se ab ipso Pontifice rescivisse contestatur, cui eas *dictanti*, præsens adfuerat; non quidem

C I. Urbani litteræ pro S. Cypriano Pictav.

à latere, ut se emendasse putavit Juretus in notis ad hanc Ivonis epistolam, sed *Alatri*, ut veteres codices habent, & omnino evincunt laudatæ Urbani litteræ.

Multum etiam laboravit pius Pontifex hoc anno pro ecclesia Carnotensi, quam Gaufridus episcopus multorum criminum reus, ut ex Ivonis epistola 8. patet, labefactabat. Hic jam ante aliquot annos ab Hugone Diensi sedis apostolicæ in Galliis legato, loco motus fuerat; at injuria se condemnatum causatus, Romam tetendit, ubi cum nullus ejus accusator comparuisset, dato supra corpus beati Petri corpore sacramento, cum à simoniæ labe utcumque purgatum Gregorius VII. sedi suæ restituerat. Verum renovatis postea contra illum accusationibus, cum ejus crimina Urbano plane innotuissent, nec ille sese ab eis innocuum probare valuisset, rursus è sua sede auctoritate Pontificis pulsus est, facta Carnotensibus potestate alium antistitem in ejus locum substituendi; qui statim unanimi consensu Ivonem, quem illis Urbanus commendaverat, elegerunt. At Ivonem consecrare recusavit Richerius Senonensis metropolitanus, qui contendebat Gaufridi exauctorationem contra canones factam fuisse ob id, quod ejus causæ cognitio primum à se suisque comprovincialibus episcopis fieri debuisset, antequam ad pontificium tribunal deferretur. Hinc Ivo nihil se apud Richerium obtenturum fore prævidens, Urbanum adiit, à quo, ut ipsemet Pontifex in litteris ea de re datis testatur, *salva ecclesiæ* Senonensi *debita obedientia*, consecratus est; & quidem sub finem Novembris, ut in iis litteris exprimitur: sed absque ullius anni designatione. Unde incertum apud auctores mansit, quo anno sit consignanda Ivonis consecratio, quam alii anno MXC. nonnulli vero MXCI. aut etiam sequenti factam fuisse scripserunt.

Hanc Labbeus anno MXCI. consignavit, quod Ivo die XIII. Novembris, quæ eo anno in Dominicam incidebat, ab Urbano consecratus fuisse dicitur. Et quidem, si bene idem auctor Stampensem synodum ad annum MXCII. revocavit, Ivonis ordinatio, quæ mense Novembri exeunte facta est, ad præcedentem annum necessario referri debet: certum quippe in hanc Synodum à Richerio metropolitano convocatam

convocatam fuisse ad rescindendam Ivonis ordinationem, quam contra canones factam fuisse, ut mox dicebamus, contendebat. Favet huic calculo una charta à Jureto laudata, quæ data dicitur *anno xxv.* Ivonis *episcopatus;* quin & ipse Ivo in altera charta, quam idem Juretus refert, totidem sui episcopatus annos commemorat. At, si ab anno MCXV. aut sequenti, quo defunctus Ivo dicitur, detrahantur anni illi viginti quinque, quos in episcopatu integros exegisse aut saltem inchoasse fatendum est; invenietur annus MXCI. quo proinde ejus ordinatio consignari debet. His argumentis addendum est vetus instrumentum ab Ægidio Bri in historia Perticensi relatum; quo Robertus de Belismo ecclesiam sancti Leonardi Belismensis monachis Majoris-monasterii tradidit anno MXCII. cui quidem chartæ subscripsit Ivo jam episcopus, proindeque consecratus anno saltem præcedenti. Cum enim ille fuerit sub finem Novembris, ut quidem constat, ab Urbano in Italia ordinatus, in suam diœcesim ante sequentis anni saltem initia, reversus esse non potuit.

Verum etsi hæc omnia rem omnino non evincerent, certa tamen esse videtur ex ipsiusmet Ivonis testimonio. Is enim epistola 67. Urbano Pontifici, quem adversus se non nihil commotum audierat, scribens, rogat eum, ut *jam transacto septennio*, ex quo *vineam sibi commissam pro suo posse excoluerat*, liceat tandem sibi *octavo anno* eam dimittere. At si anno MXCII. quo plerique Ivonem ordinatum fuisse volunt, septem annos adjiciamus, omnino completos, habebimus finem anni MXCIX. quo Ivo octavum sui episcopatus annum incœperit. Nam uti certum est, mense Novembri Romæ consecratus est. Verum id dici non potest, cum jam tunc Urbanus defunctus esset, nempe mense Julio ejusdem anni ad cœlos assumtus. Immo cum hæc epistola post natalium Christi festivitatem, ut ipsemet Ivo ibi indicat, scripta fuerit, ad annum MC. proindeque longe post Urbani obitum defferenda esset, quod sane nemo dixerit. Omnia vero juxta calculum nostrum apprime sibi concordant. Hanc quippe epistolam initio anni MXCIX. quo adhuc vigebat Urbanus, ab Ivone scriptam fuisse dicimus, cum tunc annum sui episcopatus,

Anno Christi, 1091.

si quidem anno MXCI. incepit, octavum inchoaret. Res etiam in ea epistola relata anno MXCXI. conveniunt, coronario nempe regis Philippi à Rodulfo archiepiscopo Turonensi in præcedenti festo Nativitatis Christi celebrata ; & Johannis cujusdam juvenis in Aurelianensem episcopum electio, die sanctorum Innocentium; nam hujus & ejus æmuli Sanctionis nomine, consecrationem Sausseius ex monumentis ecclesiæ Aurelianensis ad annum MXCIX. re ipsa consignavit, septennio scilicet, ut observavit, post Ivonis Carnoteni ordinationem.

Difficultates solvuntur.

At, inquies, Sigebertus auctor gravis, qui Ivonis ætate vivebat, ejus ordinationem ad annum MXCII. in Chronico suo retulit. Verum etsi hic locus ita in nonnullis Sigiberti exemplaribus habeatur; hoc tamen additamentum esse patet ex aliis exemplaribus, in quibus hæc verba non comparent. Certe desiderantur in Miræi editione, quæ ceteris accuratior est. At fateamur, id à Sigeberto scriptum fuisse. Is sane, sicut & alius quilibet auctor, scribere potuit Ivonem anno MXCII. Carnotenam sedem iniisse, quippe cum sub præcedentis anni finem Capuæ in Italia ab Urbano consecratus fuerit, revera nonnisi anno MXCII. potuit suæ ecclesiæ possessionem adire. Hæc adversus eos qui Ivonis ordinationem ultra annum MXCI. differunt.

At alii, ut Souchetus in notis ad Ivonis epistolas, aliam difficultatem movent. Ii quippe contendunt Ivonis ordinationem ultra annum MXC. differri non posse, idque probant ex eo, quod anno MCXV. obierit, cum jam annos XXV. episcopatus saltem attigisset. Deinde ipsemet ep. 268. Waloni Bellovacensi aliisque episcopis in concilio, uti videtur, Bellovacensi mense Decembri anno MCXIV. habito congregatis inscripta, diserte ait se jam, *viginti quinque annis in episcopatu moratum fuisse*. Denique in charta quadam data eodem anno MCXIV. Paschalis Papæ annus XVI. cum Ivonis XXV. componitur. Quæ sane probant Ivonis ordinationem ad summum anno MXC. debere consignari. Verum si Ivonis obitus ad annum MCXVI. ut nonnulla Kalendaria habent, revocetur, nulla erit circa ejus episcopatus annos difficultas. Tunc quippe etiam anno MXCI. ordinatus annos viginti quinque episcopatus emensus è vita excessisse dici potest. At demus eum anno MCXV. ut Carnotentia martyrologia præferunt, obiisse: cum ejus mors, consentientibus omnibus, sub finem Decembris contigerit; etiam juxta illum calculum Ivo annum sui episcopatus vicesimum quintum attigisse dicendus est, ac proinde ipse etiam scribere potuit paulo ante mortem se jam viginti quinque annos, rotundo numero, ut fieri solet, in episcopatu moratum fuisse. Gravior est altera difficultas, si mendum nullum in exemplum chartæ à Soucheto laudatæ irrepserit. At non tanta videtur esse hujus fragmenti auctoritas, ut receptam ab universis auctoribus, etiam antiquis, qui omnes Ivonis ordinationem ultra annum MXC. differunt, sententiam elevare possit. Si quis tamen hanc aut similes chartas indubitatæ omnino fidei esse probaverit, haud multum refragabor; cum Urbanus in Campania, ubi Ivonem ordinavit, æque anno MXC. ac sequenti versatus fuerit, & argumenta quæ protulimus, id potissimum evincant Ivonem ante annum MXCII. quod plerique putaverunt, consecratum ab Urbano fuisse.

Pontifex celebrata Ivonis ordinatione orationem ad eum habuit, qua ei pro antiquorum temporum more, præclara de munere ipsi imposito monita dedit, hæc inter Urbani epistolas dabitur, cui subjungetur ejusdem pontificis litteræ ad Carnotensem clerum & populum scriptæ die VIII. Kalendas Decembris, & aliæ die sequenti ad Richerium metropolitanum Capuæ datæ, ut eos de Gaufredi exauctoratione, & Ivonis ordinatione certiores faceret. At his non stetit Richerius, qui anno sequenti, instigante potissimum episcopo Parisiensi, concilium Stampense eo animo celebravit, ut Ivonis ordinationem convelleret. Videndæ ea de re ejusdem Ivonis epistolæ potissimum VIII. quæ est ad ipsum Richerium, & XII. Urbano Pontifici inscripta. Irriti tamen Ivonis adversariorum conatus fuere, & ipse ad mortem usque Carnotensem ecclesiam rexit, sed non absque gravibus & fere continuis animi angustiis, & sollicitudinibus, quas passim, potissimum in epistolis 3. 12. & 25. ad ipsum Urbanum datis commemo-

Anno Christi, 1091.

rat, in iis autem se *uterinum & specialem sedis apostolicæ filium* esse gloriatur, ob hoc nempe quod ab ipso Pontifice fuisset consecratus. Porro ad Romanum illud Ivonis iter revocanda sunt, ut quidem videtur, ea quæ in epistola 211. ad Rodulphum archiepiscopum Remensem scribit de consanguinitate, quæ inter Flandriæ comitis filium, & filiam comitis Rodonensis intercedebat, ubi præsentem se fuisse ait in curia Romana, cum eorum Genealogia jubente Urbano papa examinaretur.

CIII. Flandr. cleri libertas vindicata.

Turbata quoque fuit hoc anno, aut certe, ut aliis placet, sequenti, Flandriæ ecclesia à Roberto comite, cognomento Frisio, qui pravam consuetudinem jam dudum antiquatam renovare aggressus, constituerat, ut, sublata clericis testandi facultate, eorum hereditas fisco attribueretur. Hanc injuriam ægre omnino tulit Clerus Flandrensis; cumque nec abbatum nec episcoporum preces aut monita apud comitem profecissent, immo nec cum ipsa metropolitani Remensis auctoritas, à proposito retrahere valuisset, res est ad Urbanum delata, qui statim litteras ad Robertum scripsit, ut eum à tali vexatione deterreret. *Data sunt Castraneti* IV *nonas Decembris*, seu ut habet Locrius, *apud sanctum Petrum, anno* MXCI. certe jam mense Novembri Romam hoc anno redierat Urbanus, si Ivo in epistola 27. ad Eudonem de eo itinere Italico loquatur, in quo ab Urbano ordinatus fuit. Sic quippe habet, *De ipso vero papa, de quo quæsisti..... mense Novembri cum eo Romam pacifice intravi, mense Januario ibi eum dimisi. Ibi adhuc moratur, & adversariis Romanæ ecclesiæ, quantum Deo donante prævalet obluctatur.* Neminem vero movere debet quod alii Urbanum *Romæ*, alii *extra Romam* ob Guiberti factionem tunc exstitisse scripserint, *Romæ* enim nomine plerique, maxime extranei, loca etiam urbi vicina, quæ Bertoldus *sancti Petri terræ* vocabulo designare solet, comprehendebant. Ceterum Urbani monitis non paruit Robertus, donec anno sequenti causa ad concilium Remense delata, ei à Patribus denuntiatum est, ut nisi cito, pontificiis ac episcoporum commonitionibus obtemperaret; & ablata restitueret, ipse diro anathemati, tota vero ejus terra interdicto ecclesiastico subjiceretur. Quas minas ille veritus Patribus ac clero plene satisfecit, ut ex ejus concilii actis discimus, quæ à Sirmundo ex codice Montis-Dei descripta Labbeus tomo 10. conciliorum inseruit.

ANNO CHRISTI, 1091.

Ad hunc quoque annum revocari debere censemus Gervini, ex monacho Remigiano abbatis Centulensis electionem in Ambianensem episcopum, quam cum nonnulli convellere conarentur, ipse Romam cum sui metropolitani litteris commendatitiis contendit, causam suam coram Pontifice defensurus. Et quidem cum post duos menses nemo accusator adversus eum comparuisset, Pontifex ejus electionem comprobavit datis ea de re litteris ad populum & clerum Ambianensem, quibus eis mandat, ut eum pro vero & legitimo pastore haberent. Post modum iterum accusatus, iterum etiam Romæ purgatus est & novis litteris à Pontifice impetratis in sua sede confirmatus. Primæ datæ sunt mense Decembri, sed annum non exprimunt. Haud tamen videntur ultra hunc annum differri posse. Non enim datæ sunt anno MXCIII. exeunte. Nam hoc ipso anno Gervinus jam episcopus subscripsit chartæ pro ecclesia sancti Acheoli ; immo interfuit concilio Rhemensi, quod in causa Atrebatensis ecclesiæ mense Martio celebratum est, quæ ratio vetat etiam ne ad finem anni MXCII. revocari possint. Non enim verisimile est Gervinum intra tam angustum temporis spatium cum pontificiis litteris vix ad sedem suam reversum, à suis exagitatum concilio Rhemensi interfuisse, ibique accusatum simoniæ, iterum adiisse Romam, ubi sese altera vice purgasset. Hæc enim omnia intra sex menses fieri debuissent, si primæ Urbani litteræ mense Decembri exeunte, & secundæ mense Julio sequenti consignentur. Quare, si bene conjicio, convenientius est, Gervini primum iter Romanum ad finem anni MXCI. revocare, secundum ad annum MXCIII. post concilium Rhemense, atque eo modo hic antistes exeunte anno MXCI. xx.* scilicet die Decembris, acceptis ab Urbano litteris Roma profectus, Ambianum initio sequentis anni redierit, ubi cum aliquamdiu degisset, iterum exagitatus est. Forte quod clericorum concubi-

CIV. Gervinus in sede Ambianensi firmatur.

O iij

nariorum pravitati, ut Urbanus innuit in secundis illis litteris, adversaretur; aut certe ob ejus vitia, non enim apud plerosque ejus ævi auctores optime audiit. Certe in concilio Rhemensi initio anni MXCIII. cui eum interfuisse constat, simoniæ accusatus est: quare Romam adire constituit, ubi hac etiam altera vice purgatus, litteras à Pontifice impetravit datas xv. Kalendas Augusti, quæ suo loco proferentur. Hæc conjiciendo dicta sint, dum quis certiora deprehendat, non enim difficile erit has litteras aliis etiam annis illigare.

ANNO CHRISTI. 1092.

Hoc autem anno ad finem vergente, ut Bertoldus scribit, Pontifex *in terram sancti Petri* reversus, extra Urbem festum Natalis Domini celebravit, quod Guibertus *prope sanctum Petrum incastellatus inde absque sanguinis effusione*, quod pius Pontifex maxime abhorrebat, pelli non potuisset. Henricus interea nihilo mitior factus in Langobardia, ubi jam à biennio commorabatur, susdeque omnia vertebat; nec locis, nec personis parcens, ut Welphonem ejusque conjugem Mathildem ab Urbani obsequio dimoveret. Sed frustra: cumque bellum magis ac magis exardesceret, impedivit Welpho pater, qui dux erat Bavarorum, ne Henricus cum rege Hungarorum ad colloquium, quod communi consilio indixerant, posset accedere.

C V. Urbanus prope Romam.

Conradus tunc temporis, id est anni MXCII. initio, cum Henrico patre suo in Longobardia versabatur, eo uterque intentus, ut Adheleidis comitissæ Taurinensis defunctæ bona invaderent, quæ Friderici comitis filio debebantur. Narrat Sigonius imperatorem hoc anno multa loca trajecto Pado occupasse, sed unum è filiis suis amisisse, qui in prælio occisus, Veronæ sepultus fuit. At ejus nomen non refert, sicut nec Domnizo, ex quo hæc mutuatus est. Hic vero libro 2. vitæ Mathildis, cap. 7. pluribus describit bella, quæ per hos annos inter Henricum & Mathildem gesta sunt, multumque laudat Johannem quemdam abbatem seu eremitam, qui victoriam, quam comitissæ prædixerat, ei suis suorumque monachorum precibus mense Octobri prope Canusium dimicanti obtinuit. Eo in prælio vexillum Henrici captum est à Ma-

C VI. Mathildis victoria in Imp. relata.

thildis militibus, qui illud in monasterio sancti Apollonii deposuerunt.

Die VIII. Kalendas Aprilis apud castrum Montigium versabatur Henricus, ut ex uno ejus diplomate apud Ughellum tomo 5. Italiæ sacræ relato patet, quo Petro episcopo Comensi *Berinzonam* donat *ob fidei suæ integritatem & puritatem servitii*, nihil enim Henricus omittebat, ut episcopos & alios proceres suis partibus assereret. Hoc tamen Comenses ab eligendo sibi Catholico episcopo revocavit: hinc cum Petro Guidonem substituissent, Urbano addictissimum, passi non sunt ut Landericus, quem imperator intrudere conabatur, ecclesiæ suæ thronum obtineret. Et quidem si eos excipias, qui simoniaca labe aut Nicolaitarum hæresi contaminati erant, paucos invenies, qui Henrico adhæserint: cum è contrario ex universis pœne orbis Christiani partibus episcopi & archiepiscopi, etiam præcipuarum sedium, simul cum abbatibus & aliis omnium ordinum fidelibus Christianis ad Urbanum, tamquam ad proprium pastorem, & legitimum successorem Petri convenirent. Tunc qui in Allemannia Urbano adhærebant, Bertholdum Gebehardi episcopi Constantiensis fratrem, ducem nomine tenus antea appellatum, Sueviæ ducem unanimi omnium assensu constituerunt, *ad defensionem*, inquit Bertoldus, *sanctæ matris ecclesiæ contra schismaticos*: Thiemo vero, seu ut eum appellat Bertoldus, Dimo, Salisburgensis metropolitanus cum episcopis Constantiensi & Wormaciensi Udalricum in Pataviensem episcopum consecravit die ipso Pentecostes, quæ res Bajoariæ Catholicos, ut subdit idem auctor, in sedis apostolicæ obedientia plurimum confirmavit.

Iisdem etiam temporibus, quod mirum est in tanta ecclesiæ Romanæ perturbatione contigisse, Ericus Danorum rex ab Hammaburgensi archiepiscopo, qui Henrici partes sectabatur, exagitatus ad Urbanum venit, ut se suumque regnum contra hujus antistitis conatus apostolico præsidio tutaretur. Rem narrat Saxo Grammaticus libro 12. Historiæ Danicæ his verbis: *Forte Amburgensis antistes ob inanes & falsas suspiciones Ericum exsecratione*

ANNO CHRISTI, 1092.
CVII. Urbani pars prævalet.

CVIII. Ericus rex Danorum Urbani opem implorat.

ANNO CHRISTI 1092.

multandum cenfuerat, quod veritus rex appellatione fententiam præcucurrit, Romamque è veſtigio petivit: ubi cauſæ ſuæ examine diligentius habito, Pontificis accuſationem potenter repulit; cunctiſque defenſionis partibus actore ſuperior rediit. Nec ſatis fuit Erico archiepiſcopum in judicio ſuperaſſe, niſi etiam ſe ac ſuæ ditionis populos ab ejus juriſdictione liberaret, quod poſtea in altero Romano itinere impetravit. Huc forte ſecundo acceſſit, quod Hammaburgenſis antiſtes Urbani, cui non parebat, ſententiæ obtemperare noluiſſet. Erecta autem in novam metropolim Lundenſi urbe, deinceps non Dania ſolum, ſed etiam Suecia & Norvegia, ante creatos ab Eugenio III. Upſaliæ & Nidroſiæ archiepiſcopos ei ſubjectæ fuerunt; atque adeo Hammaburgenſium antiſtitum auctoritas hac occaſione multum imminuta fuit. Erat tunc, ut ex eodem Grammatico colligimus, Aſcerus Lundenſis antiſtes qui paulo antequam Ericus Romam primo proficiſceretur, Egino ſucceſſerat.

Lundenſis metrop. erectio.

CIX. Et Piſanæ.

Novam quoque hoc ipſo anno metropolim in Italia excitavit Urbanus, Piſanam ſcilicet, cui Corticæ inſulæ epiſcopos antea abſque medio ſubjectos Romano pontifici, ſuffraganeos aſſignavit; cum anno præcedenti ejuſdem inſulæ eccleſiarum curam Daiberto Piſano epiſcopo jam demandaſſet. Id vero ſe feciſſe declarat Pontifex cum cleri ſui conſenſu ad Mathildis comitiſſæ petitionem, potiſſimum, præter alias rationes, ob præclara Piſanorum, ac eorum epiſcopi Daiberti, cui Pallii honorem concedit, in ſedem apoſtolicam merita; quod nempe ſemper & ubique, etiam inter medias perſecutionum & bellorum tempeſtates, eccleſiæ Romanæ fideles extitiſſent. Bulla erectionis apud Ughellum data eſt Anagniæ hoc anno x. die Kalendas Maii. Hujus metropolis erectionem ægre tulerunt Januenſes quod Corſicanos epiſcopos Piſano antiſtiti ſubjectos eſſe nollent. At licet nonnihil immutata ſit hæc ſuffraganeorum diſpoſitio, ſtetit tamen inconcuſſum Piſæ privilegium.

CX. Privileg. S. Sophiæ Beneventi.

Jam ab initio menſis præcedentis verſabatur Anagniæ Urbanus, uti patet ex privilegio quod pridie in ea urbe idus Martii conceſſit Madelmo abbati monaſterii ſanctæ Sophiæ apud Beneventum. Menſe

B. URBANI PP. II. VITA.

Mense Aprili ibidem aliud privilegium indulsit monachis seu eremitis quibusdam qui ante paucos annos apud Silvaniacum locum desertum, in Biturigum finibus monasterium construere cœperant. Duo ex illis ad Pontificem accesserant tuitionis litteras ab eo impetraturi, sed eas nonnisi interposita conditione indulsit prudens Pontifex, quod nec locum, nec monachos illos probe novisset. Has vero litteras, ideo ad hunc annum, licet in apographo præcedentem exhibeant, referimus, non solum ob indictionem xv. ibi annotatam, & quod *Anagniæ* datæ sint, III. *idus Aprilis*, ubi tunc Urbanus versabatur; sed etiam quod vetus instrumentum ejusdem loci, in quo iidem omnino characteres chronici leguntur, dicatur scriptum anno bissextili quæ nota huic anno MXCII. non vero præcedenti competere potest. Sic autem habet. *Anno ab Incarnatione Domini nostri Jesu Christi* MXCI. *indictione* xv. *sacrosanctæ Romanæ ecclesiæ papa Urbano, sub persecutione Henrici tyranni, Philippo in Francia regnante, bissexto Kalendas Martii, ego Raynandus paganus &c.* nonnulla confert *Andreæ priori monachorum Silvaniaci infra lucum suum quod vocatur Corniliacum.* Is ipse est Andreas sancti Johannis Gualberti Wallumbrosanorum monachorum parentis discipulus, qui in Franciam à comite quodam Cabilonensi, ut aiunt, adductus, ibi primum insedit, ac postea Casalis-Benedicti celebris apud Bituriges monasterii primus abbas ac conditor fuit. Ejus meminit Ordericus Vitalis sub finem libri 8. Ceterum abbas factus aliud privilegium, ut suo loco dicemus, anno MXCIX. ab Urbano impetravit; Silvaniacum vero, seu potius Corneliacum, hodieque sub prioratus titulo à Casalis-Benedicti abbatia pendet, in ducatu sancti Aniani situm.

Prima die Maii, seu, ut alia editio habet, sub finem Aprilis, Urbanus ad Berengarium Tarraconensem archiepiscopum scripsit, eumque reprehendit, quod Tarraconensis urbis restauratio negligeretur, quamvis ei anno præcedenti hac conditione pallii honorem contulisset, ut tam ipse quam alii provinciæ optimates huic operi absolvendo totis nisibus insisterent. Hæ litteræ datæ dicuntur apud Odoricum Raynaldum VII. Kal. Maii; in conciliis

Tom. III. P

Annо Christi 1092.
Aliud monachorum Silvaniaci.

Cornilly.
S. Aignan.

CXI.
Pontifex Tarraconis reparationem urget.

B. URBANI PP. II. VITA.

ANNO CHRISTI, 1092.

vero Hispaniæ Cardinalis Aguirii tomo 2. & 3. ipsis Kalendis ejusdem mensis. Sed parum interest utra lectio sit alteri præferenda. Easdem vero Anagniæ datas fuisse inde colligimus, quod adhuc in ea urbe cum Pontifex exstiterit, quippe qui die VII. ejusdem mensis insigne privilegium ibidem concessit monasterio sancti Laurentii prope Aversam sito, cujus loci abbas & monachi eum in angustiis, quas descripsimus, positum egregie adjuverant. Ejus privilegii exemplum quod ex ejus loci archiviis ab amico nostro R. P. domno Erasmo à Caïeta Casini decano accepimus, suo loco proferetur.

Privileg. S. Laurentii Aversæ.

CXII. Fulco abbas Divensis ad Urbanum confugit.

Circa illud tempus Fulco ex monacho & priore Uticensi jam ab annis viginti sanctæ Mariæ supra Divam in Nortmannia abbas, cum monasterium sibi commissum, ut habet Ordericus Vitalis libro 10. *rigide rexisset, multisque modis ecclesiam provexisset, invidente & instigante satana, injuste criminatus & depositus*, ad Urbanum confugit; quod quidem hoc anno contigisse ex eodem auctore colligimus, qui Fulconem post annos septem exsilii, totidemque post suam restitutionem exactos anno MCVI. die III. Kalendas Aprilis senem obiisse commemorat. Socius itineris ei à Rogerio abbate Uticensi datus fuerat Johannes ejusdem loci monachus, vir pietate & doctrina celebris, quem suum Ordericus Magistrum & in litteris sacris institutorem appellat. Is tamen non solum ob suas ipsius præclaras dotes Fulconi itineris comes designatus fuit; verum etiam, si bene conjicio, quod Remis natus & è scholastico Remensi monachus factus, Urbano notus proculdubio & gratus esse sciebatur, atque adeo poterat ejus animum in Fulconis favorem inclinare, quod re ipsa factum fuisse conjicimus. Nam ille post aliquot annos in monasterio Casinensi transactos, anno MXCIX. ut ibi dicemus, locum suum recepit.

CXIII. Concilium Stampense in causa Ivonis.

Ivo interea ex Italia, ubi ab Urbano Carnotensium episcopus ordinatus fuerat, redux, multa à suis æmulis pertulit, potissimum à comprovincialibus episcopis qui cum Richerio Senonensi archiepiscopo apud Stampas convenere, ut eum synodali judicio exauctorarent: at ille appellatione ad sedem apostolicam interposita, eorum conatus, ut anno præcedenti diximus, irritos fecit. Ad hunc quoque annum Labbeus laudat concilium Parisiense, & confirmationem in eo factam privilegii sancti Cornelii Compendiensis; sed chronicæ notæ, quæ in regis Philippi charta, ex qua sola hujus synodi notitiam habemus, referuntur, sicut episcoporum scriptiones ibi appositæ, melius anno MLXXII. conveniunt, ut jam observavit Marlotus tomo 2. Metropolis Remensis; nec dubium quin isto anno celebratum fuerit hoc concilium: quare dicendum est erratum ex amanuensis oscitantia provenisse. Aliud idem Labbeus, sicut & Iperius in chronico sancti Bertini concilium exhibet hoc anno Remis habitum in causa Roberti Flandriæ comitis, qui, ut diximus, sui dominii clericis facultatem condendi testamentum auferre moliebatur. At licet certum sit hanc synodum re ipsa Remis coactam fuisse, haud tamen omnino constat an hoc aut sequenti anno debeat consignari. Majoris momenti fuit Suessionense concilium, quod Raynaldus Remorum metropolitanus hoc anno convocavit, adversus Roscelinum, quemdam Compendiensem clericum, qui novos errores circa sanctissimæ Trinitatis personas eo tempore disseminabat. Hunc posteriores auctores Petri Abaelardi magistrum appellavere, sive quod re ipsa ejus discipulus fuerit Abaelardus, aut certe ob similes errores ab utroque propugnatos. Quænam vero fuerint illa falsa ejus dogmata, exponit sanctus Anselmus libro 2. epist. 41. ad Fulconem episcopum Bellovacensem, & in libro de Incarnatione quem Urbano Pontifici nuncupavit. In eo libro Anselmus Roscelinum tres in Deo personas eodem modo tres res esse sicut tres Angelos asserentem refellit; tum calumnias adversus Lanfrancum, & etiam in se ipsum ab eo nebulone hæretico temere disseminatas confutat. Is nempe impudenter fuerat mentitus tantos viros causæ suæ patrocinatos fuisse. At hæresim suam coram synodi Patribus abjurare coactus est, quam tamen si Ivoni credamus epist. 7. *in clandestinis disputationibus* postea ut ejus farinæ homines facere solent, defendere perrexit: sed ejus conatus irriti fuere.

Urbanus vero, licet animo lenis & pacis studiosissimus fue-

ANNO
CHRISTI
1092.
CXIV.
Urbanus Philippi regis adulterinas nuptias detestatur.

rit, atque in magnis tunc constitutus angustiis indigere videretur favore principum, ut seipsum adversus Henrici Augusti ejusque sequacium insidias tutaretur, haud tamen umquam eorum vitia dissimulavit, aut obsecutus est pravis eorum voluntatibus, ut sibi illos devinciret. Hinc Philippo Francorum regi, qui dimissa propria uxore ad nuptias adulterinas convolare nitebatur, numquam assentatus est: è contrario vetuit, ne ullus umquam antistes huic mulieri, quam sibi rex copulare illicite volebat, coronam imponere audeat; ipsumque Principem comminatus est, teste ipso Ivone epist. 28. sibi, nisi à malo proposito recederet, sacris interdicturum. Et quidem, cum Rex nullis monitis ac precibus à semel concepto consilio dimoveri potuisset, ab Hugone legato apostolico, quod repudiata propria conjuge Berta, alteram, scilicet Bertradam Fulconis Andegavensis comitis uxorem, assentantibus nonnullis episcopis, publice sibi conjunxisset, communione privatus est. Quantum vero desudaverit religiosus Pontifex, quamque sollicitus fuerit, ut Regem à tanto facinore, eum sive per se ipsum, sive per alios, monendo, obsecrando, & etiam minas intentando deterreret, testes sunt ejus epistolæ ea de re, & conciliorum decreta quæ supersunt. Certe Urbanum ad omnes regni archiepiscopos & episcopos graves de hoc negotio litteras scripsisse testis est hac in re omni exceptione major Ivo Carnotenus, qui eas, ut ex ejus epistola 25. ad ipsum Urbanum data certum est, ceteris episcopis distribuendas receperat. Idem testatur Ordericus Vitalis libro 8. Historiæ ecclesiasticæ, ubi scribit pium Pontificem ea occasione *legatos apostolicæ sedis in Galliam destinasse, & per epistolas & sacerdotum prædicationem erroneum regem arguisse, obsecrasse, & increpasse, qui legitimam conjugem repudiaverit, adulteramque sibi contra legem Dei sociaverit.* Haud vero præcipiti impetu res tractabat prudentissimus Pontifex, sed omnia mature ponderando nihil omittebat ex his quæ ad causæ cognitionem conducere videbantur. Unde susceptis à comite Andegavensi legatis, qui Bertradam repetebant, gradus consanguinitatis coram se computari ac probari fecit, ut refert Ivo epist. 211. ad Radulfum archiepiscopum Remensem, antequam quidquam pronuntiaret. Non enim ille fieri quidquam temere volebat; ita ut Ivo, ipse fortasse aliquando ferventior, quam par esset, ac moræ impatiens, ejus hac in re tarditatem notare videatur epist. 30.

ANNO CHRISTI, 1092.

Idem Ivo à Rege ad nuptias Parisios invitatus reinsit illo ire, nisi divortii causa antea fuisset approbata ab episcopis in concilio generali, ut ipsemet epistola 15. ad ipsum Regem data declaravit; immo & suæ epistolæ quam Regi scripserat exemplum aliis episcopis, qui ad has quoque nuptias convocati fuerant misit, cum aliis litteris, quibus eos monebat *ut ne fierent sicut canes muti latrare non valentes*, scripsit etiam de eadem re ad Raynoldum archiepiscopum Remensem, cui sese ad has nuptias non iturum spopondit, nisi ille ipse eas esset celebraturus, quod, cum Remensis *ecclesia*, inquit, *regni diadema habeat*, nihil absque illius antistitis consensu deberet fieri. Jactitabat quidem Philippus causam ab Urbano papa fuisse definitam, approbatamque à Raynoldo archiepiscopo ejusque suffraganeis. At his dictis non credebat Ivo. Et certe Raynoldum nunquam Philippi nuptiis consensisse plus quam probabile est. Id sane certum est, has nuptias à Raynoldo, quod tamen privilegium erat suæ ecclesiæ antistitum, nunquam fuisse celebratas; Urbanus vero non obscure, aut privatim, sed palam & disertis verbis non semel eas detestatus est, ut ex ejus epistola ad eumdem Raynoldum ceterosque provinciæ Remensis episcopos data constat, in qua graviter illos reprehendit, quod tantum scandalum sua auctoritate non impediviffent. Immo, si Orderico fidem habere licet, nullus antistes in Gallia regis cupidini assensit. Quin & idem auctor post verba quæ paulo superius laudavimus, Gallicanorum præsulum religionem laudat, quod *nullus*, ut quidem ipse putabat, *exsecrabilem* hanc *consecrationem dignatus sit facere. Ii enim, uti prosequitur, in rigore stantes ecclesiasticæ rectitudinis Deo magis quam hominibus studuerunt placere; & omnes turpem copulam unanimiter detestati sunt pari anathemate.* Tum subjungit quod si forte tunc Philippus in aliquod *opidum vel urbem adve-*

Iis resistit Ivo.

Et alii.

nisset, cessabat omnis clangor campanarum & generalis cantus clericorum, quod apud Senonas per dies fere quindecim factum fuisse narrat Hugo Flaviniacensis, sed hic auctor ea quæ ante & post Urbani obitum contigere, simul confundit. Hoc quippe factum est cum Philippus mortuo Urbano ad vomitum suum reversus, à legatis Paschalis papæ in concilio Pictavensi sacris interdictus fuisset. Nihil tamen impedit, quominus id sub utroque Pontifice evenerit. Nam Willelmus Malmesburiensis lib. 5. de Henrico rege, ait quod cum Philippus ab apostolico excommunicatus fuisset, in quamcumque villam veniret, nihil ibi fieret divini servitii.

Certe Ordericus loco laudato Odonem Bajocensem episcopum prævaricationis accusat, quod acceptis *in compensatione infausti famulatus* Madenti opidi ecclesiis, *exsecrandam hanc* Philippi regis & Bertradæ *desponsationem*, quod facere renuebant Franciæ antistites, celebraverit. Hoc à Willelmo archiepiscopo Rotomagensi factum fuisse tradit Malmesburiensis modo laudatus, ob idque eum ab Urbano sacris interdictum ac nonnisi post multos annos, intercedente beato Anselmo, absolutum fuisse scribit. Et quidem certum est has nuptias à Raynoldo Remensi archiepiscopo, ad quem ex antiqua sedis suæ prærogativa id muneris, ut habet Ivo, pertinebat, celebratas non fuisse. Reprehendit tamen Raynoldum Urbanus, quod id à Silvanectensi episcopo ejus suffraganeo fieri non prohibuisset. An Odo Bajocensis aut Willelmus primum interfuerint sponsalibus Philippi & Bertradæ, quorum postea nuptias Silvanectensis episcopus benedixerit, incertum. Certe alios etiam episcopos præstringit ob eamdem rem Hugo Flaviniacensis, qui asserit Philippum *in episcopis regni sui, invenisse quos sibi sociaret, quosque tanti sacrilegii ministros efficeret; nempe Philippum Trecensem episcopum & Walterium Meldensem, cui ob hoc episcopatum dedit, ut sacrationi cujus Trecensis esset operator, hic foret consentaneus & minister*. Et quidem testis est Ivo epist. 66. & sequentibus Philippum ac pellicem ejus Bertradam episcopatus & abbatias venales reddidisse. At idem Ivo, auctor minime suspectus, epist. 16. testatur Walterium

B. URBANI PP. II. VITA.

Meldenſem epiſcopum adulterino huic conjugio, ſaltem priuſquam fieret, non conſenſiſſe. Unde Hugonem de his rebus non ſatis accurate ſcripſiſſe crediderim; maxime cum ipſe Urbanus in epiſtola jam non ſemel laudata ad Raynaldum Remenſem archiepiſcopum ejuſque ſuffraganeos, id à Silvanectenſi epiſcopo præſtitum fuiſſe diſertis verbis affirmet.

Anno Christi, 1092.

Ex eadem Urbani epiſtola, quæ menſe Octobri anni hujus MXCII. data eſt, certe colligitur divortium Philippi cum Berta conjuge hoc ipſo anno contigiſſe, quod tamen alii paſſim auctores poſt chronici Turonenſis ſcriptorem male anno ſequenti conſignarunt. Conſentit Clarius auctor æqualis. Is in Chronico ſancti Petri Vivi Senonenſis diſerte tradit Philippum anno MXCII. dimiſſa uxore ſua Berta, Bertradam accepiſſe, quam Philippus, uti tradunt nonnulli, rapuit in ecclesia ſancti Johannis, cum ibi canonici ſancti Martini fontes ſacros in pervigilio Pentecoſtes benedicerent, quod quidem hoc anno factum fuiſſe, præterea quæ diximus, alia etiam monumenta probant.

CXV. Dedicatio eccleſiæ Cavenſis.

Celebris fuit hoc anno dedicatio eccleſiæ monaſterii Cavenſis ab ipſo Urbano facta. Exſtat haud procul à Salerno oratorium, ubi Pontifex ſubſtitiſſe dicitur, cum Cavam adiret. Ejus loci dedicationis hiſtoriam quod multum ad ejuſdem Pontificis geſta illuſtranda conferat integram in Appendice proferre viſum eſt ex Ughello tomo 7. Italiæ ſacræ, & ex Martio Bollandiano, ubi habetur ex Codice mſ. ejuſdem loci deſcripta ad calcem vitæ S. Petri, qui tunc illud monſterium regebat. Viſitur hodieque in hac ipſa baſilica inſcriptio inciſa lapidi, in tantæ ſollemnitatis memoriam poſita, quæ in Annalibus Baronii, & apud Cheſnium in Pontificum Vitis ſic habetur.

Crucem hoc in lapide sculptam quam cernis sanctissimus URBANUS secundus Romanus Pontifex in sacra hujus Ecclesiæ dedicatione propriis manibus in sacræ rei signum oleo linivit anno salutis MXCII nonis Septembris indictione XV.

ANNO CHRISTI, 1092.

Hujus dedicationis memoriam præter chronicon breve Cavensis monasterii ad cyclos Paschales, celebrant fasti Benedictini ad diem v. Septembris, sicut & Ferrarius in catalogo generali Sanctorum qui non sunt in Martyrologio Romano. Idem Ferrarius in Annotationibus ad eamdem diem laudat duo Urbani diplomata in illius ecclesiæ gratiam occasione dedicationis ejus concessa, sed mendose eorum notas Chronicas refert. Utrumque præ manibus habemus. Primum ipsummet est privilegium; quod Urbanus peracta dedicatione Salernum reversus concessisse huic loco dicitur, ab eo cæterisque episcopis & Cardinalibus, qui ipsum comitati fuerant, subscriptum. Datum est hoc anno XVIII. Kalendas Octobris, indictione XV. Pontificatus anno V. & in eo Pontifex privilegia jam huic monasterio à Gregorio VII. concessa confirmat, cum bonis omnibus quæ Rogerius dux aliique viri nobiles eidem loco contulerunt. Alterum Urbani diploma, quod eadem occasione indultum vulgo circumfertur, editum est tomo I. Bullarii Casinensis; estque veluti prioris Breviarium: aut certe prius nihil aliud est quam istud amplificatum. At notæ chronologicæ, quæ in priori bonæ sunt, in isto nec sibi constant, nec huic anno conveniunt. Datum dicitur Salerni hoc anno MXCII. die IX. Kal. Februarii indictione XV. Pontificatus Urbani anno V. quo tempore, nempe mense Januario, aut Februario hujus anni dedicata nondum fuerat Basilica Cavensis. Si tamen hæ notæ ad annum sequentem referantur, repetendo, ut fit passim, anni initium à Paschali sollemnitate, modo constet Urbanum tunc Salerni exstare potuisse, nihil in his notis, immo in toto illo instrumento præter indictionem emendandum occurrit. Et quidem si bene judico, istud postremum probabiliorem, quam præcedens, sinceritatis speciem præfert: aut certe, si utrumque admittatur, istud fuit prioris privilegii iisdem pene verbis, ut nonnumquam alias factum est, data confirmatio, quare primum hoc anno, secundum vero anno MXCIII. cum aliæ ejus notæ chronicæ conveniunt, datum fuerit. Porro illius secundæ bullæ aliud exemplum nuper accepimus ex archivo Cavensi, in quo nulla loci aut temporis nota habetur;

unde

unde conjici poteſt, notas illas quæ in laudatis exemplaribus habentur, additas aut vitiatas ab aliquo fuiſſe. Ceterum præter duas hic memoratas bullas, unam ſupra memoravimus cum decreto Urbani in gratiam Cavenſium quæ duo inſtrumenta multo melioris, immo certiſſimæ notæ videntur.

ANNO
Chriſti,
1091.

Tradunt plerique auctores vulgati Brunonem Cartuſiani ordinis inſtitutorem anno MXCII. ab Urbano in Italiam accerſitum fuiſſe; quod multo antea contigiſſe ſuperius demonſtratum eſt. Et quidem Pontifex hoc anno, cum in Calabria eſſet, donationes à Rogerio comite Brunoni, qui tunc monaſterium Turris in Squillacenſi diœceſi incolebat, factas, & à Theodoro epiſcopo approbatas confirmavit & laudavit, additis nonnullis privilegiis quæ in ejus reſcripto ea de re 11. idus Octobris dato referuntur. Hinc mirari ſubit, Urbanum, ſi quidem ejus reſcripto, quod vulgavit ea de re Ughellus, credatur, ſub ſuæ vitæ finem, hæc Cavenſis monaſterii privilegia reſcidiſſe, aut ſaltem reſtrinxiſſe in Alfani archiepiſcopi Salernitani gratiam. Tamen cum ageretur de concedendis noſtris Caſinatibus pontificalibus ornamentis, laudatum hanc in rem fuit privilegium Cavenſe in congregatione Cardinalium concilii Tridentini interpretum, ut teſtatur Tamburinus de jure abbatum diſp. 23. quæſt. 1. Immo quotieſcumque illud idem privilegium impetitum fuit, ſtetit ſemper ſtatque etiam nunc inconcuſſum ac inviolatum, ut patet ex variis inſtrumentis authenticis, quæ cum pontificiis diplomatibus ac congregationum, ſeu commiſſariorum decretis in ejuſdem loci archivo conſervantur. Reſcriptum vero Urbani, qualecumque tandem illud ſit, ſuo ordine olim dabitur, ne aliquid in noſtrorum gratiam diſſimulaſſe videamur.

CXVI.
Reſcriptum pro Cartuſia Calabrenſi.

Urbanum vero hoc menſe & ſequenti in Calabria exſtitiſſe probant nonnulla inſtrumenta antiqua. His accenſeri debet ejus decretum, quod poſt multas utriuſque partis altercationes ſancivit in negotio monachorum Vindocinenſium & Andegavenſium ſancti Albini, qui pro Credonenſi ſancti Clementis eccleſia jam dudum inter eſe litigabant. Ea de re jam ſententiam tulerat Amatus

CXVII
Urbani judicium de eccleſia Credonenſi

Tom. III. Q

Burdegalensis archiepiscopus Urbani nomine, cujus legatus erat in Aquitania, sed cum ejus judicio utrique stare noluissent, causa ad ipsum Pontificem delata fuit, missique ex utraque parte legati qui cum *in provincia Calabria apud monasterium sanctæ Mariæ quæ dicitur de Malina*, convenerunt. Agitata multum ibi die primo hæc causa fuit coram Pontifice, sed minime absoluta; idem factum die sequenti. At die tertia, quæ erat XII. Kalendas Decembris, *re diu multumque inquisita*, residente Pontifice in Anglone civitate Apuliæ cum multis episcopis, Cardinalibus, comitibus, & aliis tam ecclesiasticis quam sæcularibus personis, controversia illa amice tandem composita fuit; eo pacto, ut sancti Clementis ecclesia Credonensis penes Vindocinenses monachos remaneret, cum onere unam è tribus ecclesiam in compensationem Albinianis cedendi. Et re ipsa à Vindocinensibus data est adversæ parti ecclesia sancti Johannis supra Ligerim, quam hodieque Albiniani monachi possident. Mirum est Goffridum, qui paulo post ea Vindocini abbas fuit, contra hanc tam sollemnem concordiam reclamasse. Id tamen ab eo factum esse patet ex illius epistola ad Paschalem II. quæ octava est libri 1. in qua ait Urbanum ab Albinianis hoc in negotio deceptum fuisse; tum addit judicium antea latum ab eodem Pontifice, visis Vindocinensibus privilegiis, *retractatum* fuisse. Stetit nihilominus primum Urbani decretum, quod Paschalis ejus successor habitis insuper Godefridi querelis, novo diplomate anno MCXV confirmavit, ut videre est apud Baluzium tomo 2. Miscellaneorum, ubi illud diploma cum aliis ejusdem controversiæ actis profertur. Videndæ etiam de hoc negotio epistolæ Goffridi, scilicet 8. libri 1. & 44. libri 4. cum Sirmondi notis. Præter hæc habemus Amati legati apostolici judicium, quod nomine Urbani, antequam Pontifex quidquam ea de re decrevisset, Burdigalæ initio hujus anni, ut diximus, prolatum est. At ipsius Urbani decretum quod referetur inter ejus epistolas, Tarenti VIII. Kalendas Decembris, in nonnullis exemplaribus, anno MXCII. in aliis vero anno sequenti datum dicitur, sed perinde est quomodocumque legas. Certum quippe est ex anno Pontificatus Urbani, qui in omnibus exemplis indicatur, quinto, & ex rerum gestarum serie, illud anno MXCII. consignandnm esse, qui tamen recte in illo instrumento MXCIII. dici potuit, more plerorumque ejus ævi & regionis auctorum, qui, ut jam non semel observavimus, annum simul cum indictione à mense Septembri in illis ulterioribus Italiæ plagis inchoabant.

Eo calculo, uti ex aliis locis patet, usus est Lupus Protospata, cum scripsit: *Anno* MXCIII. *indictione* I. *obiit Eugenia abbatissa sancti Benedicti monasterii Materiensis, mense Octobris: & eodem mense Urbanus papa venit in Materam, & applicuit ad cœnobium sancti Eustachii cum grandi plebe hominum.* De his monasteriis pauca supersunt, ut videre est apud Ughellum tomo 7. Italiæ sacræ, & Lubinum in Notitia abbatiarum Italiæ ; Materanensis vero & Acheruntina diœcesis simul junctæ unicum habent archiep.

Defuncto III. idus Augusti hujus anni Gerardo Cameracensium episcopo, Atrebatenses de ecclesia sua, quæ Atrebato à Wandalis diruto, Cameracensis antistitis, ut pote vicinioris, curæ demandata fuerat, in pristinam libertatem restituenda cogitarunt. Et quidem, licet res difficilis videretur, opportuna tamen tunc, si umquam fuerit, ad id audendum erat occasio. Urbano nempe, qui in Remensi provincia natus & educatus fuerat, probe nota erat antiqua Atrebatensis ecclesiæ & Urbis dignitas, nec ignorabat quantum Atrebatenses à Cameracensibus, Henrico imperatori, qui sui ipsius hostis infensus erat, addictis passi fuissent. Favebat Atrebatensium causæ miserabilis ecclesiæ Cameracensis status, quæ tum in varias factiones divisa erat ob successoris electionem. Has turbas augebat Henricus, persuasum habens sua multum interesse, ut aliquis cui tuto fidere posset ea in sede locaretur. Et quidem Atrebatenses sua ipsorum non fefellit semel concepta opinio. Urbanus nempe hanc occasionem relevandæ pristinæ, ut frequenter in suis epistolis testatus est. Remorum ecclesiæ dignitatis, nactus, exceptis benigne Atrebatensium missis, nihil omisit, ut eorum desiderio satisfaceret: qui re ipsa post multas hinc & inde concertationes, post varios

ANNO CHRISTI, 1092.

labores & curas, proprium tandem episcopum obtinuere. Multæ ultro citroque ea de re scriptæ fuerunt epistolæ, habiti sunt etiam ea occasione tum Remis cum Attrebati varii conventus; immo & nonnulla concilia celebrata fuerunt; legationesque Romam missæ, ex quibus omnibus ea quæ ad nostrum institutum spectant suis locis referemus. Sed qui plura ea de re, quam quæ à nobis aut à Locrio, Acherio nostro aut certe à Labbeo referuntur, cupit, adeat tomum 5. Miscellaneorum Baluzianorum, ubi accuratam totius hujus negotii narrationem inveniet, simul cum variorum epistolis & aliis monumentis, quæ omnia ex veteri codice ms. ecclesiæ Atrebatensis vir eruditus descripsit.

Urbanus itaque suscepta Atrebatensium legatione, scripsit statim ad ejus civitatis clerum & populum, ut Cameracensium excusso jugo, sibi proprium episcopum eligant, electumque metropolitano suo consecrandum præsentent. Ne vero ipse metropolitanus difficultate aliqua ab hac ordinatione celebranda dimoveretur, ad eum pariter, is tunc erat Raynaldus Remorum ecclesiæ post Manassis exauctorationem præfectus, Pontifex scripsit se velle, ut restituto ecclesiæ Atrebatensi proprio suo episcopo Remensis metropolis in antiquam suam dignitatem redintegraretur; id est ut duodecim episcopalium sedium numero exornata, in ferendis judiciis canonicis ad provincias extraneas recurrere opus non haberet. Quæ ut jam diximus, solius Remensis provinciæ in Galliis prærogativa olim specialis fuit, uti videre est in antiquioribus notitiis. Binas hac de re litteras scripsit Urbanus, in quibus licet annus diserte non indicetur, facile tamen ex rerum serie intelligi potest. Quin & nullas loci aut temporis notas habet ea quæ Raynaldo archiepiscopo inscripta est: altera vero, quæ est ad Atrebatenses, in nonnullis codicibus dicitur, *data IV. nonas Decembris*, absque aliqua loci designatione. Tamen vetus codex, quem habemus præ manibus locum ipsum indicat, nempe *Castraneti*, alii mss. & editi habent *Romæ*. Fortasse Castranetum locus erat prope Romam, in quo tunc versabatur Pontifex, cum nondum ei liceret ob Guiberti factiones Urbem ingredi. Etenim *Urbanus papa*, uti scribit Bertoldus, hoc anno

B. URBANI PP. II. VITA.

natale Domini extra Romam in terra sancti Petri celebravit, eo quod nondum Romam absque armata manu intrare potuit, Guibertistis quidem & excommunicatis multum adhuc ibi prævalentibus, nec facile absque violentia inde repelli permittentibus.

Paulo autem ante illud festum Udalricus, qui Aquileiæ episcopatum ab Henrico imperatore simul cum abbatia S. Galli jam acceperat, conatus est etiam episcopatum Constantiensem, expulso Gebeardo, per quemdam è suis monachis sibi addictum nomine Arnoldum, occupare: at utriusque conatus fuere irriti. Etenim Constantiæ cives invasorem illum, licet jam ab imperatore investituram recepisset, turpiter cum ejus socio, qui illuc possessionis ineundæ causa simul advenerant, è civitate paulo ante natalem Domini ejecerunt.

Eodem anno desinente, aut certe sequentis initio, Ivone Carnoteno, ut ex ejus epistola 12. ad Urbanum & 109 ad Paschalem ejus successorem colligitur, intercedente, reddita est Hugoni Lugdunensi archiepiscopo Apostolici in Galliis legati dignitas qua diu caruerat. Hæc ei ablata fuerat tempore Victoris III. quod post probatam & laudatam cum ceteris episcopis Catholicis ejusdem Pontificis electionem, eam tamen postea Richardo abbati Massiliensi junctus irritam facere conatus fuisset; immo & ab ejus obedientia recessisset. Quare simul excommunicati & apostolica legatione privati in concilio Beneventano ab eodem III. fuerant. Verum etsi tanta fuerit utriusque audacia, quam etiam Hugo litteris ad Mathildem datis approbare conatus fuerat, ut jam suo loco diximus, neuter tamen ad schismaticos defecit; sed paulo post, Urbano post Victoris obitum in Pontificem assumto, inviolabiliter ei adhæsere. Hugoni, ob restitutam ei ab Urbano legationem gratulatur Ivo epistola 24. ad eum data; ubi eidem, ob temporum difficultates hanc dignitatem suscipere nonnihil repugnanti, parendum esse Pontifici probat. Tempus autem quo id factum fuit, indicat idem Ivo, cum ait tunc in Italia *alterum Achab*, id est Henricum, & in Galliis *novam Jezabelem*, nempe Bertradam, ut eam etiam appellat Hugo Flaviniacensis, surrexisse. Hanc

ANNO CHRISTI, 1092.

CXIX. Constantienses pseudoepiscopum rejiciunt.

CXX. Hugoni Lugdunensi reddita apostolica legatio.

autem epistolam sub anni finem, aut sequentis initio scriptam fuisse ex eo patet, quod in ea Hugonem rogat Ivo, ut ei significet, quo loco eum circa quadragesimæ initium convenire commode possit.

His temporibus, ut narrat Bertoldus, *Guibertus cum imperatore suo Heinrico in Longobardia morabatur, & quidquid potuit cum ipso contra Welphonem & ejus uxorem Mathildam, sancti Petri filiam machinabatur*, ut pluribus narrat Domnizo, cujus excerpta in Appendice referentur. Consentit Sigonius libro 9. de regno Italiæ, ubi res hujus temporis ex his auctoribus descripsit.

Urbanus vero adhuc Romæ erat mense Februario anno MXCIII. si legitimum sit Figiacense privilegium, quod à Cruceo relatum est in Historia episcoporum Caturcensium, & nullus error irrepserit in notas ejus chronicas. Datum nempe dicitur *Lateranis* hoc anno MXCIII. pontificatus Urbani quinto, die v. idus Februarii. Sed etsi illæ notæ bonæ sint, locus dati privilegii vitiosus est, cum nondum tunc Urbanus Lateranense palatium obtinuerit, coactus, ut modo ex Bertoldo dicebamus, Natalium Christi festivitatem extra urbem celebrare, quippe qui absque sanguinis effusione, quod semper abhorruit pius Pontifex, in eam ingredi non potuisset. Et quidem Lateranum nonnisi anno sequenti recuperavit Urbanus, ope Gofridi Vindocinensis abbatis, qui ad id, uti dicemus, magnam pecuniæ summam contulit. Certe hoc diploma dubiæ omnino fidei videtur esse; in quo nempe, præter ea quæ continet his temporibus parum consentanea, maxime displicet quod Stephano episcopo Cadurcensi, alias penitus ignoto, inscribatur. Plura de eo refert Cruceus in Historia episcoporum Cadurcensium quem si lubet consulas. Paulo majoris est auctoritatis privilegium Cavense, de quo ad annum præcedentem egimus, datum Salerni XIX. Kalendas Februarii anno v. Urbani, indictione v. anno MXCII. quamvis loci & temporum notæ haud sibi constantes, admitti non possint. Utrumque lectorum eruditorum judicio & censuræ permittimus.

Porro etsi toto eo tempore, quo Lateranense palatium, ubi præcipua erat Pontificum Romanorum Sedes, in Gui-

B. URBANI PP. II. VITA.

bertinorum potestate fuit, numquam licuerit Urbano intra Romanæ urbis mœnia ingredi: cum tamen in suburbanis, sive, ut passim loquitur Bertoldus, *in terra sancti Petri* frequenter tunc moraretur, censebatur Romæ præsens adesse. Quare nil mirum est si quædam ejus litteræ passim occurrant, quæ *Romæ* his temporibus *datæ* dicuntur, quemadmodum plerique ejus ævi auctores scribunt episcopos & abbates Romam tunc adiisse, ut Urbanum aut apostolorum limina inviserent. Ejusmodi fuerunt litteræ Urbani ad Fulconem episcopum Bellovacensem, & aliæ ad clerum & populum ejusdem urbis quæ *Romæ* VI. aut XVI. *Kalendas Martii*, datæ dicuntur. His litteris confirmat antea Pontifex à Gregorio VII. latam sententiam de Castellania Bellovacensi, quas quidem hoc anno scriptas fuisse probat rerum gestarum series. Etenim Fulco, de quo jam supra egimus, apud Urbanum accusatus quod male res sui episcopatus administrasset, quodque facinorosorum aliquot hominum criminibus sese immiscuisset, litteras illas accepit mense Februario. Statimque Romam adiit suam approbaturus coram Pontifice innocentiam, & quocumque modo causa verteret, sedem suam dimittere paratus. Et quidem ea erat sancti Anselmi, ejus olim magistri & abbatis apud Beccum, sententia, quod facile ex ejus epistola 34. libri 2. ad ipsum Urbanum scripta, intelligitur, quamvis paulo antea, nempe epistola præcedenti eum Pontifici commendasset. Idem Anselmus factus post modum archiepiscopus Cantuariæ, iterum *supplex* pro Fulcone *oravit* apud Pontificem, libro 3. epist 37. ut ei succurrat *prout* ejus *judicabit prudentia* : Nec vana fuit tanti viri commendatio. Urbanus quippe perspecta Fulconis innocentia, non ferens episcopum injuste opprimi, eum simoniaca hæresi, quæ ipsi à nonnullis affingebatur, purgatum in sede Bellovacensi confirmavit, ac remanere jussit. Immo cum idem antistes in Gallias reversus anno sequenti à comprovincialibus episcopis in judicium ea de re vocatus fuisset, illos objurgavit Pontifex, quod causam à sede apostolica judicatam ausi fuissent retractare. Exstat ea de re Urbani epistola ad Raynoldum archiepiscopum ejusque suffra-

ANNO CHRISTI, 1793.

CXXII. Fulco Bellovac. episcopus in sede confirmatus.

ANNO CHRISTI, 1093.

ganeos, quæ cum anni MXCIV. initio Maii ut suo loco demonstrabimus scripta sit, invicte probat, binas has litteras, de quibus hic agitur, cum Fulconis purgatione Romæ peracta, ad præsentem annum MCXIII. debere revocari.

CXXIII. Concilium Trojanum.

Vere ineunte hujus anni, *Dominus Papa Urbanus*, Bertoldi verba ipsa refero, *generalem Synodum centum pene episcoporum in quadragesima ex diversis provinciis in Apulia congregavit, & diversis ecclesiarum necessitatibus synodali provisione competenter succurrere curavit.* Hanc synodum apud Trojam, quæ Apuliæ civitas est episcopalis, habitam fuisse scribit Romualdus Salernitanus archiepiscopus in Chronico, cui consentiunt plerique omnes; sed eam nonnulli recentiores secundam nuncuparunt, quod alteram eadem in urbe ab Urbano congregatam anno MLXXXIX. admiserint. At unicam solummodo, ut jam diximus ad annum MLXXXIX. agnoscunt veteres auctores, quam anno MXCIII. celebratam fuisse ex Bertoldi testimonio, aliisque certis & indubitatis monumentis constare debet. Ejus concilii titulum ex codicibus manuscriptis descriptum exhibet Labbeus tomo 10. conciliorum his verbis: *Anno dominicæ Incarnationis* MXCIII. V. *idus Martii convenit Trojæ in Apulia concilium episcoporum fere* LXXV. *abbatum* XII. Totidem episcopos & abbates ei interfuisse legitur apud Ivonem in editis exemplaribus, quamvis scriptum à Labbeo laudatum *octoginta* præferat. Eamdem synodum memorat Petrus Diaconus libro 4. Chronici Casinensis cap. 7. at numerum Pontificum aut abbatum, qui ad eam convenerant, nusquam habet. Duo supersunt hujus concilii canones, quos post Urbani epistolas proferet Pontificiarum Epistolarum collector. Primus,

Canones.

qui de dissolvendis intra certam consanguinitatis lineam initis matrimoniis agit, ab Ivone Carnoteno, Gratiano, Magistro Sententiarum & aliis passim auctoribus laudatur & refertur; alter vero, occasione *Treviæ* conditus,

CXXIV. Urbanus concedit privileg. ecclesiæ S. Pauli Narbonensis.

ejus infractores excommunicatione multandos decernit.

Soluto concilio Urbanus Romam reversus est, uti colligimus ex privilegio, quod ibi Narbonensi ecclesiæ sancti Pauli concessit hoc anno, Pontificatus Urbani VI. die

XIV.

XIV. Kalendas Aprilis, indictione I. quæ notæ nullam habent difficultatem. In eo diplomate, canonicos sancti Pauli laudat Pontifex ob regularem vivendi formam, quam recens amplexi fuerant. Quod quidem vitæ genus *suscitare*, inquit, *non minori pæne æstimandum est meriti... quam florentem monachorum religionem custodire*. Similia passim elogia occurrunt in aliis canonicorum regularium privilegiis ab Urbano indultis, qui eo pacto bonos in proposito retinendo confirmari, alios vero, quorum vita non adeo regulæ adstricta erat, ad idem institutum amplectendum, excitari posse arbitrabatur.

Interea Henrici Augusti negotia in pejus abibant, plerisque in dies ab ejus & Guiberti pseudopapæ obedientia deficientibus. Tunc quippe, referente Bertoldo *in Longobardia prudentissimi milites sancti Petri Welpho dux, & uxor ejus Mathilda jam triennio contra schismaticos viriliter dimicantes, tandem multum contra ipsos Deo opitulante confirmati sunt*. Sed nihil adeo catholicorum partes adjuvit, quam Conradi, ipsius Henrici filii, à Patre defectio ad Welphonem ducem, cui deinceps inviolate adhæsit. Nullam tam insperatæ mutationis causam affert Bertoldus; at ex Dodechino discimus eam occasione Praxedis, Adelaidem appellat ille auctor, reginæ uxoris Henrici contigisse; quam eo usque odio tunc habuisse imperator dicitur, ut eam aulicis suis, immo & ipsi Conrado, dehonestandam prodiderit. Tantum facinus exhorruit pius princeps, qui, ut ait idem auctor, *erat in omni bonitate & probitate conspicuus, humilis & modestus*. At hac repulsa commotus furibundus pater, ita adversus eum excanduit, ut exinde eum pro filio habere recusaverit, se asserens non esse illius patrem. Tunc Conradus, relicto patre, ad Pontificios cum iis qui sibi addicti erant confugit. Quin & multi alii, uti habet Domnizo, tam immanis sceleris horrore perculsi, primo Henricum & Guibertum spernere, tum etiam omnino deserere ejus partes constituerunt, qua occasione Catholicorum vires ingens incrementum accepisse memoratur. Testis est Bertoldus nobiliores Longobardiæ civitates Mediolanum, Cremonam, Laudam & Placentiam eo tem-

ANNO CHRISTI, 1093.

CXXV. Conradus Imperatoris patris sui partes deserit.

pore *contra Henricum in viginti annos conjuraße;* quo pacto Catholici occupatis Alpium faucibus, impediverunt ne Henrici fautores è Germania in Langobardiam ad eum accederent. Quare Augustenses, vicinarum urbium exemplo excitati, abjecto pseudoepiscopo, quem eis Henricus præfecerat, *Catholicum* sibi *pastorem* elegerunt.

ANNO CHRISTI. 1093.

CXXVI. Lotharingi Urbano addicti.

Haud minori studio Urbanum colebant Lotharingiæ urbium populi, Mettenses videlicet, Tullenses & Virdunenses, qui Egilberto Trevirorum Pontifici provinciæ suæ metropolitano obedientiam præstare omnino abnuerunt, quod ille schismaticis communione jungeretur. Plus ausi sunt Mettenses, qui rejecto illo, proculdubio Adalberone, sic quippe eum Meurissius in Historia Mettensium episcoporum & alii appellant, seu Albertum, ut dicemus infra, quem eis præfici volebat imperator, Popponem ex archidiacono Trevirensi, virum Catholicum & sedi apostolicæ addictissimum in Antistitem sibi elegerunt, eumque uti Bertoldus habet, *à Gebehardo Constantiensi episcopo, sedis apostolicæ legato, consecrari fecerunt sexto Kalendas Aprilis in medio quadragesima.*

CXXVII. Conradus fit rex Longobardiæ.

Una tamen occasio inopinata tot prosperos eventus ferme labefactavit, captivitas nempe Conradi principis, quem Henricus dolo circumventum ceperat. At ille paulo post, ut Bertoldus scribit, *misericordia Dei* ereptus, luctum illum in gaudium vertit. Paulo post, annuente Welphone duce Italiæ, ac Mathilda ejus conjuge, elevatus in regem, concurrente ad hanc solemnitatem magna fidelium sancti Petri frequentia, à Mediolanensi episcopo solemniter coronatus fuit. Interea Welpho Bajoariæ dux in Langobardiam advenit, ubi cum sese Urbani asseclis adjunxisset, ita repentino illo casu Henrici animum dejecit, ut *in quandam munitionem*, verba sunt Bertoldi, *se contulerit, ubi diu absque regia dignitate moratus, nimioque dolore affectus, se ipsum, ut aiunt morti tradere voluerit; sed à suis præventus ad effectum venire non potuit.* Eum tunc Veronæ aliquod tempus exegisse discimus ex Udalscalco in vita Eginonis apud Canisium tomo 2. lectionis antiquæ, sed in tantis angustiis, ut ei ex omni parte circumvento nec Langobardiam ingredi, *obstante domna Mathilde* liceret, nec Italia excedere, quod Teutonici principes ei in Germaniam reditum omnino præclusissent. Haud enim minus in illis partibus, quam in Italia Catholicorum res prosperabant.

<small>ANNO CHRISTI. 1093.</small>

Paulo post Welphonem patrem in Germaniam reversum, Gebehardus antistes, uti narrat Bertoldus, *per manum in militem accepit, sicut & proprium fratrem Bertholdum ducem Alemanniæ jam dudum fecerat*; tum Ulmæ in frequenti Alemanniæ principum conventu, ubi idem antistes cum Bertholdo suo fratre & eodem Welphone præsens aderat, communi omnium assensu decretum fuit, ut omnes omnino Gebehardo præsuli *omnimode secundum statuta canonum*, Bertholdo vero duci & comitibus *secundum legem Alemannorum* obedire tenerentur. *Deinde*, ut idem auctor prosequitur, *firmam pacem tam duces quam comites, tam majores quam minores se observaturos à septimo Kalendas Decembris usque in Pascha; à & Pascha in duos annos juraverunt.* Ut vero omnis infringendæ illius concordiæ timor à fidelium mentibus auferretur, principes, qui conventui illi interfuerant, ad propria reversi, pacem hanc omnibus quique sub sua potestate constitutis *viritim jurare fecerunt*.

<small>CXXIX. Welpho pater fit miles. Conventus Ulmæ.</small>

Nonnulla etiam his temporibus de novo excitata sunt in his regionibus monasteria, quæ, uti Bertoldus refert, à Gebehardo apostolicæ sedis legato dedicata fuerunt. Primum in Silva-Nigra à fundamentis erexit ejusdem antistitis frater dux Bertholdus, quod abbatiali dignitate auctum, & sub speciali apostolicæ sedis tuitione constitutum dedicavit ipse Gebehardus hoc anno die prima Augusti. Mense sequenti idem episcopus alterum consecravit in honorem sancti Martini, quod Hartmannus comes & frater ejus Odo in proprio allodio condiderant, eo ipso loco, quo Danubius & Ilaris amnes in unum conveniunt. Quo item tempore tertium haud procul à præcedenti dissitum sub sancti Georgii nomine ab eodem Pontifice consecratum est, in quo sicut & in præcedenti Otto sancti Blasii abbas regularem disciplinam instituit. Præter ea Sigefridus Scaphusæ abbas, veritus ne propter schismati-

<small>CXXX. Monast. in Alemannia condita</small>

ANNO CHRISTI, 1093.

corum infestationes loco cedere cogeretur, impetravit hoc anno à Richardo Massiliensi sancti Victoris abbate cellam Nobiliacum dictam, ubi cum suis, si aliquando instaret monasterii sui deserendi necessitas, perfugii locum haberet. Et id circo hanc domum omnibus ad regularem disciplinam observandam necessariis instruxit.

CXXXI. Concilium Remis de restaurando Atrebatensi.

In Galliis Atrebatenses accepta ab Urbano Pontifice uti anno superiore diximus, eligendi proprii episcopi facultate, ad Raynaldum provinciæ metropolitanum scripsere, ut aliquem *clericum discretum & nobilem, seu abbatem* e suo latere Atrebatum mittat, qui electioni celebrandæ pro se *vicarius* intersit. At ille rescripsit se Cameracensibus, qui hanc electionem impedire conabantur ad dominicam *Oculi mei semper*, id est tertiam quadragesimæ, quæ hoc anno in diem xx. Martii incidebat, diem dixisse, ut in concilio totius provinciæ, quod eo tempore Remis celebrandum indixerat, intercessionis suæ rationes proferrent. Adeoque hac etiam occasione Atrebatenses monet, ut & ipsi quoque ad dictam diem adsint, causam suam coram concilii Patribus adversus Cameracensium conatus propugnaturi. Adfuerunt itaque die condicto utriusque ecclesiæ legati. Primum Atrebatenses laudatis antiquis Galliæ provinciarum notitiis, prolatisque multis veterum testimoniis, potissimum ex vita & testamento sancti Remigii desumtis, asseruerunt suam urbem, unam olim è nobilioribus Belgicæ secundæ civitatibus, proprium episcopum quondam habuisse atque adeo juxta Pontificum & conciliorum decreta, hoc jus, ei jam in pristinum splendorem revocatæ, debere restitui, maxime quod id ipsum Urbanus Pontifex datis litteris fieri decrevisset. Nihil ad ea respondentibus Cameracensibus legatis, nec quidquam in suæ causæ patrocinium proferentibus, archiepiscopus dixit eam re ipsa Atrebatensis episcopatus restitutionem à Pontifice fuisse imperatam. Statimque litteras Urbani tum ad se, tum ad Atrebatenses ea de causa scriptas proferri jussit in medium, quæ omnia ita esse Burchardus sancti Basoli abbas & Dudo capellanus, recens è curia Romana reversi, palam testati sunt. Deinde archiepiscopus, rogatis episcoporum & aliorum, qui ibi præsentes aderant, consiliis, quamvis illi inducias postularent, Atrebatensium votis assensum præbere paratus erat, cum Cameracenses desperata causa ad Apostolicam sedem appellarunt. Hanc appellationem statim, annuente universo concilio, admisit archiepiscopus, ac utrique parti diem dixit, ad diem dominicam ante Ascensionem, aut certe ad sequentem hebdomadam, qua coram Pontifice Romano, cui ea de re litteras scripturus esset, causam suam propugnarent, atque ita concilium solutum est.

Anno Christi, 1093.

Post dies paucos Johannes & Drogo ab Atrebatensibus ad suam eorum causam coram Pontifice agendam electi Romam proficiscuntur, quos Urbanus benigne exceptos, exspectatis frustra Cameracensium legatis, post elapsum à concilio Remensi præfinitum tempus, ad Raynaldum archiepiscopum remisit, cum litteris, quibus ei præcipiebat, ut electum ab Atrebatensibus episcopum consecraret; aut certe si id nollet, ipsum ad apostolicam sedem transmitteret, à se, salvo Remensis ecclesiæ jure, consecrandum. Hæ litteræ, sicut & aliæ quas eadem occasione Pontifex ad Atrebatenses scripsit, nullas habent chronicas notas; at ex rebus gestis facile colligitur, utrasque una aut altera die post dominicam infra octavam Ascensionis, id est ultima aut penultima mensis Maii datas fuisse. Legati itaque in Gallias reversi, Remos statim adierunt Pontificis litteras ad archiepiscopum delaturi, quibus ille acceptis, legatis ipsis consuluit, ut nulla interposita mora Atrebatum reversi electionem urgerent; sed litteras, quas illi ab eo efflagitabant, ad clerum & populum Atrebatensem, veritus proculdubio ne hoc facto Cameracensium animos in se commoveret, scribere recusavit, ea specie quod *necessarium* non esset, nec *idoneum*, ut *litteris papæ* electionem novi episcopi jam semel & iterum *præcipientibus*, suas quoque, quod tamen præceperat Pontifex, epistolas adjungeret.

CXXXII.
Res coram Pont. agitur episc.

Solis itaque Urbani litteris contenti legati Atrebatum redierunt, statimque indicta est electionis faciendæ dies ad vi. idus Julii, quæ dominica erat. Ad quam non modo Atrebatensis, sed etiam vicinarum aliquot ecclesiarum clerici, atque inter alios Insulensis ecclesiæ collegiatæ cano-

CXXXIII.
Lambertus eligitur.

nici, vel ob majorem solemnitatem, vel ob antiquam consuetudinem, aut inter utrosque societatem convocati sunt. Convenit ea die in majorem sanctæ Mariæ ecclesiam infinita propemodum clericorum & laicorum multitudo, ibique celebratis missarum solemniis, ac præmissa Sancti Spiritus invocatione, publice è pulpito lectæ sunt Urbani Pontificis litteræ de restituenda Atrebatensis ecclesiæ dignitate, & electione episcopi facienda. Cumque à Gualberto præposito, Guiberto decano ceterisque omnibus canonicis in capitulo uno consensu Lambertus Insulensis ecclesiæ Cantor in episcopum designatus fuisset, statim *in conspectu totius ecclesiæ manifestatus est, ac sic à clero electus & tertio acclamatus ac laudatus à populo, licet invitus eligitur, capitur, & in sede pontificali intronizatur.* Ipso vero, cum aliis Insulanæ ecclesiæ canonicis, qui tantum virum sibi eripi ægre ferebant, reclamante, publice lecta est Urbani sententia ex prima ejus epistola, quæ sic habet: *Ei vero, qui canonico consensu cleri & populi electus fuerit, apostolica auctoritate interdicimus, ne impositam sibi electionem dissimulatione aliqua, hujus novæ ordinationis subterfugiat:* ac sic omnes electioni factæ adquieverunt.

Scriptum statim est ad Raynaldum metropolitanum, ut diem qua esset novi episcopi facienda consecratio indicaret; at ille nulla die statuta, respondit se rem cum ceteris comprovincialibus communicaturum *in magno episcoporum & clericorum conventu, quem in festo sanctæ Mariæ, mediante Augusto, Remis haberet.* Verum cum die indicto Atrebatensium legati comparuissent ea de re rogaturi, inducias iterum postulavit archiepiscopus ad festum omnium Sanctorum. Tot cunctationum pertæsi Atrebatenses, legatos jam tertia vice Romam mittunt ad Urbanum, Odonem scilicet cantorem, & Johannem diaconum, qui Pontifici rerum omnium rationem redderent, ejusque opem iterum implorarent adversus archiepiscopum, qui ejusmodi tergiversationibus mandata apostolica velle eludere videbatur. Litteræ quas ea occasione Atrebatenses ad Pontificem scripserunt, dabuntur suo tempore, sicut & illæ, quas ipse Pontifex, exceptis benigne, ut solebat,

B. URBANI PP. II. VITA.

Atrebatensium legatis, ad Raynaldum ea de re scripsit, quibus illi præcipiebat, ut *infra triginta dierum spatium* postquam suas ipsius litteras receperit, aut Lambertum ipse consecraret, aut certe eum Romam transmitteret in Romana curia consecrandum. Eadem ferme repetit in alia epistola, quam eadem occasione ipsi Lamberto electo conscripsit, quæ cum v. *idus Octobris* data dicatur, inde colligimus præcedentem, quæ nullam præfert notam, initio quoque Octobris scriptam fuisse.

Archiepiscopus itaque, receptis circa Novembris medium Urbani litteris, Lamberto electo Atrebatensi scripsit, ut ad se *legatum* aliquem *infra octavas sancti Andreæ* mitteret, per quem quid de illius consecratione cum aliis provinciæ suæ suffraganeis statuerit ei renuntiaturus esset. Et quidem assignato tempore adfuerunt legati Atrebatensium, sed neque tunc certum responsum ab archiepiscopo habere potuerunt. Quare Atrebatenses tot morarum impatientes, electum ipsum Remos tandem mittendum esse censuerunt ad archiepiscopum, ut eum aut ipse præfixo per ipsum Pontificem tempore consecraret, ut jam sæpius ab eo efflagitaverant, aut certe cum litteris commendatitiis Romam juxta apostolicum mandatum mitteret, ubi ab ipso Pontifice consecraretur. Lambertus itaque Remos profectus, ibi die Dominica, quæ XVI. seu potius XV. Kalendas Decembris erat, & ultimus præfiniti à Pontifice Romano ad ejus consecrationem temporis terminus, suo Atrebatensis cleri ac populi nomine litteras archiepiscopo *præsentavit*, quibus illum ut tandem huic negotio alterutro modo, ut Pontifex statuerat, finem imponeret. „ Vestræ, inquiunt in hoc „ supplici libello Atrebatenses, excellentiæ dignitati mul- „ tiplices referimus gratias, quia hactenus gratanter nobis, „ ut pius pater juvamen exhibuistis.... sed paternitatem „ vestram miramur plurimum in calce nostri negotii in- „ frigidatam exsistere, cum infra terminum ab Apostolico „ vestræ magnificentiæ electi nostri consecrationis injunc- „ tum, nec solemniter litteris vestris, ut arbitrabamur ad „ consecrationem electum nostrum vocastis; nec diem cer- „ tum infra terminum designastis. Nunc autem cum con- „

Anno Christi, 1093.

ANNO CHRISTI, 1093.

„ secratio deinceps infra triennalem metam nequit fieri, „ saltem litteras vestræ auctoritatis quæ Apostolico defe- „ rantur, ut ipse jussit, pro consecratione nostri electi „ nobis dare velitis plurima pace precamur. Cum itaque nullus superesset subterfugiendi locus, Raynaldus Lamberto electo Romam adeundi potestatem fecit, datis ei ad Urbanum litteris, quibus ille acceptis, in ipso Natalis Christi pervigilio Remis egressus est; ac post varia pericula & itineris difficultates, anni sequentis initio, ut ibi dicemus, Romam pervenit. Litteræ quas Raynaldus ad Lambertum scripserat, & illæ quas tandem hac occasione ad Urbanum deferendas, cum idem archiepiscopus, cum Atrebatensis ecclesia scripsere, in Pontificiarum Epistolarum collectione referentur, post eas quas Urbanus ipse, ut mox dicebamus, utrisque paulo ante conscripserat. Ex his porro quas ultimo loco ad Urbanum Raynaldus per Atrebatensem electum scripsit, sicut & ex responsione Pontificis, intelligimus quo consilio is antistes novi episcopi consecrationem tam diu distulerat, quæve causa fuerit tot ejus tergiversationum; quod scilicet vereretur, ne, si Atrebatensis episcopatus restitutioni facilem præbuisset assensum, inde ansam arriperent Cameracenses, qui Henrico imperatori schismatico parebant, à sua & ecclesiæ Remensis obedientia discedere: quare maluit eam ordinationem à Pontifice quam à se ipso celebrari, ut nulla querelarum occasio adversus se aut eclesiam suam Cameracensibus præberetur. Huc spectant aliæ peculiares ejus litteræ ad Pontificem, de rebus Cameracensibus, ad quas Urbanus, ut dicemus num. CXLV. respondit.

CXXXIV. Gervinus in episc. Ambianensi firmatus.

Jam supra, §. 104. egimus de Gervino episcopo Ambianensi, qui ab Urbano insuper habitis ejus æmulorum accusationibus, in throno Ambianensi confirmatus fuit. At postea à suis iterum exagitatus Pontificem rursus adire coactus est, à quo, etiam hac vice benigne exceptus, secundas litteras obtinuit, clero & populo Ambianensi, uti primæ erant, inscriptas, quibus præcipit, ut illum à simonia purgatum pro vero & legitimo pastore Ambianenses haberent. Datæ sunt XV. *Kalendas Augusti*, hoc anno, si bene conjicio, quare eas à cl. viro Stephano Baluzio

B. URBANI PP. II. VITA.

Baluzio acceptas referet Pontificiarum Epistolarum collector.

Circa ejusdem anni, uti videtur, medium accessit ad Urbanum Rollandus Dolensis in minori Britannia antistes, Pontificis opem adversus Dolensem principem, qui ejus ecclesiæ bona invaserat, imploraturus; tum etiam, ut pallium, quod nonnulli ex suis prædecessoribus jam habuerant, ab eo impetraret. Apostolicæ sedis protectionem adversus bonorum ecclesiæ invasores ultro concessit Urbanus, datis ea de re litteris ad principem & populum Dolensis urbis: at in concedendo Pallii usu, quod maxime efflagitabat Rollandus, qui se, ut sui ab annis plus quam ducentis prædecessores, archiepiscopum nuncupabat, se difficiliorem exhibuit; verebatur enim æquus Pontifex, ne id faciendo, jura Turonensis ecclesiæ, quam unicam provinciæ Lugdunensis tertiæ veram & antiquam esse metropolim sciebat, convelleret: nec quicquam impetrare potuit Rollandus, donec prolatis Gregorii VII. litteris, probavisset usum Pallii ac provisionem archiepiscopalis juris in Britannia minori Ireno prædecessori suo fuisse concessam. Sed quia exempla tantummodo harum litterarum proferebat, ab eo Urbanus exegit ut sacramento præstito juraret, nihil amplius aut minus in Gregorii Autographis litteris quam quod ipse protestabatur, continere: quo facto Pontifex ei, salvo metropolis Turonensis jure, Pallii honorem ac archiepiscopales honores, sicut Gregorius Pontifex Ireno fecerat, indulsit datis ea de re litteris, quas, licet nullam habeant chronicam notam, ex iis tamen, quæ anno sequenti de eadem controversia datæ sunt, certum est ad hunc annum revocari debere.

Adhuc in Pontificis comitatu erat Rollandus, cum Radulfus Turonum archiepiscopus, contra eum intercessurus Beneventum advenit, ubi tunc Pontifex versabatur. Multa ibi adversus Dolenses protulit, coram Pontifice Radulfus, ut ecclesiæ suæ jura in Dolensem & alias Britanniæ ecclesias stabiliret, quibus cum Rollandus nihil aliud responderet quam se *non ad agendum venisse, quamvis paratus esset cum episcopis provinciæ suæ congruo tempore*

Tom. III.   S

(marginalia)
ANNO CHRISTI, 1093.
CXXXV. Dolensis episc. Pallium impetrat.
CXXXVI. Radulfus episc. Turon. contra Dolenses.

respondere. Urbanus ex partium consensu tempus utrisque constituit ad medium quadragesimæ sequentis, quo res finiretur. Hæc fuse refert ipse Pontifex in sententia, quod adversus Dolenses anno sequenti, ut ibi dicemus, tulit.

Eo in itinere Radulfo contigit, quod de eo legitur in gestis episcoporum Turonensium & abbatum Majoris-monasterii. Narrat horum gestorum auctor Radulfus ab Urbano Pallium quod enixe postulabat, numquam impetrare potuisse, quin prius ab infestatione Majoris-monasterii se cessaturum, privilegio ejusdem loci consensurum; & Pontifici prorsus obediturum spopondisset: quod cum coram ejusdem monasterii aliquot monachis, qui ibidem aderant, præstitisset, Pallii honor à Pontifice donatus est. Haud tamen stetit promissis suis; nec destitit monachos Majoris-monasterii persequi, ut suis locis dicemus.

Ughellus tomo 7. Italiæ sacræ, in catalogo archiepiscoporum Acheruntinorum ad hunc annum profert vetus, ut ipse putat, instrumentum de dedicatione ecclesiæ monasterii *sanctæ Mariæ de Pauso, vulgariter nuncupati Deventuum*, quem locum ipse Pontifex, si huic instrumento aliqua sit fides, paulo ante consecraverat, magnisque indulgentiis cumulaverat; atque hæc omnia confirmata fuisse dicuntur bulla pontificia, hoc anno, XVIII. Kal. Octobris apud Salernum data. Sed hæc, ut jam diximus ad annum MLXXXVIII. nullius sunt auctoritatis, quæ ob id solum hic memoramus ut nulli fucum faciant.

Circa hæc tempora cum recuperandæ Romanæ urbis spes aliqua affulgeret, quod sanguinis effusione numquam fieri voluerat mansuetissimus Pontifex, pecunia & muneribus id se assequi posse in animum induxit. Quare scriptis in varias provincias litteris episcopos & abbates invitavit, ut Romanæ ecclesiæ suis bonis ea occasione suppetias aliquas ferre non abnuerent. Binas ea de re epistolas habemus, quarum prior die IV. nonas Novembris, & quidem hoc anno, ut probat rerum series, data est *episcopis & abbatibus per Aquitaniam, Guasconiam & inferiorem Burgundiam constitutis*; altera vero Raynaldo abbati sancti Cypriani prope Pictavos, quem Pontifex ad ejusmodi pecunias colligendas cum Gervasio sancti Savini abbate destinaverat. Forte hujus collectionis occasione habitum est concilium Burdigalæ ab Amato ejusdem urbis archiepiscopo & apostolicæ sedis legato convocatum, de quo in chronico Malleacensi leguntur hæc verba *anno* MXCIII... *concilium Burdigalæ fuit*. Plura de eo concilio habentur, in chartario sancti Petri de Regula, in quo exhibetur instrumentum restitutionis *cœnobii sancti Caprasii Pontonis* monasterio Floriacensi, à quo Regulense pendet, in hoc concilio factæ per Bernardum episcopum Aquensem, agente Osgerio priore. Complures episcopos & abbates huic concilio interfuisse ex hac charta discimus, huic quippe subscripsere Amatus archiepiscopus Burdigalæ & sedis apostolicæ vicarius, Willelmus Bernardi Auxiensis: episcopi, Simon Agenni, Raynaldus Petragoricæ, Ademarus Egolismæ, Hodo Bigorræ, Berandus Convenarum, Petrus Aduræ, Stephanus Vasatum & Bernardus Aquensis. Quid vero ex his collectis profecerit Urbanus, non tradunt auctores, nisi huc referatur, quod sub finem hujus anni Romam ingressus est, ut mox dicturi sumus; & quod Goffridus, hoc ipso anno institutus abbas Vindocini, qui quatriduana febre detentus nondum accedere ad Pontificem potuerat, ut ex ejus epistola 1. lib. 1. ad ipsum Urbanum data patet, his litteris, ut videtur excitatus sub hujus anni finem aut initio sequentis cum magna pecuniæ summa Romam advenerit, Pontifici, ut dicemus anno sequenti, magno adjumento futurus.

- Nonnulla privilegia hoc anno labente diversis ecclesiis concessit Urbanus. Unum ex his est pro monasterio novo Pictaviensi, quo privilegium eidem loco à Gregorio VII. indultum confirmatur simul cum ecclesia sancti Nicolai, quæ pulsis exinde canonicis male viventibus, in concilio provinciali eidem monasterio fuerat attributa. Hæc bulla ex archivo ejusdem loci descripta, data est die XVI. Kalendarum Novembrium, Ceperani, qui locus est in latio diœcesis Verulanæ ad Lyrim fluvium. Ceperano digressus Pontifex Anagniam venit, ubi eum aliquod tempus egisse ex variis diplomatibus colligimus. Primum ex his

140 B. URBANI PP. II. VITA.

Anno Christi, 1093
S. Quintini Bellovac. Burgulienſe.

datum eſt in gratiam canonicorum regularium ſancti Quintini prope Bellovacum, die III. idus Novembris; alterum die XX. ejuſdem menſis pro monaſterio Burgulienſi diœceſis Andegavenſis, cui loco tunc præerat celebris Baldricus, poſtea Dolenſis antiſtes; tertium Rogerio Syracuſanæ eccleſiæ in Sicilia epiſcopo inſcriptum, cui à ſe recens conſecrato Urbanus omnia omnino confirmat, quæ Rogerius comes eccleſiæ Syracuſanæ contulerat. Error irrepſit apud Rocchum Pyrrhum in Sicilia Sacra, ubi hæc bulla data dicitur indictione XV. nam ceteræ notæ chronicæ præſenti anno, quem diſerte re ipſa indicat, omnino conveniunt. Et quidem Rogerius tunc *in conqueſtu Siciliæ epiſcopales eccleſias ordinavit*, ut ille ipſemet teſtatur in duabus chartis ejuſdem anni, ab eodem Roccho Pyrrho relatis, quarum una pro eccleſia Agrigentina, altera pro eccleſia Mazarienſi, menſe Octobri data fuit.

Syracuſanum.

CXL. *Chriſtiani in Hiſpan. prævalent.*

Quod Rogerius in Sicilia, hoc ipſum varii principes Chriſtiani apud Hiſpanias in Catholicæ religionis augmentum præſtabant, eo ſcilicet intenti, ut Mauris pulſis, ſimul cum regno terreno etiam Chriſti imperium in his regionibus redintegraretur. Teſtis eſt ejus rei locuples, Bertoldus ad hunc annum, *qui ſcribit* Aldefonſum regem Caſtellæ & legionis, quem ille auctor *Cluniacenſis abbatis obedientiarium* appellat, Paganis ſæpe proſtratis & fugatis, multas eccleſias, quæ ab illis Barbaris deſtructæ fuerant, *his temporibus* reparaſſe. Haud minori animo agebat in Mauros Sancius Aragonenſium rex, quem Urbanus in reſcripto ad abbatem ſancti Johannis de Penna, *cariſſimum amicum* ſuum appellat. Quo autem tempore datum fuerit hoc reſcriptum haud liquet; at cum anno ſequenti Sancius rex, quem Urbanus in eo ſcripto ſalvere jubet, initio menſis Junii occubuerit in Oſcæ urbis obſidione, vix ultra præſentem annum poteſt differri. In eo abbatem Pinnenſem reprehendit Pontifex, quod decimas eccleſiæ ſancti Saturnini Toloſani canonicis debitas invaſiſſet.

Reſcriptum pro ſancto Saturnino.

CXLI. *Decretal. ad Domin. Patr. Græcuſem.*

Haud diſſimili ratione ad hunc quoque annum revocari poteſt decretalis Urbani epiſtola ad Dominicum Gradensem patriarcham, *de excludendis à suorum graduum dignitate subdiaconis si continentes esse nolunt.* Ejus epistolæ fragmentum Gratianus retulit in decreto dist. 32. cap. 11. *erubescant.* Dominicum autem, cui inscribitur hæc epistola, sub hujus anni finem, aut initio sequentis obiisse colligimus ex eo, quod, teste Ughello in Italia sacra, Johannes & Petrus, unus post alterum ei anno MXCIV. in Gradensi ecclesia successerint. Denique ad hunc annum referimus privilegium monasterii Lirinensis Aldeberto abbati inscriptum, quod, etsi in vulgatis exemplis nullam chronologiæ notam præferat, à Barrali tamen, qui vetera ejus monasterii instrumenta conspexerat, hoc anno consignetur in Chronologia Lirinensi. Ad eumdem annum, si bene conjicio, revocari debet bulla pro parthenone sanctæ Mariæ in Campo Martio ordinis Benedictini Romæ, qua Urbanus duos abbates Romanos & unum Ariminensem conservatores ejus loci possessionum designat, ut habet chronicum ejus loci apud Martinellum. Data dicitur apud sanctum Petrum 28. Novembris anno VI. pontificatus Urbani, quem male interpretatur annum MXCIV. Hiacynthus de Nobili Chronici auctor. Id tamen incommodi est, quod ex bulla pro ecclesia Syracusana superius laudata Urbanus Kalendis ipsis Decembris adhuc Anagniæ versabatur.

Amisit sub hujus anni finem Urbanus papa strenuissimum partium suarum propugnatorem, Anselmum Mediolanensem archiepiscopum, à quo, ut diximus, Conradus ante aliquot menses regni Langobardiæ corona insignitus fuerat. Ejus mortis annum indicat Bertoldus, diem vero discimus ex veteri catalogo archiepiscoporum Mediolanensium, quem noster Mabillonius tomo 1. Musæi Italici vulgavit, ubi Anselmus sedisse dicitur annos VII. menses V. & dies IV. ac obiisse pridie nonas Decembris, sepultus in basilica Apostolorum. Substitutus est ei Arnulfus seu Arnolfus, quem Bertoldus *Arnoldum de Porta argentea* nuncupat. Plura de his habent Puricellus, Sigonius in Historia regni Italici, & Papebrochius in catalogo Mediolanensium episcoporum tomo 7. Maii Bollandiani, quæ ad nostrum institutum non attinent. Arnulfus

B. URBANI PP. II. VITA.

Anno Christi. 1093.

nonnullis fortasse videbitur, ut quidem plerique censent, is ipse fuisse Mediolani archiepiscopus, qui, ut in Urbani Vita legitur, ab uno tantum episcopo Catholico ordinatus fuit, multis aliis præsentibus quidem & assentientibus, sed manum, quod schismatici essent, non imponentibus: quique investituram ab Henrico recepisse dicitur, ob idque à legato apostolico exauctoratus in monasterium secessisse, ibique perseverasse, usque dum ab Urbano ecclesiæ suæ restitutus ac pallio donatus fuerit: sed hoc melius Anselmo ejus prædecessori conveniunt: nam constat Anselmum ab Henrico huic sedi impositum fuisse; quamvis postea, ut diximus ad annum MLXXXVIII ad Urbani partes accesserit. Et quidem Arnulfus, ut ex Bertoldo auctore æquali & accurato constat, non ab uno, quamquam id post unum annum integrum à sua electione factum fuerit, sed à tribus episcopis Catholicis, quorum nomina idem auctor recenset, consecratus fuit, ut suo loco dicemus. Hac occasione obitus Anselmi.

CXLIII. Anselmus fit episc. Cantuariæ.

Jacturam, quam morte Anselmi Mediolanensis perpessa est ecclesia Romana, egregie resarcivit alterius Anselmi in Cantuariensem archiepiscopum ordinatio, quæ hac ipsa die celebrata est, id est 11. nonas Decembris, qua Mediolanensis Anselmus è vivis excessit. Hanc tamen graves dissensiones subsecutæ sunt inter ipsum sanctum virum & Henricum Regem obortæ, quæ diu multumque Anglicanam ecclesiam afflixerunt. Remanserat ecclesia Cantuariensis episcopo orbata post Lanfranci mortem toto quadriennio, cum pridie nonas Martii hujus anni, dominica prima quadragesimæ, electus est in ejus locum, summo totius regni ac ipsius regis applausu Anselmus, tunc Beccensis abbas, qui ob quædam monasterii sui negotia forte in Angliam transmiserat, nihil tale cogitans. Omnem lapidem movit vir sanctus, ut à se tantum onus amoliretur, ad quod se minus aptum esse sincero animo reputabat. Visa est ei opportuna declinandæ hujus dignitatis occasio, schisma quod tunc ecclesiam Romanam afflictabat. Quippe cum nondum in Anglia, sic Rege volente, quis pro vero Pontifice esset habendus, declaratum fuisset, ipse palam denuntiavit se semper,

B. URBANI PP. II. VITA.

quocumque modo res verteret, Urbano sicuti usque nunc fecerat, obediturum. Idque contestatus est, quod revera sic in animo haberet, tum quia ex declaratione sperabat se ab Anglis rejectum iri. At nihil omnino profecit. Illi enim constanter in proposito perseverarunt. Quod ipse testatur in epistola 24. libri 3. sic ad Hugonem Lugdunensem scribens: *Antequam præberem assensum, palam dixi me favere domino papæ Urbano & Guiberto adversari. Et feci & dixi per sex menses quod potui sine peccato, ut dimitterer.* Illustre paulo post & publicum suæ erga Urbanum Pontificem reverentiæ & obsequii argumentum præbuit, cum ei librum de fide, seu incarnatione Verbi, quod contra Roscelinum hæreticum conscripserat, nuncupavit eo pacto, ut ipsum ejus censuræ committeret. Non abs re erit huc proferre ipsa Anselmi verba quibus hunc ei librum rescripsit. " Domino & Patri universæ eclesiæ " in terra peregrinantis summo Pontifici Urbano frater " Anselmus, vita peccator, habitu monachus, sive juben- " te, sive permittente Deo, Cantuariæ metropolis vocatus " episcopus, debitam subjectionem cum humili servitio & " devotis orationibus. *Tum librum suum Pontificis judicio committit his verbis:* Quoniam, *inquit*, divina provi- " dentia vestram elegit sanctitatem, cui vitam & fidem " Christianam custodiendam, & ecclesiam suam regendam " committeret, ad nullum alium rectius refertur, si quid " contra catholicam fidem oritur in ecclesia, ut ejus auc- " toritate corrigatur. Opus vero suum sic ei examinandum " proponit, ut si quid in eo corrigendum est, *ejus* censura " castigetur, & quod regulam veritatis tenet, ejus aucto- " ritate roboretur. "

Cum itaque nihil Anglos ab efflagitando in archiepiscopum Anselmo revocare posset, accedente archiepiscopi sui, id est Rotomagensis, in cujus diœcesi Beccum situm est, auctoritate, omniumque bonorum consilio, Cantuariæ tandem consecratus est pridie nonas Decembris anno MXCIII. ac paulo post Christi natalium festivitatem sollemniter simul cum Rege celebravit. Mirum quidem est eum ab Anglicanis episcopis, qui adhuc ancipites erant an Urbano papæ, aut Wiberto ejus æmulo obedire de-

ANNO CHRISTI, 1093.

berent, ordinatum fuisse, cum ipse palam protestaretur se ab Urbani obedientia, ut mox dicebamus, numquam recessurum. Sed nemo tamen, nec ipse Pontifex, id aut Anselmo, aut Anglicanis episcopis vitio vertit. Unde cum postea Walterus illud ipsum Anselmo exprobrasset; ille hoc potissimum argumento se defendit, quod id sciens Pontifex non solum non improbaverit factum, sed etiam ei postea pallium absque ulla difficultate concesserit. Hæc fuere pontificatus Anselmi læta initia, sed quam brevi in amaritudines conversa fuere! Quippe cum Anselmus Regi *mille libras denariorum*, ut Eadmerus refert, *pro agendis munificentiæ suæ gratiis dare renuisset*, in illius indignationem incurrit. Prima hæc Willelmum regem inter & sanctum antistitem dissidiorum germina, paulo post multum excrevere, cum eidem Regi in transmarinam expeditionem processuro sanctus antistes monita salutis dare voluisset. Hæc anno MXCIII. & initio sequentis acta fuere, quid inde post regis in Angliam reditum consecutum fuerit, dicemus ad annum MXCV.

CXLIV. Romam sub hujus anni finem reversus Urbanus, ibi nativitatem Domini, deficiente in dies Guiberti factione, sollemniter celebravit, ut habet Bertoldus initio anni MXCIV. solet quippe hic auctor annos à Christi natalibus exordiri. At Guibertus simul cum Henrico imperatore tunc Veronæ versabatur, ita animo fractus, ut eodem Bertoldo teste, *papatum se libenter dimissurum simulaverit, si alio modo pax in ecclesia recuperari non potuerit*. Multos tamen adhuc habebat Romæ homines suæ parti addictos, qui servientes tempori, occasionem latenter exspectabant, ad novos motus ciendos. At hæc dissimulabat Urbanus, quod absque militari expeditione abigi ab urbe non potuissent. Nihil quippe, ut jam sæpe cum Bertoldo, qui & illud singulis ferme annis repetit, diximus, adeo aversabatur mansuetissimus Pontifex, quam ut armis decertaretur, & suam auctoritatem sanguinis effusione ampliaret, quare, uti idem auctor prosequitur, cum *absque militari manu* adversarios suos *non facile potuerit expellere, maluit eorum injustitiam ad tempus tolerare, quam Romanos cives armata manu inquietare*.

Mirum

B. URBANI PP. II. VITA.

Mirum est tantam Pontificis lenitatem Guibertinorum animos non emolliisse. Quin è contrario cum ipse *prope sanctam Mariam-novam in quadam firmissima munitione* moraretur, illi vero, *turrim Crescentii* seu Hadriani molem, id est castrum sancti Angeli, adhuc occuparent, pyratarum more omnem viatoribus per Tiberis pontem ad Pontificem accedere volentibus aditum intercludebant; adeo ut, si qui forte in manus eorum inciderent, captivi ab eis more plusquam barbaro detinerentur, & pessime haberentur. Id contigit abbati Cellæ sancti Petri in Allemannia, quam Gebehardus Constantiæ episcopus, & dux Bertoldus ejus frater Urbano legatum miserant. Hinc Egino, qui postea abbas sanctæ Afræ Augustensis fuit, laudatur ab Udalscalco, ejus gestorum scriptore, quod ab eodem Gebehardo non semel ad Urbanum missus, deposita veste monastica, sæculari habitu indutus, sub ea specie Guibertinorum diligentiam fallens ad Pontificem accesserit. Eodem modo Goffridus Vindocini abbas libro 1. epist. 8. ait *famulum famulorum suorum se fecisse*, ne ab Urbani hostibus agnosceretur.

Hæc initio anni MXCIV. Romæ agebantur, ubi Urbanus cum audisset Lambertum Atrebatensem electum è Gallia in Urbem advenire, ut ibi consecraretur, quod ut jam diximus, veritus esset Raynoldus, ne si ipse ei imposuisset manus, Cameracenses à Remensis ecclesiæ obedientia recederent, ad eumdem archiepiscopum scripsit, pollicitus ei apostolicam tuitionem adversus quemcumque, qui Cameraci episcopum præter Remensem Metropolitanum ordinare aggrederetur. Post hæc eidem archiepiscopo injungit, ut tam Atrebatensi quam Cameracensi ecclesiæ, unicuique suum proprium episcopum *incardinare* non differat; nisi forte Cameracenses vellent Romam venire ad proximam sequentem quadragesimam, causam suam præsente Lamberto Atrebatensi electo acturi. Denique Manassis archidiaconi Remensis in episcopum Cameracensem electionem, quam à Cameracensibus generali omnium consensu factam fuisse ipsi scripserat Raynaldus, confirmavit eo pacto, ut Cameracenses Atrebatensis ecclesiæ restitutionem non turbarent, quamvis

Tom. III. T

ANNO CHRISTI 1093.
CXLV. Guibertinorum insidiæ.

MXCIV. CXLVI. Atrebatensis & Camerac. eccles. divisio firmata.

ANNO CHRISTI, 1094.

ad id sese temerario sacramento obligassent. Hæc omnia habentur in Urbani epistola ad ipsum Raynoldum, qui ei de iis rebus seorsim, ut jam diximus, scripserat, quam Pontificis responsionem, & si nullam habeat temporis notam, huc tamen referri debere, ea quæ complectitur satis indicant. Et quidem anno sequenti, rejecto Gualcherio, Manassis electio confirmata fuit in Claromontano concilio, ut suo loco dicemus.

CXLVII. Lambertus electus Atrebat. Romam advenit.

Interim Lambertus post multa viarum & hyemis discrimina, quæ fuse in ejus libello apud Locrium & Baluzium tomo 5. Miscellan. describuntur, Romam advenit ad porticum sancti Petri, feria sexta ante Dominicam *Esto mihi in Deum protectorem*, inquit ejus gestorum scriptor, id est die XVII. Februarii, biduo ante Dominicam quinquagesimæ, quæ eo anno in diem XIX. ejusdem mensis incidebat. Cum vero ob Guibertinorum insidias difficilis esset ad Pontificem, qui tunc apud sanctam Mariam-novam commorabatur, aditus, summo mane sequentis diei Lambertus, relictis ad sanctum Petrum „sociis, solus ad Urbanum accessit, „ cui se prosternens „cum lacrymis petiit, ab electione absolvi; *imparem se* „*esse asseverans* ad tam importabile onus, tum pro Hen„rici infestatione, ad quem Cameracus pertinebat, tum „pro infestatione Cameracensium clericorum & laicorum „divitum &c. *ac denique* pro ipsius Atrebatensis ecclesiæ „paupertate & nimia vastatione. *Sed* beatissimus papa, „*ut auctor ille prosequitur*, facta absolutione, & data be„nedictione, sicut mos est apostolicæ sedis, suscepit eum „in osculo sancto, & flocci pendens hæc omnia, dixit ei: „Frater, non sunt condignæ passiones hujus temporis ad „futuram gloriam, quæ revelabitur in nobis & cætera „verba consolatoria, quæ, inquit ille, ad plenum me„moriæ non occurrunt." Tum ab eo sciscitatus Pontifex, ubi ejus essent socii, Daiberto Pisano archiepiscopo demandavit, ut simul cum Petro Leonis curam haberet Lamberti socios ad se è *porticu sancti Petri*, ubi remanserant, adduci in præparatum hospitium, quod statim factum fuit. Ac deinceps Lambertus, aliique qui cum eo advenerant liberum habuere ad Pontificem accessum.

Exspectatum est ad aliquod tempus, si forte Cameracenses advenirent causam suam defensuri; sed tandem cum jam dudum terminus præfixus ad causam dicendam transactus fuisset, Urbanus accepto *episcoporum & Cardinalium suorum & Romanorum consilio... omnem ecclesiæ Atrebatensis actionem fecit recitari*, diemque statuit, quo Lambertus in episcopum Atrebatensem ordinaretur. Hæc fuit Dominica quarta quadragesimæ, quæ, post exspectatos frustra per integrum mensem Cameracensium legatos, ut ipse Pontifex in bulla sua declaravit, Lambertus in episcopum Atrebatensem ab ipso Urbano consecratus est. Ejus ordinationis circumstantias refert jam laudatus auctor gestorum Lamberti his verbis: *Ille*, Lambertus, inquit: *tandem acquiescens ordinatur Romæ apud sanctam Mariam-novam à Domno apostolico Urbano anno Dei Christi* MXCIII. anni initium à Paschate repetit, nam & characteres omnes chronologici ab eo prolati, quod & ipsa rerum series necessario exigit, annum MXCIV. designant, XIV. *Kalendas Aprilis, quæ tunc Dominica* Lætare Jerusalem *habebatur*, id est quarta Dominica quadragesimæ, die vero XIX. mensis Martii, *sub testimonio venerabilium episcoporum Johannis Tusculani, Humbaldi Sabinensis, Johannis Portuensis, Brunonis Signensis, domni quoque Daiberti Pisanorum archiepiscopi, & Cardinalium presbyterorum & maximæ multitudinis Romanorum*. Post aliquot dies Urbanus Lamberto privilegium insigne ad stabiliendam ecclesiæ Atrebatensis restitutionem concessit, quod postea in variis synodis, ac demum in Claromontano concilio recitatum & confirmatum fuit, illudque Paschalis II. ac demum Pontifices subsequentes passim laudarunt & approbarunt. Datum est X. Kalendas Aprilis indictione II. anno MXCIII. quod scilicet, ut modo dicebamus, in instrumentis de eo negotio datis, anni initium à Paschate passim desumatur, quod tamen Urbanus in aliis bullis eo tempore datis non servavit, ut in sententia pro Turonensi ecclesia adversus Dolensem aliisque observare licet. Ceterum hoc privilegium inter Urbani epistolas dabitur, sicut & quatuor epistolæ, quas eadem de causa diebus sequentibus Pontifex ad archidiaconos ecclesiæ Atrebatensis,

Anno Christi 1094. Ibi ab Urbano consecratur.

Ac privilegium obtinet.

Variæ ea de re litteræ.

ad ejusdem diœcesis abbates & abbatissas, ad Raynoldum archiepiscopum ceterosque provinciæ Remensis antistites, ac demum post aliquot dies ad Robertum Flandriæ comitem conscripsit. Exinde iterit sedes Atrebatensis, cujus restitutionis bullam cum Paschalis II. litteris, in quibus se à *sanctæ memoriæ* prædecessoris sui Urbani ea de re instituto numquam recessurum fore protestatus est, Remis in ecclesia beatæ Mariæ conservari ait auctor gestorum Lamberti, *in sacrario, in locello aureo, qui vulgo dicitur Berceolum*, uti videre est apud Baluzium tomo 5. Miscellaneorum pag. 275. ubi vir eruditus, ut jam monuimus, illa gesta cum instrumentis ad ea pertinentibus integra exhibuit.

CXLVIII. Dolensis &c. episc. Britanniæ metrop. Turon. restituuntur.

Hoc ipso tempore quo Lambertus Romæ consecratus est, Radulfus Turonum archiepiscopus ibi litem prosequebatur adversus Dolensem episcopum, qui, ut anno superiori diximus, metropolitani Britanniæ minoris titulum & jura, suorum aliquot prædecessorum exemplo ambiebat. Verum cum tempore condicto nec ipse Dolensis antistes, nec quisquam alius pro eo comparuisset, Turonensis vero archiepiscopus adversus eum varia præcedentium Pontificum ac etiam conciliorum protulisset decreta, sententia adversus Dolensem pronuntiata fuit, restitutaque est in suum pristinum jus Turonum metropolis, asserta ei jurisdictione in Dolensem aliasque Britanniæ minoris ecclesias. Hoc decretum bulla sua firmavit Urbanus, in qua totam controversiæ seriem retulit, quæ nonis Aprilis hujus anni data suo ordine referetur, cum ejusdem Pontificis epistola ad universos Britanniæ minoris episcopos, qua eos monet litem hanc tandem finitam esse secundum Turonensem archiepiscopum; adeoque illis præcipit, ut ipsi tamquam vero & proprio suo metropolitano obediant. Hoc autem Urbani decretum ita invaluit, ut subsequentibus temporibus, quotiescumque recruduit hæc controversia, quod non semel contigit, ad illud recurri debere Pontifices semper censuerint, ut post alios ipse Innocentius III. fecit, qui solemni tandem sententia Dolenses episcopos ab omni spe recuperandæ umquam metropolicæ dignitatis prorsus removit. Porro acta integra celebris hujus causæ cum variis epistolis & aliis antiquis monumentis, quæ ad hanc controversiam attinent, edidit noster Edmundus Martene in nova collectione veterum scriptorum, quæ anno MXC. edita est Rotomagi. At nec ibi, nec alias usquam reperire licuit, Urbani epistolam quam Turonenses in responsionibus ad Dolensium objecta ibi laudant pag. 148. in qua Pontifex testatur Britannorum feritatem & pertinaciam tantam fuisse, ut non solum ulla excommunicatione ad Turonensis ecclesiæ obedientiam revocari potuerint; sed etiam eos *Christianam fidem se deserturos* dixisse, si ad id quovis modo adigerentur.

His ita Romæ peractis Radulfus Turonensis & Lambertus Atrebatensis episcopi simul in Galliam repedare constituerunt. Roma egressi, *feria sexta de Dominica Quasimodo geniti*, id est die 21. Aprilis, *apud Ostiam mare intrarunt.* Die vero ipso Pentecostes Lambertus Atrebatum reversus *ante horam tertiam in pontificali sede*, summo totius cleri & populi consensu & applausu *inthronizatus fuit.*

Verum priusquam Romam dimittamus, agendum est de Goffrido abbate Vindocinensi, qui etiam ea tempestate in urbe morabatur, quo ad suppetias Pontifici summis in angustiis constituto deferendas ante aliquot tempus advenerat. Is anno præcedenti XII. Kalendas Septembris, ut habet chronicon Vindocinense alias Andegavense à Labbeo editum, Vindocini abbas ab Ivone Carnotensi episcopo ordinatus, audito quod Urbanus in summa pressura esset, opem ei conferre statuit. Quare Romam statim profectus, quantum ibi Pontifici profuerit ex ipsius epistola 8. libri 1. ad Paschalem Urbani successorem scripta discendum est. In ea postquam se *proprium & specialem, non adoptivum* Pontificis *filium,* ac monasterium suum *beati Petri proprium alodium & patrimonium ex fundatorum* ipsorum voluntate esse præmisisset, subjungit se tredecim millia *solidorum monetæ,* inquit, *nostræ in Romanæ ecclesiæ servitium, sola dilectione, non ulla qualibet necessitate compulsum* expendisse. Postea totam rem enucleatius exponit, cujus adeo ipsa verba referre operæ pretium est, quod Urbani & ecclesiæ Romanæ ea tempestate statum egregie repræsentent. Inter cetera, inquit, quæ mea

ANNO CHRISTI, 1094.

CXLIX. Lambertus Atrebati intronizatur.

CL. Goffridi Vindoc. expensæ pro Rom. ecclesia.

Anno Christi 1094.

humilitas Romæ ecclesiæ in sua necessitate fecit servitia, „ unum, quia celeberrimum fuit, nec possum, nec debeo „ silere.... Primo anno, quo, Deo volente vel per- „ mittente, nomen abbatis suscepi, audivi piæ recordatio- „ nis dominum papam Urbanum in domo Johannis Frica- „ panem latitare, & contra Guitbertissam hæresim viri- „ liter laborare. Licet locus noster pauper esset, Romam „ tamen veni, illius persecutionum & laborum volens „ particeps fieri; & suam pro posse meo desiderans supplere „ inopiam, quod & Dei gratia feci. Mala quæ in itinere „ & in civitate passus sum, nostrorum per omnia, ne „ agnoscerer, factus famulus famulorum, longum est „ enarrare. Quasi alter Nicodemus ad dominum Papam „ in domum prædicti Johannis nocte veni, ubi eum pæne „ omnibus temporalibus bonis nudatum, & alieno ære „ nimis oppressum inveni. Ibi per Quadragesimam mansi „ cum illo; &, si fas est profiteri veritatem, ejus onera „ in quantum potui, caritatis humeris supportavi. Quin- „ decim vero diebus ante Pascha, Ferruchius, quem La- „ teranensis palatii custodem Guitbertus fecerat, per in- „ ternuntios locutus est cum domino Papa, quærens ab „ eo pecuniam, & ipse redderet illi turrim & domum illam.

Urbani angustiæ.

„ Unde dominus Papa cum episcopis & Cardinalibus qui „ secum erant, locutus, ab ipsis pecuniam quæsivit: sed „ modicum quid apud ipsos, quoniam persecutione & „ paupertate simul premebantur, invenire potuit. Quem „ ego cum non solum tristem, verum etiam præ nimia „ angustia lacrymantem conspexissem, cœpi & ipse flere, „ & flens accessi ad eum dicens, ut secure cum Ferru- „ chio iniret pactum. Ibi aurum & argentum, nummos, „ mulas & equos expendi: & sic Lateranense habuimus „ & intravimus palatium, ubi ego primus osculatus sum „ domini Papæ pedem, in sede videlicet apostolica, in qua „ longe ante Catholicus non federat Papa. „ Epistola se- quenti ad eumdem Paschalem scripta, sibi ipsi gratulatur quod *post Papam Urbanum, & præcipuum sanctæ Romanæ ecclesiæ filium Petrum-Leonis* Guitberto *abstulerit Lateranense palatium*, pecuniæ scilicet ingenti summa, quam eam in rem expenderat. Eadem compendiosius passim repetit Gos-

B. URBANI PP. II. VITA.

fridus, potissimum epistola 13. ejusdem libri ad Calixtum Papam, ubi de impensis à se in Romanum Pontificem servitiis iterum loquens, ait se *plusquam duodecim millia solidorum* ex occasione consumsisse, quæ summa, eo ipso teste, *centum marcas argenti* valebat.

ANNO CHRISTI 1094.

Paulo antequam Urbanus Lateranum Goffridi ope recuperaret, nempe pridie idus Martii, insigne privilegium concessit Vindocinensi monasterio, quo ejus jura & possessiones asseruntur. Id confirmatum postea fuit in concilio Claromontensi, uti suo loco dicemus, quod integrum ex archivo ejusdem monasterii, inter Urbani epistolas dabitur. Huc quoque revocari debent duæ ejusdem Pontificis epistolæ, quæ *Romæ datæ* dicuntur II. *Kalendas Aprilis*. Primam scripsit Pontifex Willelmo Pictaviensium comiti, ut illum ad restituendam Vindocinensibus monachis ecclesiam sancti Georgii in insula Oleronis sitam, quam ille cuidam Ebloni, uni è suis militibus donaverat adhortaretur; altera Amato legato apostolicæ sedis aliisque duobus episcopis inscripta est, quibus Pontifex injungit, ut Guillelmum pro excommunicato habeant, nisi intra tempus à se præfinitum bona Vindocinensibus monachis injuste ablata restituere faciat. Hæc duo rescripta ultra præsentem annum differri non posse ex eo colligimus, quod Willelmus in quadam charta, ea de re edita, testetur se has Urbani litteras accepisse, priusquam ille in Gallias concilia celebraturus advenisset, quam quidem chartam cum multum conferat ad illustranda Urbani gesta, & complectatur totam hujus controversiæ, quæ sæpe recruduit, seriem, jam habes apud Bessium in probationibus historiæ comitum Pictavensium, sed rursus ad veteres Vindocinensis monasterii membranas collata dabitur; utrumque vero Pontificis rescriptum ex ejusdem loci archivio proferetur inter ejus epistolas.

CLI Privileg. Vindocinense.

Litteræ pro ecclesia Oleron.

Urbanus itaque adepta Lateranensis palatii possessione Goffridum, qui anno præcedenti, cum diaconus solum esset, ab Ivone Carnotensi episcopo in abbatem benedictus fuerat, hoc anno presbyterum ordinavit, eique ecclesiam sanctæ Priscæ, ex qua Vindocinenses monachi à Guibertinis ejecti fuerant, restituit. Hæc in variis libri

CLII Goffridus ab Urbano fit presbyt.

S. Priscæ ecclesiæ

primi epistolis passim testatur ipse Goffridus, potissimum epistola 14. ad Honorium Papam; Item epistola 11. Calixto II. scripta, se ab Urbano *tamquam unicum filium* dilectum fuisse gloriatur. Quod vero ad ecclesiam sanctæ Priscæ attinet, titulus est presbyteri cardinalis, quem Vindonicenses abbates diu retinuerunt, locusque ejus à monachis Vindocinensibus inhabitabatur, sed de his locus hic non est fusius differendi. Plura de his habet Sirmondus in notis ad Goffridi epistolas. Certe jam à multis annis Vindocinenses monachi eam amiserunt, atque hodie nomine tenus abbates Vindocini Cardinales nuncupantur, qua tamen dignitate eos adhuc tempore Constantiensis concilii ornatos fuisse observat idem Sirmondus.

CLIII. Episc. Ravellensis ordinatio.

Porro cum ex Goffridi ordinatione constet Urbanum eo tempore in Laterano palatio ordines publice contulisse, huc forte revocari potest Constantini Ravellensis episcopi consecratio, qui hoc anno Urioni successisse, & ab Urbano, quod hæc ecclesia Romano Pontifici absque medio subjecta sit, ordinatus fuisse dicitur apud Ughellum tomo 1. Italiæ sacræ.

CLIV. Urbani pars in Germania prævalet.

Haud minus res Urbani eo tempore in Germania quam apud Italos prospere succedebant, quod contigisse observat Bertoldus ob summam concordiam, quæ inter Welphonem Bajoariæ ducem, & Bertoldum ducem Allemanniæ vigebat, ita ut inde *pax à Francia, Theutonica & Alsatia, usque ad Bajoariam immo & Hungariam propagata* fuerit, quam quidem pacem ideo firmam ac constantem fuisse observat idem auctor, quod principes, *quisque in sua potestate justitiam facere non cessarent*; inter quos Bertoldum ducem præ ceteris eminuisse scribit. Ne vero commercium, quod cum excommunicatis plerique pro sua conditione vix ac ne vix quidam vitare poterant, eam tranquillitatem perturbaret; ita excommunicationis sententiam Gregorii VII. exemplo temperavit prudentissimus Pontifex, ut, teste eodem Bertoldo, viatores, rustici, servi & ancillæ, uxoresque ac filii excommunicatorum, iis communicando in eam labem non incurrerent, nisi forte illi prava sua voluntate sese ipsos vinculis excommunicationis adstringerent. Hæc

Hæc publica tranquillitas præclaram resarciendæ in his provinciis ecclesiasticæ disciplinæ occasionem præbuit Gebehardo Constantiæ antistiti, & sedis apostolicæ vicario, qui eo animo, ut refert Bertoldus cui soli hujus conventus notitiam debemus, *magnam synodum* Constantiæ, hebdomada majore ante Pascha *cum abbatibus & clericis innumeris, ac ducibus* Welphone Bajoariæ, Bertoldo Alemanniæ, *& reliquis Alemanniæ principibus canonice celebravit, ibique multa, quæ corrigenda erant, correxit.* In ea synodo presbyterorum incontinentia, & *violentia* simoniacorum damnatæ fuerunt; statutumque est ut mensis *Martii jejunium* juxta sanctorum Patrum statuta in prima hebdomada Quadragesimæ; & jejunium Junii in ipsa hebdomada Pentecostes celebrarentur. Certe variæ erant eo tempore in variis ecclesiis observandorum illorum jejuniorum consuetudines, qua de re scripsit Sigebertus tractatum singularem, quem ex ms. codice descriptum, si aliquando sese oportuna obtulerit occasio, in lucem proferemus. Exstat etiam de eadem re concilii Claromontani decretum, at plura habentur apud Sirmondum in notis ad Goffridum Vindocinensem lib. 3. epist. 23. quæ Hildeberto Cenomannensi inscripta est.

Resecata quoque fuit in eadem synodo peculiaris diœcesis Constantiensis consuetudo celebrandi festive totam Paschatis hebdomadam, in Pentecoste autem unicam tantum diem, contra vicinarum, & pæne omnium orbis Christiani ecclesiarum receptum morem; definitumque fuit, ut tam in festo Pentecostes, quam in Paschate dies omnino tres observarentur. Actum denique de Praxede regina, quæ dimisso clam Henrico imperatore, qui tum Veronæ morabatur, ad Mathildem hujus anni initio, ut habet idem Bertoldus, confugerat. Hæc ipsa dicitur venisse ad hanc synodum, ubi cum coram omnibus, universa quæ à suo marito perpessa fuerat exposuisset, omnes in sui commiserationem facile permovit. Ejus fugam descripsit quoque Domnizo in suis versibus, at de illius ad Synodum Constantiensem accessu nihil habet.

Multa subjungit Bertoldus de cladibus quæ hoc anno totam ferme Europam, sed potissimum Germaniam afflixerunt. Tanta fuit Ratisponæ, ut narrat ille auctor, *mortalitas*, ut intra duodecim hebdomadas hominum octo millia cum quingentis in ea urbe interierint. In una villa cujus nomen idem auctor reticuit, homines mille & centum intra sex hebdomadas, & in altera quadraginta homines una die obierunt. At hæ corporum clades, salus erat animarum. Qui enim illo morbo impetebantur, quasi certi essent se brevi morituros, ita præparabantur ad exitum, ut id tunc ultro præstarent, quod alio tempore, inquit Bertoldus, vix à sanctioribus viris exspectari potuisset: qui vero superstites erant, ita percellebantur metu imminentis morbi, ut à vitiis & peccatis omnino abstinerent, sicque multi ea occasione ad meliorem adducti frugem fuerunt; immo, plerique ad se ipsos reversi, à schismaticis defecerunt. Celebris tunc erat in Alsatia Manegoldus de Lutenbach monasterii Murbacensis canonicorum regularium institutor. Is auctoritate sibi ab Urbano collata multos, etiam ex provinciæ nobilioribus, ad ipsum catervatim convenientes ecclesiasticæ communioni restituit, qui accepta salubri pœnitentia deinceps, simoniacorum & incontinentium presbyterorum contubernia exosi, fideles fuere in sanctæ sedis & legitimi Pontificis obedientia. Hinc, ut observat idem Bertoldus, *ecclesiastica religio jam dudum in illis partibus exstincta mirabiliter reaccensa est*, monasteriis etiam restauratis, aut de novo conditis. Nam præter Murbacense à Manegoldo, ut mox dicebamus, constructum, & alia, de quibus supra diximus, monasterium sancti Blasii in Nigra-silva, hoc anno, III. idus Septembris à fundamentis ædificari cœptum est sub Ottone abbate; qua etiam ipsa die, idem abbas Harmannum priorem cum aliquot sociis *in orientale regnum, in marcham Hungaris collimitaneam direxit ad novam abbatiam in episcopatu Patavicnsi*, in loco, qui Cotheric dicitur, instituendam. Ibi, ut habet Bertoldus, habitabant primitus clerici regulares, sed illi postea à Romano Pontifice & per eum à proprio episcopo impetrarunt, ut deposito clericali habitu vitam monasticam profiterentur. Celebre est illud monasterium, Gotwicense dictum, quod à sancto Altmanno episcopo Patavicnsi, ut in ejus vita le-

B. URBANI PP. II. VITA.

gitur, constructum, hodieque sub regula Benedictina perseverat. Nominatissimum etiam tunc erat in istis partibus sub sancto Theogero abbate, postea episcopo Mettensi, monasterium sancti Georgii in Hercinia silva, hodie Villengam translatum, quod Pontifex, datis litteris hoc anno, sub speciali apostolicæ sedis tutamine recepit. Certe Urbanus Theogerum, ut in ejus vita legitur, apostolis & apostolicis viris comparandum esse censebat.

ANNO CHRISTI, 1094.

In Gallia hujus anni initio episcopi Remensis provinciæ Fulconis episcopi Bellovacensis causam, quæ, ut anno præcedenti diximus, ab Urbano judicata fuerat, retractare ausi ab ipso Pontifice reprehensi sunt, datis ea de re litteris ad Raynoldum metropolitanum ejusque suffraganeos *Laterani* IV. *idus Maii*, proindeque hoc anno, nam annis præcedentibus Lateranum in Urbani potestate non erat; anno autem sequenti, quo defunctus est Fulco, idem Pontifex in Langobardia mense Maio longe ab Urbe morabatur. Porro hac occasione Ivo Carnotensis episcopus, qui epist. 30. Fulconem ipsum monuerat, *ut sui officii memor mundanam superbiam non armis mundanæ malitiæ*, quod videtur fuisse accusationis in eum intentatæ præcipuum caput, *sed armis christianæ militiæ superare* decertaret, audita post modum ejus per Pontificem absolutione, ferre non potuit, ut illius causa à Belgicæ episcopis in conventu provinciali retractaretur. Id ex ejus epist. 3. novæ editionis intelligimus, in qua post commendatum Urbano, cui scribebat, Fulconem, sic de eodem prosequitur: *Mihi non videtur rationabiliter posse fieri ut à minori persona debeat retractari, quod sub vestri judicii examine finem sortiri meruit.* Et quidem, ut idem Ivo paulo ante scripserat, & confirmat ipse Urbanus in litteris ad Anselmum suo loco laudatis, Fulco, qui alias vir erat miræ simplicitatis, nec omnino sufficiens ad tantæ diœcesis regimen obeundum, à plerisque tamen impetebatur *non tam zelo justitiæ, quam virtutum æmulatione*. Tamen ecclesiæ suæ auctoritate pontificia redditus, eam usque ad vitæ finem rexit.

CLVII. Fulconem episc. Bellovaci Urbanus protegit.

Emersit eodem fere tempore in Galliis gravis controsia inter Gnidonem archiepiscopum Viennensem & Hu-

CLVIII. Lis inter Archiepisc. Viennæ & episc. Gratianopolis.

gonem Gratianopolitanum episcopum de pago Salmoriacensi, quem uterque ad suam diœcesim pertinere contendebat. Ea de re libellum edidit ipse Hugo, quem inscripsit, *de injuriis quas fecit Guido archiepiscopus Viennensis ecclesiæ Gratianopolitanæ* &c. in quo libro vir sanctus particulatim explicat totam hujus controversiæ seriem, ac refert pontificias litteras, quæ ejus occasione scriptæ fuerunt. Et quidem illud opusculum, non modo ea complectitur, quæ ad hujus controversiæ notitiam habendam necessaria sunt; verum etiam multum conferre potest ad illustranda alia Urbani gesta, eaque suis quæque temporibus consignanda. Unde cum nihil fere contineat, quod ad institutum nostrum non debeat revocari, visum est illud ex codice ms. ad Jacobi Petiti editionem collatam in appendice integrum referre, epistolis Urbani, quæ in eo habentur, Collectori relictis. Hæc autem tota summa est celebris illius litis. Pagum seu archidiaconatum Salmoriacensem possidebat Gratianopolitana ecclesia, quando Guido Viennæ archiepiscopus contendens eum ad suæ ecclesiæ jura antiquitus pertinuisse, litem ea de re movit adversus Hugonem Gratianopolitanum episcopum. Cum vero nec Viennæ, nec apud Romanos, post diversas concertationes res componi potuisset, Guido vi pagum invasit. Ea de re commoti Gratianopolitani canonici ad sedem apostolicam appellarunt, quorum querelas excepit Urbanus, statimque Hugoni Lugdunensi suo legato dijudicandæ hujus causæ provinciam commisit. Hic apud Baonem auditis partibus, provisionem Gratianopolitanis adjudicavit, pollicitus se hanc litem in proximo concilio, quod in Galliis celebraturus esset, plane diremturum. At Guido his prætermissis pagum retinuit, misitque Romam legatos, qui ab ipso Pontifice, nulla hujus controversiæ mentione facta, generalem ecclesiæ suæ privilegiorum & possessionum confirmationem postularent. Quod facile ab Urbano nihil mali suspicante impetravit. Et quidem id ipsum est fortasse, quod Goffridus Vindocini abbas innuit lib. 1. epist. 11. ad ipsum Guidonem jam Pontificem sub Calixti II. nomine scripta, ubi ei in memoriam revocat, quantum, cum olim Romæ esset, pro eo ejusque legatis apud

Urbanum laboraverit. Certe Guidonis legatus privilegium quale optaverat brevi consecutus est, atque in eo, quod forte Pontifex controversiam illam de Salmoriacensi pago aut nesciret prorsus, aut certe quid de ea à legato statutum fuerit, ei dissimulatum fuisset, inter cetera Viennensis ecclesiæ jura interseri curavit, omnem *in archidiaconia Salmoriacensi potestatem*. Neque id Viennensi legato difficile erat, quod Warmundus Guidonis decessor, simile prorsus privilegium à Gregorio VII. apposita tamen conditione, quæ in isto reticetur, jam impetrasset. Quin & idem privilegium non semel postea à subsequentibus Pontificibus confirmatum fuit, potissimum à Guidone ipso, cum papa sub Calixti II. nomine factus est. Quod quidem mirum est, cum Urbanus ipse in variis passim epistolis, fucum sibi eo in negotio factum fuisse contestatus fuerit. Etenim Gratianopolitani detecta fraude, Romam statim ad Urbanum legatos miserunt, qui de hac *fraudulenta privilegii subreptione*, apud eum conquererentur, eidemque renuntiarent, quod Guido contemta apostolicæ sedis legati auctoritate, ejus judicio non paruisset. His auditis Pontifex, statim litteras ad Hugonem Lugdunensem, tum alias ad Hugonem Gratianopolitanum episcopum scripsit, eisque præcepit: ut nulla habita ratione privilegii, quod paullo antea Guido obtinuerat, tota illa controversia de pago Salmoriacensi dirimeretur. Ceterum Hugo Lugdunensis, receptis Urbani litteris, rem totam ad concilium Æduense, quod post aliquot menses erat celebraturus, referendum esse censuit: quod ita factum fuisse inferius videbimus.

Idem Hugo Lugduni antistes mandatum aliud eo tempore ab Urbano recepit, nempe ut Fulconem Rechinum Andecavorum comitem qui jam dudum ob captum in bello & carceri mancipatum fratrem suum Gaufridum, excommunicatus fuerat, si salva justitia fieri posset, communioni restitueret. At illud negotium non levis esse momenti ratus Hugo, aliquot episcopos & abbates invitavit, ut secum ea de re tractarent. Convenerunt itaque cum eo apud cœnobium sancti Florentii, Aldebertus archiepiscopus Bituricensis, Ouveldus, seu Ivellus Cenomannorum episcopus, & abbates Guillelmus sancti Florentii, Bernardus Majoris-monasterii, alter Bernardus sanctorum Sergii & Bacchi, Girardus sancti Albini, Nualdus, forte Natalis, sancti Nicolai, Buldricus Burgulii, & Goffridus Vindocini, qui omnes uno animo censuerunt Fulconem absolvendum esse sub certis conditionibus, quarum una erat, ut absque legati consilio uxorem non duceret, *de quarum numerositate culpabatur.* Id actum fuisse hoc anno MXCIV. ipso die nativitatis sancti Johannis Baptistæ, probat vetus instrumentum ea de re confectum, cui omnes supradicti episcopi & abbates subscripserunt. Editum est à Sirmondo in præmissis ad Goffridi Vindocinensis abbatis opuscula. Tunc Urbanus Romæ adhuc erat, etenim die 29. ejusdem. mensis Junii, quæ beati Petri martyrio consecrata est, ibidem privilegium concessit monasterio Montis-belli prope Placentiam, ut patet ex Historia ecclesiastica ejusdem urbis, à Petro Maria Campi canonico Placentino edita. Hoc vero monasterium, quod olim ad nostrum Benedictinum ordinem pertinebat, unitum tandem est an. MCCCCLXXXIV. ab Innocentio VIII. congregationi Eremitarum sancti Hieronymi, uti observavit Lubinus in notitia abbatiarum Italiæ.

Graves autem turbæ tunc Gallias exagitabant occasione Philippi regis, qui pulsa, ut jam diximus, uxore sua, Bertradam adulterino conjugio sibi copulatam, insuper habitis episcoporum ac Pontificis ipsius monitis, retinere perseverabat. Plura ea de re passim habentur in Ivonis Carnotensis episcopi litteris: nec dubium quin ea occasione habitum sit concilium Remense quod hoc anno XIV. Kalendas Octobris convocatum est. Et quidem cum Berta, legitima Philippi uxor, hoc anno, uti Clarius in chronico sancti Petri Vivi habet, mortua fuerit, sperabat forte Philippum, episcopos de sua in Bertradam superinductam severitate aliquid esse remissuros. Nihil enim non movebat, omniaque pollicebatur, ut sibi hæc mulier saltem ad aliquod tempus, ut in epist. 47. Ivo ad Widonem dapiferum scribit, relinqueretur. Nihil tamen in his quæ ex concilio Remensi supersunt legitur de Philippi nuptiis; nisi forte quod ad hanc synodum invitatus Ivo ire renuit,

B. URBANI PP. II. VITA.

ut patet ex ejus epistola 35. ad Richerium Senonensem & alios patres in ea congregatos scripta; potissimum ob id, quod praevidebat non sibi fas futurum hac in synodo veritatem dicendi. Unde ceteris episcopis nimiam eorum indulgentiam exprobrat, Regi ipsi nimis exitiosam; quem nempe, si remedia ejus malo convenientia & cauteria, juxta morem peritorum medicorum adhibere voluissent, *perduxissent ad perfectam sanitatem.* Multos vero episcopos & principes ad illud Remense concilium convenisse testis est ipse Raynoldus archiepiscopus Remorum in epistola ad comitem Flandriae: nec mirum cum ei ipse Rex interfuerit, & episcopos quam plures huc adesse voluerit, ut discimus ex jam laudato Clario, qui ad hunc annum MXCIV. refert Philippum regem congregasse *archiepiscopos & episcopos regni sui in civitate Remensi*; cumque à Richerio metropolitano Senonensi, aegre ferente illud concilium extra suam provinciam celebrari, impetrasse, ut Remos quoque cum ceteris episcopis conveniret, quod Raynoldus *podagrico dolore contractus progredi non posset è suâ sede.* Tres archiepiscopi & episcopi septem qui huic synodo interfuere, recensentur in codice ms. quem prae manibus habemus. Ii erant Raynoldus Remensis, Richerius Senonensis, & Raulfus Turonensis metropolitani; episcopi vero Gaufridus Parisiensis, Gauterius Meldensis, Hugo Suessionensis, Helinandus Laudunensis, Rabodus Novicmensis, Gervinus Ambianensis, & Hugo Silvanectensis. Quid autem ab eis statutum fuerit, nec in isto codce habetur, nec liquet ex ullo alio monumento. At nonnihil de eadem synodo discimus ex gestis Lamberti Atrebatensis episcopi, quem antistitem ei interfuisse constat; unde mirum est illum inter ceteros, quos supra ex cod. ms. recensuimus locum non habere. Hic quippe post adeptam die Pentecostes, ut diximus, sedis suae possessionem, cum Remos non venisset solitam comprovincialium Belgicae secundae episcoporum matri ecclesiae & ejus archiantistiti subjectionem juxta canones professurus, conquestus est ea de re Raynoldus metropolita, ut patet cum ex litteris excusatoriis Lamberti ad ipsum Raynoldum, tum etiam ex aliis ad metropolitanae ecclesiae clerum datis, quibus

Anno Christi, 1094.

Quinam ei interfuerint.

Anno Christi, 1094.
Professio Lamberti Atrebat.

protestatur sibi nondum licuisse iter illud aggredi, quod se toto animo facturum pollicetur, quam primum ei facultas data fuerit; & reipsa paulo postea Remos venit ac professionem fecit, *mense Septembri, XI. Kalendas Octobris, die natali beati Matthæi apostoli & evangelistæ, indictione II. anno* MXCIV. & quidem in ipso concilio, quod jam à XV. Kalendas ejusdem mensis incœptum erat, ut ex Raynoldi epistola ad Robertum comitem Flandriæ patet. Lamberti autem *consecratio* post susceptam ejus more ecclesiastico professionem, à Raynoldo metropolitano ceterisque provinciæ episcopis, *juxta domni papæ Urbani præcepta* confirmata fuit, ut testatur idem ipse Raynoldus in epistola mox laudata ad Flandriæ comitem, ideoque referenda inter Urbani litteras. Recitatum quoque ibi fuisse Atrebatensi ecclesiæ privilegium discimus ex nostro jam laudato ms. cod. ubi legitur id *in metropolitana basilica beatæ Mariæ semper Virginis dominæ nostræ factum fuisse, in provinciali & celebri concilio, cui interfuit Philippus rex Francorum, quod celebravit Raynoldus, consedentibus ejus concilio duobus archiepiscopis, & episcopis septem*, quos supra memoravimus; *archidiaconis quoque & abbatibus provinciæ Remensis in eodem concilio cum honesto clero & populo consistentibus*. Hæc scribebat vetus auctor paulo post Raynoldi Remensis & Hugonis episcopi Suessionensis mortem, ut pote quorum primum *illustris & venerandæ memoriæ*, alterum *dignæ memoriæ domnum* appellat, ceteris vero absque ullo addito recenset, nisi quod Hugonem *gloriosum Silvanectensem episcopum* nuncupavit.

Confirmata divisio Atrebat. ecclesiæ à Cameruc.

In eadem synodo comprobatam fuisse divisionem utriusque, Cameracensis scilicet & Atrebatensis ecclesiæ, innuit ipse Lambertus in epistola ad Odonem episcopum Cameracensem, qui velle videbatur terminos inter utramque ecclesiam constitutos auctoritate imperatoris convellere. In hac epistola Lambertus testatur divisionem Atrebatensis ecclesiæ à Cameracensi factam fuisse, *per consilium & auxilium Roberti comitis, in cujus potestate Atrebatum erat; necnon per licentiam & assensum Philippi Francorum regis de cujus regno Atrebatum esse dignoscitur, & per concilia sub Raynoldo archiepiscopo Remis habita, &*

per

B. URBANI PP. II. VITA.

per auctoritatem apostolicæ sedis & Urbani Romani Pontificis II. Unde patet, hanc episcopalis antiquæ sedis restaurationem absque legitimis conditionibus, quod aliqui recentiores existimarunt, haud consummatam fuisse.

<small>ANNO CHRISTI, 1093. Cameracens. irriti conatus.</small>

Unum præterea ex nostro item cod. mf. discimus in eadem synodo factum, Manassem scilicet ad Cameracensem ecclesiam electum, nescio quibus occulte eum incitantibus, petiisse ut Atrebatum restitueretur ecclesiæ Cameracensi. Referenda sunt auctoris nostri verba. » Dum « ergo, inquit, Remorum venerabilis archiepiscopus Ray- « noldus Manassem archidiaconum Remensem, Cameracen « si ecclesiæ jam designatum episcopum commonefaceret, « ut ad titulum Cameracensis ecclesiæ sacros ordines epis- « copalemque consecrationem suscipere procuraret, hor- « tatu quorumdam suorum, ait, reddite mihi Atrebatum, « cui providus & sapiens archiepiscopus quasi invective « respondit: Domine Manasses, vultis esse primus excom- « municatus ab apostolica sede, & ejus decretorum & con- « stitutionum violator existere? pro hac ergo præsumptuo- « sa Atrebati reclamatione & oblocutione ad increpatio- « nem archiepiscopi culpam recognovit, veniam petiit, & « in concilio absolutionem satisfaciens suscepit. » Nec plura « de hac synodo habet ille auctor, nisi quod Lambertus antequam Remis egrederetur invitatus ad concilium Æduense fuerit ab Hugone Lugdunensi archiepiscopo, qui illud ad diem iduum Octobris celebrandum juxta Urbani mandatum indixerat. Manasses vero nonnisi post longum tempus ordinatus fuit ob schisma Gualcherii Cameracensis archidiaconi, qui a factionis suæ hominibus electus Cameracensem ecclesiam invadere nitebatur.

Primam Augustodunensis synodi notitiam debemus Bertoldo, scribenti *generale concilium in Galliarum civitate, quam Ostionem vulgariter dicunt,* hoc anno VIII. Kalendas Novembris, *congregatum fuisse ab Hugone Lugdunensi archiepiscopo & apostolicæ sedis legato, cum archiepiscopis & abbatibus diversarum provinciarum,* quæ quidem verba Baronio ejusque sequacibus ansam præbuere concilium Ostiense, alias omnino ignotum intrudendi. At illud ab Augustodunensi concilio, quod hoc anno habitum fuisse

<small>CLXI. Concilium Ostionense seu Æduense.</small>

Tom. III.   X

B. URBANI PP. II. VITA.

Anno Christi, 1095.

ex auctoribus æqualibus constat, aliud non esse certissimum est : quod quidem *Ostionense* Bertoldus, homo exterus appellavit ex urbis Augustodunensis vulgari vocabulo *Autun*, seu ut pronuntiari solet *Ostun* vel potius *Otun*, ex quo illi qui postea in hunc errorem impegerunt *Ostionem* urbem efinxere. Hugo Flaviniacensis in ipsa Augustodunensi diœcesi abbas, auctor illorum temporum gravis & accuratus, Augustodunensis seu Æduensis illius Synodi meminit in chronico Virdunensi, ubi triginta duos episcopos cum pluribus abbatibus & viris religiosis ad eam convenisse narrat ; sed nihil habet de his quæ à Patribus ibi

Ejus statuta.

statuta fuere. Nonnulla tamen ex ejus decretis excerpta refert Bertoldus, qui ait *renovatam* fuisse in ea synodo excommunicationem in Henricum regem, & in Guibertum eorumque complices ; Philippum quoque regem ibi,

Excommunicatur Philippus rex.

quod vivente sua ipsius uxore, alteram superinduxisset, excommunicatum fuisse ; item damnatam *sub excommunicatione* fuisse simoniacam hæresim, & presbyterorum incontinentiam ; ac denique vetitum monachis ne parochialia sacerdotum officia in parochiis usurpent ; *quæ omnia*, inquit idem auctor, *ibi sunt constituta & apostolica legatione firmata.*

Ad eamdem synodum invitatus, ut jam diximus, Lam-

Ibi recitatur Privil. Atrebatense.

bertus Atrebatensis antistes, ei interfuit, ut ex nostro ms. cod. discimus, in quo legitur eum ibi à *Domno Hugone benigne susceptum, recitasse privilegium venerabilis Remorum archiepiscopi*, id est quod ab eo antistite impetraverat ad sedis Atrebatensis restitutionem confirmandam, *coram numerosa archiepiscoporum & episcoporum, & abbatum, cleri quoque & populi non parva multitudine consistentis.* Quare statim Hugo Urbani nomine ad comitem Flandriæ scripsit, ut Lambertum pro vero & legitimo Atrebatum episcopo haberet ; eumque adhortatus est, ut ipsi ad recuperanda ecclesiæ Atrebatensis bona, adjutorium impende-

Agitur de causa archiepiscopi Turon. cum monachis Maj. monasterii.

ret ; hæc epistola , inter Urbani, cujus nomine scripta est, litteras proferetur ad nostrum codicem ms. collata.

Actum etiam est in eadem synodo de gravi controversia, quæ jam dudum vertebatur inter Rodulfum Turonensem archiepiscopum, & monachos Majoris monasterii occasione privilegii, quo isti, ut ad annum MXC. diximus, ab Urbano donati fuerant. Hæc causa jam paulo antea ventilata fuerat in concilio Brivatensi coram eodem Hugone legato, assidentibus ei duobus aliis archiepiscopis, *Auxiensi* scilicet *& Narbonensi, cum multis diversarum provinciarum episcopis & abbatibus; assistentibus* etiam *diversorum graduum ac dignitatum personis.* Sed quæ ibi componi non potuerat, feliciorem assecuta fuisset exitum in hac Æduensi synodo, si Rodulfus archiepiscopus concordiæ, cui videbatur consensisse, stare voluisset. Etenim cum ex una parte ipse Rodulfus, & Johellus Cenomannensis episcopus, ex altera vero Bernardus Remensis prior Majoris monasterii, Hilgodus Suessionensis episcopus tunc ejusdem loci monachus, qui ipsum privilegium Romæ impetraverant, & ejusdem Hilgodi frater Andreas multum ultro citroque decertassent, pax tandem inter eos inita est, sed quæ brevi postea fracta fuit, ut ex colloquio Dolensi colligimus. Ibi enim coram eodem Hugone, ac Amato Burdegalensi, archiepiscopis & apostolicæ sedis legatis præsentibus Pictaviensi & Cenomannensi, aliisque multis episcopis eadem causa cum multa contentione rursum agitata fuit, Bernardo abbate cum suis monachis ex una parte, & Rodulfo archipræsule cum suo clero ex altera stantibus. Sed nihil quoque ibi profectum est, lisque indecisa mansit ad annum sequentem, quo, ut ibi dicturi sumus, in concilio Claromontano omnino fuit absoluta. Hæc fusius referuntur in libello de rebus Majoris monasterii per Bochellum edito ad calcem Historiæ Gregorii Turonensis, quem librum, qui plura cupit consulat. De eadem re Radulfo Turonensi scripsit Ivo Carnotenus epist. 235. ex qua intelligitur id potissimum in hac causa archiepiscopo displicuisse, quod ei Bernardus abbas subjectionis professionem facere detrectaret.

Convenerant etiam ad illam synodum Æduensem Guido Viennensis archiepiscopus & Hugo Gratianopolitanus, quorum lis de Salmoriacensi pago ibi quoque coram synodi Patribus ventilata fuit, sed minime composita. Nam cum Guido prolatis falsis litteris jamjam esset condemnandus, pollicitus est se Hugoni quam primum Viennæ satisfactu-

ANNO CHRISTI 1094.

Et de lite pro pago Salmoriacensi.

ANNO CHRISTI, 1094.
CLXII. Turbæ occasion: Philippi Regis

rum esse: sed nec ipse suis promissis stetit, ut videre est in Hugonis libello, qui in appendice hujus voluminis habetur.

Haud dubium quin excommunicatio adversus Philippum regem in eadem synodo Æduensi intentata aliquot in Gallia motus excitaverit. Certe moderatiores fuerunt Patres concilii Remensis, quod forte Philippo magis addicti essent; & quidem Raynoldus Remensis archiepiscopus, qui illi synodo præfuit, magna apud regem pollebat auctoritate, unde Urbanus Hugoni Lugdunensi scribens de causa pagi Salmorianensis, eum monet, ut *pro conservanda pace & negotio facilius peragendo*, utatur consilio Remensis archiepiscopi, *quod in ejus manu familiarius causa Regis versaretur*: ob scilicet ejus sedis dignitatem, & forte propria merita; nam hunc antistitem ipse Urbanus, & alii quoque ejus ævi viri illustres multis laudibus sunt prosecuti. Ceterum, si bene conjicio, occasione hujus excommunicationis indicta fuit synodus Trecensis, quæ, ut habet Ivo epist. 46. ad Urbanum data, celebrari debebat dominica prima post festivitatem omnium Sanctorum, ad quam *Remensis & Senonensis & Turonensis archiepiscopi suos suffraganeos invitaverant*. Cum tamen nullam tunc synodum Trecis celebratam inveniamus, hæc ipsa forte est, quæ apud Remos hoc anno mense Septembri, ut vidimus, ab ipsis tribus archiepiscopis habita fuit, haud dubium in hanc urbem translata, quod, ut ex Clario observavimus, Raynoldus Remensis antistes, infirmitate detentus extra urbem suam progredi non valeret: atque eo pacto illud concilium, non occasione jam latæ excommunicationis, nam Æduensem synodum præcessit, fuisset indictum; sed quod Philipus id ut fieret in synodo Æduensi, quod re vera contigit, vereretur. Ut ut fuerit, ex laudata Ivonis epistola discimus, Philippum hac sententia exasperatum legatos ad Urbanum misisse, qui *impunitatem hujus flagitii*, sic loquitur Ivo, *à Pontifice postularent*, minas intentaturi, ut nisi Regi ab anathemate soluto *corona*, id est ceremonia cum in præcipuis festivitatibus coronandi in ecclesia restitueretur, eum brevi ab ejus obedientia discessurum. Ivo interea, qui huic concilio interesse noluit, *timens ne quid contra justitiam, aut sedem apostolicam moliretur ille conventus*, quique adulterinas Philippi nuptias palam & privatim, scriptis & verbis, impugnare non cessabat, ab eodem rege ad placitum invitatus, ire recusavit, ob interdictum, ut ipsi Regi scribit epist. 28. ei ab Urbano thorum mulieris adulteræ, quam uxoris loco illegitime habebat: in cujus rei odium idem antistes in carcerem inductus est, & ejus ecclesiæ bona direpta sunt, ut ex variis ejus epistolis patet, non quidem Regis jussu, sed qui hoc ab aliis factum dissimulabat. Immo vero cum Rex eumdem Ivonem ad concilium invitasset, tamen non solum ei, qua de re epist. 35. conqueritur, commeatum providere renuit, sed etiam vetuit, ut ipsemet testatur Ivo epist. 28. ne *ullum* ei, quod tamen præceperat Pontifex, *sacramentum de securitate fieret*. Hinc Ivo tædio affectus, & tot turbarum pertæsus Urbano non semel scripsit, ut ei ab episcopalibus curis absoluto, privatam vitam agere permitteret.

Ceterum Urbanus post concilium Æduense, recepta Philippi legatione, quam ex Ivonis epist. 46. supra memoravimus, remissius cum eo egisse videtur; quod forte hanc causam, quæ sane difficilis erat & maximi momenti, in Placentina synodo accuratius cum ceteris episcopis examinare jam decrevisset: exinde tamen nonnulli episcopi, qui antea Regi plane adversabantur, aliquantum titubare cœperunt, quos Ivo in primo proposito confirmare nisus est. Huc nempe revocari debere non dubitamus ejus epistolam 16. in qua Waltero Meldensi episcopo sic scribit: *Vobis consulo, ut* Regis *conjugium, quod ante factum ratione resistente non laudastis; post factum nec dicto nec facto inconsulte approbetis.* Idem dicendum de ejusdem epistola ad Fulconem Bellovacensem inferius laudanda. Quin & Pontifex, si Hugoni Flaviniacensi credamus, Philippo Trecensi, & eidem Waltero Meldensi episcopis, qui *prævaricati*, ut ille auctor scribit, fuerant, non modo culpam remisit; verum etiam Hugonem legatum suum eo adegit, datis Romæ litteris, ut eos in communione & pacis osculo reciperet. Nemo tamen sibi persuadeat Urbanum umquam illis Philippi nuptiis consensisse, aut saltem cupiditati regiæ, ob humanos timores non

Anno Christi, 1094.

CLXIII.
Urbanus cum Rege moderate agit.

Sed non est prævaricatus.

satis viriliter restitisse ; ut ibi innuere videur Hugo Flaviniacensis. E contrario certum est eum hac in re nunquam à vero & recto deflexisse, ut patet ex ejus epistola ad Raynoldum Remensem archiepiscopum ac ejus suffraganeos ea de re data. Immo ipse Ivo, quem nemo dixerit hac in re Urbano, aut cuiquam hominum pepercisse, epist. 30. ad Fulconem Bellovacensem episcopum, talia fortasse cogitantem, ad perseverantiam adhortatur, eique exemplar litterarum Pontificis post legatorum regis discessum conscriptarum transmittit, ut sciatis, inquit, *quia domnus Papa, etsi non antecedit, non tamen retro cedit.* At qui Regi favebant id spargebant in vulgus; quod ansam præbuit Hugoni Flaviniacensi & forte aliis nonnullis paulo liberius hac occasione de Urbano loquendi, sed immerito plane. Nec defuerunt etiam qui conarentur Ivonem ad Regis partes attrahere, aut saltem ei persuadere ut rem dissimularet. Id probant duæ ejus epistolæ 23. scilicet & 47. ad Widonem Regis dapiferum, qui eum ad concordiam sub hac specie cum Rege ineundam invitaverat, sed incassum. Cœptis quippe fortiter hæsit intrepidus antistes, Urbani litteris, quas ea de re ad archiepiscopos & episcopos Galliarum idem Pontifex scripserat communitus; unde Ivo sicuti semper fecerat, invehi non destitit in eos episcopos, quos credebat Regis pravitati nimium indulgere.

ANNO CHRISTI, 1093.

CLXIV.
Litteræ Urbani ad comitem Tolos. pro Moissiaco, & cœmeterio B. M. Deauratæ.

Pauca antequam hunc annum absolvamus dicenda sunt de nonnullis Urbani epistolis, quæ etsi notis chronicis destitutæ sint, ex iis tamen quæ complectuntur, videntur potius anno præsenti quàm alteri debere illigari. Certe ex iis nonnullæ ultra hunc annum differri non possunt. Prima ex iis est ad Guillelmum comitem Tolosanum, in qua hunc principem laudat Pontifex ob pia quædam ejus opera, & tuitionem in monasteria Moissiacense & Lezatense irrogatam. Tum ei indulget, ut cœmeterio in beatæ Mariæ ecclesia instituto, ibi cum sua omni ejus progenie liceat sepeliri. In hac epistola memorat Urbanus alias litteras à se in Asquilini abbatis Moissiacensis gratiam datas episcopo Caturcensi, quas præ manibus habemus ex eod. ms. in quo *Guillelmo* ejus urbis episcopo inscriptæ

B. URBANI PP. II. VITA.

habentur: sed cum nullus ejus nominis, vivente Urbano, Caturcensi ecclesiæ præfuerit episcopus, vereor ne in referendo eo nomine error in codicem irrepserit, legendum haud dubie *Gerardo*, qui toto Urbani vitæ tempore rexit hanc ecclesiam: unde conjici potest in primariis ejus epistolæ exemplis primam solummodo ejus nominis litteram G. appositam fuisse, quam Amanuenses temere ad Guillelmum pro Gerardo deflexerunt. Certe Aymericum Peyrat abbatem Moissyaci in Chronico qui eas uti ait, refert *ex originale*, sed quod *vix legi* poterat, in multis errasse ex ipso ejus authentico patet, quod in Bibliotheca Colbertina asservatur. Porro ideo has litteras ad præsentem annum revocamus, quod hoc ipso, aut certe anno sequenti, Guillelmus comitatum Tolosæ abjecisse videatur; præcedenti vero, nondum ecclesia sanctæ Mariæ ad sepeliendos comites deputata fuerit, ut patet ex veteri instrumento anni MXCIII. apud Catellum relati: quo post longas inter ecclesias sancti Stephani & sancti Saturnini pro jure cimeterii concertationes, statutum ex partium consensu ab Isarno Tolosano ceterisque comprovincialibus episcopis fuit, ut episcopi, comites, milites, ac eorum uxores ac filii & filiæ apud sanctum Saturninum; ceteri vero omnes apud sanctum Stephanum sepelirentur, nulla beatæ Mariæ mentione facta. Hinc nonnisi post initam illam concordiam, Guillelmus, qui erga sanctam Dei genitricem bene affectus erat, ab Urbano impetrasse dicendus est, ut tam ipse quam sui posteri in ejus percelebri basilica tumularentur: quam Urbani concessionem Paschalis II. ejus successor postea confirmavit. Visitur hodieque in ea ecclesia, vulgo beatæ Mariæ Deauratæ dicta, quæ nostræ congregationi sancti Mauri ordinis Benedictini addicta est, epitaphium unius ex Alfonsi comitis filiis, sæculo sequenti in cunis mortui, marmori inscriptum, in quo Urbani ea de re decretum laudatur his versibus.

Vir sacer URBANUS *Romanus papa secundus*
  Esse cimeterium præcipit hoc Comitum.
Insuper, ut didici, jubet illos hic sepeliri,
  Sacro mandato civibus inde dato.

Anno Christi, 1094.

La Daurade.

Anno
Christi,
1094.

Circa idem tempus monachis Silvæ majoris qui apud sanctum Antonium degebant indulfit Pontifex, ut in propria ecclesia sepeliri possent, contra quam à Simone episcopo statutum fuerat; ut ex ejusdem Simonis instrumento patet, cui S. Geraldus Silvæ majoris abbas subscripsit anno 1095. defunctus.

CLXV.
Bilionensium canonicorum repressa temeritas.

Ad hujus quoque anni finem revocari posse visum est ejusdem Pontificis epistolam Duranno Arvernensi episcopo, qui anno sequenti mortuus est, inscriptam adversus Bilionenses canonicos qui immani sacrilegio ecclesiam, omnemque sacram & communem suppellectilem prioratus sancti Lupi, à Celsinianensi ordinis Cluniacensis monasterio dependentis, diripuerant: Hæc controversia, quam Durannus non composuerat, paulo post ejus mortem recruduit, re ad Guillelmi illius successoris curiam delata. Bilionenses causa prorsus cecidere, ut fusius narratur in veteri instrumento, quod ex chartario Celcinianensi vidimus.

CLXVI.
Urbanus in Fuscia prævalet.

Roma *jamdudum* exierat, ut Bertoldus scribit, Urbanus, cum sub hujus anni finem *natalem Domini in Tuscia gloriosissime celebravit*; ubi indefessum suarum partium defensorem habebat *Dagobertum*, seu Daibertum antistitem Pisanum, quem idem Pontifex, ut diximus, Pallii honore aliisque archiepiscopalibus insignibus ac juribus jam antea donaverat. Octobris initio Pisis versabatur Urbanus, si credimus, & cur iis ea in parte non crederemus? iis litteris, quas Humbaldus Demovicum episcopus falsavit, ut ad initium anni MXCVI. dicemus. Henricus interea,

Henrico in Longobardia infeliciter agente.

id est sub hujus anni finem & sequentis initio, ut prosequitur Bertoldus, in Longobardia morabatur *pæne omni regia dignitate privatus*, quod Conradus ejus filius, qui anno MXCIII. ineunte Rex Italiæ renuntiatus fuerat, Mathildi comitissæ, ceterisque sancti Petri, uti eos appellabant, fidelibus conjunctus, totum robur paterni exercitus in Longobardia obtineret; quare Pontifex cujus res adeo tunc prosperæ erant, hac temporum opportunitate bene utendum ratus, *in media Longobardia*, ait Bertoldus, *in*

Placentina Synodus indicta.

civitate Placentina, inter ipsos schismaticos, & contra ipsos generalem synodum condixit, ad quam episcopos Italiæ Burgundiæ,

B. URBANI PP. II. VITA.

Burgundiæ, Franciæ, Allemanniæ, Bajoariæ, aliarumque provinciarum canonica & apostolica auctoritate missis litteris convocavit. Has ad metropolitanos universos transmissas fuisse, ut ipsi suos suffraganeos cum abbatibus eis subjectis ad concilium invitarent, discimus ex epistola Raynoldi Remorum archiepiscopi ad Lambertum Atrebatensem episcopum ea occasione scripta, quæ adeo inter Urbani epistolas, cum ipsæ pontificiæ litteræ amplius non existant, referetur.

<small>ANNO CHRISTI, 1094.</small>

Pontificem è Tuscia profectum Bononiam adiisse scribit Ghirardaceus, in ejus Urbis historia, ubi asserit eum magno cum apparatu ibi fuisse à civibus susceptum; atque inde abeuntem septum fuisse tribus equitum Bononiensium cohortibus, quæ ipsum Claromontem usque comitatæ fuerunt, præsidii procul dubio simul & honoris causa.

<small>CLXVII. Urbanus Bononiam venit.</small>

Eumdem tunc temporis magno Cardinalium, episcoporum, ac principum Italiæ comitatu stipatum apud Guardescallum, seu ut vulgo appellatur Guastallum, synodum habuisse narrat Sigonius libro 9. de Regno Italiæ; quod etiam alii auctores habent. Et quidem Pandulfus in Urbani vita, inter alia concilia quæ ab eo celebrata fuisse memorat, unum occurrit *Ewardastallense in Langobardia;* in quo factam fuisse præfationem de beata Maria scribit, quæ vulgo ipsi tribuitur. Verum cum nihil ibi statutum fuisse usquam legatur, ob id solum hanc synodum coactam fuisse verisimile est, ut quæ ad Gallicanum iter, & ad concilium Placentinum, quod jamjam Pontifex erat celebraturus, necessaria erant, rite disponerentur. Favet huic conjecturæ, Sigonius ipse, qui eamdem synodum ad hujus anni MXCIV. finem revocat; tum subjungit Urbanum inde profectum magnifico apparatu Canusii à Mathilde comitissa exceptum fuisse. Wardastallum, ac Canusium Pontificem adiisse testis quoque est Ripamontius, cui alii auctores adstipulantur. Nonnulla habet Domnizo de Urbani in Longobardiam adventu, sed locum non exprimit, ubi à Mathilde fuerit susceptus, nec aliam præter Placentinam synodum commemorat. At Ciaconius synodo Placentinæ præmittit aliam *apud Villam-Rastallam super*

<small>CLXVIII. Synodum Guastellensem celebrat.</small>

<small>Canusii à Mathilde excipitur.</small>

170 B. URBANI PP. II. VITA.

Anno Christi, 1094.
CLXIX. Urbanus Cremonæ Privileg. dat S. Ægidio.

ripam Padi, cui Mathildem interfuisse scribit.

Placentiam pergens Urbanus Cremonā transivit, ibique scripsit epistolam ad universos Gotthiæ fideles in gratiam monachorum sancti Ægidii Vallis Flavianæ, quibus Raymundus comes nonnulla restituerat, quæ huic monasterio ipse, & ejus antecessores injuste abstulerant. In Pontificiis ea de re litteris, quæ postea in synodo Placentina relectæ & confirmatæ fuerunt, datis Cremonæ hoc anno XII. Kalendas Martii, mentio fit Herviræ uxoris Raymundi, cujus nomen hic commemoramus, quod illud varie apud varios etiam antiquos auctores referatur. Idem Pontifex privilegium concessit Gissæ abbatissæ monasterii sancti

Et parthen. Cremonensi.

Johannis Evangelistæ prope eamdem Cremonam urbem, quod cum nullum habeat in codice, ex quo illud habemus, chronologiæ notam, huc revocare visum est. Mirum autem est nullam hujus monasterii mentionem inveniri, nequidem apud Lubinum in Notitia abbatiarum Italiæ, cujus conditores fuisse Bernardum comitem, & Bertam ejus uxorem tempore Gregorii VII. ex hoc diplomate discimus.

CLXX. Concilium Placentiæ.

Sub finem Februarii Pontifex Placentiam advenit concilium mox celebraturus, quod hoc anno habitum fuisse omnes consentiunt. Si vero concilium Placentinum auctor Chronici Malleacensis, aliique nonnulli auctores anno MXCIV. consignarint, hac in re secuti sunt veterem Gallorum computandi morem, qui anni exordium à Paschate repetebant. Placentinam ecclesiam tunc regebat, si Ughello credamus, Addo seu Aldus, Henrici Augusti consiliarius, cui post Bonizonem Sutriensem, præmittit ille auctor Vindicium anno MXCI. & Watrium, natione Gallos; quos forte huic Henriciano episcopo Urbanus opposuerat, eo modo, quo ipsius Urbis cives ecclesiæ Romanæ addictissimi, Bonizonem antea adoptarant. Porro ad concilium tanta convenit ex omni natione quæ sub cælo est hominum multitudo, ut eos nulla ecclesia, nullave domus publica aut privata, immo nulla etiam platea urbis continere potuerit: quare Pontifex synodi conventus extra urbem in campo celebravit, ipso testante

In campo celebratam.

Bertoldo, qui etiam paulo inferius scribit ad eam cleri-

B. URBANI PP. II. VITA.

eorum quatuor fere millia, laicorum vero plufquam triginta millia occurriffe. Hinc ejus acta apud Holftenium & Labbeum teftantur *concilium primo ac tertio die in campo fediffe*, quod *tantus populus* ad illud conveniffet, ut nulla eos ecclefia capere valuerit.

Anno Christi 1094.

Hanc fynodum *circa mediam quadragefimam* celebratam fuiffe fcribit Bertoldus, id eft ipfis Kalendis Martii, ut habet vetus codex à Labbeo laudatus, & confentit Domnizo in verfibus, quos in app. referemus. Eam vero diebus feptem perduraffe acta jam laudata perhibent his verbis: *Septimo tandem die poft tractationem diuturnam fynodi capitula prolata, & affenfu totius concilii comprobata fuere.* Certe eam ultra dies octo non productam fuiffe colligimus ex Urbani epiftola ad Noviomenfes data die vii. Idus Martii, poft abfolutam fynodum. At nufquam legitur, quot vel qui epifcopi ei interfuerint: nifi quod in veteri chronico Saxonico, quod mf. habemus, dicatur Henricus in ea fynodo *à ducentis fere Patribus* communione ecclefiaftica privatus fuiffe. Idem teftatur Albertus Stadenfis abbas in fuo chronico. Acta vero quæ modo ex Labbeo laudabamus, habent hanc fynodum *præfidente domino Urbano cum epifcopis & abbatibus tam Galliarum quam & Longobardiæ & Tufciæ* fuiffe celebratam: fed nonnullos quoque epifcopos *ex Allemannia, Bajoaria, aliifque* provinciis huc conveniffe Bertoldus affirmat, ex quibus Dimonem, feu Thiemonem Salifburgenfem archiepifcopum & Udalricum epifcopum Patavienfem ex Bajoaria, Gebehardum Conftantienfem ex Allemannia, & Udalricum Augiæ abbatem data occafione recenfet; certe Udalricus illis temporibus, ut idem auctor fcribit, ab ipfo Pontifice in abbatem confecratus fuit. Aliorum quorumdam antiftitum nomina ex aliis monumentis difcimus. Sic Hoellus Cenomannorum antiftes in actis ejus ecclefiæ epifcoporum, editis tomo 3. Analectorum Mabillonianorum, dicitur eo tempore Romam adiiffe, atque benigne ab Urbano acceptus cum eo *apud Placentiam apoftolico interfuiffe concilio.* Idem colligimus de Radbodo epifcopo Noviomenfi ex epiftola mox laudata; & de Hugone Gratianopolitano, ex epiftolis de controverfia pagi Salmoriacenfis.

CLXXI.
Quo tempore, & quanto.

Qui ei adfuerint.

ANNO CHRISTI 1095.

Haud dubium quin eidem synodo interfuerint Narbonensis & Arelatensis archiepiscopi cum episcopis Nemausensi & Magalonensi, quibus Urbanus Psalmodiensium causæ cognitionem adversus Massilienses sancti Victoris monachos hoc anno commisit, si non fallit instrumentum ea de re confectum. At probabilius est annum MXCIV. pro MXCVI. initio ejus instrumenti irrepsisse. Alios fortasse nobis suppeditabunt alia antiqua monumenta, sed nullum plures indicat quam privilegium sancti Ægidii jam laudatum, quod in hac synodo cum Urbano confirmarunt multi Cardinales, episcopi & tres abbates, quorum nomina huic privilegio subnectuntur. Pontifici in eadem synodo consiliarium adfuisse sanctum Brunonem, parentem Cartusianorum, omnes ferme vulgati auctores tradiderunt, nec animus est hanc opinionem impugnandi; at illis assentiri non possum, qui asserunt huic sancto viro tunc temporis oblatum fuisse à Pontifice archiepiscopatum Rhegiensem in Calabria. Hoc enim ad aliud tempus revocandum esse, ut jam alias diximus, ex eo evincitur, quod tunc ejus ecclesiæ sedes vacua non fuerit. Ut ut sit, certum est Brunonem, etsi Urbanum Placentiam usque comitatus sit, in Gallias cum eo non rediisse; quod forte ei grave fuisset per tot civitates ac provincias pererrare: quare in Calabriam secessit, ubi jam tum ordinis sui fundamenta posuerat, multisque donatus fuerat possessionibus, ut patet ex Rogerii comitis & aliorum instrumentis, quæ passim in libris editis occurrunt.

CLXXII. Quid in ea tractatum.

Auctor est Ordericus Vitalis initio libri 9. Urbanum papam in concilio Placentino *de pace aliisque utilitatibus sanctæ ecclesiæ diligenter tractasse*. Sed quæ hic auctor summatim protulit operæ pretium est paulo accuratius ex aliis scriptoribus, ac potissimum ex Bertoldo, singulatim, prout fas erit, expendere. Ad hanc synodum venerat Praxedis Augusta, à Chronographo Saxonico, quem jam laudavimus, & à Dodechino dicta Adheleidis, cujus ab Henrico imperatore secessum approbarunt Patres, cum ab ea audiissent varias contumelias, *& inauditas fornicationum spurcitias* quas à marito *passa* fuerat. Hinc *commissorum delictorum* quæ nonnisi invita per-

De divortio Praxedis Augustæ.

B. URBANI PP. II. VITA.

petraſſe videbatur, venia ei data eſt, & remiſſa pœnitentia, quæ injungenda fuiſſet ad tantorum facinorum expiationem, quod delicta ſua palam non erubuiſſet confiteri. Hæc vero, recepta in concilio abſolutione, in patriam ſuam reverſiſſe dicitur, ubi recluſa in monaſterio vitæ religioſæ exercitiis operam navans, ſancto fine quievit.

Anno Christi, 1095.

Philippus Francorum rex, qui anno præcedenti, ut diximus, ab Hugone legato ſedis apoſtolicæ ob adulterinas ejus nuptias excommunicatus in Auguſtodunenſi concilio fuerat, *legatione* ad hanc ſynodum miſſa, inducias à Pontifice accepit ad feſtum Pentecoſtes; ipſe vero Hugo, quod ab Urbano vocatus ad ſynodum, nec ipſe, nec ullus ab eo miſſus interfuiſſet, à legationis Apoſtolicæ officio ſuſpenſus eſt.

De excommunic. Philippi regis.

Advenerunt ad eamdem ſynodum Alexii Conſtantinopolitani imperatoris legati, ad implorandam Pontificis & Chriſtianorum principum opem adverſus infideles, qui ad muros uſque Conſtantinopolitanos omnia ſubjugarant. His in concilio expoſitis multi ad expeditionem in has regiones ſuſcipiendam jam tunc ſe adſtrinxerunt; quod famoſæ illius, quæ poſtea in Claromontano concilio decreta fuit expeditionis, aliquod veluti præludium fuit. Et quidem Petrus eremita, ut ſcribunt vulgati auctores hiſtoriæ expeditionum Jeroſolymitanarum, ex oriente reverſus Pontificem, antequam Roma exiret, jam anno præcedenti convenerat, eique nomine patriarchæ Jeroſolymitani expoſuerat, quam neceſſarium foret, ut Chriſtiani principes ſimul in unum conjunctis viribus, ſacram expeditionem ſuſciperent in orientem, ad locorum ſacrorum recuperationem, & tutamen Chriſtianorum, qui in his regionibus poſiti ſub infidelium jugo opprimebantur; quare dum Urbanus abſoluta Placentina ſynodo, aliam celebraturus eadem de cauſa in Gallias veniret, Petrus ipſe varias provincias eo animo peragrabat, ut populorum & potiſſimum virorum nobilium animos ac principes ad has expeditiones amplectendas præpararet.

De ſacri expeditionibus.

Proſcriptæ in eadem ſynodo hæreſes, quæ eccleſiam tunc temporis perturbabant. Præcipuæ erant ſimoniaco-

CLXXIII. Hæreſes proſcriptæ.

rum & eorum qui ab ipsis, quos uti tales noverant, fuerant ordinati; item Nicolaitarum, seu presbyterorum, aliorumque majorum clericorum incontinentium. Renovata sunt etiam ibi, ut refert Bertoldus, dira in *Berengarianam hæresim jam ab antiquo sæpissime anathematisatam; & contra eam sententia catholicæ fidei firmata fuit: videlicet quod panis & vinum cum in altari consecrantur, non solum figurate, sed etiam vere & essentialiter in corpus & sanguinem Domini convertantur.* Denique anathemata *cum candelis ardentibus* in Guibertum & ejus complices, quod jam non semel factum fuerat, iterum pronuntiata & renovata uno omnium patrum voto & consensu fuerunt. Ejusdem & Henrici *facta* damnata à Patribus fuisse narrat Domnizo, qui refert Henrici in Praxedem flagitia in publicum evulgata, multis occasionem deserendi imperatoris præbuisse: quod Urbano animum adjecerat ad iter in Longobardiam suscipiendum, ibique synodum celebrandam. Videsis ejus auctoris versus in appendice.

CLXXIV.
Augiæ episc. Constantiensi subjecta.

Testis est Bertoldus Urbanum in ea synodo *omnem potestatem in clerum & populum Augiensis insulæ* Udalrico Augiæ abbati quem ipsemet eo tempore consecraverat, interdixisse, eamque concessisse Gebehardo Constantiensi episcopo, qui concilio præsens erat; hinc cum paulo post Udalricus *de illa sese intromisisset* litteris Urbani redargutus est. Sed illæ litteræ interierunt.

CLXXV.
Canones de ecclesiæ disciplina.

Præclara etiam in eadem synodo circa mores & disciplinam ecclesiasticam instituta & promulgata fuere, quorum nonnulla capita recenset idem Bertoldus. " Inter alia, " inquit ille auctor, cautum est ut ad pœnitentiam non " recipiantur, qui concubinas & odium ex corde, & quod- " libet mortale peccatum dimittere nollent. Ut nullus " presbyter, nisi proprius episcopus hanc ei curam com- " miserit, quempiam ad pœnitentiam recipiat. Ut iis qui " corpore non vero mente inter excommunicatos moran- " tur, ad confessionem rite venientibus Eucharistia non de- " negetur: modo excommunicatorum sacramentis non " communicaverint. Ut eorum qui ab excommunicatis " ordinati fuerint irrita non sit ordinatio, modo probare " valeant, se nesciisse suos ordinatores fuisse excommuni-

B. URBANI PP. II. VITA. 175

catos: ex quo canone patet ejus concilii Patres non cen- ANNo
suisse ordinationes ab excommunicatis factas, invalidas CHRISTI,
esse. Statutum quoque fuit, ut pro chrismate baptismo « 1095.
& sepultura nihil umquam exigatur: denique ut jejunia «
quatuor temporum custodiantur statis hebdomadis, quæ «
ibi designantur. » Ejusdem concilii canones quindecim ha- «
beri in collectione Anselmi Luccensis episcopi scripsit Baronius, qui reipsa passim in codicibus mss. ejus auctoris
occurrunt, sed id intelligendum est de additionibus ad
hanc collectionem factis; quippe cum Anselmus novennio
ante illam synodum ad cælos abierit. Illi autem canones
Anselmiani, ii ipsi sunt, quos Labbeus ex variis codicibus mss. vulgavit tomo 10. conciliorum: quippe qui omnino
conveniunt cum iis statutis, quæ ex Bertoldo laudavimus.
Iidem passim in variis Gratiani & aliorum compilatorum
decretis occurrunt. Ex his septem priores conditi sunt
adversus simoniacos, aut eos qui ab illis ordines susceper-
rint; quinque sequentes eos tangunt, qui ab ipso Guiberto antipapa, aut ejus complicibus & aliis schismaticis
fuerant ordinati. Decimus quintus, qui in aliquot codicibus desideratur, & tamen laudatur à Gratiano, vetat
ne quis ordinetur absque titulo, aut ne ordinatus in una
ecclesia ad aliam transmigret, neve aliquis duabus in ecclesiis *tituletur*. Addunt nonnulli codices canonem unum
passim à variis auctoribus laudatum, contra clericos qui
investituram dignitatum ecclesiasticarum à laicis recipiunt.

Recepta est apud auctores vulgatos traditio, Urbanum CLXXVI.
papam in hoc concilio decimam præfationem quæ est de Præfatio de
beata Maria, novem antiquis addidisse. Id diserte ha- B. Maria.
betur in veteri codice ms. archimonasterii Remigiani apud
Remos, ab annis circiter quingentis scripto, ubi post relatum sub Pelagii papæ nomine de novem præfationibus
decretum, eadem manu adduntur hæc verba: *Decima
addita fuit in concilio Placentino sub Urbano papa celebrato.* Rem vero sic contigisse ferunt. Cum Pontifex *apud
sanctam Mariam de Campania, vetustissima pietatis templum,
sacris operaretur, ut Deus incœpta concilii bene verteret,
jamque præfationem offerret; repente ex instinctu divino in*

illa dulcissima verba populo demirante prorupit: „ Et te in „ veneratione beatæ Mariæ Virginis collaudare, benedicere „ & prædicare; quæ & Unigenitum tuum sancti Spiritus „ obumbratione concepit, & virginitatis gloria permanente „ huic mundo lumen æternum effudit Jesum Christum „ Dominum nostrum, per quem &c. „ quam præfationem universalis post modum ecclesia adoptando probavit, & etiam nunc retinet. Hanc nonnulli à beato Brunone editam fuisse volunt; at eam ab ipso Urbano *factam* fuisse diserte tradit Pandulfus in ejus vita, non quidem in Placentina, sed in *Evvardestallensi*, ut jam monuimus, synodo. Plura de hac præfatione habet Petrus-Maria Campus in historia Placentina, lib. 12. ad an. MXCV. quæ cum non satis sibi constent, huc referre visum non est.

CLXXVII. Confirmatum ibi privilegium S. Ægidii.

Actum etiam in Placentina synodo de aliquot privatis monasteriorum & aliarum ecclesiarum negotiis. Certe jam supra observavimus Urbani diploma, quo bona quædam monasterio sancti Ægidii à Raymundo comite restituta, coram hujus concilii Patribus recitatum ac laudatum fuisse. Confirmata etiam ibi fuere privilegia monasterii Cluniacensis, ut ipse Pontifex testatur in diplomate ea de re dato post aliquot dies, sancto Hugoni inscripto. Litem de Salmoriacensi pago inter Guidonem Viennæ & Hugonem Gratianopolis episcopos jam in variis conventibus, ut diximus, ventilatam, in hac quoque synodo agitatam fuisse discimus ex ipsius Hugonis libello, in quo refert Pontificis epistolam ad Guidonem datam Placentiæ die IV. Idus Martii, ut eum ad meliorem sensum revocaret. Sed frustra; at die præcedenti scripserat Pontifex ad Robertum Flandriæ comitem, ut Lamberto episcopo Atrebatensi suppetias ferret, ad recuperanda suæ ipsius ecclesiæ bona, quæ ob ejus cum ecclesia Cameracensi unionem distracta fuerant. Hac etiam ipsa die, ut codex noster ms. præfert, alias litteras scripsit idem Pontifex Gualchero electo Cameracensi, ut ne impetraret quod à sede apostolica de divisione Cameracensis & Atrebatensis ecclesiarum constitutum fuerat; ex quibus epistolis colligere licet actum quoque fuisse in concilio Placentino de restitutione Atrebatensis eccles. jam in multis conciliis confirmata.

Cluniacense.
Lis de pago Salmoriac.

B. URBANI. PP. II. VITA.

Hæc de negotiis quæ in ipsa synodo tractata fuerunt, quantum licuit collegimus, at hinc inferre non licet epistolas quas laudavimus durante adhuc concilio conscriptas fuisse, cum certum sit ex ea, quæ ad clerum & populum Noviomi de Radbodo episcopo data est, hanc synodum solutam fuisse die VII. iduum Martii. In ea quippe Urbanus scribit se Radbodum remandare ad suam ipsius urbem, cum ad concilium, quod, inquit, *Placentiæ annuente domino egimus, pervenisset.* Pontifex itaque non statim post concilii finem Placentia excessit, sive quod nondum omnia ad ejus iter Gallicanum necessaria disposita essent, sive propter alias quasvis rationes, quas divinare nihil interest. Eo vero temporis spatio, quod ibi exegit, de variis rebus litteras scripsit, quarum nonnullas, quod ad synodum Placentinam spectarent, supra memoravimus. De ceteris vero juxta temporis seriem paucis hic agendum.

Primo occurrit nobis insigne privilegium Hirsaugiensi monasterio, quod Gebehardus sancti Willelmi discipulus, cui inscriptum est, tunc regebat, concessum die VIII. Idus Martii, proindeque ultimo concilii Placentini die, aut certe, si intra dies septem absolutum fuit, die proximo post ejus celebrationem. Nihil autem mirum est Urbanum monachis Hirsaugiensibus adeo favisse, cum certum sit neminem in Germania ferventiorem illis in insequendis verbo & scripto schismaticis fuisse, ut ex apologia Henrici Augusti patet à Frehero in collectione authorum Germanicæ historiæ edita. Quin & Hirsaugiense monasterium semper tutissimum azilum tempore Willelmi abbatis, fuisse omnibus qui pro Gregorio VII. stabant, discimus ex ejusdem sancti vita, quæ sæculo VI. Benedictino vulgata est. Trithemius aliique nonnulli aliud etiam vulgarunt ejusdem loci privilegium, sed multo minoris, si recte judico, auctoritatis, quod tamen omnino omittere visum non fuit, ne quod alii pro legitimo habuerint, temere videar rejecisse. Maxime quod Trithemius in ejusdem loci chronico testetur hoc ipsum à Richardo Moguntino metropolitano probatum & admissum fuisse.

Die sequenti, id est nona Martii, scripsit Urbanus epistolam ad Noviomenses quam jam non semel laudavimus,

Tom. III. Z

ANN. CHRISTI, 1095.
CLXXVIII
Synodo absoluta ibi varia concedit privilegia.

Hirsaugiense.

Item aliud

Epist. ad Noviomenses.

pro Radbodo eorum episcopo, ut eum in paftorem recipiant. Et quidem eum nemo, quamdiu in curia Romana fuerat verfatus, cujufquam criminis accufaverat.

Poft duos dies, fcilicet undecima ejufdem menfis Martii, idem Pontifex epiftolam unam, Gualcherio electo, Cameracenfi, & alteram Roberto comiti Flandriæ, confcripfit in gratiam Atrebatenfis ecclefiæ, ut diximus numero præcedenti. Has fequitur ejufdem Pontificis epiftola ad Guidonem Viennenfem archiepifcopum occafione Salmoriacenfis pagi, itidem fuperius laudata, quæ IV. Idus id eft XII. die Martii confcripta fuit.

Pridie Idus ejufdem menfis Urbanus varias poffeffiones à Gotofredo epifcopo conceffas Magalonenfibus canonicis qui regularem vitam juxta regulam fancti Auguftini, amplexi fuerant, confirmavit, data eis fua *benedictione*, & *peccatorum abfolutione*. Hujus refcripti, meminit Antonius de Verdalla ejufdem ecclefiæ epifcopus, qui fedis fuæ antiftitum hiftoriam fcripfit editam tomo I. Bibliothecæ Labbeanæ. An vero Gotofredus ipfe, qui forte tunc Placentiæ erat, illud ipfe impetraverit, non exprimitur, quod tamen verifimile eft, cum ipfe multum defudaffe dicatur in reftituenda ecclefiæ fuæ canonicorum regulari vita.

Hoc privilegium aliud fequitur ampliffimum quod poft duos dies, id eft XVI. Martii, fancto Hugoni Cluniacenfi abbati Pontifex indulfit. In eo recenfentur ecclefiæ eidem monafterio in variis provinciis fubjectæ, confirmanturque omnia alia privilegia fuperiorum Pontificum; tum interdicit, *ficut*, inquit Pontifex, *à Gregorio in Romana fynodo*, & *nuper à nobis in Placentina ftatutum* fuerat, cuilibet archiepifcopo, epifcopo, aut etiam legato apoftolico omnem facultatem Cluniacenfes interdicendi vel excommunicandi, aut cognofcendi eorum caufas, poteftatem vero utendi mitra & aliis pontificalibus ornamentis, quæ jam Hugoni abbati pro octo feftivitatibus præcipuis conceffa fuerat, Pontifex ad illius quoque fucceffores extendit.

Adhuc Placentiæ erat Urbanus initio Aprilis, ubi pridie nonas ejufdem menfis fimile fere privilegium monafterio sancti Victoris Massiliensis concessit, Richardo Cardinali & abbati inscriptum, qui diu apostolicæ sedis legati munere functus fuerat in Hispania. Datum in nostris exemplis dicitur anno MXCVI. sed mendum est ab Amanuensibus commissum, quod facile ex aliis chronicis notis sanari potest, nisi annus, ut in plerisque aliis hujus & sequentis anni diplomatibus observare licebit, ibi à Martio mense præcedenti, in isto privilegio inchoetur.

CLXXIX. Richerus episc. Virduni Urbano paret.
Quo tempore hæc in Italia agebantur, Richerus, qui ab annis septem in Virdunensem episcopum electus, baculum ab Henrico Augusto acceperat, ad Hugonem Lugduni archiepiscopum accessit, à quo post ejuratum schisma, consecratus est ipso die sancto Resurrectionis Dominicæ, ac paulo post, Dominica scilicet secunda post Pascha, Virduni cum ingenti civium applausu susceptus fuit, agente Rodulfo sancti Victoris abbate, qui Urbani partium erat defensor acerrimus. Hæc discimus ex Laurentio de Leodio in historia ejus urbis episcoporum, quæ tomo 12. Spicilegii Acheriani edita est.

CLXXX. Urbanus à Conrado rege excipitur Cremonæ.
Pontifex vero Placentia initio Aprilis egressus, multas urbes, ut habet Domnizo, peragravit; ac primo, ut quidem exigere videtur itineris series cum antiquorum auctorum relationibus composita, Cremonam rursus adiit, ubi Conradum Henrici filium Italiæ regem IV. idus Aprilis, ut Bertoldus refert, habuit obvium, qui ei *stratoris officium exhibuit*, ac *fecit fidelitatem juramento de vita, de membris & de papatu Romano.* Urbanus vero *recepit illum in filium sanctæ Romanæ ecclesiæ, eique consilium & adjutorium ad obtinendum regnum, & coronam Imperii adquirendam coram populo firmissime promisit, salva quidem justitia illius ecclesiæ & statutis apostolicis; maxime de investituris in spiritualibus officiis à laico non usurpandis.* Hæc cum accepisset Ivo Carnotensium antistes litteras Pontifici scripsit quibus ei gratularetur. Huc enim revocandam esse non dubito ejus epistolam 43. ipsi Urbano inscriptam, in qua *gaudium suum nullis syllabarum metis explicari posse affirmat,* „quod audierit Romanam ecclesiam sub ejus regimine ita prosperare, ut ad portum pene pervenerit, Italiæ regnum jam diu rebelle in conspectu

ejus totum pene conticeat, & novus Rex, (proculdubio Conradus) sese omnino ad Dei, ejusque voluntatem in ejus manus dederit. Et quidem, ut observavit Sigonius, cum Henricus imperator ex Italia excessisset, brevi omnes ad Conradi partes accurrerunt, cum jam initio hujus anni, ut ex Bertoldo diximus, idem princeps Mathildi junctus totum paterni exercitus robur obtinuisset.

ANNO CHRISTI, 1095.

CLXXXI. Welpho in Mathildem movet.

Novum tamen hostem eo tempore sustinere compulsa Mathildis, Welphonem scilicet patrem, ducem Bavariæ, qui ægro animo ferens Welphonem suum filium à Mathildis ejus uxoris thoro *sequestratum* vivere, veritus ne eo pacto bonis ejus frustraretur, ad Henricum descivit, ut ea bona si non sponte, vi saltem ab ea extorqueret; sed irriti fuere ejus conatus. Mathildis quippe animo imperterrita, artes ejus elusit & potentiam fregit, nec mirum. Illa enim uti refert Willelmus Malmesburiensis, qui nec Urbano, nec Mathildi favere consuevit, *oblita sexus, nec dispar antiquis amazonibus, ferrata virorum agmina in bellum agebat femina.* Nec felicior in Alemannia Welpho fuit, ubi multum, teste Bertoldo, cum aliis principibus nonnullis frustra laboravit in procuranda Henrici restitutione in regnum.

Conradus Rogerii comit. filiam uxorem ducit.

Interea Conradus, crescente in dies ejus potentia, Pisas cum apparatu regio adiit, ibique Rogerii comitis Siciliæ & Calabriæ filiam cum *inaudita pecunia* in sponsam accepit: quod Urbani & Mathildis consilio factum fuisse testatur Gaufridus monachus libro 4. ubi litteras à Pontifice ea occasione ad Rogerium scriptas commemorat. Sed hæ exciderunt, summa earum ex illo auctore hæc erat: Urbanum Rogerio scripsisse *sibi magno honori & proficuo futurum, si filia filio regis futuro sponso jungatur; & juvenis sanctæ Romanæ ecclesiæ fidelitate adhærens, sed sumptibus, quibus contra patrem, qui eum injuste oppugnabat, minus sufficiens quos pater cum filia daret, viribus victus* * *ad degellandos inimicos sanctæ Dei ecclesiæ prævaleret.* Quod à Rogerio præstitum fuisse subjungit, missa ad hanc rem ingenti classe *cum multis thesaurorum exeniis.*

† F. auctus.

CLXXXII. Petrus rex Aragonum sedi apost. addictissimus.

Hoc ipso tempore suscepit Urbanus litteras à Petro Aragonum Rege, quibus ille præter obedientiam filialem papæ debitam, sese etiam obligabat ad census illius solutionem, quem olim suus pater Sancius tempore Gregorii VII. sedi apostolicæ reddendum instituerat. Has litteras ex Johanne Briz Martineio abbate Pennatensi laudat vir illustrissimus Petrus de Marca in historia Bearnensi, easque hoc anno scriptas fuisse dicit. Et quidem hunc annum præfert insignis Urbani bulla, harum litterarum occasione, uti videtur, in ejusdem regis gratiam data. In ea Urbanus Regem de ejus in ecclesiam reverentia & propensione gratulatur; tum conqueritur, quod nonnullos antistites, qui ei favere debuissent, adversarios pateretur; ac denique multa ei ejusque prosapiæ principibus, ac aliis regni proceribus præclara jura concedit in ecclesias, quas vel liberaverint à Sarracenorum jugo, aut certe de novo extruxerint. Hoc privilegium, ex historicis Hispanicis dabitur inter Urbani epistolas; in quo quidem satis sibi constant chronicæ notæ, sed id habet incommodi, quod datum dicatur *Romæ* XVI. Aprilis hujus anni: quo tempore certum est Urbanum in Langobardia versatum fuisse. Johannes etiam ibi *præsignator domini Urbani* dicitur, quem titulum, ut observavimus, primis tantum Urbani annis, quibus Petrus nondum regnabat, usurpavit. Verum hæc ex Amanuensium incuria provenire potuerunt: quod eo verisimilius est, quo cetera in hoc monumento rerum veritati, & temporum circumstantiis apprime conveniant.

Varias tunc peragrabat Langobardiæ urbes Pontifex, teste Bertoldo, ut nempe eas sibi devinciret, ac sua præsentia confirmaret; nec post suum in Gallia discessum ab eo deficerent. Certe in illis partibus versabatur cum Lutolfus Tullensis ecclesiæ decanus ab eo privilegium impetravit pro monasterio à se recens condito prope eamdem urbem in honorem beati papæ Leonis IX. qui ante adeptum pontificatum Tullensis episcopus fuerat. Eo in loco canonicos regulares Augustinianos sub *præpositi* regimine instituerat Lutolfus, sed hunc præpositum Tullensis antistes postea in abbatem solemniter consecravit. Quid vero in Urbani privilegio contineretur, haud certum est; cum ejus exemplar recuperare non licuerit; at ejus occasione rem notatu dignam observavit Bertoldus: nempe hunc morem primo in illis partibus invaluisse, ut monasteriorum clericorum, quæ Romani *canonica* appellabant, rectores, antea *præpositi* solum dicti, nominarentur abbates, eoque titulo consecrarentur, hoc tantum excepto, quod baculos non gestarent. Hic usus postmodum in alias quoque regiones penetravit, & canonicorum regularium præpositi deinceps non modo dimisso præpositi titulo sese abbates nuncupaverunt, sed etiam mitræ usum & alia abbatum insignia, permittentibus Pontificibus, ut alii, usurparunt. Videsis Rupertum libro 4. in Regulam sancti Benedicti, ubi epistolam ea occasione à Friderico archiepiscopo Coloniensi scriptam refert.

Mediolani magnam mensis Maii partem exegit Urbanus, ubi die XXI. regulares canonicos, quos Petrus Carcassonensis episcopus in sua cathedrali aliisque ecclesiis instituerat confirmavit, dato ea de re rescripto, cui aliud olim subjungetur post aliquot dies ad clerum & populum Salmoriacensis archidiaconatus datum, quo eis præcipit Pontifex, ut episcopo Gratianopolitano obediant, donec aliud à sede apostolica decretum fuerit. At jam ab initio hujus mensis Urbanus Mediolanum advenerat, si non fallunt vetera monumenta ecclesiæ Autisiodorensis, in quibus legitur Humbaldum ejus urbis episcopum ab ipso Pontifice Mediolani VI. nonas Maii ordinatum fuisse: & quidem hoc anno, ut habet breve chronicon à Labbeo editum tomo 1. Bibliothecæ novæ, cui consentiunt antiqua alia documenta. Hinc emendare oportet chronicum Hugonis monachi sancti Mariani ejusdem urbis, ubi legitur Humbaldum anno MXCVI. post Robertum ecclesiam Autisiodorensem rexisse. Si tamen hæc verba de ejus regiminis initio accipienda sint; aut si annum non inceperit à mense Martio. Hunc enim calculum plerique alii auctores Gallicani, maxime cum de Urbani itinere agitur, secuti fuerunt. Quod vero in gestis abbatum sancti Germani legitur primo Humbaldi regiminis anno, concilium Nemausense ab Urbano fuisse celebratum, intelligi debet de Humbaldi inthronizatione: quippe qui mense Maio in Italia consecratus, ante Julium mensem suæ sedis possestionem inire non potuit à quo tempore ejus regiminis annos ille auctor repetiit. Ut ut sit, cum constet eum ante Urbani iter in Galliam Mediolani fuisse consecratum, ejus ordinatio ultra Maium hujus anni differri non potest. De ea sic habet historia episcoporum Autisiodorensium cap. 53. à Labbeo edita loco laudato. *Humbaldus à clero & populo civitatis* Autisiodori *in Pontificem eligitur; electus quidem apud Mediolanum Italiæ civitatem à clericis papæ Urbano, qui pro quibusdam à sana doctrina declinantibus in Lombardiam descenderat, consecrandus præsentatur, & ab eodem ibidem consecratus ad propriam civitatem reducitur,* &c.

At præ ceteris quæ Mediolani peregit Urbanus, celebris inprimis fuit Arnulfi ejusdem urbis archiepiscopi restitutio; seu, ut verius dicam, prima ejus institutio in hac sede, ad quam biennio antea electus fuerat. Is nempe, ut narrat Bertoldus, anno MXCIII. in locum Anselmi defuncti substitutus, à legato apostolico interdictus fuerat, quod anulum & baculum ab Imperatore recepisset; quam pœnam æquo ille animo ferens in monasterium secessit noxam hanc expiaturus, ibique vixit privatus, donec, concedente Romano Pontifice, ut habet idem Bertoldus, à Thiemone Salisburgensi archiepiscopo, Udalrico Pataviensi & Gebehardo Constantiensi episcopis, qui ad concilium Placentinum properabant, consecratus, ac paulo post ab Urbano pallio donatus plenam suæ ecclesiæ possessionem adeptus fuerit. In veteribus ejusdem ecclesiæ antistitum catalogis mss. legitur, referente Puricello, Arnulfum *in festo sancti Georgii super quodam equo albo sedentem una cum confanonariis Mediolanensibus numero duodecim ab ecclesia sancti Dionysii in sedem suam processisse.* Et quidem ejus, ac Urbani paulo post Mediolanum adventus ita rerum statum ea in urbe mutavit, ut ejus cives Urbani *auctoritate*, inquit Sigonius, *victi, qui antea inter se decertabant, veteribus positis simultatibus, in gratiam tanta animorum facta mutatione redierunt, ut nobiles ac populares oscula inter se per fora ac vias, manantibus præ gaudio lacrymis,* darent. Hæc ille auctor, qui tamen fallus est, ut jam ad annum MXCIII. observavimus, scri-

ANNO CHRISTI, 1095.

Arnulfus Mediolanensis.

Anno Christi, 1095.

bendo Arnulfum ob id à Catholicis episcopis. tunc, ut putat, reordinatum fuisse, quod ab uno tantum episcopo Catholico manus imponente consecratus fuisset. Ceterum Arnulfus, si Ughello, Ripamuntio & aliis nonnullis vulgatis auctoribus credatur, Urbanum in Galliam proficiscentem comitatus est, ac concilio Claromontano cum eo interfuit. Verum priusquam ex ea urbe excederent, Herlembaldi seu Hernebaldi cujusdam martyris, Catholicorum ea in urbe ducis, qui tempore Gregorii VII. à schismaticis interemtus fuerat, corpus transtulere in ecclesiam sancti Dionysii, ubi juxta alterum istorum temporum martyrem, Arialdum nomine, diaconum Mediolanensem depositum est. Ejus epitaphium ex Ughello, huc referre visum est, sed mirum videri potest ejus memoriam nusquam in Martyrologiis reperiri, sic vero habet.

Herlembaldi translatio.

Hic HERNEBALDUS miles Christi reverendus
Occisus tegitur, qui cæli sede potitur;
Incestos reprobat, simonias & quia damnat,
Hunc veneris servi perimunt simonisque maligni.
Urbanus summus præses dictusque secundus,
Noster & Arnulfus, pastor pius atque benignus,
Hujus ossa viri tumulant beati.

CLXXXV. Urbanus Comi dedicat ecclesiam.

Initio Junii Urbanus Comum venit, ibique ecclesiam sancti Abundii ejusdem urbis episcopi & patroni, *quem præcipua religione*, ait Sigonius, *illa civitas colit, magna cerimonia* dedicavit; & quidem tertia die Junii, ut fert antiqua ejus urbis traditio, cui rerum gestarum series omnino convenit. Inde progressus pervenit Vercellas, uti colligimus in historia Jerosolymatana Alberti canonici Aquensis. Tum Astam Liguriæ urbem adiit, si vera est antiqua patriæ traditio, qua dicitur ejus urbis majorem ecclesiam ab eo Pontifice consecratam fuisse. Id quidem Ughellus ad annum sequentem refert, in reditu Urbani è Gallia. At verisimilior est Augustini ab Ecclesia opinio, censentis hanc dedicationem Pontificem celebrasse ante suum in Gallias adventum, quam tamen ineunte anno

Et Astæ.

B. URBANI PP. II. VITA.

anno MXCVI. confignavit, fecutus fortaffe infcriptionem ab Ughello relatam, quæ eumdem annum præfert, haud dubie juxta Pifanum calculum, quo annus à Martio præcedenti inchoatus annos vulgares menfibus novem prævertit. Et quidem dies *Kalendarum Juliarum*, quo hæc dedicatio facta fuiffe dicitur in illa infcriptione, anno MXCVI. convenire non poteft: certum quippe eft Urbanum ea die anno MXCVI. adhuc in Gallia exftitiffe. En ipfa infcriptio, qualem illam Ughellus ex veteri Kalendario, ut ipfe ait, retulit tomo 4. Italiæ facræ in catalogo epifcoporum Aftenfium. *Kalendis Julii anno D. incarnationis* MXCVI. *dicata eft Aftenfis ecclefia à D. Urbano papa, qui omnibus vere pœnitentibus & confeffis ad dictam ecclefiam, & reverentiam Dei, & beatæ Mariæ Virginis venerint in die dedicationis ipfius, & per totam octavam unum annum, &* XL. *dies de injuncta pœnitentia relaxavit & indulfit D. vero epifcopus Aftenfis,* XL. *dies.* Jam vero utrum hæc infcriptio, omnino certa fit & antiqua, aliis judicandum relinquo. Otto tunc ecclefiam Aftenfem regebat, cujus invitatu Urbanus hanc ecclefiam dedicaffe dicitur apud Ughellum, intercedente Brunone Signenfi epifcopo, Urbani comite individuo & fideli amico, qui in urbe Aftenfi natus, & ejus ecclefiæ canonicus fuerat antequam epifcopus creatus fuiffet. Cum vero ibi adhuc effet Pontifex, privilegia monafterii Fructuarienfis, cui tunc præerat Ubertus feu Guibertus abbas, confirmavit & ampliavit, fi Auguftino ab Ecclefia credamus: qui id afferit in chronologia Pedemontana cap. 27. at fallitur, in anno MLXXXIX. defignando, quo id contigiffe fcribit, quamquam hunc errorem deperdito hocce privilegio, certo emendare difficillimum fit.

Etiam Pinariolo Urbanum tranfiffe conjicimus ex bulla hoc anno conceffa Uberto abbati beatæ Mariæ monafterii prope hanc Urbem fiti, qua ei omnia bona confirmantur, quæ ab Adelaide comitiffa & aliis quibufvis collata fuerant. Tum vetat Pontifex ne quidquam ex illis à quovis hominum in pofterum diftrahatur. Non licuit hujus diplomatis exemplum habere; quamvis ea de re femel & iterum per amicos Pinariolum fcribi curavimus, haud

ANNO CHRISTI, 1095.

dubie quod istud monasterium, nunc à Fuliensibus possessum, in hesternis bellis conflagraverit. An etiam Clusinum celebre sancti Michaelis monasterium inviserit tunc Pontifex incertum est: at constat ex subsequentium Pontificum bullis hunc locum privilegio Urbani donatum fuisse, sed quod deperditum est.

Hæc de Urbani gestis antequam in Gallias adveniret, quantum licuit, ex variis documentis collegimus, quid vero præstiterit in hoc itinere dicemus, postquam nonnulla præmiserimus de Anglicanis rebus, valde hoc anno occasione sancti Anselmi perturbatis.

CXXXVI.
Anglicanæ turbæ ob S. Anselmum.

Deficientibus itaque ferme universis ab Henrico ejusque pseudopontifice Guiberto, quem Clementem III. appellabat, solus supererat Guillelmus cognomento Rufus Angliæ rex, qui licet Guiberto non obtemperaret, Urbanum tamen nondum pro legitimo Pontifice palam agnoscere voluerat; adeo ut *duo essent, ut in Anglia ferebatur,* inquit Eadmerus libro 1. Novorum, *qui dicebantur Romani Pontifices, Urbanus & Clemens,* quæ res in tantum Angliæ ecclesiam occupavit, ut à morte Gregorii VII. per plures annos *nulli loco papæ subdi aut obedire voluerit.* Contestatus tamen fuerat Anselmus coram Rege ipso & universi regni ordinibus, cum in archiepiscopum anno MXCIII. expetitus fuisset, se numquam nisi soli Urbano obediturum atque ea conditione Cantuariæ thronum conscenderat; at Rex ei infensus, ut jam diximus, ejus monita veluti injurias aversabatur. Unde cum ab eo recens in Angliam reverso Anselmus hoc anno Pontificem
» adeundi licentiam *pro pallii petitione* proposuisset, ac sci-
» citanti ipsi quem Papam vellet adire, Urbanum respon-
» disset: ad Urbani nomen infremuit Rex, dixitque, ut
» Eadmerus ceterique Anglicani scriptores referunt, se hunc nondum *pro Apostolico recepisse,* ac *nec suæ nec paternæ consuetudinis esse, ut absque sua electione alicui liceret in regno suo Papam nominare.* Cumque Anselmus è frustra conaretur in memoriam revocare, quod apud Rovecestram, cum in archiepiscopum peteretur, contestatus fuisset se numquam ab Urbani obedientia discessurum; & ex altera parte Rex ipse Anselmo persuadere

non posset, omnimodam sibi fidem & obedientiam deberi, etiamsi Urbanum pro Pontifice non haberet, visum est rem ad generalem totius regni episcoporum & procerum conventum referre.

Habitus est hic conventus anno MXCV. Rochingamiæ, die v. Idus Martii, in quo Anselmus, teste Eadmero, qui hæc fusius narrat, tanta cum animi constantia ac vigore episcopali de sua ipsius electione & de obedientia Pontifici Romano, tum etiam Regi debita peroravit, ut re quam volebat Rex infecta, conventus post triduum fuerit solutus, dataeque sint induciæ ad Pentecosten; episcopis inter ea plerisque Anselmo, cui videbant Regem esse infensum, obedientiam, quod laici proceres non fecere, denegantibus. Anxius quid in tanto rerum discrimine ageret Anselmus, sedem dimittere meditabatur, cum nulla spes affulgeret, ut ei videbatur, flectendi Regis animum, nec obtinendi ab eo licentiam adeundi legitimum Pontificem, à quo nondum pallium exceperat. Consuluit ea de re Hugonem Lugduni archiepiscopum, qui tunc temporis Pontificis vices in Galliis agebat, scripta ad eum epistola, quæ est 24. libri 3. in qua ei Anglicanæ ecclesiæ statum egregie repræsentat. Verum cum hæc animo agitaret, duo clerici, quos Willelmus, Anselmi constantiam frangi posse desperans, Romam miserat, ut explorarent Urbanus an Guibertus ibi potentior esset, in Angliam rediere cum Waltero cardinale Albanense, qui pallium afferebat, Urbani nomine Anselmo archiepiscopo destinatum, quæ res spem aliquam pacis habendæ attulit: Rex quippe statim edixit, ut in tota Anglia solus Urbanus pro vero & legitimo Pontifice haberetur.

Verum cum omisso Anselmo legatus ad Regem pallium detulisset, speravit ille, se ab archiepiscopo pecuniam aliquam accepturum, eam saltem summam quam si Romam archiepiscopus adiisset, fuisset in eo itinere expensurus, aut saltem sibi redderet, quidquid ipse ad pallium ab Urbano impetrandum insumserat; sed nihil ab Anselmo extorqueri potuit. Immo cum ab eo petitum fuisset, ut *pro regia majestatis magnificentia* pateretur saltem sibi à Rege pallium solemniter imponi, illud quoque plane renuit sanctus

ANNO CHRISTI, 1095.

Conventus Rochinghamiæ.

Anselmus Hugonem Lugd. consuluit.

Pallium Romæ allatum.

Anno Christi, 1095.

antistes, contestatus se nec pecunias ullas pro pallio umquam daturum, nec umquam commissurum, ut sibi à quoquam hominum illud tibi imponatur. Et quidem ita factum fuit. Etenim post varias hinc & inde concertationes, quas Eadmerus, Willelmus Malmesburiensis & alii passim auctores referunt, tandem convenit inter partes, ut pallium supra altare deponeretur, illudque exinde assumtum Anselmus, sibi ipsi aptaret; atque ita Anselmus absque ullo simoniæ nævo, pallium suscepit; & Urbanus absque ecclesiasticæ libertatis jactura, à Rege & populis pro vero & legitimo Pontifice in Anglia haberi cœpit.

Quo ritu illud acceperit.

Scribit Willelmus Malmesburiensis Waltero Cantuariam venienti, qui pallium in arcula argentea deferebat, Anselmum inter populorum applausus nudipedem, & sacerdotalibus vestibus redimitum obviasse; cumque pallium supra altare sancti Salvatoris fuisset depositum, illud sibimetipsi super humeros aptavisse, ac demum processisse ad sacra peragenda: quod cum die Dominica IV. Idus Junii factum fuisse observaverit; id hoc anno MXCV. quo hæc dies incidebat in Dominicam, contigisse constat.

Scribit Papæ.

Accepto pallio Anselmus Urbano epistolam scripsit, hæc est 37. libri 3. ut ei ob tantum beneficium gratias referret, excusaretque se, quod Romam illud ab eo ipso recepturus non accessisset: sed hic mirare beati viri modestiam & caritatem, qui inter alias excusationis causas, ne verbum quidem habet de molestiis, quas ea occasione à Rege & episcopis gravissimas pertulerat.

CLXXXVII. Anglia pacata Herbertus episcop. Thetford. restituitur.

Exinde vero liberum fuit inter Urbanum & Anglos commercium, & Herbertus qui, quod Urbanum Pontificem agnovisset, sede sua pulsus à regiis ministris fuerat, eam recepit. Hic è monacho Fiscamnensi abbas Ramesiensis factus episcopatum Thetfordensem haud sine simoniæ suspicione adeptus fuerat; cumque ea de causa Romam adiisset, ut sese Urbani censuræ subjiceret, à Rege increpitus fuerat, & baculo, quem ei pœnitenti reddiderat Pontifex, privatus. Sed rebus eo modo quo diximus, compositis, sedi suæ relictus est, quam anno sequenti, Norwicum, constructa ibi nova basilica, transtulit, eamque usque ad mortem pacifice tenuit. Circa idem tempus

B. URBANI PP. II. VITA.

Willelmus prior sancti Ivonis in comitatu Huntidoniensi à Rameliæ abbatia pendentis privilegium accepit ab Urbano, quo omnes ejus loci possessiones ac immunitates confirmantur. Illud habetur in monastico Anglicano, ubi nullam chronicam notam habet. Idem Pontifex, ut habet Eadmerus, concessit monachis abbatiæ Belli apud Excestriam commorantibus, ut in proprio monasterio sepelirentur. Litteras ea de re ab Urbano scriptas ad Osbernum episcopum Excestriensem laudat Paschalis II. epist. 57. sed illæ exciderunt. Certe ejus loci monachis infensos fuisse clericos Exonienses discimus ex ipso Anselmo lib. 3. epist. 20. ad eumdem Osbernum, ubi eum adhortatur, ut monachos de *Batailla* in ejus urbe commorantes adversus clericorum injurias tueatur, eisque permittat, signa ad officium divinum pulsare, ut ordo monasticus, quod ille fieri prohibebat, exigit. Sed jam ad Urbani Gallicanum iter revertendum est.

Anno Christi, 1095. Privileg. monast. S. Ivonis. Monast. Belli.

Urbanus itaque Alexii Græcorum imperatoris precibus, ut Guibertus testatur initio libri 2. historiæ Jerosolymitanæ, aliique passim auctores consentiunt, excitatus ac multo magis *generalis Christianitatis* periculo, quæ quotidianis barbarorum incursionibus deperibat, incensus, immo & sacrorum locorum recuperandorum, quod omnes efflagitabant, desiderio potissimum actus, rebus in Longobardia *bene dispositis, marino itinere*, uti habet Bertoldus, seu *transscensis Alpibus*, quod alii passim auctores volunt, *in Gallias divertere cœpit*; & quidem mense Julio vertente, ut ex Hugone Flaviniacensi colligere licet. Nam is in chronico refert Hugonem Lugduni archiepiscopum die tertia ante octavam sancti Johannis Baptistæ ex urbe Compostella reversum *nuntios habuisse Papæ urbis de Apulia venientis & ad Gallias festinantis*. Favet etiam traditio Astensium, qui uti diximus, putant majorem suæ urbis ecclesiam Kalendis Julii hujus anni ab Urbano in Gallias properante consecratam fuisse: unde falli necesse est eos, qui aiunt quod nemo veterum dixit, Pontificem in pervigilio Apostolorum Petri & Pauli Magalonam hoc anno advenisse; & quidem id ad sequentem annum referri debere suo loco ostendemus.

CLXXXVIII Urbanus transit in Gallias.

Mense Julio.

B. URBANI PP. II. VITA.

Anno Christi, 1095.
CLXXXIX Anicii festum Assumtionis celebrat.
* Le Puy en Velay.

Id porro certum est ex Bertoldo, aliisque auctoribus, Urbanum, qui in Gallias ad celebrandum concilium advenerat, apud Anicium Vallavorum urbem vulgo Podium * dictam, Assumtionem Deiparæ Virginis celebrasse. Consentit Gaufridus prior Vosiensis in chronico tomo 2. Bibliothecæ Labbeanæ, ubi addit Urbanum, quem *virum prædicandum* appellat, *per Burgundiam & Franciam in Gallias venisse*, quibus verbis totum ejus iter comprehendit, quod ab eo ante concilium Claromontanum confectum est. Si tamen non fallit chronica nota epistolæ ipsiusmet Pontificis ad Lambertum Atrebatensem episcopum, ille jam sub medium Julii Anicii versabatur; hæc quippe dicitur *data* in ea urbe XVIII. *Kalendas Augusti*. At fallor ego ipse, nisi legendum sit XVIII. *Kalendas Septembris*, quæ ipsa dies est assumtionis beatæ Mariæ, ab auctoribus ejus ævi, uti diximus, memorata. Et quidem mendum hoc loco in Urbani epistolam irrepsisse fatendum est, quod in mense Julio, qui sex Nonas habet, nullus dies occurrat XVIII. ante Augusti Kalendas; nisi notarius appellaverit XVIII. Kalendas Augusti, diem ipsam XV. ejusdem mensis Augusti, quo Kalendæ in Augusto, etsi à sequenti mense vulgo dicantur, recenseri incipiunt, cujus rei fortasse alia exempla proferri possent. Id sane dicendum est, si verum sit, majorem Valentiæ urbis basilicam ab Urbano, cum ad concilium Claromontanum properaret, Nonis Augusti dedicatam fuisse; quod quidem verum esse certis argumentis constare videtur.

Post ecclesiam Valentiæ dedicatam.

Primo chronicum vetus episcoporum Valentinorum sic de Guntardo episcopo habet: *Eo præsidente, bonæ memoriæ Urbanus II. Pontifex Romanus ecclesiarum Christi curam gerens, dum ad generale concilium iret Claromontem per hanc urbem iter faciens, &c.* Idipsum diserte testatur Hugo Gratianopolitanus episcopus, in sæpe laudato libello, quem integrum in Appendice referemus. Quod vero hæc ecclesia Nonis ipsis Augusti dedicata fuerit, probat anniversaria ejus solemnitas, hoc ipso die in vetusto Missali assignata; immo quæ etiam nunc quotannis eadem die Valentiæ celebratur. His omnibus suffragatur vetus inscriptio, litteris uncialibus lapidi insculpta, & uni ex

B. URBANI PP. II. VITA.

ejusdem ecclesiæ januis affixa, quæ Calvinianorum furorem, quamvis nonnihil violata, cum hanc ecclesiam sæculo XVI. diruerent, evasit. Sic vero habet,

ANNO AB INCARNATIONE DOMINI MILLESIMO NONAGESIMO .... NONAS AUGUSTI, URBANUS PAPA SECUNDUS CUM DUODECIM EPISCOPIS IN HONORE BEATÆ MARIÆ VIRGINIS ET SANCTORUM MARTIRUM CORNELII ET CYPRIANI HANC ECCLESIAM DEDICAVIT.

Quinam autem fuere duodecim illi episcopi, qui huic celebritati cum Urbano interfuere divinare non licet; at ex Hugonis libello discimus Guidonem archiepiscopum Viennensem Pontifici Valentiam ad dedicandam majorem ejus urbis ecclesiam accedenti occurrisse, ibique Pontificem ei diem dixisse apud Romanos, ubi volebat litem de Salmoricensi pago, quæ jam dudum inter ipsum & Hugonem Gratianopolitanum episcopum vertebatur, omnino definire. Adfuit Hugo, ut ipse de se loquitur, die condicta: at Guido haud dubium quod causæ suæ diffideret, occupata loci Rotmanensis munitione, comminatus est se Papam ibi retenturum, si contra ipsum sententiam ferret; quare Pontifex, ut mitissimus erat, judicium hujus litis ad futuram synodum reservavit. An vero Rotmanos tunc adierit, non adeo certum est; id tamen innuere videtur Hugo, sed observat Pontificem hac occasione *suo jure, abbatia videlicet Rotmanensi,* quæ ad Romanam ecclesiam pertinebat *exspoliatum fuisse.*

Ex his patet Urbanum post dedicatam initio Augusti Valentinam ecclesiam, sive per Rotmanense opidum, sive alia qualibet via, paulo ante medium ejusdem mensis Augusti Anicium advenisse, ubi concilium quod postea apud Clarummontem habitum est, celebrare constituerat. Id ultimum diserte habent auctores etiam æquales. *Transactis Alpibus,* inquit Albertus Aquensis libro I. historiæ Jerosolymitanæ, *conventum totius occidentalis Franciæ, & concilium apud Podium civitatem sanctæ Mariæ fieri decrevit.* Hanc synodum, si Willelmo Tyrensi archiepiscopo credamus,

192 B. URBANI PP. II. VITA.

ANNO CHRISTI, 1094.

primum apud Vigiliacum, deinde apud Podium convocare disposuerat, sed cum uti conjicere est, nondum res essent dispositæ, ipsam tandem cum Anicii esset apud Clarummontem Arvernorum civitatem celebrandam indixit. Certe litteræ quibus Lambertum Atrebatensem Pontifex ad hoc concilium invitavit, Anicii, ut mox dicebamus, datæ sunt; & Bertoldus de Urbano loquens apud Podium versante, *synodum,* inquit, *ad Montemclarum in octavam sancti Martini apostolica auctoritate condixit, ad quam diversarum provinciarum episcopos, missis litteris, canonica vocatione invitavit.*

Litteræ convocatoriæ.

Has litteras ad metropolitanos scriptas fuisse, ut ipsi non solum suffraganeos suos episcopos aut abbates, sed etiam alios ecclesiarum præpositos, immo & sæculares principes ad concilium Pontificis nomine convocarent, discimus ex epistola Raynoldi archiepiscopi Remensis ad Lambertum Atrebatensem ea occasione data. Et quidem operæ pretium erat, ut etiam principes ad concilium venirent, cum ob id potissimum celebrari deberet, ut expeditio bellica adversus infideles decerneretur, quæ eos maxime spectabat. Hæc Raynoldi metropolitani epistola, quod encyclica Urbani perierit, dabitur inter ejus Pontificis litteras, quam sequetur altera jam superius laudata, quam Pontifex ad Lambertum scripsit, ut paratus sit ecclesiæ suæ causam adversus Cameracenses in concilio mox futuro propugnare.

CXCI. Varias regiones peragrat.

Cum itaque Pontifex res non ita dispositas invenisset, ut concilium possit intra paucos dies celebrari, varias urbes ac provincias interdum invisere constituit, in quibus ecclesias dedicaret, aut negotia, quæ jam dudum excitata terminari non potuerant, coram positus facilius componeret, quod ab ipso factum fuisse discimus ex variis passim instrumentis antiquis, & pontificiis diplomatibus. Mirum autem est, quanto animi affectu, quantave reverentia Pontifex ubique receptus fuerit, pro innata in Francorum mentibus erga sedem apostolicam & ejus antistites sincera devotione, quæ eo major tunc fuit, quod Pontifex ex ipsa Francicæ gentis nobilitate exortus, sanctitate ac virtute & doctrina celebris esset, & præclaris animæ ac corporis dotibus probe instructus. Addit Guibertus

Festive ubique susceptus.

aliam

B. URBANI PP. II. VITA.

aliam tantæ lætitiæ caufam, *Papa*, inquit, *regni noftri fines ingrediens tanta urbium, opidorum, villarumque lætitia & concurfione excipitur; quanto omnium qui adviverent memoriis incompertum fuerat, quod aliquando apoftolicæ fedis antiftites in regiones has veniffe videretur.* Nullus quippe Pontifex à Leonis IX. tempore in Gallias ad Urbani tempora veniffe memoratur.

Urbanus itaque Anicio egreffus, primum in monafterium Cafæ-Dei divertiffe videtur, ubi ad preces Pontii ejus loci abbatis ecclefiam à fancto Roberto primo monafterii abbate & conditore incœptam, & ab ipfo Pontio tunc abfolutam, in honorem fanctorum Vitalis & Agricolæ martyrum follemniter dedicavit xv. Kalendas Septembris. Id ipfe Pontifex teftatur in Bulla, quam paulo poft eidem monafterio apud fanctum Egidium conceffit; de his vetus auctor hiftoriæ ejus loci fic loquitur: *Anno* MXCV. *Urbanus papa ad preces abbatis noftri Pontii, bafilicam Cafedeenfem à beato Roberto incœptam, tuncque abfolutam & confummatam folemni ritu die* XVIII. *Augufti dedicavit, ac paulo poft monafterium liberum & immune ab epifcoporum jurifdictione fecit, ut patet ex diplomate pontificio.* Confentit Gaufridus prior Vofienfis, qui in Chronico ait Urbanum hoc anno *monafterium fancti Roberti de Cafa-Dei in honore fanctorum Agricolæ & Vitalis, quorum reliquias ibidem quondam Renco epifcopus Arvernenfis collocaverat,* xv. *Kalendas Septembris confecraffe.* In veteri notitia, quæ fubjicitur bullæ pontificiæ mox laudatæ, memorantur quidam epifcopi, qui Pontifici in hac folemnitati adfuerunt. *Facta eft autem,* ut ibi legitur, *dedicationis hujus folemnitas* xv. *Kalendas Septembris præsentibus & cooperantibus domino papa Urbano reverendis epifcopis Hugone Lugdunenfi, Aldeberto Bituricenfi, Amato Burdigalenfi, Durando Arvernenfi, Hugone Gratianopolitano, Giraldo Cadurcenfi, Johanne Portuenfi, Daiberto Pifano, Brunone Signenfi.* In ejus beneficii memoriam Urbani nomen non folum in Cafæ-Dei principe monafterio, fed etiam in cellis ei fubjectis celebre evafit, ut ex Necrologio fancti Roberti Cornilionis prope Gratianopolim patet. Præter bullam fuperius laudatam, aliud privilegium conceffit Urbanus ei-

Anno Christi. 1095.

CXCII. Ecclefiam Cafæ-Dei dedicat.

Privilegia concedit.

Anno Christi, 1095.

dem monasterio in ista memoratum, quod forte etiam occasione hujus dedicationis datum est. Nullam habet in nostro exemplo chronicam notam, quod ideo huc revocare visum est. In eo recensentur præcipua monasteria Casæ-Dei tunc subjecta, ac ejus possessiones confirmantur; tum vetat Pontifex ne ejus loci abbas cuiquam subjectionis professionem faciat, salva tamen debita episcopo Arvernensi reverentia.

Et Blasiliensi parthenio.

Eo ipso die quo consecrata fuit ecclesia Casæ-Dei, Urbanus ad petitionem Florentiæ Blasiliensis parthenonis abbatissæ apud Arvernos privilegia ejusdem loci confirmavit, ac monasterium ipsum quod ab Ermengarde comitissa ejus conditrice sancto Petro oblatum fuerat, sub speciali apostolicæ sedis tutela antecessorum suorum exemplo suscepit. At nihil habet Pontifex de querelis, quas ejusdem loci sanctimoniales & clerici ad eum detulerant contra Casæ-Dei monachos, qui, ut illi dicebant, ecclesiam sancti Stephani & sancti Leonis ad Blasiliæ monasterium pertinentem, vi ereptam retinebant. Blasiliensium litteræ ea occasione scriptæ, inter Urbani epistolas referentur, easque subsequetur privilegium ipsum, quod à se visum & pro sincero agnitum Philippus Bituricensium archiepiscopus in Gallicam linguam transtulit, & suo testimonio confirmavit feria quinta majoris hebdomadæ anni MCCXLIII.

CXCIII.
An abbatiam Romanensem adierit.

Quo Urbanus post Casæ-Dei dedicationem ad extremos usque Occitaniæ & Provinciæ fines perrecturus primum diverterit, incertum est. Habemus quidem præ manibus privilegium x. Kalendas Septembris hujus anni concessum canonicis ecclesiæ cathedralis Caturcinæ, qui regularem vitam recens amplexi fuerant, sed cum in vulgato exemplo *Romæ* datum dicatur, quod est omnino impossibile, nihil fere lucis adferre potest; nisi forte pro Romæ legatur *Romanis*, qui locus est in Dalfinatu, diœcesis Viennensis, abbatia insignis, ubi Pontifex, uti diximus, litem de Salmoriacensi pago dirimere constituerat: verum illa restitutio magis arrideret, si data fuisset hæc bulla initio hujus mensis, quo certum est, uti probavimus, Urbanum Valentiam adiisse, à qua urbe haud multum Romanense

B. URBANI PP. II. VITA.

monasterium distat. Huc tamen bullam illam revocare visum est, quæ annum MXCVI. ejus scilicet anni initium à Martio præcedenti repetendo, ut plerumque aliæ, præfert: certum quippe ex aliis notis eam ad præsentem annum pertinere, nec sequenti competere posse.

Sub finem mensis Augusti Pontifex Nemausum adiisse videtur. Etenim licet nonnisi anno sequenti ejus urbis ecclesiam dedicaverit, ut ibi ostensuri sumus, cum tamen auctor chronici Malleacensis scripserit Urbanum tunc, id est anno MXCVI. *Nemausum remeasse,* satis innuit eum jam ante invisisse hanc urbem. Et quidem certum est, Pontificem festum sancti Egidii prima die Septembris in ejusdem sancti monasterio Vallis Flavinianæ, quod ad diœcesim Nemausensem pertinet, hoc anno celebrasse. Id quippe ipse Pontifex testatur in privilegio, quod Odiloni abbati ejusdem loci paulo post concessit, in quo ait se *erga beatum Egidium devotione ferventem* coercuisse Nemausensem episcopum, qui ejus loci monachis infensus erat. Ibi adhuc erat die 7. Septembris, qua monasterio Casæ-Dei privilegium concessit, in quo, ut modo dicebamus, alterum eidem loco jam indultum, additis nonnullis in gratiam basilicæ à se recens consecratæ prærogativis, confirmavit.

Inde Tarascone, quod opidum est Provinciæ in sinistra Rhodani ripa paulo infra Avenionem situm, transiens, quemdam locum à Stephania comitissa monasterio sancti Victoris Massiliensis, ut ibi ecclesia construeretur, datum, assistentibus sibi tribus Cardinalibus & abbatibus sancti Victoris & Montis-majoris *aqua lustrali aspersit, manu propria benedixit, ibique crucem erexit* die XI. Septembris, concessa indulgentia iis, qui ad ecclesiæ constructionem aliquid conferrent, ut ibi monasterium in honorem sancti Nicolai cum cimiterio institueretur. Prioratus vero S. Nicolai hic memoratus hodieque subsistit prope Tarasconem, sancto Victori Massiliensi subjectus.

Die sequenti, quæ erat XII. Septembris, Urbanus Avenione privilegium, quod jam supra laudavimus, monasterio sancti Egidii, in quo hospitatus fuerat, concessit. Eo diplomate Pontifex Odiloni abbati ejusque monachis

ANNO CHRISTI 1095.

CXCIV. Et Nemauso transierit.

Apud S. Egidium versatur.

Privileg. Casæ-Dei.

CXCV. Tarascone locum monasterii benedicit.

CXCVI. Avenione dat privil. S. Egidio.

196 B. URBANI PP. II. VITA.

Anno Christi, 1095.

abbatiam sancti Eusebii & alias possessiones confirmat, vultque eos sub speciali sedis apostolicæ tuitione haberi, ac *tamquam oculi* sui *pupillam custodiri*.

CXCVII. Tricastri privilegia dat canonicis S. Rusi.

Ejusdem mensis die xix. Pontifex apud Tricastrensem sancti Pauli urbem Dalphinatus bullam dedit in gratiam Alberti, seu potius Arberti, abbatis & canonicorum S. Rusi, quorum monasterium, congregationis cognominis caput, tunc prope muros Avenionenses situm, postea ob Albigensium clades in suburbium Valentiæ, ac tandem in eam urbem sæculo xvi. translatum est. In eo diplomate Urbanus ecclesias sancto Ruso subjectas recenset, easque cum aliis ejus possessionibus confirmat, salva Avenionensis episcopi canonica reverentia. Aliud item Urbani rescriptum ad Albertum etiam sancti Rusi abbatem, sed sine ulla temporis nota ex cod. ms. habemus, in quo præclara habentur canonicæ vitæ elogia, ea omnino, quæ in aliis ad alios canonicos regulares epistolis & bullis passim habentur; sed Sammarthani tomo 4. Galliæ Christianæ in catalogo abbatum sancti Rusi Arberium & Adelbertum, ac si duo diversi abbates fuerint, distingunt, ac priori tribuunt privilegium primo loco à nobis laudatum, ejusque maximam partem exhibent; de Adelberto autem nihil aliud habent, nisi quod ei *Urbanus II. direxit rescriptum, quod in scriniis* inquiunt, *hujus abbatiæ* servatur. At fallor nisi idem ipse sit, cui utrumque Urbani rescriptum tribuendum est, licet ejus nomen, uti fieri solet, alii aliter expresserint. Ut ut sit, parum nostri interest. Præter hæc apud Ivonem, Gratianum, & alios decretorum collectores, duo occurrunt canones ejusdem ferme argumenti, prior apud Gratianum, 19. q. 2. c. 2. *Duæ sunt, capitulo sancti Rusi,* aut *Rusini,* inscriptus, in Urbani litteris non habetur; alter vero eadem causa 19. q. 3. c. 3. *statuimus abbati sancti Rusi,* ex secundo ex laudatis privilegiis excerptus est. Hunc præcedit alius canon de eodem argumento, sed nemini inscriptus.

CXCVIII. Monast. & ord. S. Antonii origo.

Tradunt auctores vulgati Urbanum tunc temporis condendo percelebri sancti Antonii monasterio occasionem præbuisse. Cum enim, uti illi aiunt, Viennensem provinciam illo anno peragraret, audivit virum quemdam nobilem, Guidonem aliis Guigonem desiderii appellatum, solere secum per diversa hac illacque itinera corpus sancti Antonii, magni quondam illius eremitarum patriarchæ, deferre, quod Constantinopoli ab aliquot annis advectum à majoribus suis acceperat. Id indigne tulisse dicitur Pontifex, ac sub anathematis interminatione vetuisse, ne id in posterum fieret; imperasseque ut tam venerabiles reliquiæ, in ecclesia aliqua, quam ipse Guido mallet, sub monachorum bene viventium custodia deponeretur. Urbani jussis obtemperavit Guigo, advocatisque à Montemajori prope Arelatem monachis, sacrum corpus in vico Mota-Desiderii nuncupato depositum eis tradidit. Postmodum fervente morbo, qui Ignis-sancti-Antonii vulgo appellatur, adjunctum est monasterio xenodochium; ubi pauperes undequaque adventantes reciperentur, fratresque nonnulli in eorum ministerium deputati fuerunt, qui cum primum monachis per aliquod tempus paruissent, postea ob ingentes eleemosynas, quæ erogabantur, elatiores facti, eis subesse detrectarunt. Graves inter utrosque rixæ & dissensiones ortæ sunt, quibus in dies crescentibus, res eo devenit, ut hospitalarii illi potentiores effecti, jugo monachorum penitus excusso, sui juris esse cœperint, ac tandem in ordinem insignem excreverint, qui hodieque perseverat. Hanc esse originem abbatiæ & ordinis Antoniani aiunt. Sed pontificii itineris seriem persequamur.

ANNO CHRISTI, 1095.

Urbanum Vienna & Lugduno pertransiisse verisimile est, at nullis instrumentis probare possumus; eum vero die XVII. Octobris Matiscone exstitisse colligimus ex veteri notitia privilegii, quod hac ipsa die, & quidem anno MXCVI. pro MXCV. uti habere solent pleraque ejus ævi instrumenta, monasterio canonicorum regularium sancti Petri prope hanc urbem sito concessit, ac statim Cluniacum profectus est. Hujus privilegii exemplum reperire non licuit, quare visum est ejus loco illius notitiam in Appendice referre ex veteri cod. ms. à Severtio relatam.

CXCIX. Urbanus Matiscone concedit privilegia.

Postridie, id est 18. Octobris, Pontifex Cluniaci exsistens Landrico Matisconensi episcopo, qui eum haud dubie secutus fuerat, tuitionem sedis apostolicæ efflagitanti

CC. Cluniaci dat privil. episc. Matisconensi.

Anno Christi, 1095.

libenter indulsit, data bulla, qua ei & ejus successoribus omnia Matisconensis ecclesiæ bona & privilegia confirmantur. Vetat etiam Pontifex ne quisquam ejusdem ecclesiæ clericis, aut claustro, seu ejus domibus audeat violentiam aliquam irrogare. Data est xv. Kal. Novembris.

Altare Cluniaci dedicat.

Cum advenit Cluniacum Urbanus, jam à septem annis insignem basilicam exstruere cœperat sanctus Hugo ejus loci abbas, quam ab ipso Pontifice dedicari cupiebat. Verum cum nimium tunc adhuc esset imperfecta, curavit sanctus abbas res ita disponi, ut saltem majus altare adveniente Pontifice eo in statu esset, ut posset ab illo consecrari; quod re ipsa factum est die 25. Octobris. Hujus dedicationis meminit auctor chronici Cluniacensis ad annum mxcv. & Ordericus Vitalis initio libri 9. ubi ait Urbanum multas sanctorum basilicas in Galliis dedicasse, quas privilegiis apostolicæ sedis sublimavit. Tum signanter laudat consecrationem *altaris sancti Petri apud Cluniacum cænobium* ab eo factam. At quod iste auctor aliique passim data occasione uno verbo laudaverunt, fusius exponitur in veteri instrumento, quod sub titulo *libertatis loci Cluniaci* editum est in Bibliotheca Cluniacensi. Ibi legitur non solum majus, sed & matutinale altare ab Urbano, alia vero tria à tribus aliis episcopis, nempe Hugone Lugdunensi, Daiberto Pisano & Brunone Signiensi consecrata fuisse. Tum refertur prolixa satis oratio, quam Pontifex inter missarum consecrationisque sollemnia habuisse dicitur in qua limites jurisdictionis monasterii designavit. Præter ea invenimus in vetusto cod. ms. aliam ejusdem rei notitiam, ubi post recensita multa beneficia, quæ Urbanus monasterio Cluniacensi contulerat, statutum à sancto Hugone fuisse dicitur, ut ejusdem Pontificis commemoratio, quamdiu viveret, in generali missa specialiter ageretur; & ut post ejus mortem, præter debita singulis ejusdem loci monachis suffragia, ejus anniversaria depositionis dies solemniter in perpetuum celebraretur. Ceterum *banni* seu jurisdictionis Cluniacensis terminos ab Urbano præstitutos confirmarunt subsequentes Pontifices, ac potissimum Innocentius II. qui hoc ipso die, quo Urbanus majus altare consecraverat, basilicam ipsam dedicavit, ut ex ejus & aliorum Pontificum diplomatibus patet in Bibliotheca Cluniacensi editis. Hinc utriusque dedicationis memoria simul in antiquis aliquot martyrologiis recolitur. Hæc postrema dedicatio anno MCXXX. non sequenti, ut fallit Chronographus Cluniacensis, peracta est.

Anno Christi, 1095.

Ceterum non modo Cluniaci principis monasterii, sed aliorum quoque ad illud spectantium jura & prærogativas asserere studuit Urbanus, ut patet ex multis, quæ passim occurrunt, monumentis. Laudatur hanc in rem ejus bulla data octavo ejus pontificatus, id est præsenti anno qua Caritatis beatæ Mariæ supra Ligerim monasterii jura & exemtionem confirmat. At excidit hæc bulla, cujus notitiam debemus actis controversiæ, quæ sub Rollando abbate Cluniaci exorta est anno MCCXX. occasione electionis Prioris de Caritate.

Si Andreæ Chesnio credamus, Urbanus mense Octobri hujus anni Remis habuit concilium, in quo anathema jam antea adversus Philippum regem latum confirmavit, expeditionem sacram adversus infideles decrevit, sancivitque ut deinceps in assumtionis Deiparæ virginis pervigilio jejunium ab omnibus observaretur; ac denique indixit aliud concilium apud Clarummontem proximo mense habendum. Hæc ille in historia Romanorum Pontificum Galliæ edita. At quantum à vero vir, sane eruditissimus, aberraverit, patet non solum ex aliorum auctorum, veterum & recentiorum silentio, sed etiam ex Urbani itinerum serie, ac omnibus ejus ævi instrumentis à nobis prolatis, quæ nullam tunc temporis synodum Remis habitam fuisse super satisque probant. Et quidem Raynoldus, Remorum tunc metropolitanus, suos suffraganeos ad concilium Claromontanum ex Urbani præscripto invitavit; revocato ob hanc rationem, quod initio Novembris celebrandum indixerat, concilio provinciali, uti ipse dicit in epistola jam laudata ad Lambertum. Deinde ipse Pontifex peculiaribus litteris monuit Lambertum, ut paratus sit in concilio Claromontano suæ ecclesiæ restitutionem nuper factam tueri, quod ibi adstituri essent Cameracenses adversus eam decertaturi. Denique in ejusdem Lamberti gestis, ubi

CCI.
An Remis Concilium celebraverit.

ANNO CHRISTI, 1095.

continuata rerum hoc anno gestarum series, cum itinere Remensis provinciæ episcoporum ad Claromontanam synodum accurate & singulatim describitur, nihil omnino de hac synodo occurrit, quam proinde fictitiam esse merito credendum est. Haud magis certum est quod Souchetus in notis ad Ivonis epist. 78. & Robertus ex Amalrico Biterrensi in veteri Gallia Christiana, aiunt, Urbanum ecclesiam abbatiæ Dolensis apud Bituriges hoc anno dedicasse. Vix enim id ferre potest Pontificii itineris series; & quidem hæc dedicatio à Paschali II. Urbani successore facta fuisse dicitur in chronico Turonensi.

Dolensem eccles. dedicavit.

Cluniaco itaque egressus Urbanus Silviniacum prope Molinas Burboniensium opidum venit, ubi corpus sancti Maioli transtulit in locum decentiorem, & Archimbaldum super tumulum patris sui Archimbaldi quarti jurare fecit, se toto vitæ suæ tempore bona, quæ à patre aut à majoribus suis monasterio collata fuerant, illibata servaturum. Id ipsum testatur Pontifex in bulla quam ejus loci monachis Idibus Novembris apud Monticulum concessit, in qua declarat se præsente Duranno episcopo Arvernensi, monasterium Silviniacum sub speciali sedis apostolicæ tuitione suscepisse, ejusque possessiones, quas singillatim recenset, confirmasse: hanc bullam Joellus Remorum archiantistes, petentibus Silviniaci monachis, à se visam & collatam anno MCCXLV. integram ac illibatam inventam fuisse declaravit publico instrumento, quod sigillo suo munivit. Pontificem in eo loco dies fere octo exegisse discimus ex veteri instrumento chartarii Silviniacensis occasione Archimbaldi Burboniensis principis modo memorati facto, qui malas consuetudines à patre suo exactas, & ab eodem morte proximo relaxatas renovare moliebatur. Eodem tempore, *verba ipsius chartæ refero*, facto intra Gallias pro quibusdam sanctæ ecclesiæ utilitatibus adventu domni Urbani papæ II. cum apud Silviniacum fere per dies octo moraretur, & quodam die in capitulo resideret, cunctorum circumsedentium fratrum cœtus ejus pedibus provolutus auxilium implorare cœpit super malis, quæ jam diu fuerant perpessi. Suscepta eorum petitione benignissime domnus Papa, cum

CCII.
Silviniaci corpus S. Maioli transfert.

Privileg. dat apud Monticulum.

altera

altera die rogaretur à jam dicto Archimbaldo, ut patris « sui animam apostolica absolveret auctoritate, post expletam « absolutionem, antequam à se Archimbaldus idem à se « discederet, antequam etiam à tumulo pedes removeret, mo- « nitis ipsius princeps præfatas omnes malas consuetudines, « quas injuste quærebat reliquit; & ut melius sui dicti me- « mor esset osculum pacis ab eodem Papa accepit. « Sed corum immemor eas paulo post renovavit: quare res ad concilium Claromontanum delata est, ut infra dicemus.

ANNO CHRISTI, 1095.

Peragratis Urbanus his provinciis Clarummontem die Novembris 14. aut sequenti advenit, cum interea episcopi ex variis orbis Christiani regionibus huc properarent. Ex his Lambertus Atrebatensis è sua urbe die 28. Octobris profectus, Pruvino Senonum transiit, quo ex opido egressus VIII. Idus Novembris à Guarnerio quodam milite castelli de Pont captus est. At ea de re monitus Pontifex Guarnerium statim litteris ob tantam temeritatem objurgavit; simulque alias litteras Richerio Senonum archiepiscopo scripsit, ut eumdem militem commonefactum, si non resipisceret, simul cum suo ejus *loco excommunicationi subjiceret*. Verum priusquam eas recepisset Guarnerius, à Philippo episcopo Trecensi suo fratre increpitus jam satisfecerat Lamberto; eumque sibi reconciliatum Autisiodorum usque, ubi die v. Iduum ejusdem mensis advenit, honorifice fuerat comitatus. Occasione tamen hujus facinoris, videtur conditus fuisse canon 32. concilii Claromontensis, ut suo loco dicemus. Porro Lambertus Autisiodori præter Richerium Senonensem, comprovinciales ac vicinos suos Gervinum Ambianensem & Gerardum Morinensem episcopos reperiit, quibuscum reliquum itineris confecit, & Clarummontem advenit die XV. Kalendas Decembris, quæ dominica erat, ubi *à Pontifice benigne in osculo sancto susceptus* benedictionem apostolicam recepit.

CCIII. Clarummontem advenit.

Cum itaque omnia ad celebrandum concilium disposita essent, ad id enim longo antea Urbanus Henricum Siculum, qui post varias fortunas cardinalis & patriarcha Antiochenus tandem fuit, præmiserat. Convenerunt autem condicto die apud Clarummontem ex omnibus ferme Europæ plagis cum Urbano papa archiepiscopi, episcopi,

CCIV. Simul & alii episcopi &c.

Tom. III. Cc

ANNO.
CHRISTI,
1095.

abbates, aliique omnium ordinum viri illustres pæne innumeri. Auctor chronici sancti Vitoni Virdunensis, tomo I. Bibliothecæ Labbeanæ, ait ad illud concilium *episcopos pæne totius orbis* congregatos fuisse, *exceptis Lotharingis, Allemannis & Hungaris*. Hoc tamen *celeberrimum* fuisse scribit Robertus libro I. historiæ Jerosolymitanæ, *conventu Gallorum ac Germannorum tam episcoporum quam principum*. At Allemanni, quorum nonnulli Urbano erant addictissimi, huc forte non convenerant, quod ante paucos menses Placentino concilio, uti vidimus, interfuissent. Ex Lotharingis autem, si Meurissio credimus & Sammarthanis, huic concilio adfuere Poppo Mettensis episcopus, & Pibo Tullensis, qui Pibo, si P. Benedicto Capucino, auctori novæ Tullensis historiæ credamus, in suam diœcesim è concilio, cui cum Renardo Tullensi comite & Petro ejus fratre interfuerat, redux ad sacram expeditionem suscipiendam plerosque istius regionis viros nobiles adduxit. Richerius vero Virduni episcopus, qui paulo ante illud tempus, ejurata Henrici secta, ab Hugone Lugdunensi fuerat consecratus, ad Urbanum, cum apud Clarummontem esset, *dona ac legatos transmisit*, teste Laurentio Leodiensi in historia episc. Virdunensium. Nullus vero ex Anglia episcopus huc advenisse usquam memoratur: Boso tamen monachus, qui postmodum Becci abbas fuit, à sancto Anselmo Cantuariensi archiepiscopo missus ejus nomine ibi interfuit, ut ex ipsius Bosonis vita discimus.

CCV.
Eorum
numerus.

Bertoldus *tredecim archiepiscopos cum suis suffraganeis*, ad hanc synodum, quam *generalem* appellat, convenisse tradit, in qua ccv. *pastorales virgæ notatæ sunt*. Urbanum *omnes episcopos Galliæ & Hispaniæ apud Clarummontem* congregasse, ibique *concilium ingens* celebrasse ait. Ordericus Vitalis initio libri 9. cui inquit, interfuerunt archiepiscopi tredecim, episcopi ducenti & viginti-quinque, *cum multitudine abbatum, aliarumque personarum, quibus adeo sanctarum curæ delegatæ sunt ecclesiarum*. Consentit auctor gestorum Lamberti episcopi Atrebatensis, qui totidem archiepiscopos & episcopos cum Romanis Cardinalibus ad hoc *generale* concilium convenisse tradit, & præter eos *abbates nonaginta & eo amplius, exceptis honestis & reli-*

giosis diversarum regionum & provinciarum clericis & laicis. Idem postea in fine repetit, nisi quod archiepiscopos *quatuordecim* habeat in aliquot editis & mss. Unus tamen codex noster, & quidem vetustior solummodo tredecim præfert. In veteri notitia ejusdem concilii apud Labbeum ex codice Cencii Camerarii consedisse cum Urbano dicuntur archiepiscopi duodecim, episcopi octoginta & innumeri abbates. Clarius vero scribit in chronico sancti Petri Vivi Senonensis huic concilio præsentes fuisse trecentos episcopos & abbates. Novus scriptor gestorum Dei per Francos, trecentos & decem tam episcopos quam abbates. Denique Guibertus hoc concilium *tanto celebrius fuisse* dicit, *quanto excellentes & inusitatæ personæ*, Urbanum intelligit, *ora cernere, verba audire erat desiderabilius.* Tum subdit: *Illic præter episcoporum & abbatum examina, quos circiter quadringentos per prominentes ferulas fuisse aliqui numeraverant, totius Franciæ & appendicium comitatuum litteratura confluxit.* Nec mirum si Franci tanto cum ardore ad illustrem adeo & inusitatum coetum confluxerint. Etenim præter nativum fervorem, Philippus rex, ut Urbani votis obsecundaret, omnibus regni sui episcopis & abbatibus potestatem fecerat, huc cum omni securitate commeandi, quod ipse Pontifex in litteris ad Garnerium supra laudatis testatus est. Cum vero hujus concilii acta accurate descripta non habeantur, nihil mirum est si varii quandoque fuerint auctores in assignando episcoporum qui huic concilio interfuere numero. Qui autem minorem quam ceteri numerum assignarunt, id fecisse videntur, quod cum omnes præsules omnibus sessionibus præsentes non fuerint, illi eos tantum recensuerint, qui singulari alicui sessioni interfuerant. Et id sæpius occurrit in instrumentis potissimum de aliquo particulari negotio confectis. Ita Urbanus ipse in decreto pro confirmatione primatus Lugdunensis, huic definitioni interfuisse testatur præter Richerium Senonensem archiepiscopum, *duodecim archiepiscopos cum episcopis octoginta, abbatibus nonaginta & eo amplius.* Sed magis ad rem pertinet, quod auctor gestorum episcoporum Turonensium & abbatum Majoris monasterii paucos omnino recenseat an-

ANNO CHRISTI. 1095.

ANNO CHRISTI, 1095.

tiftites, qui privilegio ejusdem monasterii in concilio subscripserint, quamvis ipsum concilium *in præsentia quingentorum ferme Patrum celebratum* fuisse ipsemet antea observasset.

CCVI. Sedes & nomina nonnullorum.

Hæc de numero episcoporum qui ad Claromontanam synodum convenere, at quinam illi fuerint, quarumve sedium antistites, nemo est, ut puto, qui divinare velit, deficientibus probis instrumentis. Nonnullos tamen, qui passim in revolvendis eorum temporum monumentis occurrerunt, recensere haud ingratum putavimus ; alios forte alii indicabunt. Ex his aliquot erant Cardinales ex Pontificis comitatu, ejus nempe officiales, scilicet Johannes Portuensis episcopus, Bruno Signiensis, Walterus seu Gualterus Albiensis, seu potius Albanensis, qui paulo antea in Angliam legatus fuerat, Daimbertus archiepiscopus Pisarum. His addit liber de gestis archiepiscoporum Turonensium mox laudatus, Rangerium archiepiscopum Rhegiensem, Richardum, eum forte qui tunc abbas erat sancti Victoris & Cardinalis, aut illum archidiaconum Mettensem, infra ex Meurissio memorandum ; Johannem Galtellum seu potius Gaetanum, cancellarium Pontificis, Gregorium Papiensem diaconum & Hugonem Virdunensem diaconum Romanæ ecclesiæ ministros. Gregorius, hic memoratus, is est ipse, nisi fallor, hujus nominis cardinalis, qui, teste Roberto, in historia sacræ expeditionis, post Urbani orationem omnium nomine in concilio confessionem fecit & absolutionem obtinuit. Alibi invenio Teusonem & Ranchionem etiam cardinales, quibus addendi ex Pontificis ministerio Milo ex monacho sancti Albini, postea ejus legatus, & Henricus Siculus, jam supra laudatus, quem Pontifex ut necessaria ad synodum disponeret, Placentiæ adhuc exsistens in Gallias præmiserat. Præter hos, si tamen ex illis non fuit, Meurissius in historia episcoporum Mettensium Richardum archidiaconum Mettensem memorat, quem ab Henrico imperatore olim cum Herimanno episcopo suo pulsum, & à Gregorio VII. episcopatu Albanensi donatum in ea synodo cardinalem & legatum in Lotharingiam & Germaniam ab Urbano factum fuisse scribit. Etquidem Ughellus in catalogo Albanen-

Ministri Papæ.

B. URBANI PP. II. VITA.

sum episcoporum Richardum recenset, sed ab Urbano presbyterum cardinalem & à Paschale II. episcopum factum, quem cum Richardo Massiliensi abbate confundit. Et fortasse Ughellus ut personas, ita Meurissius etiam varia tempora in unum miscuit. Nam Gualterus non Richardus tunc Albanensis episcopus erat. Archiepiscopi, præter Pisanum & Rhegiensem supra memoratos, erant Hugo Lugdunensis, Amatus Burdigalensis, uterque in Gallia Pontificis vicarius, Bernardus Toletanus, & ipse Urbani vicarius in Hispaniis, ceteri Raynaldus Remensis, Adebertus Bituricensis, Rodulfus Turonensis, Richerius Senonensis, Dalmatius Narbonensis, Guido Viennensis, Berengarius Tarraconensis, & [Petrus] Axiensis, seu forte Aquensis. Nonnulli uti jam supra observavimus, addunt Anselmum Mediolanensem, quod an verum sit asserere non ausim. Rolandus vero Dolensis, qui ob pallii honorem dicebatur archiepiscopus, non videtur locum habuisse inter metropolitanos. Episcopos vero inveni, ex Remensi provincia Lambertum Atrebatensem, Gerardum Morinensem, Gervinum Ambianensem, Rogerum Bellovacensem, Letaldum Silvanectensem, Gualcherium Cameracensem, & ceteros ejusdem metropolis suffraganeos, ut habet auctor gestorum Lamberti, ipseque Pontifex innuit in epistola ad Cameracenses, scripta altera die post solutum concilium. Ex quibus haud dubium erat Hugo Suessionensis, ut monet Dormasius Suessionensis historiæ scriptor. His addendus est Hilgodus ejusdem ecclesiæ antea episcopus, qui tunc dimissa sede in Majori monasterio morabatur; is ipse, quem postea in abbatem electum nonnulli rursus benedicendum esse autumabant, reclamante Ivone epist. 88. ad Paschalem II. ea de re scripta. Ex provincia Trevirensi interfuisse dicuntur, ut supra observavimus, Poppo Mettensis, & Pibo Tullensis, cum legato Richerii episcopi Virdunensis. Ex Lugdunensi Agano Æduensis, & Landricus Matisconensis. Ex Rotomagensi, Odo Bajocensis, Gislebertus Ebroicensis & Serlo Sagiensis, suis & aliorum ejusdem provinciæ antistitum, quorum legati erant nominibus, ut habet Ordericus libro 9. Ex Turonensi, seu Lugdunensi tertia, Hoellus Ceno-

ANNO CHRISTI, 1095.

Archiepisc.

Episcopi.

mannensis, Gaufridus Andegavensis, Benedictus Namnetensis, & Rolandus Dolensis, qui locum inter metropolitanos ambiebat. Ex Senonensi seu Lugdunensi quarta, Ivo Carnotensis, Johannes Aurelianensis, & alii provinciæ suffraganei ex Urbani bulla pro Primatu Lugdunensi. Ex Viennensi Hugo Gratianopolitanus, & Guntardus Valentiæ. Ex Arelatensi, Desiderius Cavellicensis defunctus concilii tempore, & Willelmus Arausicensis, qui Adhemaro Podiensi sacræ expeditionis ductori socius adjunctus est. Ex Bituricensi Durannus Claromontensis, cui defuncto substitutus est Guillelmus, ab ipso ut quidem aiunt, Urbano consecratus, Humbaldus Lemovicensis, Adhemarus Podii seu Aniciensis, qui crucesignatorum dux seu antesignanus institutus fuit. Ex Burdigalensi, alter Adhemarus Ecolismensis, Petrus Pictavensis, Ramnulfus Sanctonensis, Raynoldus Petracoricensis, qui in sacra expeditione martyr occubuisse dicitur; & Raymundus Rutenensis. Ex Narbonensi Gotofredus Magalonensis, Bertrandus Nemausensis, & ut volunt Bertrandus Lutevensis, qui in sacra expeditione obiisse dicitur anno MXCIX. Ex Hispania vero Dalmatius Iriensis seu Compostellanus, & Petrus Pampilonensis. Papebrochius in Propyleo, seu Conatu ad catalogum Pontificum Roman. ait de Urbano II. sanctum Oldegarium Barcinonensem, solum ex Hispania episcopum Claromontano huic concilio interfuisse, cujus acta, inquit, Barcinonem reportavit. At fallitur vir eruditus, ac ea quæ in vita ejus sancti die III. Martii, de altero concilio Claromontano sub Innocentio II. papa celebrare habentur, ad istud Urbani concilium incaute retulit, ut ex ipso vitæ Oldegarii loco, quem laudat, scilicet cap. 4. manifestum est.

Jam vero inter abbates qui eidem concilio interfuerunt, hos ex variis monumentis colligimus, Richardum nempe sancti Victoris Massiliæ, qui erat Romanæ ecclesiæ Cardinalis; Gervinum Centulensem abbatem simul & Ambianensem episcopum, qui abbatiam dimittere in concilio coactus fuit; Guibertum sancti Germani Autisiodorensis, in eadem synodo, aut certe in Nemausensi anno sequenti exauctoratum, Robertum archimonasterii Remigiani apud

Remos abbatem & primum auctorem historiæ Jerosolymitanæ, qui & ipse postea sui monasterii regimen dimittere compulsus est. Adfuit etiam Lambertus abbas sancti Bertini, ex historia Morinorum, Lanzo sancti Vincentii Mettensis, cui Urbanus anno sequenti privilegium indulsit. Baldricus tum Burgulii abbas, postea Dolensis episcopus, qui & ipse historiam Jerosolymitanæ expeditionis & alia opuscula scripsit; Hugo Cluniacensis, vel suo nomine clarissimus, quod præter alia indicat Paschalis bulla ad cum ipsum data pro subjectione sancti Cypriani Pictaviensis, quam habet Souchetus in notis ad vitam Bernardi Tironensis. Bernardus Majoris-monasterii, & Stephanus Nucariensis ex diœcesi Turonensi, Goffridus Vindocinensis, rebus gestis & scriptis celebris, Jarento sancti Benigni Divionensis, Guntardus Gemeticensis, sub finem concilii, ut habet Ordericus Vitalis libro 10. defunctus, quem ad concilium *cum ceteris collegis suis Normanniæ pastoribus perrexisse* idem auctor narrat libro 4. unde colligitur plures ex eadem provincia abbates huic synodo interfuisse, quorum nomina exciderunt. His addendi Natalis sancti Nicolai prope Andegavos abbas, Guillelmus sancti Florentii ex eadem diœcesi; Gausmarus sancti Petri Insulæ Germanicæ, seu de Cella prope Trecas, Raynaldus sancti Cypriani, Gervasius sancti Savini & Petrus Carrotensis apud Pictones; Petrus Anianæ, in diœcesi Magalonensi, Ademarus sancti Martialis apud Lemovicas, & ex eadem diœcesi Gerardus Usercensis; Ansculfus sancti Johannis Angeriacensis ex diœcesi Santonensi. Ex Arvernia vero præter Petrum sancti Illidii Claromontani, aderant Petrus Auriliacensis & Prultus Casæ-Dei abbates, anonymus sancti Symphoriani de Thigemo, & decanus sancti Petri de Mauriaco, quibus jungendi sunt Aloldus sancti Vedasti, & Hamericus Aquicentensis abbates, qui cum episcopo suo Lamberto Atrebatensi & aliis ejusdem diœcesis primoribus ad concilium profecti fuisse dicuntur in ipsius Lamberti gestis. Aderat etiam ex Taurinensi provincia Ermengaudus abbas Clusensis, ut ex ejus epistola discimus, quam ms. habemus; in ea quippe Ramnulfum episcopum San-

ANNO CHRISTI, 1095.

tonenſem rogat, ut negotium de eccleſia Vallis, quod contra Angeriacenſem abbatem habebat, componeret, ſicut ei in concilio Claromontenſi pollicitus fuerat.

Congregatis itaque ex omni parte pontificibus, Urbanus xiv. kalendas Decembris concilium inchoavit ipſa die octava feſti ſancti Martini, ut obſervat Bertoldus, cui conſentit Clarius in chronico ſancti Petri Vivi Senonenſis, ſicut & ipſius concilii notitia ex cod. Camerarii jam laudato eruta. Certe Urbanus ipſe in epiſtola ad Lambertum Atrebatenſem illam ſynodum *in octavis ſancti Martini* celebrandam fore denuntiaverat ; quod de ipſa die octava intelligendum eſſe patet ex Raynoldi Remenſis epiſtola invitatoria nomine Urbani ad eumdem Lambertum, in qua diſerte legitur, concilium *in octavis ſancti Martini, xiii. videlicet die Kal. Decembris* celebrari debere. Hinc emendandum eſt chronicon Malleacenſe, in quo illud iii. Idus Novembris coactum fuiſſe legitur.

Tantam ſolemnitatem paulo turbavit Durandi ipſius Arvernicæ urbis epiſcopi mors, quæ primo concilii die contigit. Hic ex Caſa-Dei abbate factus epiſcopus, tum Claromontanam eccleſiam regebat, quando huc advenit Pontifex ut concilium celebraret, ſed in neceſſariis ad Pontificem alioſque epiſcopos, ut decebat excipiendos, præparandis defatigatus eſt, ut contracto gravi morbo, adveniente papa, jam de ejus vita pæne deſperaretur. Et quidem, ut habet Hugo Flaviniacenſis in chronico Virdunenſi, ab Urbano *viſitatus & abſolutus cum jam extremum ſpiritum traheret, nocte ſequenti* primam ſcilicet concilii diem, *ſpiritum Creatori reddidit*. Funeris curam ſuſcepere Hugo Gratianopolis epiſcopus, Jarento ſancti Benigni & Pontius Caſæ-Dei abbates, qui tres ſub eo apud Caſam-Dei monaſticam vitam duxerant ; nec umquam celebriores exſequiæ viſæ fuerant, ad quas nempe cum Pontifice Romano tot antiſtites & omnium ordinum & illuſtres viri ex toto pæne orbe Chriſtiano conveniſſe videbantur. Has paucis verbis Hugo Flaviniaci ſic deſcripſit loco laudato. *Lotus*, inquit, *& curatus ſumma filiorum, id eſt abbatis Divionenſis, abbatis Caſæ-Dei, epiſcopi Gratianopolitani, & aliorum diligentia. Et ſic antequam concilium inciperetur, toto orbe*

orbe ad ejus exsequias occurrente, ab ipso papa & episcopis terræ est mandatum cum gloria; & sedem ejus Willelmus de Basia adeptus est laude cleri & populi præcepto ejusdem Apostolici. Duplex ejusdem antistitis epitaphium scripsit Baldricus tum Burguliensis abbas, in quibus ejus exsequias triumpho similes fuisse, eumque XIII. die ante Decembrem obiisse testatur his versibus.

Exsequias celebres, quæ forma fuere triumphi,
 Dispensavit ei gratia summa Dei.
Urbanus synodo generali papa vocata,
 Patres bis centum movit ad obsequium.
Tertia, quæ decimam lucem præit ante Decembrem,
 Vitæ præsentis lumen ademit ei, &c.

In altero epitaphio inter cetera sic habet.

Ipsius exsequias dicas similasse triumphum,
 Et dispensantis signa fuisse Dei;
Affuit Urbanus centeno præsule septus,
 Abbatum vero major erat numerus, &c.

Multa & quidem gravis momenti negotia in concilio Claromontano tractata fuisse nemo est, qui non fateatur; at illa singillatim expendere difficillimum esset, cum pleraque monumenta ejus temporis exciderint, & ea quæ supersunt in variis auctoribus dispersa non semper uno modo res repræsentent; immo, quod magis mirere, canones ejus concilii diversi sunt in diversis auctoribus. Ne tamen in animum inducas eos qui supersunt ab istis auctoribus fuisse confictos: memineris, quod uni aliquot canones, alii alios, ceteris omissis, quos ad se spectare non putabant, retulerint; immo nec ipsi canones, quos omnes, aut plerique exhibent, eodem ordine ac iisdem verbis repræsentantur, quod eorum tantum substantiam, non ipsa verba referre auctores illi in animo habuerint: unde breviaria seu summaria canonum, potius quam hujus concilii canones appellari debent. Bertoldus paucis verbis tria è præcipuis hujus synodi capitibus ita exhibet. In ea synodo *dominus Papa*, inquit, *eadem statuta,*

ANNO CHRISTI, 1095.
Tria ejus statuta.

quæ & in præterita synodo Placentina confirmavit; insuper & Philippum regem Galliarum excommunicavit, eo quod propria uxore dimissa, militis sui uxorem sibi in conjugium sociavit; ibi etiam aliam synodum in tertiam subsequentis quadragesimæ hebdomadam Turonis celebrandam denuntiavit. At non solum quæ in Placentina, sed etiam quæ in prioribus synodis Melphiæ, Beneventi & Trojæ decreta fuerant Claromonti confirmata fuisse, præter alios diserte exprimit canon v. ex codice ms. Cencii Camerarii. Immo & nonnullos antiquiorum conciliorum canones in eadem synodo lectos & confirmatos fuisse innuit Lambertus Atrebatensis in charta donationis prioratus Ambrisnæ Gualtero abbati sanctæ Trinitatis Rotomagensis factæ, in qua statuit, ut monachus, qui ei loco præficeretur, eo quod foret ex aliena diœcesi, sibi suisque successoribus promittere debeat canonicam obedientiam, *sicut in Chalcedonensi*, inquit, *concilio legitur confirmatum, & in Claromontensi dignæ memoriæ venerabili Urbano II. est renovatum.* Nonnulli aiunt Fulconem Andegavorum comitem eo in concilio adversus Francorum regem litem movisse ob Bertradam sibi ab eo ereptam, quod alii silent; Philippum vero regem ibi ob illum raptum fuisse excommunicatum non Bertoldus solum, sed & Ivo Carnotenus epist. 211. Willelmus Malmesburiensis, Sigibertus & alii passim asseverant. At frustra movent inde quæstionem nonnulli, an etiam Galliæ regnum tunc temporis interdicto subjectum fuerit, cum certum sit hujusmodi excommunicationes nihil umquam populos affecisse, ac multo minus aliquid ex debita regibus obedientia aut reverentia detraxisse, ut ex Ivonis aliorumque, qui ferventius in adulterinas Philippi nuptias invehebantur, scriptis patet: quamquam Urbanus, ut tantum scandalum ab ecclesia amoliretur, censuerit eum communione esse privandum, abstinendumque à solemni ejus coronatione, quæ tunc temporis, à Remensi archiepiscopo, aut eo absente, ab aliquo alio episcopo in præcipuis festivitatibus fieri solebat. Nec aliud quidquam intelligunt Ivo similesque ejus ævi auctores cum de coronæ privatione, aut restitutione loquuntur.

B. URBANI PP. II. VITA.

Porro inter eos, qui majorem in colligendis canonibus Claromontanis diligentiam præ ceteris adhibuisse videntur, censeri debet auctor codicis Lamberti Atrebatensis episcopi, qui ejus concilii canones triginta-duos exhibet. Labbeus decem adjecit ex veteri membrana Petri Pithœi; novem ex codice Cencii Camerarii; ac tredecim ex codice Dionysiano, quos gallice à Belforestio libro 4. annalium Francorum descriptos, Serarius in Latinum transtulerat. Viginti-quinque omnino apud Ordericum Vitalem initio libri 9. recensentur, ac ferme totidem apud Willelmum Malmesburiensem & Mathæum Parisium, Anglicanos scriptores. Præter hos omnes, alii etiam nonnulli passim occurrunt apud varios auctores data occasione laudati, qui cum ad res privatarum ecclesiarum aut personarum pertineant, simul cum ceteris non habentur. Hos omnes simul collectos habebis inter Urbani epistolas.

Eo autem potissimum intendebat in condendis hujus concilii canonibus Pontifex, ut adversus vitia, quæ tum in ecclesia, maxime Gallicana, vigebant, remedia opportuna præpararet, quod jam olim observavit Ordericus Vitalis libro 9. Hinc in plerisque illis decretis vitia carpuntur, quæ tum in beneficiis ecclesiasticis adipiscendis aut retinendis ut plurimum admittebantur; à quibus proinde arcentur simoniaci, concubinarii, spurii. Vetantur etiam beneficiorum pluralitas, & ex uno in alterum translationes; statuitur, ut qui dignitatem aliquam, in ecclesiis voluerit adipisci, eo ordine decoratus sit, qui ad illum gradum conveniens est; ut nullus ex laicis, aut clericis infra diaconatum constitutus ad episcopatum assumatur; ut laici decimas solvant, nec bona ecclesiarum, aut ecclesiasticorum hominum, post eorum mortem spolia rapiant. Jejuniorum atque Ordinationum tempora statuuntur. Investituræ prohibentur vulgatis canonibus xv. & xvi. ita tamen, ut interpretatur, & se ab Urbano ipso audivisse asseverat Ivo epist. 60. ad Hugonem Lugdunensem, ut concilium *reges tantum à corporali investitura excludat; non ab electione, in quantum sunt caput populi, vel concessione* &c. qua in re cum Francorum reges Pontificibus consenserint, nulla de investituris controver-

ANNO CHRISTI, 1095.

sia Gallicanam ecclesiam perturbavit. At canon sequens, contra eos qui regibus fidelitatem ligiam præstant, nullum umquam in Galliis habuit vigorem, ut ex ipsius Ivonis epist. 190. patet ad Paschalem II. scripta, qua de re agunt Juretus in notis ad hanc epistolam, & Petrus de Marca lib 8. concordiæ cap. 21.

De treugis.

Provisum etiam in hoc concilio fuit publicæ securitati, maxime eorum qui sua conditione aut natura ab omni armorum strepitu abstinere debebant. Hinc canone, quo certi induciarum dies statuuntur, sancitum fuit ut omni tempore monachi, clerici, feminæ, & qui cum eis fuerint, *in pace permaneant*. Celebres postea hæ induciæ sub treugæ & pacis nominibus potissimum occasione sacrarum expeditionum fuerunt; de quibus erudite pro suo more, disserit præter alios quam plures auctores, illustriss. Petrus de Marca in notis ad hunc canonem; qui in aliis notis ad hoc concilium Claromontanum multa etiam habet de communione, de chrismationibus &c. sicut & in libris de concordia, & in opusculo de Primatibus, quæ omnia hic fusius pertractare ad nostrum institutum nihil spectat.

CCXII. Canon de redemtione altarium.

Mirum autem est canonem de altarium redemtione, qui adeo apud auctores celebratur, in vulgatis passim hujus synodi canonum collectionibus desiderari. Et tamen præter codicem Cencii Camerarii apud Labbeum tomo 10. concil. & alium Ananiensis monasterii apud Baluzium in notis ad cap. 31. libri 6. de concordia sacerdotii & imperii, hunc canonem laudant Goffridus Vindocini abbas libro 3. epist. 12. ad Ulgerium Andecavensem episcopum, & Paschalis II. papa ad Ramnulfum Santonensem & Ivonem Carnotensem episcopos, qui huic concilio interfuerant. Sed forte ii canonum collectores istum omiserunt, quod in concilio Nemausensi iisdem omnino verbis ex isto Arvernensi repetatur. Ut ut est, occasionem hujus canonis condendi eam fuisse observant viri eruditi Petrus de Marca & Jacobus Sirmundus, quod cum multi antea pii homines ecclesias à se conditas, aut quolibet modo suo juri subjectas monasteriis contulissent, id permiserant episcopi diœcesani (necessarius quippe ad hoc erat eorum consensus) ea lege, ut statis temporibus, nempe singulis vicariorum, seu uti appellabant, personarum aut presbyterorum, qui videlicet nomine abbatis aut monachorum ejusmodi parochiæ curam sustinebant, mutationibus certa eis pecuniæ summa penderetur: qui census *altarium redemtio* appellatus est, & hæc altaria *sub personatu* concessa dicebantur: alia vero quæ nullam præstationem debebant, censebantur *impersonaliter* teneri. Ast cum post aliquod tempus animadversum fuisset à viris piis & oculatis has pensiones absque aliqua simoniæ labe dari non posse, ut scripserat Ivo epist. 12. ad ipsum Urbanum, Pontifex primum in Arvernensi concilio, tum etiam in Nemausensi, ac demum alii Pontifices ejus exemplo vetuerunt, ne deinceps pecunia ulla pro altarium redemtione episcopis daretur. Ne tamen hac occasione episcopi, quod nonnisi cum onere solvendæ illius pecuniæ consensum suum præbuissent, altaria monasteriis donata auferre, sibique attribuere molirentur, statutum in concilio fuerat, ut monasteriis, quæ per annos triginta ejusmodi altaria, seu decimas possederant, quiete possidenda relinquerentur. Atque eam concilii & Urbani mentem fuisse ex ipso Pontifice discimus, qui ea de re scripsit ad Ingelramnum episcopum Laudunensem, tum etiam ad monachos sancti Bertini.

Verum cum hoc decretum, salvo episcoporum annuo censu, quem illi ex antiquo jure habere in diœceseon suarum ecclesiis, seu ut appellabant, altaribus consueverant, sancitum esse Pontifex declarasset, nonnulli episcopi hac occasione pecunias illas quas ad singulas personarum, uti diximus, mutationes pro altarium redemtione percipiebant, ad veterem illum censum annuum quem sub synodici, circadæ, procurationis aut alio quovis nomine habere soliti erant, conati sunt adjungere, illud scilicet vetus debitum novi census accessione adaugendo: at reclamarunt abbates & monachi. Nec dubium quin huc revocari debeat Goffridi Vindocinensis epistola 12. libri 3. ad Ulgerium episcopum Andegavensem, & altera ejusdem ad G. legatum apostolicæ sedis, lib. 1 epist. 27. Immo Pontifices ipsi monachorum hac in re patrocinium susceperunt, uti patet ex una Paschalis papæ epistola ad Ivonem Carnotenum & Ramnulfum Santonensem episcopos, & ex alia quam Gaufridus item Carnutum episcopus & apostolicæ sedis legatus de eodem argumento scripsit ad R. archidiaconum & Hu. decanum Andegavensis ecclesiæ; quas litteras Baluzius retulit in notis ad lib. 8. cap 31. de concordia sacerdotii & imperii. Quare ut in hac questione nihil confundatur, apprime distinguendum est novi census exactio, aut additio ad veterem occasione redemtionis altarium, à veteris census debito. Fatebantur enim omnes, si non fallor, veterem censum, de quo mox loquebamur, episcopis reddendum esse; at controversia erat inter aliquot episcopos & abbates, an loco redemtionis altarium quam synodus aboleverat, introduci deberet aut posset, novus aliquis census, aut antiquus debitus augeri. Id contendebant aliquot præsules negantibus abbatibus, & merito quidem, ut ex epistolis Urbani & Paschalis supra laudatis patet, in quibus Pontifices monachorum patrocinium contra episcopos suscepere. Et quidem de novi ejus census exactione solummodo agebatur inter Gofridum Vindocini abbatem & Ulgerium Andegavensem & alios episcopos. Unde licet Paschalis in epistola laudata editionis Baluzianæ, aliquem annuum censum episcopis debitum admiserit, ubique tamen rejiciendum esse pronuntiavit eum censum quem Ivo & Ramnulfus *simplicitati incongruas duplicitates innectentes ex personarum redemtione mutatis nominibus extorquere* conabantur. · Nec iis episcopis imponi poterat, ut pote qui ipsi concilio Arvernensi, uti post Urbanum Paschalis ibidem asserit, interfuerant. Goffridus autem nusquam veterem illum censum impugnare aggressus est, aut ullo modo umquam contendit eum fuisse in Arvernensi concilio vetitum; sed eum censum reprobabat, quem Ulgerius de novo nitebatur inducere. Contendebat enim Goffridus, ut ille ipse scripsit, lib. 1. epist. 27. ad Gaufridum episc. Carnotensem, *annullari* decretum Urbani in concilio Arvernensi contra simoniam redemtionis altarium, quæ *in illo magno concilio pravitas hæretica vocata* fuerat, sancitum, si id quod non nisi semel per vicarios antea solvebatur, sub *nomine census annui* de novo instituti ab episcopis

ANNO CHRISTI, 1095.

Richardum *ex Gofridi l. 1. ep. 27.*

Gofridus Vind. abbas vindicatur.

deinceps extorqueretur: quod parum interesset ad simoniam conflandam, an illa pecunia rarius, sicuti antea
fiebat, scilicet tantummodo in personarum mutationibus;
an frequentius, nempe singulis annis, sub alio nomine
penderetur. Eadem ferme repetit Goffridus in epist. 12. l. 3.
ad ipsum Ulgerium scripta. At in his controversiis numquam ulla quæstio fuit de veteri censu episcopis debito;
unde immerito Goffridum *temeritatis* videtur notare eruditus Baluzius in notis ad Gratianum 1. q. 3. c. *quæsitum*,
quasi ille abbas malo animo clausulam expunxisset è canone Claromontano, quæ salvum esse volebat episcopis
annuum censum, ut eis omnem omnino censum, sive veterem *synodalem*, ut ipse Baluzius appellat, sive novum
denegaret. Certum est enim ex utraque epistola Goffridi
laudata, ut jam diximus, quod etiam cuilibet illas epistolas attente legenti, ut reor, patebit, cum nonnisi de censu
novo, quem loco illius exactionis, quæ ad singulas vicariorum mutationes antea fieri solebat, episcopi intrudere
volebant, locutum fuisse. Unde & episcopi adversus quos
agebat Goffridus causa ceciderunt, & abolitus est omnino
auctoritate Pontificum novus ille census quem illi exigere
tentaverant. Cur vero clausula illa *salvo utique censu* &c.
in chartario Vindocinensi desit, nihil juvat divinare, cum
de ea nulla umquam fuerit inter Goffridum, seu ejus
successores & episcopos controversia. Non enim auctoritate illius canonis se umquam à quolibet censu, sed tantum à novo illo solvendo, quem loco redemtionis altarium
intrudere episcopi volebant, liberos esse contenderunt
Vindocinenses, quod re ipsa verum erat. Et fortasse non sublata sunt à Vindocinensibus hæc verba, sed
ab aliis ad majorem canonis intelligentiam ista in aliis codicibus addita fuerunt, ut aliquis in codice sancti Albini
ad vocem *censu*, addidit *synodali*, ne qua superesset in eo
canone difficultatis umbra.

Canon VII. vulgatarum collectionum videtur esse præcedentis de altarium redemtione appendix. Eo quippe cavetur, ut altaria quæ canonicis aut monachis per personas data fuerint, post personarum mortem ad episcopos
redeant, nisi ipsi episcopi ea per litteras aut privilegia mo-

nasteriis confirment. Huc enim revocatur possessio triginta annorum, quæ in canone de altarium redemtione, ad altaria monasteriis asserenda præscribitur. Quod vero in eo statuitur, ut vicarii à monachis instituti in parochiis, curam animarum ab episcopis quidem suscipiant, sed monachi reddant temporalium rationem, nullam patitur difficultatem. Si tamen plura quis cupiat ea de re adeat Baluzium in additis ad cap. 31. libri 6. de Concordia sacerdotii & imperii illustriss. viri Petri de Marca, & alios canonici juris interpretes.

CCXIV. Alia decreta.

Præter hos canones, Goffridus Vindocini abbas lib. 2. epist. 29. & 30. ad Goffridum episcopum Carnotensem „ laudat prolatam ab Urbano papa in concilio Arvernensi „ sententiam, omnibus episcopis & abbatibus, qui aderant, „ laudantibus, ut quicumque sine vocatione & judicio „ exspoliarentur, etiam sine vocatione & judicio investi- „ rentur; ne scilicet sub occasione vocationis & judicii „ interveniret dilatio, & per dilationem aut diuturna aut „ sempiterna maneret exspoliatio. Consule notas in epist. 172. Ivonis Carnoteni. Idem Ivo aliud laudat ejusdem concilii decretum, quo sancitur ut excommunicatus ab „ uno episcopo, à vicinis quoque episcopis excommunicetur. Hæc de canonibus illis observare visum est. Plura cupienti præsto erunt libri de conciliorum decretis editi. at notas singulares in Claromontanos canones fecit illustriss. Petrus de Marca tom. 10. concil. Labbei, ad quos etiam spectat liber ejus de Primatibus.

CCXV. Variæ causæ ibi tractatæ. Primatus Lugdunensis.

Inter varias causas, quæ in synodo Claromontana agitatæ sunt, celebris ea est quæ ad Primatum Lugdunensem pertinet. Obtinuerat Gibuinus Lugduni archiepiscopus litteras à Gregorio VII. quibus ei primatum in quatuor Lugdunenses provincias, id est in ipsam Lugdunensem, Rotomagensem, Turonensem, & Senonensem confirmabat, scriptis etiam aliis litteris ad illarum provinciarum metropolitanos, quibus eis injungebat, ut *Lugdunensi ecclesiæ honorem & reverentiam, à majoribus*, inquit Pontifex, *nostris, de ecclesiis vestris præfixam* exhiberent. Pontificiis litteris statim paruit Rodulfus Turonensis, forte quod eo pacto Dolensem ac ceteros Britanniæ minori episcopos

episcopos, qui sese ab ejus ecclesiæ obedientia subduxerant, facilius reducturos favente Pontifice speraret; at Richerius Senonensis, qui & ipse ex Johannis VIII. privilegio primatum se habere contendebat, omnem prorsus ecclesiæ Lugdunensi subjectionem denegavit. Hunc imitatus est Rotomagensis antistes, cujus provincia tunc Francorum dominio subjecta non erat, atque adeo nihil fere tunc profuit Gebuino Gregorii decretum. At Hugo post Gebuini obitum è Diensi ad Lugdunensem ecclesiam translatus, qui ob vicariatum sedis apostolicæ sibi demandatum maxima auctoritate pollebat, omnem movit lapidem, ut primatum sedi suæ assereret, nanctusque præclaram hujus rei præstandæ occasionem, causam ad concilium Claromontanum detulit, quæ jam in variis minoribus conciliis agitata fuerat. Citatus Richerius Senonensis, qui præsens aderat, post varias tergiversationes, cum de die in diem respondere differret, sexta die causa cecidit; ac post duas alias dies, cum adhuc obedientiam promittentibus ejus suffraganeis, eam promittere detrectaret, pallii usu & jurisdictione in suos suffraganeos privatus est, donec decreto obtemperaret. Eadem pœna in archiepiscopum Rotomagensem qui concilio non intererat, decreta est, nisi intra tres menses primati Lugdunensi subjectionem, *scripto, si quidem viva voce non posset, polliceretur*; atque eo pacto Primatus Lugdunensis in eas ecclesias invaluit. Hæc omnia fusius exposita sunt in bulla Urbani ea de re post aliquot dies data.

ANNO CHRISTI 1095.

Haud minori contentione agebatur tunc temporis, licet non tanti fuerit momenti, controversia inter Guidonem Viennensem metropolitanum, & Hugonem Gratianopolitanum episcopum de pago Salmoriacensi, quem uterque suæ esse diœcesis contendebat. Res secundum Hugonem, ut jam non semel factum fuisse diximus, judicata est, qui à Guidonis sui metropolitani obedientia absolutus fuit, donec ille decreto concilii obediret; ut ipse Pontifex in litteris ad Guigonem comitem ac clerum & populum Gratianopolitanum declaravit.

CCXVI. Lis de Salmoriacensi pago.

Actum quoque ibi est de causa Dolensis ecclesiæ, cujus episcopi à Turonensis metropolis subjectione se subtrahere

CCXVII. De Dolensi archiepiscopatu.

conabantur. Etquidem res jam ab Urbano definita fuerat, uti diximus; sed quia Rolandus Dolensis antistes pallio donatus, archiepiscopi titulo & insignibus utebatur, verebatur Radulfus Turonensis, ne ejus quoque successores idem ambirent: quare effecit ut Urbani de subjectione Dolensis ecclesiæ decretum in concilio confirmaretur, & quidem Rollandus Radulfo metropolitano suo obedire compulsus est, ut testatur Willelmus episcopus Pictaviensis, qui ante episcopatum haud dubium in episcopi sui comitatu eidem concilio interfuerat. Instrumentum ea de re Martenius noster retulit in veterum scriptorum nova collectione p. 68.

CCXVIII. De privilegiis Majoris-monasterii.

Ad eamdem synodum delata fuit causa jam in multis agitata conventibus inter eumdem Radulphum & monachos Majoris-monasterii, quos ille uti excommunicatos haberi volebat. Ea de re coram Pontifice & ceteris concilii Patribus conquestis monachis, archiepiscopus factum negavit, si monacho, qui libellum de gestis archiepiscoporum & abbatum Majoris-monasterii à Bochello editum scripsit, fidem habeamus, responditque *quod si tale aliquid umquam ex ejus ore evaserat, plus ex commotione cum indignatione animi, quam ex deliberatione processisse.* Visum itaque est, omissis circumstantiis, causam ipsam accuratius examinare. Quare repetitis iis, quæ in variis conciliis ac conventibus agitata & decreta de hac re fuerant, Pontifex privilegium à se Majori monasterio concessum coram omni consessu recitari fecit: tum cum paucis verbis demonstrasset, nihil in eo contineri, quod à sede apostolica indulgeri non potuerit, *illud auctoritate Dei, & beati Petri Apostoli, omniumque Apostolorum & sua, nodo indissolubili firmavit & auctorizavit.* Latum est hoc decretum præsentibus ex una parte archiepiscopo & ejus clericis; ex altera vero, Bernardo abbate Majoris-monasterii, cum ejus monachis, inter quos recensentur Rangerius Cardinalis & archiepiscopus Regiensis, Gausmarus abbas sancti Petri Trecensis, Stephanus abbas Nucariensis, & Hilgodus qui Suessionensem episcopatum dimiserat. Ex curia vero Romana præsentes erant Portuensis, Pisensis, & Signiensis episcopi, Richardus sancti Victoris

Massiliæ abbas, Hero, Albertus Cardinales, & alii. Ex Gallicanis episcopis Hugo Lugduni, Amatus Burdigalæ, Raynoldus Remorum, Richerius Senonum, Rollandus Dolensis ; Narbonensis, Axiensis, & ex Hispania Toletanus, Archiepiscopi ; episcopi vero Hoellus Cenomannensis, & Gaufridus Andegavensis, qui duo ex Turonensi provincia huic controversiæ componendæ, ut refert Ivo epist. 231. multum insudaverant; ex aliis vero provinciis, ipse Ivo Carnotensis, Johannes Aurelianensis, Rogerius Bellovacensis, Namnetensis, Pictavensis & alii episcopi, cum nonnullis abbatibus & proceribus, qui omnes *Fiat, fiat* ad confirmationem privilegii acclamaverunt.

ANNO CHRISTI. 1095.

Approbata item fuere in eo concilio alia aliarum ecclesiarum & monasteriorum privilegia. Certe hoc, sicut & ipse Urbanus in variis rescriptis, de sui monasterii privilegio affirmat Goffridus Vindocinensis abbas, lib. 2. epist. 17. ad Gaufridum episcopum Carnotensem, in qua Urbani ea de re decretum exhibet, quod suo loco inter ejus Pontificis epistolas proferetur. Tunc etiam excommunicatus fuit Eblo, *omnium religiosorum qui aderant assensu*, eo quod Oleronis ecclesiam, quæ ad Vindocinenses pertinebat, injuste retineret; cujus rei testem habemus Guillelmum Aquitaniæ ducem, qui id in charta sua affirmat.

CCXIX. Alia item privilegia asserta. Vindocinense.

Tempore ejusdem synodi privilegium insigne concessit Urbanus parthenoni sanctæ Mariæ Santonensis, qui ab ipsis loci conditoribus Romanæ ecclesiæ juri mancipatus fuerat. Privilegium Arsendi abbatissæ inscriptum, datum est die VI. Kalendas Decembris, anno MXCVI. pro MXCV. ut pleraque alia ejus temporis monumenta, juxta calculum Pisanum præferunt.

Observanda omnino sunt ea, qæ de confirmatione *privilegii renovationis & restitutionis ecclesiæ Atrebatensis* narrat auctor gestorum Lamberti. Is refert Pontificem die IV Kalendas Decembris, cum jamjam concilio finem esset impositurus, jussisse, ut illud *recitaretur in conspectu totius concilii, in quo Cardinales Romani ei consedebant, & archiepiscopi* XIV. *& episcopi* CCXXV. *& abbates nonaginta & amplius, aliisque propemodum infinitis personis. Recitatum autem fuit, & distincte & aperte lectum, atque ab*

Atrebatense

omni confeſſu concilii ſub magno ſilentio intente auditum, collaudatum & confirmatum anno Dei Chriſti MXCV. Hinc mirum non eſt, ſi exinde inconcuſſa ſemper ſteterit Atrebatenſis eccleſiæ à Cameracenſi exemtio, quæ à tot tantiſque præſulibus, poſt varias ſynodos provinciales & Romanas in generali tandem concilio comprobata & confirmata fuerat.

CCXX.
Schiſma in Cameracenſi eccl. compreſſum.

Atrebatenſium cauſæ favebat ſchiſma in Cameracenſi eccleſia his temporibus excitatum, ſcilicet inter Manaſſem, ex archidiacono Remenſi epiſcopum electum, in quem Remorum antiſtes, provinciæ metropolitanus, propendebat, & Gualcherium qui hanc ſedem ſimonia ambiiſſe dicebatur. Venerat quidem iſte ad concilium, ſuæ eccleſiæ, uti autumabat, jura contra Atrebatenſes propugnaturus; at cum ſua ipſius cauſa examinata fuiſſet, inventus eſt epiſcopali gradu indignus; quare fuga elapſus; & tertio fruſtra admonitus, ut coram Patribus ipſe ageret cauſam ſuam, cum minime comparuiſſet, *ab omni ſacerdotali & epiſcopali officio,* ut in geſtis Lamberti legitur, approbata Manaſſis electione, *depoſitus eſt;* intentata in eum excommunicatione ſi *ſe ulterius* de eccleſiæ Cameracenſis *prælatione intromittere tentaret,* ut habet Urbanus ipſe in epiſtola ea de re ad Cameracenſes ſcripta. Is quidem Gualcherius in epiſcopum à neſcio quo conſecratus fuerat; ſed quia hanc *electionem & epiſcopalem Cameracenſis eccleſiæ benedictionem ſurripuerat per invaſionem, & per manus Henrici excommnicati imperatoris; ſanctum concilium adjudicato* Manaſſi epiſcopatu, decrevit, *ut in Cameracenſi eccleſia,* rejecto Gualcherio, *ordinaretur epiſcopus;* qui tamen nonniſi ſub finem anni ſequentis ob comitis Flandriæ abſentiam, & turbas ab ipſo Gualcherio excitatas conſecratus eſt, ut ex Manaſſis Remenſis archiepiſcopi epiſtola ad Cameracenſes patet, quamvis dies ad hanc conſecrationem celebrandam, *in octavis Pentecoſtes* dicta fuiſſet; ut ex alia ejuſdem metropolitani epiſtola ad Lambertum Atrebatenſem invitatoria diſcimus. Manaſſi poſtea ſuffectus eſt Odo ex abbate Tornacenſi ſancti Martini, qui etiam à Manaſſe metropolitano, aſſiſtentibus ei Lamberto Atrebatenſi aliiſque provinciæ episcopis ordinatus est, cum interea Gualcherius, Henrico imperatore adjuvante, & comitissa Montensi contra legitimos episcopos ei favente schisma in ea ecclesia foveret, ut discimus ex libello de restauratione sancti Martini Tornacensis Spicilegii tomo 1. & ex variis epistolis tomo 5. Miscellaneorum Baluzii relatis. Hæ turbæ Sammarthanis errandi occasionem præbuerunt in Gallia Christiana, ubi duos Manasses duosque Gualcherio admiserunt his temporibus, ob varia instrumenta, in quibus Manasses, tum Gualcherius, & postea Manasses, ac iterum Gualcherius memorati habentur.

Ambianorum ecclesiam in eadem Remensi provincia tunc regebat Gervinus, qui ex monacho Remigiano apud Remos factus Centulensis abbas, hanc sedem non absque simoniæ suspicione adeptus fuerat. Utcumque tamen eo vitio purgatus, uti supra ff. CIV. & CXXXIV. diximus, abbatiam simul & episcopatum retinebat, magno monasterii damno cujus bona ab eo dilapidabantur. Cum itaque nulla subesset emendationis spes, *fratres Centulenses, à Remensi ecclesia consilium acceperunt, ut domino papæ Urbano, qui eo tempore concilium in Claromonte erat de proximo habiturus, loci desolationem aperirent & majestatis ejus clementiam implorarent.* Et quidem res prospere eis successit. *Nam Pontifex in concilio residens prolata in eum sententia, baculo abbatis & monachorum cura spoliando absolvit.* Hæc dubio procul causa fuit condendi canonis IV. apud Ordericum & alios auctores relati, quo vetatur, ne quis episcopus simul & abbas sit. Sententiam in Gervinum Pontificis ore prolatam refert Hariulfus domesticus auctor, in chronico Centulensi tomo 4. Spicilegii, ubi sic habetur: „ Tu abbatiam sancti Richarii, quæ nobilis olim & dives fuerat tam pessime tractasti, ut suis ecclesiam ornamentis spoliaveris, & monachos multos tuis vitiis resistentes exules feceris: unde dignus eras, ut omnem gratiam ecclesiasticæ dignitatis ex toto perderes, veluti ovium Christi mactator, & sanctæ ecclesiæ dissipator: sed ne bina te ultione ferire videamur, esto contentus Ambianensi episcopatu, quem tam dure acquisisti, monachis autem sancti Richarii sit copia eligendi abbatis,

ANNO CHRISTI, 1095.

CCXXI. Gervinus episc. Ambian. abbatia Centulæ privatus

»cui tu contraire nulla ratione præsumas, quod in vir-
»tute Spiritus-Sancti te observare jubemus. « Rediit
itaque Gervinus in suam sedem abbbatia Centulensi privatus, qui etiam post aliquot annos episcopatu cedere
coactus in Majus-monasterium secessit, ubi postea defunctus est, Godefrido sancto viro, in ejus locum ex abbate
monasterii sancti Quintini prope Peronam, postquam hæc
sedes ferme biennio vacasset, substituto in concilio Trecensi anno MXCV. ut refert Guibertus Novigenti lib. 2
vitæ suæ cap. 2.

CCXXII. Unio monast. Figiaci & Conchensis firmata.

Confirmata fuit in eadem Claromontana synodo Conchensis & Figiacensis monasteriorum sub unico abbate
unio; & quia contra illud institutum Conchenses abbatem proprium sibi elegerant, hunc concilii Patres
exauctoraverunt. Verum cum hæc rerum dispositio
controversiarum perenne esset seminarium, in concilio
Nemausensi sequenti anno mutata fuit, ut ibi dicemus.

CCXXIII. Anianæ abbatis præsumtio repressa.

Conquestus est coram synodi Patribus Bertrandus Magalonensis antistes, uti refert Gariet in ejusdem ecclesiæ
episcoporum historia, adversus Petrum Anianæ abbatem,
quod ille, se ipso episcopo diœcesano insuper habito, ex-
teros antistites invitaret ad consecrandas ecclesias aliaque
pontificalia munia in suo monasterio exsequenda; immo
& excommunicatos propria auctoritate solveret, aliaque
auderet contra jus ecclesiæ Magalonensis. Quam quidem
præsumtionem Pontifex, salvis tamen Anianensis monasterii privilegiis, repressit, confirmata sententia, quam olim
Alexander II. in simili causa jam tulerat.

CCXXIV. Variæ aliæ causæ min. momenti.

Plures aliæ controversiæ ad concilium Claromontanum
delatæ fuerunt, sed quæ tanti momenti visæ non sunt antiquis auctoribus, ut eas proferrent, aut certe tales non
sunt, quæ debeant hic fusius exponi. Ex his fuit querela
canonicorum sancti Stephani Tolosæ, qui ecclesiam beatæ Mariæ, quam sui juris esse contendebant, à Cluuia-
censibus repetiisse dicuntur. Variæ etiam erant inter Hugonem Cluniaci & Pontium Casæ-Dei abbates contentiones, quæ ibidem Urbani auctoritate, ac Hugonis Lugdunensis & Aldeberti Bituricensis archiepiscoporum interventu compressa fuerunt, ut patet ex instrumento ea de

re confecto iv. Kalendas Decembris. Forte huc etiam revocari debet id quod Paschalis II. habet in privilegio S. Hugoni an. 1100. concesso edito in appendice Bibl. Cluniacensis, ubi Pontifex confirmat omnia de *quibus* in concilio Claromontano adversus eum, *nulla quæstio mota est*. Idem sanctus Hugo ad concilium detulit Silviniacensium monachorum causam adversus Archimbaldum Borbonii principem, eos, ut supra jam diximus, vexare pergentem exemplo patris sui, qui frustra à beato abbate frequenter monitus, & in synodo Cariloci ea occasione habita reprehensus, non nisi morti proximus resipuerat. Ille vero patris sui, immo & suorum, ut supra §. 202 dictum est, promissorum Pontifici factorum immemor, Silviniaco adhuc erat infestus: quare Hugo ut in instrumento ibidem laudato refertur, *in illa magna synodo, quæ apud Arvernensem celebrata est civitatem domni Papæ auribus hæc intimavit. At vero iisdem Papa, ut semper paratus erat in omnibus jam dicti patris obtemperare votis, evocato ad concilium Archimbaldo, ad hoc coegit, ut promitteret, se juxta consilium archiepiscopi Bituricensis & episcopi Aniciensis*, Guillelmi quoque de Bafia, is est qui in locum Duranni episcopi Claromontani defuncti suffectus est, & aliorum quorumdam nobilium virorum cuncta prave à se contra domnum abbatem gesta emendaturum, quod re ipsa paulo post fecit coram iisdem memoratis viris apud Silviniacum, quo ad placitum ea de re indictum convenerant, ut ejusdem placiti publico instrumento constat. In eadem synodo Stephanus prior sancti Flori apud Arvernos conquestus est adversus Bernardum ac ejus filios, quos Urbanus excommunicavit ob invasam ecclesiam sancti Martini de Calidis-aquis, ut infra num. 232. dicitur: similem pœnam pertulit Eblo, ut jam diximus, qui ecclesias Vindocinensium in Olerona insula inique occupabat. Assertæ etiam in eodem concilio fuerunt Cluniacensi monasterio variæ possessiones quas singulatim recensere inutile foret. Nec plura dicere vacat de societate precum quas nonnulli abbates ex variis provinciis ad hoc concilium congregati inter sese inierunt, ut discimus ex veteri notitia ejus rei in ms. codice monasterii Illidiani ejusdem urbis relata. In ea memorantur cum abbate sancti Illidii, abbates sancti Florentii, sancti Nicolai Andegavensis, sancti Cypriani prope Pictavum, sancti Savini item apud Pictones, Casæ-Dei; tum monachi Portus-Dei, sancti Petri Mauriacensis, & abbas ac monachi sancti Symphoriani Thiernensis.

CCXXV.
Expeditio sacra ibi decreta.

Verum nihil adeo concilii Claromontani famam posteris commendavit ac celebris illa in terram sanctam expeditio, quæ ibi primum communi omnium ordinum consensu & applausu sancita & promulgata fuit. Urbani hac occasione in dicendo facundiam laudant passim vulgati auctores, quem re ipsa veluti *tubam cælestem intonuisse* scribit Eugenius III. ad Ludovicum Francorum regem, ut ei ad similem expeditionem suscipiendam animum adjiceret. Audiendus ea de Guibertus Novigenti abbas, qui post laudatam Pontificis in ea expeditione promulganda magnanimitatem, sic eum concilio prævidentem repræsentat: *Erat ibi spectare, quam serena gravitate, ponderosa comitate præsideret; &, ut Sidonii verbis utar, quam piperata facundia ad objecta quælibet papa disertissimus detonaret. Notabatur quanta vir clarissimus modestia tolerabat suas tumultuose causas ingerentium loquacitatem, quam parum appretiabatur, nisi secundum Deum, cujuspiam personalitatem;* quod in eo maxime apparuit, uti prosequitur ille auctor, *quod Philippum* regem *tanta auctoritate excommunicavit, ut intercessiones spectabilium personarum, & multiplicium munerum inlationes contemserit; & quod intra regni ipsius demorabatur limites non extimuerit.*

Pontifex orationes habet.

Finitis itaque variis negotiis, quæ ad concilium delata fuerant, Pontifex, ut Robertus Remigianus abbas refert, qui præsens aderat, *exivit in quadam spatiosa latitudinis platea, quia non poterat illas capere cujuslibet ædificii clausura,* ubi orationem, quam idem auctor summatim refert, habuit, ut ad illam expeditionem adstantium animos excitaret; quos revera ita permovit, ut statim omnes conclamaverint *Deus illud vult, Deus illud vult,* quæ verba post modum in tesseram peregrinantium, veteri gallico idiomate *Deu lo volt* assumta fuere, quibus milites & alii peregrini in gravioribus itinerum & viarum difficultatibus, seu in mediis certaminibus adversus infideles, sese invicem

B. URBANI PP. II. VITA.

nvicem ad strenue agendum cohortabantur. Idem auctor narrat Gregorium Cardinalem (is postea Pontifex factus, Innocentius II. dictus est,) statim post finitam Urbani exhortationem *pro omnibus terræ prostratis confessionem suam dixisse, & sic omnes pectora sua tundentes impetrasse de his, quæ male commiserant, absolutionem; & facta absolutione benedictionem, & benedictione consecuta ad propria remeandi licentiam,* ut scilicet quæ ad tantum iter, quod deinceps *Via-Dei* appellatum fuit, necessaria erant sibi providerent, ac alios, qui absentes erant, ad eamdem expeditionem suscipiendam adhortarentur.

Postridie convocatis, ut idem auctor prosequitur, episcopis, Urbanus de eligendo sacræ expeditionis duce agendum esse proposuit, ac unanimi omnium consensu electus est Adhemarus Podii episcopus, ut pote *qui humanis rebus ac divinis valde esset idoneus, & utraque scientia peritissimus, suisque in actionibus multi vividus.* Qui statim *licet invitus suscepit quasi alter Moses ducatum ac regimen dominici populi cum benedictione domini Papæ ac totius concilii.* Vices suas ipsi *super Christianum populum quocumque venirent* Pontificem commendasse tradit Guibertus, *unde,* inquit, *& manus ei Apostolorum more, data pariter benedictione imposuit.* Quam vero egregie hujus legationis partes impleverit Adhemarus, *probat,* inquit ille auctor, *mirabilis operis tanti exitus.* Etquidem egregia illius antistitis facinora passim apud auctores memorantur. Ejus vero exemplum alii episcopi subsecuti, expeditioni sacræ postea nomen dederunt; quod in ipso etiam Claromontano concilio fecisse dicitur Willelmus Arausicensis. Eodem etiam se voto obstrinxerat Bernardus Toleti archiepiscopus, sed ab eo voto absolvit eum Pontifex, quod turbatis in Hispania rebus satius esset ut ibi remoraretur. Ejus absolutionis meminit Paschalis II. in epist. ad clerum & populum regni Alfonsi, apud Tamaiam die 3. Aprilis, ubi dicitur Urbanus Bernardi votum commutasse in restaurationem urbis & ecclesiæ Tarraconensis promovendam. Si Bonfinio & aliis historicis credamus, in ejus expeditionis ducem electus est sanctus Ladislaus Hungariæ rex, eamique, uti aiunt, provinciam jam receperat; ac domesticis tumulti-

ANNO CHRISTI, 1095.

Episcopus Podii exercituum ductor eligitur.

Tom. III. Ff

B. URBANI PP. II. VITA.

Anno Christi, 1095.
Orationes Pontificis.

bus, ac etiam ipsa morte, qua hoc anno functus est, ne id exsequeretur impeditus fuit.

Orationes, quas ea occasione habuit Pontifex, ex antiquis auctoribus, & veteribus schedis editæ sunt à Baronio & in variis conciliorum editionibus. Eas retulere Willelmus Malmesburiensis, Ordericus Vitalis, Robertus sancti Remigii & Guibertus Novigenti abbates, Willelmus Tyriensis & alii auctores antiqui, qui data opera hujus sequentiumque expeditionum sacrarum historiam scripserunt, simul editi anno MDCXI. Hanoviæ typis Wechelianis sub titulo *Gesta Dei per Francos*. Earum vero sinceritatem nemo in dubium revocare debet, quod varie apud varios auctores referantur, plerique enim eorum illas, ut quidem Baldricus & Guibertus de se ipsis fatentur, sensu solummodo & *intentione*, ut audiendo retinere potuerant, non ipsis Urbani verbis repræsentarunt. Deinde cum non semel ea de re Pontifex sermonem habuerit, uni unam, alii aliam ejus orationem retulisse quis inficiabitur? Quas vero ex iis magis germanas invenire potuerimus, in appendice referemus.

CCXXVI. Urbani in promulganda hac expeditione magnanimitas.

Ex istis porro scriptoribus, quos quidem historiæ sacræ studiosos evolvere non poenitebit, videre est quanta ab Urbano præstita fuerint ad hanc promulgandam, promovendamque expeditionem. *Eum à Deo Israel maximum principem contra Allophylos constitutum* fuisse ea occasione prædicat Ordericus Vitalis libro 8. *cui ille turrem David cum propugnaculis contra faciem Damasci commiserat.* Plura habet libro 9. Eumdem Pontificem *apud omnes illustre suæ magnanimitatis argumentum* ea occasione præbuisse ait Guibertus, cum *ex hujus profectionis incentivo, quod dum primus ipse præbuit, quonam pacto id fieret totus mundus obstupuit.* Etquidem mirum est Pontificem pauperem, uti tum erat Urbanus, absque regum ope, sine ulla exactione aut tributo, tantam principum virorumque nobilium ac cæterorum ex omni ordine, statu & regno multitudinem congregasse, qui ad difficilem adeo expeditionem sponte & animo alacri properarent; quibus pro stipendio sola proponebatur peccatorum indulgentia, & pro præmio spes vitæ æternæ.

B. URBANI. PP. II. VITA.

Habebant autem, ut jam diximus, pro tessera has voces *Deu lo volt*, pro militari signo crucem, cujus imaginem sibi in vestibus super scapulam dexteram imprimebant. Hinc *crucesignatorum, & cruciatorum* nomina inoleverunt. Refert Hermannus in historia sancti Martini Tornacensis, Urbanum in concilio Claromontano episcopos monuisse, ut cum ad suas diœceses reversi fuissent, subjectis sibi populis pro peccatorum remissione injungerent in pœnitentiæ locum nomen his expeditionibus dare. Hinc in canone 11. vulgatæ editionis legitur » ut qui ad liberandam Dei ecclesiam Jerusalem profectus fuerit, iter illud pro omni pœnitentia reputetur. Consentit « Ordericus, cujus verba huc referre non gravabor. Providus, *inquit*, Papa omnes, qui congrue arma ferre « poterant, ad bellum contra inimicos Dei excivit; & pœ- « nitentes cunctos ex illa hora, qua crucem Domini sume- « rent, ex auctoritate Dei ab omnibus peccatis suis absol- « vit; & ab omni gravedine quæ fit in jejuniis aliisque ma- « cerationibus carnis pie relaxavit, &c. « Alius insuper in « crucesignatorum gratiam canon conditus passim legitur, ut scilicet omnia eorum bona semper & ubique salva essent, rejecta quavis rationis specie, usque ad eorum reditum. Quæ quidem duo privilegia alii Pontifices subsequentibus temporibus iis qui, similibus expeditionibus nomen darent, confirmaverunt, & id Urbani exemplo, ut diserte habetur in concilio Lateranensi, quod anno MCXXII. sub Calixto II. celebratum est.

Vidi in cod. Bigotiano, nunc Regiæ Bibliothecæ, epistolam Paschalis II. ad archiepiscopos, episcopos & abbates Galliæ, qua Pontifex post captam Jerosolymam jubet *fratribus, qui post perpetratam divinitus victoriam revertuntur, sua omnia restitui: sicut beatæ memoriæ Urbano synodali definitione sancitum fuerat.* Ne vero animi levitate aut cujuscumque causæ obtentu, milites qui crucem acceperant, medio in itinere retro aspicientes, ab exercitu recederent, *Urbanus*, inquit Ordericus libro 10. *generali sanxerat actoritate, & apostolico jussu inviolabiliter teneri coegerat in omni latinitate, ut universi qui Christi crucem acceperant, nec iter in Jerusalem pro defectione vo-*

ANNO CHRISTI, 1095.
Pœnitentiæ loco instituta profectio ad expeditio-

luntatis peregerant, in nomine Domini reciprocum callem inirent, aut anathemate percussi extra ecclesiam pœnas luerent. Et quidem Stephanus Blesensis comes, ut omnes norunt, cum nescio quo pavore perterritus exercitum deseruisset, postea ad expeditionem redire compulsus est, in qua obiit anno 1101.

ANNO CHRISTI, 1095.

Ferunt etiam hac ipsa sacræ expeditionis occasione preces horarias beatæ Mariæ, quæ jam antea à Petro Damiano in suis monasteriis erant institutæ, à clericis immo & ab ipsis laicis ex Urbani præscripto frequentari cœpisse; ut eo pacto, qui expeditioni suscipiendæ inhabiles essent, his saltem precibus milites adjuvarent, eis tantæ Virginis patrocinium promerendo. Addit Gofridus Vosiensis prior Chronici cap. 27. ejusdem beatæ Virginis officium, quod hodieque sabbato celebrari solet, eadem occasione fuisse institutum. Quin & nonnulli sanctum Antoninum laudant, referentem hoc à Pontifice in concilio statutum fuisse, ut ab ipso die quo exercitus esset profecturus in expeditionem, vespere & mane in omnibus ecclesiis cathedralibus & monasteriis signum trino campanæ pulsu daretur, quo excitarentur populi ad orationes pro felici expeditionis successu fundendas. Quod quidem institutum mori pulsandæ salutationis Angelicæ, qui postmodum apud omnes invaluit, occasionem præbere potuit.

Preces eadem occasione institutæ

Præter hæc Robertus de Monte in accessionibus ad Sigebertum, quas noster Acherius post Guiberti opera edidit, decretum fuisse scribit *in concilio Arvernensi authentico & nominatissimo, ut quæcumque civitas mari magno transito, à paganorum posset excuti jugo, sine ulla contradictione sub sanctæ Jerusalem dominio vel ditione perenniter obtineretur.* Quod etiam paulo post in concilio Antiocheno confirmatum ab omnibus fuisse testatur.

Hic vero locus esset Urbanum tuendi à nonnullorum conviciis, qui ei immerito exprobarunt, quod hanc expeditionem, aut injuste adversus gentes, in quas, uti aiunt, nullum jus habebat; aut certe temere edixisset, quæ principes & populos Christianos in tam arduis & periculosis bellis implicuit. At utramque criminationem ab Urbano amoliri facile est: cum illa bella & justa & pæne

CCXXVII.
Urbani apologia in his expedit. promulgandis.

orbi Christiano necessaria fuisse nullo negotio demonstrari possit. Quid enim æquius cogitari potest, quam ut pater communis omnium fidelium vires Christianorum in unum recolligat ad retundendos communis hostis insolescentis impetus, qui nihil non adversus eos machinabatur; quid vero magis necessarium ad Christianæ Reipublicæ tutamen, quam ut armis arma eorum repellantur, qui pleraſque Christianorum provincias jam devaſtarant, aliis imminebant, omnibus vero infenſiſſimi erant. Atqui talem tunc orbis Chriſtiani ſtatum fuiſſe nemo eſt qui auſit inficiari, ſi vel leviter delibare voluerit hiſtorias illorum temporum. Nam ut de Hiſpaniis, Siciliæ & Italiæ regionibus taceam, totum ferme Orientem, in quem præcipue indicta illa expeditio fuit, Mahumetani occupabant. Non enim ſola Jeroſolymorum civitas ſancta, aut Nicæa, Antiochia, aliæque civitates celeberrimæ & vaſtiſſimæ regiones iis urbibus viciniores ſub eorum tyrannico jugo gemebant; ſed & multæ etiam aliæ imperii Conſtantinopolitani provinciæ ab iis barbaris vexabantur, quarum pleraſque ſuo jam ſubjugaverant imperio; adeo ut ad muros uſque Conſtantinopolitanæ regiæ urbis omnia depopularentur. *Urbanus*, inquit Fulco comes, in ſæpe laudato Hiſtoriæ fragmento, *ammonuit gentem noſtram ut irent Jeruſalem, expugnaturi gentilem populum, qui civitatem illam & totam terram Chriſtianorum uſque Conſtantinopolim occupaverant.*

Quid igitur mirum eſt ſi tanto tamque urgenti Chriſtianæ reipublicæ periculo ſubvenire conatus fuerit communis Chriſtianorum pater & Paſtor, maxime cum ab eo ipſe imperator, & orientales eccleſiæ ac populi, auxilium repetitis frequentiſſime precibus per litteras & legatos efflagitaſſent. Id verum eſſe non ſolum probant acta conciliorum Placentini & Claromontani, ſed ipſi etiam æquales auctores Bertoldus, Guibertus & alii paſſim teſtificantur. Et quidem Urbanum de eccleſia optime hac occaſione meritum fuiſſe, una ſemper fuit omnium ſententia, quod publice teſtatum fecit vetus inſcriptio juxta ſanctum Petrum in palatio apoſtolico inſculpta his verbis: **URBANUS II. AUCTOR**

B. URBANI PP. II. VITA.

EXPEDITIONIS IN INFIDELES.

Anno Christi, 1095.
CCXXVII. Claromonti Urbanus privilegia &c. ecclesiis dat.

Soluta est Claromontana synodus die IV. Kalendarum Decembris, quo, uti supra observavimus ex codice Lamberti, privilegium Atrebatensis ecclesiæ coram omnibus recitatum atque confirmatum fuit. Complura alia privilegia concessit Urbanus diebus sequentibus apud Clarummontem, ubi usque ad mensis Decembris initium substitit, Die III. Kalendarum Decembrium confirmavit Cluniacensibus monasterium sancti Dionysii de Novigento, cujus possessiones in variis diœcesibus sitas singillatim recenset. Eadem die Molismense monasterium, cui tunc sanctus Robertus præerat, sub apostolicæ sedis tutela suscepit, salvo Lingonensis episcopi diœcesani jure, ad cujus petitionem Pontifex hoc privilegium concessit. Scripsit quoque hac ipsa die epistolam ad Guigonem comitem, clerum & populum Gratianopolis, qua eos, uti diximus §. 216. certiores facit de Salmoriacensi archidiaconatu ecclesiæ Gratianopolitanæ asserto. Eadem item die, si Garieli auctori historiæ episcoporum Magalonensium fidem habeamus, idem Pontifex Alexandri II. diploma in gratiam Bertrandi Magalonensis episcopi datum contra Petrum Anianæ abbatem in acta concilii Claromontani referri curavit, ne deinceps Anianæ abbates, quidquam extra suæ potestatis limites auderent. Qua de re, uti suo loco diximus, querelas ad synodum idem Bertrandus detulerat.

S. Dionysio Novigenti.

Molismo.

Epist. ad Gratianopolitanos.

Acta contra Anianenses.

CCXXVIII. Scribit ad Cameracenses.

Die sequenti, id est pridie Kalendas Decembris, Pontifex scripsit ad Cameracenses, juxta quod in synodo statutum fuerat, ut eos de sententia in Gualcherium intrusum lata commoneret; qua de re multa superius §. 210. observavimus. Alias eadem die ad canonicos Ecolismenses dedit, quibus Pontifex eis confirmat præposituram de Juliaco, quam illis in commune viventibus Ademarus episcopus concesserat.

Ad Ecolismenses.

CCXXIX. Decretum de Primatu Lugdunensi.

Kalendis Decembris data est celebris Urbani bulla, in qua post relatas varias concertationes de Primatu Lugdunensi in concilio habitas, Primatum huic ecclesiæ in quatuor Lugdunenses asserit & confirmat. Cui definitioni archiepiscopos octo, episcopos octoginta, ac nonaginta abbates

B. URBANI PP. II. VITA.

& eo amplius interfuisse dicit. Hanc bullam primus illust. Petrus de Marca publici juris fecit. Ceterum ex Orderico Vitali lib. 9 colligimus synodales litteras ad absentes episcopos scriptas fuisse nomine concilii, saltem ad eos qui *excusatorias* miserant. Nam cum Odo & alii Normanniæ præsules cum *excusatoriis apicibus* comprovincialium synodo interfuerant; *cum benedictione apostolica regi essi synodales epistolas coepiscopis suis detulerunt.*

ANNO CHRISTI, 1095.

Dimisso tandem Urbanus Claromonte varias regiones, ut ante concilium fecerat, peragravit, in quibus ecclesias & monasteria passim consecravit, lites diremit, locorum sacrorum quieti providit, concilia celebravit, ac denique omnium animos humanitate & morum innocentia sibi devinxit. Primum die tertio Decembris apud Celsinianas Cluniacensis ordinis celebre monasterium substitit, ejusque ecclesiam solemni ritu dedicavit, uti ipse testatur in bulla post aliquot dies data. Tanti beneficii memores loci illius monachi nomen Urbani cum elogio in suo Necrologio inseruerunt, his verbis: »IV. Kalendas Augusti, officium pro domno Urbano papa II. Hic venerabilis & Deo dignus apostolicus, inter cetera laudabilia opera sua, etiam istud monasterium cum magna auctoritate & devotione III. nonas Decembris dedicavit; in qua consecrationis die per successiones temporum, omnibus peccata confitentibus, & ad istius diei festum convenientibus, atque vota sua persolventibus maximam ac desiderabilem absolutionem fecit. «

CCXXX. Urbanus Celsinian. eccles dedicat.

Inde Brivatem, ubi nobile & vetus habetur canonicorum, qui vulgo comites nuncupantur, Collegium, progressus Pontifex, ibi quarta die Decembris, ecclesias, altaria & decimas quæ Cluciacensibus monachis hactenus data fuerant, insigni rescripto sancto Hugoni confirmavit. Hac ipsa die bullam indulsit Dalmachio episcopo Compostellano, qui concilio Arvernensi præsens adfuerat, ejusque successoribus inscriptam, quo diplomate cathedram episcopalem quæ Iriæ hactenus substiterat, Compostellam transtulit in honorem sancti Jacobi, cujus corpus ibi asservari jam multo antea credebatur. Tum novo hanc ecclesiam privilegio exornavit, statuendo scilicet, ut ejus

CCXXXI. Brivate privileg. dat Cluniaco.

Alterum Compostellæ.

Anno Christi, 1095. antistes, nullum præter Romanum Pontificem metropolitanum agnosceret. Quo tamen in gradu haud diu substitit Compostellana ecclesia, quæ jure & dignitate metropolis paulo post aucta fuit à Calixto II. cujus ea de re litteræ exstant anno MCXXIV. datæ.

CCXXXII. S. Flori eccl. dedicat & privileg. dat. Relicto Brivate Urbanus ad sancti Flori opidum à Stephano ejusdem loci priore ordinis Cluniacensis invitatus accessit, ibique, ut habet vetus notitia, edita à Mabillonio in appendice tomi 4. Annal. Benedictinorum num. 25. eclesiam sancti Martini de Aquis-Calidis, quæ in concilio Claromontano monachis sancti Flori contra quosdam ejus invasores asserta fuerat, *eisdem perpetuo habendam & possidendam firma concessione donavit, & donum illud sui privilegii auctoritate firmavit.* Illud est fortasse privilegium, quod Petrus Prior & ejusdem loci monachi *fere consumptum pro sui nimia vetustate,* renovandum Urbano IV. obtulere, ut ex eorum libello supplici observavit vir cl. Stephanus Baluzius in notis ad vitas Pap. Avenion. pag. 740. Neutrius exemplum habere licuit. Tunc autem Pontifex *comitante sacro cardinalium collegio,* ut veteres loci schedæ referunt, *basilicam è novo exstructam dedicavit B. confessoris Flori, ejusque reliquiæ post altare in loco eminenti repositæ sunt in capsula tribus seris clausa:* quod die VII. Decembris factum fuisse colligimus ex anniversaria ejus dedicationis solemnitate, quæ hac ipsa die etiam nunc in illa ecclesia, à Johanne XXII. in episcopalem sedem erecta, celebratur. Eadem die Pontifex duo privilegia ibidem concessit in gratiam Cluniacensium, unum pro sanctimonialibus Marciniacensis Parthenonis à sancto Hugone conditi, alterum pro monachis Celsiniacensibus, jam superius à nobis laudatum.

Privileg. pro Marciniaco.

Piperacum sit abbatia. Hac, uti conjicere licet, occasione, Bernardus, qui sub præpositi nomine Piperaci canonicis regularibus præerat, suam ecclesiam in abbatiæ titulum erigi obtinuit. Id enim ab Urbano circa istud tempus factum fuisse ferunt; & quidem Piperacum haud longe à sancto Floro dissitum est; & Urbanus, ut ex Bertoldo observavimus, canonicorum regularium præpositis abbatialem titulum, absque tamen baculi usu, indulsit. Urbanum vero aliquandiu apud sanctum

B. URBANI PP. II. VITA.

ctum Florum demoratum fuisse ob ægritudinem Johannis Portuensis episcopi, qui ibi defunctus ac sepultus fuit, veri simile est. Certe etiam nunc visitur Johannis illius sepulchrum in dextera cathedralis ecclesiæ ala inter primam & secundam columnam positum, sed absque ulla, uti mihi assertum est, inscriptione. Monasterium sancti Flori *sanctissimus Urbanus*, uti in supra laudato libello habetur, non solum ob sancti Flori *devotionem*, & *consecrationis* ejus loci à se factæ *reverentiam* privilegio donavit, sed etiam *pro dilectione veri patris Johannis cardinalis episcopi Portuensis* ibidem *tumulati*, singulari affectu prosequebatur.

Urbanum postea Auriliacum adiisse ex veteri chronico ejusdem loci tomo 2. Analec. Mabillon. edito discimus, in quo hæc legimus de Petro Soliacensi, ejusdem monasterii, quod ex Benedictino ordine tandem ad sæculares canonicos defecit, tunc abbate: *Hic Urbanum papam post Claromontense concilium*, cui idem abbas interfuerat, *Auriliacum devexit*.

Inde Lemovicum provinciam ingressus Pontifex, Uzercam invitante Gerardo abbate divertit, ibique monasterii ecclesiam juxta quod ei fuerat pollicitus, dedicare constituerat; at Urbanum ab eo consilio Humbaldus episcopus Lemovicensis, nescio qua ratione, avocavit. Forte quod Natalium Christi solemnia apud Lemovicas à Pontifice celebrari cuperet. Urbanus quippe, ut mox dicebamus, paulo amplius quam crediderat ob Joannnis Portuensis ægritudinem in itinere moratus est. Ob hoc tamen, si chronici ejus loci domestico auctori credamus, Gerardus in episcopum commotus Adhemaro sancti Martialis abbati sese adjunxit, à quibus coram Pontifice accusatus episcopus, paulo post, uti dicturi sumus, à sua sede dejectus fuit. At Gerardus mense sequenti, ipso die festo sancti Mauri excessit è vita. Userca quando illac transiit Urbanus, tunc degebat Mauricius Burdinus, ejus loci monachus, quem cum Bernardus Toleti archiepiscopus, qui tunc forte adhuc in Pontificis comitatu erat, hominem industrium & aptum ad magna negotia gerenda invenisset, ei ut secum in Hispaniam transiret persuasit. Quid de eo postea factum fuerit omnes norunt. Is nempe

Anno Christi 1095.
Mors Johannis episcopi Portuensis apud S. Florum.

CCXXXIII.
Pontifex Auriliaco transit.

Mauricii Burdini fortuna.

Tom. III. Gg

Anno Christi, 1095.

post obtentum episcopatum Conembricensem, Braccarensis metropolis sedem adeptus, ac legatione apostolica honoratus, demum ab Henrico imperatore contra Gelasium papam Romanus Pontifex dictus est, & famosam vitam post varias fortunas, misero tandem exitu, in carcere conclusit. Sed ad Urbanum redire oportet, qui teste Gaufrido priore Vosiensi *in festo sancti Thomæ*, scilicet die 21. hujus mensis, *Uzerchiæ hospitatus est*. Atque inde profectus, Lemovicas post biduum advenit: quid vero in ea urbe præstiterit ex Gaufredi Vosiensis chronico parte 1. cap. 27. tomo 2. Bibliot. Labbeanæ referre juvat, ubi sic habet.

Decimo Kalendas Januarii Urbanus *Lemovicas devenit*. In festivitate Natalis Christi, *missam de Galli-cantu Dominicæ nativitatis in ecclesia puellarum sanctæ Mariæ, quæ dicitur ad Regulam*, nobile est monasterium ordinis Benedictini hactenus subsistens, *decantavit. Missam de luce in basilica regali apud sanctum Martialem celebravit: inde triumphaliter coronatus ad sedem apostolicam episcopalem*, sic cathedralem ecclesiam appellat, quod sanctum Martialem primum ejus sedis episcopum inter apostolos annumerare gaudeant Lemovicenses, *rediit, ubi reliqua sollemnitatis officia peregit. Altera die, quæ est post festum Innocentium, cathedralem ecclesiam in honore protomartyris Stephani dedicavit, sequenti die quievit. Pridie Kalendas Januarii basilicam regalem*, scilicet monasterii sancti Martialis ut jam supra eam appellaverat, *in honorem Salvatoris mundi consecravit, ejusque antiquam libertatem, nobilemque prærogativam novis privilegiis roboravit.* Urbani bulla de privilegiis sancti Martialis post aliquot menses apud Santonas data fuit. Istud autem monasterium è Cluniacensi ordine ad canonicos sæculares devolutum est. Sed Gaufredi narrationem prosequamur. "Huic, inquit, sancti Martialis "dedicationi, quæ peracta est anno Dominicæ incarna- "tionis MXCV. interfuerunt plures episcopi, quorum no- "mina silentio non sunt tegenda. Hugo Lugdunensis, "Audebertus Bituricensis, Amatus Burdegalensis, Rober- "tus, seu potius Daibertus Pisensis, Rangerius Rhegien- "sis, hi omnes archiepiscopi, primus Bruno Signiensis, "Petrus Pictaviensis, Arnulfus, immo Ramnulfus, co-

CXXXIV. Urbani gesta apud Lemovicas.

S. Martialis dedicatio.

gnomine de Barbesillo, Sanctonensis, Raynaldus Petrage- «
ricensis Raymundus Ruthenensis, Humbaldus Lemovicen- «
sis, hi omnes episcopi. Hi postquam Romanus Pontifex «
aquam benedixerat, circa basilicam more ecclesiastico «
aspergebant: Dominus Papa propriis manibus veneran- «
dum altare consecravit, missamque super illud sollem- «
niter celebravit. Inde ad benedicendos populos in publi- «
cum processit, quorum tanta illic erat multitudo, ut in «
circuitu civitatis, citra unum milliarium nonnisi homi- «
num capita viderentur: oblationum vero tanta copia «
fluxit, ut arca sepulchri apostolici, id est sancti Mar- «
tialis, quæ vulgo Gauteau appellabatur, præter alias «
plena redundaret. « Hæc Gaufredus, qui paulo antea, si
tamen locus ille ex alio mf. erutus ei tribui debeat, scripserat Urbanum *sancti Stephani ecclesiam, & beati Martini
monasterium* dedicasse, ubi pro *sancti Martini*, legendum
haud dubie *sancti Martialis*, quamquam apud Lemovices
habeatur quoque monasterium sancto Martino sacrum.
At nihil utrobique habet de dedicatione sanctæ Mariæ de
Regula, quam tamen ab Urbano, qui quidem ibi ex
ipso Gaufredo missam mediæ notis cantavit, factam fuisse
legimus in duobus veteribus chronicis mss. sancti Martialis.

Ceterum hæc omnia ferme iisdem verbis narrantur in
veteri notitia Lemovicensis ecclesiæ ea de re facta, quam
post Bestium varii auctores ediderunt. In ea quippe legitur, Pontifices omnes supra recensitos natalium Christi
solemnitatem simul cum Urbano apud Lemovicas celebrasse, cumque ad sanctum Martialem eunrem, & exinde
habito prius ad populum sermone, coronatum ad majorem ecclesiam redeuntem comitatos fuisse. Hi omnes, ut
ibidem dicitur, die sexta Nativitatis Domini, quæ in Dominicam incidebat, iterum cum Urbano ad sanctum Martialem, ubi dies octo exegit, convenerunt; cumque die
sequenti basilicam aqua, ab ipso Pontifice prius benedicta,
interius exteriusque perlustrassent, ipse eadem aqua altare Domini Salvatoris lavit, chrismate & oleo sancto perunxit, pignora sanctorum ibi reposuit, ac demum ad-
stante innumera populorum multitudine Missa ibi cantata
sancivit, ut hæc dedicationis dies 11. Kalendas Januarii

ANN'O
CHRISTI
1095.

Dedicatio-
nis ritus.

sollemnis in posterum singulis annis haberetur. Hanc basilicam à Ludovico Pio olim exstructam, sed variis cladibus attritam, in pristinum splendorem restituerat Adhemarus ejus loci abbas, paulo antequam Pontifex Lemovicas adveniret.

Anno Christi, 1095.

Ex his vero, quibus alii etiam auctores suffragantur, patet quantum aberraverit à vero Bertoldus, auctor alias omni exceptione superior, qui in chronico scripsit Urbanum hoc anno *Nativitatis Dominicæ diem Arelati cum diversarum provinciarum episcopis gloriosissime celebrasse*. At licet in hoc erraverit, non tamen est ei deneganda fides narranti Wirciburgensem episcopum, qui ei probe notus erat, circa hæc tempora relictis schismaticorum partibus, ad Urbanum accessisse absolutionem ab eo petiturum. Quam, inquit ille, *ab eo consecutus est; ita tamen ut eadem misericordia à legatis Papæ in Teutonicis partibus perficeretur eidem*.

CCXXXV. Urbanus hoc anno Arelatum non adiit.

Episc. Wirceburg. reconciliatio.

Hæ porro solemnitates Urbanum non impediebant, quominus aliis etiam negotiis vacaret, quod probant varia ejus diplomata his ipsis diebus data. Ex his unum est inscriptum Ansculfo Angeriacensi abbati, cui subjicit monasterium Bassacense. Datum est apud Lemovicas die 14. Kal. Decembris. Eodem die & eodem loco scripsit Pontifex litteras ad Adhemarum Ecolismensem episcopum, quibus ei injungit, ut monachorum sancti Eparchii *præsumptionem* reprimat, qui abbati Angeriacensi, cui monasterium eorum subjectum esse debebat, obedire detrectabant, etiam post latam in eos excommunicationis sententiam. Porro Adhemarus ut jussis Pontificiis faceret satis Ansculfum Angeriaci abbatem *in pleno capitulo, videntibus canonicis suis* investivit de abbatia sancti Eparchii, tradito ei pastorali baculo; & ille domnum Hugonem monachum Angeriacensem in sancti Eparchii abbatem ordinavit, ut in instrumento ea de re confecto narratur.

CXXXVI. Urbanus varia dat diplomata. Monast. Angeriaco subjicit Bassacum.

S. Eparchium.

Hac ipsa die, 11. Kal. Januarii, qua sancti Martialis basilicam consecravit Pontifex, præceptum ibidem dedit in gratiam Figiacensis monasterii, Caturcensi, aliisque vicinis episcopis inscriptum, adversus eos qui loci hujus

Figiacum tuetur.

B. URBANI PP. II. VITA.

possessiones male invaserant. Quo etiam tempore, uti ex Gauf. edi Chronico discimus, *papa Urbanus investivit solemniter ecclesiam S. Martialis & abbatem ipsius Ademarum de ecclesia sancti Petri Montanarensis, & de ecclesiis de Saliomo cum pertinentiis suis, ubi requiescit corpus S. Martini abbatis, illius quondam terræ principis*, cujus sancti vitam tempore Normannicarum incursionum deperditam fuisse deplorat idem auctor, in magnum ejusdem monasterii detrimentum.

Anno Christi, 1096. Ecclesias S. Martiali restitui curat.

Anno sequenti, die secunda Januarii Urbanus adhuc Lemovicibus exsistens privilegium indulsit Willelmo Tutelensi abbati, quo bona ejusdem monasterii sub apostolicæ sedis tutela suscipit; meminit in eo Pontifex nonnullorum militum in ea urbe commorantium, ob mala sua facinora excommunicatorum, quorum occasione vetat, ne monasterium ipsum *excommunicetur*, nisi forte ibi ad officia divina excommunicati illi admitterentur.

CCXXXVI. Privileg. Tutelense.

Ecclesiæ Lemovicensium tunc præerat Humbaldus, qui in hac sede post varias concertationes, obtentu litterarum apostolicarum, sed ab eo ipso adulteratarum, firmatus fuerat. Verum cum Pontifex apud sanctum Martialem versaretur, forte Ademarum abbatem aliquando reprehendit, quod hunc episcopum absque suo nutu admisisset, contra id quod Romæ de eo statutum fuerat. Qua de re attonitus abbas litteras apostolicas sibi ab Humbaldo redditas Pontifici ostendit; unde ille fraude agnita, statim Humbaldum *publice* deposuit, in cujus locum post aliquod tempus substitutus est Guillelmus sancti Martialis prior. Hæc narrat Gaufredus Vosiensis in chronico cap. 26. & 28. cui consentit chronicon Malleacense. At litteras ab Humbaldo *falsatas*, nondum hactenus quisquam viderat; quas simul cum antiqua ejus rei notitia ex ms. cod. ecclesiæ Lemovicensis qui fuerat penes v. c. Anton. Faure ecclesiæ Remensis præpositum, nobiscum à v. cl. Baluzio communicatas referemus in appendice.

CCXXXVII. Humbaldus episc. Lemovicensis deponitur.

Cum autem Urbanus pridie Kalendas Januarii accesserit ad sancti Martialis monasterium, ibique, ut jam observavimus, octo dies transegerit, hinc facile colligitur eum

CCXXXVIII. Carrofi altare consecrat.

B. URBANI PP. II. VITA.

Anno Christi 1096.

ibi Epiphaniæ festivitatem celebrasse; an vero die sequenti in urbem redierit, nescimus. At certum est eum feria quinta ante festum sancti Hilarii, quæ mensis Januarii dies est decima tertia, Carrofensis apud Pictones monasterii basilicæ hujus altare propriis manibus à Petro ejus loci abbate invitatum consecrasse assistentibus ei plurimis episcopis.* Id discimus ex veteri notitia, quam ex archivis hujus monasterii erutam in appendice dabimus. Idem habetur ex Sirmundi schedis in tomo 2. Bibliothecæ novæ Labbeanæ pag. 755. sed ibi omissa vocula *ante*, hanc consecrationem die festo sancti Hilarii factam fuisse mendose legitur. Ceterum ipse Urbanus in privilegio ejusdem monasterii, quo ejus bona & privilegia à Leone IX. & Alexandro II. concessa confirmat, decernit, ut nemo præter Pontificem Romanum in illud altare, quod ipse suis propriis manibus consecraverat, audeat excommunicationis aut interdicti proferre sententiam.

CCXXXIX. Pictavis celebrat festum S. Hilarii, &c.
* Loudun.

Sancti Hilarii festum, quod die XIII. Januarii occurrit, Urbanum in ipsa Pictavorum urbe celebrasse, testis est auctor chronici Malleacensis. Quo tempore Petrus ejusdem urbis episcopus controversiam inter monachos Trenorchienses & canonicos sanctæ Crucis * Laudunensis nitam diremit, ejusque sententiæ ipse Pontifex subscripsit cum Amato Burdigalensi & Hugone Lugdunensi archiepiscopis, Girardo Engolismensi episcopo & aliis, uti in veteri apographo legitur. Aliud placitum habuit ipse Pontifex in ecclesia sancti Hilarii, sed quod ad mensem Martium, quando Urbanus iterum Pictavos adiit, referendum est.

Benedicit monast. novum.

Verum huc revocari debet *benedictio* monasterii novi in eadem urbe, quæ non VI. ut habet chronicon Malleacense, sed XI. Kalendas Februarii ut ex veteribus domesticis instrumentis constat, ab ipso Pontifice facta est. Id evincitur ex veteri Martyrologio ms. ejus loci, in quo hæc ecclesia die festo sancti Vincentii consecrata dicitur, his verbis: » Abbas domnus Gerardus II. sub » cujus tempore ecclesia nostra fuit dedicata & sacrata die » sancti Vincentii per manus summi Pontificis Urbani II. » &c. In altero codice hæc leguntur: Die XI. Kal. Fe-» bruarii Urbanus II. cum tribus archiepiscopis, totidem-

B. URBANI PP. II. VITA.

que episcopis, templo in honorem sanctæ Dei-genitricis « & beatorum apostolorum Johannis & Andreæ dedicato, hoc « altare majus in honore sanctorum martyrum Stephani pro- « tomartyris, Laurentii, Vincentii, Chrysanti & Dariæ « venerabiliter consecravit, & reliquias eorum posuit. « Porro ipse Urbanus in suo diplomate testatur hanc ecclesiam à se fuisse consecratam, adeoque sub speciali apostolicæ sedis tuitione esse debere.

Post hæc, uti prosequitur auctor chronici Malleacensis, Pontifex *perrexit An egavis & benedixit monasterium sancti Nicolai*, quod prope hanc urbem situm est. Urbanum à Milone suo ipsius legato, antea monacho sancti Albini, huc perductum fuisse legitur in chronico Andegavensi apud Labbeum tomo 1. Bibliothecæ novæ, & quidem ut ecclesiam sancti Albini consecraret. Sed id monachi ejus loci, nescio qua causa, noluerunt, ut habet alterum chronicum in vetusto codice Christinæ reginæ Sueciæ, qui nunc in Bibliotheca Ottoboniana Romæ asservatur, sic quippe ibi res exponitur: » Anno MXCVI. Urbanus papa apud « Andecavam civitatem descendit, & ecclesiam sancti Ni- « colai consecravit. Monachi enim sancti Albini, ut sua « ecclesia consecraretur noluerunt, pro qua re maxime « papa venerat, adductus à Milone antea beati Albini « monacho, tunc temporis legato suo. « Hujus Milonis « meminit Hugo Flaviniacensis abbas in chronico, ubi cum episcopum factum fuisse scribit. Sed ejus sedis nomen in Labbei editione non exprimitur, ob detritum eo loco codicem ms. at hæc lacuna ex domesticis sancti Albini instrumentis facile suppleri potest, in quibus nempe Milo *Prænestinus* episcopus fuisse haud semel dicitur. Et quidem is est ipse qui post Bernardi obitum ad hanc sedem contra Hugonem Candidum, famosum schismaticum provectus est, ac eo nomine interfuit electioni Paschalis II. à quo in Galliam legatus missus est, ac demum anno circiter MCI. ut scribit Ughellus, è vivis excessit.

Aliam Andegavensis hujus itineris ab Urbano suscepti causam affert Fulco comes Andegavorum in fragmento historiæ tomo 10. Spicilegii Acheriani edito, ut nempe ejus provinciæ incolas ad suscipiendam sacram expeditio-

Marginalia:
ANNO CHRISTI, 1096.
CCXL. Andegavos à Milone ducitur.
Quis Milo?
Ibi cruciatam prædicat.

nem excitaret; Quod etiam habet vetus chronicon sancti Albini. Nec mirum, nam *ubicumque Pontifex fuit*, inquit auctor chronici Malleacensis, *præcepit cruces facere hominibus, & pergere Jerusalem, & liberare eam à Turcis & aliis gentibus.* Consentit vetus auctor apud Chesnium tomo 4. pag. 90. qui refert Urbanum omnibus episcopis imperasse, ut singuli in suis dioecesibus hanc expeditionem prædicarent, idque reipsa ab eis fuisse præstitum. Etquidem, ut omnes norunt, præcipua hæc erat Pontificii in Gallias itineris causa; cujus rei alius præter Urbanum ipsum testis quærendus non est, qui eo animo ad principes & ceteros Flandriæ fideles litteras scripsit tunc temporis, ut eos de re decreta in concilio Claromontano sacra expeditione, indulgentiisque iis qui illam susciperent concessis, faceret certiores. Unde universos monet, ut si qui ad illud verbum proficisci voluerint, parati sint omnino ad proximam Deiparæ assumtionis festivitatem; quo tempore Adhemarus episcopus Aniciensis, vicarius Pontificis in illa expeditione institutus, iter cum aliis crucesignatis aggressurus esset.

Andegavi, quo *appropinquante Quadragesima*, ut testatur Fulco comes, *venit* Urbanus, mortem accepit Reginaldi Remorum Pontificis, qui, ut ex epistola Cleri Remensis ad Lambertum Atrebatensem, & ex Balderici Burguliensis versibus, ubi eum *patriarcham* appellat, discimus, xii. Kalendas Februarii defunctus est. Unde mirari subit ejus obitum ad annum præcedentem à Labbeo revocari, cum certum sit, ut de multis veteribus instrumentis taceam, hunc antistitem Claromontano concilio mense Novembri interfuisse. Manassis ejusdem ecclesiæ præpositi, qui in ejus locum substitutus est, electionem cum elogio statim Urbanus approbavit, uti patet ex tribus ejus epistolis, ea de re Andegavi viii. Idus Februarii datis, in quibus suum erga ecclesiam, clerum, milites ac plebem Remensem affectum amanter exprimit. De eadem re in Manassis gratiam Urbano scripserat Ivo Carnotenus, epist. 48. in qua maximi esse momenti dicit, ut non differatur ejus electionis confirmatio, ob insignes Remensis ecclesiæ, quæ olim ipsius Urbani *mater*, inquit, tunc vero filia erat,

prærogativas.

B. URBANI PP. II. VITA.

prærogativas. Quod nempe hæc *sedes* haberet *regni diadema*, & ceteris ecclesiis Gallicanis *in ruinæ aut resurrectionis exemplum* pro sua dignitate esse soleret.

Eodem tempore monachi Trenorchienses Pontificem adiere conquesturi adversus episcopum & canonicos Andegavenses, quod ecclesias Doadi castelli quæ ad monasterium suum pertinebant, injuste sibi arrogarent. Verum cum è contrario canonici eas sui juris esse contenderent, videretque Pontifex litem illam alicujus esse momenti, eam ad futurum concilium Turonense remisit; ubi re ipsa, ut suo loco dicemus, agitata fuit.

Die IV. idus id est decima Februarii, dedicata est ab Urbano basilica sancti Nicolai in Andegavorum suburbio sita. Hanc ipsam diem, quæ hodieque in hoc monasterio celebris est, præter vetus chronicon ms. sancti Albini, assignat charta fundationis beatæ Mariæ de Rota prope Credonium: quare emendari debet Ordericus Vitalis, qui libro 9. scripsit sancti Nicolai dedicationem *in medio Quadragesimæ* factam fuisse. Certe Fulco Andegavorum comes, qui præsens aderat, disertis verbis refert in fragmento historiæ Andegavensis, hanc basilicam *in Septuagesima* dedicatam fuisse; & Urbani bulla in qua dedicationis mentio habetur, data est mense Februario proindeque ante initium Quadragesimæ; ut nihil dicam de concilio Turonensi, quod præsidente Urbano in media Quadragesima, qui adeo Andegavis tum non erat, celebratum fuit. Quàm vero solemnis hæc dedicatio fuerit ex eo colligi potest, quod variæ chartæ passim occurrant in Andegavensibus monumentis, ab anno vel die ejus dedicationis datæ. Etquidem ob id maxime laudatur Natalis abbas in versibus Baldrici Burguliensis apud Chesnium tomo 4. quod eam à Pontifice fieri obtinuerit. Ut vero etiam ad posteros ejus celebritatis memoria propagaretur, idem Pontifex in laudata bulla eos, qui ad anniversariam illius solemnitatem convenire voluerint, ab omni hostium incursu liberos esse præcepit, multisque gratiis donavit: *Constituit etiam*, ut testatur Fulco comes in fragmento historiæ mox laudato, *idem apostolicus, & edicto jussit, ut in eodem termino quo dedicationem fecerat, indictum publi-*

ANNO CHRISTI, 1096.

cum celebraretur uno quoque anno apud sanctum Nicolaum, & septima pars pœnitentiarum populo convenienti ad illam celebritatem dimitteretur.

Transfert corpus Goffridi comitis.

Eadem occasione Pontifex à Fulcone comite, qui præsens aderat, rogatus, Goffridi Martelli, qui in monastico habitu defunctus & in ejusdem monasterii capitulo sepultus fuerat, corpus transtulit in ecclesiam à se dedicatam, ut ipse Fulco narrat in fragmento laudato, qui à Pontifice monitus partem *forestæ Catiæ* sancto Nicolao pro ejusdem Goffridi animæ requie dedit. Sed hæc donatio magnæ litis segetem postea præbuit inter ejus loci monachos, & Albinianos, quod isti silvam illam integram ad se pertinere contenderent. Sopita est tandem ope Gaufridi Meduanensis Andegavorum episcopi & Willelmi abbatis sancti Florentii, ut videre est apud Pelleterium in historia sancti Nicolai, ubi inter alia multa monumenta, concordiæ hujus initæ instrumentum profert. At non satis sibi constat in assignando loco, quo tumulus Goffridi suo tempore situs erat. Hodie visitur haud procul ab altari majori tumba sed absque ulla inscriptione, quam ipsius Goffridi esse putant. Dicitur tamen in veteri instrumento pag. 29. in navim ecclesiæ tunc translatus fuisse & sepultus; & paulo ante pag. 25. scripserat ipse Pelleterius; *hujus sepulturæ fidem facit pictura & lapis à terra circiter ad tres pedes elevatus anterior altaris sancti Andreæ, quod est ad sinistrum majus altare cum hoc elogio dum viguit,* &c. quæ omnia hodie non comparent.

Scribit pro monachis S. Vitoni

Hac ipsa dedicationis sancti Nicolai die, id est IV. Idus Februarii, Urbanus litteras ad Philippum Catalaunensem episcopum scripsit, quibus eum adhortatur, ut monachos sancti Vitoni Virdunensis, qui in ejus diœcesis prioratu sancti Nicolai morabantur, à nonnullorum *parochianorum* suorum vexationibus liberaret; & in posterum sub ejus protectione securos esse juberet.

CCXLIII. Eclipsis.

Postridie, ut in chronico Andegavensi apud Labbeum edito legimus, scilicet III. *Idus Februarias cum prædictus papa in Andecava urbe resideret, luna cum esset XIII. terri-*
» *bilem eclipsim passa est.* » Qua die idem Pontifex in ca-
» mera Gaufridi episcopi ejusdem urbis *manus suæ imposi-*

B. URBANI PP. II. VITA.

tione confirmavit fundationem monasterii canonicorum « ANNO
regularium beatæ Mariæ de Rota, prope Credonium siti, « CHRISTI,
die præcedenti, à Renaldo Roberti Burgundi filio factam. « 1096.
Fundationis litteris subscripserunt Hugo Lugdunensis, & « Monast.
Amatus Burdigalensis archiepiscopi; episcopi vero Ivo « Rotæ con-
Carnotensis, Hoellus Cenomannensis & Gualterus Alba- « firmatio.
nensis. Cum Urbano vero eam firmaverunt Gaufridus «
Andegavensis, & Bruno Signiensis episcopi; Teuthio, «
Albertus & Rangerius cardinales; Emorrandus de Seissuns «
& Milo monachus sancti Albini, clerici papæ; qui om- «
nes dedicationi ecclesiæ sancti Nicolai ad quam *magna sa-*
natus Romani pars occurrisse dicitur, interfuerant. Edita
sunt ejus rei instrumenta tomo 4. Galliæ Christianæ à
Sammarthanis, & tomo 2. Miscellaneorum Baluzianorum.

Rotensis cœnobii abbas, & quidem primus, fuit Rober-   Ejus loci
tus de Arbrisello, Fontis-Ebraldi monasterii & totius or- abbas Ro-
dinis paulo postea futurus institutor sub extremis Urbani bertus Ar-
annis. Hujus vero cum famam audiisset Urbanus ipsum brissel.
Andegavos accersivit, ac in dedicationis sancti Nicolai sollemnitate, ad quam, inquit Baldericus ejusdem Roberti
vitæ auctor, *confluxisse putares totam orbis amplitudinem,*
sermonem haberi jussit, *cujus verba,* ut idem auctor prosequitur, *valde domino Papæ complacuerunt,* unde injuncto
ei prædicationis officio *secundum à se eum statuit Dei semi-*
niverbium : qua *legatione* functus in variis diœcesibus, sui
monasterii regimen dimisit, ut liberius ministerio verbi
insudaret.

Relicta autem Andegavorum urbe Pontifex Glannafo- CCXLIV.
liense sancti Mauri, olim celebre monasterium invisit, Pontifex
quod tunc temporis Fossatensibus monachis ab annis fer- S. Maurum
me ducentis subjectum erat. Ea de re loci monachi cum invisit.
vicinis incolis & provinciæ magnatibus conquesti sunt
apud Urbanum, ab eo efflagitantes, ut tam illustrem locum ab exterorum jugo liberaret. Sed ille causam hanc,
quæ videbatur esse alicujus momenti, ad concilium Turonense sequenti mense celebrandum, deferendam esse
censuit, ut dato Fossatensibus sese tuendi loco, res, mature perpensis ex utraque parte momentis, judicaretur.
Quod re ipsa factum est, & Fossatenses causa, uti infra
dicemus, ceciderunt.   H h ij

Hinc Cainonem in finibus Turonum versus Pictavos progressus est Pontifex, si verum sit eum illud opidum adiisse, ut innuit Ordericus Vitalis, causa liberandi Goffredi Barbati olim Andium comitis, qui ibi à multis annis Fulconis Rechini comitis jussu captivus detinebatur. Hunc quippe, ait ille auctor libro 10. *Urbanus hortatu & potestate à vinculis liberavit*. Et libro 9. scribit eumdem Goffredum *Urbano papa præsente & imperante* absolutum fuisse, qui apud *Chinonem* castrum per annos ferme triginta in carcere reclusus fuerat. Hæc Ordericus: at si alios passim vulgatos auctores audiamus, aut numquam è carcere liberatus fuit Gauffredus, quod diserte habet Hildebertus, qui ibi tunc vivebat, in vita sancti Hugonis; aut certe id multo post Urbani adventum in Galliam contigit, ut videre est apud Menagium libro 3. historiæ Sabloliensis cap. 16. sed has difficultates fusius persequi nihil nostrum interest.

Die xvi. Kalendas Martii, id est Februarii xiv. Urbanus Sablolii, quod opidum est in Andegavensium & Cenomannorum finibus situm dato diplomate confirmavit privilegia & possessiones monasterii sancti Nicolai Andegavensis, cujus basilicam ante paucos dies manibus suis consecraverat. In hac bulla, multa beneficia decernit uti diximus, in eorum gratiam, qui eamdem basilicam die anniversario ejus dedicationis inviserint.

Cenomannorum quoque urbem adiisse Urbanum testis est Fulco comes in fragmento jam laudato, ubi triduum Hoelis episcopi sumtibus exegisse dicitur in actis ejusdem urbis episcoporum tomo 3. Analectorum Mabillon. editis, qua occasione laudatur ille antistes, quod *inter omnes antecessorum suorum titulos solus universalis papæ & sacerdotum omnium principis sacro sancto hospitio honoratus* fuerit. Et quidem adeo celebris apud illius regionis populos Urbani Cenomannos adventus evasit, ut inde in publicis instrumentis quandoque pro epocha fuerit adhibitus. Hac uti videtur occasione, aut certe cum Andegavi esset, idem Pontifex Hoello curam demandavit restitutionis *Liconaci* monachis sancti Albini faciendæ, quem locum,

B. URBANI PP. II. VITA. 245

olim à Childeberto rege illis donatum, viri quidam nobiles invaserant.

Vindocinum inde profectus Pontifex ibi dies undecim commoratus est, teste Goffrido ejus loci tunc abbate, qui libro 1. epist. 18. hæc ad Cononem episcopum sedis apostolicæ legatum scribit, *Optimæ memoriæ papa Urbanus, & qui nunc est dominus Paschalis papa, in ecclesia nostra, ubi suæ caritatis gratia per undecim dies manserunt, privilegia nostra viderunt & ore proprio legerunt, & suæ auctoritatis decreto firmaverunt.* Ea proculdubio occasione Urbanus didicit ab ejus loci monachis Goffridum abbatem, cum ab Ivone Carnoteno benediceretur, professionem ei tamquam diœcesano episcopo fecisse; quod ægre tulit Pontifex, *abbatemque vehementer increpavit columbam seductam cor non habentem illum appellans*, quare quod *illicite* commissum fuerat, *irritum fecit*, ac postea Romam reversus lato decreto sancivit, ne quis post modum Vindocini abbas *cuiquam episcopo profiteatur*, quod Paschalis successor Urbani *iterum sua apostolica auctoritate firmavit*. Hæc omnia narrat ipse Goffridus epist. 7. & 11. lib. 2. ad Ivonem scriptis. Decretum vero ipsum profert epist. 27. ad Gaufredum Ivonis successorem, quod suo loco proferemus.

Huc quoque revocandum est, quod de illo monasterio legitur in chronico Andegavensi, apud Labbeum tomo 1. Bibliothecæ novæ, ubi ad annum MXCV. veteri stylo, quo scilicet novi anni exordium à Paschate desumitur, hæc habet: *Eodem anno IV. Kalendas Martias consecravit Urbanus papa Crucifixum sanctæ Trinitatis Vindocinensis cœnobii, atque perdonavit septimam partem peccatorum suorum omnibus, qui uno quoque anno anniversarium ejusdem consecrationis diem ibidem celebrarent.* Idem omnino legitur in veteri cod. ms. Vindocinensis monasterii. Crucifixi autem nomine intelligendum est altare sanctæ Crucis, quod hodieque retro majus altare subsistit, vulgo *Matutinale* appellatum, ut constat ex veteri Missali ms. ejusdem monasterii, in quo dedicationis hujus festivitas sub hoc titulo memoratur. *De Altari Matutinali*, &c. Notitiam integram referemus in Appendice.

Quo tempore Pontifex has regiones invisebat, Nor-

ANNO CHRISTI, 1096.
CCXLVIII Vindocini undecim.

Professionem episc. factam irritam facit.

Consecrat altare Crucifixi.

manniæ præsules cum abbatibus & aliis clericis, ac provinciæ optimatibus à Willelmo metropolitano Rotomagum convocati ad concilium provinciale, mense Februario, ibidem *capitula synodi*, ut narrat Ordericus libro 9. *quæ apud Clarum montem facta est, unanimiter contemplati sunt; scita quoque apostolica confirmaverunt*, additis octo canonibus, quos idem auctor refert, & habentur apud Labbeum.

Ad idem tempus revocanda est Jarentonis abbatis Divionensis in Angliam legatio apostolica, quam describit Hugo Flaviniacensis in chronico Virdunensi. Impetraverat quidem Willelmus Angliæ rex à Waltero episcopo Albanensi, qui pallium pro sancto Anselmo nomine Urbani attulerat, ut nullus à sede apostolica in Angliam legatus mitteretur absque regis præcepto; at Jarentonis fama adeo celebris erat, tantaque fuit ejus in alloquendo regem *inadulata mentis constantia*, ut rex ei palam contradicere veritus, *consiliis ejus ac votis adquieturum promitteret*. Sed fallere volebat callidus rex ea specie viri pii incautam simplicitatem; jam quippe ad Urbanum nuntios clam miserat novas ab eo petiturus inducias, quas cum re ipsa impetrasset, idque Jarentoni declarasset; ille infectis rebus ex Anglia statim discessit. In Galliam reversus substitit in Normannia, ubi pacem inter eumdem regem ac fratrem ejus Normanniæ ducem, qui paulo post ad sacrum bellum profectus est, composuit. Sed ad Urbani iter reflectenda est oratio.

Initio mensis Martii Turonos advenit, ubi primum hospitatus fuisse videtur apud Majus-monasterium. Huc enim accessit die tertia ejus mensis, uti colligitur ex narratione dedicationis ejusdem loci basilicæ, quæ vi. idus Martii, die octavo ejusdem adventus in monasterium, facta est. Hinc habemus totam dierum seriem quos Pontifex eo in itinere exegit. Erat quippe, ut vidimus, die 14. Februarii Sablolii, unde postridie profectus Cenomannos advenit, ubi diebus tribus, id est decimo sexto & duobus sequentibus commoratus est. Decimo-nono perrexit Vindocinum, ubi cum ex Goffridi epistolis, dies undecim transegerit, exinde ante diem secundam aut tertiam Martii proficisci non potuit quo reipsa alterutro die Turonos advenisse dicendus est.

Die quarta ejus mensis ad Remensis ecclesiæ suffraganeos episcopos scripsit, ut ne diutius Manassis electi eorum metropolitani ordinationem differrent. Quibus litteris illi morem gessere: nam Manasses in basilica archimonasterii Remigiani die x. Kal. Aprilis ab Hugone Suessionensi, *adstantibus & manus ei imponentibus* quinque aliis comprovincialibus episcopis consecratus est. Hic vero constituerat statim post suam inaugurationem Pontificem adire, ut ex ejus epistola ad Lambertum Atrebatensem apud Baluzium tomo 5. Miscellan. edita patet; sed utrum id præstiterit, incertum est. Urbanus vero inter ea sancti Martini ecclesiam frequenter invisebat, modo in ejus castello, modo etiam in ipsa urbe, aut in vicino Majorimonasterio commorans, quam diu versatus est apud Turonos.

Die autem VII. Idus, id est nona Martii, quæ Dominica erat, celebratis in Majori monasterio missis, ad gradum ligneum, qui supra fluvii Ligeris ripam paratus fuerat, accessit Pontifex, ibique orationem habuit, cui cum Fulcone Andium comite, tunc temporis Turonum domino, & aliis proceribus interfuit innumera omnis conditionis & ætatis hominum multitudo. Pontificem ea occasione de sacra expeditione locutum fuisse plusquam probabile est. Et quidem huc, nisi fallor, revocari debet quod de Hugone de Calvomonte, & Hamerico de Currone legitur in historia Ambasiæ tomo 10. Spicilegii, qui ibi dicuntur *in ecclesia beati Martini Majoris-monasterii in præsentia papæ, multis sibi adjunctis, vestibus superamictis sanctæ Crucis vexillum consuisse.*

Postridie, seu VI. Idus Martii, Pontifex cum aliis episcopis & cardinalibus majorem ejusdem monasterii basilicam solemniter dedicavit; & die sequenti benedixit cœmiterium. Quas ceremonias, relatis eorum Pontificum qui præsentes aderant nominibus, egregie descripsit vetus auctor apud Bochellum, cujus ea de re opusculum in appendice integrum referre visum est, addita veteri notitia de aliquot juribus, quæ ea occasione Hugo de Calvomonte supra laudatus monasterio cessit. Celebritatem vero ejus dedicationis testantur varia ejusdem loci instrumenta, quæ ab anno quo facta fuit, data dicuntur. Ferunt tunc Pontificem in capitulo monachorum ingressum cum iis sedisse, ac facta exhortatione iisdem absolutionem pro more illorum temporum impertiisse.

Statuta pro S. Martino. Cum itaque per dies septem & amplius, Urbanus frequenter beati Martini ecclesiam invisisset, die 11. Idus Martii in ejus *castello* exsistens præceptum dedit, quo modus in eam basilicam suscipiendorum apostolicæ sedis legatorum ordinatur; & quia in quibusdam ejusdem ecclesiæ privilegiis concessum ejus canonicis erat *proprium habere episcopum*, sancivit Urbanus, ut *ejus vice* deinceps *Romano specialiter adhærerent Pontifici & graviores eorum causæ ejus penderent judicio*. Atque hac occasione hic referre juvat quod in veteri ms. cod. legitur de catenis ferreis, quæ hodieque quatuor majores columnas chori ejus basilicæ prope fornicem colligare conspiciuntur. Sic habet: *Urbanus papa II. in signum unionis episcopi proprii hujus ecclesiæ Romano Pontifici & ecclesiæ Romanæ, quatuor præcipuas chori ejusdem ecclesiæ columnas catenis quatuor ferreis cingi jussit.* In chronico Turonensi dicitur idem Pontifex *per dies septem & eo amplius*, ut jam diximus, invisisse sancti Martini sepulcrum, ac receptus quotidie sollemniter fuisse in porta thesaurarii à clero ejusdem ecclesiæ.

CCLII. *Concilium Turonense.* Hebdomada sequenti, quæ tertia erat Quadragesimæ, *dominus papa*, ut habet Bertoldus, *synodum celebravit cum diversarum episcopis provinciarum in civitate Turonensi, ubi iterum suorum præteritorum statuta conciliorum generalis synodi assensione roboravit*. Idem habet Ordericus Vitalis initio libri 9. quod concilium *in monasterio sancti Martini* celebratum fuisse affirmat auctor chronici Malleacensis. An autem novi in eo canones conditi fuerint, incertum, cum nusquam ulli inveniantur; & eo animo potissimum à Pontifice celebratum fuerit istud concilium, ut præcedentibus synodis robur adjiceret. Varia tamen in eo negotia pertractata fuisse, & causas finitas ex veteribus auctoribus & instrumentis discimus. Ubi etiam Marbodus, ut ex chartario sancti Albini referunt Sammarthani in Gallia

B. URBANI PP. II. VITA.

Gallia Christiana, ex Andegavensi archidiacono episcopus Redonensis, *electus à reverendo papa Urbano in Turonensi concilio sanctissimo sedis apostolicæ ecclesiæ, annuente Deo, ordinatus est Pontifex.* Idem testantur monachi sancti Albini, in epistola encyclica de ejus morte, quam dimisso episcopatu monachus inter eos factus subiit anno MCXXIII.

ANNO CHRISTI 1096.

Ibi ordinatus Marbodus Redon. episc.

Inter alias vero causas quæ ibi agitatæ fuerunt, celebris restitutio est Glannafoliensis monasterii S. Mauri in pristinam libertatem, quam ei ab annis plusquam ducentis Fossatenses abbates ademerant. Ejus rei meminit auctor chronici Malleacensis; Petrus Diaconus libro 4. chronici Casinensis addit Glannafolium ea occasione principi monasterio Casinensi, ut semper ante Fossatensium invasionem fuerat, fuisse restitutum: sed nemo melius hanc rem exposuit quam ipse Urbanus in duabus bullis ea de re datis; prima Gerardo novo abbati inscripta, altera Orderisio abbati Casinensi, cui restitutio facta fuit. In his bullis quadraginta quatuor Patres, archiepiscopi scilicet, episcopi, & abbates concilio Turonensi interfuisse dicuntur, quibus de hoc negotio aliquid absque accurato examine & deliberatione matura pronuntiare, fuerat religio; unde cum postea Fossatensium instigatione contra hoc judicium Ivo Carnotensis epistola 159. Paschalem Pontificem interpellasset, nihil potuit obtinere; & Glannafolienses deinceps à Fossatensium jugo liberi fuere. Corpus tamen sancti Mauri in Fossatensi monasterio retentum est, quod inde sensim sancti Mauri nomen accepit, hodieque retinet, duabus circiter leucis à Parisiorum urbe dissitum, monachis in canonicos conversis.

Glannaf. restitutio.

Actum etiam fuit in synodo illa Turonensi de Cormaricensi monasterio, quod injuste à sancti Martini subjectione avulsum fuerat; quare statutum est, ut ei restitueretur; &, ut deinceps defuncto abbate Cormaricensi, ejus baculus supra sancti Martini sepulcrum deponeretur, quem exinde *communi decani & capituli jussu*, qui successor legitime electus fuerit reciperet, antequam ab archiepiscopo Turonensi in abbatem *secundum communem ecclesiæ consuetudinem* benediceretur. Hæc fusius habentur in bulla Urbani, ea de re post aliquot dies Pictavis data, ex qua

Cormaricum sancto Martino assertum.

B. URBANI PP. II. VITA.

Anno Christi, 1095.

Quinam concilio interfuerint.

sicut & ex veteri instrumento dedicationis ecclesiæ Majoris-monasterii, quod supra laudavimus, habentur nomina aliquot episcoporum qui huic concilio interfuere. At nec ibi, nec in alio quopiam veteri monumento reperire licuit nomen Bernardi Toletani archiepiscopi, quem tamen ad hanc synodum venisse nonnulli recentiores volunt. Et quidem interfuit mense Junio sequenti dedicationi ecclesiæ sancti Saturnini apud Tolosam, & mense Julio concilio Nemausensi, uti suis locis dicemus. Certe cum nulla habeantur ejus concilii gesta, nil mirum si plerorumque eorum nomina ignoremus qui huc convenere, qui enim noti sunt, id casu ut plurimum factum est. Sic Benedictum Namnetensem antistitem, & Raynaldum abbatem sancti Cypriani tunc Turonis exstitisse discimus solum ex ejus episcopi donatione tum facta sancto Cypriano, cujus donationis notitiam in appendice dabimus.

Primatus Lugdun. confirmatus.

Eodem modo ex bulla Urbani, quæ in gratiam Hugonis Lugdunensis episcopi anno MXCIX. data est, nobis liquet hunc antistitem querelas ad istud concilium iterum detulisse adversus Richerium Senonensem metropolitanum, decreto de Primatu Lugdunensi in suam ecclesiam obedire adhuc detrectanti.

An Philipp. ibi absolutus.

At falluntur ii, qui aiunt Philippum Regem eo in concilio ab excommunicatione absolutum fuisse, cum certum sit ex ipsius Urbani epistola quam paulo post ad Franciæ episcopos conscripsit, id tunc tentare quidem voluisse aliquot Gallicanos episcopos, sed eis cum Pontifice restitisse hujus synodi Patres. Confirmata etiam ibi fuit excommunicatio jampridem lata in Eblonem invasorem ecclesiæ S. Gregorii insulæ Oleronis, quæ ad Vindocinenses monachos pertinebat; cujus rei testem adducimus Guillelmum Pictavorum comitem in sæpe laudato instrumento, quod referetur suo loco.

Eblo excommunicatus.

Privileg. Bainsonense.

Die XIII. Kalendas Aprilis, id est XX. Martii Pontifex monasterii Bainsonensis, quod haud procul à Castellione supra Matronam situm, & parentum suorum hereditate sui juris esse dicit, libertatem rescripto apostolico asseruit,

Trenorchii

qua etiam ipsa die aliud privilegium concessit Petro Trenorchiensi abbati, quo post confirmationem ejus loci &

bonorum & possessionum asserit eidem monasterio, juxta quod in ipso Turonensi concilio judicatum fuerat, duas ecclesias Lausduni sitas, quas monachi sancti Florentii sui juris esse contendebant. Præter hanc bullam exstat ea de re vetus instrumentum in probationibus historiæ Trenorchiensis ex veteri apographo à Chiffletio editum, unde habetur unum hujus synodi decretum, alias incognitum. Hoc porro Urbani judicium confirmavit Calixtus II. in privilegio quod anno MCXXII. Franconi abbati indulsit, ab eodem Chiffletio ibidem pag. 409. editum.

Anno Christi, 1095.

Litem, quæ inter idem monasterium, & episcopum atque canonicos ecclesiæ cathedralis Andegavensis vertebatur de quibusdam Doadi castelli ecclesiis, ad synodum Turonensem ab Urbano delatam fuisse diximus. Sed quemnam illa exitum habuerit discendum est ex charta Gaufredi Andegavensis episcopi quam in Trenorchiensis historiæ probationibus videre licet. In ea patres Turonos convenisse dicuntur coram Hugone Lugdunensi, Rodulfo Turonensi, Guidone Viennensi, Hildeberto Bituricensi archiepiscopis, Brunone Signiensi, Hoello Cenomannensi, Guillelmo electo Arvernensi episcopis ac Adalberto & Theutone cardinalibus, aliisque judicibus à Pontifice delegatis, ubi post multa hinc & inde allata, cum judices sententiam essent prolaturi, iisdem intercedentibus utrique in hoc concordarunt, ut reservatis ecclesiæ Andegavensi quibusdam juribus ac censibus, quæ in charta referuntur, ecclesiæ Doadi monachis remanerent, in quibus post canonicorum, qui ibi supererant, obitum monachos possent substituere.

Lis inter Trenorchienses & canonicos Andegav. composita.

Die XII. Kalendas Aprilis in eodem concilio confirmata fuit fundatio monasterii Rotensis prope Credonium, quæ, ut supra diximus, jam ab Urbano apud Andegavos approbata fuerat Qua quidem die, quæ ob sancti Benedicti festivitatem celebris erat, ut in veteri instrumento legitur apud Sammarthanos, & tomo 2. Miscellaneorum Baluzii, *vir apostolicus devotissime Missam* celebravit. Hac item ipsa die Pontifex privilegium Lanzoni abbati sancti Vincentii apud Mettas concessit, quæ ei, ejusque successoribus, post bonorum ac possessionum assertionem,

Rotæ fundatio confirmata.

Privileg. S. Vincentii Metis.

confirmat, ut absente episcopo Mettensi, sicut jam à suis antecessoribus statutum fuerat, abbas sancti Vincentii festivis diebus in cathedrali urbis ecclesia cum sandaliis & dalmatica Missarum sollemnia celebrare possit.

CCLIII.
Concilii finis.

Nusquam me legisse memini qua die absolutum fuerit Turonense concilium, quamvis ipsum *in tertia Quadragesimæ hebdomada* fuisse celebratum omnes contentiant. At si non fallor, conclusum fuit celebri illa processione, quam Fulco comes Andegavensis, qui præsens aderat, describit in fragmento historiæ jam laudato, his verbis:

Solemnis processio.

» Datis venerabili concilio decretis Pontifex media Qua-
» dragesima coronatus est, & cum sollemni processione ab
» ecclesia sancti Mauricii, ipsa est archiepiscopi sedes, ad
» ecclesiam beati Martini deductus, ubi mihi florem au-
» reum, quem in manu gerebat, donavit, quem ego etiam
» ob memoriam & amorem illius in Osanna, id est in
» processione Palmarum, uti conjicio, semper mihi meis-
» que successoribus deferendum constitui. Chronicon Tu-
» ronense refert eumdem Pontificem in media Quadrage-
» sima in ecclesia beati Martini more Romano corona pal-
» marum se coronasse, ibique Missam ad altare Domini
» cum celebrasse. « An vero id præstiterit ipsa feria quinta mediæ Quadragesimæ, aut die sequenti, qua, ut diximus, in festo sancti Benedicti missam *devotissime* celebravit, aut certe Dominica insequenti, quæ prima eo anno erat post medium Quadragesimæ, ut ex tabulis temporariis constat, non omnino liquet: quod tamen veri similius est. Etenim processio in qua Pontifex rosam auream gestare solet, hac ipsa Dominica mediæ Quadragesimæ, in qua scilicet *Lætare* canitur, fieri consuevit; etiam antiquitus, ut ex veteribus Ordinibus Romanis, à Mabillonio tomo 2. Musæi Italici editis, & ex Glossario Cangiano, aliisque passim auctoribus patet.

CCLIV.
Privileg. Corbeiæ.

Feria tertia sequenti, VIII. scilicet Kalendas Aprilis, quæ dies ob Annuntiationis Dominicæ festum celebris est, Urbanus adhuc apud Turonos exsistens privilegium concessit Nicolao abbati Corbeiensi, quo insignia ejus loci jura & prærogativas confirmavit. Forte ibi adhuc erat Pontifex, cum *non multo post concilium Tu-*

B. URBANI. PP. II. VITA.

ronense, uti habet Bertoldus, *episcopum Strasburgensem ac excommunicatione resipiscentem, recepit in communionem, ita tamen ut de illatis criminibus se purgaret.* Ad idem quoque tempus revocari potest Urbani epistola ad Richerium Senonensem aliosque Franciæ episcopos scripta, qui excommunicationem adversus Philippum regem, ob ejus adulterinas nuptias decretam, insuper habere videbantur. In hac epistola convocat Pontifex eosdem antistites ad concilium, quod sub finem Junii habere apud Arelatem decreverat. Et re quidem ipsa, sed Nemausi, celebratum est.

ANNO CHRISTI, 1096.
Episcop. Strasburgi reconciliatio.
Epist. ad episc. Franciæ.
Concilii Arelat. judicium.

Sub finem mensis Martii Pictavos Pontifex rursus adiit, uti docent nos tria diplomata pro canonicis sancti Martini ibi tunc data. In primo testatur Pontifex, se simoniæ labem, quæ in præbendis ecclesiæ Martinianæ adipiscendis invaluerat, penitus resecasse; tum laudat & confirmat privilegia istius insignis Basilicæ, & repetit, quod jam alias ab eo constitutum fuerat, ut scilicet suppresso proprio illius ecclesiæ ipse & sui successores pontifices Romani ejus loco futuri essent. Data est hæc bulla iv. Kal. Aprilis, quam Innocentius papa Lugduni xviii. Kal. Maii, pontificatus sui anno v. de verbo ad verbum ex autographo descriptam & collatam approbavit, & nova bulla confirmavit. In altero rescripto, quod die sequenti, id est iii. Kal. Aprilis datum est, Urbanus omnes archiepiscopos & episcopos Galliæ adhortatur, ut privilegia & bona ecclesiæ sancti Martini in suis quique diœcesibus sita tueantur. Quo item die datum est tertium privilegium quo, juxta quod in Turonensi synodo sancitum fuerat, monasterium Cormaricense sancti Martini Basilicæ asseritur. Huic diplomati cum Urbano papa subscribunt alii archiepiscopi & episcopi ibi recensiti.

CCLV.
Pictavis Papa privil. S. Martini firmat.

Haud dubium quin & eadem occasione B. Pontifex sepulcrum sancti Hilarii iterum inviserit, cujus festivitatem mense Januario sollemniter jam celebraverat. Hi enim cum multis episcopis & optimatibus *placitum* habuit *in capitulo sancti Hilarii*, ut controversiam dirimeret inter ejus ecclesiæ canonicos & monachos, Monasterii-novi, natam occasione ecclesiæ sancti Nicolai, quæ his monachis, ut

Placitum pro lite inter canonicos S. Hilarii & monac. Monasterii-novi.

jam diximus, attributa fuerat. Sententiam ea de re tulit Pontifex assidentibus sibi tribus archiepiscopis, totidem episcopis, duobus abbatibus, & aliis quam plurimis ex utroque ordine viris illustribus, ut ipsemet narrat in rescripto ea de re post aliquot dies dato apud Santonas. Porro si ex locorum vicinia illud conjicere liceat, huc etiam revocari potest Urbani privilegium cœnobio Anglensi apud Pictones canonicorum regularium datum, quod ex Innocentii III. bulla à Sammarthanis tomo 4. Galliæ Christianæ laudatur, nec plura de ipso dicere fas est, cum illud recuperare non licuerit.

Privileg. Anglense.

CCLVI.
Apud S. Maxent. dat privil. Glannafol.

Pridie Kalendas Aprilis apud sanctum Maxentium in eadem provincia nobile ordinis Benedictini monasterium, quod opido nomen dedit, hospitatus est Urbanus, ubi novo sancti Mauri Glannafoliensis monasterii abbati Gerardo amplissimum privilegium concessit, cujus jam supra laudati exemplum ex archivo monasterii Casinensis erutum inter epistolas pontificias olim dabitur.

CCLVII.
Augeriaco transit & privilegia concedit.

Hinc Santones ingressus Pontifex ad Angeriacense opidum divertit, in monasterium sancti Johannis, uti ipsemet testatur in rescripto, quo ejus loci possessiones & potissimum Buriacensem ecclesiam in diœcesi Bellovacensi sitam, Ansculfo abbati & cæteris ejusdem monasterii monachis confirmavit. Illud rescriptum, quod in chartario Angeriacensi notis chronicis destitutum est, huc referimus: at ibi septimam Aprilis diem exegisse docet nos privilegium Monasterii-novi Pictavensis, quod hac ipsa die *Angeliaci* datum dicitur. Ibidem renovata iterum fuit in Eblonem invasorem ecclesiæ sancti Georgii in insula Oleronis excommunicatio, uti in sæpe laudato Willelmi Aquitaniæ ducis instrumento legitur.

CCLIX.
Apud Santonas celebrat Pascha.

Inde profectus Pontifex apud Santonas advenit, ubi sacram resurrectionis Dominicæ festivitatem sollemniter celebravit, uti habet Fulco comes in fragmento historiæ Andegavensis, & probant vetera passim instrumenta. Consentit auctor Chronici Malleacensis, qui post memoratum concilium Turonense subdit: *Inde reversus est Santonas civitatem, & celebravit ibi sanctum Pascha.* Quibus verbis hic auctor Pontificem semel & iterum Santonum

B. URBANI PP. II. VITA.

urbem adiisse innuit, quod alii scriptores non habent. Eum à Ramnulfo episcopo ibi susceptum fuisse idus Aprilis scripsit Sirmundus in notis ad Goffridum Vindocinensem. At id uno saltem aut altero die antea factum fuisse vel ex hoc solo conjicere licet, quod verisimile non fuerit Urbanum ipso die Paschæ sese itineri commisisse. Certe ante dies octo, uti vidimus, Urbanus Angeliacum appulerat; & quidem constat eum saltem in Paschatis pervigilio apud Santonas fuisse, ut ex ejus bulla colligimus quæ data est hoc ipso die in gratiam Adhemari abbatis sancti Martialis Lemovicensis. Insigne est illud privilegium, quo post confirmatas huic monasterio varias possessiones & ecclesias, quas singillatim recenset Pontifex, statuit, ut absente « Lemovicum episcopo abbas sancti Martialis cum majori-« bus ecclesiæ canonicis præcipue diœcesis curam gerat, « tum ut episcopalis electio ex ejus potissimum arbitrio « disponatur; ac denique ut præcipua ejusdem ecclesiæ « negotia, etiam præsente episcopo, ejus consilio peragan-« tur. Hanc bullam, quam ex autographo Lemovicensi noster Stephanotius descripserat, & ex aliis quoque mss. & editis habemus, vir clarissimus Stephanus Baluzius ad aliud quoque, ut ipse mihi testatus est, autographum contulit in monasterio Cluniacensi, sed quæ ibi habetur absque bulla plumbea; & nonnullæ occurrunt variæ lectiones. In utroque autem autographo data dicitur anno MXCVII. pro MXCVI. quod & in aliis plerisque indubitatæ prorsus fidei instumentis observare licet; in quibus scilicet juxta Pisanum calculum annus ab Incarnatione Domini, mense Martio præcedente annum currentem incipit. Idem privilegium Paschalis II. altera bulla, quæ anno MCIII. Romæ data est, & plumbo sigillata, confirmavit. Utriusque autographum à se Cluniaci visum fuisse mihi testatus est eruditus Baluzius.

Feria secunda Paschæ, quæ dies XIV. erat Aprilis, confirmavit ibidem Pontifex possessiones omnes monasterii sancti Albini Andegavensis, data bulla. Diploma eadem die & in eadem urbe datum, in gratiam Monasterii-novi Pictavensis, in quo ea refert Pontifex, quæ in conventu apud Hilarium habito, de quo supra diximus, statuta

Anno Christi, 1096.

Privileg. S. Martialis

S. Albini

Anno Christi, 1096.

Ecclesiæ Remensis usus confirmat.

fuerant, occasione controversiarum, quæ inter canonicos sancti Hilarii & monachos Monasterii-novi in prioratu S. Nicolai degentes exortæ fuerant. Denique eodem etiam die Pontifex consuetudines ecclesiæ Remensis confirmavit ad petitionem canonicorum ejusdem ecclesiæ, qui ad Urbanum aliquot è suis, quos ille benigne excepit, ea de causa legaverant. Pontificias litteras refert Guillelmus Marlotus, qui censet consuetudines in eo rescripto memoratas illas ipsas esse, quæ ab eo tomo 2. metrop. Remensis editæ sunt.

Ibi maledicitur Eblo invasor.

In eadem urbe Pontifex Ebloni jam tot vicibus ob invasionem ecclesiæ sancti Georgii Oleronis insulæ excommunicato *maledixit*, quod *judicio archiepiscoporum, episcoporum, abbatum, & religiosorum clericorum comprobatum fuisset jamdiu injuste terram monachorum Vindocinensium tenuisse.* Quare à papa *maledictus discessit*; datumque Amato Burdigalensi archiepiscopo mandatum, ut Guillelmum Aquitanorum ducem adiret, eum adhortandi causa, ut ejusdem terræ restitutionem Vindocinensibus faciendam procuraret, quod re ipsa factum est. Hæc omnia in ejusdem ducis charta refertur, quam, etsi jam à Beslio editam, recudere tamen ex chartario Vindocinensi visum est, quod in ea tota hujus rei series perspicue habeatur, multumque ad illustranda Urbani gesta conferre possit.

S. Eutropii altare consecrat.

His temporibus monachi Cluniacenses, qui ab aliquot annis vetustum sancti Eutropii monasterium Santonense incolebant, & renovarant cryptam in qua sancti Martyris reliquiæ continebantur, cum duobus altaribus: quare præclaram hanc nancti occasionem, Pontificem adierunt, eumque rogarunt ut unum saltem ex his altaribus propria manu consecrare non dedignaretur; quorum petitioni ille annuit, relicta alterius altaris consecratione Ramnulfo episcopo diœcesano. Hoc autem factum fuisse Dominica in albis legitur in veteri notitia ab auctore æquali conscripta, quam in hujus voluminis appendice referemus. Unde colligitur duas circiter hebdomadas Urbanum apud Santonas exegisse.

CCLX. *An Inculismam adie-*

An inde Inculismam adierit incertum. At ex historia ejus urbis episcoporum & comitum cap. 33. tomo 2. Bibliothecæ

B. URBANI PP. II. VITA.

Bibliothecæ Labbeanæ edita *discimus* restitutionem cujus- dam præpositæ ecclesiæ sancti Petri, id est cathedrali, factam, Adhemaro episcopo efflagitante, ab eo Pontifice confirmatam fuisse.

ANNO CHRISTI, 1096.

Verum ut ut sit ea de re, certum est Urbanum sub finem Aprilis Burdigalam appulisse, ubi primo die Maii Majorem ecclesiam sollemni ritu dedicavit: id discimus ex veteri codice apud Lopesium laudato, qui licet hanc consecrationem anno MXXVI. factam fuisse mendose præferat, eam tamen anno præsenti consignandam esse rerum gestarum series invictissime probat. Certe Urbanus ipse in rescripto ad canonicos Burdigalenses, testatur ejus urbis majorem ecclesiam à se ipso consecratam fuisse; & qui in eo scripto recensentur, ejus itineris comites erant. At non abs re erit huc proferre ejus solemnitatis descriptionem ex veteri illo codice, prout à Darvalio in supplemento chronicæ Burdigalensis, & à Lopezio cap. 5. historiæ ejusdem urbis exhibetur. » Anno Incarnationis Domini, « MXVI. lege MXCVI. videlicet Kalendis Maii, dedicata fuit « ecclesia Burdigalensis, quæ est domus Domini, in hono- « rem beatorum Apostolorum Andreæ & Petri, & beati « Joannis-Baptistæ, sancti Stephani, Laurentii, Vin- « centiique martyris, & beati Macharii confessoris, sancta- « rumque virginum Agathæ, Eulaliæ, quarum reliquiæ « conditæ sunt in majori altari in ipsa consecratione à do- « mino Papa, & ab Amato sanctæ Romanæ ecclesiæ lega- « to Burdigalensique archiepiscopo. Adfuerunt quinque « decani, Simeon Agennensis episcopus, Bruno Signensis « episcopus, Albertus * Albanensis & alii Cardinales. « Mirum est ejus dedicationis anniversarium die 11. Aprilis celebrari, forte ob concursum festivitatis beatorum Jacobi & Philippi, aut forte ob aliam ejus ecclesiæ antiquam consecrationem.

CCLXI. Burdigalæ dedicat majorem eccl.

*Valterus

‘ Pontifex Neraco, quod Vasconiæ opidum est, transiens ibi sollemniter consecravit ecclesiam in honorem S. Thomæ & sancti Nicolai, in qua Arsinus de Albione, data eo pacto Loci villa, monachos è sancti Petri Condomiensis monasterio accitos locavit precibus Raymundi ejus fratris, qui tunc Condomii abbas erat. Ejus loci

CCLXII. Neraci dedicat eccl. monast. S. Thomæ.

Tom. III. K k

258   B. URBANI PP. II. VITA.

Anno Christi 1096.

coenobitæ sæculo decimo sexto monachos ecclesiæ Condomiensis, quæ in cathedralem à Johanne XXII. erecta fuerat, imitati togam sæcularem in canonicos conversi induerunt. Brevem ejus dedicationis notitiam è chartario Condomiensi dabimus in appendice.

CCLXIII.
Leiraci monast. Montis-alti confirmat Cluniaco.

Nonis, seu VII. die Maii idem Pontifex Leiracum invisit, ubi prioratus est ordinis Cluniacensis, ibique rescripto ad Hugonem Cluniaci abbatem dato Cellam S. Michaelis de Monte-alto cum omnibus ejus appendiciis Cluniaco à Willelmo, postea archiepiscopo Auscienssi, cum monachus factus est, collatam confirmavit. Illud rescriptum olim dabitur inter Urbani epistolas ex veteri apographo, forte autographo, descriptum.

CCLXIV.
Tolosæ dat privileg. Moyssiaco.

Eadem die, si non fallunt chronicæ notæ in exemplis nostris, aut certe locus dati rescripti sincerus est, Tolosam advenit Pontifex, ubi litteras, num. 192. ad vicinos episcopos dedit in gratiam monachorum Moyssiacensium, ut eorum bona, quisque in sua diœcesi, tuerentur.

Privileg. S. Orientii.

Post aliquot dies monasterium Moyssiacense ipse Pontifex invisit, ibique III. idus Mai alias litteras sancto Hugoni scripsit in gratiam monachorum Cluniacensium S. Orientii prope urbem Ausciorum, quibus, ut jam à Leone IX. sancitum fuerat, confirmat jus cœmeterii. Has litteras idem Pontifex alio rescripto confirmavit, ut inferius suo loco dicemus. Ejusdem monasterii altare S. Salvatoris consecravit Urbanus, si Chronico credamus quod Aymericus de Peyrac hujus loci abbas conscripsit. Idem refert Urbano ibidem exsistente unum cardinalem obiisse, ac in arcu monasterii fuisse tumulatum, ad cujus *sepulcrum* se vidisse testatur *in altum pendere capellum suum, nimia vetustate quasi penitus consumptum*.

CCLXV.
Tolosæ dat privileg. Belliloci.

Tolosam reversus Pontifex Bellilocense monasterium apud Lemovicos, quod nulla ibi servaretur disciplina regularis, Cluniacensi ordini addixit, datis ea de re litteris ad sanctum Hugonem die 23. hujus mensis.

Dedicat ecclef. S. Saturnini.

Die autem sequenti, id est IX. Calendas Junii, Urbanus ecclesiam sancti Saturnini in eadem urbe sollemniter dedicavit, ut varii auctores observarunt, ipseque Pontifex in bulla ad ejusdem ecclesiæ canonicos post

B. URBANI PP. II. VITA.

aliquot menses data testatus est. Certe Paschalis II. in epistola ad Aragonum regem ait ecclesiam sancti Saturnini ab Urbano decessore suo cum septemdecim archiepiscopis & episcopis consecratam, & privilegiis apostolicis munitam fuisse, & Amelius Tolosanus antistes confirmavit privilegia à Gregorio VII. Urbano II. & Paschali II. *de libertate ecclesiæ sancti Saturnini* concessa. Sed rem fusius exponit antiqui chronici auctor apud Catellum libro 2. historiæ comitum Tolosæ, cap. 3. & in appendice ex veteri cod ms. in quo hæc leguntur: Anno Domini MXCVI. « indictione IV. nono Calendas Junii dominus papa Urba- « nus cum archiepiscopo Toletano Bernardo, & Amato « Burdegalis archipiscopo Pisanoque archiepiscopo & Ti- « sano * archiepiscopo, Gallero Albiensi & Petro Pampilo- « nensi episcopo cum aliis decem consecravit ecclesiam sancti « Saturnini martyris Tolosæ episcopi, & altare in honorem « ejusdem martyris gloriosissimi, & sancti Assiscecli marty- « ris; posuitque maximam partem capitis gloriosissimi Satur- « nini, reliquiasque sancti Assiscecli martyris & aliorum « sanctorum, & reliquias sancti Exuperii episcopi Tolosani. «

*Albanensi.

Adhuc in ea urbe morabatur Pontifex, cum canonici cathedralis ecclesiæ sancti Stephani ad eum querelas detulerunt adversus monachos sancti Michaelis de Clusa, qui ecclesiam sanctæ Gavellæ, ecclesiæ Tolosanæ collatam sui juris esse contendebant. Placitum apud sanctam Mariam Electi indixit Pontifex, in quo lis ista dirimeretur; sed renuentibus monachis ad illud venire, negotium tunc infectum remansit, cujus totam seriem, sed quæ nihil ad nos attinet, videre est in veteri instrumento apud Catellum libro 5. commentariorum historiæ Occitaniæ, pag. 875. Certe Clusino monasterio complura harum partium monasteria subjecta erant, inter quæ ex Urbani bulla quæ excidit, recensent monasterium Mansi Garnerii prope Virdunum ad Garumnam in diœcesi Tolosana, hodie congregationi sancti Mauri addictum.

Lis inter canonicos Tolosæ & Clusinos.

Relicta Tolosa, Carcassonam Pontifex adiit, uti exigere videtur locorum situs & dierum series. Huc vero quarta feria, die XI. Junii advenisse, atque in ea urbe exegisse quinque dies discimus ex veteribus historiæ ejusdem urbis

CCLXVI. Carcassonam adit.

Anno Christi, 1096.

centonibus, qui sic habent: *Anno Dominicæ incarnationis MXCVI. IV. indictione LXXIV. forte luna XXIV. feria IV. Urbanus papa Carcassonam ingressus est, & missas ibidem celebravit; vivos & defunctos benedicens absolvit, etiam ecclesiæ beati Nazarii*, id est cathedralis, *saxa benedixit;* quæ scilicet, ut interpretatur Beslius, ad perficiendam hanc ecclesiam jam dudum antea inchoatam, parata fuerant; *& subsequenti sexta feria super beatæ Mariæ semper virginis sanctique Salvatoris altare missas celebravit, sermonem nobis fecit, cœmeterium propriis manibus salis aspersione absolvit; & sic diebus quinque nobiscum commoratus, vivis ac defunctis consignatis cum laude & gratiarum actione discessit.* His consentiunt Beslius in historia episcoporum Carcassonensium, & Sammarthani in eorumdem catalogo tomo 2. Galliæ Christianæ. Porro abbatia sanctæ Mariæ & sancti Salvatoris, cujus hic altare memoratur, in suburbio Carcassonensi sita, sæculo sequenti transiit ad canonicos sæculares, quæ postea in Albigensium bellicis tumultibus destructa, tandem, seu potius, locus ubi sita erat, patribus Capucinis cessit, qui ibi conventum habent. Huic loco, uti observat Beslius, præerat anno MLXXXV. Pontius abbas, sed an tunc adhuc in vivis esset, quando Urbanus huc accessit, incompertum est. Petrus vero ecclesiæ Carcassonensis tunc episcopus erat. Exstat in ejusdem urbis diœcesi nobile monasterium beatæ Mariæ de Crassa, cui etiam Urbanus privilegium, sed quod excidit, indulsisse dicitur in subsequentium Pontificum bullis.

CCLXVII. Tum Tomerias.

Inde profectus Urbanus nativitatem sancti Johannis Baptistæ in Tomeriarum opido, nomine & monasterio sancti Pontii quod in cathedralem ecclesiam postea erectum est, insignito celebravit, ubi hac ipsa die confirma-

Privileg. Pampilonæ

vit privilegia aliaque jura ecclesiæ Pampilonensis, cujus diœceseos limites singulatim expressit. Bulla pontificia ea de re Petro de Roda seu de Rota ejusdem urbis episcopo, qui antea Tomeriensis monachus fuerat, inscripta est.

CCLXVIII Magalonam consecrat.

Urbanum exinde ad Montem Pessulanum divertisse ex Ivonis Carnoteni epistolis facile colligitur; at non ita constans est apud multos, an insulam Magalonensem,

quod ab eo Pontifice, hoc aut præcedenti anno factum fuisse consentiunt omnes, tunc consecraverit. Certe si anno MXCV. Astensem ecclesiam Urbanus in Gallias properans, uti diximus, dedicaverit Kalendis ipsis Julii, dici non potest eum exeunte Junio ejusdem anni Magalonæ exstitisse. Etquidem si sibi constaret Arnaldus de Verdala Magalonensis episcopus in serie suorum antecessorum, nulla superesse videretur difficultas. At ille res & tempora confundit. Is enim hanc insulæ benedictionem anno MXCVI. consignat, sed statim ei subjungit concilii Arvernensis celebrationem, quod quidem concilium anno MXCV. habitum fuisse nemo inficiari potest. Si tamen notis chronicis quas ille auctor profert stare velimus; & certe multo facilius in assignando anno, quam in notis chronicis referendis, quas ipse non videtur excogitasse, falli potuit, id ab Urbano præstitum fuisse hoc anno MXCVI. multo verisimilius est, cum scilicet in Italiam repedaret. Hic nempe auctor ait Pontificem in Apostolorum pervigilio Magalonam advenisse, ac secunda sui adventus die, *quæ Dominica erat* insulam benedixisse; quæ quidem notæ nequaquam anno MXCV. omnino vero MXCVI. conveniunt. Hoc quippe anno dies XXIX. Junii, sanctis Petro & Paulo sacra in Dominicam incidebat. Sed referre juvat integrum Arnaldi locum, in quo omnia Urbani apud Magalonam gesta paucis verbis repræsentat. »Anno, inquit, MXCVI. in vigilia Apo-«
stolorum Petri & Pauli, Urbanus papa II. qui ad visitan-«
das & confirmandas Galliæ ecclesias Alpes transierat, ad «
preces Gotofredi episcopi intravit Magalonam ibique ste-«
tit per quinque dies; & tunc secunda die adventus sui, «
scilicet die Dominica, congregato totius pane Magalo-«
nensis episcopatus clero & populo; sermone facto, assi-«
stentibus archiepiscopis Pisano & Tarraconensi, ac epis-«
copis Albanensi, Signensi, Nemausensi & Magalonensi; «
præsentibus comite Substantionensi, Guillermo Montis-«
pessulani domino; confluentibus undique terræ nobilibus «
totam insulam Magalonensem sollemniter consecravit, «
& omnibus in ea sepultis & sepeliendis absolutionem om-«
nium delictorum concessit, & multa alia privilegia eidem «
ecclesiæ donavit, & secundo loco post Romanam ecclesiam «

"honorificandam decrevit, & ut se fideles de quibuscum-
"que locis ibidem sepeliri facerent, diligenter monuit. Et
"tunc constitutum est ab ipso Gotofredo episcopo, ut in
"commemoratione ac veneratione processionis hujusmodi,
"singulis annis à clero & populo hac die in circuitu dic-
"tæ ecclesiæ processio sollemnis fiat, & duodecim paupe-
"res reficiantur.

CCLXIX. *Apud montem Pessul. agit de electione episcopi Parisiens.*

Apud Montem-Pessulanum, quæ urbs hodie Magalonensis episcopi sedes est, Pontifex rogante rege Philippo de electione Guillelmi in episcopum Parisiensem inquisivit; quippe qui nonnullis ob id fidei dubiæ habebatur, quod Guillelmus ille electus Bertradæ, quam Philippus, uxore repudiata, sibi copulaverat, frater esset, ac proinde locus erat suspicandi, ne à clero Parisiensi favore aliquo aut timore humano ille postulatus fuisset. Rem in partibus examinandam Ivoni Carnotensi episcopo, viro integro & ab omni adulatione valde alieno, qui tunc in Romana curia versabatur, commisit Urbanus; ita ut si omnem simoniæ suspicionem juramento amolirentur canonici Parisienses, Guillelmus à Richerio Senonensi suo ipsius metropolitano ordinari posset, indulta ei hac solum occasione, pallii utendi licentia, quæ ei in concilio Arvernensi ob denegatam Hugoni Lugdunensi primati obedientiam interdicta fuerat. Etquidem cum dato sacramento clerici Parisienses electionem à seipsis factam purgassent, Guillelmus ante festum sancti Remigii à Richerio ordinatus fuit. Id narrat ipse Ivo in epistolis 50. & 54. qui jam ante illud tempus in ejusdem electi gratiam scripserat epist. 43. quod ille, ut pote in ecclesia Carnotensi enutritus, probe ei notus esset. Hic porro observare juvat, quam Urbanus sollicitus fuerit ne in ordinationibus episcoporum aliquid sinistri obreperet, has enim ob id solum adhibuit cautiones vigilantissimus Pontifex, ut vel omnem mali speciem ab hac electione amoliretur.

CCLXX. *Nemausi concilium celebrat.*

Ineunte mense Julio Urbanus Nemausi, quæ nobilis est Narbonensis provinciæ civitas, concilium habuit, quod ab eo primum Arelatam indictum fuisse ex ejusdem Pontificis epistola ad Richerium Senonensem modo laudata jam observavimus. In eo concilio nonnulla quæ in prioribus

B. URBANI PP. II. VITA.

synodis statuta fuerant, confirmata fuere; nonnulla etiam de novo sancita, quae simul sexdecim canonibus in vulgatis conciliorum editionibus comprehenduntur, at ejus acta perierunt. Quare ut aliquid praeter memoratos canones, qui cum aliis Urbani conciliis olim dabuntur, hic exhibeamus, juvat hic ea referre quae in variis antiquis monumentis de hac synodo reperire licuit. Et primo quidem nonnulli recensentur antistites ex his, qui Nemausensi concilio interfuerunt, in charta Raymundi comitis, qua monasterio sancti Egidii vallem Flavianam confirmavit. Ii sunt metropolitani omnino sex, Daimbertus Pisarum, Hugo Lugduni, Amatus Burdigalae, Bernardus Toleti, qui tres apostolicae sedis legati erant, Hugo Bisuntinus & Guido Viennensis archiepiscopi: episcopi quinque scilicet, Gauterius Albanensis, Bruno Signensis, Gotofridus Magalonensis, Hugo * Autisiodorensis & Bertrammus Nemausensis; Cardinales non episcopi quinque; inter quos erat Richardus abbas Massiliensis. Chartam ipsam ex Spicilegio Acheriano ubi integrior habetur, quam in conciliis Labbeanis, habes in appendice. Porro tres etiam alios episcopos Hispanos, scilicet Berengarium Tarraconensem, Bernardum Gerundensem, & Artaldum Helenensem; & totidem abbates Petrum Coxanensem, Benedictum Balneolensem & Bernardum Rivipollensem ad eamdem synodum convenisse scribit Petrus de Marca in Marca Hispanica, col. 472. & ex eo Cardinalis Aguirius tomo 3. conciliorum Hispaniae. At plures ex ipsius Urbani diplomate in causa episcopi Tolosani & canonicorum S. Saturnini dato habemus. Nam ibi praeter septem metropolitanos supra memoratos, alii tres archiepiscopi, nempe Radulfus Turonensis, Gibelinus Arelatensis, & Ebredunensis nominantur, quos cum *episcopis & abbatibus* LXXXVI. eidem concilio praesentes fuisse testatur Pontifex. Aliorum nomina ex aliis monumentis, quorum nonnulla quae supersunt infra laudabimus, erui poterunt. Certe exempli causa nemo, ut quidem mihi videtur, negabit Ivonem Carnotenum eidem concilio interfuisse, qui seipso teste in epistolis superius laudatis, colloquium tunc temporis cum Urbano habuit apud Montem-pessulanum de

Annus Christi, 1096.

Qui episc. interfuerint.

* Humbaldus.

electione Guillelmi in Parisiensem episcopum.

Anno Christi, 1096.
Ecclesiam cathedral. Urbanus consecrat.

Quo autem die incœperit, vel absoluta fuerit illa synodus nemo, quod quidem sciam, diserte annotavit. At Pontificem sexta die mensis Julii jam apud Nemausum exstitisse ex domesticis ecclesiæ ejus urbis cathedralis instrumentis discimus, in quibus eam ecclesiam hac ipsa die ab Urbano consecratam fuisse legitur, adstantibus compluribus archiepiscopis & episcopis, cum comite Raymundo. Forte hac sollemnitate synodus initium accepit; certe VII. idus, id est die VIII. Julii, in ea actum est de controversia quæ

Lis inter episc. Tolosæ & canonicos S. Saturnini.

inter episcopum Tolosanum & canonicos sancti Saturnini jam dudum vertebatur, quæque, ut testatur ipse Pontifex in superius laudata bulla die v. Id. ejusdem mensis post varias altercationes definita fuit. Totam vero hujus controversiæ seriem hic exponere superfluum esset, cum habeatur in laudato Urbani diplomate, & in alia ejus bulla ad canonicos sancti Saturnini. Utrumque suo loco referetur. Ceterum Urbani judicio ægre consensisse canonicos ecclesiæ cathedralis Tolosanæ patet ex veteri illorum de eadem re instrumento, quod Catellus, & post eum Labbeus tomo 10. Conciliorum edidere, ubi Calixtum II. Pontificem, qui Nemausensi concilio, tum archiepiscopus Viennensis, interfuerat, inducunt ita ea de re differentem: *Ego in concilio Nemausensi, in quo dominus Urbanus papa præfuit, cum multis aliis interfui, ibique clericos sancti Saturnini dominum papam interpellantem audivi; quatenus quartam partem oblationum altaris beati Saturnini episcopo Isarno, qui tunc temporis eam in dominio suo tenebat, auferret, & sibi daret; & dominus papa petitionibus eorum condescendi videbatur, quibus episcopus Isarnus magnanimiter resistebat*, &c. Tum subjungunt Guidonem ipsum cum fratre suo archiepiscopo *Briassensi*, legendum *Bisuntinensi*, Isarni partes egregie in ipsa synodo sustinuisse, ita ut idem Isarnus nonnisi post absolutum concilium Urbani judicio consenserit, promisso ei quod *de ecclesia sancti Saturnini semper cum suis victum haberet, quod & dum vixit habuit*. Fatentur tamen iidem canonici, quod rursus examinata postmodum in præsentia ipsiusmet Calixti ista controversia, ecclesia cathedralis post varias concertationes

concertationes ea de re multis in locis habitas nihil obtinere potuerit. At id negligentiæ episcopi, qui tunc ecclesiæ Tolosanæ præerat, tribuendum esse asseverant. Sed ad concilium revertamur.

Anno Christi, 1096.

In eo confirmata sunt omnia privilegia & jura quæ Urbanus, & Raymundus comes eidem sancti Saturnini ecclesiæ in ejus dedicatione indulserant. Quod non solum ex Pontificiis bullis, sed etiam ex aliis veteribus instrumentis constat. Duas ea de re chartas exhibet Catellus in historia comitum Tolosanorum, in quarum priori Bertrandus comes sic decernit, pag. 153. *Ecclesiam sancti Saturnini liberam ab omnibus statuo, sicut melius illam fecit liberam papa Urbanus cum suis episcopis, & pater meus Raymundus comes in consecratione ipsius ecclesiæ, & in concilio Nemausensi.* Idem omnino habet pag. 166. Willelmus comes Pictavensis cum uxore sua Philippia, in altera charta, quæ anno MXCVIII. data est.

Privilegia S. Saturnini confirmata.

Die VII. Idus, id est IX. Julii actum est concilio de controversia inter Figiacenses & Conchenses monachos occasione conjunctionis factæ amborum monasteriorum sub unico abbate mota, quæ unio multorum dissidiorum origo fuerat. Quid ea de re ab Urbano sancitum in concilio fuerit, dicemus infra, ubi de ejus rescripto apud Vallem-Flavianam ea occasione dato agendum erit.

Alia inter Figiacenses & conchenses.

Die 12. Julii laudatus comes Raymundus, coram Pontifice & universo concilio Vallem-Flavianam cum omnibus honoribus & consuetudinibus, quas in ipsa *Villa-Flaviana & extrinsecis tam juste quam injuste* tenuerat, Odiloni abbati & monasterio sancti Egidii dimisit, uti patet ex ejusdem comitis instrumento, & Urbani bulla illud confirmantis.

Raymundi cessio facta S. Egidio.

Eodem fere modo satisfecit Berengarius Tarraconensis antistes Bernardo abbati Rivipullensi, qui adversus episcopum querelas ad concilium detulerat, quod insuper habitis sedis apostolicæ privilegiis, ecclesias Rivipullensi monasterio subjectas interdixisset. Berengarius quippe hoc se inscio factum fuisse declaravit. Forte id fecerant eo inconsulto clerici Ausonienses, in quorum diœcesi, hodie Vicensi, quæ Tarraconensi ecclesiæ tunc unita

Rivipull. jura servata.

266   B. URBANI PP. II. VITA.

Anno Christi, 1096.

erat, situm est Rivipullense monasterium. Quare satis fuit episcopo polliceri se se de cetero privilegia apostolica fideliter custoditurum. Id narrat illust. Petrus de Marca libro 4. Marcæ Hispanicæ, & ex eo cardinalis Aguirius tomo 3. Conciliorum Hispaniæ. At plura habentur in veteri ejusdem loci historia, quæ edita est in appendice ejusdem Marcæ Hispan. num 44. Berengarius quippe, ut ibi dicitur, ne quid simile in posterum attentaretur, monasterii privilegia *laudavit, corroboravit & propria manu firmavit* facta ea de re charta. Et paulo post idem abbas Bernardus Urbanum ad monasterium sancti Egidii secutus fuisse dicitur, ubi insigne ab eo privilegium obtinuit, quo omnia ejus jura & bona confirmantur.

Primatus Lugduno assertus.

Conquestus etiam est in synodo Nemausensi Hugo Lugduni antistes adversus Richerium Senonensem metropolitanum, qui nondum adduci potuerat, ut juxta conciliorum Arvernensis & Turonensis decreta primatum ecclesiæ Lugdunensis cognosceret: & quidem confirmatus iterum fuit Hugoni primatus in hac synodo, sed numquam ei sese Richerius subjecit, qui ea de causa interdictus paulo post è vivis excessit, ut ex Urbani ipsius rescripto anno MXCIX. dato colligere licet.

Guibertus abbas Autisiod. deposit.

In eodem concilio Guibertus sancti Germani Autisiodorensis abbas ab Humbaldo ejusdem urbis episcopo citatus ob varia crimina quæ ei impingebantur, loco cedere coactus est; ejus baculum Urbanus episcopo tradidit, eo pacto ut huic monasterio aliquem è Casa-Dei, aut Majori-monasterio, aut Cluniaco monachum præficeret, qui in loco tam *illustri*, sic & merito quidem appellatur, disciplinam regularem restaurare niteretur. Id fusius narrat Guido ejusdem loci abbas in gestis antecessorum suorum tomo I. Bibliothecæ Labbeanæ. Atque ea occasio fuit Cluniacenses in hoc monasterium inducendi, uti colligitur ex Urbani rescripto, de quo inferius dicemus. Aliam causam insignem in eadem synodo agitatam discimus ex epistola Lamberti episcopi Atrebatensis ad Paschalem II. papam in qua ait Gerardum Morinorum episcopum in Nemausensi synodo *ab omni episcopali officio suspensum à beatæ memoriæ Urbano fuisse.* Et quidem Manasses Remorum

B. URBANI PP. II. VITA.

archiepiscopus eidem Lamberto scripsit, ut ei curam Morinorum ecclesiæ ad se, inquit, devolutam committeret, quod *exsequendi officii sui potestas* Gerardo ejus ecclesiæ episcopo, *non esset concessa.* Qua autem de causa hæc Gerardo injuria illata fuerit, nec ibi nec in aliis epistolis t. 5. Baluzianorum Miscellaneorum editis usquam exprimitur. Malbranchus ait libro 9. de Morinis cap. 7. Gerardum de simonia accusatum fuisse, ac etiam convictum, quod pecunia, sed eo inscio, ad procurandum ei hunc episcopatum data fuerit. Rem apertius exponit auctor vitæ beati Johannis, qui Gerardo in ea sede successit. Hic nempe ait Gerardum à clero quidem electum & à populo expetitum fuisse; sed Regis assensum eo quidem inscio, pactione pecuniæ obtentum fuisse, quam pecuniam Gerardus postea solvere coactus fuerat. Id procul dubio ignoraverat Gregorius VII. qui lib. 11. epist. 1. Roberto Flandriæ comiti Gerardum *canonice electum & per ostium in ovile Christi ingressum* commendavit. Ut ut sit, causam ejus episcopi judicatu difficilem fuisse ex laudatis epistolis colligitur, ex quibus nempe patet Gerardum *ab omni episcopali officio suspensum* quidem, sed non exauctoratum fuisse. Unde ipse Lambertus Atrebatensis anno sequenti ejus causam Pontifici commendare veritus non est, ut infra videbimus.

Similem ferme sortem eo in concilio habuit Ansello Bellovacensis electi causa, quæ ibi agitata quidem, sed minime definita fuit. Quamvis enim multi, inter quos erat Hugo Lugduni antistes, pro Ansello intercederent, noluit tamen Pontifex ejus electionem approbare; sed nec eam irritavit, ut ex Ivonis epistola 55. colligitur, in qua Urbanum adhortatur, ut Ansello favere pergat, succurratque ecclesiæ Bellovacensi hunc ambienti, ac propter ejus ordinationis suspensionem magnis turbis agitatæ, aut rem per se ipsum absolvendo, aut certe permittendo ejus judicium metropolitano ceterisque provinciæ episcopis. De eodem Ansello scripsit Urbanus ad Hugonem epist. 203.

Si chronico Malleacensi fidem habeamus, Philippus rex Francorum eo in concilio ab Urbano ecclesiæ reconciliatus est. Nec dissentit Bertoldus, licet locum ubi id factum

268 B. URBANI PP. II. VITA.

Anno Christi, 1096.

fuerit non exprimat, hæc in chronico scribens: *Philippus rex Galliarum jam dudum pro adulterio excommunicatus tandem domino papa, dum adhuc in Galliis moraretur satis humiliter satisfactionem venit; & abjurata adultera in gratiam receptus est, seque in servitium domino papæ satis promptum exhibuit.* Ex quibus verbis nonnulli inferunt Philippum Nemausi synodo præsentem fuisse, quod tamen, silentibus auctoribus, verisimile non est, maxime cum ejus nomine Ivo adierit Urbanum, atque cum eo apud Montem-pessulanum tunc collocutus fuerit. Immo Philippus ante anni sequentis initia non videtur plene fuisse ecclesiæ reconciliatus, uti patet ex ipsiusmet Pontificis epistola ad Manassem Remensem ceterosque Franciæ episcopos ea occasione data, quæ in Collectione dabitur. His adde canonem x. hujus concilii contra adulterinas nuptias, qui Philippum tangere videtur. Fabulas narrat canonicus Turonensis in chronicis, cum ait Philippum ea occasione amisisse omnes regni sui episcopatuum electiones, ac electionem Andegavensis episcopi comiti Fulconi tum collatam fuisse.

Monachi ibi vindicati.

Monachorum etiam partes, monasticæque vitæ dignitatem & sanctimoniam egregie tuiti sunt Patres Nemausensis concilii, adversus eorum æmulatores, qui ipsos *temerario ausu* ut antiquiorum exemplo aiunt, à clericalibus functionibus arcere nitebantur. Id duobus potissimum canonibus præstitum est. Hæc de concilio Nemausensi.

Privileg. S. Martini à Campis.

Solutum erat, ut videtur pridie Idus Julii, qua die Urbanus monasterium sancti Martini à Campis prope Parisios ordini Cluniacensi asseruit, ejusque possessiones, quas singillatim recenset, confirmavit, indulto ea de re privilegio, quod Hugoni Cluniacensi abbati inscriptum est.

CCLXXI. *Urbanus apud S. Egidium.*

Hac ipsa die, aut certe sequenti, Nemauso egressus Pontifex, divertit ad sanctum Ægidium in valle Flaviana, ibique ea quæ in synodo Nemausensi sancita fuerant de controversia inter Figiacenses & Conchenses monachos, rescripto confirmavit, dato in ipso monasterio sancti Ægidii Idibus Julii, quod ex veteri membrana edidit noster Johannes Mabillonius sæc. 3. Bened. parte 2. pag. 448.

B. URBANI PP. II. VITA.

ubi legitur statutum fuisse, ut uterque locus proprium, seu, ut ibi loquitur Pontifex, *cardinalem* abbatem haberet, ita tamen, ut Figiacum, quod Cluniacenses repetierant, sub cura & provisione Cluniacensis abbatis remaneret. At in alio apographo, quod ex archivo Figiacensi descriptum nobiscum communicavit vir clariss. Stephanus Baluzius, prætermissa abbatis Cluniacensis mentione, definitum in concilio dicitur fuisse, ut utrumque monasterium sisteret sub proprii sui abbatis cura. Utra autem lectio sit præferenda alii viderint; at certum est Figiacense monasterium sub Cluniacensi ordine perseverasse usque ad sæculum xvi. quo ejus loci monachi abjectis cucullis in sæculares canonicos mutati sunt. Rescriptum illud cum lectionum varietatibus inter Urbani epistolas dabitur.

Anno Christi, 1096. Ejus præceptum pro Figiaco.

Die xvii. Kalendas Augusti occasione eorum, quæ adversus Rivipullensis monasterii ecclesias facta fuerant, uti paulo antea dicebamus, Urbanus ejusdem monasterii privilegia, recensitis etiam singulatim ejus possessionibus, mavit insigni bulla, in monasterio S. Egidii data.

Privileg. Rivipullense.

Postridie, idem Urbanus monasterium Balneolense apostolico privilegio, quod Benedicto abbati inscriptum est, ibidem munivit. Porro istud privilegium, sicut & præcedens, illust. Petrus de Marca, libro 4. Marcæ Hispanicæ ad annum mxcvii. retulit. Sed notæ aliæ chronologicæ, rerum gestarum series, & locus in quo data fuerunt, invicte probant, ea ad annum mxcvi. revocanda esse, licet mxcvii. præferunt, juxta calculum Pisanum, quo, ut jam non semel observavimus, anni initium à Martio præcedente desumitur.

Balneolense.

Die xiv. Kal. Augusti insigne privilegium concessit Galburgi seu Walburgi Juviniacensi sanctæ Scholasticæ abbatissæ in diœcesi Trevirensi, quod laudatum fuit *in placitatione* an. 1128. inter Lanzonem abbatem sancti Michaelis ad Mosam, & Harduidem abbatissam Juviniaci, à Baluzio edita tomo 4. Miscellan. ex qua colligitur Harduidem anno 1124. electam fuisse, decem & octo annis post Walburgis mortem, quæ proinde anno 1106. obiisse dicenda est.

Sequenti die Urbanus adhuc in monasterio sancti Ægi-

versabatur, uti indicat ejus diploma pro ecclesia sancti Saturnini, in quo Pontifex causam inter canonicos ejus ecclesiæ & Isarnum Tolosæ episcopum, in concilio Nemausensi uti supra diximus, agitatam fuse exponit.

Eadem ferme repetit in bulla ad canonicos ejusdem ecclesiæ post duos dies data apud monasterium Montis-Andaonis, seu sancti Andreæ situm in suburbio Avenionensi, quod hodie Villa-nova appellatur. Qua etiam ipsa die, scilicet 22. Julii, confirmavit donationem vallis Flavianæ à Raymundo comite monasterio sancti Ægidii factam in concilio Nemausensi, uti suo loco diximus. Ne vero ipse erga suos hospites ingratus videretur, die sequenti monasterium sancti Andreæ, in quo tunc degebat sub apostolica tuitione suscepit, ac privilegiis munivit, data ea de re bulla Petro abbati inscripta. Aiunt Sammarthani tomo I. Galliæ Christianæ *ex publicis ecclesiæ* Avenionensis *tabulis* ejusdem urbis principalem ecclesiam ab Urbano II. canonicis regularibus traditam fuisse, ac inter illos Alfonsum Aragoniæ Regem, qui tunc provinciæ comes erat, annumerari voluisse; quod infitiari nolimus, at qua id occasione factum fuerit, non referunt; nec vacat divinare.

Haud magis liquet an umquam idem Pontifex Arelatem adierit, ubi tamen à Gibelino ejusdem urbis archiepiscopo, qui tum in pontificio comitatu erat, cum è Galliis in Italiam rediret, magnifico apparatu exceptus fuisse dicitur. Hoc quidem nonnulli cum Saxio & Sammarthanis scribunt, sed non ex certis monumentis, certe nullæ omnino in ejus rei confirmationem ferunt. Constat quidem ex ipsiusmet Pontificis epistola jam non semel laudata, ad Richerium & alios episcopos Gallicanos, synodum eam in urbem ab eo indictam fuisse. At haud minus liquet eam synodum ibi non fuisse celebratam, quod quidem confirmari potest ex Ivonis epistola 56. respondentis Philippo regi conquerenti adversus Hugonem Lugdunensem, quod post duo hoc anno in Galliis ab ipso Pontifice habita concilia, id est Turonense & Nemausense, tertium, videlicet post Urbani discessum convocasset. Unde conjicitur synodum quæ Arelatem ab Urbano convocata fuerat, hanc ipsam esse quam idem Pontifex Nemausi celebravit. Haud tamen plane infitiari nolumus Urbanum Arelatem, à qua urbe tunc haud procul aberat, invisisse.

Forte tunc ibi erat Pontifex, cum ei Guillelmus Montis-majoris prope eamdem urbem abbas libellum supplicem obtulit adversus ecclesiæ suæ bonorum invasores. Et quidem Urbanus post aliquot dies, tertio scilicet Kal. Augusti, apud Cabellicum ejusdem monasterii privilegia & possessiones ad Guillelmi abbatis petitionem confirmavit data bulla, quæ simul cum laudato libello supplici dabitur. In ea vero bulla non omnia bona monasterii recensentur, de quibus abbas in libello suo conquestus fuerat, quod, ut quidem opinor, noluerit Pontifex inauditis partibus aliquid de iis quæ controvertebantur, aut quæ in privilegiis superiorum Pontificum non diserte expressa erant, pronuntiare. Hic vero observare libet, quod in hac Urbani bulla pro consueta ejus Scripturæ sacræ sententia, habeantur simpliciter hæc verba *legimus, confirmamus*, quæ etiam in aliis ejus bullis similiter adhibita invenimus.

Initio mensis Augusti Aptam-Juliam adiit Pontifex, ubi testante Anastasio IV. summo Pontifice, ecclesiam suburbanam monasterii sancti Eusebii consecravit. Sic enim ille habet in bulla anno MCLIV. eidem monasterio concessa: *Omnem libertatem, franquesiam supradicti monasterii per antecessorem nostrum Urbanum, qui ecclesiam S. Eusebii consecravit, privilegium contributum præsentis privilegii pagina roboramus.* Hanc vero dedicationem anno præsenti factam fuisse colligimus ex domesticis instrumentis ejusdem loci, in quibus Urbanus Guilafredi abbatis tempore *basilicam sancti Eusebii à fundamentis de novo erectam nonis Augusti solemni pompa ac ritu* consecrasse dicitur. Certe Urbanum hoc anno in ea regione exstitisse certum est; Dies vero nonarum Augusti, quem hic temere designatum nemo dixerit, indicat id ad hunc potius quam ad præcedentem annum revocari debere. Nam ipsis nonis Augusti anni præcedentis Urbanus Valentiæ cathedralem ecclesiam, uti suo loco diximus, consecravit. Communis est autem in his partibus opinio, non modo ecclesiam sancti Eusebii, sed etiam alteram prioralem

ANNO CHRISTI, 1096.

vicini vici, qui Clarusmons dicitur, ubi olim insigne erat castrum, ab eodem Pontifice fuisse consecratam, in cujus rei signum, ut quidem putant, visebatur manus dextera quasi populum benedicens ad parietem in utraque ecclesia exsculpta, quæ figura licet apud sanctum Eusebium, in basilicæ instauratione excisa sit, perstat tamen etiam nunc supra majorem portam ecclesiæ Clarimontis, quam reipsa in dedicationis ejus memoriam appositam fuisse innuit inscriptio ei vicina veteribus characteribus, II. IDUS JANUARII DEDICATIO ECCLESIÆ. Sed quæ Urbano competere non potest, nisi forte posita sit post aliquod temporis intervallum ab uno aliquo, qui cum Bertholdo putaverit, Urbanum Natalium Christi festivitatem Arelate celebrasse.

CCLXXVI. An Massiliam invi- serit.

Si Guesnaio & aliis recentioribus auctoribus fidem habeamus, Massiliam quoque invisit Urbanus, cum è Galliis in Italiam repedaret, ubi, ut aiunt, à sancti Victoris celebris monasterii cœnobitis magno apparatu receptus est. At altum est ea de re apud veteres silentium: immo nec liquet qua via, quove die è Galliis excesserit, quamvis certum sit ipsum aliquot hebdomadas in regionibus illis maritimis exegisse.

CCLXXVII. Crucesi- gnatorum Profectio.

Dies 25. Augusti, uti discimus ex ipsius Urbani epistola ad Robertum Flandriæ comitem superius laudata, indicta erat ad Crucesignatorum profectionem, quæ forte præsente adhuc in Galliis Urbano inita fuit. Sic de ea inter ceteros loquitur Fulco comes Andegavensis in fragmento historiæ, ubi post recensita varia itinera, quæ Pontifex hujus anni initio confecerat, sic prosequitur. „Sequenti „æstate ex præcepto ejus inierunt iter Jerosolymitanum „non solum populi, sed etiam duces populorum, quorum „nomina ad evidentiam posterorum hic annotata sunt, „Hugo Magnus frater Philippi Regis Gallorum, Rotber- „tus dux Normannorum, Rotbertus comes Flandriæ, „Raymundus comes de sancto Egidio, Stephanus comes „Blesensis filius Theobaldi Campaniæ comitis, Godefre- „dus Lotaringorum, & pater ejus Eustachius comes Bo- „loniæ quorum societati Podiensis episcopus, Adhemarus expeditionis dux ab Urbano institutus in concilio Arvernensi,

nensi, est adjunctus, multique alii magnæ virtutis pro- « ceres & episcopi.... Multi per Pannoniam causa bre- « viandi itineris complures portum sancti Nicolai, id ex « Barii in Apulia Constantinopolim pervenerunt. » His consentiunt alii auctores, qui habentur in unum collecti in libro de gestis Dei per Francos. Ex quibus Fulcherius refert complures per turmas singulis mensibus à Martio ad Octobrem profectos fuisse, prout sese opportune offerebat occasio, quod etiam annotavit anonymus, sed æqualis auctor quem hactenus ineditum, noster Mabillonius tomo 1. Musei Italici evulgavit. Ceterum nonnullos temeritatis arguit laudatus Fulco, quod ceteris non exspectatis mare transmiserint, & ea occasione ab infidelibus fusi victique fuerint.

ANNO CHRISTI, 1096.

Jam vero Urbanus è Galliis excesserat, cum episcopi, qui ab eo designati fuerant ad litem dirimendam, quæ inter Psalmodienses, & sancti Victoris Massilienses monachos vertebatur, in Caissaro castro aggregati die 16. Septembris eam definierunt, Psalmodiensibus à Victorinorum subjectione liberatis. Hujus rei instrumentum quod sane præclarum est in appendice referemus.

Itaque *dominus papa*, inquit Bertoldus, *bene dispositis rebus in Gallia post reconciliationem regis Gallorum, & post multa concilia, tandem in Longobardiam cum magno triumpho & gloria repedavit; & exaltationem sanctæ Crucis apud Hortorium*, forte Mortarium, qui locus insignis est inter Ticinum & Novariam in ducatu Mediolanensi, *prope Papiam solemniter celebravit, multosque episcopos & principes in suo comitatu habuit.*

CCLXXVIII. Urbanus in Italiam reversus.

Paulo post, id est VIII. Kal. Octobris, ex veteri catalogo apud Mabillon. tomo 1. Musei Italici edito, Arnulfus Mediolani antistes excessit è vita, cui Anselmus de Buiz substitutus stolam seu pallium archiepiscopale *per legatum domini papæ sibi delatam induit*, ut narrat Laudulfus de sancto Paulo apud Puricellum & Ughellum tomo 4 Italiæ sacræ, vereor tamen ne hæc pallii per legatum delatio ad alterum Anselmum, de quo diximus ad annum MXCIII. revocanda sit, ut ex Pandulfo in Urbani vita ibi observavimus.

Tom. III. Mm

Pridie Idus, seu die 14. Octobris, Cremonæ Pontificem hospitatum fuisse colligimus ex bulla ibidem concessa monasterio sancti Basoli in agro Remensi. Etsi enim annum MXCVIII. in veteri apographo, quo usi fuimus, præferat, hanc tamen ad præsentem annum referri debere persuadent, præter locorum circumstantiam, omnes notæ chronologicæ ibi appositæ. In ea, sicut & in præsenti, pro scripturæ sententia, hæc verba referuntur intersertis crucibus, *legimus, firmamus sancte Basole* quæ forte Pontifex adhibuerit ob singularem ejus affectum in sanctum Basolum, in cujus monasterii vicinia natus, aut certe educatus fuerat. Ea nempe advocati ejus monasterii sæculares penitus abrogantur; qui quidem si Urbanus ex Castilionensium dominorum familia fuerit, sui ipsius consobrini erant.

His temporibus mortuo apud Calabros Theodoro Squillacensi episcopo, Rogerius comes in animum sibi induxit hac in ecclesia, omissis Græcis, è quorum gente ultimus fuit Theodorus, episcopum Latinum, quia multo plures Latini, scilicet Normanni, quam Græci, tum ibi habitabant, instituere. Quod & re ipsa præstitit, assentientibus aliis episcopis Latinis, quos ea de causa è Sicilia advocaverat, & potissimum Saxone seu Sassone Cassanensi episcopo, qui Urbani in Calabria erat Vicarius. Johannes itaque statim è decano Militensi huic ecclesiæ præfectus est, uti legitur in Rogerii charta quam Ughellus tomo 9. Italiæ sacræ pag. 591. edidit. Hæc omnia ab Urbano confirmata fuere, qui etiam ea occasione hanc ecclesiam Romanæ sedi, omisso quocumque metropolitano, proxime subjecit, uti ex Paschalis bulla ibidem pag. 597. relata intelligimus; nam Urbani ea de re diploma amissum est.

Cum vero ipse Lucam Tusciæ urbem pervenisset, eum huc adiere Robertus Normanniæ & Stephanus Blesarum comites, qui per Italiam ad sacram expeditionem properabant. Hos secuti complures alii, ut narrat Fulcherius, qui & ipse ex illis erat, accepta Pontificis benedictione, statim Romam perrexerunt. At Guibertini, quorum tunc nondum bene compressa erat protervia, peregrinorum ad

Vaticanam basilicam accedentium donaria rapiebant, occisis etiam nonnullis quos Urbano sciebant addictos esse. Verum illi latrunculi post Pontificis in Urbem adventum brevi fugati dissipatique fuerunt.

Eidem è Gallia redeunti obviam ivisse comitissam Mathildem testis est Domnizo, qui ejus reditum in Italiam & in Urbem adventum barbaris versibus expressit. Sigonius libro 9. de regno Italiæ, ait Urbanum à Mathilde ceterisque in Lombardia summis honoribus excultum Romam adiisse. At Bertoldus ejus in urbem reditum triumpho comparat, annum MXCVII. pro more suo à Natalibus Christi inchoans his verbis: *Dominus papa tandem ad apostolicam sedem cum magna gloria & tripudio reversus, Nativitatem Domini Romæ cum suis cardinalibus gloriosissime celebravit; quippe tota Romana urbe pæne sibi subjugata, præter turrim Crescentii, in qua adhuc latitabant Guibertini.* Guibertum ipsum à plebe pulsum fuisse canit Domnizo, cujus ea de re versus videsis in appendice. Mathildem vero, quod tamen non habet ille auctor, Romam usque Urbanum comitatam fuisse ex ipsiusmet Pontificis epistola ad Hugonem Lugdunensem post aliquod tempus scripta, colligi potest, in qua nempe hæc leguntur: *Usque ad Urbem cum comitissa M. pacifice venimus, Urbem honestissime cum præcedentium stipatione frequentissima introivimus.* Et quidem Fulcherius testatur Pontificem ejusdem comitissæ auxilio Urbem, quam adhuc Guibertini tenebant, temperasse, quam Sigonius, loco jam laudato, à Guiberto occupatam, sed ab Urbano vi expugnatam fuisse refert, Pseudopontifice in arcem compulso auxilio eorum, quos ad sacram expeditionem Pontifex animaverat. Idem habent ceteri auctores cum Fulcherio, qui observat *Urbanum eo ipso anno, quo Franci Jerusalem ituri per Romam transierunt, totam omnino apostolicam potestatem adeptum esse.* Tantum enim fuisse numerum principum & militum, qui Romam eo anno adierunt testatur Robertus libro 2. historiæ Jerosolymitanæ, ut ex his multi extra urbem, cum domus non sufficerent, tentoria figere coacti fuerint: Certe Robertum Normanniæ ducem & Odonem episcopum Bajocassinum Romæ cum Urbano colloquium tunc habuisse testis est etiam ipse Ordericus Vitalis libro 10. quos *ejus percepta benedictione in Apulia hiemasse* scribit. De his aliisque peregrinis eidem omnino narrant aliique auctores, quos post visitata Romanæ urbis loca sacra, monasterium etiam Casinense adiisse scribit Petrus Diaconus in chronico Casinensi libro 4. cap 11. ut se suaque sancto Patri Benedicto, ejusque monachorum precibus commendarent.

<small>ANNO CHRISTI, 1092.</small>

<small>CCLXXXIII. Henrici miserabilis status.</small>

Haud magis prospera erant in Italia Henrici quam ejus Pseudopontificis negotia, qui quidem absente Urbano Nogeram obsederat, sed frustra, ut habet Domnizo, qui hanc obsidionem describit. Mathildis vero *quæ*, verba sunt Bertoldi, *pane sola cum suis contra Henricum & hæresiarcham Guibertum complicesque eorum jam septennio pugnaverat*; tandem hoc anno Imperatorem, procul dubio tot tantorumque hominum qui Urbani hortatu ad sacras expeditiones properabant, adventu in Italiam exterritum, recuperatis suis bonis penitus, *è Longobardia fugavit*; & *ille cum paucis Ratisbonam veniens totam ibi exegit æstatem & circa castrum Nuremberg satis private moratus tandem Nemetum migravit*, ibidem satis private diu moratur.

<small>CCLXXXIV. Urbanus Concilium Lateran. celebrat.</small>

Cum itaque Urbanus Romæ prævaleret, ubi, ut ipse scribit ad Hugonem Lugdunensem, *honeste, tute & alacriter* versabatur, visum est ei, ad Urbem sibi magis magisque asserendum, ejus *cives & regiones omnes sacramentis* suo officio *adstringere*. Certe jam ab ipso anni MXCVII. initio Lateranensi palatio potiebatur, ut patet ex ejus bulla ad Hugonem Cluniacensem abbatem *data Laterani v. Idus Januarii indictione v.* in qua privilegia & possessiones monasterii Cluniacensis ac locorum ei subditorum confirmavit: qui ut pote vigilantissimus Pontifex suarum rerum prosperitatem ad ecclesiæ commodum referens, concilium statim convocavit, proculdubio ut ea quæ in Gallicanis synodis constituta fuerant, in Italiam quoque propagaret. Istud *generale* appellat Sigonius libro 9. de regno Italiæ, cui Otto Frisingensis & alii auctores consentiunt. Ipse Pontifex in epistola mox laudata ad Hugonem Lugdunensem hanc ipsam *synodum Laterani sollemniter celebratam* fuisse testatur. Porro etsi nullas præferat chronologiæ notas hæc epistola, ipsam tamen hujus anni initio consignandam esse ex eo facile colligitur, quod in ea mentio fiat Daimberti recens electi in archiepiscopum Senonensem, quem hoc anno intrante in Richerii locum substitutum fuisse constat. Idem probat causa Lemovicensis electi ibi memorata, nam paulo post Guillelmus episcopus ordinatus est. Certe insignis est epistola ut pote quæ multa & gravia variarum Galliæ ecclesiarum negotia complectitur, & Urbani in servandis Ecclesiæ regulis studium probat. Hæc olim dabitur ex ms. Baluziano descripta. Porro etsi ex dictis certum videatur Urbanum haud multo post suum in urbem reditum concilium istud apud Lateranum celebrasse, vix tamen quicquam ex ejus actis aut decretis superesse fatendum est, quod forte nihil novi ibi sancitum fuerit. Huc solum revocari posse censemus, nullam quippe aliam Urbanus synodum Laterani habuit, fragmentum epistolæ ad Gothfredum Magalonensem episcopum, in quo Pontifex statuit, juxta quod *in Lateranensi concilio promulgaverat*, qua ratione dividendæ sint eleemosynæ mortuorum qui in monasteriis sepeliri desideraverant. Illud statutum quod in nonnullis exemplaribus post canonem 12. *Quæsta*, apud Gratianum 13. q. 2. habetur, inter alias Urbani epistolas num. 210. proferetur.

Mortuo autem sub finem Decembris præcedentis, ut jam observavimus, Richerio Senonensi archiepiscopo, Daimbertus in ejus locum substitutus est: sed cum ille sui decessoris vestigia secutus, primatui Lugdunensis ecclesiæ subjici nollet, Hugo archiepiscopus intercessit, ne ab episcopis comprovincialibus ordinaretur. Qua occasione Ivo Carnotenus, qui à Daimberto, ut eum consecraret, invitatus fuerat, Urbanum quid facto opus esset, consuluit epistola 165. In ea excusat se Ivo apud Pontificem, quod post suum ab ejus comitatu discessum nondum licuisset ad eum redire, aut saltem per nuntios ipsum salutares; tum ei commendat Parisiensem episcopum Romam profectum, cui abbas Latiniacensis sub specie novi privilegii à Pontifice impetrati, obedientiam denegabat. Certe præ manibus habemus privilegium illud Latiniacense, quod cum in apographo nullam habeat chronicam

ANNO CHRISTI, 1097.

CCLXXXV. Daimberti episc. Senonensi ordinatio dilata

notam huc revocari posse ex hac Ivonis epistola censemus, atque adeo in appendice à nobis exhibendum. Porro Ivonis epistolam initio hujus anni scriptam fuisse inde colligimus, quod nondum tunc, quando illam scripsit, audierat quid Urbano Romam ingredienti accidisset, ut ipse testatur his verbis: *De pace sanctæ Romanæ ecclesiæ, & vestra prosperitate det nobis Dominus audire quod optamus.*

Circa eadem tempora cum Morinorum ecclesia variis turbis agitaretur, quod Gerardus ejus sedis episcopus in concilio Nemausensi, ut diximus, ab officio suspensus fuisset, Lambertus Atrebatensis antistes, cui Manasses metropolitanus Remorum ejus ecclesiæ curam commendaverat, in Gerardi gratiam Urbano scripsit. Quid responderit Pontifex ignoramus. At Gerardus tot forte molarum pertæsus, & quod, *excusare se*, ut habet auctor vitæ Johannis ejus successoris, saltem ex omni parte *non posset*, episcopatu cessit, ut refert ille auctor, & post eum Malbrancus; atque in monasterium Montis sancti Eligii prope Atrebatas se recepit, ubi, substituto ei paulo postea, uti infra dicemus, Johanne, reliquum vitæ suæ *in pace* egit. Lamberti ea de re epistolam, deficiente Urbani responso, exhibere in appendice visum est. Eidem Gerardo antea Urbanus rescripserat adversus canonum contemtores, sed solum superest ejus epistolæ fragmentum, apud Ivonem.

Hujus anni initio, aut certe sub præcedentis finem, nam MXCVI. præfert chronicon Cavense ms. *ecclesiam sancti Pauli dedit Urbanus Papa Petro abbati sanctæ Trinitatis de Cava.* Haud dubium, ut in tam celebri loco regularem disciplinam firmaret, aut forte aliquantum tepescentem restauraret. Nihil enim omittebat religiosus Pontifex, ut in monasteriis potissimum Benedictini ordinis regulæ observatio accurata servaretur, quod probant variæ ejus bullæ, in quibus eo potissimum animo se privilegia monasteriis indulgere declarat, ut monachi à sæcularibus rebus & curis liberi, ferventius ad cælestia anhelarent. Sciebat quippe ejusmodi loca sacra, cum à monachis bonis & piis inhabitantur, esse veluti seminaria magnorum virorum, qui ecclesiæ laboranti auxilio esse possent. Et quidem id maxime attendebat, ut si forte alicubi lateret ejusmodi aliquis monachus, cum ad ecclesiæ dignitates promoveret. Jam nonnullos ex his laudavimus, sed duo nobis præcipue occurrunt hic memorandi, Albertus nempe qui, ut Ughellus refert tomo 7. Italiæ Sacræ, hoc anno ex monacho sancti Savini de Placentia presbyter cardinalis, ac tandem archiepiscopus Sipontinus factus est; alter fuit sanctus Bernardus, ex Ubertorum familia nobilis Florentinus, quem semel & iterum Urbanus frustra commonitum, tandem adhibitis censuris ecclesiasticis, ut in ejus vita legitur, ad se venire coegit, cumque hoc etiam ipso anno presbyterum tituli sancti Chrisogoni cardinalem creavit. Multis functus legationibus, cum Parmæ episcopus factus fuisset, miraculis & sanctitate illustris ex hac vita migravit sub Paschalis II. pontificatu. His duo alii adjungi possunt; Milo, ex monacho sancti Albini Andegavensis, de quo jam diximus, qui circa hunc annum ab Ughello dicitur Bernardo Prænestino episcopo substitutus fuisse contra Hugonem Album pseudocardinalem, famosum schismaticum; & Johannes Marticanus, quem ab Urbano Tusculanum episcopum creatum fuisse Ughellus tradit. Is forte ipse est Johannes monachus, quem Hugo Flaviniacensis in chronico memorat, hic tamen, si sincera sit ejus auctoris narratio, aliquanto post hunc annum factus est episcopus, nam ab Urbano, cum è Galliis Romam rediret, secum adductus dicitur, & primum abbatia, tum episcopatu donatus. En ipsa Hugonis verba: *Anno Incarnationis Dominicæ* MCI. *Johannes Tusculanus episcopus à Papa in Angliam missus est propter censum S. Petri. Hic canonicus sancti Quintini Bellovacensis regularis professione violata, habitu deposito, ad sæculum rediit; & cum improperium ferre nequiret Becci monachus factus, cum esset natione Romanus, papa Urbano ad Gallias veniente familiaritatem ejus adeptus est, Romamque reductus, & defuncto Lavicano episcopo, cum jam de abbatia quadam muneratus esset, de abbate in episcopum promotus est.* Si vero is ipse sit Johannes abbas sancti Salvatoris prope Telesinam urbem, apud quem sanctus Anselmus divertit, ut anno sequenti ex Eadmeri libro 2. Novorum dicemus, vix dici poteſt ab Urbano factus fuiſſe epiſcopus, cum id Eadmerus, ut quidem conjicere eſt, reticere non debuiſſet. Nonnulla autem momenta eumdem; alia diverſos fuiſſe ejuſdem nominis viros probare videntur. Certe uterque *Romanus* erat *genere*, & Becci monachus, & quidem uno eodem tempore ſub abbate Anſelmo. At Johannes Hugonis, canonicus Bellovacenſis fuerat, & ab Urbano ipſo in Italiam reductus; ille vero qui ab Eadmero laudatur, cauſa *ſtudii litterarum* in Franciam veniſſe dicitur, ac fama Anſelmi permotus Becci monaſticam vitam ſuſcepiſſe, unde poſt aliquot annos ab Urbano accerſitus fuerat, ut eum monaſterio Teleſino præficeret. Certe, ex his patet nihil omiſiſſe Urbanum, ut viros religioſos ad ſe ex omni parte accerſeret, quorum opera in difficillimis negotiis uteretur, qua de re, ut jam obſervavimus, ad ipſum Anſelmum tum Becci abbatem ſcripſerat, ut ſi aliquem ejuſmodi in ſua congregatione haberet, eum aut adduceret ſecum, aut certe ſi ipſe venire non poſſet, ad ſe mitteret. Idem Pontifex epiſtola 48. Johannem quemdam, ex clerico Romano eccleſiæ monachum Becci factum repetit. Denique Eadmerus in vita ſancti Anſelmi laudat Petrum alium monachum Cluniacenſem, *magnæ auctoritatis* virum, qui Urbani, ac poſtea Paſchalis Pontificum camerarius fuerat. Hunc nonnulli, ſed immerito, ſuſpicantur fuiſſe Petrum celebrem, poſtea abbatem Cluniaci, venerabilem dictum. Is nempe anno MXCII. jam ſedente Urbano natus eſt.

Inter hæc Amatus Burdigalenſis archiepiſcopus & legatus ſedis apoſtolicæ VI. nonas Martii concilium apud Santonas celebravit, à Labbeo & aliis anno præcedenti conſignatum, quod re ipſa indictionem IV. & annum MXCVI, in charta Vindocinenſi, unde habetur, exhibeat. At ut ut fuerit de indictione, quæ hic mendoſa eſt, ſi nullus error in annum irrepſerit, repetendum eſt in ea charta, ſicut paſſim fieri ſolet, ejus initium à Paſchali feſtivitate. Certe annum MXCVII. diſerte præfert inſtrumentum Silvæ-majoris, in eo concilio factum, pro reſtitutione *terræ de Doeria & de Toſco* quam Achelmus ejuſdem loci abbas ibidem impetravit. Non diſſentit chronici Malleacenſis auctor,

auctor, qui licet ad annum MXCVI. hanc synodum revocat, eam tamen nonnisi sub finem hujus anni locat, post recensita scilicet multa alia, quæ per totum ejus decursum contigerant. Uno verbo, omnino certum est hanc synodum mense Martio anni MXCVI. celebratam non fuisse. Tunc enim Amatus, qui ei præfuisse dicitur, apud Santonas esse non potuit, ut pote qui eo tempore in Pontificis comitatu ægrotabat apud Turonos, ubi concilium ab ipso Urbano celebrabatur, ut videre est in instrumento dedicationis basilicæ Majoris-monasterii, & ex aliis monumentis indubitatis constat. Deinde Raymundus Auscensis archiepiscopus, qui eidem synodo Santonensi interfuisse dicitur, nondum mense Martio anni MXCVI. ad hanc ecclesiam promotus fuerat anno MXCVII. à Pontifice pallio donatus. Deinde Marbodus unus etiam ex Patribus Santonensibus, in ipso concilio Turonensi ab Urbano fuit consecratus; eidem synodo interfuit Hildebertus episcopus Cenomannensis, qui Johello anno MXCVIII. IV. Kal. Augusti defuncto successit, ut habent ejus ecclesiæ acta, tomo 3. Analect. Mabillon. pag. 302. Ex quo loco, si mendum non obrepserit, hæc synodus anno MXCVIII. consignanda erit; quod vero rem omnino evincit hanc anno MXCVI. habitam non fuisse. Ipsa charta Vindocinensis unde præcipuam ejus notitiam habemus, multa recenset per hanc synodum facta, quæ tamen mense Maio & sequentibus ad finem usque anni MXCVI. contigisse memorat. Ex ea discimus XLIII. tam episcopos quam abbates ad hoc concilium Santonas convenisse, inter quos præter Amatum, octo episcopi huic instrumento subscripserunt, cum tribus abbatibus Gaufrido Malleacensi, Guarnerio sancti Maxentii, & Goffrido Vindocini, alii duo abbates memorantur in instrumento concordiæ, quæ tunc inter Angeriacense & Carrofense monasteria ibidem inita est, nempe Petrus Carrofi, & Ansculfus Angeriaci. In illa autem synodo *imperatum est*, ut habet chronicum Malleacense, *omnibus vigiliis Apostolorum jejunare*. Ibidem actum de gravi controversia, quæ inter monachos Nantonienses & canonicos sancti Emiliani vertebatur, ut discimus ex eorumdem canonicorum epistola ad Urbanum

ANNO CHRISTI, 1097.

Anno Christi 1097.

Pontificem ea de re scripta, in qua tam gravia facinora Nantoniensibus monachis imponunt, ut vix credi possint à viris religiosis admissa fuisse. Has tamen litteras, deficiente Urbani responso, dabimus in appendice.

CCLXXXIX. Glannafolium Casino confirmatum.

Eodem mense Martio Terracinæ bullam dedit in gratiam monasterii Casinensis, Oderisio abbati & cardinali inscripta, cui monasterium sancti Mauri Glannafoliense, uti in concilio Turonensi statutum fuerat, à Fossatensium jugo liberatum restituit.

CCXC. Urbanus Capuam &c invisit.

In eo itinere, uti conjicere est, Pontifex Capuam, cujus tunc episcopus erat Sennes, invisit, ubi teste Ughello, octo dies hoc anno transegisse dicitur. Certe vix infitiari potest Urbanum tunc Beneventum usque accessisse. Id probatur ex ejus rescripto ad Petrum Aragonensium & Pampilonensium regem, dato *Beneventi* IV. *nonas Martii*, quod ad hunc annum revocari necessario debet. Datum quippe est post annum MXCIV. quo Sancius Petri Regis pater mense Junio sagitta confossus in Oscensi obsidione interiit; nec revocari potest ad duos annos sequentes quos Pontifex in Tuscia & in Gallicano itinere exegit, nec etiam ad annos MXCVIII. & MXCIX. nam eo mense, utroque illo anno Urbanus Romæ versatus est. Solus itaque superest annus præsens cui hoc rescriptum consignari possit. In eo Pontifex ecclesiam Pampilonensim multum regi ceterisque earum regionum fidelibus commendat.

CCXCI. Expeditionem prædicat Theatæ.

Fortasse hoc iter susceperat Urbanus, ut Rogerium Apuliæ ducem conveniret; aut certe has partes invisebat, ut quemadmodum in aliis regionibus, ita etiam illic sacram expeditionem promulgaret, quod innuere videtur Berardus libro 3. chronici Casauriensis tomo 5. Spicilegii, ubi Urbanus hanc expeditionem *prædicans Thietum* accessisse dicitur, *ibique perennans non multis diebus cum episcopis & baronibus de via Jerosolymitana habuisse commune colloquium*. Hac occasione usus Raynulfus, qui tunc Theatinus episcopus erat, confirmationem à Pontifice accepit multarum ecclesiæ suæ possessionum, quæ ei nuper restitutæ aut donatæ fuerant, dato, uti inferius dicemus, ea de re rescripto. Tunc etiam temporis Grimoardus Piscariensis seu Casæ-aureæ monasterii electus abbas, variis calamitatibus, à vicinis Normannis, aliisque viris præpotentibus affectus, cum nec ad imperatorem contra eos recurrere, neque apud alium quemquam confugium habere posset, ad Urbanum accessit, à quo benigne acceptus, receptoque ex ejus manu baculo pastorali, cum hactenus pro pedo hujus loci abbates sceptro regio usi fuissent, ab eo in abbatem benedictus est; & inde hæc abbatia, quæ huc usque soli imperatori paruerat, sub apostolicæ sedis tuitione, uti refert Berardus, esse cœpit. Hac occasione in authentico ms. cod. ejus chronici, qui in Bibliotheca regia modo asservatur, repræsentatur Urbanus Grimoaldo abbati pedum porrigens, eumque alloquens his duobus versibus:

Cæsaris ob sceptrum baculum tibi porrigo dextrum,
Quo bene sis fretus, plus Cæsare dat tibi Petrus.

Ceterum plerique ex militibus diversarum gentium, qui ad sacram expeditionem profecti per Italiam iter susceperant, tunc temporis in iis maritimis regionibus quas visitabat Urbanus versabantur, ex quibus Robertus Normanniæ, & Stephanus Blesensis comites cum suis militibus & copiis paulo post, nempe die nonas Aprilis Brundusii è portu solverunt. Urbanum cum iis proficisci voluisse asserit Ciaconius, sed à catholicis retentus est, qui nolebant ecclesiam Romanam tot turbis agitatam pastore destitui. Concurrebant vero eo tempore ex omni Europa ad expeditiones illas principes & populi, Francorum exemplo, & Urbani adhortationibus, aut certe ejus rei fama incitati. Observat ea occasione Petrus Diaconus in chronico Casinensi, quod jam ante eum Robertus libro 2. Historiæ Jerosolymitanæ ac alii auctores domestici scripserant, Boamundum & alios in Apulia, Calabria & Sicilia, intermissis aliis bellis, aut suis propriis negotiis dimissis, sese sacræ expeditionis militibus qui per Italiam transibant adjunxisse. Plura habet Ordericus Vitalis, qui Anglos etiam, Brittones, Wascones, & ipsos in extrema Hispania Gallicios, huc convenisse scribit; sicut & ex Italia Venetos, Pisanos, Januenses, aliosque qui Mediterranei maris aut Oceani littora incolebant. Nulla ferme urbs est in Italia, quæ ad id milites se suppeditasse non gloriertur. Quatuor Apuliensium millia sub Tancredo duce, & triginta Longobardorum & Mediolanensium itidem millia sub Boamundo militasse affirmat idem auctor libro 9. ubi præclara omnino habet de hac expeditione, & de iis qui illi nomen dederunt: consentiunt ceteri eorum temporum scriptores. Legendi ea de re Fulconis cujusdam Poetæ ejus ætatis versus, qui tomo 3. Chesnii historiæ Francorum scriptorum editi sunt. In iis ille, sicut & alii passim auctores, hos etiam laudat qui alia via per Germaniam perrexere. Bertoldus commendat comitem Harduanum de *Alemannia*, & Ottonem Strasburgensem episcopum, licet schismaticum, quod cum ceteris hanc viam inierit. Is est ipse, nisi fallor, qui ex eodem Bertoldo, ut supra diximus, Urbano anno superiori reconciliatus est. Celebris est etiam ob hanc rem Ulricus episcopus Curiensis, qui relicto beato Geroldo monacho Fabariensi suæ diœcesis cura, cum aliis multis ad illam expeditionem profectus est.

*Cum vero has expeditiones, instigante potissimum Alexio Constantinopolitano imperatore promulgasset Urbanus, visum est ei de felici ejus successu scribere, ut scilicet Crucesignatos ei commendaret. At spem Christianorum fefellit versipellis ille imperator: veritus quippe, ne à tanta hominum exterorum multitudine opprimeretur, insidias eis occultas paravit, & subductis passim quæ ad victum necessaria erant, subsidiis, in causa fuit, ut multi ex iis perierint. Paulo tamen postea societatem cum ipsis ut cumque inivit, postquam ei, ut refert Anonymus Barensis, securitatem de suo illius regno Constantinopoli fecissent. Multa demum eis contulit dona, & navigia suppeditavit, quibuscum in infidelium terras penetrarent. Atque hæc fuere famosarum illarum expeditionum initia, quæ per tot annorum spatia inter varias fortunas continuatæ deinceps fuerunt. At de earum eventibus fusius agere non est nostri instituti. Legendi auctores, ut jam non semel monuimus, qui simul sub titulo gestorum Dei per Francos editi sunt.

Reversus autem, ut modo dicebamus, Romam Urba-

B. URBANI PP. II. VITA.

nus ibi insignem bullam Oderisio cardinali & abbati Casinensi concessit, in qua nova privilegia monasterio Casinensi multis jam antea concessis adjecit, & possessiones ejus, singillatim ut plurimum recensitas confirmat. Hæc partim jam edita in Bullario Casinensi, ex chartario Petri Diaconi, quod in Bibliotheca principis Pamphili habetur, integra olim inter Urbani epistolas proferetur. Data est hoc anno vi. Kal. Aprilis.

Anno Christi, 1097. Privilegia Casini auget.

Mense ipso Aprili Pontifex Cluniacensium monachorum quos nonnulli perturbabant, patrocinium suscepit, dato rescripto ad Hugonem abbatem, quo statuit, ut etiam si interdicta loca vicina essent, aut etiam diœceses integræ in quibus Cluniacenses degunt, ipsis liceret januis occlusis divina officia peragere.

CCXCV. Cluniacum protegit.

Emerserat eodem tempore gravis controversia inter eosdem Cluniacenses & Petrum abbatem & monachos Trenorchienses. Contendebant Cluniacenses ab istis injuste usurpatam fuisse *piscaturam in Sagona & borariis fluminis Salliæ;* quam litem prosequutus fuerat in curia comitis Matisconensis Hugo Cluniaci Cellerarius. At cum Trenorchienses nullo judicio acquiescere vellent, res ad Urbanum delata est, qui statim Hugoni Lugdunensi archiepiscopo rescripsit, ut Petro Trenorchiensi *in cathedra batiali sedere* interdiceret, donec satisfecisset Cluniacensibus. Cui mandato hic tandem paruit anno mxcvii. indictione v. ordinationis Hugonis 49. ut habet vetus instrumentum ex quo hæc descripsimus.

Idem Pontifex die 18. Aprilis insigni bulla confirmavit omnia privilegia, ac possessiones ecclesiæ Arvernensis; statuitque, ut ejus ecclesiæ antistes in ordinatione metropolitani Bituricensis primum locum obtineret.

CCXCVI. Privileg. eccl. Arvernensis.

Sequenti die scripsit idem Pontifex ad clerum & proceres comitatus Teatini, de his quæ coram positus, cum Teati mense Martio proxime elapso esset, constituerat. Rescriptum, seu potius ejus fragmentum exhibet Ughellus, sed omnino mutilum; at facile suppleri potest ex bulla Paschalis II. quam idem auctor refert tomo vi. in catalogo Teatinorum episcoporum, in qua *ex Urbani scripto* singillatim recenset varias possessiones à comitibus

CCXCVII. Bona Theatinæ eccl. confirmata.

Roberto & Tassione ejus fratre restitutas aut datas, quas Raynulfo episcopo, & ejus ecclesiæ cum aliis ab eo acquisitis Urbanus confirmaverat.

ANNO CHRISTI, 1097.

Eo tempore nuntius à Philippo Galliarum rege ad Urbanum missus Romam advenit, qui dato sacramento affirmavit Regem ad Bertradam, quam jubente Pontifice dimiserat, numquam rediisse. Quare Urbanus Gallicanis episcopis, ac præcipue Manassi Remensi archiepiscopo, ad quem potissimum regni diadema pertinebat, scripsit, Regem ab omni interdicto esse absolutum; atque adeo posse uti corona, pro illorum temporum more in magnis sollemnitatibus. Hæc epistola quæ in Spicilegio chronica nota carebat, VIII. *Kal. Maii, Laterani data* dicitur in nostro cod. ms.

CCXCVIII. Philippus rex absolutus.

Paulo post, id est tertio Kal. hujus mensis, Urbanus Raymundo, qui hoc anno Auscienfem metropolim regendam susceperat, scripsit ut audaciam ejusdem ecclesiæ clericorum reprimi sataret, qui contra Leonis papæ, & sui etiam ipsius decretum, coemeterium sancti Orientii violaverant.

CCXCIX. S. Orientii jura tuetur.

Sub finem Octobris Udalricus comes Urbani in Germania partium propugnator acerrimus è vivis excessit, qui VI. Kalendarum Novembrium die sepultus est apud Brigantium, ubi teste Bertoldo ad hunc annum, monachos instituerat.

CCC. Udalrici mors.

Defuncto etiam hoc anno archiepiscopo Narbonensi, Urbanus Bertrandum, quem antea ipse Nemausi episcopum consecraverat, ad hanc metropolim electione comprovincialium episcoporum, *exigente necessitate* transtulit, quod nulli se deinceps permissurum testatur. Id ex ejus diplomate discimus, quo ipsi Bertrando metropolitanæ Narbonensis ecclesiæ jura, & ejus in Aquensem metropolim primatum confirmavit. Datum dicitur Laterani VIII. idus Novembris, quod jam ab illustrissimo Petro de Marca in appendice ad librum de Primatibus editum est. Isti alia duo rescripta ex iisdem codicibus subjungentur, quæ ad eamdem metropolim pertinent, & nullas præferunt chronicas notas. Utrumque adversus Aquensem archiepiscopum, qui Narbonensi

CCCI. Narbon. ecclesiæ jura confirmata.

B. URBANI PP. II. VITA.

primati obedire detrectabat, datum est; unum ipsi Aquensi, alterum Hugoni Lugdunensi vicario sedis apostolicæ inscriptum.

Anno Christi, 1097.

Ad idem quoque tempus revocandum est Verulense privilegium, quod Urbanus *Albani*, si non fallit ejus exemplum ab Ughello editum, hoc anno & quidem desinente, uti probat indictio sexta ibi apposita, Alberto ejusdem ecclesiæ episcopo concessit. Certe huic privilegio sicut & Narbonensi, de quo numero præcedenti diximus, *Lanfrancus vices gerens cancellarii* subscripsit, unde conjicimus utrumque eodem ferme tempore, nempe circa mensem Novembrem, absente, aut ægrotante Johanne cancellario fuisse conscriptum.

CCCII. Privileg. ecclesf. Verulensis.

Hoc ipso etiam anno, ut diserte habet vetus instrumentum, quod ex ms. Mauriacensi habemus, & ex tabulario archimonasterii Remigiani apud Remos eruit cl. memoriæ Cangius in glossario Latino edito, Urbanus è Galliis Romam reversus judicium tulit in Roberti ejusdem monasterii abbatis gratiam, adversus Bernardum Majoris-monasterii abbatem. Robertus Majoris-monasterii monachus in abbatem à Remigianis in Henrici locum ante aliquot annos expetitus, ea conditione à Bernardo concessus fuerat, ut si aliquando ille professionis suæ immemor contra regulam quidquam ageret, correctioni Majoris-monasterii abbatis subderetur. Res ita evenit. Robertus nempe factus abbas Claromontano concilio cum ceteris interfuit, ac postea, jure an injuria, incertum mihi est, male apud Bernardum audiit, qui, ut ipse dicebat, *inordinata & irregularia ab eo multa fieri* acceperat. Robertum itaque primum litteris monuit, cum nihil responsi acciperet, diem *per idoneas personas* ei dixit, ut ad Majus-monasterium veniret, *de sua vita & conversatione* in capitulo rationem redditurus. Quæ cum, insuperhabitis etiam archiepiscopi sui monitis, nihilo ille penderet, excommunicatus à Bernardo fuit, & hanc sententiam Manasses metropolitanus & cæteri Belgicæ provinciæ episcopi & abbates in concilio apud Remos confirmarunt, censueruntque Robertum ad abbatem suum remitti debere; quod ejus disciplinæ etiam tunc ex priori voto subjectus

CCCIII. Robertus abbas Remigianus ab Urbano confirmat.

ANNO CHRISTI, 1097.

esset. Verum ille ad sedem apostolicam appellavit, ac Romam petivit suam causam defensurus. Et quidem illo audito Pontifex, ea quæ tum à Bernardo, tum à concilii Remensis Patribus facta fuerant, rescidit; asserens monachum, statim atque alterius monasterii abbas factus est, *emancipatum* esse, nec debere amplius prioris monasterii abbati subjacere. Hæc omnia ex laudato instrumento & tribus epistolis ea de re scriptis discimus. Primum scripsit Lambertus Atrebatensis episcopus ad Urbanum, in qua hujus omnis negotii rationem ei reddit; secunda est ipsius Pontificis concilii sententiam irritantis, tertia denique Roberti ad Lambertum, ut eum ad suæ causæ, quam Pontifex bonam judicaverat, patrocinium suscipiendum invitaret. Has omnes in appendice referre visum est. Porro ad hanc etiam controversiam, si recte judico, revocari debent Baldrici Burguliensis abbatis versus ad Odonem Ostiensem episcopum & cardinalem tomo 4. Chesnii hist. Francorum editi, quibus ei commendat causam abbatis Remigiani, quem etsi à Pontifice confirmatum, Remorum archiepiscopus è monasterio expulerat. Certe non videtur Robertus umquam in suam dignitatem restitutus fuisse, qui forte pertæsus ob has turbas Burchardo locum fecit, ac Jerosolymitanum iter suscepit, cujus & sacræ expeditionis historiam, in cella Remigiana Senuco dicta in Franciam reversus postea conscripsit. Anno tamen MC. in concilio Pictavensi, ut habet Hugo Flaviniacensis in chronico, rursus de *ejus injusta expulsione & illicita Burchardi substitutione tractatum est*: sed licet ejus *promotio authentica & canonica*, introitus *legitimus*, & *conversatio sancta* inventa fuissent, nihilominus cum occasione litterarum apostolicarum quæ nonnullis dubiæ fidei esse videbantur, difficultates aliquot emersissent, earum examine ad sedem apostolicam remisso, res infecta remansit; Burchardus tamen paulo post locum cedere coactus est, sed non ideo restitutus est Robertus. Nam hoc ipso anno Azenarius ex Trimoliensium dominorum nobili familia factus est abbas Remigianus, uti Marlotus in metropolis Remensis historia ex variis chartis colligit. Quin & Robertus etiam Senucensis cellæ administratione quæ ei ad vitam transigendam

B. URBANI PP. II. VITA.

gendam indulta fuerat, postmodum privatus est, ut idem auctor probat Callisti rescripto, quod est datum Laterani, xviii. Kalendas Junii, proindeque post annum MCXX. quo primum Calixtus Romam mense Junio advenit.

Anno Christi, 1097.

Sub currentis anni finem, id est idibus Decembris, Bernardus Toleti antistes, qui in Hispaniis Urbani vicarius erat, concilium habuit apud Gerundam, uti in Marca Hispanica, & in collectione conciliorum cardinalis Aguirii legitur, *ad corroborandam ecclesiasticæ libertatis dignitatem*. Huic synodo præter Bernardum interfuere Tarraconensis metropolitanus, Rotensis, Barcinonensis & Gerundensis episcopi, ac forte alii quorum memoria excidit.

CCCIV. Concilium Gerundense.

In Galliis ecclesia Noviomensis, quæ toto hoc anno variis agitata turbis fuerat, pacem recepit. Jam quidem ab hujus anni exordio in locum Rabbodi defuncti Baldricus è cantore Morinensi ejus ecclesiæ episcopus electus fuerat, diesque ad ejus consecrationem octava Pentecostes à Manasse Remensi metropolitano fuerat indicta, ut ex ejusdem archiepiscopi litteris ad Lambertum Atrebatensem patet. Verum, intercedentibus nonnullis, qui ex Urbani nescio quibus litteris autumabant ea occasione reddendum esse Tornacensibus, ut Atrebatensibus indultum fuerat, proprium episcopum, Balderici ordinatio ad sequentem annum dilata fuit. Et quidem non erat absque aliquo fundamento mota illa difficultas. Tornacensium quippe civitas ante suam ruinam proprium habuerat episcopum, nec nisi provisoriæ Noviomensis antistitis curæ commissa fuisse videbatur; deinde hæc urbs haud minus ampla aut populosa erat, quam Atrebatum, cui agente Urbano, proprius episcopus restitutus fuerat: & quidem hanc suam esse ipsius mentem declarasse videbatur ipse Pontifex, in litteris ad Noviomenses, ubi ea tantum privilegia Noviomensibus episcopis confirmarat, quæ à legitimis pontificibus indulta fuerant. Quare visum est Remensi archiepiscopo Baldricum ipsum electum Romam mittere, ut ipse ecclesiæ suæ causam coram Pontifice ageret. At Urbanus nescio quas ob causas, forte ob graves labores, quas occasione restitutionis Atreba-

CCCV. Baldricus fit episcop. Noviomi & Tornaci.

Tom. III.   O o

ANNO CHRISTI, 1098.

tensis ecclesiæ devorare coactus fuerat, pertæsus, nihil ea vice mutandum esse duxit, dato rescripto provisorio ad Manassem Remensem archiepiscopum, ut *secundum Deum* meliori quo posset modo vacanti jamdudum ecclesiæ hac vice provideret. Ille vero nihil cunctatus, Dominicam proximam post *Theophaniæ* festum ad Baldrici consecrationem statim indixit; datis ea de re litteris, quas Baluzius cum aliis quatuor ejusdem argumenti ex cod. Lamberti edidit tomo 5. Miscellaneorum. Ex his, illam quæ Urbani est ad hujus anni finem revocandam esse ex eo colligimus, quod in ipso ejus epitaphio Baldricus defunctus dicatur pridie Kalend. Junii, anno MCXII. suæ prælationis XV. quam proinde ante mensem Junium anni inierat, & hæ notæ calculo nostro apprime conveniunt, quo Baldricus Dominica prima post Epiphaniam à Manasse consecratus dicitur, cum paulo antea, nempe sub præsentis anni MXCVII. finem, Pontificium rescriptum suscepisset. Is porro est Baldricus autor chronici Cameracensis & Atrebatensis, in quo res à Clodoveo I. ad annum MXXX. gestas prosecutus est. Eidem tribuitur chronicon Morinense, quod in monasterio quodam Cenomannensi ms. dicit Vossius libro 2. de historicis Latinis, & typis editum esse Marlotus ait in metropoli Remensi. At fallor si hoc opus aliud sit à chronico Cameracensi, quod omnes norunt.

CCCVI.
Urbanus Romæ degit fugiente Guiberto.

Dominus Papa, uti habet Bertoldus ad annum MXCVIII. quem pro suo more à Nativitate Christi orditur, *Romæ natalem Domini celebravit, maximamque pacem in ipsa urbe & ejus finibus firmissime composuit; ibidemque Paschalem sollemnitatem cum magna gloria itidem sollemnizavit.* Addit idem auctor Guibertum Pseudopontificem, tum in Ravennæ partibus, quo se, ut canit Domnizo, adveniente Romam Urbano receperat, demorantem amisisse munitionem quamdam supra Padum, nomine *Argentum*, in qua maximam semper spem habuerat, quod ex ea suis facile esset transeuntes distringere. Sigonius tamen scribit Guibertum Roma clam elapsum Albam-Marsorum tunc temporis se recepisse, ubi firmum præsidium habebat. At ubicumque locorum fuerit Guibertus, certum est, ut

B. URBANI PP. II. VITA.

ANNO CHRISTI, 1098.

narrat Eadmerus libro 2. Novorum, qui & ipse periculum illud fuerat expertus, eum tunc Roma pulsum *omni religiosæ personæ Romam petenti per se suosque* quocumque valebat modo *insidias* struxisse: unde, inquit idem auctor, *quidam episcopi, monachi & religiosi clerici ea sæviente persecutione capti, spoliati, multisque contumeliis affecti necati sunt.* Huic rei, ut Eadmerus prosequitur, *homines* potissimum *Alemannici regis* intendebant: unde colligitur haud minus in Germania, quam in istis Italiæ partibus sæviisse illam persecutionem: nec dissentit Bertoldus, qui observat *Manegoldum* præpositum Marbacensem Urbani egregium defensorem tunc temporis ab Henrico interceptum, diu in captivitate detentum fuisse, quod nollet schismaticis adhærere. Hoc etiam ipso anno Rulhandus Moguntiæ antistes, Henrico imperatori, ut refert Dodechinus, *favere nolens*, profugus in Thuringiam secedere coactus est; quem *ecclesiæ catholicæ* fuisse *restitutum per domnum Urbanum*, testis est ipse Paschalis ejus successor in epistola ad Gebehardum Constantiensem episcopum, à Serario lib. 5. rerum Mogontinarum, ex ms. cod. descripta.

Tum etiam, ut narrat Bertoldus, Gerhardus, seu potius Gebehardus abbas Schaphusensis, annuente Urbano papa, monasterii sui regimen dimisit, atque cum aliis crucesignatis ad sacram expeditionem profectus est. Capta anno sequenti à Christianis exercitibus Jerosolymorum urbe, primus sepulcri Dominici custos institutus fuit, ut apud eumdem auctorem legitur. Hic idem ipse est Gebehardus, cui Bernardus presbyter librum suum nuncupavit de vitandis excommunicatis & lapsis reconciliandis; & de conciliorum ac Pontificum auctoritate editum à Tegnagello. Bertoldus vero ad annum MXCI. laudat alium librum ejusdem Bernardi, eumque multa alia sui ingenii monumenta reliquisse scribit; sed eum reprehendit quod eos, qui ab excommunicatis ordinati fuerunt, reordinari delere censuerit.

CCCVII. Gebehardus ex abbate custos S. Sepulchri.

Inter ea Daimbertus jamdudum in Senonensem metropolitanum electus, qui post multas tergiversationes Primatum ecclesiæ Lugdunensis tandem agnoverat, Romæ

CCCVIII. Daimbertus Senon. consecratur

ab ipso Pontifice consecratus est; & Senonas cum pallio archiepiscopali reversus, ibi xiv Kalendas Maii sollemni pompa in ecclesia sua receptus fuit. At non hic fuit de primatu Lugdunensi controversiæ finis; quæ nempe brevi postea recruduit, ægre ferentibus Senonensis ecclesiæ archiepiscopis alteri subjici, qui ipsi Galliæ & Germaniæ primatus titulo gloriabantur.

ANNO CHRISTI, 1098.

CCCIX. Rescriptum pro Viennensis monachis.

Ad hujus quoque anni initium revocari posse censemus Urbani litteras, in gratiam monachorum sancti Andreæ Viennensis, quos & eorum bajulos in tantum vexabat Guido ejusdem urbis archiepiscopus, ut etiam ex iis nonnullos in carcere retineret. Datum est hoc rescriptum *Laterani* vi. *idus Februarii*, sed annus non exprimitur, unde cum mensem Februarium Urbanus Laterani anno MXCVII. & duobus sequentibus exigere potuerit, haud omnino liquet, cuinam ex his tribus annis consignandæ sint Pontificiæ illæ litteræ. Si tamen conjecturis uti liceat, cum monachi Viennenses Romam adiisse dicantur querelas suas contra archiepiscopum ad Urbanum delaturi, id anni MXCVII. initio, quo vix Romam pertigerat Pontifex, factum fuisse non videtur. Mediam viam eligimus; ita tamen illud rescriptum anno MXCVIII. consignando, ut si cui alia sententia magis arriserit, multum refragari nolimus.

CCCX. Monast. S. Vigoris subjectum S. Benigno.

Pontificem vero Romæ toto mense Martio hujus anni subsi.iisse probant privilegia ibidem variis ecclesiis indulta. Primum Laterani datum est pridie idus Martii, quo confirmatur donatio monasterii sancti Vigoris Bajocensis ab Odone episcopo facta Jarentoni abbati sancti Benigni Divionensis.

Eadem die, & quidem eodem anno, si bene conjicio, scripsit Pontifex epistolam ad Ivonem Carnotensem & Ramnulfum Santonum episcopos in gratiam monachorum Vindocinensium, quos ab omni episcoporum subjectione immunes esse declarat. Alias ejusdem Pontificis litteras ea de re post aliquot dies *omnibus Ecclesiæ filiis* inscriptas refert Goffridus ejusdem loci abbas epist. 27. ad Goffredum Ivonis successorem.

Tunc etiam monachis sancti Michaelis supra Mosam in

B. URBANI PP. II. VITA.

diœcesi Virdunensi indulsit Urbanus, ut omissa sepeliendorum fratrum suorum in veteri monasterio consuetudine, eos prope monasterium novum sepelire in posterum licite possent. Epistola Pontificis ea de re data est Laterani vii. Kalendas Aprilis, hoc anno, inscripta Udalrico abbati, qui illum ea de causa consuluerat. Ex utriusque vero litteris, patet hunc abbatem Urbano maxime addictum fuisse, cujus monasterium tempore schismatis commune catholicorum azylum erat. *Anno Christi, 1098. CCCXI. Litteræ pro S. Michaele ad Mosam.*

Nihil vero magis annum præsentem illustrasse videtur, quam Cisterciensis monasterii & ordinis primordia, auctore sancto Roberto Molismensi abbate. Hic dimisso sui monasterii regimine cum viginti duobus è suis discipulis in solitudinem Cisterciensem initio hujus anni transmigravit, ibique die 21. Martii, sancto Patri Benedicto sacra, celebris ordinis prima fundamenta jecit annuente Wallerio diœcesano episcopo Cabilonensi, suppetias ferente Odone duce Burgundionum, omnia vero confirmante Hugone Lugdunensi metropolitano, sua & Urbani, cujus vicarius in Galliis & apostolicæ sedis legatus erat, auctoritate: Hugonis epistolam ea de re Labbeus tomo 1. Bibliot. novæ, Manriquez & alii ediderunt. Quid exinde Roberto contigerit suis locis exponemus. *CCCXII. Ord. Cistertii initia*

Quod autem ad res Hispanicas attinet. Urgellensis ecclesiæ possessiones confirmavit Pontifex dato diplomate ad Odonem ejusdem ecclesiæ episcopum, viii. idus Aprilis, indict. vi. anno Pontif. xi. quæ notæ huic anno conveniunt. Ejus tamen exemplum in Marca Hispanica editum annum Incarnationis mxcix. indicat. Sed hoc est Amanuensis erratum; aut certe, ut alias sæpe factum est, annus à Martio præcedenti ibi inchoatur. Paulo post, id est v. idus Maii, Oscensem urbem, quam anno mxcvi. Sancius Aragonum rex Mauris eripuerat, in pristinam dignitatem restitui voluit Urbanus, ei episcopali sede, quæ Jaccam translata fuerat reddita. Insignem ea de re bullam, edidit præ memoriæ cardinalis Aguirius tomo 3. concil. Hispaniæ. In qua Pontifex donationes à variis Aragonum regibus eidem ecclesiæ factas confirmat; sed & alia multa scitu haud indigna complectitur. *CCCXIII. Privileg. Urgellense*

ANNO CHRISTI, 1098.
CCCXIV.
Anselmi iter Romam

Jam vero tempus est ut ad Anselmum Cantuariensem redeamus, qui ineunte vere hujus anni Romam accessit. Cum enim novæ, ut Eadmerus fuse exponit, difficultates quotidie inter ipsum & Guillelmum Angliæ regem orirentur, Anselmus à rege petierat, ut sibi Romam adeundi licentiam concederet, quam tandem post multas rixas obtinuit idibus Octobris anni præcedentis. Nec mora dispositis ecclesiæ suæ rebus, iter parat, ac Doveram adiit, ubi jussu Regis sarcinæ ejus visitatæ fuerunt; tum transmisit in Franciam, ibique Natalium Christi festivitatem cum sancto Hugone abbate Cluniaci celebravit. Inde Lugdunum progressus, cum magna pompa ab altero Hugone hujus urbis archiepiscopo exceptus est. Ibi veritus ne forte hoc iter Pontifici displiceret, anxius hærebat, nesciens an deberet ulterius progredi, quare nuntium cum litteris ad Urbanum misit, ut quid facto opus esset, ab eo ipso edoceretur. Hæc est epistola in vulgatis editionibus 166. libri tertii, quam integram exhibet Eadmerus libro 2. Novorum, cum hac inscriptione: *Domino & patri cum amore reverendo, & cum reverentia amando, summo Pontifici Urbano, frater Anselmus, servus ecclesiæ Cantuariæ debitam subjectionem & orationum devotionem*, &c. In ea vir sanctus post expositas Pontifici varias tribulationes, quibus ab inito episcopatu agitatus & pæne attritus fuerat, petit ab eo ut sibi dimittendæ sedis licentiam indulgeat. At litteris tanti viri acceptis Pontifex gavisus est, nihilque aliud ei respondit, nisi ut post posita omni excusationis causa, statim Romam accederet. Cui absque mora vir sanctus obtemperans, ilico profectus est; ac celebratis prope Segusium in monasterio sancti Justi Vallis-asperæ, tum apud sanctum Michaelem de Clusa Passionis ac Resurrectionis Dominicæ sollemniis, evitatisque feliciter Guibertinorum, quæ paratæ ei erant, insidiis, Romam tandem cum duobus tantum sociis pervenit. Postridie Urbano in palatio Lateranensi, ubi eo jubente hospitatus fuerat, præsentatus, *humiliat se pro more ad pedes summi Pontificis, sed statim ab ipso erigitur ad osculum ejus, & in sella sedere jubetur*. Aderat ibi cuncta Romanæ urbis & curiæ nobilitas tantum virum videndi desiderio aggregata, cumque ab eo Pontifex itineris ejus caufas audiviffet, multaque in ejus laudes palam fuiffet perfecutus, *plenam ei fubventionem pollicitus* eft, tum mandavit, ut interim in Lateranenfi palatio fecum vir fanctus commaneret, ubi *fubventionis ipfius effectum præftolaretur*. Interim litteras Urbanus ad Anglorum regem fcripfit, quod & fecit Anfelmus. At rex utrifque fufceptis, nequidem *digito tangere* eas quæ Anfelmi erant dignatus eft. Hæc & alia quæ de Anfelmo referimus, Eadmerus ejus focius, & itineris ac laborum comes individuus, qui rebus geftis præfens fuit, fufius narrat in ejufdem fancti vita, & in libris Novorum, in quibus multa plura habet de fumma veneratione quæ ei ab omnibus in urbe exhibebatur. At tædebat Anfelmum his honoribus excoli, quare tranfactis Romæ diebus decem, invitatus à Johanne olim fuo ejus apud *Beccum* difcipulo, tunc vero abbate fancti Salvatoris prope Telefium urbem in Terra-Laboris, ad eum divertit, à quo ductus in villam fui monafterii, nomine Sclaviam, in vicino monte fitam, aliquamdiu ibi vitam à curiæ tumultibus omnino immunem duxit, exercitiis fpiritalibus potiffimum addictus, & ftudio facrarum rerum. Hoc otio optime ufus Anfelmus egregium opus, quod jam dudum in Anglia inchoaverat, fub titulo *Cur Deus homo*, penitus abfolvit. Cum vero ibi penuria effet aquæ, fontem vivum fuis precibus à Deo obtinuiffe dicitur, quod miraculum Petrus Divenfis cum aliquando Becci hofpitaretur, inter alia ejus gefta verfibus, quos aliquando in mf. codice legimus, fatis eleganter pro tempore expreffit.

Obfidebat his temporibus Capuam urbem Rogerius dux Apuliæ, qui audita beati viri fama, eum ut ad fe accederet invitavit, advenientique obvius ingenti nobilium turba ftipatus proceffit. Manfit cum eo aliquot dies vir fanctus, fed procul ab aulæ ftrepitu in loco folitario, quem princeps ei ut faveret, præparari jufferat. Urbanus interea, ne hoc bello Italiæ res turbarentur, ad caftra Rogerii gratia pacis componendæ etiam acceffit, quam cum tunc conciliare non potuiffet, ibi, aut certe in vicinia, uti Eadmerus habet, cum fancto Anfelmo ufque

Anno Christi, 1096.

Secedit in folitudinem.

CCCXV. *Rogerium ducem adit*

ANNO CHRISTI 1098.

ad urbis deditionem remanere conftituit, dum hæc difcidia facilius componi poffent. Ordericus libro 10. compendiofe Anfelmi gefta replicans, fcribit eum in Apulia Urbanum invenifle, atque cum eo concilio Barenfi interfuifle, ac apud Clarummontem Crucem Domini prædicaffe. Sed res ibi ac tempora confundit auctor alioqui accuratus, & diligens, qui, lectores ad Eadmerum merito remittit, in hoc multo magis audiendus, quam credendus in iis quæ ipfemet ea de re narraverat. At Gaufredus Malaterra, auctor ejus temporis, qui & ipfe rebus geftis præfens aderat, refert Urbanum, cum nihil in Rogerii caftris proficeret, *ecclefiafticis negotiis plufquam expeditionalibus negotiis intentum; totalibus tumultibus mente declinatis*, data principibus, nam ibi Rogerius uterque cum Richardo Capuæ principe aderant, & omni exercitui apoftolica benedictione Beneventum feceffiffe, ibique perfeveraffe ad folutam Capuæ obfidionem.

CCCXVI.
Qui Beneventum fe recipit.

Forte Pontifex tempore hujus obfidionis, cum nulla pacis componendæ fpes affulgeret, Beneventum, quæ urbs, ut idem auctor obfervat, erat ditionis apoftolicæ, adiit, ac poftmodum capta Capua ad Rogerium reverfus eft. Certe Beneventum hifce temporibus fe invififfe innuit ipfe Urbanus in epiftola ad Anfonem ejus urbis dominum, menfe Novembri fequente fcripta, de qua inferius agemus; qua quidem occafione Pontifex Anfonem in principatu Beneventanæ urbis confirmavit, quo nonnifi poft annos tres à Pafchali II. exutus eft, uti fufius exponit Peregrinius initio caftigationum ad chronicum Falconis. Ejufdem itineris meminiffe etiam videtur Urbanus ipfe in refcripto ad Cafinenfes hoc anno exeunte dato adverfus Cinglenfem abbatiffam, cum ait litem quæ inter hanc abbatiffam & Oderifium Cafini abbatem vertebatur, fe *Roma pro ecclefiafticis caufis egreffum in utriufque partis præfentia* tractaffe. Hoc refcriptum, ficut & epiftola ad Anfonem, fuo ordine fub finem hujus anni in noftra collectione habetur. Porro Capuæ obfidionem Lupus Protofpata, Anonymus Cafinenfis, & alii auctores commemorant, fed variis annis ob diverfam ab iis adhibitam computandi rationem, nifi id librariorum error

B. URBANI PP. II. VITA.

errore evenerit, ut videre est in Peregrinii castigationibus.

Eadmerus autem scribit Anselmum statim post solutam Capuæ obsidionem simul cum Urbano Aversam petiisse, ubi Pontifex in ipsa urbe, Anselmus vero in vicino sancti Laurentii monasterio ordinis nostri hospitatus est. Cum vero ibi quadam die Anselmus à Pontifice postularet, ut sibi, dimisso episcopatu, privato liceret in monasterio degere, non solum non assensit Urbanus, sed etiam ei acrioribus verbis reprehenso in virtute obedientiæ præcepit, ut ne umquam commissi gregis curam abjiceret. Verba ipsa Pontificis huc referre juvat. Audit, « inquit ille auctor, Papa quod ille postulat, & ilico « miratus exclamat: o episcopum! o pastorem! nondum « cædes, nondum vulnera perpessus es, & jam dominici « curam ovilis subterfugere quæris. Christus in cura « ovium suarum probat Petri amorem erga se; & Ansel- « mus, Anselmus inquam, ille sanctus, ille talis ac tan- « tus vir, solummodo quiescere volens oves Christi & « ante pugnam luporum morsibus dilaniandas non veretur « exponere. Ah quid dicam! quo amore sperat Domino « copulari, qui hoc fugit quo ipse Dominus se teste pro- « batur amari! Absint hæc à te, absint à tua religione, « dilectissime frater Anselme, potius ne me in istis ulterius « inquietes. Scias quod non solum non concedo tibi facere « quod petis; immo ex parte Dei omnipotentis, vice bea- « tissimi Petri Apostolorum principis, tibi per sanctam « obedientiam præcipio, quatenus curam Anglici regni « tibi commendatam, quamdiu retinere, ut hactenus, po- « teris, non abjicias. Quod si propter tyrannidem princi- « pis, qui nunc ibi dominatur, in terram illam redire non « permitteris, jure tamen Christianitatis, semper illius « archiepiscopus esto, potestatem ligandi atque absolvendi « super eam dum vixeris obtinens, & insignibus pontifi- « calibus more summi Pontificis utens ubicumque fueris. «
Ad hæc Anselmus obedientiam pollicitus, respondit se nec cædes fugere, nec vulnera, immo neque ipsam mortem; at se ideo voluisse renuntiare suæ sedi, quod sibi impossibile visum esset integram beato Petro obedientiam

Anno Christi, 1096. CCCXVII. Anselmus sedem dimittere non permittitur.

exhibere simul cum fide, quam regi terreno debitam esse Angli contendebant. Cui Pontifex: Ratione, inquit, duceris; Ego quoque, ne de his atque aliis tibi non jure illatis videar non curare, eaque gladio sancti Petri nolle vindicare; moneo, quatenus concilio quod apud Barum ante corpus beati Nicolai Kalendis Octobris celebrare constitui, præsentiam tuam exhibeas, ut quod de ipso rege Anglico, suisque ac sui similibus, qui contra libertatem Ecclesiæ Dei se erexerunt, mediante æquitatis censura me facturum disposui, auditu visuque percipias. His auditis vir Dei, ut prosequitur Eadmerus, Sclaviam reversus est, ibi usque ad Barense concilium commoraturus. Quanti vero obedientiam fecerit vir sanctus, ex Willelmo Malmesburiensi accipiendum est; qui libro I. de gestis Pontificum narrat, eum ab Urbano impetrasse, ut sibi aliquem præficeret, cujus jussis obedire teneretur; præpositoque ei Eadmero obtemperasse, ut absque ejus venia vix ausus esset *latus invertere*.

Interim capta Capua, cum Pontifex accepisset utrumque Rogerium Salernum divertisse, huc eos adire constituit, antequam Rogerius comes in Siciliam rediret. Urbano advenienti cum archiepiscopis & cetero comitatu obviam itum est cum solemni processione. Ibique dies aliquot exegit frequenti colloquio comitis Rogerii, nam amicissimi erant, recreatus, uti habet Gaufredus Malaterra lib. 4. Ea occasione, ut idem auctor scribit, cum Urbanus advertisset Rogerio displicere, quod Robertus Trainensis episcopus eo inconsulto legatus apostolicus in Sicilia institutus fuisset, mutata rerum dispositione, hanc dignitatem ipsi Rogerio ob præclara ejus in ecclesiam merita *hereditaliter* attribuit, pollicitus se neminem umquam legatum alium in Siciliam illo invito missurum, *dum ipse comes advixerit, vel aliquis heredum suorum zeli paterni ecclesiastici exsecutor, superstes fuerit*. Hinc famosa illa constitutio apostolica ea de re emanavit, data hoc anno III. nonas Julii, quæ post Gauffredum à diversis auctoribus edita ad mss. etiam codices collata proferetur, sed etsi sinceræ sint ceteræ ejus chronologicæ notæ, adulterata tamen in ea est indictio. Porro multa hujus constitutionis occasione

B. URBANI PP. II. VITA.

hinc & inde scripta sunt, quæ ad nos nihil attinet fusius indagari. Ea si lubet videsis apud Baronium tomo xi. Rocchum Pyrrhum tomo 2. Siciliæ sacræ pag. 452 & seqq. ac alios auctores. An vero hæc legatio sese etiam in Calabriam, ubi tunc Sasso Cassanensis episcopus legatione apostolica fungebatur, extenderit, incertum est, quod innuere videtur Gaufredus.

ANNO CHRISTI, 1098.

Paulo post id tempus, die scilicet xx. Julii sequentis, Pontifex ad alterius Rogerii, nempe ducis Apuliæ, & Alfani archiepiscopi preces, insigne privilegium Salernitanæ ecclesiæ concessit, collato ei primatu in duas metropoles Compsanam & Acheruntinam, quæ olim ipsi jure metropolitico subjectæ fuerant. Data est bulla, die xlii. Kalendas Augusti, anno mxcix. ut præferunt ejus exemplaria, sed qui à mense Martio anni præcedentis inchoandus est, ut ad præsentem annum revocari possit. At indictio iv. quæ ibi apponitur excusari nequit, nisi error in Amanuenses rejiciatur. Locus hic esset de altero Urbani rescripto agendi, quo in gratiam ejusdem ecclesiæ privilegia Cavensis monasterii revocantur, si datum Romæ non diceretur, & indictio vii. quam præfert, huic anno convenire posset. De eo inferius.

CCCXIX. Primatus, ecclesiæ Salerni datus.

At sincerum omnino & penitus indubium est illud, quod mense Septembri hujus anni Urbanus sancto Brunoni Cartusianorum parenti, qui tunc in Squillacensi eremo morabatur concessit, ad ei confirmanda & asserenda omnia bona, quæ à Rogerio comite & Johanne Squillacensi episcopo ipsius monasterio collata fuerant. Illud datum est Salerni, hoc anno, mense Septembri, indictione vi. unde conjicimus Urbanum ea in urbe usque ad Barense concilium permansisse.

CCCXX. Rescriptum pro sancto Brunone.

Cum autem hæc in Italia gererentur, Crucesignati post varia prælia, & multas passim urbes hoc & præcedenti anno expugnatas, Antiochiam mense Junio hujus anni occuparunt. Verum paulo post Barbari ex variis provinciis, hujus tantæ suorum cladis fama exciti, simul convenientes quasi pro communi salute dimicaturi christianos in ea urbe adeo arte circumdederunt, ut jam nulla evadendi spes eis affulgeret. At humano deficiente super-

CCCXXI. Crucesignati Antiochiam capiunt.

num adfuit auxilium, cum inventa, haud absque miraculi opinione, sacra lancea, qua latus Christi Domini perforatum fuisse credebatur, adeo excitati sunt nostrorum animi, ut prælato hoc quasi certo victoriæ signo, milites in Barbarorum exercitus effusi, eos ingenti clade affectos omnino fugaverint ac prostraverint. Hæc omnia, præter auctores historiæ sacrarum expeditionum, referunt ipsi Christianorum duces & principes in epistola ad Urbanum eo tempore scripta, in qua post hujus victoriæ narrationem, ei mortem adnuntiant Adhemari Aniciensis episcopi, qui sedis apostolicæ legatus & dux expeditionis institutus, post superatos multos labores, jam pacatis omnino rebus, Antiochiæ ipsis Kalendis Augusti è vivis excesserat; tum Pontificem rogant ut ille ipse, qui sacræ expeditioni auctor & promulgator præcipuus fuerat, in Orientem veniat eorum dux & princeps futurus, ut post adeptam Romæ Petri cathedram, in qua jam ab aliquot annis sedebat, simili quoque honore in altera ejusdem apostoli cathedra Antiochiæ frueretur. Hæc epistola scripta fuit XI. *die intrante Septembrio, indictione* IV. ut indicat editio Baluziana libro I. Miscell. pag. 419. ubi integrior habetur, quam apud Fulcherium in libro de gestis Dei per Francos. Ipsam autem integram referre visum non est operæ pretium, cum apud illos auctores facile haberi possit; quare „sufficiat hic titulum ejus exhibere. „Domino sanctæ ac „venerabili papæ Urbano, Buamundus, & Raymundus „sancti Ægidii comes, Godefridus dux Lothariensis & Rot„bertus comes Normanniæ, & Rotbertus Flandrensium co„mes, & Eustachius comes Boloniæ, salutem & fidelia ser„vitia, & ut filii suo patri spirituali veram in Christo sub„jectionem. Volumus autem omnes & desideramus vobis „notum fieri quam magna Dei misericordia, quamque „evidentissimo ipsius Dei amminiculo à nobis capta est Antiochia, &c. Quid vero his litteris responderit Pontifex nobis est incompertum; at certum est eum numquam ullum iter in Orientem suscepisse. Nec dubium quin hic revocanda sit Daimberti ad Crucesignatos legatio, quam hoc anno commemorat Bertoldus his verbis. Do„minus papa, inquit ille auctor, ad eamdem multitu-

B. URBANI PP. II. VITA.

dinem suam legationem direxit, videlicet venerabilem Theobertum Pisanæ ecclesiæ archiepiscopum, qui & illis in omnibus apostolica vice adesset, & ecclesias in locis unde pagani expulsi sunt instauraret. Is postea captis Jerosolymis, Arnulfo locum cedente, ejus urbis patriarcha proclamatus est, ut passim alii auctores observarunt. Januenses eo tempore sancti Johannis Baptistæ reliquias è Myra Liciæ urbe domum retulisse memorantur, quas etiam nunc habent in ecclesia metropolitana. Has Christianorum victorias, solus inter Christianos principes Constantinopolitanus imperator perturbabat, adeo ut, inquit Bertoldus, etiam urbes quæ ab occidentalibus captæ fuerant *incendio devastare & paganis reddere* non dubitaverit; & *iter Jerosolymitanum per suam potestatem omnibus peregrinis*, quantum potuit, *omnino prohibuerit*.

Porrò etsi illis temporibus, quibus omnes ubique gentium in Urbani obedientiam uno animo consentire videbantur, res schismaticorum desperatæ omnino esse debuissent, haud tamen illi à suis conventibus, absente licet Guiberto, abstinuere, quod ex eorum pseudosynodica epistola *universis Deum timentibus*, ut ipsi mentiuntur, *& salutem Romanæ Reipublicæ diligentibus* inscripta patet, quam ex Bennone in vita Hildebrandi, Baronius ad hunc annum & Labbeus in appendice tomi 10. conciliorum retulerunt. Ex hac vero discimus quinam tunc Romæ fuerint præcipui factionis Guibertinæ fautores, quorum nomina & dignitates hoc ordine in ea recensentur. *Adalbertus episcopus sanctæ Rufinæ Silvæ candidæ, Johannes episcopus Ostiensis, Hugo episcopus Prænestinus, Albertus episcopus Nepesinus, Benno cardinalis presbyter urbis Romæ, Octavianus presbyter cardinalis designatus, Paulus Primicerius Romanæ ecclesiæ, Nicolaus electus abbas sancti Silvestri urbis Romæ, N. abbas sancti Pancratii urbis Romæ, & Clerus, & clarissimi principes Theobaldus Chinebii, & Udalricus de sancto Eustachio & populus Romanus*. Illi ter se convenisse in diversis urbis Romæ ecclesiis aiunt, ad destruendas hæreses ab Hildebrando, sic etiam tunc Gregorium VII. appellabant, adinventas; primo quidem nonis Augusti apud sanctum Blasium, tum VIII. idus apud san-

ANNO CHRISTI, 1098.

CCCXXII. Schismaticorum Romæ conventus.

„ ctum Celfum & poftridie apud fanctam Mariam, quæ
„ dicitur Rotunda, (tres itaque has ecclesias Romæ adhuc
„ poſsidebant) ibique illas hærefes condemnaſſe. Tum
„ pollicentur fecuritatem cuilibet occurrere volenti ad
„ proxime futuram fynodum, quam *circa Kalendas No-*
„ *vembres* celebrare difponunt. *Data eſt* hæc epiſtola *Ro-*
mæ contra fchifmaticos, ut vocant, *in facro conventu*, *anno
ab Incarnatione Domini* MXCVIII. *indictione ſexta*, VII.
idus Auguſti. At cum nullos è Catholicis ad fuum ipforum conventum adventuros eſſe certo prævident, teſtes
„ advocarunt cælum & terram, ſe nequaquam eorum per-
„ verſitati (ſic de Catholicis loquebantur) conſentire,
„ quod ut re etiam probarent, ſtatim eorumdem catholi-
„ corum libros, quos præ manibus habebant, in ignem
„ projecere, quod variis conciliorum convocationibus per
„ annos fexdecim factis & iteratis, illi numquam ipforum
„ monitis aures præbere voluiſſent. Hæc de fchifmaticis,
qui cum Bennone pfeudocardinali Pontificem noſtrum
Turbanum appellare amabant, ob id, quod Gregorii veſ-
tigiis inhærens turbas, ut ipſi calumniabantur, continua-
ret. Sed talium hominum convitia, tot funt veri Pontificis elegia. Et certe Urbanum pacis amantem, & omnium hominum, qui tunc, ut de Moyſe loquitur Scriptura, in terra morabantur, mitiſſimum fuiſſe, etiam ipſi
fchifmatici fateri vel inviti cogebantur. Quænam vero
hærefis illa erat, quam fchifmatici Gregorio VII. impingebant, difcimus ex eodem Bennone in Gregorii vita, ubi
„ ſic habet: Glorioſus Hildebrandus & pedifequus ejus
„ Turbanus nova poteſtate ſolventes decreta Calcedonen-
„ ſis concilii, non folum verbis, ſed & fcriptis publicis
„ confenferunt extra eccleſiam communicare & baptizare,
„ quam cæci eſſent, quam hæretici propriis fcriptis de-
„ prehenſi &c. uterque in hærefim Liberii incidit, qui poſt-
„ quam publice communicavit excommunicatis, duas
„ eccleſias faciens unitatem ſcidit &c. Sic ipſi fchifmatici
autores catholicos & unitatis amatores fchifmaticos appellare haud dubitabant.

Catholici vero die condicta Kalendarum Octobrium,
feu, ut habet anonymus Barenſis, die tertia ejufdem men-

B. URBANI PP. II. VITA.

&s apud Barium celebrem Apuliæ urbem, ad concilium ab Urbano indictum convenere. Hæc synodus, potissimum ad id coacta videtur, ut Græcos inter & Latinos de fide conveniret, ut ne scilicet sacris expeditionibus noceret in credendo diversitas. Hanc synodum anno præcedenti Baronius & ejus sequaces, immo & Labbeus tomo 10. Conciliorum consignaverunt: at merito alii refragantur, Lupum Protospatam & anonymum Barensem æquales & domesticos auctores secuti, qui eam initio Octobris anni MXCIX. quem scilicet suo more à Septembri præcedenti, anno MXCVIII. inchoant, celebratam fuisse testantur: alium habemus ejusdem rei testem omni exceptione majorem, Eadmerum, qui eidem concilio interfuit. Is nempe, ut jam diximus, refert libro 2. Novorum, Anselmum mense Octobri anni MXCVII. licentiam à Willelmo rege Anglorum extorsisse Romam adeundi, & post hæc rerum à beato antistite gestarum seriem particulatim prosequitur ad Barense concilium, quod anno subsequenti, proindeque MXCVIII. convocatum fuisse narrat. Deinde Urbanus, ut idem auctor habet, post illam synodum reversus Romam Willelmo regi inducias concessisse dicitur ad festum sancti Michaelis anni subsequentis, quem quidem terminum nec Rex, nec ipse Pontifex attigerunt. At si illæ induciæ statim post Barense concilium, anno MXCVII. indultæ fuissent, ad earum finem uterque pertigissent & Willelmus & Urbanus. Certum quippe est utrumque ad annum MXCIX. pervenisse. Ex his, quæ quidem omnino certa sunt, colligere etiam licet, synodum Romanam, quæ à nonnullis anno MXCVIII. consignatur, aliam ab ea non esse, quæ anno subsequenti, ut auctores æquales referunt, celebrata est; quam Baronius & Labbeus, ex male locata synodo Barensi uno anno tempus prævertentes ad annum MXCVIII. cum ejus canonibus incaute retulerunt.

Porro licet præcipuam eorum quæ in Barensi synodo gesta sunt notitiam Anglicanis historicis debeamus, qui de ea occasione sancti Anselmi scripserunt, haud tamen ut jam observatum est, aliis auctoribus, & quidem gravibus, loco & ætate proximis, ignota fuit. Certe multos cleri & nobilium proceres ad eam convenisse scribit ano-

Anno Christi, 1098.

CCCXXIV. Baren. syn. acta.

nymus Barensis his verbis: *Anno* MXCIX. *quem sicut &
indictionem à Septembri præcedentis anni, ut mox dicebamus: inchoat, indictione* VII. *tertia die intrante mense
Octobri, venit papa Urbanus cum plures archiepiscopi &
episcopi & abbatibus, & comitibus, & intraverunt in Barri,
& suscepti sunt cum magna reverentia, & præparavit domino Helia,* sextum pro recto casu adhibet, ut ex Malmesburiensi infra patebit, *nostro archiepiscopo mirificam sedem intus in ecclesia beatissimi Nicolai confessoris Christi,
& fecit ibi synodum per unam hebdomada. Post completis
dies octo perrexit in pace, & in mense Julii obiit ipse Urbanus.* Huic synodo quam *universam* Urbanus ipse in
rescripto de Cinglensi cella, *plenariam* appellat, centum &
octoginta episcopos interfuisse asserit Lupus Protospata,
sed quinam illi fuerint, nemo litteris prodidit. At quo
loco, quove habitu in concilio sederit Pontifex ex Wilel-
mo Malmesburiensi discimus. *Ergo*, inquit, *ventum est
ad concilium. Apostolicus ante corpus sancti Nicolai, constra-
tus tapetibus & palliis, ipse casula cum pallio amictus tribunal ascendit; cæteri cum cappis sedebant.* Paulo inferius
observat *archidiaconum Romanum ante papam sedisse ut
moris est.* In concilio Remensi anno MXCIV. Leo papa
*sacerdotalibus quasi ad celebrandam missam infulis redimitus
processit* ad concilium *cum cruce & Evangelii libro antece-
dentibus cum sacri ordinis ministris,* &c. In ista juxta
Urbanum Anselmus Cantuariæ archiepiscopus honoris
causa, sive etiam ut facilius adversus Græcos disputans
auscultaretur, sedere jussus est: cum antea, ut scribit
idem auctor, ingruente tumultu, oblitus fuisset Pontifex
locum ei specialem & honorificum designare. Idem habet
Eadmerus de casula & Pontificum cappis; sed ait Anselmum primum ordine suo inter ceteros antistites sedisse,
dum incalescente disputatione dictum ei esset ut propius
accederet. *Dum*, inquit ille auctor, *in ipso concilio plurima de fide catholica summus Pontifex facunda ratione,
rationabilique facundia disseruisset,* mota quæstio est à Græcis de processione Spiritus sancti, quam Pontifex multis
argumentis, & quidem ut plurimum ex Anselmi epistola,
quam *illi olim de Incarnatione verbi* inscripserat, petitis
approbare

approbare nisus est. Idem refert Johannes Sarisberiensis in ejusdem Anselmi vita. Verum, inquit Eadmerus, cum res longius procederet, adhucque Anselmus *in ordine ceterorum inter primos concilii Patres* pro suæ sedis dignitate consederet, clamavit Pontifex. *Pater & magister Anselme, Anglorum archiepiscope, ubi es?* Qui statim annitentibus, qui ei proximi erant; episcopis ad apostolici confessum, ut habet Willemus, *levatus*, juxta archidiaconum sedere jussus est. Hunc Pontifex, referente Eadmero qui præsens erat, sic tunc est affatus: Quid, quæso, facis, cur in aliorum silentio degis ? Veni, veni obsecro, ascende usque ad nos & adjuva nos, pugnans pro matre tua & nostra, cui suam integritatem vides Græcos istos conari adimere; & nos in idipsum nefas, si facultas eis tribuitur, præcipitare. Succurre igitur quasi vere pro hoc à Deo missus huc. Quod sequenti die egregie præstitit Anselmus regente, ut scribit idem auctor, cor & linguam ejus Spiritu sancto; atque eam quæstionem ita tractavit, disseruit, & absolvit, ut in ipso conventu nemo exsisteret, qui non sibi inde satisfactum consentiret. Cum vero dicendi finem fecisset sanctus antistes, in eum Pontifex intendens ait: Benedictus sit cor & sensus tuus, & os & sermo oris tui sit benedictus. Ceterum hæc ipsa argumenta quæ ibi coram Patribus prosecutus fuerat vir sanctus, postea rogantibus amicis, & potissimum Hildeberto tum Cenomannorum episcopo, ut patet ex illius epist. 11. & Guillelmus Gemeticii monachus refert libro 6. cap 9. enucleatius tractavit in libro *de processione Spiritus sancti*, quod ab eo præstitum est, ut doctrina catholica per totum orbem christianum pervaderet. Et quidem cum postea à Waleramno episcopo Neuburgensi de illis quæstionibus fuisset interogatus, hunc ad illos tractatus remisit Pontifex. Qua occasione res admiratione digna contigit, quod scilicet hunc episcopum nequidem more solito salutari voluerit Anselmus, ob id solum quod adhuc eum crederet Henriciano schismati addictum, ut ipsemet testatur. Videsis ejus epistolas seu responsiones ad istius Waleramni quæstiones & querelas; nos vero quæ in synodo gesta sunt interim prosequamur.

Anno Christi, 1098.

Ventum est itaque ad causam Anselmi cum Willelmo Anglorum rege, quam cum Pontifex coram sacro conventu ac illatas beato viro injurias palam exposuisset, clamatum est ab omnibus Willelmum regem beati Petri gladio feriendum esse; sed id ne fieret solus Anselmus obstitit. *Audiens enim hæc vir sanctus, uti Eadmerus narrat, & consentiunt ceteri Angliæ scriptores, ilico surrexit, & flexis genibus coram papa præfatum regem jam tunc excommunicare parato, vix obtinuit, ne in regem faceret, quod communis omnium sententia promulgavit.*

Ex Urbani epistola ad Antonem Beneventanum dominum data, discimus monachos Casinenses ad idem concilium venisse, ut monasterium sanctæ Sophiæ Beneventanum sibi assererent. Sed cum ejus loci abbas concilio se substraxisset, lis indecisa remansit. Parem exitum ibi habuit altera Casinensium controversia adversus Cinglensem abbatissam, ea nempe non comparente, causæ judicium ad aliud tempus dilatum est, ut ipse Pontifex testatur in inscripto ad Casinenses, quod inferius memorabimus.

Die VI idus Octobris Barii adhuc versabatur Pontifex, cum diœcesis Agrigentinæ limites, prout à Rogerio comite constituti fuerant confirmavit dato diplomate, in quo Roberti ducis, & comitis Rogerii ejus fratris optima in ecclesiam merita multis laudibus, & quidem jure, prosequitur. Hanc bullam habes apud Rocchum Pyrrhum, sed nonnihil emendendam in notis chronologicis. Non enim indictio VIII. quæ ibi notatur, huic anno convenit; sed ad summum septima à mense Septembri aut ab Octobris initio. At hic error ex Amanuensium culpa forte contigit; qui cum advertissent hoc privilegium finem anni MXCIX. præferre, indictionem anno vulgari aptare voluerint. At exeunte illo anno jam è vivis abierat Urbanus. Quare dicendum est in ea bulla Pontificem adhibuisse, Barensis regionis, in qua tunc versabatur, computandi modum, quo, ut jam diximus, annus, sicut & indictio, ab Octobri anni vulgaris præcedentis incipiebat. Alii fortasse dicent in eo diplomate, annum ab Incarnatione, id est à mense Martio anni præcedentis, ut alias passim factum est,

B. URBANI PP. II. VITA.

inchoari, sed perinde est; cum utroque modo constet annum MXCIX. hic pro vulgari MXCVIII. recte assignari.

In Galliis eodem mense, III. scilicet nonas Octobris, Amatus apostolicæ sedis in Aquitania legatus concilium habuit Burdigalæ, cujus urbis tunc erat archiepiscopus; ad quod convenisse cum eo dicuntur Rolandus Dolensis, Petrus Aginnensis, & alii diversarum provinciarum episcopi. Sed quid in eo statutum, quave occasione convocatum fuerit, plane incompertum est. Nec plura habet ipse Labbeus tomo 10. Conciliorum.

Urbanus vero post synodum Barensem Romam rediens Benevento transivit, ubi Cinglensis monasterii cum Casinensibus, qui illud sibi subjicere volebant, litem dirimere constituerat, scriptis eo animo ad abbatissam ejus monasterii litteris, ut causam suam actura comparere coram eo ultra non differret. Sed tamen etiam tunc res infecta remansit, ut ipse Pontifex fusius exponit in diplomate jam laudato, quod suo loco referetur. Ibidem in monasterio sanctæ Sophiæ, ubi forte hospitium habebat, causam ejusdem loci abbatis, qui Casinensi abbati obedire detrectabat examinavit, sed non absolvit. Etenim paulo post die nempe III. nonas Novembris sequentis cum Ceperani esset, scripsit ad Ansonem Beneventi dominum, ut auditis partibus, litem hanc dijudicaret, aut si forte monachi sanctæ Sophiæ coram eo, ut pote homine sæculari, ea de re respondere noluerint; diem eis dicat, quo Romam convenirent à se ipso sententiam accepturi. Hoc est Urbani rescritum jam passim laudatum, quod die 3. Novembris, & quidem hoc anno consignandum esse, ex mentione Barensis concilii *nuper* celebrati, certo colligitur.

Reversus Romam Urbanus, sub finem Novembris privilegia Vindocinensis monasterii confirmavit variis diplomatibus, quæ omnia uno eodemque die data dicuntur; unde conjicimus Gofridum ejusdem loci abbatem, qui magna apud Urbanum auctoritate pollebat, tunc temporis Romæ versatum fuisse in suo sanctæ Priscæ titulo, ubi Vindocinenses monachi habitabant; qui hæc omnia privilegia facile à Pontifice impetrare potuerit; non uno quidem comprehensa diplomate, quod ad varia negotia

Anno Christi, 1098.
cccxxvi. Concilium Burdigalæ.

cccxxvii. Urbanus Benevento transiit.

cccxxviii. Romæ scribit pro Vindocinensibus.

pertinerent, & potius veterum confirmationes quæ jam in diversis rescriptis habebantur, quam novorum privilegiorum concessiones essent. Unde complura ejusdem ferme tenoris, & quidem una & eadem die, ut diximus, data occurrunt. Quatuor ejusmodi ex Vindocini archivis eruimus, quintum ipse Goffridus suppeditat. In epistola 27. libri 2. quæ omnia in pontificiarum epistolarum collectione referentur.

CCCXXIX. Ibi Goffridus loquitur de episcop. Andegavensi.

Ad hoc etiam, ni fallor, Romanum Goffridi iter revocandum est, quod ille de se ipso refert lib. 1. epist. 28. ad Hugonem Lugdunensem, ubi fatetur se à papa de Gaufredo Andegavorum episcopo interrogatum, quædam de illo antistite ipsi dixisse, quæ Pontificem celare non poterat. Et quidem ea non levis momenti fuisse, ex hoc colligimus, quod paulo post idem Gaufredus monente Urbano episcopatu cesserit factus monachus Cluniacensis, uti ex chronico S. Albini observarunt Sirmondus in notis ad epist. 1. lib. 3. ejusdem Goffridi, & Juretus in epistolas Ivonis Carnotensis.

Idem Goffridus tunc temporis defensionem suscepit Ivonis Carnoteni episcopi, quem nonnulli apud Urbanum papam insimulaverant. Huc enim revocari debere non dubito, ea quæ ipse Goffridus scripsit de illa accusatione libro 2. epist. 18. quicquid dicat Sirmondus, qui hanc epistolam ad Paschalis II. tempus pertinere in suis notis contendit. Certe si hæc Goffridi epistola simul conferatur cum epistola 67. Ivonis ad Urbanum ipsum initio anni sequentis scripta, nemo non advertet, ut quidem mihi persuasum est, utramque ad unum & idem negotium pertinere. Goffridus nempe in sua scribit se papam Romæ invenisse, qui eam urbem tunc *& Romanam ecclesiam cum magna pace possidebat & magna tranquillitate.* Et hic quidem tunc erat rerum status Romæ sub Urbano, ut ipse Bertoldus & alii diserte tradunt, sed adversus Ivonem male affectum occasione haud dubium primatus Lugdunensis, ut ex iis quæ in eadem epistola sequuntur facile colligi potest. Ivo autem in epistola laudata ait pariter se accepisse Pontificem adversus se commotum fuisse occasione quarumdam litterarum, (quas etiam Goffridus

B. URBANI PP. II. VITA.

commemorat) de primatu Lugdunensi, quæ omnia sibi omnino invicem cohærent. Jam vero cum hæc Ivonis epistola octavo ejus episcopatus anno inchoante, ut ipsemet testatur, paulo post festum Natalis Christi scripta fuerit, necessario ad anni MXCIX. initia, ut alias diximus, debet revocari, ac proinde etiam ipsa Goffridi epistola.

Anno Christi, 1098.

Ceterum ex eadem Ivonis epistola colligimus Philippum regem Franciæ post suam reconciliationem haud diu in pœnitentia perseverasse, si quidem iterum hoc anno ob revocatam Bertradam à legato apostolico sacris interdictus est. Qua tamen interdictione posthabita Rodulfus Turonum archiepiscopus ei coronam in Natali Domini imponere veritus non est, ut ex eadem Ivonis epistola, & sequenti ad Hugonem Lugdunensem patet. Hinc colligo id quod legitur in quadam charta sancti Juliani Turonensis, Philippum anno MXCI. Rodulfi archiepiscopi manibus Turonis coronam suscepisse, aut esse mendosum, aut quod verisimilius est, de alia ejusdem regis coronatione debere intelligi. Reges quippe tunc temporis in magnis sollemnitatibus ab archiepiscopo Remensi si præsens esset, aut eo absente, à diœcesano metropolitano, aut quovis alio, qui jubente rege Remensis vices supplebat, solebant coronari. Interdictum autem à legato in Regem latum ab Urbano confirmatum fuisse innuit Ivo epist. 84. ad Johannem alterum legatum & cardinalem, paulo post Urbani obitum. At hanc secundi interdicti sententiam ante finem anni MXCVII. dari non potuisse ex Urbani rescripto ad Manassem Remensem de quo supra CCXCVIII. certo colligi potest. Regem vero ei non paruisse discimus cum ex prædicta Ivonis epistola, tum ex iis quæ in concilio Pictaviensi postea gesta sunt. Certe frequentes fuisse Philippi regis lapsus & relapsus indicavit Guibertus lib. 1. de pignoribus ss. cap. 1. ubi observat Philippum regem curandarum *scopharum circa jugulum* privilegium ob incidentes culpas amisisse, quo Ludovicus VI. ejus filius, adhibito crucis signo, passim utebatur.

CCCXXX. Philippus rex iterum interdictus.

Die prima Decembris hujus anni concessit Urbanus insigne privilegium monasterio Octaviensi sancti Cucuphatis prope Barcinonem, in quo singulæ ejus loci possessiones recensentur.

CCCXXXI. Privileg. S. Cucuphatis.

ANNO
CHRISTI
1098.

Post aliquot dies aliud rescriptum quod jam sæpe à nobis laudatum est, dedit Pontifex, in quo post varias concertationes, quas singulatim recenset, decernit monasterium Cinglense apud Capuam cum sanctimonialibus in eo degentibus Casinensi abbati debere esse subjectum. *Scriptum dicitur Romæ die* VII. *Decembris per manum Petri Scrinarii;* & postridie *datum per manus Johannis diaconi cardinalis*, qui modus frequenter in subsequentibus diplomatibus occurrit.

CCCXXXII.
Rex Angliæ inducias obtinet.

Inter hæc Anselmus, quem post Barense concilium simul cum Urbano Romam rediisse memorat Eadmerus, causæ suæ exitum præstolabatur; at nuntius qui ex parte Willelmi regis tunc in urbem advenit, omnem ejus spem frustravit. Is nempe post multas hinc & inde disceptationes, tandem in festivitate Natalis Domini inducias à Pontifice regi impetravit ad festum sancti Michaelis archangeli, sed hunc terminum neuter attigit. Innuit Eadmerus eas à Willelmi regis ministro obtentas fuisse *munera iis dispertiendo & pollicendo*, quibus *ea cordi esse* animadverterat, quod ad Urbanum quoque extendere non veretur Willelmus Malmesburiensis, in Romanos Pontifices nonnumquam magis quam decet, iniquus. Et quidem qua ratione præfracte aliquas inducias regi Willelmo renuisset dare Pontifex, quas nemini homini, quantumvis vili & abjecto vix negare potuisset; tantumdem enim temporis requirebatur ad evocandos ex Anglia testes, advehendaque documenta, quæ necessaria esse videbantur ad causæ examen. Certe Urbanus, qui terminum ad causam dicendam in primo cum regis nuntio congressu ad Pascha præfixerat, non poterat inducias illas ad aliquod tempus non protrahere, cum ipse rex per suum nuntium ex ultimis orbis partibus, se etiam post causæ examen satisfacturum pollicitus, id enixius peteret, Rex, inquam, quicum ut mitius ageretur, postulabant ecclesiæ necessitas, rerum, temporumque circumstantiæ; rex denique, qui non ita pridem, ad Pontificis obedientiam, spretis schismaticis, accesserat. Certe nec tunc, nec post illud tempus Urbanus pravis Willelmi regis voluntatibus connivere umquam visus est, nec in posterum minus quam antea

B. URBANI PP. II. VITA.

Anselmo favit; immo, ut ipse Eadmerus refert, cum vellet vir sanctus Lugdunum redire, *à papa prohibitus est, propter concilium quod tertia hebdomada Paschæ Romæ se habiturum statuerat.*

Quo autem loco habitus quove honore sit donatus in urbe vir sanctus toto eo temporis intervallo, exponit idem auctor tum in ejus vita, tum in libris Novorum, his verbis: Morati itaque sumus, inquit ille auctor, ferme per dimidium annum, continue circa papam degentes, & quasi in commune viventes, nec enim duæ, sed una videbatur amborum curia esse. Unde & ipse papa frequenter ad Anselmum veniebat latè sese cum eo agendo, & curiam ei faciendo. Dedit quoque illi hospitium, in quo conversabamur.... Ipse *Anselmus* in conventu nobilium, in processionibus, in stationibus semper & ubique à papa secundus erat, præ cunctis honoratus, cunctis acceptus. Rem subdit in Vita memoratu dignam. Angli illis temporibus Romam venientes pedes Anselmi ad instar pedum Romani Pontificis sua oblatione honorare desiderabant. Nec vero invidiam ea de re aliquam passus est Urbanus, aut id ægre umquam tulit; immo cum rescivisset Anselmum huic Anglorum devotioni acquiescere numquam voluisse, *admiratus in homine humilitatem mundique contemtum, jussit ei sese in se tenere, & nullum bene facere ultra volentem prohibere ; sed omnes pro tali causa adventantes patienter admittere.* Hæc erat utriusque sancti viri humilitas, & in alterutrum caritas.

Ad hæc Anselmi cum Pontifice colloquia, quæ Eadmerus laudat, pertinent haud dubium aliquot ejus sancti viri epistolæ, in quibus variis dubiis respondet juxta id quod à papa Urbano audierat. Ita epist. 130. lib. 3. P. monachum sancti Martini Sagiensis ab adeunda Jerosolymorum urbe dehortatur, quod tale iter voto stabilitatis & obedientiæ, quæ apostolico debetur, contrarium esset. Is enim, inquit Anselmus, *magna auctoritate præceperat, ne monachi hanc viam arriperent absque prælati obedientia. Ego*, ut subdit, *præsens affui quando istam sententiam apostolicus propugnavit.* Apostolicum vero, cujus hic Anselmus nomen reticet, Urbanum fuisse diserte

Anno Christi, 1098.

cccxxxiii. Honores Anselmo delati.

cccxxxiv. Ejus cum Pontifice colloquia.

ANNO CHRISTI 1098.

asserit Goffridus Vindocini abbas epist. 21. lib 4. in qua Odonem abbatem Majoris-monasterii uti censet Sirmondus, ab eodem peregrinandi desiderio retrahere conatur; quod „Urbanus, qui eundo Jerusalem peregrinari præceperat „Laici, ipsam peregrinationem monachis prohibuisset, „quod se ex ipso Pontificis ore audivisse testatur. Alia vice Anselmus ab Urbano postulavit, ut sibi quandoque liceret canonum rigorem paulo temperare, cum id rerum statui in Anglia conducibilius sibi videretur. Quod cum ab eo Pontifice, tum etiam à Paschali facile impetravit, ut ex ejusdem Paschalis epistola patet, lib. 3. num. 45. inter Anselmianas. Interdum quæstiones etiam de variis ecclesiasticæ disciplinæ capitibus in his colloquiis familiaribus miscebantur. His accenseri debet, ut quidem videtur ea quam tractat Anselmus lib. 3. epist 159. de altari quod è suo loco motum fuerat, an deberet iterum consecrari. Eo loci, sicut & Ivo epist. 71. & 80. atque alii ejus ævi canonistæ non modo altare, sed & ipsam ecclesiam ea occasione de novo consecrandam esse censent, quod Lobiis factum fuisse discimus in gestis ejus loci abbatum tomo 6. Spicilegii pag. 609. at iste ritus modo in desuetudinem abiit. Hæc autem quæstio *assistentibus quibusdam episcopis*, ut Anselmus testatur, coram Urbano agitata fuit, cunctis ea quæ sibi recta videbantur libere proferentibus. Unde patet complures in ejusmodi collationibus, & quidem diversi ordinis homines adfuisse. Certe, ut modo videbamus, & Anselmus archiepiscopus, & Goffridus abbas præsentes erant, cum actum fuit in ejusmodi Pontificis confessu de monachorum Jerosolymitana peregrinatione. Forte uni ex his colloquiis interfuerat archipresbyter Andegavensis, qui Roberto Arbrissellensi, ut in ejus vita habetur, proponenti Petronillam viduam ut abbatissa fieret, palam testatus est, ne id remoraretur, se audiisse cum Romæ esset ab Urbano II. viduam quatuor virorum pro necessitate abbatiæ præfici posse.

CCCXXXV. Schismaticorum in Anselmum reverentia.

Tanta vero sanctitatis & doctrinæ fama, qua Romæ pollebat Anselmus, haud inutilis ecclesiæ fuit, cum multi schismatici ea permoti ad Urbani obedientiam tanti viri exemplo accesserint, frementibus, uti observat Johannes

B. URBANI PP. II. VITA.

hannes Sarisberiensis in ejus vita, Henricianis. Mirum est quod ea de re habet Eadmerus. *Quid*, inquit, *referam nonnullos cives Urbis, quorum ingens multitudo propter fidelitatem Imperatoris ipsi Papæ erat infesta, nonnumquam in unum conglobatos, Anselmum à Lateranis ad sanctum Petrum euntem cum suis propter odium Papæ capere volentes; sed mox viso vultu ejus territos projectis armis terra procumbere, & se illius benedictione deposcere insigniri.* Hæc in specimen dicta, plura habentur apud Eadmerum & alios auctores Anglicanos, quos consulere licet.

Urbanus itaque, deficientibus in dies Romæ Henricianorum viribus magis ac magis in adversarios prævalebat, ita ut Natali Domini *cum magna pace*, inquit Bertoldus, Romæ celebrato, Urbem omnino sub suo dominio tunc habuerit. *Nam &*, ut prosequitur ille auctor, *Castellum sancti Angeli cum aliis munitionibus in sua potestate detinuit, omnesque æmulos suos in civitate cum Dei adjutorio satis viriliter aut placavit, aut vi perdomuit.* Unde cum è re christiana censeret esse Pontifex generale concilium convocari, *synodum suam in tertia hebdomada Romæ celebrandam post Pascha, missis litteris usque quaque denuntiavit.* Eum vero reliquum tempus usque ad synodi celebrationem in Urbe transegisse ex Eadmero & Bertoldo facile colligitur, licet ea quæ tunc ab illo gesta fuerint ignoremus, nisi quod illo intervallo duo privilegia totidem monasteriis concesserit, quæ supersunt. Primum est monasterii Anianensis in Occitania, inscriptum Petro ejusdem loci abbati, datum Laterani die xiv. Alterum die xix. ejusdem mensis *in porticu beati Petri*, quo monasterium sancti Saturnini in diœcesi Urgellensi, cujus Petrus tunc abbas erat, insignibus privilegiis & juribus decoratur. Hæc duo privilegia à Petro Scriniario scripta, & per manum Johannis Diaconi data dicuntur. Aliam Urbani bullam laudant, qua Gellonense sancti Guillelmi de Deserto monasterium, antea Anianæ subjectum, ab eo jugo liberatur. Sed eam videre non licuit; nec in alterutrius monasterii archivo habetur.

Interea Romam conveniebant ex variis provinciis episcopi ad concilium ab Urbano convocatum, quod *magnum*

Anno Christi 1099.

cccxxxvi. Urbanus Romæ synodum indicit.

cccxxxvii. Concilium Romanum.

Tom. III.

ANNO
CHRISTI,
1099.

concilium Hovedenus, *generalem synodum* codex Lamberti, Bertoldus, auctor æqualis vitæ Johannis Ternannensis, & alii appellant. Huic CL. *episcopos & abbates, innumerabilesque clericos* interfuisse scribit idem Bertoldus, ad quam primates, archiepiscopos & episcopos convocatos fuisse legitur in codice Lamberti, quosque *ex Italia & Gallia* congregatos, in *modum coronæ*, sedisse Eadmerus observat. Anselmo autem Cantuariensi archiepiscopo, cum nullum sibi assignatum locum haberet, sedes jussu Pontificis *in corona posita est*, id est ex opposito papæ, *qui locus*, uti Eadmerus prosequitur, *non obscuri honoris in tali conventu solet haberi*. Certe in concilio Remensi anno MXLIX. sedebant Patres in *modum coronæ* dispositi, ita ut Leo IX. Pontifex sedens *verso vultu ad sepulcrum sancti Remigii*, haberet ex opposito *ante oculos* Remensem & Trevirensem archiepiscopos, qui primas sedes occupabant. In veteribus Remensis provinciæ monumentis Cameracensis episcopus, ex opposito metropolitani locum habere conspicitur, ut & Dolensis in provincia Turonensi, quæ duæ ecclesiæ etsi sunt illustres inter alias, neutra tamen suæ provinciæ post metropolim, prototronus seu primaria sedes est. Nam in Belgica secunda hanc dignitatem Suessionensis, & in Lugdunensi tertia Cenomannensis ecclesia semper obtinuit, uti ex vetustioribus Galliarum notitiis constat.

Concilium in basilica sancti Petri celebratum fuisse diserte habet vetus codex ejus canonum, Lamberti Atrebatensis dictus, & quidem *hebdomada tertia Paschæ*, seu *post Pascha*, ut Bertoldus & Hovedenus habent; & aperte omnino codex Lamberti in *secunda Dominica post Albas, qua misericordia Domini cantatur*. Is cum subjungit ejusdem synodi decreta *pridie Kalendas Maii data fuisse*, innuit synodum perdurasse tota hac hebdomada. Unde nec chronicon Malleacense aberravit, ubi legitur hanc synodum VII. Kalendas Maii celebratam fuisse; nec codices a Binio, Sirmondo, aut Labbeo laudati, qui diem VII. aut VI. aut etiam II. Kalendas Maii præferant. Certe ipsa Dominica tertiæ hebdomadæ, quæ hoc anno in diem XXIV. Aprilis, seu VIII. Kalendas Maii incidebat, complures antistites Romæ simul congregati rescripto pontificio in gratiam Hugonis Lugdunensis pro primatu contra Daimbertum Senonensem decertantis subscripserunt. Ex hoc rescripto, discimus Daimbertum tunc temporis primatum Lugdunensem agnovisse; & comperta habemus aliquot antistitum nomina, qui Romano illi concilio interfuerunt. Ii sunt præter Daimbertum Senonensem, & aliquot cardinales ecclesiæ Romanæ presbyteros, Anselmus Cantuariæ, Leodegarius Biturigum & Amatus Burdigalæ metropolitani; episcopi vero Gualterius Albanensis, Odo Ostiensis, Guntardus Tundanus, Leutaldus Silvanectensis, & Ismeon Diensis, qui etiam ultimus erat Hugonis Lugdunensis legatus. Quamvis autem unicus hic memoretur Remensis provinciæ Letaldus episcopus, plures tamen interfuisse huic synodo è sua provincia Manasses metropolitanus testatur in epistola quam infra laudabimus de Morinensi episcopo. Certe id diserte habetur, in codice Lamberti tum ms. tum edito tomo 5. Miscellaneorum Baluzii, in quo hæc verba leguntur: *Huic quoque concilio cum ceteris Remensis provinciæ episcopis interfuit Lambertus Atrebatensis episcopus.* Ibi etiam aderant, uti ex iis quæ modo dicemus, patebit, Bizantius archiepiscopus Tranensis, Reingerus Luccensis, Humbaldus Autisiodorensis & Gotofredus Magalonensis episcopi, quibus adjungi debet Norgandus Æduensis, cui à *Roma reverso apud Sedelocum*, occurrit Hugo jam tunc Flaviniacensis abbas, uti ipse narrat in chronico. Denique iis etiam annumerandus esse videtur Hugo Gratianopolitanus antistes, qui post reditum Urbani Pontificis in Italiam duobus annis in Apulia infirmitate detentus commoratus est, ut ipse testatur in libello de controversia, quam habuit cum Guidone Viennensi occasione Salmoriacensis archidiaconatus.

Hæc porro synodus convocata dicitur in codice Lamberti *pro errore & hæresibus Græcorum*, ad quos ejus decreta etiam spectare subjungit his verbis, apud Baluzium relatis: *Qualia autem decreta prædictus papa Urbanus de Latina & Græca ecclesia & de ministris altaris, & de ordinatis à simoniacis, & de beneficiis & officiis ecclesiasticis per pecuniam adeptis ante corpus beati Petri dederit, studiosus lector legendo invenire poterit.* Unde mirum est nihil speciale de Graecorum erroribus in vulgatis hujus concilii canonibus occurrere. Id forte evenit, quod horum canonum collectores, cum Latini fuerint, ea tantum quae ad Occidentales pertinebant retulerint; quemadmodum id quod occasione sancti Anselmi decretum ibidem fuit, à solis Anglicanis scriptoribus memoratur. Sic etiam Bertoldus & alii passim auctores de hac synodo solummodo habent, Urbanum in ea praedecessorum suorum statuta confirmasse, iterasse anathemata in Guibertum ejusque complices jam saepius lata & confirmata, egisseque de promovenda Jerosolymitana expeditione. Canones vero septemdecim hujus concilii, qui vulgo circumferuntur, jam in prioribus conciliis ut plurimum promulgati fuerant, ut legenti patebit. At nusquam invenire licuit, quod de eadem synodo refert auctor chronici Malleacensis, in ea scilicet à Pontifice decretum fuisse, ut singuli Christiani omni feria sexta servarent jejunium *pro peccatis suis, & maxime pro illis quibus non confessi sunt immemores.*

Quod ad res Anglicanas spectat, Eadmerus libro 2. Novorum, & post eum Rogerius Hovedenus, scribunt, Urbanum in eadem synodo sententiam excommunicationis „protulisse in adversarios sanctae Ecclesiae, ac in omnes „laicos, qui investituras dabant, aut clericos qui eas „accipiebant, aut ejusmodi homines ad officium dati ho„noris consecrabant. Denique in eos, qui pro ecclesias„ticis honoribus laicorum homines fiunt, quod exsecra„bile videatur, inquit Pontifex, sacerdotum manus, „quae in tantam eminentiam excreverunt, ut, quod „nulli angelorum concessum est, Deum cuncta creantem „suo ministerio creent, & eumdem ipsum pro redemtione „& salute totius mundi summi Dei Patris obtutibus offe„rant; in hanc ignominiam detrudi, ut ancillae fiant ea„rum manuum, quae die ac nocte obscoenis contagiis in„quinantur &c. Hac prolata sententia acclamatum est ab omnibus, *Fiat, fiat, & in his consummatum est concilium.* Haec omnia se in *concilio à venerabilis me-*

B. URBANI PP. II. VITA.

moriæ domino papa Urbano audivisse testatur ipse Anselmus lib. 3. epist. 73. ad Paschalem II. Et quidem Boso postea Becci abbas, amicus & discipulus sancti Anselmi, numquam adduci potuit ut hominium regi Henrico, qui Normanniæ tiam dux erat, præstaret, quod id se numquam facturum pollicitus papa fuerat ut in ejus vita legitur. Neque hic omittendum est quod Reingerus Luccensis episcopus in eadem synodo fecisse ab Eadmero dicitur. Hic quippe à Pontifice propter sonoram, qua pollebat, vocem designatus ad legenda publice quæ in synodo statuta fuerant, cum id exsequeretur, repente interrupta decretorum serie, mutato vultu ac vocis & totius corporis habitu, terram pede suo verberans multa interseruit in Anselmi honorem, & de his quæ ille à rege Anglorum passus fuerat, graviter conquestus, quod post tantam in urbe moram non ei fuisset satisfactum. Sed monente papa lectionem canonum persecutus, quæ decreta ea de re fuerant, ut mox dicebamus, tandem cum ceteris approbavit.

Interea Pontifex haud negligebat eorum causas, qui ad ipsum recurrebant, quibus vel ipse solus providebat; aut certe eas referebat ad synodum, si tanti essent, ut id operæ pretium esset. Et quidem durante concilio, nempe die XXVI. Aprilis ad petitionem Andreæ abbatis monasterium Casalis-Benedicti, quod ille apud Bituriges juxta Vallumbrosanorum instituta sub regula sancti Benedicti construxerat, bona ac possessiones confirmavit, data bulla. Aliud privilegium die sequenti ad petitionem Amati Burdigalensis archiepiscopi, & Fulconis abbatis, qui forte cum eo antistite Romam ad concilium venerat, concessit monasterio sanctæ Crucis Burdigalensis.

At negotia majoris momenti in concilio tractabantur. Ex iis fuit canonizatio sancti Nicolai Peregrini; tales enim causas juxta illius ævi disciplinam *plenaria synodi communi assensu firmari* debere pse Urbanus jam antea ad Benedictum Namnetensem, ut suo loco diximus, statuerat. Atque adeo Bisantius Tranensis archiepiscopus, qui Nicolai canonizationem prosequebatur, miracula ab eo patrata, præcipiente Urbano, *coram universo concilio recitavit*, quibus lectis Pontifex ei facultatem concessit, ut quidquid hæc

ANNO CHRISTI, 1099.

318 B. URBANI PP. II. VITA.

ANNO
CHRISTI,
1099.

in re melius videretur ad Dei gloriam institueret, datis ea de re litteris ad clerum, nobiles & plebem Tranensis civitatis, & quidem ad hunc annum, ad quem pertinere, etiam absque ullis chronicis notis, quivis facile ex dictis intelligit.

Compressum etiam hac in synodo fuit Taruennensis ecclesiæ schisma, confirmato in ejus urbis antistite Johanne, quem diœcesani abbates, rejectis aliis delegerant, postquam Gerardus, qui, uti diximus, in Nemausensi concilio à suis muniis suspensus fuerat, in monasterium Montis-sancti-Eligii secessisset. Hujus rei præcipuus auctor fuit Lambertus abbas Sithiensis, sancti Antelmi amicus, qui ea de re, ut Malbrancus refert, orationem coram synodi Patribus habuit. Litteras de hoc negotio scripsit Pontifex ad Manassem Remensem archiepiscopum, tum ad Tervannenses, ac etiam ad ipsum Johannem, cui prohibet ne electioni suæ contra ire audeat: sed hæ solum ultimæ supersunt, quas ex ejusdem Johannis vita, olim præferentur. Loco autem earum quæ ad Manassem scriptæ erant, dabimus in appendice ejusdem archiepiscopi epistolam ad ipsos Tervannenses, qua eos ad Johannem juxta Pontificis & concilii mandata suscipiendum adhortatur, quibus reipsa eos paruisse ex ipsorummet litteris ad Lambertum Atrebatensem, à Baluzio tomo 5. Miscellan. relatis patet. Ibi enim *se papæ litteras* accepisse aiunt *super confirmatione electionis domni Johannis archidiaconi Atrebatensis;* quibus se *corde & animo* obtemperaturos profitentur. Et quidem paulo post, videlicet II. nonas Junii hujus anni, Joannes presbyter ordinatus est; tum mense sequenti, XVI. Kalendas Augusti, Remis à Manasse metropolitano consecratus episcopus, tandem Taruennæ *summa cleri, procerum & populi exultatione susceptus,* IX. Kal. *ejusdem mensis cathedræ pontificali inthronizatus est*, ut refert Johannes ejus vitæ auctor æqualis apud Bollandum die 27. Januarii, quo ejus memoria in aliquot martyrologiis celebratur.

Porro Lambertus abbas, qui pro electione Johannis in synodo perorasse dicitur, Cluniacensium fama illectus, eos in suum sancti Bertini monasterium, in quo disciplina regularis intepuerat, inducere jam pridem meditabatur; oportuna hujus itineris Romani usus occasione, id impetravit ab Urbano interveniente Clementia comitissa, cujus ad eumdem Pontificem litteras ea de re deferebat. Et quidem absque ulla mora litteras ad Hugonem Cluniaci abbatem scripsit Pontifex, eumque monuit ut sancti Bertini Sithiense monasterium sub sua cura reciperet, quod Robertus Flandrensium comes an. MCVI. ex peregrinatione Jerosolymitana reversus, Atrebati confirmavit, ut ex ejus charta patet, relata in Bibliotheca Cluniac. col. 538. Quin & ipse Lambertus, post pauca relicto monasterii sui regimine, Cluniacum secessit, ac nova professione sese regulæ strictius adstrinxit, unde postmodum ad suam abbatiam remissus, ejus curam usque ad vitæ finem egit. Ceterum monachi Bertiniani, immo & ipse Lambertus haud diu Cluniacensis abbatis post beati Hugonis mortem jugum ferre valuerunt, uti fuse narrant Iperius in chronico ejusdem loci, & Malbrancus lib. 9. de Morinis. Exstant ea de re Honorii papæ II. litteræ in gratiam Petri Cluniacensis, ad abbatem sancti Bertini, qui ei obedire detrectabat, sed hæc fusius prosequi non vacat.

Eamdem fere fortunam, sed ob diversas causas expertum est in hac synodo monasterium sancti Germani prope Autisiodorum, cujus abbas in Nemausensi concilio exauctoratus fuerat. Cum enim perdiu, sed semper frustra, tentata fuisset ejus abbatis restitutio, locusque adeo insignis absque capite in pejus omnino abiret, visum est concilii Patribus post triennium, uti ex gestis ejus loci abbatum colligitur, illius curam Hugoni abbati Cluniacensi ad Stephani comitis ejusque uxoris preces, committere. Exstant ea de re Urbani litteræ, quibus Pontifex id exsecutioni mandari præcipit, ita tamen ut ille *locus proprio abbate non careat.* Quantum vero laborandum fuerit ut hæc abbatia à Cluniacensium jugo eximeretur, ex Guidone discendum est in gestis abbatum sancti Germani tomo 1. Bibliothecæ Labbeanæ.

Disceptatum est postea coram ejusdem synodi Patribus de cœmeterii jure in urbe Burdigala; cujus possessionem

AN. ● CHRISTI, 1099.

ecclesiæ sancti Andreæ cathedralis canonici sibi deberi contendebant, contra nitentibus clericis sancti Severini. Sed hi ultimi causa ceciderunt, ut ex Urbani rescripto discimus, quod post aliquot dies ea de re ad canonicos sancti Andreæ dedit.

Huc quoque advenerunt monachi Molismenses, conquesturi adversus Robertum suum eorum abbatem, qui ipsis dimissis ad Cistercienfem eremum, nova ibi erecta abbatia *, transmigraverat. Eorum petitioni annuerunt concilii Patres, & ipse Pontifex *infatigabili Molismensium*, ut in chronico Arelatensi legitur, *querela* actus legato suo in Galliis Hugoni scripsit, ut Roberto ad suos Molismenses reditum persuadere conaretur: aut si id fieri non posset, res ita componat, ut utriusque monasterii fratres in suo quique loco deinceps quieti permaneant. Dato ea de re decreto, quo cavetur ne deinceps monachi eorum monasteriorum è loco ad locum transmigrare pergant. Urbani epistola dabitur ex variis scriptis & editis; & postea ejusdem ea de re decretum ex Orderico Vitali. Ceterum Hugo receptis Urbani litteris, rem cum aliis provinciæ episcopis & abbatibus in colloquio apud Portumancillæ tractavit, atque ibi decretum est, ut Robertus reddita episcopo Cabilonensi virga Cisterciensis abbatiæ, relaxatisque ab obedientiæ promissione sibi facta, monachis Cisterciensibus, Molismum cum iis qui eum sequi voluerint reverteretur; ita ut nulli deinceps, nisi juxta quod permittit sancti Benedicti regula, transitus ad aliud monasterium licitus sit. Robertus itaque Alberico in Cisterciensem abbatem sibi substituto, Molismum repetiit, ibique ad finem vitæ perseveravit. Hæc initia sunt ordinis Cisterciensis, quibus sicut & natalibus sancti Bernardi anno MXCI. exorti illustratus est Urbani pontificatus. De his consulendi Manriquez in annalibus Cisterciensibus, Ordericus Vitalis, anonymus auctor à Labbeo tomo I. Bibliothecæ editus, qui etiam vetera instrumenta, sicut & alii passim historiæ ecclesiasticæ scriptores passim exhibent.

Eodem anno & forte etiam in eadem synodo restitutus fuit in gradum suum, Fulco Divensis sanctæ Mariæ monasterij nasterii in Normannia abbas, qui *instigante satana*, ut jam ex Orderici libro 10. diximus, *injuste criminatus & depositus* fuerat ante annos septem, quos in monte Casino, monitu ut videtur Urbani, ad quem confugerat, transegit. Ejus destitutionis & restitutionis tempus ex eodem auctore colligimus, qui scribit Fulconem anno MCVI. Guentæ id est Wintoniæ, in Anglia obiisse III. nonas Aprilis, suæ restitutionis anno VII. quæ facta fuerat post alios VII. annos quos exsul Casini exegerat. Hunc vero tum in abbatiam suam rediisse *cum papæ apicibus* affirmat idem Ordericus; at hæ litteræ perierunt.

Prima autem post solutum concilium die Anselmus, teste Eadmero, recepta à Pontifice licentia abeundi, Roma exivit, ac superatis viarum, quas Henrici & Guiberti fautores occupabant, periculis, Lugdunum pervenit incolumis, ubi ab Hugone archiepiscopo summo cum honore exceptus est. Ad nostrum institutum non attinet fusius ejus gesta persequi, quæ ex Eadmero aliisque Anglicanis auctoribus repetenda sunt.

Hac eadem die, nempe Kalendis Maii, Pontifex monasterii Psalmodiensis in Septimania, possessiones & privilegia confirmavit, dato diplomate, quod ex autographo, lacero quidem & pæne consumto, sed tamen indubiæ fidei dabitur. Hoc monasterium post varias fortunas ad Aquas-mortuas * translatum & sæculari toga donatum tandem ab aliquot annis Alesiensi * novo episcopatui, ex Nemausensi detracto, unitum est. Post duos dies Pontifex rescriptum dedit pro canonicis Burdegalensibus, quod modo laudavimus. Et die sequenti, 10. Maii, privilegium insigne concessit monasterio Conquenti apud Ruthenos, quo ejus jura & possessiones confirmantur, resecato abusu qui in illis partibus invaluerat, sanctorum reliquias, etiam invitis monachis ad placita publica deferendi. Paulo post, id est die XIV. Maii, Pontifex Ruthenensis matris ecclesiæ canonicis, qui regularem vitam amplexi fuerant, privilegia concessit, & varias possessiones ad vitam communem ducendam eis asseruit, dato diplomate. Eodem mense Maio, nulla assignata die, consignatur Urbani rescriptum ad Alfanum Salernitanum an,

Anno Chr. 1099.

cccxxxviii. Anselmus Roma exit.

cccxxxix. Privileg. Psalmodiense.

* *Aigues-mortes.*
* *Alais.*

tistitem, quo revocatis à se per subreptionem, ut ibi dicitur, concessis monasterio Cavensi privilegiis, illud & aia ejusdem diœcesis monasteria archiepiscopo reddit & confirmat. Datum fertur Romæ anno MXCVIII. indict. VII. mense Maio, quæ notæ sibi non cohærent. Et quidem anno MXCVIII. mense Maio, jam ut quidem videtur, profectus in Apuliam erat Urbanus, quare potius visum est illud ad præsentem annum, cui indictio VII. convenit revocare. Mirum est autem, si rescriptum hoc sincerum sit, Urbanum in ea dixisse sibi subreptum usque tunc fuisse ea in re, & visis tunc primum Romæ privilegiis ecclesiæ Salernitanæ, quæ hactenus sibi incomperta fuerant, emendasse sententiam, cum Salernum antea non semel adiisset post concessa Cavensi monasterio privilegia, & ejusdem ecclesiæ metropolitanæ privilegia & jura anno præcedenti in hac ipsamet residens confirmasset, nulla hujus subreptionis facta mentione, quæ omnia rescriptum illud valde dubium faciunt; ne dicam falsum. Immo anno MLXXXIX. Pontifex, idem . visis ut vidimus *cartulis & pactionibus* ex utraque parte prolatis in concilio Melphitano secundum Cavenses pronuntiaverat. Quin & nuper accepimus viri cujusdam in his partibus eruditi observationes in hoc privilegium, quod accurate expenderat factas, in quibus ait se illud quidem in archivo archiepiscopali Salerni inspexisse in pergameno scriptum integro & sano, sed charactere qui his temporibus non convenit, cum notis chronicis sed falsis, absque ullo signo, aut sigillo & subscriptione. Et quidem numquam ab eo tempore suis privilegiis excidit Cavensis abbatia. Quæ etiam peculiari rescripto expresse confirmavit post multos variorum temporum Pontifices Gregorius XIV. Illud tamen qualecumque sit Salernitanæ ecclesiæ scriptum ex Ughello dabitur, de cujus sinceritate judicium aliis permittimus.

CCCXL. Archidiac. Salmoriaci Hugoni Gratianop. asseritur.

Initio Junii Urbanus è Vaticano Lateranum reversus Hugoni Lugdunensi suo in Galliis vicario rescripsit II. nonas ejusdem mensis in gratiam Gratianopolitanæ ecclesiæ adversus Guidonem Viennensem archiepiscopum, qui rursus Salmoriacensis archidiaconatus ecclesias invaserat.

B. URBANI PP. II. VITA.

In fine litterarum fatetur religiosissimus Pontifex se hucusque in permittendis apud Gallias episcoporum translationibus nimis facilem fuisse; tum addit se deinceps juxta Nicænæ synodi statuta ab eo abusu abstenturum, atque hoc est ultimum rescriptum quod quidem cum notis chronicis supersit, ab Urbano datum: huic aliud subjungetur ipsi Hugoni Gratianopolitano inscriptum, quo eidem, & Magalonensi episcopo, cognitionem causæ quæ inter Vigilienses & Cluniacenses monachos vertebatur, committit, sed caret omni temporis nota. Exstant in chartario Calmeliacensi aliæ Calixti litteræ eidem Hugoni & P. Diensi episcopis de eadem Vigiliensi ecclesia, quas in uno cod. Urbano tributas invenimus, sed perperam, ut ex aliis duobus exemplis constat, & ejus *data, Privati Kal. Maii*, quæ Urbano convenire nequit. Gratianus 35. q. 2. & 3. laudat fragmentum alterius rescripti Urbani ad eumdem Hugonem de extraordinaria pollutione, quod suo loco inter ejus decreta proferetur.

ANNO CHRISTI, 1099.

Ad extrema quoque Urbani Pontificatus tempora revocandum esse credimus ejus rescriptum in gratiam monachorum sancti Remigii Remensis, quos Ingelramnus Lauduni antistes vexabat occasione altaris Corbiniaci. Et quidem cum anno tantum MXCVIII. Ingelramnus hanc sedem iniisse, Elinando, qui Manassis metropolitani ordinationi anno MXCVI. interfuerat, defuncto dicatur; haud minus, quam unius circiter anni spatium exigitur, ut ille antistes monachis negotium facessierit, & ipsi ad Urbanum recurrerint, atque impetrarint illud rescriptum.

CCCXLI. Aliud pro Corbiniaco

Inter hæc die 24. Junii, nativitate sancti Johannis Baptistæ, Gebehardus Urbani in Germania legatus Adalbertum in Schaffusensis monasterii abbatem sollemni ritu benedixit loco Gerhardi, qui annuente Pontifice, ut ex Bertoldo diximus, monasterii curam dimiserat.

CCCXLII. Adalbertus abbas Schafsusæ.

Si Theobaldus, ut vulgati catalogi habent, hoc tantum anno monasterii Malleacensis regimen suscepit, huc quoque consignandum est Urbani decretum, quo jussit, ut ille abbas Hugoni Cluniacensi, quem procul dubio offenderat, satisfaceret. Quid rei ageretur haud notum est. At Urbani sententiam ex Paschalis II. ejus successoris epistola mf. ad Petrum Pictavienfem difcimus, in qua poft nonnulla de monafterio fancti Cypriani præmiffa hæc fubdit: *De Malleacenfi quoque abbate præcipimus, ut juxta domini Urbani præceptum abbati Cluniacenfi fatisfaciat: alioquin vide ne tu pro eis fedis apoftolicæ indignationem experiaris, & ipfi condignam sententiam non effugiant.* Forte ille abbas, ficut & Cyprianenfis, Cluniaco fubjici recufabat.

<small>Anno Christi, 1099.</small>

<small>cccxliii. Magalon. eccl. jura vindicata.</small>

Circa eadem tempora Raymundus comes Melgorienfis à Gotofredo epifcopo Magalonenfi, quod ejus ecclefiæ jura invafiffet excommunicatus, Romam perrexit; Gotofredum, qui paulo ante illum, procul dubio ut concilio intereffet, profectus fuerat, fecutus. Cum vero ambo coram Pontifice caufam fuam egiffent, comes paterni teftamenti violati reus convictus eft ab epifcopo; quare ea quæ invaferat *in præfentia cardinalium* & aliorum virorum illuftrium *guerpivit in manu domini papæ*, à quo poft factum ipfi hominium, comitatum recepit, ea conditione ut Romano Pontifici fingulis annis auri unciam perfolveret. Hæc autem omnia in patriam reverfus die nativitatis fanctæ Mariæ in publico placito comes confirmavit, & ftatim ad fanctum Jacobum profectus eft. Inftrumentum ea de re hoc anno mxcix. confectum referunt Arnaldus de Verdala tomo 1. Bibliothecæ novæ Labbeanæ, in hiftoria epifcop. Magalonenfium, Gariel, & ex parte Sammarthani tomo 2. Galliæ Chriftianæ.

<small>cccxliv. Cœmeterium S. Vincentio Cenomann. affertum.</small>

Exorta eft circa idem tempus gravis contentio apud Cenomannos inter canonicos ecclefiæ cathedralis, & fancti Vincentii monachos occafione unius canonici defuncti, cujus corpus quidam è canonicorum grege factiofi in terra profana fepelierant; cum tamen jus effet monachorum fancti Vincentii, prifca confuetudine fimul & lege firmatum, ut epifcopi & canonici in eorum cœmiterio fepelirentur. Poft multas rixas, cum hæc controverfia epifcopi auctoritate componi non potuiffet, rem monachi ad Urbanum detulere, ad quem epifcopus in eorum gratiam epiftolam fcripfit. Hanc in appendice à chartario Vincentiano exhibere vifum eft, tum quod in ea tota rei feries exponatur, tum etiam ob ejus auctoris famam. Hunc enim esse Hildebertum multis aliis scriptis celebrem, & temporum circumstantiæ, & stili, si mea me non fallit conjectura, conformitas, vix dubitandi locum relinquunt. An vero aliquid ea de re statuerit Urbanus incertum, & forte morte interceptus id non potuit, at in ejusdem monasterii chartario habetur *concordia* inter canonicos & ejus loci monachos tempore Hildeberti episcopi & Ramnulfi abbatis inita, qua conventum fuit, ut canonici sepelirentur quidem in cœmeterio Vincentiano, sed in loco honestiori, atque à laicorum sepulturis sejuncto, quam conventionem hujus occasione discidii factam fuisse haud dubitamus.

ANNO CHRISTI, 1099.

Huc denique revocari potest Urbani epistola ad Albertum episcopum Mettensem, à Gratiano 1. q. 5. c. 3. relata, de quodam qui oblata pecunia sacerdotium fuerat adeptus. Hic nempe Albertus, is ipse est Adalbero seu Albero, qui post Hermanni obitum ab Henrico imp. in sedem Mettensem contra Popponem fuerat intrusus. Certe ex vita sancti Theogeri, quam sæc. XII. in actis SS. ord. sancti Benedicti dabimus, sicut & ex hac Urbani epistola colligi potest hunc Albertum seu Alberonem aliquando pro episcopo habitum fuisse. De hoc fuse agit prædictæ vitæ auctor ejusque depositionem in concilio Remensi anno MCXV. præsidente canone legato decretam narrat, cui ipse Theogerus substitutus est. Ceterum post hanc epistolam aliæ nonnullæ, & aliquot Urbani decreta subjungentur, quæ cum nullam, aut certe indeterminatam notam præferant, alicui certo anno consignare fas non fuit.

CCCXLV. Urbani obitus Romæ.

Vide Chronicon Sithlense, p. 602.

Urbanus post infinitos labores pro ecclesia superatos, rebus jam omnino sedatis, recuperatisque quas in Urbe ipsa schismatici tandiu occupaverant munitionibus, ac Romanis omnibus sibi conciliatis, ipsaque universali ecclesia in tranquilliorem, ultra quam longe antea fuisset & sperari posset, statum revocata, tandem meritorum multo magis quam dierum plenus, morte ejus, ut nonnulli auctores observarunt, eclipsi aliisque visis cælestibus prænuntiata, ad superos evolavit eo ipso tempore, quo in Oriente sacra Jerosolymorum civitas à Christianorum exercitu, quam ad hanc expeditionem pius Pontifex sum-

ANNO CHRISTI 1099. mopere incitaverat, capta est. *Romæ* in morbum incidit, ut testatur Ordericus Vitalis libro 10. initio, ubi *mercedem à Deo perceptus pro bonis studiis, quibus apprime floruit, ex hac vita migravit* IV. *Kalendas Augusti*. Certe eum Romæ hac die obiisse anno MXCIX. constat ex Paschalis ejus successoris epistola ea de re scripta ad Hugonem abbatem Cluniacensem, quam in appendice nostra referemus. Pontificatum tenuit annos XI. menses IV. dies XVIII. Bertoldus numero rotundo *menses quinque* scripsit, atque de his nulla est apud veteres aut recentiores dissensio, etsi nonnulli ob varias computandi rationes ejus mortis annum aliter expresserint. Hunc tamen die III. Kalendas Augusti forte errore librarii, vitam finiisse legitur in chronico Kemperlegiensi tomo 1. Baluzii Miscellaneorum. Ceteri passim auctores chronicorum diem IV. assignant, quibus monasteriorum & aliarum ecclesiarum necrologia consentiunt, excepto Molismensi, in quo die III. memoratur, ejus *loci congregationis* dictus. Celebris vero deinceps fuit in plerisque locis ejus memoria, ob recepta ab eo beneficia, volenti in Cluniacensi, in Casadeensi, apud Cornelionem, in Flavianensi sancti Ægidii, in Lemovicensi sancti Martialis, in Pictavensi Monasterii-novi, in Nantuacensi, in Divionensi sancti Benigni, & in aliis aliarum ecclesiarum necrologiis quas ipse sacraverat, aut privilegiis munierat.

Corpus ejus ex ædibus Petri-Leonis apud sanctum Nicolaum in carcere Tulliano, ubi supremum diem obierat, per regionem Transtiberinam delatum est in basilicam Vaticanam, in qua honorifice sepultum est. In gestis Lamberti Atrebatensis episcopi, *dignæ memoriæ religiosus papa Urbanus* dicitur *anno* MXCIX. IV. *Kalendas Augusti, indictione* VII. *ingressus viam universæ carnis & sepultus in ecclesia beati Petri Apostoli juxta sanctum Leonem papam & Ephesini concilii auctorem.* Manlius & alii qui de Vaticana basilica scripsere, memorant Urbani *sepulturam satis pulchro schemate constructam fuisse*, quæ hodieque prope oratorium Hadriani primi visitur, à fidelibus frequentata ob memoriam, uti refert Baronius, tanti Pontificis, adeo de universa sancta ecclesia bene meriti. Excquias ejus celebres fuisse testatus est ipse ejus amicus, qui eas curavit, *præcipuus sanctæ Romanæ ecclesiæ filius*, uti eum appellat Gofridus Vindocini abbas lib. 5. ep. 9. Petrus-Leo in ejus epitaphio, quod in appendice ex Orderico Vitali referemus cum aliis carminibus & elogiis, quæ cum ejus vita ex Pandulfo, Domnizonis versibus & aliis analectis huc potius rejicere visum, quam hic exhibere, ne nimium interrumpatur narrationis series. Ejus exsequias *totius urbis Romanæ luctu & tristitia* celebratas fuisse asserit Paschalis ejus successor in epistola jam laudata, ob scilicet amissum tantum Pontificem *doctrina & vita* tam clarum.

Hunc in florenti adhuc ætate ex hac luce fuisse ereptum legitur in altero ejus epitaphio, quod Philippo Bonæ Spei abbati tributum item ex Orderico ad calcem dabimus. Et quidem gravissimi labores, quos toto sui pontificatus tempore pertulit, variaque itinera in extremis vitæ suæ annis confecta satis indicant, eum tunc temporis senio fractum non fuisse. Ejusdem corporis & animæ dotes paucis exponit, ut jam diximus, Ordericus Vitalis libro 8. ubi scribit, eum *corpore magnum fuisse, modestia discretum, religione maximum, sapientia & eloquentia præcipuum*, quem *apostolicam sedem strenue viriliterque rexisse* ait initio libri 10. *& mercedem a Deo percepturum pro bonis studiis, quibus apprime floruerat ex hoc mundo migrasse. Cujus,* inquit, *opera quam laudabilia fuerunt, nitore famaque magnitudinis suæ per orbem late divulgata sunt; inimicorum etiam lamenta eo defuncto contestata sunt.* Et paulo inferius dicit, *Urbano papa in domo Domini lucente, & tenebras de cordibus mortalium prædicationibus & exemplis dignitate effugante* Guiberti conatus fuisse irritos. Ipsum denique *sanctè tripudiantem obiisse* asseverat, tanta erat ejus in Dei misericordiam fiducia! Eumdem morti proximum *instinctu divino*, cardinalem Reimerum abbatem Romanum sibi successorem designasse refert Albertus Stadensis, quod alii etiam scriptores observarunt. At Fulcherius Carnotensis Balduini regis Jerosolymitani capellanus in libro de expeditione Jerosolymitana, ait *Urbanum virum egregium vita & moribus fuisse, qui semper ecclesiæ* *sanctæ statum sublimius promovendum super omnia consulte ac strenue moderari sategit.* Postea eum cum Guiberto comparans, ait Urbanum virum prudentem & venerandum pacem renovasse Ecclesiæque jura modos in pristinos restituisse, & per regiones incedentem, populos in aliquantis devios Deo conciliasse: *& quoniam*, inquit, *cuncta quæ Dei sunt exaltare omnino studebat, omnes fere paternitati suæ sub ejus obedientia libenter sese dediderunt.* Tum addit, eumdem recte electum & ab episcopis cardinalibus consecratum, à majori & sanctiori populi parte acceptatum fuisse; licet ejus opera adversarii ipsius velut irrita & nulla vilipenderent. Denique ait: *Urbanus prosperior & justior erat,* immo *& fortior, utpote qui cupiditates tanquam hostes subjecit.* Ex alia vero parte Guibertum repræsentat *superbiæ stimulo irritatum*, qui populum ad confusionem auxilio imperatoris suffultus concitabat, quem licet suam inter sibi consentientes potestatem exerceret, & potentia ac divitiis afflueret, numquam tamen *populus melior* sequi voluit. Consentit antiquus auctor *Gestorum Francorum expugnantium Jerusalem*, qui eumdem Pontificem fuisse ait *virum egregium, vita & moribus omnique prudentia scientiaque edoctum* &c. Eum adhuc viventem *virum scientia & religione præstantissimum* appellavit Deus dedit tunc cardinalis presbyter sancti Petri ad Vincula tituli Eudoxiæ, qui alteram canonum collectionem sub ejus Pontificatu edidit. Adelferius vero auctor etiam æqualis in Actis sancti Nicolai Peregrini parte 2. cap. 1. apud Bollandianos die 2. Junii, sic habet: Cum Romanæ sedis secundus, forte sanctus, gloriosissimus Urbanus, opere & doctrina præpotens, & eloquentiæ fonte redundans Apostolorum & apostolicorum vestigia prosequens, ac pastorali cura intentus ecclesiarum feliciter gubernaret regimina &c. Paucioribus verbis omnia concludit elogia Gerohus in Syntagmate cap. 16. apud Tegnagellum: Urbanus sicut in dignitate, ita quoque virtute Gregorii VII. immo & ipsius Petri legitimum se successorem exhibuit. Et Berardus chronici Casaurensis scriptor, eum sicuti alii auctores passim *sanctum & sanctæ* seu *beatæ recordationis virum* appellat, in quo ecclesia habuit *bonum Pastorem christianitatis*

B. URBANI PP. II. VITA.

christianitatis amatorem & fide defensorem. Unde suæ ætati gratulatur Johannes de Colle-medio auctor vitæ beati Johannis Teruanensis, quod sub Urbani, quem paulo antea *fortissimum simoniacæ pestis impugnatorem* appellaverat, Pontificatu ecclesia potissimum Gallicana religione & scientiar præstantes episcopos habuerit. O tempora! « inquit, felicia, quibus superne indulta probantur bene- « ficia! Ecce Urbano præsidente, Urbano pastoralibus su- « pra gregem Dominicum excubiis invigilante, & per « singula ovilis sui late sollicitorum custodias excubito- « rum prudenter ordinante, ab ovibus, quas tibi Christe « redemisti, rapacium morsus luporum prohibet efficaci- « ter. Hunc ipsum privilegii ecclesiastici ardentissimum « defensorem felici obitu excessisse scribit Laurentius de « Leodio in historia episcoporum Virdunensium, ejus mortem in conspectu Domini pretiosam fuisse testatur Paschalis ejus successor in sæpe laudata epistola his verbis: *Urbani*, inquit, *doctrina & vita, quam sancta, quam grata Deo exstiterit, exitus profecto melior* approbat. Unde Deo ea de re gratias agendas esse concludit. Denique Aymericus de Perac abbas Moisiacensis post enarratas in chronico multas ejusdem Pontificis actiones, plura paucis verbis concludenda esse dicit eum felicem « prædicando ob impensam ejus in res sacras & loca Deo « dicata curam, ob schismatis exstirpationem, regum po- « tentissimorum correctionem; ac multo ob suas virtutes « & merita feliciorem quæ ei cælestis gloriæ fruitionem « Dei misericordia acquisierunt; quare amplissimo studio » esse lætandum, quod ejus *sanctissimi viri* precibus « sublato pestifero schismate, ulceris inveterati fomen- « tum, & sub obtentu unius valentissimi domini veram « pacis & redintegrationis unionem ecclesia acceperit. « Cetera ejus elogia, quæ passim apud auctores occurrunt, recensere nil juvat, cum hæc quæ protulimus ad asserendam ejus sanctitatis famam abunde sufficiant.

Eumdem vero post obitum claruisse miraculis testis est Guibertus Novigenti abbas, vir minime credulus, & à religione muliebri multum alienus. Sic autem de eo scribit initio libri 2. historiæ Jerosolymitanæ. Attestatur «

ANNO CHRISTI, 1099.

„ statui mentis finis ejus splendens miraculis. Defuncto
„ enim ac sepulto eo, sicut succedens ei Ostiensis episco-
„ pus, cum plurima signa jam fierent, adstitit quidam
„ sepulcro illius juvenis, & membrorum damnum sibi
„ imprecatus est, si per Urbani merita, qui Odo dicere-
„ tur signum umquam factum fuerit, ac fieret. Necdum
„ pedem è loco extulerat, cum officio sermonis amisso, &
„ altero laterum paralisi intercurrente correpto, postridie
„ Urbani virtutum testimonia mortuus ipse perhibuit.
Idem miraculum auctor veteris chronici apud Chesnium
in probationibus historiæ domus Castellionensis cap. 8.
narrat. Hinc non mirum si ejus sepulchrum à fidelibus
frequentatum olim fuisse dicatur. Certe eum *sanctæ* aut
beatæ memoriæ virum & *Pontificem* non solum veteres ac
recentiores scriptores, sed etiam Pontifices Romani in
suis epistolis ac decretis passim appellant, *à cujus semita
numquam recessurum* Paschalis ejus successor variis in occasionibus protestatus est; ac potissimum in ea fidei
professione, quam in concilio Lateranensi anno IIII.
emisit, quam universi Patres suis acclamationibus appro-
baverunt. Eodem *sancti* viri titulo donatur à Goffrido
Vindocinensi, ab auctore vitæ sancti Petri Cavensis abbatis
& ab aliis passim. *Sanctæ memoriæ papam Urbanum prudentem plane & vere apostolicum virum* appellat Petrus
Diaconus libro 4. chronici Casinensis. Plura habet Domnizo in suis versibus quos habes ad calcem. *Sanctum
Urbanum* absolute appellant Berardus jam laudatus in
chronico Casaurensi & vetustissimus auctor historiæ Jerosolymitanæ tomo 1. Musei Italici Mabilloniani editus.
Denique Pandulfus in ejus vita scribit eumdem, *confesso-
rem & bonum Christi athletam Deo animam reddidisse*; quem
in vita Paschalis ejus successoris, *sollemnis memoriæ dominum Urbanum Papam magnanimum* dicit.

Non itaque mirum videri debet, si Urbani nomen in
plerisque martyrologiis aut sanctorum catalogis die 29.
Julii, quo excessit è vita inscriptum reperiatur; quamvis
ejus festivitatem numquam in ecclesia celebratam fuisse
fatendum sit. His verbis ejus memoria in Martyrologio
Benedictino Arnoldi Wionis & Hugonis Menardi habe-

tur: *Romæ depositio beati Urbani papæ secundi, quondam monachi Cluniacensis Cruciatæ ad recuperationem Terræ sanctæ auctoris libertatisque ecclesiasticæ defensoris acerrimi; qui post multas ab Henrico imperatore IV. acceptas injurias, post exsilium & graves ærumnas, aliaque id genus tandem sanctitate clarus confessor occubuit.* Idem *sanctitate clari* elogium ei tribuitur in Dorganii calendario, ubi præterea officii beatæ Mariæ institutor, & pulsus campanæ mane & vespere ad salutationem Angelicam *inventor* fuisse dicitur. Memoratur etiam cum *beati* titulo apud Philippum Ferrarium in catalogo sanctorum, qui non habentur in Martyrologio Romano. Plura habent Bucelinus in Menologio Benedictino, Saussayus in martyrologio Gallicano, Arnoldus Wion in Ligno vitæ. His addendi Vincentius Bellovacensis, sanctus Antoninus, Trithemius, Platina, Michael Buchingerus Colmariensis, Onufrius-Panvinius, Ciaconius & alii, qui de viris sanctis aut de Pontificibus Romanis aliquid scripserunt, sed quos singillatim recensere nec vacat, nec est operæpretium. Uno verbo, nullus ferme occurrit auctor Chronicorum, aut historiæ ecclesiasticæ, vetus aut recens, qui data opera, aut certe pro occasione, nostrum Urbanum laudibus prosecutus non fuerit. Eos saltem præcipuos, laudavimus suis locis cum sese opportuna obtulit id faciendi occasio.

Locum etiam inter scriptores ecclesiasticos meruit Urbanus, cui non solum varias epistolas, sed alia quoque opuscula nonnulli tribuerunt, ut videre est apud Platinam, Wionem & similes auctores. Carolus à sancto Jacobo in Bibliotheca pontificia refert illum scripsisse contra hæreticorum dogmata, & de injuriis sibi ab Henrico imperatore illatis cum Gregorii VII. legatione fungeretur; præter orationes nonnullas & varias epistolas. Ejus orationes quas in concilio Claromontano pronunciasse dicitur cum paucis aliis, habemus; necnon epistolas satis magno numero; at cetera opuscula nescimus. Hæc forte ex Platina ille auctor hauserat, qui ait, *Urbanum sanctissimum Pontificem non opere solum & exemplo, verum etiam scriptis, contra hæreticorum dogmata ecclesiam confirmasse.* Similia ferme habent Bergomensis libro 12. & Trithemius in chronico Hirsaugiensi ad annum MLXXXVII. ubi & de Urbano ita scribit, *vir fuit doctrina & sanctitate præcipuus, qui verbo & opere simul ac scriptis contra insultus hæreticorum fortiter defensavit Ecclesiam, multaque scripsit atque statuit ad utilitatem communem*, quæ sane Urbano optime conveniunt, & si plura non scripserit, quam quæ nobis supersunt. Verum ut ut sit de ejus scriptis, certo constat eum fuisse virum doctum & eruditum. *Rhetorem* absolute eum Domnizo passim appellat. *Litteratissimum & facundum* Pandulfus in Gelasii II. vita; & *doctorem*, quo moriente *diserta lingua orbis ruit* Baldericus in ejus epitaphio in appendice relato. Idem Pandulfus in ipsius vita, quam etiam ibi invenies, cum ait *virum fuisse strenuum, divinis scripturis eruditum, atque ecclesiasticis traditionibus imbutum, & in earum observatione constantissimum perseveratorem*. Infinitus sim, si ea omnia quæ passim apud auctores de ejus doctrina & eloquentia habentur huc congerere velim, quas potissimum in eo laudaverunt ejus ætatis auctores, qui de sacris expeditionibus scripsere: unum pro omnibus audire sufficiat Guibertum Novigenti abbatem, qui de " his ita loquitur. Ejus scientiæ litterali, eloquentiæ " cooperabatur agilitas. Non enim ei minor videbatur in " latinæ prosecutione locutionis libertas, quam forensi " cuilibet potest esse in materno sermone pernicitas. Nec " altercantium multitudo obtendebat, concinnantis inge-" nium : sed licet prædicabilium grammaticorum elegan-" tiis ambiretur, & oratorum superexundare copias, ac " sermonum quorumcumque facetias superequitare literali " luculentia putabatur. Ejusdem epistolas *succo plenas* laudat Bergomensis, quas tanti fecit Baronius, ut eas *tot fuisse gemmas quot apices* non dubitaverit asseverare: quarum magnæ partis jacturam ideo deplorat, referendo in specimen aliquot fragmenta illius, quæ ad Lucium præpositum sancti Juventii inscripta est; in quibus revera Pontifex reconditam magnam eruditionem exhibet in proferendis sacræ Scripturæ & sanctorum Patrum testimoniis ad stabiliendam de valore Baptismi & aliorum sacramentorum ecclesiæ catholicæ traditionem. Verum hæc epistola omnino integra cum aliis permultis antea ignotis in **Pontif. Epist.** collectione proferetur.

B. URBANI PP. II. VITA.

Locus hic esset de viris illustribus agendi, qui sub Urbani Pontificatu claruerunt, aut de cardinalibus quos ad hanc dignitatem promovit. Ast cum de primis, cum sese obtulit occasio, si quando aliquid ad ecclesiæ utilitatem contulerunt, suis locis egimus, & cardinales memoravimus, quos exprobabilibus saltem argumentis ab Urbano creatos fuisse deprehendimus, non opus est hic de utrisque fusius agendi. Cardinales omnino triginta & septem, præter ignotos, ab Urbano promotos recensent Ciaconius, Onuphrius, & ex iis alii. Sed quorum plerorumque nomina nuda referuntur. Ex iis septem episcopi, quorum quinque Paschalis electioni interfuerunt, Odo scilicet Ostiensis, Urbani in ea sede successor, qui Paschalem consecravit. Gualterius Albanensis, beati Petri Igniti successor, Milo ex Albinano monacho episcopus Prænestinus, Mauricius qui Johanni Portuensi in Gallia defuncto successit, & Crescentius Sabinensis, cujus decessor Ubaldus etiam ab Urbano promotus fuerat post Gregorii mortem. Septimus ex illis episcopis fuit Johannes Tusculi episcopus, de quo multa diximus supra Presbyteri xvi. fuere Oderisius Casini abbas ex Diacono presbyter ab Urbano ordinatus, Robertus tituli sancti Clementis, Albertus postea archiepiscopus Sipontinus; Raynerius qui Urbano sub Paschalis nomine successit, tituli sancti Clementis; Rangerius ex monacho Majoris-monasterii archiepiscopus Rhegiensis ab eodem Pontifice ordinatus; Albericus tituli Eudoxiæ sancti Petri ad Vincula, proindeque Deus dedit celebri canonum collectori suffectus; Petrus tituli Equitii, seu sanctorum Petri & Martini in Montibus; amicus abbas Witurnensis tituli sanctæ Crucis in Jerusalem, Paulus tituli sancti Xisti; Bonifacius tituli sancti Marci; Johannes tituli sanctæ Anastasiæ; Robertus Parisiensis Gallus, tituli sancti Eusebii; Risus tituli sanctorum Laurentii & Damasi, qui archiepiscopus Barensis fuit; Bernardus Ubertinus ex Camaldulensi ordine, tituli sancti Chrysogoni, tum episcopus Parmensis; Theodericus Germanus tituli sanctorum Johannis & Pauli, post modum multis legationibus in Germania celebris; Laudulfus tituli Lucinæ sancti

ANNO CHRISTI 1099.
Cardinales ab eo creati.

Laurentii. His addendus Goffridus Vindocini abbas, atque eo nomine Cardinalis sanctæ Priscæ, quem ipse Urbanus presbyterum ordinavit. Diaconi recensentur XIII. ii sunt. Bernardus, Gregorius abbas Sublacensis, tituli sanctæ Luciæ ad septem-solia; Damianus, Johannes, Azo, Leo Marsicanus monachus Casinensis, qui Urbani nomine complures epistolas scripsisse dicitur, de eo egimus §. 51. Jonatas tituli sanctorum Cosmæ & Damiani; Theodinus Casinensis monachus, tituli sanctæ Mariæ in Porticu; Theobaldus tituli sanctæ Mariæ-Novæ; Comes tituli sanctæ Mariæ in Aquirio; Gregorius tituli sancti Angeli, qui postea sub nomine Innocentii II. Pontifex evasit; Johannes tituli sancti Adriani, ac denique Joannes Cajetanus sanctæ Mariæ in Cosmedin, Urbani Cancellarius; & tandem Pontifex Gelasius secundus dictus. Hos illi auctores recensent, alii in his quæ diximus, cardinales memorati occurrunt, sed qui forte à præcedentibus Pontificibus promoti erant.

APPENDIX
HISTORIA TRANSLATIONIS
RELIQUIARUM
S. MAXIMI
APUD NANTUACUM.

Ex Mſ. Codice Nantuacenſi.

MULTIS rutilantibus ſignis quibus conſtare poterat *Maximum* eſſe honeſtius atque ſublimius collocandum, contigit adeſſe venerandum patrem Cluniacenſis monaſterii ſimulque rectorem Nantuacenſis, *Hugonem* de quo ſuperius prælibavi, quòd revelationem ſuam Maximus ad ejus tempora protelandam differendamque cenſuerit. Hic ergo tam mirifica geſta comperiens, & ea quæ de Maximo Regenſi audierat virtutum magnalia eis conferens; inſuper & de corpore ejus fuiſſe Vienneſibus impertitum ipſum quod erat de Nantuacenſibus per quemdam clericorum qui illud perdiderant dicens * in capitulum venit die Dominica ix. Kalendas Septembris, ibique cum fratribus tractavit de inſtanti negotio, qualiter videlicet fieri poſſet tam ſancti viri humi jacentis exaltatio;

Ad pag 23.

* al. differens.

APPENDIX.

ut qui in cælo erat sublimis, non permaneret in terra humationis suæ despectus. Viri autem qui consultationi erant, Hostiensis tunc *Odo* episcopus, qui nunc est sanctus papa *Urbanus*, vir magnæ in litteris prudentiæ, & in divinis causis auctoritatis & gratiæ, laudavit ipse, & qui aderant ceteri hunc sublimari, & in loco edito cunctis mirandum spectandumque præberi, qui talibus indiciis meruisset inveniri, inventusque tot insigniri miraculis.

Sed Pater egregius in omnibus sibi agendis morosus atque discretus rem differendam judicavit, quousque consuleret diligenti examinatione per jejuniorum & precum vota supernæ voluntatis arbitrium. Præcepit itaque hanc discussionem fore in crastinum, ut eo die jejunando & Litanias cum processione agendo fieret, unde hominibus innotesceret, quid Deo exinde placeret. Ipse vero cum conventu interim capitulum subit clanculum se ab aliis segregans locum sepulcri adivit, seque in orationem dedit tanto liberius quanto secretius, tantamque ibi devotionis flammam concepit, & compunctionis gratiam sensit, ut nullatenus ambigendum putaret, quod ille apud Dominum vere maximus esset, qui ibi jacens tantum secum divinæ virtutis haberet, ut prunas efficeret quos carbones tetigisset, ac mortuus vivis, inter mortuos vivens in Deo ardorem spiritus caloremque pietatis infunderet. Inde igitur se referens explorator occultus ad suos rediit, jussitque præparari quo suscipiendus foret aut reponendus cum transferretur venerandi illius corpusculi thesaurus; transactoque sequenti die & post jejunium celebratum luce tertia succedente, in capitulum rursus veniens pater venerandus ex consensu omnium definivit, ut fieret quod distulerat, ut consultius fieri posset; præcepit cuidam fratri, Ricardo nomine, qui locum noverat, ubi illud cum Guillermo jam dicto reposuerat, quando ad ecclesiam revectum fuerat, ut diligenter fossam aperiens cuncta præpararet, quæ necessaria tali negotio putaret; quatinus qua hora conventus assisteret, nulla mora interveniret quæ translationis agendæ opus impediret. Sed & fratribus injunxit, ut canerent & psalmodiæ

f. adeo.

APPENDIX.

modiæ vacarent, nullusque accederet nisi qui jussus foret. Porro domno Odoni episcopalis ordinis jure cedens, imposuit curam principalem manum mittendi & prima ossa reverentia debita contingendi & extrahendi, totiusque operis ineundi ac finiendi usquequo reponeretur in alio suo locello venerabile corpus: non tamen se excipiens quin juvaret, manusque suas post episcopales adhiberet.

Igitur soluto sic isto capitulo fecerunt cuncti sollemnem processionem, nec in basilicæ gremium de multitudine maxima, quæ ad hoc confluxerat, quemquam admiserunt, sed semper ipsi circumstantes psallere cœperunt *atque* * neque appropinquare volentibus locum dederunt. Tunc vero Ostiensis præsul dealbatus foris & intus præparatus atque accinctus fide, non minus quam perhibebat vestis candore, accedit, & exorcismum pro scuto assumit, atque auctoritate episcopali interdicit, ne si partis erat sinistræ auderet apparere sive extrahendum præbere se; si autem meriti illius, cujus putabatur se esse recognoscebat, cujus caro hæc fuerat apparendi licentiam haberet, extrahendique præberet. Quid plura? Quod * domni abbatis cor tetigerat, ipse etiam tangens episcopi mentem sic afflavit, ut ipse perhiberet quod pro certo in illo loco divinum aliquid jaceret, unde talis benedictio spiritualis erumperet, quæ accedentium corda sic vivificaret ac si ipse auctor suavitatis præsens esset.

* al. atque appropinquare debentibus.

* al. quo & quis.

Intelligens ergo ipse quid significaret qui per signa loquebatur, domnus appropinquavit humiliter, manumque immittens reverenter extrahendorum ossium principium dedit, ac deinde patri suo locum præbuit, ut secundus exstractor fieret, qui primus esse noluisset: ita paullatim fratribus sibi succedentibus, & illis quibus accedere, idque facere licebat, factum est diligentia qua decuit, ut pretiosa corporis illius margarita de imo in quo jacuerat tolleretur, & in excelso loco ponenda vasculo fabrefacto, atque ejus modulo cooptato reciperetur sic cum laudibus divinis levaretur, ubi decentius postmodum coleretur. Quibus sine tumultu populari in pace completis, præmissa turba irruens, quid tripudiaverit, quid jubila-

Tom. III. V u

verit, quid laudum, quid gratiarum reddiderit, quid votorum fecerit cum fufficiat perpendere ex virtutum factarum circumquaque audita opinione, fuperfluum videtur verbis inculcare, aut litteris commendare: vix namque filentium impetrari potuit, ut domnus ipfe loqueretur & fermocinando audiretur vel de *Gregorio* VII. papa, cujus caufa tunc generaliter per totum fere orbem ventilabatur; vel de Maximo hoc tot fignis comperto, cujus tranflationis recens negotium tractabatur, & feftivitas primitiva celebrabatur, & celebranda in pofterum jubebatur atque inventum effe non dubitaretur, qui fentiri in beneficio non folebat, nec videri in feipfo poterat. Dato tamen filentio poft multa talia quæ prælibavi manifeftanda, hoc quoque inftitutum nofcitur indictumque fuiffe, ut in reliquum eo die celebritas hujus tranflationis à populo frequentaretur, quo circa ejufdem menf Augufti finem tertio, videlicet Kalendas Septembris, nundinæ folent apud Nantoacum ex antiquo tempore confluere licet fratribus non hæc licentia daretur, ut ab eis ageretur, nifi vii. Kalendas Septembris, quando eft dies tranflationis, ficut tunc fuit, anno fcilicet eodem, quo ecclefia infirmorum dedicata eft ab eodem tunc præfule venerabili Odone in monafterio Cluniacenfi.

Hic igitur Maximus primo cœpit quafi lucifer oriri, deinde inftar folis radios extendere quoufque meridianum fulgorem poffet tranflatus per tam laudabilium perfonarum manus expandere. *Sequuntur in codice mf. aliquot miracula quæ poft eam tranflationem contigerunt. Sed ea mittimus quod ad Odonem nihil attineant.*

Ex Historia ecclesiæ sancti Jacobi de Compostella, auctoritate Didaci secundi Compostellanæ sedis episcopi & primi archiepiscopi, auctore Giraldo ejusdem antistitis familiari.

PORRO in eadem cathedra (sancti Jacobi) Didacus Pelaiz à domino rege Sancio sublimatus est. In hoc tempore apud Hispanos lex Toletana obliterata est, & lex Romana recepta ; & prædictus quidem Didacus multo tempore nobilitate ac generositate in hac præsenti vita floruit, sed adeo curis exterioribus implicitus exstitit, quod ecclesiastici habitus normæ internam intentionem ut debuit non servavit. Unde à domino rege Adefonso suis exigentibus meritis captus spatio xv. annorum permansit in vinculis.

ad pag 41

Promotio Petri Cardinensis monasterii monachi in Compostellanum episcopum.

INTER hæc si quidem dominus rex Adefonsus, vir Catholicus, intima consideratione comperiens quod beatissimi Apostoli ecclesia in periculo viduitatis posita, nisi in pastorali muniret providentia, sine damno ullomodo constare posset, alium in pontificalem ecclesiæ beati Jacobi sublimare cathedram satagebat. Celebrante itaque Richardo sanctæ Romanæ ecclesiæ cardinali atque legato apud sanctam Mariam de Fusellos concilium, idem rex Adefonsus adfuit & prædictum episcopum quem diutius vinclis mancipari fecerat, quasi solutum, sed tamen sub custodia ad concilium venire jussit, videlicet ut eum à pontificali dignitate deiceret. Tunc prædictus episcopus metu regis & spe liberationis præjudicium Romani cardinalis passus est, & coram omni concilio se indignum episcopatu proclamans anulum & virgam pastoralem cardinali reddidit. Cardinalis autem alium, videlicet Petrum nomine, Cardinienſem abbatem in pontificalem eccleſiæ beati Jacobi cathedram inthronizandi licentiam conceſſit. Poſt hæc idem epiſcopus, quamquam præjudicio gravatus captioni tamen regis iterum mancipatus eſt; ea propter his demum Romæ ventilatis prædictus Richardus ſanctæ Romanæ eccleſiæ cardinalis atque legatus confuſionis atque ignominiæ jaculo confoſſus eſt. Hunc enim papa Urbanus atque ſancta Romana eccleſia admodum objurgavit atque confudit, ut pote qui pridem Compoſtellanum epiſcopum captioni mancipatum præjudicio gravaverat, & injuſte depoſuerat; proinde ipſe quoque legatione qua talia præſumſerat gravatus eſt.

Rex autem Adefonſus communi conſilio ſapientum virorum Heſperiæ quemdam abbatem Cardinenſis monaſterii nomine *Petrum* huic apoſtolicæ prætulit eccleſiæ, qui pro commiſſi gregis regimine biennio in epiſcopatu permanens, quia ſine conſenſu matris noſtræ ſanctæ Romanæ eccleſiæ ad tanti honoris arcem provectus fuit, in quodam concilio Legione à domino cardinali Regnerio celebrato, qui poſtea in urbe Roma factus papa ſortitus eſt nomen Paſchalis, juſte & canonice depoſitus eſt.

Præceptis domini Didaci ſecundi Compoſtellanæ ſedis epiſcopi libenti & devoto animo obtemperans, ipſius prædeceſſorum geſta quam veriſſime potui, huc uſque paginæ commendavi; nunc vero reverendi epiſcopi ſucceſſus quos in hoc honore habuit, & adverſa quæ in eodem viriliter pertulit, atque ea quæ ipſe ad Dei honorem & ſuæ eccleſiæ utilitatem Domino cooperante diſcrete & ſapienter peregit deſcribere & ad poſterorum memoriam revocare, divina præveniente gratia aggredior. Adjutorium noſtrum in nomine Domini, qui fecit cœlum & terram. Amen.

De Prælatione Didaci Gelmiride.

CUM itaque dominus Raymundus vir idoneus atque discretus, condolens Compostellanæ ecclesiæ, non juxta canonum instituta, ut supra expoluimus, ordinate non inconsultis quatuor episcopis, videlicet Petro Lucensi, Gunsalvo Mindunensi, Ruderico Tudensi, Petro Auriensi, quosdam seniorum & populum hujus ecclesiæ ex affectu internæ pietatis sic adloquitur, dicens: Ite & vobismet ipsis consulentes, quemcumque à me repetere volueritis protectorem & defensorem, Domino miserante, impræsentiarum habere poteritis. Hæc ergo audientes, seorsim sumto consilio, in conspectu domini Raymundi totius principes Galleciæ pariter advenerunt, & coram eo assistentes summis precibus ab eo quemdam clericum, nomine Didacum Gelmiridem, honestum & magnæ discretionis virum uno ore petierunt, cujus patrem Iliam & ei vicinam provinciam videlicet inter duos fluvios Uliam & Tamazem mirabili discretione & summo rigore moderaminis multis annis gubernasse recolebant. Quorum petitioni venerabilis comes viscere tenus condescendens domnum Didacum ecclesiæ S. Jacobi canonicum, quem per manum & licentia omnium canonicorum pro cancellario & secretario suo secum in curia honorifice retinebat, omni terræ & honori reverendissimi Jacobi præposuit, qui luce inexpugnabilis intentionis suffultus, nobiliorum virorum prudenti consilio adjutus cœpit destructa restaurare, & restaurata conservare, conservata quasi ad statum rectitudinis multo labore perducere.

De Dalmachio Cluniacensi monacho in episcopum Compostellæ promotum.

PRÆTEREA delapso unius anni spatio venerandus rex Ildefonsus, ejus gener dominus Raymundus, & uxor sua nobilissima domina Urraca consilio &

cleri & populi beati Jacobi, auctori sanctæ Romanæ ecclesiæ quemdam monachum Cluniacensis religionis D. *
Dalmatium. pudicum & religiosum virum & abbatis benedictione & licentia Compostellanæ ecclesiæ, Domino auxiliante, fecerunt episcopum. Hic sedem quasi incultam reperiens vineam, sicut formam sanctæ doctrinæ noverat utilitati sanctæ ecclesiæ ardentissimo amore instuduit. Nam cum dominus Urbanus sanctæ Romanæ ecclesiæ providentissimus episcopus apud Claruinmontem concilium celebraret, religiosus idem Dalmatius cum quibusdam comprovincialium episcoporum, qui germana juncti caritate ejus sanctitati inhæserant, in eodem concilio domino Papæ se præsentavit, ubi ab omnibus valde honoratus hoc privilegium in sequenti serie conscriptum, quod nemo prædecessorum suorum impetrare potuerat, cum ipsis subsequentibus litteris de confraternitate hujus ecclesiæ scriptis apud gratiam domini Papæ summis precibus impetravit.

Libertas Compostellanæ ecclesiæ.

Urbanus episcopus &c.

Dissolutio Dalmatii episcopi & prælatio secunda Didaci Gelmiridæ.

INDE tanto dono rediens decoratus Compostellanam ecclesiam libertatis robore decoravit: sed quia non durat quem mors prosternere curat, octo dies durat quod nos dolor ejus adurat. Clerici ergo qui se de tot periculis ac tribulationibus ad portum quietis pervenisse putabant, quasi navis in medio maris ingruente tempestate de littore solet excuti, sic inter procellas hujus mundi huc illucque se quasi conspiciunt. Sed omnipotentis Dei clementia quæ secundum suæ providentiæ dispositionem dissoluta nave naufragantibus manum perfectæ consolationis porrigit, gubernatorem nostrum catholicum regem domnum Ildefonfum, generumque ejus piiffimum comitem domnum Raymundum cum uxore fua domina Urraca divinitus animavit ut eos de hujufmodi affiduis incurfibus ad portum tranquillitatis mifericorditer retraheret, quod fic factum fuiffe recte ordine defcribitur. Clerus & populus ecclefiæ beati Jacobi omnium beneficiorum quæ dominus Didacus Gelmirides eis primitus fecerat non immemores exfiftentes tam importuna petitione januam mifericordiæ prædictorum principum suppliciter pulfare ftuduerunt, quid apud eorum gratiam eumdem domnum Didacum pro gubernatore ei domino impetrarunt.

Semotio Didaci primi ab epifcopatu.

DOMNUS itaque Didacus Pelais prædictus epifcopus à captione regis jam liberatus, audiens fanctiffimum Dalmacium epifcopum naturæ debita perfolviffe, & hunc alium folum totum honorem non pontificali dignitate fed vicaria poteftate pro tempore obtinere, Romam percita feftinatione petiit, ibique dignitatem pontificalem fe injufte amififfe & vim paffum fuiffe importunis clamoribus conqueftus eft: unde fic factum eft, quod poft mortem domni Dalmacii ecclefia ifta inter diverfas anguftias pofita, hoc negotium quatuor annorum fpatio permanfit indefinitum; per illos autem quatuor annos contiguos domnus Didacus Gelmirides vicarius totum hujus ecclefiæ honorem communi bonorum confilio ex affenfu gubernavit, divina tandem pietate infpirante, & ad communem utilitatem providentia perfuadente excellentiffimus idem rex Adefonfus volens diffinite præfati negotii caufas tam diutina protelatione agitatas, mifit Romam nuntios fuos cum clericis hujufce ecclefiæ fuas rationes contra eumdem Didacum Pelaiz calumnias adhuc in eum injufte devolventem propalaturos & pertractaturos, qui Romam pia intentione pervenientes bonæ memoriæ papam Urbanum, ad quem mittebantur defunctum,

& Paschalem ei in honorem jam subrogatum invenerunt. Hic Paschalis ante papatus adeptionem Ranerius dictus iu Hispania fuerat jam legatus, & totam hanc dissentionem, & beati Jacobi ecclesiæ calamitatem certissime noverat.

Reverendissimus igitur sanctæ Romanæ ecclesiæ episcopus P. eorum rationes & objectiones patula cordis aure perspicacius audiens, ac tantæ inquietudinis summam subtili consideratione discernens, Didacum Pelagidem tantæ dignitatis prælatione indignum esse dictante justitia censuit: unde hæc ecclesia, quæ spatio quindecim annorum in supradictis miseriis quasi languida permanserat, Domino miserante liberata, idem papa venerabili Regi nostro, clero & populo beati Jacobi subsequentes remisit litteras. *Prosequitur ille auctor historiam electionis Didaci, qui Romam adiens Pallium primo obtinuit, ac tandem à Calixto secundo, ut ecclesia, Compostellana in metropolim augeretur.*

Primatus ecclesiæ Toletanæ in Hispaniis restitutus.

ad p.13.4

URBANUS episcopus servus servorum Dei, reverendissimo fratri *Bernardo* archiepiscopo Toletano, ejusque successoribus in perpetuum. Cunctis sanctorum decretales scientibus institutiones liquet, quantæ Toletana ecclesia dignitatis fuerit ex antiquo, & quantæ in Hispanicis & Gallicis regionibus (a) auctoritatis exstiterit, quantæque per eam in ecclesiasticis negotiis utilitates accreverint, sed peccato populi promerente à Sarracenis eadem civitas capta, & ad nihilum Christianæ religionis illic libertas redacta est, adeo ut per annos trecentos pæne septuaginta nulla illic viguerit Christiani Pontificii dignitas. Nostris autem temporibus divina populum suum respiciente clementia, studio *Ildefonsi* gloriosissimi regis, labore populi Christiani Sarracenis expul-

(a) Id de Galliæ parte intelligendum, quæ Wesigotthis parebat, nempe Narbonensi provincia.

APPENDIX.

fis, Christianorum viribus * Toletana civitas est restituta.   * al. juri-
Igitur voluntate & consensu unanimi comprovincialium bus.
populorum, pontificum atque principum, & Ildefonsi
excellentis regis te, frater carissime Bernarde, primum
illius urbis post tanta tempora præsulem eligi divinæ placuit examini majestatis. Et nos ergo miserationi supernæ
gratiæ respondentes, quia per tanta terrarum mariumque
discrimina Romanæ auctoritatem ecclesiæ suppliciter expetisti, auctoritatem christianam Toletanæ ecclesiæ restituere non negamus. Gaudemus etiam (a) corde letissimo,
& magnas, ut decet, Deo gratias agimus, quod tantam
nostris temporibus, dignatus est Christiano populo donare victoriam, statumque ejusdem urbis quoad nostras
etiam facultates stabilire atque augere ipso adjuvante præoptamus, tum benevolentia ecclesiæ Romanæ solita, & digna Toletanæ ecclesiæ reverentia, tum carissimi filii nostri
præstantissimi regis Ildefonsi precibus invitati, pallium
tibi, frater venerabilis Bernarde, ex apostolorum Petri
& Pauli benedictione contradimus, plenitudinem scilicet
omnis sacerdotalis dignitatis, teque, secundum quod
ejusdem urbis antiquitus constat exstitisse pontifices, in
totis Hispaniarum regnis primatem privilegii nostri sanctione statuimus. Primatem te universi præsules Hispaniarum respiciant, & ad te, si quid inter eos quæstione
dignum exortum fuerit, referent, salva tamen Romanæ
ecclesiæ auctoritate, & metropolitanorum privilegiis singulorum. Toletanam ergo ecclesiam jure perpetuo tibi
tuisque, si divina præstiterit gratia, successoribus canonicis tenore hujus privilegii confirmamus, &c. Datum
Anagniæ per manus Johannis S. R. E. diaconi cardinalis
& præsignatoris domini Urbani secundi papæ Idibus Octobris, anno Dominicæ Incarnationis MLXXXVIII. indictione XI. anno Pontificatus domini Urbani papæ primo.

(a) *Al. Gaudentes ergo corde, &c*

APPENDIX.

Ildefonso scribit de Primatu Toletano & de negotio episcopi sancti Jacobi.

ad pag. 45.   URBANUS &c. *Ildefonso* regi Galliciæ. Duo sunt, rex Ildefonse, (*a*) quibus principaliter mundus hîc regitur, sacerdotalis dignitas & regalis potestas; sed sacerdotalis dignitas, fili carissime, tanto potestatem regiam antecedit, ut de ipsis regibus omnium rationem polituri sumus Regi universorum. Quapropter pastoralis nos cura compellit, non solum de minorum, sed de majorum quoque salute pro viribus providere: quam Pastori vero suas oves illæsas restituere, quæ nobis commissæ sunt valeamus, tuæ præcipue debemus saluti prospicere quem Christianæ fidei propugnatorem Ecclesiæ Christus effecit. Memento ergo, memento, fili mi amantissime, quantam tibi gloriam divinæ contulit gratia majestatis, & sicut ipse tuum præ ceteris regnum nobilitavit, ita tu ei studeas præ ceteris devotius ac familiarius deservire.
a.Reg.2.30.   Dicit enim ipse Dominus per Prophetam: *Honorificentes me honorificabo; qui autem me contemnunt erunt ignobiles.* Gratias itaque Domino & laboribus tuis agimus quod de Saracenorum jure Toletana est ecclesia liberata. Fratrem autem venerabilem *Bernardum* ejusdem urbis præsulem tuis exhortationibus invitati digne ac reverenter excepimus, & ei pallium contradentes, privilegium quoque Toletanæ ecclesiæ antiquæ majestatis indulsimus. Ipsum enim in totis Hispaniarum regnis primatem statuimus; & quidquid Toletana ecclesia antiquitus noscitur habuisse, nunc quoque ex apostolicæ sedis liberalitate in posterum habere censuimus. Tu illum ut patrem carissimum exaudias, & quæque tibi ex Domino nuntiaverit, obedire curato; & ecclesiam ejus temporalibus non desistas auxiliis ac beneficiis exaltare. Inter cætera vero laudum tuarum præconia pervenit ad aures nostras, quod sine gravi dolore audire nequivimus, episcopum scilicet sancti

---

Alias Aldefonsus seu Alfonsus, *Hispaniæ imperator* dictus, Ferdinandi filius, & frater Sancii Castellæ regis, qui anno 1072. successit ad annum 1109.

APPENDIX.

Jacobi à te captum, & in captione ab episcopali dignitate depositum, quod canonibus noveris omnino contrarium, & catholicis auribus non ferendum, quod tanto nos amplius contristavit, quanto te ampliori affectione complectimur. Nunc tibi, rex gloriosissime Ildefonse, Dei & Apostolorum vice mandamus, orantes, quatenus eumdem episcopum suæ integræ restituas per Toletanum archiepiscopum dignitati; neque id per Ricardum cardinalem sedis apostolicæ factum excusaveris; quia & canonibus omnino est contrarium, & Ricardus tunc legatione sedis apostolicæ minime fungebatur. Quod ergo ille tunc gessit, quem *Victor* papa sanctæ memoriæ tertius legatione privaverat, (a) nos irrritum judicamus. In remissionem peccatorum & sedis apostolicæ obedientiam suæ dignitati episcopo restituto, (b) & ad nostram præsentiam cum legatis tuis ipse perveniat canonice judicandus: sin autem facere nos erga dilectionem tuam compelleres invitos, quod nos quoque fecisse nollemus. Memento religiosi principis Constantini, qui sacerdotum judicia nec audire voluit, indignum judicans dictos (c) ab hominibus judicari. Audi ergo in nobis Dominum & Apostolos ejus, si te ab ipsis velis, & à nobis in iis quæ postulaveris exaudiri. Rex regum Dominus cor tuum gratiæ suæ fulgore illustret, victorias tibi tribuat, regnum tuum exaltet, itaque te semper vivere concedat, ut & temporali regno perfruaris feliciter, & æterno perenniter gratuleris, amen.

(a) Richardus abbas sancti Victoris Massiliæ à Gregorio VII. post Bernardum suum fratrem in Hispanias legatus, in concilio Beneventano an. 1087. excommunicatus fuerat cum Hugone Lugdunensi, quod post approbatam Victoris electionem, sese post modum ejus obedientiæ subduxerant, ut in gestis Urbani diximus, ex chronico Casinensi lib. 3 cap. 72.

(b) De hoc Compostellani episcopi negotio agimus in Urbani gestis, vide excerpta ex historia Compostellana supra.

(c) Labb. Aguir. &c. *deos*, legendum forte *dictos deos*. v. Rufin, &c.

Gregorius IX. exemplaria epistolarum ex registro Urbani II. & aliis ad Rodericum Toleti archiepiscopum mittit.

Gregorius IX. archiepiscopo Toletano.

SUPPLICASTI nobis frater archiepiscope, ut cum in registris Romanum Pontificum quædam contineantur munimenta ecclesiæ Toletanæ, illa conscribi & tibi tradi sub bullæ nostræ munimine faceremus, ne registris ipsis perditis, casu fortuito aut vetustate consumptis, jus ipsius ecclesiæ contingat cum pereuntibus deperire. Nos igitur tuæ sollicitudinis providentiam commendantes præsentium significatione testamur; quod in registris felicis recordationis *Urbani II.* prædecessoris nostri scriptum est de bonæ memoriæ Bernardo Toletano archiepiscopo in hæc verba: Hoc tempore Toletanus archiepiscopus *Bernardus* Romam ad dominum papam Urbanum veniens ei pro episcoporum more juravit, & pallium & privilegium accepit, regnique Hispaniarum primas institutus est. Tunc etiam in Gallicia omnis diœcesis sancti Jacobi ab omni est officio excommunicata divino, quia sancti Jacobi episcopus in regis carcere depositus fuerat unde & hæc regi Ildefonso epistola missa est. *Refertur epistola Urbani ad Ildefonsum, tum sequens ad Hispaniarum episcopos, & aliæ multæ, quas Gregorius recognoscit.* Datum Laterani VII. Kalendas Junii pontificatus nostri anno XII. *Vide Ordericum Raynaldum tom. 13. ad annum 1239. Labb. tom 10. &c.*

Archiepiscopos Hispaniæ monet de restitutione primatus Toletani.

URBANUS &c. Terraconensi (*a*) & ceteris Hispaniarum archiepiscopis.

QUISQUIS voluntatem gerit, ut sibi alii sub- Ad pag. 43. jiciantur, dedignari non debet, ut ipsi quoque aliis sit subjectus. Hic enim ordo regiminis atque prælationis non solum in terrestri, sed in supercælesti quoque ecclesia observatur, Rege omnium disponente, ut si omnium principe alii aliis principentur. Toletanum siquidem archiepiscopum privilegii nostri auctoritate primatem in totis Hispaniarum regnis fore decrevimus, salva sedis apostolicæ auctoritate, & metropolitanorum privilegiis singulorum. Si quid igitur inter vos grave contigerit, quia ab apostolica sede procul estis, ad eum velut ad primatem vestrum omnium recurretis, ejusque judicio quæ vobis sunt gravia terminabitis. Quod si quid forte ipsius quoque judicio nequiverit definiri, ad apostolicam sedem, ut dignum est, velut omnium sedium principem referetur. Qui autem vestrum sine metropolitanis propriis sunt, ipsi interim velut proprio subesse debebunt. Valete.

(*a*) Vereor ne *Terraconensi* irrepserit. Quippe cum anno 1088. Bernardus Toleti antistes primatum recepit, nondum Terraconensis ecclesia in metropolim restituta fuerat. Non enim videtur in subsequentes annos posse rejici hæc epistola, quæ non uni Terraconensi, sed universis Hispaniarum archiepiscopis inscripta est, ut eos moneat de Toletani primatus restitutione, quæ hoc anno facta est. Calistus II. epist 34. *Ovetensem & Legionensem ecclesias* Toletano archiepiscopo ab Urbano concessas fuisse scribit.

Hugonem abbatem Cluniaci monet de primatu collata ecclesiæ Toletanæ.

URBANUS &c. *Hugoni* abbati Cluniacensi &c.

VENERABILEM fratrem nostrum *Bernardum* Toletanæ ecclesiæ præsulem tam pro tuæ postulatione dilectionis, quam pro ipsius reverentia religionis & Toletanæ ecclesiæ honore reverenter excepimus. Ipsi etiam ad sedis apostolicæ & Romanæ ecclesiæ ut matris omnium majestatem, quemadmodum dignum est devote ac simpliciter concurrenti antiqua ecclesiæ suæ prout rogasti munimenta concessimus, & privilegii nostri paginam pristina plenam dignitate, libenter indulsimus. Primatem episcoporum omnium, qui in Hispaniis sunt effecimus, & quæque super eo tua nos caritas flagitavit, cum pallii datione contradidimus. Tibi ergo par est amoris nostri studio respondere, & nostris ac Romanæ ecclesiæ auxiliis fideliter deservire. Nos enim & præcipua te ac fratres tuos affectione diligimus, & omnia monasterii vestri loca, ubi liberum fuerit, in nostræ specialiter manus protectionem suscipimus; ita ut nec episcopus quilibet, nec legatus, nisi cui à nobis idipsum specialiter injunctum fuerit, præter voluntatem tuam de vestris audeat negotiis judicare, salvo tamen jure episcoporum, quod in eis hactenus habuisse noscuntur. Vos ergo nostri semper in omnibus vestris ad Dominum precibus memores sitis; & sicut nos vos & vestra specialiter fovemus, ita vos nos apud Dominum spiritualiter commendare curetis; nosque ac Romanam ecclesiam, ubi oportet, & ubi facultas est adjuvetis. Dominus omnipotens sua nos gratia foveat, conservet ac protegat, amen.

APPENDIX.

Bernardum Toletanum monet de iis quæ in Hispaniis curare debet.

URBANUS &c. *Bernardo* archiepiscopo Toletano &c.

SEMPER te memorem esse oportet benedictionis & gratiæ excellentisque liberalitatis quam à sede apostolica accepisti; semper te quanti geras culmen officii & rebus ostendere rivum te à fonte Petri apostoli descendisse & flammam, quam ab ignis ejus camino susceptam foves, semper in altiora producere. Nunc præcipue fraternitatem tuam ampliorem principum Petri & Pauli disciplinam instruere, tuique officii oportet exhibere censuram, nunc præcipue cum nullus in vestris partibus apostolicæ sedis legatus existit: *Richardo* enim legationem quam hactenus habuit, denegavimus; nec alicui cuipiam vestrarum partium legationem injunximus. Te igitur, ut prudentem ac religiosum virum, hortamur & obsecramus in Domino, ut quæ dicta sunt studiose exerceas, bonos in melius acuas, pravos corrigas, & canonicam in omnibus disciplinam ad Romanæ ecclesiæ gloriam, tuique studii mercedem ferventer & indesinenter observare procures. Adesto, invigila, insta cum fratribus nostris episcopis, regibus, principibus ac populo, quatenus aberrantes ad rectum propositum redeant; manentes in fidei veritate, ad exitum usque viriliter perseverent. Id vero te præcipue laborare volumus & rogamus ut sancti Jacobi episcopus emancipatus vinculis suo restituatur officio; de quo quidquid auxiliante Domino egeris, tuis nobis litteris indicabis. De ceteris & quæ in Hispaniarum regnis per nos disponenda provideris, & cui potissimum committenda sedis apostolicæ legatio videatur, tuis nos nuntiis & apicibus informabis. Labores autem quos in membris tuis Apostolorum principes quotidie patiuntur, nolito ullomodo oblivisci: sed eos semper in corde bajulans, & fidelibus omnibus commendans solatiorum vestrorum ope lenire festina.

Privilegium domni Rainoldi Remorum archiepiscopi.

Ad pag 71.

URBANUS episcopus servus servorum Dei *Rainaldo* carissimo fratri Remorum archiepiscopo ejusque successoribus legitimis in perpetuum. Potestatem ligandi atque solvendi in cælis & in terra beato Petro ejusque successoribus auctore Deo principaliter traditam, illis ecclesia verbis agnoscit, quibus Petrum est Dominus allocutus: *Quæcumque ligaveris super terram erunt ligata in cælis, & quæcumque solveris super terram erunt soluta & in cælis.* Ipsi quoque & propriæ firmitas, & alienæ fidei confirmatio eodem Deo auctore præstatur, cum ad eum dicitur: *Rogavi pro te ut non deficiat fides tua, Petre; & tu aliquando conversus confirma fratres tuos.* Oportet ergo nos qui, licet indigni, Petri residemus in loco, prava corrigere, recta firmare, & in omni ecclesia ad interni arbitrium Judicis sic disponenda disponere, ut de vultu ejus judicium nostrum prodeat, & oculi nostri videant æquitatem. Fraternitatis igitur tuæ justis petitionibus annuentes ex antiquo Remensis ecclesiæ usu, apostolicæ sedis auctoritate ac benevolentia concessum tibi pallium hujus decreti nostri pagina confirmamus, primatemque totius secundæ Belgicæ provinciæ secundum antecessorum tuorum dignitatem esse censemus. Statuimus etiam, ut nulli nisi solummodo Romano Pontifici subjectionem & obedientiam debeas, omnisque causæ tuæ judicium solius Romani Pontificis diffiniatur arbitrio. Primam præterea præcipuamque tibi tuisque successoribus potestatem contradimus Francorum reges consecrandi; ut sicut beatus *Remigius* ad fidem *Chlodoveo* converso primum illi regno regem Christianum instituisse cognoscitur; ita tu quoque, tuique successores, qui ejusdem sancti Remigii vice in Remensi ecclesia, Domino disponente fungimini, ungendi regis & ordinandi sive reginæ, (*a*) prima potestate fun-

Matth. 18. 18.

(*a*) Philippus du Bec senio confectus hujus consecrandarum reginarum prærogativæ meminit in litteris excusatoriis ad Henricum magnum, quod annos 86. natus ejus uxoris reginæ coronationi interesse non posset.

gamini

gamini. Statuimus etiam præsentis nostræ paginæ auctoritate firmantes, ut sicut primum diadematis insigne per vestræ manus impositionem Francorum reges suscipiunt, ita quoque * in solemnibus processionibus quibus eosdem reges fuerit coronari, te præsente, vel tuorum Catholicorum quomodolibet successorum à nullo alio archiepiscopo vel episcopo coronetur. (*a*) Vestram ergo dilectionem apostolicæ sedis gratiæ vicem debita subjectione rependere, ejusque decreta inviolabiliter observare, * ut à subjectis tibi Franciæ populis ut observentur pro viribus exigere. Nos siquidem antiquam omnem vestræ ecclesiæ dignitatem servare speciali devotionis intuitu cupientes, totum honoris, totum dignitatis & excellentiæ tibi, tuisque legitimis successoribus manere decernimus, quidquid (*b*) beato Remigio prædecessor noster *Ormisda* legitur contulisse. Itaque dilectionis tuæ reverentia, frater carissime Rainolde, secundum antecessorum tuorum consuetudines pallio uti noverit ad missarum solummodo celebrationes diebus tantum determinatis, videlicet Dominicæ Nativitatis, Circumcisionis & Epiphaniæ, Sabbato-sancto, Resurrectione & secunda feria, Ascensione, Pentecoste, in sollemnitatibus sanctæ Dei genitricis & virginis Mariæ, natalitiis quoque Johannis-Baptistæ, atque omnium Apostolorum, & festis sanctorum Nicasii, Remigii, Martini; in commemoratione etiam omnium Sanctorum, in consecratione Chrismatis, ecclesiarum & tam episcoporum quam aliorum clericorum, in benedictione regis ac reginæ, in anniversario tuæ consecrationis & ecclesiarum sanctæ Mariæ, sanctique Remigii dedicationis die. Cujus indumenti honor quoniam modesta actuum vivacitate servandus

* f. add. opus.

* f. add. monemus.

(*a*) Hanc Remensium archiepiscoporum prærogativam propugnavit sanctus Bernardus ad Eugenium III. scribens: epist. 247. Vide notas fusiores in hanc epistolam, & Marlot. de inaugurationibus Regum.

(*b*) Vicariatum scilicet apostolicæ sedis, quo præter primatum, quinam etiam nunc etiam archiepiscopi Remenses sub *legati-nati* titulo, ob hoc passim *primates in Gallias* appellati, & duæ cruces olim ante illos deferebantur, ut in vetusto Rituali legitur. Hanc concessionem ad Hormisdam refert Urbanus ex Hincmaro, quæ potius ab Anastasio collata dici debet. Ceterum reges Francorum ne Pontificibus parciores erga Remigii sedem, quam metropolim appellarunt, viderentur, Remorum archiepiscopum primum Franciæ ducem & parem constituunt.

est, hortamur ut ei morum tuorum ornamenta conveniant, quatenus auctore Deo recte utrobique possis esse conspicuus. Quamobrem, carissime frater, quem pastoralis curæ constringit officium, dilige fratres, ipsi quoque adversarii propter mandatum dominicum tuo circa te copulentur affectu; pacem sequere cum omnibus : sanctimoniæ, sine qua nemo videbit Deum, piis vaces operibus; virtutibus polleas, fulgeat in pectore tuo rationale judicii cum superhumeralis actione conjunctum. Ita procedas in conspectu Dei & totius Israel hujusmodi gregi commisso præbeas exempla, ut videant opera tua bona & glorificent Patrem nostrum qui in cælis est. Sit in lingua sermo, sit zeli fervor in animo. Creditum tibi agrum dominicum exerce dum licet, semina in timore dum tempus est, bonum faciendo ne deficias, tempore suo metes indeficiendo. Vigilanter itaque terrena negotia relinquendo cælestibus anhela, quæ retro sunt obliviscens, in ea quæ ante sunt temetipsum enixius extende. Mens tua in sæculari vanitate non diffluat, in unum currat atque confluat finem, quem mira suavitate David respexerat cum dicebat: *Unam petii à Domino hanc requiram, ut inhabitem in domo Domini omnibus diebus vitæ meæ.* Sancta Trinitas fraternitatem tuam gratiæ suæ protectione circumdet, & ad finem qui non finitur pervenire concedat. Datum Romæ per manus Johannis sanctæ Romanæ ecclesiæ diaconi cardinalis, anno Dominicæ Incarnationis MLXXXIX. indictione XIII. VIII. Kalend. Januarii, anno pontificatus domni Urbani II. papæ secundi.

Psal. 26. 4.

APPENDIX.

Privilegium Monasterii Balmensis apud Sequanos.

URBANUS episcopus servus servorum Dei Hu- *ad pag. 71.*
goni carissimo filio Balmensi abbati, ejusque successoribus legitimis in perpetuum. Potestatem ligandi atque solvendi in cælis & in terra beato Petro ejusque successoribus, auctore Deo, principaliter traditam illis ecclesia verbis agnoscit, quibus per eum Dominus allocutus est: *Quæcumque ligaveris super terram erunt ligata &* *Mat.18.18.*
in cælis, & quæcumque solveris super terram erunt soluta
& in cælis. Ipsi quoque & propriæ firmitas, & alienæ fidei confirmatio, eodem Deo auctore, præstatur, cum ad eum dicitur: *Rogavi pro te ut non deficiat fides tua,* *Luc. 22.32.*
Petre, *& tu aliquando conversus confirma fratres tuos.* Oportet ergo nos, qui, licet indigni, Petri residemus in loco, prava corrigere, recta firmare, & in omni ecclesia ad interni arbitrium Judicis, sic disponenda disponere, ut de vultu ejus judicium nostrum prodeat, & oculi ejus videant æquitatem. Tuis igitur, carissime fili Hugo, Bisuntinique archiepiscopi *Hugonis* piis petitionibus annuens, tibi tuisque legitimis successoribus Balmense coenobium (*a*) regendum ac disponendum præsentis decreti nostri pagina confirmamus, cunctaque tam in monasteriis, quam in ecclesiis ad idem Balmense monasterium pertinentia. Videlicet monasterium sanctæ Mariæ Grandis-fontis cum omnibus appendiciis suis, monasterium sancti Petri Gaude cum omnibus appendiciis suis, monasterium sanctæ Mariæ infra urbem Bisunticam, quod vocatur Jusanum, (*b*) cum appendiciis suis, monasterium sancti Eu-

---

(*a*) Celebre est illud monasterium quod postea Cluniaco filiæ suæ subjectum est, ob S. Bernonem ejus loci abbatem, qui exinde transmigrans primus fuit Cluniaci abbas, & S. Odonis institutor, hodieque subsistit in Burgundiæ comitatu, de quo vide Bibliothecam Cluniac. col.

(*b*) Jussano monast. regulam fere ex Benedictina omnino excerptam tradidit S. Donatus Vesontionis antistes de sæculo VII. ineunte. Nunc hic locus PP. Minimis cessit.

Y y ij

APPENDIX.

gendi Eticæ cum omnibus appendiciis suis; monasterium sancti Lauteni cum omnibus appendiciis suis, ecclesiam sancti Johannis Balmæ cum capella Erancet, ecclesiam sancti Gervasi Victoris cum appendiciis suis, ecclesiam sancti Nicolai Carneti, ecclesiam Laviniaci, Montis Huin, Caveriaci, Cavaniaci, Brariaci, cum appendiciis suis, ecclesiam sancti Desiderati, Lædonis, Sisintiaci, Larnaci, Desnensis, cum appendiciis earum; ecclesiam Dumblensem cum appendiciis suis, ecclesiam de Guars, Montis-Tolosæ, Asnensis, Montis-Alacris, Neblensis Castri cum appendiciis earum; ecclesiam Sarmaciæ, Sabonariæ, Olæfractæ, Costumnæ, Mulnet, Ver, Biviliaci, sancti Mauritii, & sancti Germani Gravæ, Baensis, Bellimontis, Montis Roolenis, Esciconis, Rancinaci, Gelerengis, Beneventi cum omnibus appendiciis earum; ecclesiam Bellæ-Vavræ, Cienfisvillæ cum capella Castri; sancti Reneberti, sancti Stephani de Ponte, Doni-Petri de Arlico, Wistruciici, cum appendiciis earum; ecclesia Poloniaci, cum capellis scilicet Castri, Mariaci, Platani, Sancti Sabini, & cum omnibus appendiciis suis; ecclesiam Aquensis, Solciaci, Spinctensis cum appendiciis earum. Præterea per præsentem nostri privilegii paginam apostolica auctoritate statuimus, ut quæcumque nunc idem cœnobium possidet sive in crastinum largitione principum, concessione Pontificum, vel oblatione fidelium legitimis modis poterit adipisci, firma tibi tuisque successoribus & illibata permaneant. Decernimus ergo, ut nulli omnino hominum liceat idem cœnobium temere perturbare, aut ei subditas possessiones aufferre, minuere, vel temerariis vexationibus fatigare; sed omnia integre conserventur, eorum, pro quorum sustentatione concessa sunt, usibus profutura, salva Bisuntini archiepiscopi canonica reverentia. Sane si quis in crastinum archiepiscopus aut episcopus, imperator aut rex, princeps aut dux, comes aut judex, aut persona quælibet, magna vel parva, potens aut impotens, hujus nostri privilegii paginam sciens contra eam tamen venire temptaverit, secundo tertiove commonitus, si non satisfactione congrua emendaverit, Christi & ecclesiæ corpore cum auctoritate potestatis apostoli-

APPENDIX.

cæ segregamus: Conservantibus autem pax à Deo, & misericordia præsentibus ac futuris sæculis conservetur. Amen.

Ego Urbanus Catholicæ ecclesiæ episcopus.

Datum Romæ v. Kal. Januarii per manus Joannis sanctæ Romanæ ecclesiæ diaconus cardinalis, anno Dominicæ Incarnationis MLXXX. VIII. indict. XIII. anno Pontificatus Domini Urbani papæ secundi secundo.

EX DOMNIZONE
DE VITA MATHILDIS DUCATRICIS.

Cap. 4. lib. 2.

REX ut Henricus factus gravis est inimicus
Ecclesiæ sanctæ dominæque Mathildis amandæ,
In quocumque loco poterat sibi tollere, toto
Nexu tollebat terras ubicumque tenebat
Præsertim villas ac oppida, quæ comitissa
Hæc ultra montes possederat à genitrice,
Abstulit omnino, nisi castrum Brigerinum,
Forte quod magnum, locuples erat undique largum,
Hoc Rex aggressus nequit intus ponere gressus.
Cum bis quinque quasi transirent jam simul anni
Rex quod ab Italia discesserat, armat equina
Dorsa viris, jurans per septem tempora, supra
Mathildis terram persistere, pace neglecta,
Castra vocat densa, descendit ad Itala regna.
Tertius & mensis foliis florebat & herbis,
Urbs Dominæ quædam prædictæ cara manebat,
Tempore longævo vocitatur Mantua vero,
Ex multis rebus dives satis ac speciebus:

Ad pag. 83.

Rex cupiens ipsam, fixit tentoria circa,
Quam mox athletis de sumptibus atque replevit
Nobilis & fortis Mathildis, maxime doctrix, * *Ductrix.
Ipsa tenens montes, inimicos despicit omnes
Regis bella phalanx dabat urbi sæpius atra,
Exiliunt cives, simul Athletæ comitissæ,
Occidunt, frangunt, cœtum pellunt Alemannum
Urbs bene protecta &c.

Hæc scriptum dicit de injuriis quas fecit Guido Viennensis archiepiscopus ecclesiæ Gratianopolitanæ & ejusdem ecclesiæ episcopo Hugoni de pago Salmoriacensi.

EGO HUGO Gratianopolitanus episcopus, posterorum notitiæ trado, qualiter Viennensis archiepiscopus Guido calumniam movit de Salmoriacensi pago adversus Gratianopolitanam ecclesiam præfatum pagum injuste possidere, quoniam juris erat Viennensis ecclesiæ. Ad quam querimoniam diffiniendam Viennam convenimus, sed causa tunc indiscussa diem aliam placito constituimus, in qua die apud Rotmanos iterum convenerunt cum eo Gontardus Valentinensis & Guido Genevensis, nobiscum Pontius Belicensis & Landricus Matisconensis episcopi; ubi & scriptis & aliis testimoniis ostendimus, quod pagum illum ecclesia Gratianopolitana ecclesia per centum annos & eo amplius possedisset. Ex quo vero primum possederit penitus ignorare. E contra Viennenses objecerunt quod eo tempore in quo Gratianopolitana ecclesia à paganis desolata erat, ejusdem civitatis episcopo ab archiepiscopo Viennensi ad tempus concessum est. A quibus cum requisissent prefati episcopi si super hac responsione aliqua cartarum monimenta haberent, responsum est nullum exinde scriptum habere, sed solum vulgi rumorem sufficere. At Gratianopolitani canonici postulaverunt ut præsentes episcopi super hoc judicarent, utrum nuda & sola Viennensium verba Gratianopolitanam ecclesiam à possessione tam antiqua excluderet. Sed Viennensis archiepiscopus noluit audire judicium; quoniam eo tempore milites illius terræ ad pacem faciendam conjuratos in manu sua tenebat, quod judicio non potuit opportunitate accepta violenter abstulit, pro qua invasione domino papæ Urbano secundo, proclamationem fecimus. Unde Lugdunensi archiepiscopo Hugoni qui tunc legatus Romanæ ecclesiæ erat, litteras destinavit, Lugdunensis itaque archiepiscopus fretus apostolica auctoritate, utrumque nostrum ad tantam injuriam diffiniendam apud Barnem ante præsentiam suam ex præcepto domini papæ venire fecit. Qui utrimque audita ratione, plenam investituram Gratianopolitanæ ecclesiæ quæ sicut diximus, violenter exspoliata fuerat, judicavit, & primo concilio in Galliis celebrando calumniam se determinaturum promisit. Investituram autem Viennensis archiepiscopus, spreto apostolici legati judicio, reddere nobis noluit, quoniam eo tempore Romam ad dominum papam Urbanum legatum cum litteris suis miserat, postulans ab eo ut quæ juris erant Viennensis ecclesiæ privilegio confirmaret, pro cujus impetratione, sicut ipse nobis postea confessus est, quingentos solidos in Romana curia dispensavit. In quo inter Salmoriacensem pagum quem noviter arripuerat, fraudulenter & per surreptionem scribi fecit, domino papa ipsius pagi querimoniam prorsus ignorante. Quam privilegii fraudem ubi persensimus cum summa festinatione Romam misimus apud dominum papam conquerentes, & de contemptu super investitura legati sui judicio, & de fraudulenta privilegii surreptione. Unde dominus papa Urbanus Lugdunensi archiepiscopo Hugoni legato suo litteras mandavit, quarum exemplum infra scriptum est.

URBANUS episcopus, servus servorum Dei, dilecto fratri & episcopo *Hugoni* Lugdunensi, & sanctæ Romanæ eclesiæ legato, salutem & apostolicam benedictionem. Sollicitudinis nostræ vices, & agendorum conciliorum providentiam strenuitati tuæ pure simpliciterque commisimus. Sed pro conservanda pace & negotio facilius peragendo, utilius æstimavimus confratris nostri Remensis archiepiscopi (*a*) consilium concifcere, quia in ejus manu familiarius causa Regis versatur. Tua vero intererit, sive cum ejus, sive sine ejus consilio, prout tibi à Domino copiam ministrari conspexeris, injunctæ legationis officium exercere, & pullulantes vitiorum palmites divini verbi falce recidere. Inter Viennensem archiepiscopum *Guidonem*, & Gratianopolitanum episcopum *Hugonem* quid rerum sit, sagacitas tua longe melius intra provinciam investigare prævalet, quam nos qui tam longis terrarum spaciis absumus. Quod igitur de eodem negotio tua fraternitas statuit, nos de tuæ justitiæ integritate securi nostra assertione firmamus. Si quas vero nostræ auctoritatis litteras Viennensis objecerit, nosse nos volumus quia nos nihil ipsi aut ecclesiæ Viennensi concessimus, nisi quod juste hactenus possedisse cognoscitur, etiamsi per subreptionem forte, quod absit, aliquid videatur extortum; sua enim cuique volumus jura servari. Tu hanc eorum dissentionem quanto citius poteris, adjuvante Domino, sopire procura. In his & in aliis quæ Dei sunt, in prompu habeas te Dei ministrum spiritu ferventissimo exhibere. Orantem pro nobis sanctitatem tuam gratia divina custodiat. Data Romæ XVII. Kal. Junii.

Nobis vero per eundem legatum litteras in hunc modum misit.

URBANUS episcopus servus servorum Dei, dilecto fratri *Hugoni* Gratianopolitano episcopo, salutem & apostolicam benedictionem. Pro negotio tuo confratri nostro Lugdunensi *Hugoni* archiepiscopo rescripsimus quod enim ipse nostra vice statuit, nos nostra assertione corroboramus. Si quas vero nostræ auctoritatis

(*a*) Is erat Raynoldus, qui pro suæ sedis dignitate, & propriis meritis multa auctoritate apud Regem pollebat.

litteras Viennensis archiepiscopus opposuerit nihil causæ tuæ officere arbitreris. Nos enim nihil ipsi, aut eclesiæ Viennensi concessimus, nisi quod juste hactenus possedisse cognoscitur, sua enim cuique volumus jura servari. Orantem pro nobis fraternitatem tuam miseratio divina custodiat. Data Romæ XVII. Kalend. Junii.

INTEREA Lugdunensis archiepiscopus Hugo apud Eduensem civitatem concilium disposuit celebrare, ubi nos interesse præcepit, paratos ad dirimendam totius concilii judicio querimoniam. Tandem in concilio ad causam nostram ventum est. Ubi post multa verba, ut causam nostram injustam esse Viennensis archiepiscopus comprobaret cum insultatione scripturarum quasi multa vetustate contritam protulit, quæ continebat quod Barnuinus Viennensis archiepiscopus, Isarno Gratianopolitano episcopo, ecclesiam sancti Donati, & Salmoriensem pagum concessisset, donec Gratianopolitanæ ecclesiæ pax a persecutione paganorum qua tunc vastabatur, redderetur. Qua perlecta, à timore quem nobis incusserant, respiravimus, rogantes apostolicum legatum, ut cartam illam ipse servaret, quæ sine dubio falsum testimonium dabat, quoniam Barnuinus Viennensis archiepiscopus & Isarnus Gratianopolitanus Pontifex non contemporanei fuerunt, sicut ex catalogo Lugduensi, & ex aliis multis scriptis collegimus. Præterea cartam illam infirmavimus & cassavimus, ex eo quod Alcherius Gratianopolitanus episcopus antecessor Isarni episcopi prædictum pagum Salmoriacensem possedisse multis cartarum testimoniis cognoscitur, & ecclesiam sancti Donati Gratianopolitana ecclesia non per Barnuinum obtinuisset, sed largitione regum, videlicet Bosonis & Lodovici filii sui, quod præceptis eorum regalibus declaratum est. Cognita autem à nobis ipsius scripturæ falsitate, & ejus taliter infirmato, Viennensis archiepiscopus judicium, quod primum quadam importunitate requirebat, suffugere cepit, & carta illa è conspectu concilii & ipsius legati repente sublata, ad prefati privilegii auctoritatem spreto judicio recurrit, quod nihil ei suffragari potuit, quoniam dominus papa illud privilegium per subreptionem sibi extortum litteris suis intimaverat, & causam nostram canonico judicio diffiniendam legato suo commiserat. Et ita hoc refugio qui injustitiam suam defendere moliebatur Viennensis destitutus est. Tentaverunt autem archiepiscopi præsentes & episcopi rogatu apostolici legati, qui concilii turbationem formidabat, pacem inter nos & concordiam reformare; sed quoniam nostra quæ invaserat ex integro nobis restituere noluit satius intellexa * synodale judicium, quam inutilem concordiam recipere. Quod ille plurimum formidans, & quasi imminentem judicii sententiam evadere cupiens, jus ecclesiæ nobis commissæ sicut cum antecessoribus nostris melius possederat Viennæ consilio canonicorum suorum nobis restituere promisit. Igitur die constituta Viennam veni, sed quod ipse promiserat, minime implevit. Interea domnus papa Urbanus Placentiæ disposuit celebrare concilium, ubi Gallicanos episcopos præcepit interesse; qui super tanta injuria querimoniam facturus cum pergerem, Viennensem archiepiscopum in Italiam apud sanctum Ambrosium reperi, quod ut me ab incepto itinere revocaret, hebdomada qua concilium Placentinum Papa celebrare disposuerat, consilio Lugdunensis archiepiscopi se obediturum de causa nostra spopondit. Hac intentione ab itinere domum regressus, cum Lugdunum venire determinata die præpararem, Viennensis Placitum renunciavit. Et sic ab illo turpiter illusus, dolos ipsius cognoscens, iter quod intermiseram statim arripui, & ultima die concilii summa cum festinatione Placentiam veni, ubi coram papa & universo concilio, violentiam quam nobis Viennensis intulerat, & dolos ejus, & apostolicæ sedis contemptum exposui, & qualiter apostolici legati judicio de investitura nostra obedire noluerat. Quo audito, totius concilii judicio, plenam investituram Salmoriacensis pagi papa nobis reddidit, privilegium quod sicut supra positum est, per subreptionem Viennensis extorserat, cassavit, & super hoc ei litteras destinavit, quarum exemplum infra scriptum est.

* Sic in exemplo nostro.

APPENDIX.

URBANUS episcopus, servus servorum Dei, Guidoni Viennensium archiepiscopo salutem & apostolicam benedictionem. Necessitati & utilitati ecclesiæ providentes, in promotione tua quod ætati deerat, toleravimus, contra ecclesiæ nostræ morem, absenti tibi pallium contribuimus, privilegium quoque concessimus, in quo tamen legatus tuus id per subreptionem fecit ascribi quod usque ad tua tempora Gratianopolitanus episcopus possederat, quem in Romana ecclesia plurimum carum habemus. Qua de re cum sæpe apud nos & apud legatum nostrum venerabilis confrater noster supradictus episcopus conquestus fuerit, tu tantorum beneficiorum immemor, neque nostris, neque legati nostri litteris vel præcepto obedisti. Nuper autem ad concilium, quod annuente Deo Placentia celebravimus, idem episcopus veniens, de eadem re, de Salmoriacensi pago videlicet, in communi audientia conquestus est, plurimorum etiam assertionibus patuit pagum illum sub nonnullis episcopis Gratianopolitanam ecclesiam possedisse. Illam igitur subreptionem, per quam res sub querimonia positas quasi per privilegium vindicas, nos irritam esse, & vires nullas obtinere decernimus. Unde synodali judicio eum de pago illo, salva tuæ ecclesiæ justitia, reinvestivimus, & tibi præsentium litterarum auctoritate præcipimus, ut eamdem investituram adimpleas, & cum quiete possidere permittas, donec aut ante nos, aut ante legatum nostrum canonico judicio decidatur; quod si contempseris, profecto noveris beati Petri ac nostram te gratiam amissurum. Data Placentiæ quarto Idus Martii.

Quibus litteris Viennensis noluit obedire, immo litterarum portitorem minis atque conviciis dehonestavit. Unde ad papam sub brevi tempore Mediolanum accedens præsumptionem & contumaciam archiepiscopi Viennensis contra sedem apostolicam ostendi. Apostolicus itaque me ab ipsius subjectione subtraxit, & clericis ac laicis in pago Salmoriacensi commorantibus, ne Viennensi archiepiscopo obedirent interdixit litteris quas hic subjungere curavimus.

URBANUS episcopus, servus servorum Dei dilectis filiis tam clericis quam laicis in pago Salmoriacensi commorantibus, salutem & apostolicam benedictionem. Quoniam frater Viennensis archiepiscopus nostro & concilii quod largiente Domino Placentiæ celebratum est, judicio obedire contempsit, ut videlicet Gratianopolitano episcopo Salmoriacensem archidiaconiam restitueret, sicut de ea fuerat investitus, nos vobis præsentium litterarum auctoritate præcipimus, ut ejusdem Viennensis archiepiscopi subjectione posthabita, quam à vobis videtur violenter exigere, Gratianopolitano deinceps tanquam proprio episcopo obediatis, donec utrisque præsentibus idem negotium in nostra vel legati nostri audientia canonico judicio definiatur. Si vero etiam nunc Viennensis archiepiscopus usque ad canonicum judicium super investitione hac inquietare præsumpserit nos ipsum interim ab illius obedientia subtrahimus. Data Mediolano septimo Kal. Junii.

Contigit inter ea domnum apostolicum Gallicanam ecclesiam visitare, qui Valentiam ad dedicandam majorem ecclesiam veniens, ibique Viennensem archiepiscopum allocutus, ad dirimendam litem quæ inter nos erat apud Rotmanos utrumque ante præsentiam suam die constituta adesse præcepit. Cumque juxta præceptum ipsius, antiquis cartarum testimoniis onustus, episcoporum & clericorum laicorum quoque consilio sufficienter munitus, illuc adventassem, archiepiscopus Viennensis spiritu superbiæ afflatus, arcem loci & munitionem cum armatis occupavit militibus, ut si quid contra voluntatem suam papa loqueretur, ipse apud se in sua potestate permaneret. Et ideo papa suo etiam jure abbatia videlicet Romanensi taliter expoliatus, causam nostram diffinire non potuit. Ego autem injuriæ propriæ non immemor, in Arvernensi concilio, quod papa eodem anno celebravit, querimoniam nostram adversus archiepiscopum jam diu agitatam papæ & universo conventui repræsentare curavi. Apostolicus vero injuriæ nostræ & labori compatiens, Salmoriacensem

APPENDIX.

pagum Gratianopolitanæ ecclesiæ ex integro restituit, & me Gratianopolitanam ecclesiam ab ipsius obedientia subtraxit, quandiu super hac restitutione apostolico præcepto obedire contemneret, & exinde comiti & parrochianis nostris litteras hujusmodi delegavit.

URBANUS episcopus, servus servorum Dei, dilectis filiis Guigoni comiti, clero & populo Gratianopolitano, salutem & apostolicam benedictionem. Querelam venerabilis confratris nostri Hugonis vestri episcopi de Salmoriacensi pago jamdiu agitatam, concilii quod apud Clarummontem civitatem Arvernæ celebravimus, auctoritate noveritis diffinitam. Quia enim confrater noster Viennensis archiepiscopus Guido sæpe & nostris litteris & viva nostri oris voce commonitus, de eadem causa obedire contempsit, & investituram quam eidem vestro episcopo Placentiæ fecimus, exequi noluit, nos possessionem illam quam & idem frater Hugo & nonnulli suorum antecessorum possedisse noscuntur, supradicto fratri nostro & Gratianopolitanæ ecclesiæ restituimus, & quandiu Viennensis archiepiscopus huic diffinitioni obedire contempserit, tam ipsum quam Gratianopolitanam ecclesiam ab ejus obedientia subtraximus. Omnibus etiam in eodem pago commorantibus tam clericis quam laicis, ne Viennensi archiepiscopo obediant interdicimus, donec aut judicium quod factum est exequatur, aut querela hæc ante nos canonico judicio inter utrumque comprobata, certiorem finem accipiat. Data III. Kal. Decembris apud Clarummontem Arverniæ.

Guigo quidem comes apostolicis litteris excitatus, archiepiscopum adire, & apud eum minis ac precibus effecit, quatinus Salmoriacensem pagum, secundum præceptum apostolici nobis & Gratianopolitanæ ecclesiæ restitueret. Cui restitutioni apud Capellam arearum interfuerunt Gualterius Albanensis, & Leodegarius Vivariensis episcopi, Viennensis ecclesiæ, & Gratianopolitanæ canonici, Guigo prædictus comes, necnon & principes ipsius terræ; quam investituram, quoniam corporis infirmitas fere per biennium in Apulia me detinuit, archiepiscopus iterum presumpsit invadere. Quod postquam per legatum nostrum papæ nunciatum est, litteris suis legatum suum Lugdunensem archiepiscopum commonuit ut ab injuria Gratianopolitanæ ecclesiæ & nostra archiepiscopum Viennensem auctoritate apostolica omnino coherceret, quarum litterarum exemplum infra subposui.

CCLVIII. *Salmoriaci pagus ecclesiæ Gratianopolitanæ asseritur.*

URBANUS episcopus, servus servorum Dei, reverentissimo fratri & coepiscopo *Hugoni* apostolicæ sedis vicario salutem & apostolicam benedictionem. Quam arroganter, quam indigne adversus nos & sanctam Romanam ecclesiam, frater noster Viennensis archiepiscopus *Guido* se habuerit, scientiam vestram nequaquam latet: præter cetera vero cervicem suam adversus humilitatem nostram adeo sustulit, ut & Romanensem abbatiam à nobis interdictam reinvaderet, & fratri nostro Gratianopolitano episcopo ecclesias, quas nobiscum ipse restituerat, sine judicio rauferret. Tuam ergo fraternitatem pro nobis omnino ad justitiam excitari præcipimus, sentiat ut adamantem & silicem faciem tuam, remotaque preteritæ lenitatis reverentia, omnino secundum justitiam Gratianopolitanæ ecclesiæ sua jura restituas, & apostolicæ sedis injurias ulciscaris, in episcoporum mutationibus hactenus nimis lenis pro apostolicæ mansuetudinis gratia Gallicanorum petitionibus condescendimus, deinceps autem id penitus præcaveri præcipimus, neque enim Nicenæ synodi, quam æque ut sanctum Evangelium veneramur, auctoritatem hujusmodi occasionibus evacuari ulterius patiemur. Data Lateranis 11. Nonas Junii.

APPENDIX. 376

INNOTUIT eodem tempore, divina nobis favente clementia, cartam illam quam in Augustodunensi concilio archiepiscopus Viennensium adversum nos de Salmoriacensi pago protulerat, certioribus indiciis falsam esse, ille enim cui scriptor ejusdem cartæ infirmitate detentus confessus fuerat, nobis patefecit, quem scriptorem nomine Sigibodum sancti Ragnaberti monachum per amicos nostros ejusdem cœnobii monachos evocatum apud monasterium quod Granarium dicitur, ante altare beatæ Mariæ sub invocatione divinæ præsentiæ excommunicationem intentando adjuravi.

Finita tandem est controversia, diviso communi partium consensu in duas æquales partes pago Salmoriacensi, quarum una archiepiscopo Viennensi, altera Gratianopolitano episcopo cessit, quod Lugduni IV. *Kalendas Februarii factum est anno* MCVII. *in præsentia multorum antistitum, confirmatumque est paulo post à Pascali* II. *cujus ea de re bulla ex chartario Gratianopolitano edita est post Theodori Pœnitentiale tomo* 2. *pag.* 536.

IN nomine Verbi incarnati. Omnibus sanctæ Dei ecclesiæ filiis sit notum, quod anno ab Incarnatione Domini nostri Jesu-Christi millesimo nonagesimo sexto, & die XVII. mensis Octobris apud Matisconem, felicis recordationis domnus Urbanus Dei providentia papa secundus per suas apostolic. multa & laudabilia privilegia atque indulta monasterio S. Petri prope civitatem Matisconensem contulit & inter cetera motu proprio excommunicat & maledicit æternaliter omnes homines cujuscumque conditionis exsistant, qui præfatum monasterium, canonicos & omnia ejus membra temere & indebite molestant, atque qui eorum privilegia, libertates, bona, possessiones, decimas, oblationes, instrumenta, immunitates, statuta, reditus, prædia & exemptiones inordinate & injuste reti-

ad p. 197

nent. Cunctis autem eidem monasterio sua bona & jura servantibus, sit pax Domini nostri Jesu-Christi atque Apostolorum Petri & Pauli. Amen.

Privilegium ecclesiæ Matisconensis.

ad p. 197.
URBANUS episcopus servus servorum Dei, dilecto fratri *Landrico* Matisconensi episcopo suisque successoribus canonice promovendis in perpetuum. Justis votis assensum præbere, justisque petitionibus aures accommodare nos convenit; qui licet indigne custodes atque præcones in excelsa Apostolorum principum Petri & Pauli specula positi, Domino disponente, videmur exsistere, Tuis igitur, frater in Christo reverendissime Landrice, justis petitionibus annuentes, sanctam Matisconensem ecclesiam, cui, auctore Deo, præsides apostolicæ sedis auctoritate munimus. Statuimus enim ut ecclesia de Prisciaco, de Fabricis, de Verchessoto, de Mardubrio, ecclesia sancti Amoris & cetera omnia quæ tua fraternitas ex hostium manibus erepta reparavit; universa etiam, quæ juste ad eamdem ecclesiam pertinere noscuntur, tibi tuisque successoribus libera semper & illibata serventur. Interdicimus etiam, ut te ad Dominum evocato, vel tuorum quolibet successorum, nullus omnino invitis vestræ ecclesiæ clericis aut episcoporum aut ecclesiæ res auferre, deripere, vel distrahere audeat; ipsum autem clericorum claustrum, & claustri domos ita semper liberas permanere sancimus, ut nemini illic violentiam liceat irrogare. Ad hæc adjicientes decernimus, ut quæcumque in posterum liberalitate principum, vel oblatione fidelium vestra ecclesia juste & canonice poterit adipisci, firma tibi tuisque successoribus & illibata permaneant. Siquis sane archiepiscopus aut episcopus, aut imperator, aut rex, dux, comes, vicecomes, judex, aut ecclesiastica quælibet sæcularisve persona hujus privilegii paginam sciens contra eam temere venire tentaverit, secundo tertiove commonitus, si non satisfactione congrua emendaverit, potestatis honorisque sui dignitate careat, reumque se

divino

divino judicio exsistere de perpetrata iniquitate cognoscat, atque à sacratissimo corpore & sanguine Dei ac Domini redemptoris nostri Jesu-Christi alienus fiat, & in extremo examine districtæ ultioni subjaceat. Cunctis autem eidem ecclesiæ justa servantibus sit pax Domini nostri Jesu-Christi; quatenus & hic fructum bonæ actionis percipiant, & apud discretum judicem præmia æternæ pacis inveniant. Amen. Datum Cluniaci per manus Johannis sanctæ Romanæ ecclesiæ diaconi cardinalis xv. Kalendas Novembris, indictione III. anno Dominicæ Incarnationis millesimo xcvi. Pontificatus autem domini Urbani II. papæ octavo.

Orationes ab Urbano habitæ in concilio Claromontano.

AUDIVIMUS fratres dilectissimi & audistis quod sine profundis singultibus tractare nequaquam possumus, quantis calamitatibus, quantis incommoditatibus, quam diris contritionibus in Jerusalem & in Antiochia & in ceteris orientalis plagæ civitatibus Christiani nostri, fratres nostri, membra Christi flagellantur, opprimuntur, injuriantur germani fratres nostri, contubernales vestri, conterini vestri: nam & ejusdem Christi & ejusdem etiam Dei filii estis: & in ipsis suis domibus hereditariis ab alienis dominis mancipantur, vel ex ipsis exploduntur, aut inter vos mendicant, aut quod gravius est, in ipsis suis patrimoniis venales exulant & vapulant. Effunditur sanguis Christianus Christi sanguine redemptus, & caro Christiana Christi consanguinea nefandis inceptiis & servitutibus nefariis mancipatur. Illis in urbibus ubique luctus, ubique miseriæ, ubique gemitus; suspirio hæc dico; ecclesiæ in quibus olim divina celebrata sunt sacrificia, proh dolor! ecce animalibus eorum sunt stabula. Nequam homines sanctas occupaverunt civitates: Turcæ spurci & immundi nostris fratribus dominantur, Antiochiæ beatus Petrus præsedit episcopus: ecce in ipsa

ad p. 226.
Ex tomo x.
conc. Labb.
514.

ecclesia gentiles suas collocaverunt superstitiones, & religionem Christianam quam potissimum coluisse debuerant ab aula Deo dedicata turpiter eliminarunt.

Prædia Sanctorum stipendiis dedita & nobilium patrimonia sustentandis pauperibus contradita paganæ tyrannidi subjiciuntur, eisque in proprios usus redactis domini crudeles abutuntur. Sacerdotium Dei humo tenus conculcatum est, sanctuarium Dei per nefas ubique profanatum est: si qui adhuc ibi latitant Christiani ubi audistis exquiruntur tormentis. De sancta Jerusalem fratres..... loqui dissimulavimus quod valde de ea loqui pertimescimus, quoniam ipsa civitas, in qua (prout omnes nostis) Jesus Christus pro nobis passus, peccatis nostris exigentibus sub spurcitiam paganorum redacta, Deique servituti, ad ignominiam nostram dico, subducta est. Quod enim superest imperii nostri tantillum est, Christianorum qui ista promeruimus est dedecus. Cui servit nunc ecclesia beatæ Mariæ in qua ipsa pro corpore sepulta fuit in valle Josaphat? Sed quid templum Salomonis imo Domini prætermittimus, in quo simulacra sua barbaræ nationes contra jus & fas modo collocata venerantur? De sepulcro dominico ideo reminisci supersedemus, quoniam oculis vestris vidistis quantæ abominationi traditum sit.

Inde violenter abstrahunt quas ibi pro cultu illius multoties intulistis oblationes. Ibi nimirum multas & innumeras religioni nostræ ingerunt irrisiones. Et tamen in illo loco (non ignara loquor) requievit Deus: ibi pro nobis mortuus est. Neque equidem ibi Deus hoc annuatim prætermittit facere miraculum, cum in diebus passionis suæ extinctis omnibus & in sepulcro & in ecclesia circumcirca luminibus, jubare divino lampades extinctæ reaccenduntur. Cujus pectus silicinum factum tantum miraculum non emolliat? Credite mihi bestialis homo & insulsi capitis est, cujus cor virtus divina tam præsens ad finem non verberat, & eum gentiles cum Christianis ita videant communiter nec emendantur. Perterrentur equidem hi, nec convertuntur ad fidem: nec mirum quoniam mentis obcœcatio illis dominatur. Quantis afflictionibus vos qui adestis, qui redistis invaserunt, vos ipsi melius nostis, qui substantias vestras, qui sanguinem vestrum ibi Deo immolastis.

APPENDIX.

Hæc idcirco fratres diximus, ut vos ipsos sermonis nostri testes habeamus. Plures sunt & fratrum nostrorum miseriæ, & ecclesiarum Dei depopulationes quæ sigillatim possemus referre: sed instant lacrymæ ac gemitus, & instant suspiria & singultus. Ploremus fratres, eia ploremus, & cum Psalmista medullitus plorantes ingemiscamus nos miseri, nos infelices, quorum tempore Dei prophetia ista completa est: Deus venerunt gentes in hereditatem tuam, polluerunt templum sanctum tuum, posuerunt Jerusalem in pomorum custodiam. Posuerunt morticina servorum tuorum escas volatilibus cæli, carnes Sanctorum tuorum bestiis terræ. Effuderunt sanguinem ipsorum tanquam aquam in circuitu Jerusalem & non erat qui sepeliret. Væ nobis fratres, nos qui jam facti sumus opprobrium vicinis nostris, subsannatio & illusio his qui in circuitu nostro sunt. Condoleamus & compatiamur fratribus nostris saltem in lacrymis. Nos abjectio plebis facti & omnibus deteriores immanissimam sanctissimæ terræ plangamus devastationem. Quam terram merito sanctam diximus, in qua non est etiam passus pedis quem non illustraverit & sanctificaverit vel corpus vel umbra Salvatoris vel gloriosa præsentia sanctæ Dei genitricis, vel amplectendus Apostolorum commeatus vel martyrum ebibendus sanguis effusus. Quam beati o Stephane protomartyr, qui te laureaverunt lapides! Quam felices o tunc Baptista Johannes qui tibi ad Salvatorem baptizandum servierunt Jordanici latices! Filii Israel ab Ægyptiis educti qui rubri maris transitu vos præfiguraverunt, terram illam armis suis Jesu duce sibi vindicaverunt; Jebusæos & alios convenas inde expulerunt & instar Jerusalem cælestis Jerusalem terrenam excoluerunt.

Quid dicimus fratres audite & intelligite. Vos accincti cingulo militiæ magno supercilio fratres vestros dilaniatis, atque inter vos dissecamini. Non est hæc militia Christi, quæ describit ovile Redemptoris. Sancta ecclesia ad suorum opitulationem sibi reservavit militiam (ut veritatem fateamur) cujus præcones esse debemus. Non tenetis vere viam, per quam eatis ad salutem & vitam. Vos pupillorum oppressores, vos viduarum prædatores, vos homicidæ, vos sacrilegi, vos alieni juris dereptores; vos pro effundendo sanguine Christiano expectatis latrocinantium stipendia & sicut vultures odorantur cadavera, sic longinquarum partium auspicamini & sectamini bella. Certe via ista pessima est, quoniam à Deo omnino remota est. Porro si vultis animabus vestris consuli, istius modi militiæ cingulum quantocius deponite, & ad defendendam orientalem ecclesiam velocius concurrite, hæc est enim de qua totius vestræ salutis emanaverunt gaudia, quæ distilavit in os vestrum divini lactis ubera, quæ nobis propinavit evangeliorum sacrosancta dogmata. Hæc ideo fratres dicimus, ut & manus homicidas à fraterna nece contineatis, & pro fidei domesticis vos externis nationibus opponatis & sub Jesu Christo duce vestro acies christiana, acies, invictissima melius quam ipsi veteres Israelitæ, pro vestra Jerusalem decertetis & Turcos qui in ea sunt nefandiores quam Jebusæi impugnetis & expugnetis.

Pulchrum sit vobis in illa civitate mori pro Christo, in qua pro vobis Christus mortuus est. Ceterum si vos antea mori contigerit, id ipsum autumate mori in via, si tamen Christus in sua vos invenerit militia, Deus enim denarii retributor est prima & hora sexta. Horrendum est fratres, horrendum est vos in Christianos rapacem manum extendere. In Sarracenos gladium vibrare singulare bonum est, quia & caritas est pro fratribus animas deponere. Ne vero de crastinis eventionibus solliciti sitis, sciatis quia timentibus Deum nihil deest, nec iis qui eum diligunt in veritate. Facultates etiam inimicorum nostrorum vestræ erunt, quoniam & illorum thesauros expoliabitis, vel victoriosi ad propria remeabitis, vel sanguine vestro purpurati perenne bravium adipiscemini. Tali imperatori militare debetis, cui panis deesse non potest, cui quæ rependat nulla desunt stipendia. Via brevis est, labor permodicus est, qui tamen immarcessibilem vobis rependat coronam. Jam nunc ergo auctoritate loquamur prophetica: accingere homo unusquisque gladio tuo super femur tuum potentissime: accingimini, accingimini, inquam, & estote filii potentes, quoniam melius est nobis mori in bello quam videre mala gentis nos-

APPENDIX.

træ & Sanctorum. Non vos demulceant illecebrosa blandimenta mulierum rerumque vestrarum, quin eatis: nec vos deterreant perferendi labores quatenus remaneatis.

Vos fratres & coepiscopi, consacerdotes & coheredes Christi per ecclesias vobis commissas idipsum annuntiate, & viam in Jerusalem toto ore universaliter prædicate. Confessi peccatorum suorum ignorantiam securi de Christo celerem impetrent veniam. Vos autem qui ituri estis habebitis nos pro vobis oratores, nos habeamus vos pro populo Dei pugnatores. Nostrum est orare, vestrum est contra Amalecitas pugnare. Nos extendemus cum Moyse manus indefessas orantes in cælum; vos exerite & vibrate intrepidi præliatores in Amalec gladium. Amen.

NOSTIS fratres dilectissimi, & vestram nosse id expedit caritatem, quomodo humani generis reparator pro nostra omnium salute carnem assumens & homo inter homines conversatus, terram promissionis quam pridem patribus promiserat, propria illustravit præsentia, & assumptæ dispensationis operibus, & crebra simul miraculorum exhibitione reddidit specialiter insignem, id enim & veteris & novi pæne in omnibus syllabis docet series testamenti. Quadam sane dilectionis prærogativa certum est eam dilexisse, ita ut eam orbis partem imo particulam hereditatem suam dignatus est appellare, cum ejus sit omnis terra & plenitudo ejus, unde per Isaiam ait: hereditas mea Israel. Et item vinea Domini sabaoth domus Israel est. Et licet totam in partem præcipuam sibi dedicaverit ab initio, peculiarius tamen urbem sanctam sibi adoptavit in propriam, testante propheta qui ait: Diligit Dominus portas Sion super omnia tabernacula Jacob. De qua gloriosa dicuntur videlicet quod in ea docens, passus & resurgens Salvator salutem operatus est in medio terræ. Ad hoc à sæculis est præelecta ut tantorum esset conscia & cella familiaris mysteriorum. Electa nimirum, quod ipse qui elegit testatur dicens: Et de Jerusalem civitate quam elegi, veniet vobis Salvator.

Ibid. p. 511.

APPENDIX.

Quam etsi peccatis inhabitantium id exigentibus justo judicio suo in manus impiorum sæpius tradi permiserit Dominus, & duræ jugum servitutis ad tempus eam sustinere passus sit, non tamen arbitrandum est quod eam quasi à se repudiatam abjecerit cum scriptum sit: flagellat Dominus omnem filium quem recipit: illi vero thesaurizat iram cui dicitur: Recessit zelus meus à te, jam amplius non irascar tibi. Diligit ergo eam, nec intepuit erga eam dilectionis fervor cui dicit: Eris corona gloriæ in manu Domini & diadema regni in manu Dei tui, & non vocaberis amplius desolata, sed vocaberis voluntas mea, quia complacuit Domino in te.

Hæc igitur salutis nostræ cunabula, Domini patriam, religionis matrem populus absque Deo, ancillæ filius Ægyptiæ, possidet violenter, & captivatis liberæ filiis extremas imponit conditiones, quibus versa vice merito servire tenebatur.

Sed quid scriptum est? ejice ancillam & filium ejus. Sarracenorum enim gens impia & mundanarum sectatrix traditionum loca sancta in quibus steterunt pedes Domini, jam à multis retro temporibus violenta premit tyrannide: subactis fidelibus & in servitutem damnatis, ingressi sunt canes in sancta, profanatum est sanctuarium, humiliatus est cultor Dei populus, angarias patitur indignas genus electum, servit in luto & in latere regale sacerdotium, princeps provinciarum facta est sub tributo civitas Dei. Cujus non liquefiat anima? cujus non tabescant præcordia iis ad animum recurrentibus? Quis hæc siccis oculis audire potest fratres carissimi? Templum Domini de quo zelans Dominus vendentes ejecit & ementes, ne domus patris ejus fieret spelunca latronum, factum est sedes dæmoniorum. Id ipsum enim & Matthathiam sacerdotem magnum sanctorum progenitorem Machabæorum ad zelum accendit commendabilem sicut ipse testatur dicens: Templum Domini quasi vir ignobilis, vasa gloriæ ejus abducta sunt captiva. Civitas regis regum omnium quæ aliis regulas intemeratæ tradidit fidei, gentium superstitionibus cogitur invita deservire. Sanctæ resurrectionis ecclesiæ, requies dormientis Domini eorum sustinet imperia, fœdatur spurcitiis eorum qui resurrectionis non habebunt participium, sed stipula ignis æterni perennibus deputabuntur incendiis. Loca venerabilia divinis deputata mysteriis, quæ Dominum in carne susceperunt hospitem, signa viderunt, senserunt beneficia, quorum omnium in se plena fide prætendunt argumenta, facta sunt gregum præsepia, stabula jumentorum. Laudabilis populus, cui benedixit Dominus exercituum, sub angariarum & sordidarum præstationum pondere gemit fatigatus, rapiuntur eorum filii, matris ecclesiæ cara pignora, ut gentium immunditiis deserviant, & nomen Dei vivi abnegent, vel ore blasphement sacrilego compelluntur: aut impia detestantes imperia cæduntur gladiis more bidentium, sanctis martyribus sociandi. Non est sacrilegis locorum differentia, non est personarum respectus. In sanctuariis occiduntur sacerdotes & levitæ, coguntur virgines fornicari, aut per tormenta perire, nec matronis ætas maturior suffragatur.

Væ nobis qui in hanc tam periculosi temporis descendimus miseriam, quam in spiritu prævidens electus à Domino David, rex fidelis, deplorat dicens: Deus venerunt gentes in hereditatem tuam: polluerunt templum sanctum tuum. Et item: Populum tuum humiliaverunt & hereditatem tuam vexaverunt: Ut quid Domine irasceris in finem, accendetur velut ignis ira tua? Ubi sunt misericordiæ tuæ antiquæ Domine? Verumne est quod dicitur: Non obliviscetur misereri Deus, non continebit in ira sua misericordias suas? Recordare Domine quid acciderit nobis, intuere & vide opprobrium nostrum. Væ nobis, ut quid nati sumus videre corruptionem populi nostri & contritionem civitatis sanctæ & sedere illic, cum dantur in manibus inimicorum sancta.

Vos igitur, dilectissimi, armamini zelo Dei, accingimini unusquisque gladio suo super femur suum potentissime. Accingimini, & estote filii potentis: melius est enim nobis mori in bello quam videre mala gentis nostræ & sanctorum. Si quis zelum legis Dei habet, adjungat se nobis. Subveniamus fratribus nostris, dirumpamus vincula eorum & projiciamus à nobis jugum ipsorum. Egredimini & Dominus erit vobiscum: arma quæ cæde mutua illicite cruentaſtis, in hoſtes fidei & nominis Chriſtiani convertite. Furta, incendia, rapinas, homicidia, & cetera qualia qui agunt regnum Dei non poſſidebunt, hoc Deo beneplacito redimite obſequio, ut delictorum quibus Dominum ad iracundiam provocaſtis, celerem indulgentiam pro vobis obtineant hæc pietatis opera & deprecatio collata Sanctorum. Monemus igitur & exhortamur in Domino & in remiſſionem peccatorum injungimus, ut fratribus noſtris & cæleſtis regni coheredibus (omnes enim invicem ſumus membra, heredes quidem Dei, coheredes autem Chriſti) qui Hieroſolymis & in finibus ejus habitant, afflictioni & laboribus compatientes infidelium inſolentiam, qui ſibi regna principatus & poteſtates ſubjicere contendunt, debita compeſcatis animadverſione, & illis totis viribus occurratis, quibus eſt propoſitum nomen delere Chriſtianum. Alioquin futurum eſt ut in proximo eccleſia Dei jugum indebitæ præferens ſervitutis, fidei ſentiat diſpendium, prævalente gentilium ſuperſtitione. In quanta enim poſiti ſint afflictione noverunt ex vobis nonnulli qui hæc quæ loquimur oculata conſpexerunt fide & præſens illorum per manum Petri viri venerabilis qui præſens eſt ad nos delata docet epiſtola. Nos autem de miſericordia Dei & beatorum Petri & Pauli Apoſtolorum auctoritate confiſi, fidelibus Chriſtianis, qui contra eos arma ſuſceperint, & onus ſibi hujus peregrinationis aſſumpſerint, immenſas pro ſuis delictis pœnitentias relaxamus. Qui autem ibi in vera pœnitentia deceſſerint, & peccatorum indulgentiam & fructum æternæ mercedis ſe non dubitent habituros. Interim vero eos qui ardore fidei ad expugnandos illos laborem iſtum aſſumpſerint, ſub eccleſiæ defenſione & beatorum Petri & Pauli protectione, tanquam veræ obedientiæ filios recipimus, & ab univerſis inquietationibus tam in rebus quam in perſonis ſtatuimus manere ſecuros. Si vero quiſpiam moleſtare eos auſu temerario præſumpſerit, per epiſcopum loci excommunicatione feriatur & tamdiu ſententia ab omnibus obſervetur, donec & ablata reddantur, & de illatis damnis congrue ſatisfiat.

Epiſcopi vero & preſbyteri, qui talibus fortiter non reſtiterint,

APPENDIX.

restiterint, officii suspensione mulctentur, donec misericordiam sedis apostolicæ obtineant.

MULTA, fratres carissimi, diebus his vobis dicta recolitis, quædam in concilio nostro jussa, quædam inhibita. Inconditum & confusum scelerum cahos exigebat multorum dierum interstitium, veternus morbus volebat cauterium. Dum enim indulgenti fune clementiæ dimittimus lineam multa modo apostolatus nostri offendit officium quæ præscinderet, nulla quibus parceret. Sed fuerit hactenus humanæ fragilitatis quod peccastis, quod illecebrarum involucris sopiti cælestem exasperastis misericordiam suspensam parvipendendo iracundiam. Fuerit mundanæ temulentiæ, quod legitima non curantes matrimonia alieni cubilis non pensastis injuriam, fuerit aviditatis nimiæ, quod fratres vostros illo magno & eodem pretio emptos, ut quisque poterat illaqueantes contumeliose pecuniis emunxistis. Nunc vobis inter ista peccatorum naufragia constitutis portus placidæ quietis aperitur, nisi negligatis: parvi laboris in Turcos compendio retribuetur vobis perpetuæ statio salutis. Comparate nunc labores quos in scelerum exercitio habuistis & eos quos in itinere, quod præcipio, habituri estis. Plures vel adulterii, vel homicidii meditatio dat timores (nihil enim timidius nequitia ut ait Salomon.) multos labores, quid enim laboriosius injustitia? Qui autem ambulat simpliciter, ambulat confidenter. Horum laborum, horum timorum exitus erat peccatum. Stipendium autem peccati mors, mors vero peccatorum pessima. Nunc à vobis par labor atque metus pretio meliore petuntur. Horum laborum erit causa caritas, si sic præcepto dominico admoniti animas pro fratribus ponatis; caritatis stipendium erit gratia Dei; Dei gratiam sequetur vita æterna. Ite ergo feliciter, ite confidenter ad inimicos Dei persequendos. Illi enim jam pridem (proh quantus Christianorum pudor) Siriam, Armeniam, omnem postremo Asiam minorem, (cujus provinciæ sunt Bithinia, Phrygia, Galatia, Lidia, Caria, Pamphilia, Isauria, Licia, Cilicia) occuparunt; nunc Il-

Ex Willelmalbur. l 4. cap. 2. p. 74.

liricum & omnes inferiores terras infolentes inequitant, uſque ad mare, quod brachium ſancti Georgii vocatur. Quid quod Dominicum monumentum unicum fidei pignus ditioni ſuæ vindicant, & ejus urbis introitum peregrinis noſtris venditant, quæ ſolis Chriſtainis patere deberet, ſi aliquod ſolitæ virtutis veſtigium eis ineſſet. Hoc ſi ſolum eſſet frontes noſtras onerare ſufficeret, jam vero quis ferat niſi multum iners, niſi Chriſtianæ gloriæ invidus, quod non ex æquo diviſimus orbem. Illi Aſiam tertiam mundi partem, ut hereditarium nidum inhabitant, quæ à majoribus noſtris æqua duabus reſiduis partibus, & tractuum longitudine, & provinciarum magnitudine non immerito æſtimata eſt. Ibi olim devotionis noſtræ rami pullularunt, ibi Apoſtoli omnes præter duos mortes ſuas conſecrarunt, ibi modo Chriſticolæ, ſi qui ſuperſunt, pauperculo agricolatu tranſigentes inediam, nefandis illis vectigal penſitant, vel tacitis ſuſpiriis veſtræ libertatis deſiderantes conſcientiam, quia perdidere ſuam. Illi Africam alteram orbis partem ducentis jam annis & eo amplius armis poſſeſſam tenent, quod ideo Chriſtiani honoris periculum pronuntio, quia fuerit terra illa præclarorum ingeniorum altrix, quæ divinis ſcriptis omnem vetuſtatis ſitum à ſe repellent, quamdiu fuerit qui latinas litteras legat. Norunt litterati quod loquor. Tertium mundi elima Europa reſtat, cujus quantulam partem inhabitamus Chriſtiani, nam omnem illam barbariem quæ in remotis inſulis glacialem frequentant Oceanum, quia more belluina victitat, Chriſtianam quis dixerit? Hanc igitur noſtri mundi portiunculam Turci & Sarraceni bello premunt, jamque à trecentis annis Hiſpania & Balearibus inſulis ſubjugatis, quod reliquum eſt ſpe devorant homines inertiſſimi, & qui cominus pugnandi fiduciam non habentes fugax bellum diligunt. Nunquam enim Turcus pede conferto martem audet, ſed pulſus loco longe tendit nervos & permittit vulnera ventis, & quia habet tela mortifero ſucco ebria, in hominem quem percutit, non virtus ſed virus mortem facit. Quidquid igitur agit fortunæ, non fortitudini attribuerim & quod pugnat fuga, veneno. Conſtat profecto quod omnis natio quæ in ea plaga naſcitur

APPENDIX.

nimio solus ardore siccata amplius quidem sapit, sed minus habet sanguinis ideoque vicinam pugnam fugiunt, quia parum sanguinis se habere norunt. Contra populus qui oritur in arctos pruinis & remotus est à solis ardoribus inconsultior quidem, sed largo & luxurianti superbus sanguine promptissime pugnat; vos estis gens in temperatioribus mundi provinciis oriunda, qui sitis & prodigi sanguinis ad mortis vulnerumque contemptum, & non careatis prudentia: namque modestiam servatis in castris & in dimicatione utimini consiliis. Itaque scientia & fortitudine præditi aggredimini memorabile iter, totis sæculis prædicandi, si fratres vestros periculo exueritis, præsentibus ex Dei nomine præcipio, absentibus mando. Ituri & christianitatem propugnaturi specimen crucis vestibus insigniant, ut intestinæ fidei foras amorem prætendant, habentes per Dei concessum & beati Petri privilegium omnium absolutionem criminum, & hæc interim lætitia laborem itineris alleviant, habituri post obitum felicis martyrii commercium. Ponentes ergo ferias sceleribus, ut saltem in his regionibus liceat Christianis pacifice vincere. Vadite, illam fortitudinem, prudentiam illam quam in civili conflictu habere consuestis, justiori effundentes prælio. Ite prædicabiles per orbem milites, ite & prosternite ignavas gentes, eat famosa Francorum virtus cum appendiciis sibi gentibus solo sui nominis terrore totum orbem motura. Sed quid diutius vos immoror, ut fortitudinem gentilium verbis extenuem. Immo proponite animis vestris deificam sententiam, angusta est via quæ ducit ad vitam. Esto ergo ut sit semita itinerantium arcta, plena mortibus, suspecta periculis, sed hæc eadem vos amissam ducet ad patriam, per multas enim tribulationes oportet vos ingredi in regnum Dei. Spectate ergo animo, si prensi fueritis cruces, spectate catenas, quæcumque denique possunt tormenta infligi; operimini pro fidei vestræ robore horrenda supplicia, ut si necesse fuerit, damno corporum agatis animarum remedium; mortemne timetis (viri fortissimi fortitudine & audacia præstantes?) nihil certe poterit comminisci in vos humana nequitia quo superna pensetur gloria. Non enim sunt condignæ passiones hujus temporis ad futuram gloriam quæ revelabitur in nobis. An nescitis quod vivere hominibus est calamitas, mori felicitas? Hæc vobis doctrina, si recordamini, cum lacte matrum affusa est sacerdotum verbo, hanc majores vestri martyres prætenderunt exemplo, mors enim à cœnulento carcere liberat animas ad proprium locum pro meritis evolaturas, mors accelerat bonis patriam, mors præscidit reis malitiam; per mortem ergo liberæ animæ vel oblectantur gaudiis, spe meliora præsumentes, vel fruuntur suppliciis, nihil pejus timentes. Dum autem vinculis corporum irretiuntur, trahunt ab ipsis terrulenta contagia, & quod veraciter quis dicat, mortuæ sunt. Nec enim luteum cælesti, nec divinum mortali pulchre cohæret. Plurimum quidem potest anima etiam nunc corpori juncta: instrumentum enim suum vivificat, latenter id movens, & ultra mortalem naturam gestis producens. Verumtamen cum sarcina, qua in terram trahitur, absoluta proprium locum receperit, beatam & undique liberam participat fortitudinem quomodocumque divinæ naturæ invisibilitati communicans. Gemino ergo functa officio corpori vitam ministrat cum adest, causam vero mutationis, cum recedit. Videtis quam jocunde anima in dormiente corpore vigilet, & à sensibus seducta pro divina cognatione multa futura prævideat. Cur ergo mortem timetis, qui somni requiem quæ instar mortis est, diligitis? Res est nimirum dementiæ pro cupiditate brevis vitæ invidere sibi perpetuam. Quin potius fratres carissimi, si ita contigerit, ponite pro fratribus animas vestras, vacuate ab impiis Dei sacrarium, extrudite latrones, inducite pios, nulla vos necessitudinis pietas contineat, quia prima hominis pietas in Deum, nullum natalis soli caritas tricet, quia diversis respectibus Christiano totus est mundus exilium & totus mundus patria, ita exilium patria & patria exilium. Nullum patrimoniorum amplitudo remoretur, quia ampliora sunt quæ promittuntur, nec ea miseris quæ inani spe, adulentur, vel ignavam mentem ægro rerum medicamine palpent, sed crebris exemplis exhibita, frequenti usu comprobata: & hæc quidem sunt dulcia, sed caduca, & quæ cum temporibus suis centuplicatum pretium important. Hæc edico, hæc mando, terminumque proximi veris affigo. Aderit Deus euntibus, ut eis bonus arrideat annus, cum copia frugum, tum serenitate temporum. Morituri cæli intrabunt triclinium, victuri videbunt sepulcrum dominicum, & quæ major felicitas, quam ut homo in terris agens, videat loca illa in quibus cælorum Dominus conservatus est humanitus. Felices qui ad hæc vocantur munia, ut illa nanciscantur munera; fortunati qui ista meditantur prælia, ut illa consequantur præmia.

GRATIAS ago Deo maximas, quod vos tanta animarum consensione atque alacritate arma pro Christo Redemtore vestro suscepturos esse ostenditis. Neque enim tam repentina in tam diversis gentibus conspiratio sine gravissimo ipsius potest esse. Nos autem, ut studia vestra, quoad possumus, adjuvemus, misericordia Dei, & beatorum Petri ac Pauli auctoritate confisi omnibus, qui ad hoc bellum prodierint, omnia pro delictis suis piacula relaxamus; eosque sub ecclesiæ tutelam, ac beatorum Petri & Pauli clientelam tamquam veræ obedientiæ filios suscipimus, & ab omnibus vexationibus corporum fortunarumque tutos esse statutuimus.

Ex historia Italiæ Hieron. Briani l. 7.

Ex veteri ms. cod. Ecclesiæ Lemovensis.

GUIDONI episcopo Lemovicensi mortuo successit Humbaldus. Et quia abbas sancti Martialis non fuerat vocatus ad electionem, sicut antiquitus fieri solebat, ut dicebat, ad Romanum Pontificem appellavit. Et tunc Romanæ præerat Urbanus, qui fuerat monachus Cluniacensis. Et quia in electione Pontificis abbas disceptavit cum canonicis, idcirco Burgenses castri insurrexerunt contra cives & inter illos......... guerra fuit orta unde gladio perierunt. Cumque abbas adiisset Papam, episcopus secutus est eum, & obtinuit abbas contra partem, rediit episcopus, numquam potuit impetrare aliquas littteras deprecatorias ad abbatem quod

ad pag. 237.

ei consentiret. Sed rediens litteras apostolicas falsavit de consilio Heliæ de Gimel archidiaconi machinante, & illas ostendit abbati, quibus recipiebatur tamquam episcopus. Abbas vero recepit illum admirans, sicut sic credebat, dominum Papam suam mutasse sententiam. Anno MXCV. papa Urbanus venit apud sanctum Martialem. Admiratus fuit Papa de abbate quare sine scientia sua consenserat in episcopum, sed idem abbas statim ostendit litteras apostolicas sibi traditas. Unde Papa deprehendens & cognoscens falsitatem, sceleris ministros excommunicavit, & ne aliquis qui nomine Helias de Gimel, vocaretur aliquando dignitatem in ecclesia Lemovicensi haberet in perpetuum interdixit, & episcopum Humbaldum publice deposuit.

URBANUS episcopus, servus servorum Dei, clero & populo universo Lemovicensium salutem & apostolicam benedictionem. Universos vos scire credimus quemadmodum anno præterito vester episcopus cum se nostro conspectui præsentasset super quibusdam capitulis accusatus quæ secundum sanctorum canonum regulam tam electionem ejus quam consecrationem ejus, præsente etiam Bituricensi archiepiscopo qui eum consecraverat, infirmabant; super quibus omnibus cum de canonico expurgare nequiverit, imparatus quippe sine defensoribus venerat, ille episcopatu, sub spe licet misericordiæ, abdicato Jerosolymam petiit, rediens misericordiam imploravit; nos multis multorum filiorum nostrorum precibus inclinati eamdem causam reverentissimo confratri nostro Hug. Lugd. archiepiscopo permisimus intra provinciam diligentiori examine querendam, ubi & accusatorum personæ notæ sunt, & episcopus de testium absentia conqueri nullo modo valeret. Causa igitur diligentius requisita cum simoniacum eum accusatores probare nequiverint, misericordiæ & ecclesiasticæ pacis intuitu facultas ei concessa est, ut se ab hoc una cum idoneis testibus expurgaret. Igitur ceteris licet depositionem solam assereret, apostolicæ mansuetudinis pietate propter pacem & tranquilli-

APPENDIX.

ratem vestræ ecclesiæ indultis, simoniaco celeres * jusju-   * Scelere.
randum præstitit, quod pro adipiscendo episcopatu pecuniam nec ipse dederit aut promiserit, aut pro ipso alius se sciente. Quod videlicet sacramentum, quia per tantas hujus temporis angustias comprovinciales episcopi coram nostra neutiquam possent præsentia convocari, Stirpensis F. & l. Floriacensis abbates pariter, viri nimirum religiosæ vitæ & famæ integræ, cum aliis tribus clericis suis sacramentis asseruerunt. Eum itaque ad vos cum nostræ gratiæ & episcopalis officii plenitudine remandantes, ut ipsi tamquam pastori proprio obediatis præsentibus apicibus admonemus. Obedientes vos misericordia divina custodiat.

URBANUS episcopus, servus servorum Dei, clero & populo universo Lemovicensium salutem & apostolicam benedictionem. Veniens ad nos confrater noster *Humbaldus* vestræ civitatis episcopus, multas matri ecclesiæ à filiis suis questus est injurias irrogari. Quidam enim militum & ecclesiarum bonis violenter abutuntur, & honores tamquam possessionem hereditariam exigunt, & non consentienti episcopo tamquam hosti molestias ingerunt. Unde nos dilectionem vestram cum litteris præsentibus exhortamur atque præcipimus, ut à præsumptione hac abstinere deinceps omnino satagatis. Quod si post hæc contempseritis, quamcumque sententiam in vos episcopus vester canonica auctoritate dictaverit, assensus nostri auctoritate confirmamus. Nos enim universas diœcesis ecclesias episcopo subjectas esse & canonicam volumus reverentiam exhibere, salvis, si qua sunt, Romanæ ecclesiæ privilegiis. Universis sane tam clericis quam laicis eum commendatum volumus, tamquam ad vos cum benignitatis nostræ gratia revertentem. Obedientes vos monitis nostris misericordia divina custodiat. Data Pisis (*a*) VI. Idus Octobris.

(*a*) Ibi poterat esse Urbanus mense Octobri anni 1094. quo hæc contigisse verisimile est.

Notitia de consecratione Dominici altaris Carrofensis monasterii ab Urbano papa II. facta anno MXCVI.

Ad p. 238. QUONIAM ab antiquis temporibus mos prudenter obtinuit ecclesiasticus, quæ Christianæ religionis utilitatibus profutura credidit ad posterorum memoriam scribendo reducere, congruum fore decrevimus per scriptum successoribus nostris quasi vivum ac recens delegare, qualiter Dominicum altare apud Karrofum à domno papa *Urbano* secundo tempore domni *Petri*, post *Fulcradum* abbatis consecratum fuerit. Prædicto igitur Papa concilium apud Clarummontem celebrante præfati abbatis prudentia ipsius apostolici viri majestatem humiliter adiens, rogavit, quatenus specialis ejus benignitas Karrofense monasterium visere atque consolari dignaretur; summumque ejus altare ecclesiæ ab ipso sollemniter consecraretur. Jam etenim multo ante *Leo* sanctissimus papa Magni *Caroli* contemporaneus aliud in eodem cœnobio auctoritate apostolica benedixerat, super ipsum autem aliam Karrofenses construxerant aram. Ad hujus ergo altaris consecrationem totiusque monasterii reconciliationem dexteram abbas exigebat apostolicam; qui ut pius semper exstitit, magnorum virorum habito concilio ad abbatis preces curæ pastoralis inclinando aures cum illo suorum sanctissimo comitatu Karrofum divino ducatu tandem pervenit. In cujus adventu quanta qualiave nobilium necnon populorum occurrerint gaudia tam venerabilis loci, ipsiusve Romani Pontificis debita reverentia intuitu perspicaci competenter considerata facilius poterit perpendi. Hic quippe locus à prisco tempore, ut pote regi regum honori specialiter dedicatus, non solum à finitimis, verum etiam à longe remotis usque ad id temporis maxime est in honore habitus. Ceterum omnes nimium lætabantur divinæ pietati gratias agentes nostris in partibus tantum pastorem perspexisse, cum suorum perpaucos

perpaucos antecessorum comprobari possit tale quid contigisse. Ad tantam itaque novitatem rei merito undique hilari mente confluebant populi: vix enim oculus visu, & auris satiatur auditu. Arbitrabantur vero se magnam suorum peccatorum indulgentiam adepturos, si ut decebat, ad tam gloriosæ officium consecrationis coadunari quoquo modo valerent, quod & Domino efficiente ad effectum pius illorum affectus militavit. Religiosus tandem apostolicus summi Salvatoris aram Spiritus sancti virtute consecraturus altaris gradus conscendens, ante ipsum stetit girantibus illum non vilibus personis, simulque in tanto mysterio humili cum devotione cooperantibus, quorum nomina sigillatim subscribentur. Quam speciosum, quam salutiferum episcopales, archiepiscopales, illas insuper papales manus intueri quam sancte, quam artificiose, affectuose, suum certatim exercendo moderarentur officium! Ipse namque pastor Urbanus urbane ac curialiter omnia sicut omnium caput & magister incipiens, sacrata largiflue lympha chrismate cum oleo copiose ipsum altare irrorans propriis manibus infundens atque liniens, filiisque in Domino, ut idem agerent modesto vultu indicens, donec, ut mos apostolicus in tam sublimi observat officio, cuncta viriliter peregit toto mentis ac corporis nisu elaborabat. Peracta igitur more ecclesiastico consecratione, super ipsum altare solemnem isdem Pontifex Romanus missam celebravit. Huic si quidem operi affuerunt domnus Amatus Burdegalensis archiepiscopus, sanctæque sedis Romanæ legatus, Hugo Lugdunensis archiepiscopus similiterque legatus, Daimbertus Pisarum archiepiscopus, Raingerus quoque [Rhegiensis] archiepiscopus, Petrus Pictavorum, Bruno Signensis episcopus, Johannes cardinalis diaconus. Facta sunt autem hæc IV. Idus Januarii feria scilicet quinta, quæ tunc ante beati Hilarii festum fuit, anno ab Incarnatione Domini MXCVI. Pontificatus domni Urbani II. papæ anno octavo.

De Altari matutinali.

Ad p. 245.

Hæc consecratio debet celebrari à fidelibus ad honorem sanctæ & individuæ Trinitatis IV. Kalend. Martii, quæ facta fuit à domino Urbano papa in honore victoriosissimæ Crucis & sancti martyris atque pontificis Xantonensis Eutropii, qui in præsenti ecclesia requiescit. Ibi domnus papa Urbanus edictum promulgavit generale, perpetuumque sancivit memoriale; quatenus in anniversaria consecratione futuræ nationes semper conveniant, & domum Dei sui honorificent ob peccatorum suorum indulgentiam. Indulsit enim Papa sæpe memorandus omnibus Christianis ad hanc consecrationem convenientibus septimam partem pœnitentiarum, ut quanti votum habuerint taliter & pœnitentibus ipsa conveniendi difficultas prodesset.

Sequitur *Missa de hac sollemnitate*, quæ ea die dicebatur.

In ejusdem monasterii Chartario invenitur vetus instrumentum donationis factæ consilio, uti conjicere est, ejusdem Pontificis, sic quippe incipit:

Ex Chartario Vindociū.

Cum quodam tempore domnus apostolicus Urbanus, Dei forte dispositione istam nostram regionem peragrando visitaret, in monasterium sanctæ Trinitatis, quod ibidem situm est honorifice ab abbate atque monachis ibi Deo servientibus susceptus est. Quo cum moraretur, quidam miles Hubertus filius Manuum nomine, ad eum venit, cujus filius quadam dudum infortunia præventus defunctus fuerat. Cumque multum mæstus de illo cum apostolico plura perorasset pro absolutione illius animæ, immo suæ patris quoque ac matris obtulit Deo, id est sanctæ Trinitati medium capellæ &c.

Textus de dedicatione Ecclesiæ hujus sancti Majoris nostri monasterii.

ANNO ab Incarnatione Domini MXCV. sexto Idus Martii luna XI. epacta XXIII. concurrentibus II. qui est annus Philippi Francorum regis XXXVII. & Bernardi hujus monasteri nostri abbatis ab ordinatione sua annus XIII. Urbanus secundus papa gloriosus, & in nullo apostolica dignitate indignus, ab Urbe Roma veniens & sola caritatis gratia Gallias invisens, cum in Claromontano concilio in præsentia quingentorum fermè Patrum, archiepiscoporum scilicet, pontificum & abbatum, ipsis universis una cum Radulfo Turonensi archiepiscopo acclamantibus & autorisantibus privilegia libertatis & immunitatis, quæ ipse papa nobis & cœnobio nostro per manus reverendorum fratrum nostrorum domni Bernardi Remensis cognomento Pontii, tunc prioris nostri, dominique Rangerii, qui postea presbyter cardinalis sanctæ Romanæ ecclesiæ ac deinde Regiensis archiepiscopus fuit & in præfato concilio ut archiepiscopus & cardinalis sedit, ab urbe Roma miserat, auctorizasset; anno apostolatus sui VIII. id est in octavis festi hiemalis beati Martini, tandem pacis & concordiæ gratia inter nos & Turonenses B. Mauricii canonicos jam tunc decennio nos persequi non cessantes (*a*) faciendæ, monasterio nostro ab eodem visitato, ipsoque ab exiguitate nostra pro tempore competenter satis ut decuit excepto, & apud nos diebus septem non sine multis expensis repausato sive refrigerato, octava demum adventus sui die, (videlicet VI. Idus Martii) qui est terminus in prima fronte paginæ annotatus, dedicavit Deo in honorem sanctæ Crucis ac beatissimæ Dei-genitricis perpetuæque virginis Mariæ, ac sanctorum Apostolorum Petri & Pauli, necnon & beati Martini majorem basilicam nostri hujus Majoris-monasterii, in qua fratres die noctuque divino servitio incumbunt.

Pridie siquidem, quæ fuerat dies Dominica, celebratis

Ad p. 247.

(*a*) Occasione stationis Paschalis sublatæ, de qua ad an. 1090. diximus.

ex more missis ab eodem, adierat gradum ligneum sibi ad loquendum populo, ut est consuetudinis, in litore Ligeris præparatum & super eum cum archiepiscopis & episc. & cardinalibus stans diutissime populo infinito, qui ob hoc ipsum undequaque sitienter convenerat, sollemniter exhortationis verbum faciens, & monasterii nostri ordinem ac religionem vehementissime collaudans & extollens, atque adversariorum nostrorum, canonicorum videlicet, non minus exsecrans conversationem, ac præcipue ipsorum detestans in nos actam decennio tyrannidem, innocentiam nostram in auribus tam egregii Andegavorum comitis Fulconis junioris & procerum ejus, qui sermoni ipsi intererant, quam omnium, qui illuc undecumque confluxerant, ipse papa exposuerat & assignaverat, & adoptatos nos ab ipso in speciales sanctæ Romanæ ecclesiæ filios edixerat, quos nulla prorsus de causa deinceps posset aliquis archiepiscoporum vel episcoporum absque ipsius aut successorum suorum licentia excommunicare; & ad ultimum cœnobio nostro & nobis præfato comiti ac proceribus ejus, cæteroque populo commendatis benedixerat, ex præfatorum privilegiorum tenore, & absolverat omnes qui nos & universa nostra custodirent fideliter, & tuerentur atque honorarent. Omnes vero qui nos & nostra quælibet inquietarent, molestarent, affligerent & inhonorarent maledixerat; & donec inde satisfacientes Deo atque nobis pœniterent, perpetui anathematis catena, ligaverat. Unde rediens sermone finito, ipsa die in refectorio nostro cum duobus archiepiscopis & uno episcopo * atque cardinalibus suis refecit, &, sicut dictum est, in crastino ecclesiam nostram sollemniter dedicavit. Cui dedicationi Turonensis archiepiscopus, Aurelianensis Rodolphus interfuit, qui propriis suis manibus pignora sanctorum, quorum nomina subscribuntur, sub Dominico altari, jubente papa collocavit; & una cum archiepiscopo Lugdunensi & primate Hugone ab infirmorum capella, pridie à Brunone Signiensi episcopo jussu Papæ dedicata, reliquias sanctorum, quæ inibi pernoctaverant, humeris propriis in majorem basilicam deportavit, & una cum domino Rangerio supradicto alfabetum latinum, illo græcum

* al. quatuor episc.

APPENDIX.

faciente, fecit & basilicæ ipsius parietibus, jubente papa, crucis vexillum ex oleo imposuit, atque altare de Crucifixo jussu papæ mox sacravit.

In altari ergo Dominico est ineffabile corporis Christi sacramentum collocatum cum horum pignoribus sanctorum; particula scilicet victoriosissimæ Crucis Christi, & de vestimentis gloriosæ Dei-genitricis, de capillis & barba Petri apostoli, de vestimento Johannis Evangelistæ & reliquiis sanctorum martyrum Stephani, Mauricii, Cypriani, Ermetis, Saturnini, Ferreoli, Nerei, Achillei, Pancratii; confessorum autem Mauricii, Aviti, Sulpicii, Gundulphi, Desiderii; virginum vero Anataliæ & Praxedis. Locatis ergo de more sanctorum pignoribus, & sacrato altari Dominico, dotaverunt ipsum, jubente papa, comes Fulco & Robertus de Rupibus, atque Hugo (*a*) de Calvomonte, sed & ceteri proceres, quorum ibi copia multa erat, dote quadam admodum nobis grata, id est auxilio, tuitione & consilio suo.

Nomina sane Pontificum, qui dedicationi huic interfuerunt, hæc sunt: Hugo primus & legatus Lugdunensis archiepiscopus, Radulfus de Aurelianis archiepiscopus Turonensis, Rangerius supradictus, Bruno Signiensis episcopus. Dominus vero Amatus * ægrotabat apud nos, foris scilicet in camera, sed ejus tamen ope & consilio facta est dedicatio ipsa. Cardinales isti adfuerunt: Albertus presbyter, Thesto presbyter, Gregorius diaconus Ticinensis, Johannes Garcellus diaconus & primiscrinius, qui omnes in Claromontano concilio fuerant. Dominus etiam abbas noster Bernardus, & abbas Puilliensis Otho affuerunt.

* archepisc. Burdigalæ.

Ipsa die sacratum est cimiterium ultra murum nostri cimiterii usque ad viam quæ ducebat ad molendinos, à domino Rangerio & ab episcopo Signiensi visu papæ. In crastino vero sacravit ipse papa cimiterium sancti Nicolai spargens aquam benedictam, & jubente eo dominus Hugo

---

(*a*) In Hist. episc. Turon. & abbat. Majoris-monast. *Hugo Ambaziacensis, Rainaldus Ferlensis de Castello, & Raguellanus de Malliaco.* Ied. &c. Hugo de Calvo-monte & Ambaziacensis idem est. Vide instrumentum sequens.

primas & dominus Rangerius sacraverunt cimiterium, undique per marginem ligeris spargentes aquam benedictam usque ad ligneam Crucem, quæ est supra molendinos nostros, & inde per viam versus ecclesiam sancti Johannis, usque ad limitem cimiterii pridie sacrati, & inde versus occidentem inter viridarium nostrum & vineam, usque ad viam, quæ de sancto Nicolao ducit ad portam monasterii nostri; deinde per vineam, videlicet usque ad Morevum burgi, aquam spargentes per pasticum & vineam extra Burgum, usque prope ecclesiam sancti Gorgonii, itemque inde usque ad ipsam Ligerim indirectum, atque iterum inde ad locum unde spargere aquam cœperant in giro sacrantes cimiterium, ut dictum est, redierunt.

HUGO de Calvomonte filius Sulpicii de Ambaziaco, cum puer adhuc esset, & mater ejus quæ neptis erat Gaufredi de Calvomonte consenserunt venditioni factæ monachis Majoris-monasterii de duabus quartis terræ apud Culturam Rathonis. Postea cum factus esset juvenis & patri successisset in honore, & cum Ambaziaco simul Calvummontem loco Gaufredi avunculi sui possideret, easdem quartas repetere voluit. Contigit interim Dei nutu Urbanum papam virum gloriosum humilitatem nostram dignanter invisere, & post paucos dies venire ad Majus-monasterium & basilicam nostram sollemniter dedicare, cui dedicationi interfuit ipse Hugo. Sacrato autem ex more & inuncto altari, Papa residens advocavit Fulconem (scilicet comitem Andegavensem, qui nuper Turoniam Blezensi Theobaldo eripuerat) & circumstantium turbam procerum monens eos, ut ecclesiæ & altari noviter dedicatis providerent dotem secundum morem solitum. Summonitus itaque à nobis supradictum Hugonem ad se vocavit, & monuit, ut quartas illas nobis relinqueret, quod ille gratanter fecit, cui rei interfuit multitudo, ut pote ad tantam celebritatem undique congregata. Inter ceteros hi nominatim censentur; ex clericis primas & archiepiscopus Lugdunensis Hugo, Radulfus

APPENDIX.

Turonensis archiepiscopus, Rangerus cardinalis, qui fuerat archiepiscopus Rhegiensis, Bruno Signiensis episcopus; Albertus presbyter cardinalis, Tezo presbyter cardinalis, Gregorius Papiensis diaconus cardinalis; deinde domnus Bernardus de sancto Venantio abbas noster &c. Ex laicis vero Fulco comes Andegavensis, Sigebrannus constabularius ejus, Robertus de Rupibus, Gausbertus præpositus de Calvomonte. Tandem sorores Hugonis præfati Adenordis & Ermensendis idem concesserunt.

Synodus habita anno MXCVI. *in qua absolutum fuit à dominio & regimine abbatum sancti Victoris Massiliensis cœnobium Psalmodiense.*

Notitia definitionis quæ facta est inter Richardum abbatem Massiliensem & ejus monachos, & Psalmodiensis cœnobii abbatem, videlicet Fulconem, ejusdemque monasterii monachos.

ANNO Dominicæ Incarnationis MXCIV. * Psalmodienses monachi venerunt ante domini *Urbani* papæ præsentiam & fecerunt ei querimoniam super Massiliensi abbate suisque monachis, & quod contra apostolicam auctoritatem Psalmodiense monasterium sibi subdidissent, quod audiens venerabilis Papa Massiliensem abbatem, *Richardum* videlicet, qui tunc in his partibus legatus ejus fuerat advocavit, præcipiens ei, ut hæc proclamatio *Bertranni* (*a*) Narbonensis Metropolitani & *Gibelini* Arelatensium archiepiscopi, atque episcoporum *Raymundi* Nemausensis & *Gotofredi* Magalonensis judicio, qui tunc in præsentia ejus erant, ibi audirent & diffinirent. Quæ res non minimum Massilienses monachos & etiam ipsum—

* Ad p. 273.

(*a*) Dalmatius tunc erat Narbonæ archiepiscopus, cui Bertramnus successit, Raymundo ei in Nemausensi sede substituto, an. 1096. Unde emendanda nomina hic illorum episcoporum, qui tamen ii ipsi has sedes obtinebant, cum illa causa finita est. Si tamen initio hujus instrumenti legitur an. MXCVI. pro MXCIV. omnia sibi concordabunt.

Richardum ad tantam iracundiam provocavit, ut non solum violenter Pſalmodium retinerent, verum etiam monachos, qui prædictam querelam domino Papæ fecerant, de ſuo monaſterio expellerent: unde accidit quod Pſalmodienſes nimia coacti neceſſitate Romam reclamantes Maſſilienſes de medio ſui ejecerunt, à minimo uſque ad maximum, jurantes ſuper quatuor Evangelia ſe cum Maſſilienſibus nullam participationem in prædicto monaſterio habituros ſe amplius fore. Quo pacto prædictus Richardus prænominatos archiepiſcopos & epiſcopos adiit, eorumque juſticiam ex parte domini Papæ ſibi fieri poſtulavit, qui conſilio accepto convenientes in unum, prius Pſalmodium Maſſilienſibus reddiderunt, Pſalmodienſibus propter jusjurandum de monaſterio egreſſis omnibus; deinde diem & locum ſtatuerunt quo tantus clamor audiretur & diffiniretur.

Ad ſtatutum denique diem Maſſilienſes & Pſalmodienſes venerunt cum prædictis judicibus, in quorum judicio dominus Papa definitionem prædictæ querimoniæ poſuerat. Omnibus itaque ex utraque parte circumſtantibus, Gibelinus Arelatenſis archiepiſcopus ita locutus eſt: prima pars placita laudat ut Pſalmodienſes dicant unde de Maſſilienſibus conqueruntur.

Ad hæc ſurrexerunt Stephanus Calcatellus, cui à ceteris commiſſum fuit ut reſponderet pro ſe & pro aliis, & ait: Fratres noſtri Pſalmodienſes conqueruntur Deo & ſancto Petro, & vobis archiepiſcopis & epiſcopis, qui jubente domino papa, noſtram querelam diffinire debetis, de Maſſilienſibus: quo Pſalmodienſe monaſterium per violentiam, per manum laicam, per ſanguinis effuſionem, per monachorum expulſionem, ad ultimum per pecuniæ conceſſionem ſibi attraxerunt, & nobis abſtulerunt; quamvis Pſalmodium ſecundum privilegia apoſtolica, ſcilicet Johannis & Stephani, & per præcepta regalia, id eſt Karoli, Lodovici, aliorumque regum, quorum auctoritates hic nos habemus, liberum ſemper fuerit, & nemini debeat ſubjici niſi Romanæ eccleſiæ. Adhuc conqueruntur fratres noſtri Pſalmodienſes ſuper Maſſilienſibus, quoniam prædictam querimoniam, domino Papæ depoſuerunt, &

APPENDIX.

eo jubente res deberet perduci ad finem, dominus iste Richardus, qui præsens est, monachos Psalmodienses, qui prædictam querelam fecerant, de proprio monasterio expulit, atque in exteras nationes abire & mori fecit. Hæc est querimonia unde fratres nostri Psalmodienses conqueruntur super Massiliensibus, præter alia mala quæ Psalmodio intulerunt.

Ad hæc Richardus abbas Massiliensis, sedisque apostolicæ legatus cum suis Massiliensibus ita respondit: Nulli dubium est, fratres mei, Psalmodienses monachos sæculariter & extra regulam vixisse usque ad tempora prædecessoris nostri *Bernardi* Massiliensis abbatis, qui volens eorum vitia corrigere, *Raymundo* comite deprecante, suorumque procerum consilio adeptus est jam dictum monasterium, & de irregulari fecit eum regulare, & ita tenuit eum usque ad diem obitus sui. Ex tum ego qui in locum ejus successi, tenui eum usque in hodiernum diem sub regularibus disciplinis, monachis ejusdem loci accipientibus abbates & priores de nostro monasterio per bonas successiones. Hanc contra eorum querimoniam responsionem facimus.

Cumque Massilienses & Psalmodienses hæc & alia multa inter se conferrent, Primati * judices dixerunt, ut si quid aliud auctoritatis Massilienses adversus Psalmodienses habebant ostenderent, atque jusserunt sibi reddi privilegia & præcepta regalia, quibus dicebatur nulli alteri ecclesiæ Psalmodium debere submitti, nisi Romanæ. Sicque consideratis utriusque partis rationibus & congruentiis, & Psalmodii auctoritatibus perspectis, Bertrandus & Gibelinus archiepiscopi & Gotofredus atque Raymundus episcopi, præfato Richardo in medio eorum existente, quia legatus erat, judicaverunt præfatam querimoniam ut sequitur.

* Legato apostolico.

Licet, domine Richarde, vices domini Papæ in nostris partibus vos habeatis, tamen ex auctoritate ejus & vestro assensu, nobis datum est ut ad perpetuam pacem ponamus totam controversiam Psalmodiensium & Massiliensium. Judicium, tale est. Secundum privilegia apostolicorum Johannis & Stephani, & præcepta regalia Karoli,

Lodovici, aliorumque regum, solius Romanæ ecclesiæ jus antiquissimum est Psalmodium, & nemini debet subjici nisi soli domino Papæ, ac pro causa ista Psalmodienses, ut causa eorum velocius definiretur, firmiter jurasse numquam amplius se habituros esse societatem in prædicto Psalmodio cum Massiliensibus; & ideo omnes de suo monasterio, postquam Massiliensibus per investituram restitutum est, egressi sunt justitiam quærentes. Vobis igitur, domine Richarde, non expedit jura beati Petri apostoli minorari, qui ejus vicarius estis, nec etiam defendere vel retinere quæ male commissa seu adquisita sunt ab antecessoribus vestris: sed potius convenit canonice corrigere & emendare. Et quia non sufficiunt Massiliensibus auctoritates, quibus Psalmodium per justitiam possint habere, decernimus ut Psalmodiensibus suum monasterium libere & absolute reddatur, nullamque dominationem Massilienses ibi habeant amplius. Præcipimus etiam, si vobis placet, ut hoc judicium scribatur, & domino Papæ præsentetur; & si ipse laudaverit, teneatur, & in Psalmodio reservetur, nec deinceps inde aliqua inquietudo inter eos assurgat.

Ad hæc Richardus, habito consilio cum Massiliensibus, inquit, judicium vestrum laudamus & suscipimus, atque Psalmodium cum omnibus sibi pertinentibus Deo & sancto Petro & domino Papæ ejusdemque monachis cum charta & sine charta in perpetuum solvimus.

Factum est publice apud Caislarum castrum, in loco qui dicitur Toirozella, regnante Philippo rege Francorum, anno ab Incarnatione Domini MXCVI. XVI. Kal. Octobris, die sanctorum Lucii & Geminiani, indictione * IX. concurrente IV. epacta XV. clave XI. in præsentia supradictorum judicum & *Ebrardi* abbatis sancti Tiberii, *Fulconis* ejusdem monasterii Psalmodii abbatis, Stephani Calcatelli, Raymondi Stephani, Guillelmi Archimiberti, Guillelmi Bonafus, Guillelmi de Albanis, Raymondi Itherii, Guillelmi Bernardi, Stephani Bernardi, Pontii de Noceto, & Petri Bernardi; monachorum, Juliani Gondrici, Goatherii presbyteri: Laicorum Raymondi, de Cavi, Raynerii fratris ejus, Pontii Gaucelini,

* IV.

APPENDIX.

Gaucelini, fratris ejus, Pontii Bremundi de Sommedrio, Bremundi fratris ejus, Pontii Petri de sancto Justo, Raymondi de sancto Juliano, Bremundi de Lestrancheriis, Bertrandi fratris ejus, Raymondi Galterii, Raymondi Eldrici, Raymundi Rainonis, Guillelmi Itherii.

Ego Richardus Massiliensis abbas octava die supradictæ definitionis VIII. Kalend. Octobris apud Montem-Pessulanum, laudo hanc definitionem cum hac charta monachis Psalmodiensibus in perpetuum. S. ego Pontius Stephani firmo. S. ego Bernardus Petiti firmo. S. ego Guillelmus firmo. S. ego Armannus firmo. S. ego Arnaldus firmo. S. ego Pontius firmo. S. ego Ebrardus firmo. Isti omnes monachi Massilienses fuerunt.

Laudamentum hoc jussu prænominati Richardi, in præsentia Bertranni archiepiscopi, Gotofredi Magalonensis episcopi, Angerii archidiaconi, Gaucelini de Lunello, Raymondi Rainonis & multorum aliorum. Gotofredo episcopo dictante Pontius scripsit.

Hæc definitio missa fuit ad dominum Urbanum papam secundum, qui eam confirmavit bulla sua, data Romæ apud sanctum Petrum, per manum Johannis diaconi cardinalis Kalendis Maii, indictione XII. anno MXCIX. pontificatus sui anno XII. quam habemus.

Excerpta ex libro II. *Domnizonis, de vita Mathildis. De Urbano* II.

Lib. 2. cap. 3.

  ANNO post istum * pastor sacratur in ipso
  Urbanus rethor, monachus prius & modo rector
Ecclesiæ Verbi summi Patris atque perennis,
Ut Salomon dicit, justus veluti leo fidit.
Hic damnat Regis * fidenter & acta Guiberti,
Qui Petri sedem falso cupiens retinere
Advocat Oddonem prudentem de Tuliore
Adversus papam, quem bello sæpe coartat.
Ille tamen justus, licet esset sæpe retunsus,
Immobilis durat, pacem putat esse futuram,
Filiolæ Petri, * Christi famulæque fideli,
Exhortando pia direxit tunc sua scripta,
Gregorii * normam plus præcipueque recordans,
Quatenus observet, nec eam dimittere tentet:
Hinc peccatorum veniam dat eique suorum.

* Victor III.
* Henrici imper.
* Mathildi.
* Greg. VII

Post hæc quæ anticipato de Urbano protulit, prosequitur Gregorii VII. gesta, & post relatam Anselmi Lucensis mortem, ejusdem Gregorii & Urbani elogium prosequitur ex Rangerii Lucensis episcopi versibus.

  „GREGORIUM vas egregium quicumque negavit,
  „Jam videat si forte queat quam falso putavit.
„Quique duas fregit statuas * Urbanus, ab illo
„Fonte fluit, longeque eluit * non segnius illo.
„Quisquis eum non ante Deum vel sero fatetur,
„Reprobus est & devius est pœnamque meretur.
„His ducibus mirabilibus collectio nostra.

* Idola Henrici & Guiberti.
* Cod. ant. Eluit.

"Non tacuit donec tenuit latrantia roftra.
"Jam redeunt qua fronte queunt, qui profiliere,
"Quos video, tangente Deo, plerumque dolere.
"Sed redeant & nos habeant & noftra libenter:
"Sed videant ut non redeant poft terga latenter.

 Rex ut Henricus factus gravis eft inimicus   Cap. 4.
Ecclefiæ fanctæ, dominæque Mathildis amandæ.
In quocumque loco poterat fibi tollere, toto
Nixu tollebat, terras, ubicumque tenebat
Præfertim villas, ac oppida quæ comitiffa
Hæc ultra montes poffederat à genitrice *   * Beatrice.
Abftulit omnino, nifi caftrum Brigerinum,
Forte quod & magnum, &c.
Anno milleno nonageno quoque primo
Mantua fordefcis, de proditione nigrefcis.
 Multis hoc capite profequitur Mantuæ obfidionem & deditionem. Capitibus fequentibus agit de variis bellis inter Henricum & Mathildem geftis, quæ fufius profequi non vacat.

De feparatione Praxedis Reginæ ab Henrico Rege, & de adventu Papæ Urbani in Longobardiam.

Ex eodem l. 2. cap. 8.

AUGURIUM pejus Regi quoque contigit ejus,   Ad p. 174.
Flagitium prorfus fua cœpit fpernere conjunx,
Quod taceat metrum, nimis hinc ne degeneretur.
Aft de regina Praxede tamen metra dicant,
Sic timet ipfa virum, dentem velut agna lupinum.
Cumque timore tremit, furtim munimina quærit
Mathildis, pofcens, ut eam disjungat ab hofte.
Afpiciens Debora nova tempus ineffe vel horam,
Hunc ut profternat Sifaram, clam quippe catervam
Veronam mittit, Regina manebat & illic

Privatum venit, defertur, læta recedit.
Regis eam servi perdunt strepitu sine belli,
Suscipitur recte, reverenter, nobiliterque

Jæhel. A domina sane Mathildi, quæ quasi Rachel*
In Sisaræ magnum nunc fixit tempore clavum
Crescit ob id felix Christi victoria plebi,
Ecclesiæque Duci, pastori scilicet urbis.
Hanc rem Reginæ missi referunt comitissæ;
Hoc quicumque scelus cognoscebat fore verum
Spernebat Regis sectam, pariterque Guiberti,
Partibus in cunctis pars Petri maxime surgit
Dux bonus Urbanus, factis & nomine clarus.
Esse triumphandi tempus de principe. Rabin.
Percipiens, Romam dimittens, venit ad oras
Longobardiæ cum consilio. comitissæ
Quæ suscepit eum, sanctum penitus quasi Petrum.
Pontificis dextra benedicitur ista potestas.

Synodus Tunc Pastor sanctus synodum celebravit & annus
Placentiæ. Christi millenus nonagenus quoque quintus,
Primus erat mensis cum nascitur humor in herbis
Ore sacerdotum damnantur facta malorum,
Ac hæresi Papæ Guiberti scilicet archæ
Regis & Henrici, Domini quia sunt inimici,
Affuit his dictis Praxedis, & ipsa Mathildis,
Catholicos plene benedixit Papa fideles,
Hanc synodum sanctam Placentia continet ampla.
Expleta synodo dominæ, quam sæpe recordor,
Papa vale dixit, clericis comitatus abivit,
Permultas urbes, curans convertere plures.
Gallia quem Patrem suscepit maxime care.

APPENDIX.

Quid in Gallia papa Urbanus lucratus est, & de reversione sua ad Italiam.

Cap. 2

URBANI Galli papæ Petri quasi sancti
Dicta receperunt, & ei bona multa dederunt,
Verba salutis eis dabat hic pastor vice Petri.
Nam docuit summus Pater illos ire sepulcrum
Ad Domini nostri, locus ut purgetur, & hostis
Inde repellatur populus paganus amarus.
O fidei semen bona germina quot modo præbes,
Cum rutuli flores refluunt pastoris ab ore,
Et pariunt fructus Domini dignanter in usus.
Nam genitos carum pro Christo linquere natum
Et genitus Patrem cœpit dimittere plane;
Atque vir uxorem contra dimittere morem
Sexus uterque Deo gliscit parere sereno.
Certatim currunt Christi purgare sepulchrum.
Francigenus cunctus populus, de quo fuit ortus
Urbanus Pastor, præsertim pergit orando,
Cumque duos annos fecisset ibi fere Pastor,
Italiam rursus rediit, fuit atque locutus
Miti Mathildi quæ Domni verba Magistri
Præsulis ac summi, mentis dulcedine sumpsit,
Quam pater absolvens, benedixit eam super omnes,
Atque vale dicens sibi, Romam tentat abire;
Ut cathedram Petri purget, quam prava Guiberti
Sessio polluerat, per longum tempus habebat
Corruptam legem Canonum pariter quoque Regem,
Urbanus rhetor velut ambierat, prius ergo
Romanam sedem mundavit ab hoste, celebre
Illius nomen crescebat, maxime Romæ,
Plebs suscepit eum, pepulit Romana Guibertum:
Ejectus nempe foris Urbem, stare Ravennæ
Assidue cœpit, mortem suus Oddo * recepit.
Propter papatum non liquerat hic dominatum,
Ravennæ, credens quandoque linquere sedem.

* De Tulliore dux ejus copiarum.

De recessu Conradi ab Henrico patre suo, & de morte papæ Urbani.

Cap. XI.
* Cod. ant.
Dictantis

PETRE Pater præsto precibus dictandis adesto,
Ut doceas sensum nostrum componere versum,
Unam dictemus plagam, qua Rex superetur
Francigenas partes Urbanus dum peragraret,
Longobardiæ stabat Rex hactenus ille;
Cui fortuna vetat ferat ultra ne Diadema,
Ægypti Regem, quæ perculit ultima Regem,
Istum plaga ferit, primogenitus sibi cedit.
Mortuus Ægypti primogenitus fuit; isti
Non obiit, vivus, sed ei gravis est inimicus
Factus, ob ejus opus, quod erat nimium scelerosum,
Conradus dictus fuit hic de chrismate tinctus,
Ingenio pollens, genitorem prorsus abhorrens;
Se Dominæ largis Mathildis subdidit alis,
Quæ veluti dignum valde carumque propinquum,
Mox suscepit eum laudans, ut Rex vocitetur
Illius tractat patrem, sic Hester ut Aman,
Abstulit uxorem sibi primitus, & modo prolem.
His motus damnis septem stans insimul annis
Italiæ, Regnum Gallorum visitat exsul,
Sic procul ejectus Conradus filius ejus,
Cum Domina stabat jam supra commemorata
Consilio cujus pulcher juvenis, rubicundus,
Ac prudens vere, Siculam duxit mulierem,
Rogerii natam Ducis, huic juveni quoque Papa,
Credere si vellet sibi, Regem non vetat esse,
Non erat hic Rector tremulus quasi cannula vento,
Sed veluti ferrum truncabat noxia verbo.
Ut cervum serpens, heresum sic turba timet quem,
Cuncta sibi prava subduntur dogmata falsa;
Nunquam decrevit libertas denique sedis
Romana per eum, sanctum peramat quia Petrum,
Aureus antistes, color optimus exstitit iste,
Scilicet Urbanus Sanctis merito sociatus,

Tale

APPENDIX.

Talem væ Romæ cum cum perdidit opilionem!
Mortuus est Romæ digno conditus honore,
Julius ipse dies binos cum dat prope finem:
Anno milleno, nonagenoque noveno.
A nato celso de prima Virgine verbo.

ISTE senex ut hebes, homines sinat esse fideles,   Cap. xii.
Post annos binos Urbanus erat quod ab isto
Sæclo portatus, cælique choro sociatus;
Iste dolore gravi tactus Guibertus inanis
Mortuus est, secum portans anathema per ævum.

———————————— Julius autem   Cap. xiii.
Mensis erat magnus, moritur Conradus, & annus
Tertius, Urbanus quod transierat memoratus,
Ejus habet corpus Florentia florida prorsus.

NOTUM sit omnibus Christi fidelibus, quod Ar-   Ad p. 258.
sinus de Albione ad preces Raymondi de Albione
fratris sui abbatis sancti Petri de Condomio, accersito
consultu totius nobilitatis suæ provinciæ, dedit Deo &
sancto Petro de Condomio & habitatoribus ejusdem loci
tam præsentibus quam futuris fundum & dominium villæ,
quæ dicitur Nerag in præsentia prædicti Raymondi abbatis fratris sui, & in manu domini *Urbani* papæ secundi, qui & ibidem in honore sancti Thomæ apostoli &
sancti Nicolai episcopi & confessoris Christi nobis ecclesiam dedicavit.

Privilegium monasterii. Latiniacensis.

URBANUS episcopus, servus servorum Dei, ad p. 275.
dilecto filio *Arnulpho* Latiniacensi abbati ejusque
successoribus regulariter promovendis in perpetuum. Piæ

postulatio voluntatis affectu debet prosequente compleri, quatinus & devotionis sinceritas laudabiliter elucescat, & utilitas postulata vires indubitanter adsumat. Quia igitur electio tua ad sedis apostolicæ portum confugiens, ejus tuitionem devotione debita requisivit, nos supplicationi clementer annuimus; & beati Petri Latiniacense (*a*) monasterium, cui Deo auctore præsides, & tam ei adjacentem villam quam cetera omnia ad ipsum pertinentia sub tutelam apostolicæ sedis excipimus. Per præsentis ergo privilegii paginam apostolica auctoritate statuimus, ut tam præfata Latiniacensis Villa, quam cetera omnia quæ vestrum hodie monasterium juste possidet, sive in futurum concessione pontificum, liberalitate principum, vel oblatione fidelium, juste atque canonice poterit adipisci, firma tui tuisque successoribus & illibata permaneant. Decernimus ergo, ut nulli omnino hominum liceat eundem locum temere perturbare aut ejus possessiones auferre vel ablatas retinere, minuere vel temerariis vexationibus fatigare, sed omnia integra conserventur eorum, pro quorum sustentatione ac gubernatione concessa sunt, usibus omnimodis profutura, salvo scilicet Parisiensis ecclesiæ jure canonico. Ita tamen, quod neque ejusdem ecclesiæ episcopo, neque archidiacono liceat temerarie excommunicationis vel exactionis aut consuetudinis gravamen aliquod fratribus irrogare. Obeunte te nunc ejusdem loci abbate, vel tuorum quolibet successorum, nullus ibi quibusvis subreptionibus astutia vel violentia præponatur, nisi quem fratres communi consensu, vel fratrum pars consilii senioris, secundum Dei timorem & beati Benedicti regulam elegerint. Electus vero à Parisiensi episcopo consecretur. Ad judicium autem perceptæ à Romana ecclesia libertatis auri unciam quotannis Lateranensi palatio persolvetis. Vos igitur, filii in Christo dilecti, Dei timorem & amorem in cordibus habere satagite, ut quanto à sæcularibus tumultibus liberiores estis, tanto amplius placare Deo totius mentis & animæ virtutibus an-

---

(*a*) Latiniacum cum opido cognomini, vulgo *Lagny*, ad Matronam, hodieque ordini benedictino addictum, sub congreg. S. Mauri subsistit in diœcesi Parisiensi, versus Meldas.

heletis. Sane si quis in crastinum archiepiscopus aut episc. imperator aut rex, aut dux, comes, vicecomes, judex aut ecclesiastica quælibet sæcularisve persona hanc nostræ constitutionis paginam sciens contra eam temere venire tentaverit, secundo tertiove commonitus si non satisfactione congrua emendaverit, potestatis honorisque sui dignitate careat, reumque se divino judicio exsistere de perpetrata iniquitate cognoscat, & à sacratissimo corpore & sanguine Dei & Domini Redemproris nostri Jesu Christi alienus fiat, atque in extremo examine districtæ ultionis subjaceat. Cunctis autem eidem loco justa servantibus sit pax Domini nostri Jesu Christi, quatinus & hic fructum bonæ actionis percipiant, & apud districtum judicem præmia æternæ pacis inveniant. Amen.

Lambertus Atrebatensis rationem Urbano reddit de causa abbatis S. Remigii.

REVERENTISSIMO domino & patri patrum papæ *Urbano*, *Lambertus* sanctæ Atrebatensis ecclesiæ servus inutilis, debitam subjectionem cum orationibus. Scire volumus sanctitatem vestram nos & provinciæ nostræ abbates & coepiscopos Remis pro quibusdam ecclesiasticis negotiis convocatos à metropolitano nostro, ubi inter cetera negotia reclamavit domus B. * abbas Majoris-monasterii animam fratris & filii sui *Roberti* abbatis monasterii sancti Remigii, contestans in verbo veritatis quod cum nec per se nec per personam ab eo missam Remensi ecclesiæ omnino liberum nisi salva professione & subjectione Majoris-monasterii contradiderit; quod ita constare domnus Remensis archiepiscopus protestatus est. Adjecit etiam abbas, quod cum plura de prædicto Roberto abbate inordinata & irregularia audiisset fieri, primo eum per epistolam, postmodum vero per idoneas personas sub nomine obedientiæ commonefecerit, quatenus in determinato sibi die & tempore responsurus de vita & conversatione sua abbas se præsentaret in capitulo Majoris-

Ad p. 278.

* Berardus.

monasterii; sin autem daret, abbas sententiam in eum tanquam in reum professionis, & sanctæ Regulæ contemptorem. Frater autem R. abbas hæc indicans domno archiepiscopo accepit ab eo consilium & præceptum ne aliquo modo vel occasione se erigeret contra patrem suum, abbatem videlicet Majoris-monasterii; quod si facere præsumsisset, qualem in eum prædictus abbas daret sententiam, domnus archiepiscopus collaudaret & confirmaret. Cum vero in præfixo termino, sicut ei constitutum fuerat, Majori-monasterio se non præsentasset, dedit in eum abbas Majoris-monasterii excommunicationis sententiam. Super omnibus his ab archiepiscopo nostro commoniti, cum Robertus verbis abbatis sui canonica ratione contraire nequivisset, judicatum est ab episcopis & abbatibus alterius monachum ab archiepiscopo non esse retinendum, sed prorsus in potestatem abbatis sui redigendum.

Ille autem hoc audiens avertit se à judicio justitiæ, & nos & coepiscopos cum abbatibus, ut subterfugeret disciplinam, ad apostolicam invitavit audientiam. Cujus rei seriem propterea justitiæ vestræ descripsimus, ut si forte inobediens & excommunicatus iste ad vos venerit, non audiatis contra judicium episcoporum, contra religionem abbatum; sed ut sententia eorum vestra auctoritate robur obtineat, prostrati sanctitatis vestræ pedibus humiliter exoramus. Bene valete, reverentissime domine & pater, & pro nobis in maximo periculo & dolore per obedientiam vestram constitutis * orare non dedignemini.

(*) Is ab Urbano consecratus episcopus Atrebatensis ecclesiæ, quæ à Cameracensi subtracta fuerat, multa à Cameracensibus, potissimum à Gualcherio invasore, cui Henricus Augustus favebat, perpessus est.

APPENDIX. 405

Epistola Canonicorum sancti Emiliani ad Urbanum papam II. qua conqueruntur de monachis Nantoniensibus.

DOMINORUM domino *Urbano* beatissimi loco Petri, sancti Emiliani canonici adipisci munus æternæ felicitatis. O sanctissime Pater! valde nobis carum est, quod tu secundum Patrum sanctorum normam ecclesiæ Christi gubernator exsistis; ideo tua recipiat veritas, qualiter nos à monachis servi tui simoniacis, qui ecclesiarum rapaces lupi exsistunt, quotidie vexati sumus, qui ab archiepiscopo Burdegalensi *Gaucelino* regulariter positi, ita quod vicecomes *Oliverius* ecclesiam archiepiscopo supradicto, ut ibi canonicos constitueret, tradidit. Quo facto quidam Nantoniensis monachus sub pelle ovina lupus, atque vicecomitis consanguineus, qui proconsulem rogans, quatenus nostræ ei ecclesiæ donum faceret & solidorum millia reciperet duo. At ille detestans super archiepiscopi constitutionem posse non manum ponere, causa tandem pecuniæ fecit. Deinde quod vendentes ecclesias aut ementes sacrilegi erant recognoscens, mutavit factum. Postea monachus sancti Florentii factus, ejus germanus *Petrus* proconsulatum regens ad eum maledictus monachus & abbas sancti Benedicti Nantoniensis....... statim solidos ducentos atque ejusdem pretii equum ei tribuens, atque insuper tria millia solidorum promiserunt dare si fratris dono eis frui concederet. Tunc radix malorum omnium avaritia, juvenis in honore....... peccaminum occuparet, concessit dictis, sic tamen prohibendo eas ex parte Dei ac sancti Petri & omnium sanctorum atque & papæ, Burdegalensis metropolitani, ne ecclesiam intrent, nisi eam recte possidere scirent. Hoc totum negligentes in ecclesiam intraverunt, & canonicos de choro projecerunt, pedem cujusdam levitæ disciderunt; similiter & cuidam laico fecerunt. Noster autem metropolitanus hoc audiens terribiliter monachos ac proconsulem Petrum cum

Ad p. 281.

Eee iij.

ejus provincia anathematizavit; quapropter vicecomes se cum monachis Burdegalæ ante archiepiscopum præsentavit, sed facto judicio secundum canonicorum ac monachorum verba decretum fuit sententiis Patrum confirmantibus nullo modo monachos posse ecclesiam habere. Dehinc nostrum pacifice recepimus monasterium; & subinde dum quidam nostrum causa peregrinationis ad monasterium S. Dionysii tenderet, monachi Nantonienses illum corripuerunt, in carcere posuerunt, quem tam diu constrinxerunt, donec sexcentos solidos extorserunt. De nequitia hac in Santonensi concilio noster archiepiscopus proclamationem faciens, à Patribus constitutum est, ut quidquid monachi à nostris rapuerant canonicis restaurarent. De judicio hoc Nantoniensi abbas cum monachis suis usque mane inducias petens à legato Amato concessum est. In crastina circumsedentes nuntiatum est quod abbas diffugium supradictus fecerat; tunc metropolitani judicante Auxonensi, ab omnibus confirmatum est ne fugitivus amplius ille ullam placiti erga nos causam haberet.

Lambertus apud Urbanum pro episcopo Teruanensi intercedit.

Ad p. 288.

REVERENTISSIMO domino & Patri patrum *Urbano Lambertus* sanctæ Atrebatensis ecclesiæ episcopus, servus inutilis debitam cum orationibus obedientiam dominus *Gerardus* Morinensis episcopus sperans apud sanctitatem vestram nos posse intercedere, ut pro eo vovis litteras nostras dirigeremus exoravit. Nos vero quid de causa ejus post Nemausense concilium definieritis ignorantes, sicut tunc, ita & adhuc, ut ei secundum Deum faciatis misericordiam sanctitatem vestram ab eo rogati exoramus. Bene valete, reverentissime domine.

Robertus abbas S. Remigii Lambertum ad sui patrocinium incitat.

DOMINO suo *Lamberto* Atrebatensium Dei gratia episcopo frater R. sancti Remigii abbas expulsus, quod patri filius & Domino servus. Litteras judicii nostri, quod Romæ factum fuit, volumus vestræ paternitati transmittere, ut notum vobis sit me nullo unquam judicio depositum esse. Scire similiter volumus dilectionem vestram quæ verba papa contra *Ulricum* protulerit, cum me accusaret, hoc solum dicens, quia abbas Majoris-monasteri penitus à jugo suæ dominationis me non absolvisset. Testor Deum me vera dicturum, prout intellexi, & testimonio eorum, qui mecum interfuerunt, scripto commendavi. Et si non dico easdem syllabas & compositam dictionem, dicam tamen æquipollentes & ipsius narrationis compositionem. Ait ergo. In tota serie sanctorum « canonum archiabbatem numquam invenimus annotatum, « quod utique fuisset, si abbas abbati præponi debuisset: « sed sicut nemo potest duobus dominis servire, sic nemo « potest duabus professionibus obedire. Monachus enim ex « quo est ab ecclesia sua emissus & in abbatem promotus, « cujus est abbas, ejus est & monachus. « Hæc dixit. Vos « igitur perpendite quam recte adversum me egerit. Archiepiscopus noster, apud quem supplicamus vobis ut sitis intercessor noster.

Manasses archiep. Morinos ad recipiendum Johannem episc. hortatur.

MANASSES Dei gratia Remorum episcopus clero, Ad p. 318. ordini & populo Morinensi salutem & dilectionem. Noverit dilectio vestra, carissimi, quia domnus Papa inter cetera præcepta sua nobis per episcopos nostros, qui

Roma regressi sunt, transmissa, maxime de ecclesia vestra nos providere præcepit, ne diutius pastoris solatio destituta remaneat, sed eum fine dilatione consequatur. Quocirca vobis tamquam filiis ea qua præsumus auctoritate præcipimus, quatenus sexta feria proxime instanti domnum *Johannem*, cujus electionem domnus Papa & Romanum concilium approbat & confirmat, Atrebatensi episcopo, cui illum promovere in sacerdotem vice nostra præcipimus, nolentes eum vobiscum ad nos usque defatigare, præsentetis; ut & nos ei quam citius consecrationis manum imponere possimus. Quod si causas prætenderitis, si dilationes afferre malueritis, (*a*) habebit de manu vestra sanguinem populi sui requirere. Valete.

Hildeberti episc. Cenomann. ad Urbanum de Cœmeterio S. Vincentii.

Ad p. 324. SANCTISSIMO Patri suo *Urbano* Cenomannensis episcopus. Universis fidelibus per spatium orbem longe lateque diffusis, clarescit antiquos patres ad vitandam urbium frequentiam quædam solitaria loca elegisse, ubi ad honorem Dei corpora fidelium honeste potuissent sepeliri, ad quorum imitationem pia & discreta sanctorum antecessorum nostrorum sollicitudo in suburbio nostræ civitatis ex possessionibus Cenomannensis ecclesiæ quamdam abbatiam de sancto Vincentio (*b*) fundaverunt, ubi ipsi & successores sui & canonici, & illi qui consistunt in ea parte civitatis, quæ ad feodum episcopi noscitur pertinere, per succedentia tempora sepelirentur seorsum regulariter parte cemeterii retenta, ubi clerici ab aliis sicut ordine ita sepulturæ different dignitate, propter quod monachis illius monasterii inter alia beneficia in ecclesia nostra quædam ab antiquo præbenda collata est, ut illi qui pro nostris animabus Domino Deo sacrificia specialius offerebant

---

(*a*) Paruere, ut ex eorum epistola patet in actis laudata & à Baluzio edita.
(*b*) Celebris etiam nunc abbatia Benedictina sub congr. S. Mauri abbate. regulari gaudens. De more ibi episcoporum & canonicorum sepeliendorum, vide. annales Benedictinos lib. 60. n. 64.

firmo

firmo caritatis & familiaritatis vinculo nobiscum adstringeretur. In eodem itaque cemeterio sine controversia tam episcopi nostri, quam canonici a priscis temporibus usque in præsentem consecuti sunt sepulturam. Ceterum noviter accidit quod me absente quidam canonicus noster moreretur, unde effectum est, ut dum canonici nostri ei debitum fraternitatis obsequium in ecclesia nostra, ut mos exigebat, persolverent, pauci eorum semper peste discordiæ laborantes illum adhuc viventem asserebant præcepisse, quatenus in cemeterio de Belloloco sepeliretur. Ceteri vero fideles qui confessioni ejus & unctioni interfuerant testabantur illum inter fratres & patres nostros apud sanctum Vincentium sepulturam requisivisse; licet alias minime debuisset tumulari, nisi monachus vel regularis efficeretur. Illi autem qui seditionem concitaverant corpus defuncti sancti & religiosi viri adinstar sacrilegorum in nostra urbe extra cemeterium in terra minime consecrata, sacra usurpantes obsequia sepulturæ tradiderunt. Monachi vero, nostro adventu cognito, nostram humilitatem suppliciter multoties rogaverunt, ut eis juxta consuetudinem ecclesiæ nostræ corpus canonici nostri redderemus. Super hoc igitur capitulum nostrum frequenter & diligenter jus simus ne nostræ scandalum inferrent ecclesiæ fratri suo contra antiquum morem solitam denegantes sepulturam. Maxima quidem pars Capituli nostro consilio pariter favebat & præcepto, sed paucorum arrogantia, ut dictum est rationi resistebat, & omnibus, me tantum excluso, cui corpus defuncti deferrent, ad tumulum minabatur supplicium. Sane monachi se sentientes prægravari, cum suam nec jure, nec prece possent investituram obtinere ad sinum misericordiæ vestræ super his qui vos spoliaverant appellaverunt. Idcirco dulcissime pater hujus rei seriem veraciter vestræ beatitudini intimamus humiliter exorantes, quatenus paupertati monachorum jus suum conservare dignemini, & perversorum pertinaciam vestra auctoritate conterere.

EPITAPHIUM URBANI PAPÆ II.

CANONICUS Remensis Odo, quem Cluniacensis
 Hugo facit monacum, Papa fit eximius.
Hic vivens lux Urbis erat, nox morte peremus,
 Urbs stetit Urbano stante, cadente cadit. *
Lege regens, & pace fovens te, Roma, beavit,
 Servans à vitiis intus, ab hoste foris.
Non flexit, non extulit hunc, non terruit umquam
 Dives, fama, potens; munere, laude, minis.
Eloquium linguam, sapientia pectus, honestas
 Mores ornabant, exteriora decor.
Ecce per hunc Urbs sancta patet, lex nostra triumphat,
 Gentes sunt victæ, crescit in orbe fides.
Sed citius rapitur rosa, quæ plus vernat in horto,
 Sic & florentem fata tulere virum.
Mors hominem, requies animum, cisterna cadaver,
 Solvit dura, fovet grata, profunda tegit.
Suscipit, inter nos, nil nisi fama manet.

* ord. ruente ruit.

URBANUM papam quem Francia dixit Odonem,
 Quæ regio tenerum protulerat puerum.
Vitales auræ morientem deseruere
 In quo sic orbis lingua diserta ruit,
Ut simili careat doctore superstite mundus,
 Hic igitur posuit flens sua Roma suum.

EPITAPHIUM WIBERTI PSEUDOPAPÆ.

NEC tibi Roma locum nec dat Wiberte Ravenna
 In neutra positus nunc ab utraque vacas:
Qui Sutriæ vivens male dictum papa fuisti
In Castellana mortuus urbe jaces.
Sed quia nomen eras sine re pro nomine vano,
Cerberus inferni jam tibi claustra parat.

D. THEODERICI RUINARTI
ITER LITTERARIUM
IN ALSATIAM ET LOTHARINGIAM.

IE 20. Augusti hujus anni 1696. Parisiis excessimus, in Lotharingiam & Alsatiam profecturi. Sed iis nondum plene dispositis, quæ ad nostrum iter conficiendum necessaria erant, substitimus apud amicum quemdam diebus quatuor, dum ab alia prorsus omni cura expeditis nobis tandem licuit viam ingredi, id solum in animo habentibus, ut qualecumque istud iter in nostrorum studiorum utilitatem cederet.

Haud procul ab eo loco abest Hedera nostri Ordinis monasterium, quod ideo invisimus die 23. hujus mensis. Ibi habitant Ordinis nostri sanctimoniales quæ sæculo duodecimo ineunte, ab Eustachia Corboliensi comitissa hoc loco donatæ sunt. Referunt Sammarthani fratres literas Stephani episcopi Parisiensis 1138. datas, quibus ille testatur à fundamentis ecclesiam hederæ à se fuisse ædificatam ac sanctimonialibus concessam, cum institutionibus optimis maxima ex parte de ordine monachorum Cisterciensium, partim de observantiis aliarum regionum collectis, quas ex consilio Hugonis abbatis Pontiniaci, fratris sui Willelmi & voluntate Hiliardis loci abbatissæ totiusque conventus assensu ibi in perpetuum servandas episcopali auctoritate constituit. Hæ litteræ sicut & aliæ cum bulla Innocentii II. anno 1142. complures cum chartario asservantur in archivio monasterii, ut ex earum indiculo cognovimus, sed eas coram inspicere non licuit. Habentur in ecclesia aliquot abbatissarum epitaphia. In ipso vero monasterii ingressu ad lævam domus erat Guillelmitarum, qui ibi administrandorum sanctimonialibus sacramentorum causa olim habitabant.

25. Latiniacum pervenimus, quod est opidum in pago Briegio ad Matronam fluvium, ubi antiquissima est Ordinis nostri abbatia, Comitatus titulo insignis. Hanc Erchinoaldo palatii præfecto sub Clodoveo Dagoberti filio, locum & sumptus præstante, sanctus Fursæus Scotus à fundamentis erexit circa annum 644. eique primus abbas præfuit, ad annum usque circiter 650. quo è vivis excessit. Tres ibi ab eo ecclesias ædificatas fuisse traditur, unam in nomine Salvatoris; alteram in memoria apostol. principis Petri, quæ hodie abbatialis est & totius opidi præcipua; tertia in ejusdem Fursæi honore à posteris dedicata est, hæcque sicut & prima plebi addicta. Secundam à paganis destructam Herbertus Campaniæ comes atque Stephanus ejus filius restauraverunt ut patet ex Roberti regis diplomate apud Sammarthanos. Calvinianorum impetum persensit sæculo proxime elapso, Odeti Castellionei cardinalis tum apostatæ, qui tunc ipsi præerat, perfidia, cujus jussu omnia ecclesiæ sacra vasa cum sanctorum reliquiis direpta ac conflata fuerunt. Nunc superest, ex tanta ruina sancti Fursæi casula, capitium habens, quo in processionibus caput tegi commode poterat. Ecclesiæ vero pars vetustate fatiscens ea videtur esse quæ sancto Furseo vivente constructa est; pars vero miro opere ab aliquot sæculis constructa, à novem annis ita comparata est, ut in ea res divina congrue ac commode peragi possit.

26. Latiniaco egressi, propter Matronæ ripam fere semper Moldas usque progressi sumus. In medio fere itinere ad dexteram habuimus Couvreum, ubi ædes magnificæ principum Rohanneæ familiæ, quo & defuncti deferuntur in æde sacra Mathurinensium sepeliendi, qui ibi intra

domus septa conventum habent.

Meldis ecclesiam cathedralem sancto Stephano sacram invisimus, ubi beati Fiacrii totius regionis patroni corpus adservatur. Structuræ est elegantissimæ, sed omnes ferme lapideæ figuræ, quæ tum ad januas tum ad arcum positæ erant ad ornatum, violatæ sunt, abscissis aut effractis earum capitibus. Hoc opus est Calvinianorum, qui ejusmodi figuras à Catholicis adorari falso sibi in animum inducebant. E regione ecclesiæ ædes episcopales sitæ sunt, commoditate & amœnitate, potissimum hortorum, jucundissimæ.

Advesperascente jam die ad monasterium nostrum S. Faronis accessimus, in septentrionali suburbio situm, quo in loco diem sequentem integrum consumpsimus. Monasterium istud Latiniacensi paulo antiquius est. Jam nempe sub titulo sanctæ Crucis conditum erat anno 622. quo privilegium à Clothario rege accepit. Auctorem habuit sanctum Faronem, Meldensem episcopum, qui ibi sepultura donatus, nomen postea suum sensim loco tribuit. Exstat etiamnum ejus sepulcrum in ecclesiæ abside subtus altare majus, sacrum vero ejus corpus in theca lignea reconditum supra ipsum altare asservatur. Pars ecclesiæ inferior videtur esse primæ conditionis, cui additi fornices & capellarum circuitus. Vetustate pene per partes collabitur.

Jam olim celebrem fuisse probant ejus societates cum aliis fere Galliæ & Germaniæ celebrioribus ecclesiis, ubi semper sub Crucis titulo memoratur. Sed & præter sanctum Fiacrium, qui ibi prima monasticæ vitæ rudimenta didicit, postea apud Brolium eremita, complures viri cum pietate, tum natalibus celebres hunc locum illustrarunt. Inter hos numerandus Otgerius è præcipuis Caroli magni aulæ primoribus, sub Ogerii Dani nomine famosus in fabulis, qui deposito militiæ sæcularis cingulo, cum Benedicto socio in Faroniano monasterio sub monastica veste reliquum vitæ exegit, ibique sepultus est. Exstat etiam nunc eorum tumulus ad arcum aquilonarem ecclesiæ choro obversus, ubi tota eorum conversionis series exponitur. Habet in longum pedes septemdecim cum dimidio, in altum vero, eo scilicet modo quo hodie instratum eſt, pedes quatuordecim, uterque ſupra tumbam jacentes repræſentantur veſte monaſtica induti, unde colligi poteſt qualis tunc fuerit monachorum Ordinis noſtri habitus. Hoc monumentum, quod ſane unum eſt è preciofiſſimis antiquitatis, Gabriel Simoneus Italus itineribus celebris cum miratus fuiſſet, nec eorum nomina ſciret, quibus appoſitum fuerat, hanc Inſcriptionem pingi curavit. *Heroibus ignotis Gabriel Simoneus reſtituit* MDXXXV. Sed totam ejus expoſitionem ſimul & ichonographiam, quæ æri inſculpta eſt, videſis tomo 1. act. SS. Ordinis noſtri pag. 656. & ſeqq. ubi & de ejuſdem Ogerii ſpata & ferreo clypeo, qui ſeorſim in ſacrario aſſervantur, nec non & de aliis ejuſdem monaſterii viris illuſtribus agitur.

In Bibliotheca pauci ſunt codd. mſſ. In eorum uno habentur ſtatuta ſynodalia Meldenſis eccleſiæ, in quorum capite referuntur quæ ſtatuta fuerant in concilio provinciæ Senonenſis anno 1346. Pariſiis habito. Pro agenda „ vero diœceſana ſynodo hæc præſcribuntur. „ Finito ſer„ mone & laicis excluſis, quæratur utrum ſint præſentes „ archidiaconi, abbates, priores, & curati qui debent & „ tenentur præſentes intereſſe in ſynodo & vocentur alta „ voce Archidiaconus Meldenſis, Archidiaconus Briæ, „ abbas Resbacenſis, abbas ſancti Faronis, abbas de Ca„ giaco, abbas de Julliaco, abbas de Camerefontis, Prior „ de Cella, prior. de Radolio, prior ſanctæ Celiniæ. „ Tum decani omnes & parochi ordine ſuo. Ex eodem codice diſcimus litteras à Leone X. papa datas fuiſſe, quibus jubet indulgentias publicari in favorem eorum qui pro Ludovico Francorum rege preces effuderint ſupra editum montem.

Haud procul à monaſterio Faroniano vicus eſt ſupra nomine Gregiacum, ubi primo Calvinus novi ſui evangelii ſemina ſpargere cœpit in exiguo fano, quod Nannctenſis edicti ſuppreſſio proſtravit. Inde effuſi ejus diſcipuli, die ix. Kal. Julii, 1562 monaſterium ſancti Faronis, tum urbem ingreſſi, eccleſiam cathedralem dilapidaverunt, iique primi fuere eorum impetus, quos tot poſtea, proh dolor! tantæque calamitates ſecutæ fuerunt. Pæne mihi exciderat in eodem vico Carmelitarum diſcalceatorum conventum haberi, in quorum hortis fontes funt ejufmodi, ut quidquid in ipfos projicias, id fenfim in lapidem convertatur, quod vifu non femel experti fuimus. Sed jam ad itineris noftri revocanda narratio.

28. Tranfmiffa Matrona, Moncellis feu Monticellis tranfivimus, ubi domus regia cum feptis ampliffimis, quam magnificentiffimo opere Henricus IV. exftrui juffit. Cum meridianis horis ob immoderatos calores vix altum poffemus fuftinere, apud Radolium fubftitimus, quod monafterium eft Ordinis Cluniacenfis ftrictioris obfervantiæ, haud procul fitum ab opido firmitatis infra Aucuifi, alias fub Jotro dicta, ubi Mucra fluviolus in Matronam dilabitur. Hujus loci conditorem nonnulli afferunt fuiffe Radonem alterum fancti Audoeni fratrem : at alii refragantur unicum Audoëno fratrem affignantes, Adonem fcilicet qui Jotrenfe monafterium conftruxit. Et quidem fperabamus nos ibi in archiviis aliquid forte reperturos quod huic difficultati folvendæ poffet conducere: at monafterii chartas à Calvinianis penitus combuftas fuiffe nobis refponfum eft. Eccl. veteris eft ftructuræ. In clauftro vifitur effigies militis cujufdam cum fcuto tres malleolos exhibente, & infcriptione quæ annnorum 4. aut 500. effe videatur, PETRUS MILES DE MALLY. Superfunt in Bibliotheca aliquot codices manufcripti. In his aliquot SS. Auguftini, Gregorii, &c. opera Caffiani, collationes, Hiftoria ecclefiaftica Rufini, Anglicana Bedæ, Opufcula aliquot Guillelmi abbatis fancti Theoderici, Hugonis à S. Victore, Vita SS. Bernardi, Norberti &c. quæ non funt magni momenti.

Sole igitur paulum temperato, Radolio egreffi, ad dexteram Jotrenfe fanctimonalium Ordinis noftri celebre monafterium reliquimus, quod ab Adone, ficut & Resbacenfe, ab Audoeno ipfius fratre condita fuiffe certum eft ex fancti Columbani vita aliifque indubitatæ fidei monumentis. Paulo poftea occurrit nobis, fed in ulteriori Matronæ ripa Wltiacum, * ubi fepultus eft Autharius corumdem Audoeni & Adonis pater, qui ibi uti loci patronus colitur, ficut & apud noftros Resbacenfes. Mirum eft ipfius nomen in Gallicano Martyrologio omiffum fuiffe, cum jam Hildegarii Meldenfis epifcopi tempore,

* Euffy.

id est sæculo nono, *magnis miraculis coruscaverit*, ut ipsemet Hildegarius attestatur in vita sancti Faronis ubi eumdem *sanctum Autharium* appellat.

Iter nostrum prosecuti, vidimus Novigentum cognomento Artaldi, quod olim monasterii nostri sancti Germani à Pratis ditioni subjectum erat. Ibi est Clarissarum abbatia, quæ ad diœcesim Suessionensem attinet, sicut & Casiacum monasterium congregationis nostræ, quo, inclinato jam sole, pervenimus. Situm est duabus circiter leucis infra Castrum Theodorici, inter Silvulam & Matronam fluvium in loco satis amœno: sed exigui reditus nonnisi ad paucos alendos monachos sufficiunt: abbatis Casiacensis causam tuetur sanctus Bernardus in epistola ad Joslenum Suessionensem. Ceterum in altera fluvii Matronæ ripâ exstat vicus Benogilum dictus, ubi olim fuit villa regia, uti ex diplomate Caroli-Calvi patet, dato xv. regni sui Bonogilo-villa, Casiaco, Matrona interjacente, proximâ, ubi confirmat res datas abbatiæ Cellæ Casiaci, quæ vocatur Brogilo sancti Petri &c. Vide lib. 6. Rei-diplomat. num 31. Nortmanni, in vita Ælfridi, per oram Maternæ ingressi usque ad Caziei villam regiam pertigisse dicuntur, ac eo loci integro anno hiemasse.

Sed id forte intelligendum de opido abbatiæ cognomine haud procul à monasterio dissito, quod & ibi aliquando stetisse ferunt. Et quidem cum postera die prope muros pertransiremus, vidimus ecclesiam & alia ædificia regularia, etiam ad Casiacenses monachos pertinentia, quæ ibi monachos aliquando insedisse probant.

29. Orbacum advenimus, ubi monasterium est ordinis & congregationis nostræ, celebre magis quam magnum. Ecclesia tamen ampla & loca regularia commoda nitidaque. Conditum est à sancto Reolo archiepiscopo Remensi, sæculo octavo ineunte, *in loco*, uti loquitur Flodoardus, quem dono regis Theoderici promeruerat. Lendemarus ibi primus abbas fuit, accersitus ex Resbacensi cœnobio cum aliis sex monachis: ceterum etsi in diœcesi Suessionensi situm fuerit, sub dispositione tamen Remensium archiepiscoporum diu fuit, ita ut ex clero Remensi loci illius ascetæ censerentur, uti certum est ex variis monumentis & præsertim

sertim ex electione Hincmari, cui cum aliis diœcesaos Remensis clericis Orbacenses monachi consentiunt. Iidem subscripsere excusatoriæ Remensium Canonicorum & monachorum *sanctæ sedis Remensis ecclesiæ litteræ*, ad Hildebodum Suessionensem episcopum, pro electione Fulconis post Hincmari mortem. Ad majorem ecclesiæ januam visitur antiqua effigies lapidea sanctum Petrum repræsentans vestibus pontificalibus indutum cum dalmatica, tunicella & pallio, mitram vero habet rotundam quidem, sed absque coronis. Encolpium ex ejus collo pendet supra pectus. Intra ipsam ecclesiam aliquot tumuli habentur antiqui: ex his est beati Reoli cum tumba ejus sepulchrali è terra super columnas elevata; sacrum vero ejus corpus in thecis inclusum servatur in sacrario. Exstat & ex parte Evangelii juxta altare, sepulcrum cujusdam episcopi aut abbatis infulati, sed absque inscriptione. In ipso chori meditullio jacet Guido de Grevezelay ejus loci abbas cum infulis Pontificalibus, qui obiit anno 1352. mense Septembri. In sacello, in ipsa ecclesiæ abside jacet Petrus de Chillugni abbas qui obiit anno 142.... 7. die Augusti. Iis antiquior est abbatis Willelmi tumba, quæ annos 500. videtur præferre, repræsentatur baculum gestans abbatialem antiquo more curvatum absque mitra, cum hoc epitaphio.

> Hoc sub sarcophago requiescit vir venerandus
> Moribus & vita cunctis qui mansit amandus.
> Hinc abiit, sed non obiit, transivit ad esse,
> Abbas Willelmus quo nos thr......
> Rebus mundique causam dant pereundi
> Ad regnum cæli pervenit mente fideli.

Ejusdem loci abbas fuit S. Rigobertus in archiepiscopatu Remensi Reoli successor, ut refert Flodoardus. Quidam iis etiam annumerant Ratramnum Corbeiensem monachum, ob scripta de sacramento Altaris &c. adversus Græcos celebrem, sub Bovonis aut Bavonis præfectura, qui subscripsit concilio Carisiaco anno 848. Orbaci vivebat Gothescalcus monachus iis temporibus sicut & nostro famosus, occasione quæstionum de Gratia & Prædestinatione tantopere ab Hincmaro Remorum archiepiscopo exagitatus. Habetur ad muros ecclesiæ versus septentrionem parva cellula quam nostri Orbacenses Gothescalci carcerem appellant, sed immerito!, cum nusquam legamus Gothescalcum Orbaci inclusum in carcere fuisse.

Die 30. pacato aere, qui per totam noctem fulguribus & tonitruis perturbatus fuerat, Orbaco discedentes ad dexteram Virtutem liquimus, opidum ob id celebre, quod præter collegialem ecclesiam, quam Capellam regiam appellant, quod ibi olim palatium esset Campaniæ comitum, duabus abbatiis nobilitetur, quarum una Salvatori dicata ordinis est nostri sub congregatione S. Vitoni, altera vero ad canonicos regulares pertinet. Ut primum diœcesis Remensis attingitur, occurrit primo Sparnacum, opidum satis celebre ad Matronam situm, quod antiquitus ecclesiæ Remensis ditioni subjacebat. Huc se contulit Hincmarus Remorum antistes ob Normannorum excursus, ibique defunctus est anno 882. mense Septembri. In hujus loci ecclesia quæ sancto Martino dicata est, Odo Campaniæ comes aliquot clericos instituit, sed qui anno 1128. agente sancto Bernardo, auctoritate Theobaldi, canonicis regularibus S. Augustini locum cedere coacti sunt, quibus Fulco ex monasterio S. Leonis Tullensis abbas à Raynaldo Remensi archiepiscopo præfectus est. Huic loco splendorem adjecit Flodoardi natale, qui facile inter ceteros sui ævi auctores principatum tenet.

Transmissa Matrona, montem conscendimus, in cujus fere summo cacumine situm est Altivillarense cœnobium Ordinis nostri, anno 1638. Congregationi sancti Vitoni addictum. Huc paulo ante meridiem appulsi, fumus à R. P. Priore ceterisque ea caritate & humanitate excepti, qua suos hospites solent, seu qua nulla major esse potest. Nec eam ibi tantum, sed in omnibus illius congregationis monasteriis per Campaniam & Lotharingiam sparsis experti sumus. Gaudium auxit adventus nostri D. Thomæ Blampin operum sancti Augustini editione inter litteratos noti tumque sancti Nicasii Remensis Prioris, qui cum rescivisset nos recta Catalaunum, omissis Remis, perrecturos, die condicto occurrit, faustum iter nobis apprecaturus. Reliquum hujus diei totamque sequentem in hoc monasterio egimus. Conditorem agnoscit sanctum Nivardum Rementem archiepiscopum, qui ibi primum abbatem sanctum Bercharium, Dervensis postea monasterii conditorem, medio circiter XIII. sæculo instituit. Huc se conferebat sæpius antistes rebus salutis suæ operam impensius daturus in sacello, quod hodieque exstat in monasterii prospectus. Ducentis circiter postea annis corpus sanctæ Helenæ matris Constantini Augusti huc ex Romana sanctorum Marcellini & Petri basilica translatum est. Dubitantibusque nonnullis, præsertim Carolo rege, de tam pretiosi corporis veritate, Tergisus monachus, qui illud se Roma attulisse asseverabat, prævio dierum trium jejunio, in aquam ferventem ingressus, nihil doloris sensit. Præter Flodoardum, Sigebertum, aliosque sequioris ætatis auctores, qui hujus translationis meminerunt, totam rei seriem in singulari opere ea de re edito Hincmari archiepiscopi jussu descripsit Altmannus ejusdem loci monachus, qui rebus gestis præsens adfuit. Celebratur etiam nunc Altivillarensis ecclesia magno populorum concursu, qui huc opem beatæ imperatricis aliorumque SS. ibi quiescentium imploraturi frequenter conveniunt. Vix enim alium locum invenies, qui plures Sanctorum exuvias possideat: ex his præter Helenam sunt corpus beati Nivardi, loci conditoris, corpus sancti Sindulphi qui apud Alfontiam, diœcesis Remensis vicum, quinque circiter leucis ab urbe dissitum versus orientem, vitam eremiticam duxit, corpus sancti Polycarpi martyris Romani, corpus item sancti Madelupi episcopi, de quo præter nomen nihil sciunt, & aliæ quamplures sanctæ reliquiæ quæ in diversis thecis antiquitatem ut plurimum spirantibus asservantur. Ceterum nihil fere superest antiquitatis in hoc monasterio, quod sæpius ob ingruentes bellorum tumultus, tandemque anno 1562. hæreticorum irruptione devastatum est, ecclesiæ ornamentis, tabellis sacris, subselliis, vasis, reliquaque supellectile una cum ædificiis in favillas redactis. Jacturam hanc tantam & regulari observantia & novorum ædificiorum constructione resarcivit S. Vitoni Congregatio, quæ, academia ibi inſtituta, aggregataque non modica librorum editorum multitudine, non minus ſtudiis quam pietate antiquum hujus monaſterii decus renovavit ac tuetur. Paucos manu exaratos codices ſupereſſe nemo mirabitur. Vix tres aut quatuor ex tot incendiis direptionibuſque evaſerunt, inter quos exſtat vita ſanctæ Helenæ, ab Altmanno deſcripta, collectio vitarum ſanctorum quæ hanc epigraphem habet: *Paſſionarius eccleſiæ ſancti Petri de Altivillari in quo continentur 130. vitæ ſanctorum, ſcriptus anno gratiæ milleſimo ducenteſimo octogeſimo ſecundo, tempore reverendi Patris Thomæ ejuſdem loci abbatis.* Item, duo Necrologia in quibus complurium virorum illuſtrium nomina habentur. Ex his *Altmannus* nude in vetuſtiori commemoratur x. Kalend. Julii, cui hoc ipſo die hoc elogium datur in recentiori. *Commemoratio D. Altmanni noſtræ Congregationis monachi, qui Franciam ſuo tempore à Normannis devaſtatam exemplo Jeremiæ quadruplici planxit alphabeto. Scripſit etiam vitas SS. Nivardi archiepiſcopi Remenſis, Syndulfi presbyteri ſolitarii, beatæ Helenæ imperatricis, ejuſdem corporis translationem ab urbe Roma ad monaſterium Altivillarienſe & alia opera.* Nil invenire licuit de Gotheſcalco famoſo illo monacho, qui poſt ſynodum Cariſiacam eo loci in carcere juſſu Hincmari detentus fuit. In necrologio tamen inter alios monachos defunctos die 3. Kalend. Novembris recenſetur *Godeſcallus*, quem aliquis recentior eundem eſſe putans cum Gotheſcalco, elogio ſatis prolixo laudavit. Ex veteri Bibliotheca ſupereſt inſignis codex 4. Evangeliorum litteris aureis exaratus tempore Ebonis Remenſis archiepiſcopi, ut patet ex verſibus ibidem exaratis.

> Ebo Remenſe decus præſul paſtorque coruſcus,
> Doctor evangelicus, præcelſi Regis amicus:
> Hunc in honore Dei Petrique in amore beati
> Librum juſſit agi plenum ſpiraminis almi;
> Cujus ad imperium accelerans velociter illum,
> Abba humilis noſter Petrus placiduſque magiſter
> Cœpit anhelanter, perfecit & ipſe flagranter.
> Hunc auro interius Chriſti decoravit amicus,

Atque ebore exterius pulchro decompſit opimus.
Sic & ut ornavit Domino Petroque dicavit.
Hic enim evangelici retinentur bis duo libri
Matthæi ac Marci Lucæque Johannis & almi.

Mirum eſt hunc Petrum à Sammarthanis omiſſum fuiſſe in catalago abbatum Altivillarenſium, ubi codicem iſtum Evangeliorum Petro abbati attribuunt, qui ſæculi decimi tertii initio vixit. Paulo minus vero aberravit Marlotus, qui T. 1. metrop. Remenſ. dubitare videtur num Petrus his in verſibus memoratus is ipſe ſit, qui anno 1085. Philippi I. privilegio ſubſcripſit pro Compendienſibus dato. Ceterum multo accuratiorem catalogum abbatum Altivillarenſium exhibet Marlotus, quam Sammarthani in Gallia Chriſtiana.

Prima die menſis Septembris Ayaco tranſivimus, per oppidum ob generoſa vina quæ ibi naſcuntur celebre, quamvis his in temporibus majori in pretio habeantur Altivillarenſia. Inde Avennacum ſumus ingreſſi, ubi celebris exſtat ſanctimonialium ordinis noſtri abbatia ad Libram fluviolam, quæ à ſancta Berta condita eſt ſæculo ſeptimo vertente. Hæc primum Gumberto Nivardi archiepiſcopi Remenſis fratri ex optimatibus regni, qui Remis Parthenonem ad portam Baſilicarem ſub titulo ſancti Petri conſtruxerat nupſit: tum divortio religionis cauſa facto, ipſe ad maritima loca profectus, ut Flodoardus refert, monaſterium condidit ubi in barbarorum irruptione pro Chriſti confeſſione decollatus eſt: Berta vero ejus uxor, ſpretis mundi illecebris, Avennacum ſeceſſit, qui tunc Vallis-aurea dicebatur, ibique conſtructo monaſterio, cui etiam ipſa præfuiſſe dicitur, à ſuis occiſa eſt, quod, ut iis videbatur, male familiæ ſuæ bona collocaret. Utrumque ſub martyris titulo veneratur eccleſia Remenſis. Animus erat hac ipſa die Catalaunum adeundi, at non licuit per illuſtriſſimam abbatiſſam ejuſque ſororem, quæ nihil omiſere, ut ſaltem reliquum hujus diei earum in monaſterio tranſigeremus, quod tempus in eccleſia luſtranda inſpiciendiſque chartarum catalogis conſumpſimus. Eccleſiæ pars infima vetuſtatem omnino redolet, at caput ſæculo proxime elapſo ædificatum eſt à Franciſca de la

Marke cujus curis ecclesiam omnino restauratam Ludovicus de Brezé Meldensis episcopus, annuente Ludovico cardinale Guisio, dedicavit die 1. Septembris anno 1585. ut ex inscriptione discimus, quæ columnæ ad latus Evangelii affixa est. Multis nobilitatur sanctorum exuviis, corpora enim sanctorum Gumberti, Bertæ & aliorum integra in ea asservantur, sicut & sancti Tresani, quem aiunt in ecclesia loci parochiali sub majori altari sepultum fuisse, cui pastor præfuerat; sed nullum superest ejus sepulcri vestigium. Hunc nonnulli, nostro pronuntiandi ipsius nominis more falsi, sanissimum aut sanctissimum appellarunt. In sacrario præter alia cimelia habetur capitis sanctæ Bertæ effigies argentea ab annis quadringentis efformata, ut suo charactere indicant aliquot versus ad basim sculpti. Multus est enim ad hunc locum peregrinorum concursus, qui huc furiosos Phreneticos, aut alia quavis occasione mente captos adducunt, quos hic sæpius beatæ martyris intercessione ad sanam mentem revocari affirmant. Paulo infra majorem basilicam in ipsa area versus septentrionem exstat vetus ædicula, in qua visuntur tumuli saxei sanctorum Gumberti & Bertæ, sed nullum præter hos lapides reperimus antiquitatis indicium. In chartarum indiculis quos vidimus, nulla, si bene memini, exstat sæculo undecimo vetustior, sed plures ab eo tempore habentur quæ monasterii celebritatem indicant. Tempore Hincmari Remorum Pontificis sufficientes erant redditus, pro xx. clericorum & xl. nonnarum victu & vestitu, ut ipse scribit ad Teutbergam: nunc præter sanctimoniales sex canonici habentur cum aliquot vicariis, qui sua quisque vice sacris ecclesiæ ministeriis deserviunt. Sanctorum ibi quiescentium officia aliaque loci propria anno 1557. Remis typis edita sunt cum Gallica versione, ut qui ea recitarent, majori devotione afficerentur. Hoc in loco floruisse Flotildem virginem putat Saussaius in martyrologio Gallicano quæ sæculo decimo ob visiones multas celebris fuit. Sed hæc, uti ex aliis monumentis constat, apud Lavennam vicum diœcesis Remensis quatuor leucis ab urbe dissitum versus orientem, vixit, ibique in ecclesia sancti Laudeberti sepulta est.

IN ALSAT. ET LOTHARING. 423

Dominica die, sacris peractis, post redditas illustrissimis hospitis gratias discessimus, & Catalaunum pervenimus horis vespertinis. Aberat è monasterio sancti Petri ad Montem, apud quod diversati sumus, reverendissimus loci Prior, qui hoc anno toti Congregationi præest: quare dimissis usque ad reditum iis, quæ nobis in hac urbe facienda erant, postridie, luce prima illucescente, discessimus, ac post lustratos vastos illos campos, in quibus Attilam Hunnorum regem à Meroveo Franc. Theodorico Gotthorum, aliisque regibus, & Ætio Romanorum militum præfecto devictum fugatumque fuisse veteres historiæ memorant, ad monasterium Maurimontis sole jam in occasum vergente pervenimus.

Hunc locum nobilitant sanctorum Caloceri & Parthenii martyrum sacræ exuviæ, quibus custodiendis primum deputati sunt canonici duodecim à Nanceio comite instituti: sed his ob diversos motus dissipatis, neglectæ fere jacebant sanctorum reliquiæ, unusque solummodo presbyter loci sacri curam utcumque habebat, quandoque huc conveniens, ne divinus cultus ibi omnino intermitteretur. Id ægre ferens Odalricus ecclesiæ Remensis præpositus nihil non tentavit per complures annos, ut monasterium pristino statui restitueretur. Voti tandem compos factus est, monachis Benedictinis ibi constitutis, quibus canonici Remenses complures terras & jura concesserunt, ut fusius habetur in charta Manassis archiepiscopi Remensis, anno 1074. in synodo Remensi corroborata & confirmata. Hanc refert Marlotus tomo 1. metropolis Remensis, ubi studium quo canonici Remenses ad monasterium istud restaurandum conspirarint, observatione dignum est. *Concesserunt denique*, inquit Manasses, *sæpe dicti canonici sanctæ Mariæ monachis Maurimontensibus tamquam propriis filiis ejus quos velut mater filios educare volebant &c.* Hinc est fortasse quod abbas Maurimontis inter abb. diœcesis Remorum aliquando locum habuerit. Certe Durannus abbas cum illis subscripsit chartæ Rodulfi archiepiscopi, & anno 1112. Bernardus abbas sancti Caloceri. Idem monasterium splendori pristino iterum restitutum est à RR. PP. Congreganis S. Vitoni, qui locum istum & regulari disciplina & præclaris ædificiis adornaverunt. Subtus ecclesiæ chorum criptæ habentur subterraneæ, quas Hugo de Clareyo abbas construi curavit, ubi & ipse jacet fato functus die 5. Januarij anno 1345. Sunt & alia abbatum epitaphia in ecclesiæ pavimentis inscripta, quæ curiose collegimus. In Bibliotheca vero nulli habentur libri mss. præter aliquot codices qui olim in choro usu erant. Ex Necrologio collegimus aliquot abbatum nomina. Ibi Nauterus comes loci fundator dicitur, qui obiit die 5. Septembris. De Odalrico vero hæc ad diem 20. Maii leguntur. *Obitus venerabilis viri domni Odalrici ecclesiæ Remensis vicarii generalis hujus monasterii reparatoris.*

Die 4. Septembris in opidum sanctæ Manechildis, partim in ædito monte, partim in ipsa valle situm & ab Maurimonte una tantummodo leuca distans ingressi sumus. Illud alluunt duo fluvii Axona, scilicet & Ova; ecclesia quæ loco nomen tribuit supra montem posita est. Gestis ibi negotiis quæ nos aliquanto tempore detinuerunt, viam ingressi circa meridiem Claramonte transivimus. Urbs est Argonæ caput, ubi castellum: tum Cusantia, vicus rivulo cognominis, ac tandem vergente jam in occasum sole attigimus arcem Virodunensis urbis, qua includitur celebre sancti Vitoni cœnobium, quod Congregationi nomen tribuit. Ad quod diversati duos sequentes dies ibi transegimus. Postera die illustrissimum Virdunensem episcopum adivimus, qui omnem omnino nobis humanitatem significavit, contestatus se nihil plane omissurum, ut omnia quæcumque apud Virdunum haberentur nostris studiis profutura ministrarentur, statimque ecclesiæ suæ archivium aperiri jussit, in quo nihil ad rem nostram invenimus præter bullam unionis tituli abbatiæ Vitonianæ episcopatui Virdunensi quæ à Gregorio XIII. anno 1572. data est. Ædes ejus episcopales situ & elegantia paucis cedunt: hortos habent amœnissimos, ruris & urbis amœnitates & commoda exhibentes.

Nam Urbs nova quasi pedibus intuentium substrata ibi habetur, multis fluvii cuniculis ornata, vallataque munitionibus validissimis, in quorum medio præter alias ecclesias, eminet abbatia sancti Nicolai de Prato quæ ad

canonicos

canonicos regulares congregationis sancti Salvatoris pertinet; si vero ultra prospexeris, jucundissimum habes camporum rerumque, quibus campi ornari possunt, spectaculum. Ecclesia cathedralis, cui ædes episcopales adjunctæ sunt, Virgini Dei-paræ sacra, structuræ est planæ & solidæ, & satis firmæ ut propugnaculi loco, si necessitas ingrueret, possit haberi. In anteriori facie nullæ fores: aliquot visuntur in ea episcoporum tumuli: in infima navis parte sacellum est, paulo altius elevatum, cujus pavimentum lapillis minutissimis stratum varias repræsentat figuras; in medio effigies habetur episcopi jacentis, qui dicitur esse Arnulfus in obsidione sanctæ Manechildis sagitta confossus. Altaris facies anterior ære inaurato vestita est, in qua Apostolorum figuræ exhibentur, cum inscriptionibus, quæ sexcentos & eo amplius annos præferre videntur. E chori fornice pendet corona deaurata quæ dicitur à Wigfrido episcopo data fuisse: hic labente sæculo decimo vixit, qui & à nonnullis laudatur, quod uti putant laminis aureis altare majus contexerit. In sacrario præter alia cimelia tres codices manuscriptos sacrorum Evangeliorum inspeximus, è quibus duo ab annis 800. exarati videntur, tertius est aliquanto recentior. E prioribus unus laminis aureis coopertus est atque multis lapidibus pretiosis exornatus, in cujus operculi meditullio in tabella eburnea sculpta cernitur Caroli-Calvi effigies.

Præter majorem hanc ecclesiam habetur Virduni altera collegiata cui viginti-quatuor canonici deserviunt. Vetus monasterium antiquitus dictum fuisse ferunt, quod forte aliquando à monachis inhabitata fuerit: quamquam ævo sequiori quodlibet clericorum collegium monasterium diceretur. Quidam hujus ecclesiæ initia Madalneo episcopo deberi volunt, qui ibi puellas post lapsum pœnitentes instituisset: sed locum postea à Normannis violatum & plene dirutum ab Ermenfrido archidiacono restauratum fuisse & à Leone IX. summo Pontifice consecratum. Nihil penitus in hac ecclesia videre licuit quod antiquitatem redoleat. Monasterium sancti Pauli postea invisimus, quod olim Ordinis nostri fuerit. Conditorem agnoscit ipsum sanctum Paulum Virdunensem episcopum, quem antea Theologiensis monasterii ascetam fuisse narrat ipsius vitæ auctor. Hic ecclesiam extra urbis muros in honorem sancti Saturnini Tolosani episcopi & Martyris constuxit, & in qua postea sepultus, cum miraculis coruscaret, nomen quod ecclesiæ vivus dederat, ipsi mortuus abstulit, indeque dicta fuit sancti Pauli. Ibi ordinis nostri monachi perseveraverunt usque ad sæculi duodecimi initium, quo tempore ab Adalberone episcopo ipsis Præmonstratenses substituti fuerunt, quod Innocentio II. Pontifice approbante, agente etiam sancto Bernardo factum fuit. Hoc in loco aliquæ vetustatis reliquiæ antea visebantur, sed nunc, monasterio in urbem translato, nil præter nova ædificia visere licet.

Lustrata itaque maxima urbis parte, ad sanctum Agericum, quod monasterium est ordinis nostri, divertimus, ubi cum omni humanitate, tum à R. hodierno abbate, tum à R. P. Benedicto Toulonio excepti sumus. Abbas quippe ibi ex concessione Ludovici Justi Regularis habetur, qui juxta Congregationis sancti Vitoni leges singulis quinquenniis, sicut & ceteri Congregationis superiores, abdicare debet, atque unico saltem anno ab omni superioritate absolutus, privatus vivere. Primus ecclesiæ auctor fuit ipse Agericus exeunte sæculo sexto, qui eam in honorem sancti Martini construxit ac sua sepultura ditavit. Diu postea sancti Pauli monasterio subjecta, tandem à Ramberto episcopo sui juris facta, primum ab eo accepit Balduinum abbatem, postmodum Theodorici aliorumque Virduni episcoporum, & fidelium eleemosynis facultatibus institutum fuit.

Obiit 27. Mart. 1631. Primus vero abbas congregationis fuit domnus Philippus Francois unus è præcipuis reformationis propagatoribus sanctitate morum & piis libris ab eo editis in Vitoniana congregatione & nostra celebris: ibi defunctus sepultus est in medio chori, cui ascetæ loci prolixius epitaphium super tumulum scripserunt. In Bibliotheca codices aliquot scriptos reperimus. In his vita sancti Agerici quam scripsit Stephanus tertius abbas ejus loci, qui obiit 1076. Necrologia duo quorum antiquius annorum est circiter 500. alterum vero 200. Antiquius Necrologium simul cum martyrologio scripsit Ludovicus ejus loci monachus cum multis aliis libris, quos uti testatur in Armario recondidit. Ea de re lusit his versibus qui in fine regulæ scripti sunt.

Ecclesiæ nitor est in clero codicibusque:
Quidquid agat nihil est sine Clero codicibusque.

Ex archivis vero descripsimus chartam Theodorici Virdunensis episcopi aliaque nonnulla, quæ suis locis in Annalibus Benedictinis inserentur.

Eodem die Parthenonem sancti Mauri invisimus, juxta fluviolum Scantiæ olim in suburbio nunc intra urbis pomœria situm, quam incolunt ordinis nostri moniales, patrum congregationis Vitonianæ ex bulla Urbani VIII. Pontificis regimini subjectæ. Ecclesiam ingressi retro majus altare monstrata sunt nobis duo vetustissima sepulcra ex lapide, in quibus sepulti olim fuisse dicuntur beati Pontifices Maurus & Sylvinus, qui cum sancto Aratore episcopo itidem Virdunensi etiamnum in eadem ecclesia asservantur. Ceterum hæc ecclesia sanctis Johanni Baptistæ & Johanni Evangelistæ olim consecrata fuerat, quæ postea ob crebrescentia miracula ad beati Mauri sepulcrum ipsius nomine insignita est. Utriusque patroni ac trium antistitum, quorum corpora ibi asservari diximus, meminit Leo IX. in bulla, quam huic monasterio concessit anno 1. sui pontificatus in gratiam sanctimonialium, qui ibi nuper ab Heimone episcopo institutæ fuerant. Eosdem memorat Henricus imperator in diplomate pro confirmandis monasterii rebus, & donatione ecclesiæ sanctæ Crucis, quam Heimo ea lege canonicis concesserat, ut monialibus servirent. Hic in ecclesiæ medio sepultus fuerat, sed anno 1611. loco motus est: lapide marmoreo cum inscriptione supra locum antiquum relicto, sepulcrum juxta parietem septentrionalem translatum est. Tumulo hac occasione aperto, ibi præter ossa, casula, calix cum patena & annulus reperta sunt, quæ nobis sanctimoniales cum aliis sacris exuviis quas in sacrario habent, minutatim ostenderunt. In lamina autem plumbea hæc inscripta erant: *Heymeis hujus sedis episcopus, reparator & innovator loci hujus* XI. *Kalend. Maii facto fine vivendi hic tumulatus quiescit,* obiit anno 1021. Sunt & alia abbatissarum sepulcra in ecclesia, sed quæ singillatim recensere non vacat. Nobis etiam licuit earum chartas inspicere, ex quibus bullam Leonis supra laudatam ex Autographo descripsimus. At ex aliis & ex Chartario satis fuit ea excerpere quæ ad rem nostram facerent, ex quibus aliquot abbatissarum nomina collegimus. Sigilla propria illas habuisse inde patet, quod appensum est unum chartæ compositionis factæ inter Ludovicum S. Vitoni &. Elizabeth abbatissam sancti Mauri an. 1225. ubi ipsa pingitur absque velo, fluentibus hinc inde in humeros capillis cum pedo in dextera & libro in sinistra; tunc tamen vigebat in monasterio sancti Mauri regula Benedictina. Habetur quippe in Bibliotheca Vitoniana codex ms. ab annis circ. 400. scriptus, in quo regula habetur ad usum S. Mauri monialium, ubi, mutatis quæ ad viros pertinent, muliebria nomina præpositæ, decanæ, abbatissæ, sorores &c. substituta sunt vocibus illis *præpositus, decanus, abbas, fratres* &c. Strictior regulæ observantia, R. P. Desiderio à Curia sollicitante, ibi suscepta est anno 1608. sub Catharina de Choiseul abbatissa prope octogenaria, instigante Ursula de S. Athie ejus nepte quæ ei successit, indeque triennales abbatissæ institutæ fuerunt. Sed jam ad sanctum Vitonum redeamus.

Monasterium olim in suburbio, nunc in ipsa arce, uti jam diximus, Virdunensi situm est, & quamvis in angusto loco, omnia tamen ad institutum monasticum requisita abunde habentur. Ædificia, si non multum sumptuosa, sane commoda & elegantia, areæ & horti pro loci dispositione spatiosi. Loca regularia in claustri circuitu sita inferius & supra æquo fere semper pede circuiri possunt. Ibi olim cathedralem ecclesiam fuisse ferunt, antiquam esse dubitare nefas est, cum ibi plerique priorum Virdunensis ecclesiæ Pontificum fuerint sepulti. Hanc monachis attribuit Berengarius Virdunensis episcopus anno 952. ut ecclesiæ suæ canonici, quorum plerique, abdicatis sæculi pompis, monasticam vitam amplexandi desiderio in externas diœceses convolabant, præsentem haberent azylum, ubi rebus divinis quiete vacare possent, ac totæ diœcesi suæ precibus & exemplis prodesse. Novo monasterio præfecit Hubertum, qui & ipse antea canonicus, ceterorum secutus exempla monasticam vitam professus fuerat. sæculo tamen sequenti à Scotis monachis habitabatur, sub Fingenio abbate, cui successit Richardus ex Remensis ecclesiæ præposito monachus, qui non solum locum hunc, sed & totum ordinem monasticum in Belgica & inferiore Germania primum in splendorem reparavit. Ecclesiæ structura nihil elegantius; à Stephano Bourgeois abbate ex Ponte ad Motionem orto, cœpta fuit sub sæculi 15. medium, ut ex ejus epitaphio patet, quod in presbyterii meditullio sculptum est, ubi die 24. Martii anno 1452. obiisse refertur. Præterea sunt abbatum sepulturæ, sed quæ non nisi exiguo lapide quadrato indicantur, in quo nudum sepulti nomen cum anno obitus. Ex his Amoinus abbas, qui obiit anno 1475. nec tamen in vulgatis catalogis habetur, ceteri plerique in Capitulo sepulti sunt. At in ala meridionali visitur tumulus beati Richardi, qui, ut jam diximus, monasticæ observantiæ per omnia ferme provinciarum vicinarum cœnobia illustris reparator fuit. Tumba ejus marmorea super quatuor columnas erecta est absque ulla antiqua inscriptione: sed novam depictis litteris addiderunt recentiores ascetæ. In medio autem chori, ut semper loci hujus ascetæ tanti patris memoriam præ oculis haberent, sepultus est R. P. Desiderius à Curia Congregationis non minus nostræ sancti Mauri, quam sancti Vitoni parens ac institutor, immo & omnium Galliæ vicinarumque provinciarum reformationum auctor. Ideoque Epitaphium marmoreæ ejus tumbæ insculptum referre visum est in posterorum memoriam.

PIÆ MEMORIÆ

R. P. D. DESIDERII A GURIA LOTHARINGI.

REGULÆ SANCTISSIMI P. BENEDICTINI RESTAURATORIS EXIMII IN GALLIA, LOTHARINGIA, BURGUNDIA, ARDUENNA,

BELGIO, CLUNIACO &c. AB ANNO 1597. QUO TAM PIUM OPUS HIC INCOEPIT, UBI TANDEM IN PACE SANCTA FILIIS RELICTA QUIEVIT 14. NOVEMBRIS. ANNO SALUTIS 1623. ÆTATIS 72. REFORMATIONIS 25. HOC HONORIS, AMORIS ET OBSEQUII FILIALIS ÆTERNUM MONUMENTUM HUJUS DOMUS ALUMNI PONEBANT 1634.

Extat in veteri cœmeterio, quod retro basilicam nunc in hortis, pomœrio includitur, sepulcrum antiquum octo virorum illustrium, quorum nomina ignorantur, quique ecclesiam Virdunensem rexisse ex antiqua traditione creduntur. Horum corpora, cum novæ basilicæ fundamenta poneret Richardus abbas sæculo undecimo mediante, detexit, cumque illa intra basilicam in locum decentiorem transferre decrevisset, divinis visionibus impeditus fuit, ut fusius refert chronici Virdunensis auctor coævus, sed ne incautis eorum corpora pedibus tererentur, lapidem supra eorum tumulum erigi curavit cum his versibus qui etiamnum ibi leguntur.

Templum Richardus abbas hoc amplificando &c. *Quæ videsis apud Wasseburg. f.* XL.

Post annos circiter quadringentos rursus innovatum fuit ab abbate Vitoniano idem sepulcrum, addita tumba quæ quatuor columnis sustinetur cum his tribus versibus.

Mille quater centum sexdeni tres simul anni
Hujus Anologii renovantur tegmina sacri
Tam bene dum Julii decurrunt tempora mensi.

Præter hos incognitos sanctos servantur in sacrario quatuor antistitum Virdunensium corpora, quos publice villa veneratur: ii sunt, Sanctinus, qui primus reputatur hujus ecclesiæ antistes fuisse; secundus sanctus Vitonus, qui ob miracula ad ejus sepulcrum frequentius patrata, sua celebritate sancti Petri, qui primus Vitonianæ basilicæ titularis est, nomen pene oblitteravit. Sacra ipsius membra in thecam novam Eugenius tertius propriis manibus tranſtulit ubi etiam nunc quieſcunt. Tertii ſancti videlicet Poſſeſſoris thecam anno 1467. fabricatam fuiſſe ex inſcriptione appoſita diſcimus. Quarta denique capſa corpus ſancti Firmini itidem epiſcopi in ſe continet. Sunt præterea complures aliæ diverſorum ſanctorum reliquiæ in vaſis ditiſſimis reconditæ, ex quibus brachium ſancti Pantaleonis, de cujus tranſlatione epiſtolam invenimus in mſſ. cod. à Vitonianis ad canonicos Colonienſes ſcriptam. In arcula antiqua quæ aliquot cimelia continet, habetur cingulum ſancti Henrici imperatoris, qui in hoc monaſterium ſuſcipi ad profeſſionem religioſam toto adniſu à beato Richardo expetiit.

Bibliotheca non ſolum libris editis inſtructa eſt, ſed multis etiam manuſcriptis, ex quibus nonnulla collegimus ſuis locis danda. In his collectio aliquot conciliorum Romæ habitorum, annorum 700. & alia annorum 800. Chronica Paſchalia quæ à Labbeo edita ſunt tomo 1. novæ Bibliothecæ. Concordia regularum à ſancto Benedicto Anianenſi abbate continuata, annorum 700. Periarchon Origenis latine donatum annorum 800. Rufini tranſlatio, aliquot operum ſancti Gregorii Nazianzeni annorum 500. Vita ſancti Vitoni à beato Richardo conſcripta aliæque loci patronorum vitæ, Alcuinus de Trinitate ad Carolum M. variaque Hieronymi, Auguſtini, Ambroſii, Fulgentii, Gregorii, Fortunati, Boetii opera. Commentarius ſub falſo Bedæ titulo, in Epiſtolas ſancti Pauli, qui tamen annos 6. ad 700. præferre videtur. Inter libros Rituales, Necrologium & Martyrologium, item Tractatus de negligentia Euchariſtiæ ab annis circiter 600. deſcriptus. Volupe fuit evolvere etiam codices R. P. Deſiderii à Curia manu deſcriptos, in quibus methodus ediſcendæ linguæ Hebraicæ habetur & alia quæ ejus in ſtudia propenſionem indicant. In Diario Nicolai Pſalmii qui concilio Tridentino interfuit, hæc leguntur de concluſione concilii. *Epiſcopus Catanienſis legit decretum quo petiit à Patribus an placeret finem huic ſynodo imponi, & confirmationem eorum quæ hactenus acta ſunt per legatos à Sanctiſſimo peti; quod omnibus placuit præter quam tribus, qui noluerunt aliam confirmationem.* Certe Gentianus Hesvetus, qui synodo etiam cum cardinali Lotharingo interfuit, in prima editione Gallicana concilii quam adornavit, refert ab omnibus dictum fuisse placet, excepto uno. Est ibidem vetus ejusdem synodi editio Venetiis 1552. ubi post canones de peccato originali deest exceptio, qua B. Virginem à communi illa labe fuisse immunem innuere videtur sacra synodus. Haud minus ex archiviis profecimus, ex quibus complures chartas, sicut & varia opuscula ex mf. Bibliothecæ codicibus partim descripsimus, partim nobis describi curavit R. P. D. Hieronymus Pichon prior non minus studiorum, quam regularis disciplinæ amator, quæ omnia in nostro ex Alsatia reditu cum autographis & chartariis contulimus.

Die 7. Septembris, Viroduno dimisso, per prata virentia in margine Mosæ fluvii fere semper progressi ad S. Michaelem pervenimus: urbs est satis ampla, tempore ducum Lotharingiæ alterius supremi senatus, Parlamentum vocant, sedes. Ad occidentem Mosa, altis montibus fere cingitur, si vallem excipias ad orientem per quam Marsupium rivulus primo in urbem, tum in Mosam defluit, vetus castellum habet pene dirutum supra montem, qui urbi imminet, & in alterius montis cacumine versus meridiem castrametationis reliquiæ supersunt, quas Castrum Cæsaris loci incolæ appellant; sed potius crediderim fuisse Conradi imper. quem prope hanc urbem castra fixisse certum est, quam Julii Cæsaris, ut vulgus putat. Sed præcipuum hujus urbis ornamentum est celebris abbatia Ordinis nostri sancto Michaeli dedicata, quæ urbi nomen tribuit. Verbis exprimere non queo, quibus complexibus, quantis gaudiis à R. P. D. Matthæo Petitdidier ejus loci priore scriptis suis notissimo, ceterisque monachis excepti fuerimus. Hic nos non solum verbis, cum Parisiis esset, aut epistolis, frequenter apud se invitaverat; sed etiam audito nostro discessu commeatum Catalaunum usque nobis obviam misit, ut commodius iter conficeremus, factus & ipse postea Alsatici nostri itineris fere continuus comes. Monasterii ædificia non solum amplitudine & magnificentia, sed etiam soliditate & commoditate, quæ certe potiora censeri debent, insignia sunt. Miri
sunt

sunt præcipue gradus in ædificii medio siti, quibus ad dormitorium, Bibliothecam aliaque loca regularia ascenditur. Ecclesia non satis monasterii splendori respondet, vetustate tamen non spernenda: & quidem hæc ipsa est, uti videtur, quæ in monasterii translatione, nono sæculo fabricata est, paucis exceptis, quæ ei postmodum variis temporibus addita sunt. Albertus II. abbas qui XVII. Kalend. Maii anno 1076. obiit, eam reparasse dicitur. Aliquot in ea visuntur abbatum, aliorumque provinciæ nobilium sepulturæ. Ex iis in sacello, quod abbatum vulgo appellatur, antiquiores sunt, sed absque inscriptione, vel ita detritæ sunt litteræ, ut ne nomina quidem eorum qui ibi sepulti sunt, divinare licuerit. Aliquot ex Necrologio suppleri possunt. In ipso templi meditullio situm est corpus viri venerabilis domni Henrici Henezon abbatis, cum prolixiori epitaphio super tumbam marmoream insculpto. De eo autem Necrologium multa paucis, quæ vera esse, si homines tacerent, lapides ipsi attestarentur. *R. P. D. Henricus Henezon abbas hujus loci, Regibus, Principibus ac Episcopis acceptus, monasterii ædificia à fundamentis construxit, Bibliothecam congessit, ornamenta ecclesiæ pretiosissima contulit, Ducibus Lotharingiæ à secretioribus consiliis fuit, Primatialem sancti Sigiberti Nanceio sibi à Duce Nicolao Francisco oblatam recusavit, regularis observantiæ promovendæ zelantissimus fuit & studiorum promotor egregius. Ecclesiam novam meditabatur; obiit die 20. Septembris anno 1689. ætatis 72. Religionis 55. dignitatis abbatialis 23.* Corpus ejus in medio ante majus altare sepultum est. Complures in eo loco sepulti sunt ex primis Congreg. Viton. Patribus, qui monasterium istud, post dilatatam ubique Galliarum reformationem, vitæ innocentia & præclaris meritis illustrarunt. In cryptis vero subterraneis jacet serenissimus Princeps Henricus à Lotharingia titulo commendatarius, sed re & animo abbas Regularis, & reformationis præcipuus patronus. Inter sacras plurimorum Sanctorum exuvias, quæ ibi asservantur, præcipuum est corpus sacrum sancti Anatolii Albigensium episcopi, quod in theca argentea inclusum est. Extra ecclesiam sacellum visitur in modum tumuli.

exstructum in quo Jerosolymis sepultus fuit Christus, quod servatis ad amussim iisdem dimensionibus, egregie passionis dominicæ loca repræsentat.

Archivia vero compluribus chartis & instrumentis etiam autographis antiquis referta sunt. Ex his est Wisandi fundatoris testamentum litteris Merovingicis, præ vetustate oculorum aciem fere effugientibus scriptum. Hæc omnia non solum visere; sed etiam cum nobis necessaria fuerunt, describere licuit, subministratis etiam in opem nostram scribis, qui nos adjuvarent. Multum præ ceteris debemus R. P. Antonio Colberto Subpriori, qui hic & in aliis monasteriis nil omisit, ut pretiosiora quæque archiviorum cimelia minutatim videremus. Sed & præterea historiam ms. episcoporum Tullensium nobiscum gratanti animo communicavit, & alia bene multa, quæ ipse ab annis aliquot Historiam Tullensis ecclesiæ in publicum edere meditans, studiosissime collegit. Huic Bibliothecæ cura commissa, quæ libris editis instructissima est, & quotidie novis augmentis ditatur; sed manuscripti, si numero quidem pauci, antiquitate saltem & operibus non contemnendi. Ibi enim habentur Ambrosii, Fulgentii, Gregorii & aliorum Patrum complures tractatus, Augustini variæ epistolæ & homiliæ. Cassiani Collationes, historia Eusebii per Rufinum translata, Bedæ Commentarius in epistolas Catholicas Jacobi, Petri & Johannis ab annis circiter 800. scripti. Eamdem antiquitatem præferunt vita S. Columbæ & aliorum Sanctorum, Columbani aliorumque ejus discipulorum. Paulo antiquior videtur codex qui varia complectitur sancti Athanasii opuscula latine reddita partim sincera, partim falso illi attributa. Ex illis est epistola contra Judæos, Paganos, Sabellianos, Photinianos & Arianos, quæ est verus Augustini fetus. Non desunt etiam profani auctores, quales sunt Solinus, Priscianus &c.

Post monasterium, in urbe nihil observatione dignum à nobis visum est præter sepulturæ Christi Domini historiam in ecclesia parochiali marmore exsculptam, ubi icones eorum qui huic tam piæ actioni manum præbuerunt, confecti sunt tam diligenti manu, ut naturam fere dixeris ab arte superatam fuisse.

IN ALSAT ET LOTHARING.

Die 10. Septembris, relicto ad dexteram ultra Mosam monte ubi conventus Minimorum sub titulo sanctæ Luciæ, cum silvula unde habetur lignum sub sanctæ Luciæ nomine celebre ad coronas aliasque ejusmodi opuscula conficienda, circa meridiem divertimus apud Brolium, qui prioratus est monasterii Molisinensis, vivente adhuc sancto Roberto, conditus anno 1096. & nunc ad Congregationem Lotharingicam pertinens. Inde superato monte ad radices ejus versus Tullum, occurrit nobis locus ille celebris ad Saponarias dictus, quo anno 859. imperante Carolo Calvo, duodecim provinciarum episcopi convenerunt ad synodum. Nulla ibi vici aut domorum vestigia supersunt, sed exigua solummodo ecclesia sancto Michaeli sacra, penitus neglecta, quam tamen ingressi sumus, sed non absque capitis nostri periculo; detritis quippe tectis lapides etiam ruunt. Suo adhuc gaudet territorio peculiari, cujus dominium ad nostros sancti Apri coenobitas attinet. Haud procul est à Fago opido, vulgo *Fou*, in monte vicino ad lævam sito, cui castellum vetus supereminet. Advenimus tandem ad sanctum Aprum monasterium in suburbio Tullensi situm, ubi pernoctavimus, cumque temporis serenitas nos ad iter nostrum maturandum per montuosas & difficiles vias invitaret, dimissis usque ad reditum quæ ibi observanda nobis & colligenda erant, summo mane inde discessimus, nequidem Urbem ingressi. Mosellam supra pontem fluvium trajecimus, tum relicta ad lævam Gundulfi villa, opido ubi olim palatium regium de quo in re diplomatica lib. 4. cap. 65. Nanceium quod totius Lotharingiæ caput pervenimus. Gemina urbs ibi est, utraque ampla & validissimis propugnaculis, potissimum nova, munita, ad Murtam fluvium. Novam ingressi, quod ibi monasterium Ordinis nostri haberemus, in quo sumus hospitati, post prandium utramque urbem, quantum pro temporis brevitate licuit, lustravi. Nova paulo amplior, sed multo nitentior est quam vetus, & firmioribus munitionibus vallata; viæ omnes ad perpendiculum sunt dispositæ. Templa aliquot, sed ut plurimum nondum perfecta; amplum est quod nostro monasterio construere cœperat Henricus Lotharingiæ princeps abbas sancti Michaelis, de quo supra, loci conditor, sed jactis fundamentis, nondum è terra emersit. Primatialis ecclesia sancto Sigeberto sacra, quæ tot Ordinis nostri aliorumque beneficiorum ecclesiasticos proventus absorbuit, ædificari cœpta paucis amplitudine cessisset, sed hodie tam superbo nomini minime respondet. Ceteræ tamen ut plurimum elegantes sunt & ornatæ: collegium RR. PP. Societatis Jesu amplissimum: urbs antiqua à nova parvo intervallo fossis & muris dissita, ibi primum occurrit area satis elegans, in qua olim equestres cursus celebrabantur, tum palatium ducum, plus ædificiorum commoditate, uti conjicio, quam ædificiorum elegantia tantis principibus dignum. Horti ipsi adjacent amœnissimi, è quibus prospectus est in campos. In propinquo situm est templum sancto Georgio sacrum, ubi canonici, qui sunt ducum capellani. Complures in eo visuntur principum tumuli. In ipso chori meditullio duo sunt marmorei: primus est Johannis, alter Nicolai ducum, tertius est in superiori navis parte totus aquilis mutilis oppletus, ejusque dicitur esse qui primus in scuto ejusmodi signa gestasse dicitur. In collaterali sinistro alius est vetustissimus, supra quem erectum altare omnino neglectum, absque ulla inscriptione, nec mihi sciscitanti cujusnam esset, quidquam responsum est. At ceteris celebrior est Caroli audacis ultimi Burgundiæ ducis, qui in obsidione Nanceii interfectus fuit anno 1477. die 5. Januarii. Mausoleum ei superbissimum construi curavit Renatus Lotharingiæ dux, victoria potitus, quæ ei Lotharingiæ ducatum asseruit. At in loco, ubi Carolus ceciderat, crux erecta appositaque inscriptio quæ posteris hanc necem testaretur.

Nanceio egredientibus haud procul ab urbis porta, visitur sacellum cum cimiterio, Burgundionum vocant, quod eo loci constructum sit, ubi atrocissima illa pugna quæ Carolo fatalis fuit, commissa est. Ibi nunc exstat Minimorum conventus; ad dexteram vero vicus dictus Torclelaine, quem latine Vandalorum tumulum appellari aiunt. Inde duo aut tria milliaria progressi, Murta transmissa, Carthusiam quæ in altera fluvii margine sita est, invisere placuit. Sed cum illic per fenestras versus fluvium prospicerem, vidi Mabillonium, rectore paulo magis quam oportebat ad lævam declinante, inter fluctus Murtæ, ut mihi sociorum clamores suadebant, periclitantem: obrigui fateor, statimque ad littus convolans, emerso jam è vado curru, eum paulo aquis madefactum nil mali pertulisse comperi; cujus rei angorem brevi exterfere & loci amœnitas & præcipue R. P. Prioris aliorumque ejus loci monachorum, qui nihil non fecerunt, tum ut omnem nobis humanitatem exhiberent, tum ut eam saltem noctem, quæ adpropinquabat, apud eos transigeremus. At alio nos vocabat itineris nostri necessitas, lustratisque monasterii ædificiis elegantissimis, quæ omnia recens constructa sunt, immo & nondum perfecta, potissimum sacra ædes, cujus facies ad regularum amussim fabricata, delicatissimisque statuis adornata jucundissimum præbet prætereuntibus adspectum, religiosis illis viris vale diximus, atque Murtam cautius quam prima vice prætergressi, iter nostrum ad S. Nicolaum continuavimus, quo inclinato jam die perventum.

Opidum sancti Nicolai ad Murtam fluvium in loco peramœno fertilique situm est. Antequam à Suecis devastaretur, multis urbibus ædificiorum venustat & incolarum multitudine præstabat. Olim Portus appellabatur, nunc vero nomen habet à sancti Nicolai ecclesia, quam devotionis ergo non solum è Lotharingia, sed ex provinciis etiam longinquis peregrini frequentant. Prioratus est à Gorziensi monasterio pendens, cujus cum reditus Primatiali ecclesiæ Nanceii uniti fuissent, locus sacer absque ministris remanserat; hunc Ordini restituerunt Lotharingiæ duces, institutis ibi RR. PP. Congregationis sancti Vitoni, qui eum ædificiis non minus elegantia quam commoditate præstantibus exornaverunt, additis etiam præclarissimis hortis, ad quos fornice via ducit. Templum amplissimum nulli fere in Gallia excelsitate & vastitate cedit; faciem turris gemina exornat, & columnæ ita tenues sustentant ut tantæ moli sustinendæ pares non judicarentur. Chorus est in abside ecclesiæ, quem altare à reliqua ecclesia disterminat; quod factum est, ut majus spatium peregrinis adventantibus relinquatur. In ipso autem ecclesiæ meditullio altare exstat sancto Nicolao sacrum, atque hinc exinde columnis ecclesiam sustinentibus, affixæ sunt duæ statuæ ad vivum expressæ, quarum prima, quæ ad dexteram est intrantibus, Ludovicum undecimum Francorum regem, altera vero ad lævam Claudium ducem Guisium, Deum genu flexo orantes repræsentant: ad alteram columnam visitur epitaphium Simonis Moyceri, hujus loci Prioris, qui templum hoc anno ...... ædificari curavit. Pro reliquiis sancti Nicolai, articulum ipsius manus habent in aurea theca gemmis lapidibusque pretiosissimis exornata asservatum, de cujus translatione Richerius in Chronico Senonensi lib. 2. cap. 23. anno 1100.

Die 12. ad dexteram habuimus Salinas, ubi è puteo aquæ salsæ continuo, noctu diuque in magnis vasis coquuntur, ita ut semper aut flamma aut fumus exinde egrediens prospiciatur. Mirum est hunc puteum mediis in aquis dulcibus situm, non exhauriri.

His adjacet Ordinis nostri Prioratus Roseriæ dictus, ubi duo è nostris Congregationis Vitonianæ patribus degunt. Tribus circiter à sancto Nicolao leucis distat Lunævilla opidum haud inelegans, quod nobilitant ædes magnificæ Lotharingiæ ducum, quæ tamen neglectæ per partes in ruinam labuntur. Inter alias ejus loci domos sacras eminet abbatia sancti Remigii quæ à canonicis regularibus Lotharingicæ Congregationis à Ven. viro Furrerio institutæ inhabitatur. Lunævilla egressis jam apparet altera terrarum facies, montuosa scilicet & silvis opaca, nobisque deinceps per longos & asperos montes progrediendum fuit, aut certe per valles profundissimas: quæ horrorem incutiunt. Haud procul à Belloprato percelebri Ordinis Cisterc. monasterio transivimus, ubi Simon I. dux Lotharingiæ Mallher filius quiescit. Observatione dignum est hujus principis privilegium, quod se ideo dedisse testatur *ut sit de cetero frater conscriptus & particeps omnium beneficiorum Belliprati, habeatque in vita & in morte quantum unus de filiis ipsius ecclesiæ professis.* Imminente jam nocte apud Baccaram opidum substitimus. Id licet in diœcesi Tullensi situm, est de Mettensis episcopi dominio.

IN ALSAT. ET LOTHARING.

Suspicabar hunc esse locum qui in Notitia Imperii Romani memoratur, ubi inter legiones pseudocomitatenses Orientis ix. tertium locum obtinent Bugaracenses, sextum Mettenses. At eruditus Valesius mavult hunc locum de Baccara castello interpretari; quod ad Rhenum inter Moguntiacum & Bingium locat. Ceterum nostro supereminet in declivio montis aliud opidulum nomine Daneuere, Danorum opus dictum putant quod à Danis fuerit constructum, sed vetera quæque instrumenta, complura autem vidimus quæ loci istius meminerunt, Danubrium appellant. Ibi Prioratus è Senoniensi monasterio cui aliquando præfuit Richerius, ut ipse ait lib. 1. cap. 36. Chronici. Die 13. primum Raouio transivimus, quod opidum est Medianensis monasterii jurisdictioni subjectum, tum per vicum exiguum sancti Blasii dictum; ubi olim Beggonis cellam monasterium exstitisse testis est Richerius. Denique pervenimus ad Medianense-monasterium, ubi à R. P. Priore ceterisque loci patribus humanitate quam maxima potuerunt, excepti sumus. Aberat illustrissimus domnus abbas, qui postquam nos diutius exspectasset, audito quod Mettas primum concederemus, in Alsatiam properarat, ea tamen conditione, ut quavis hora noster apud Medianum contingeret adventus, hoc ipsi statim significaretur. Medianum monasterium in Vosagi solitudinibus situm inter duos montes, sic appellatum est, quod quatuor aliis monasteriis circumdatum, medio locatum sit. Alluitur fluviolo seu potius torrente, qui Rapodus, forte à rapiditate dicitur, inde Richerius rivulum petrosum appellat. Post multas calamitatum vices, quas cum ceteris monasteriis communes habuit, perstat etiam nunc celeberrimum validissimis muris circumdatum, & elegantibus ædificiis ornatum, ac, quod potissimum est, regulari observantia pollens, sub Reverend. domini Haigulfi Allioti è Congregationis gremio abbatis regimine, qui nihil omisit, ut loco huic pristinus splendor redderetur. Primum est in Lotharingia, ubi strictior Regulæ observatio restituta fuit, quodque facta cum Vitoniano monasterio unione Congregationi initium tribuerit, quæ ex his duobus Congregatio SS. Vitoni & Hydulfi nuncupatur.

Primum auctorem habuit sanctum Hidulfum archiepiscopum Trevirensem, quem circa sæculi septimi finem vixisse probabilius putant. Sacrum ejus corpus in theca argentea ab annis plusquam 700. fabricata asservatur, ex qua Othiliæ baptismus aliæque Hidulfi vitæ circumstantiæ eruuntur certius, quam ex quolibet alio monumento: quatuor versus ibidem sculpti historiæ veritatem confirmant. Brachium vero ejusdem Sancti separatim in argenteo brachio includitur cum hac inscriptione: *Abbas Guerhardus de Bervalz vocatus hoc reliquiarium sancti Hidulfi clausit* 1445.

Esse tuum certum reor hunc Hidulfe lacertum
Quamvis à charo fugerit osse caro.

Porro cum loci angustia non sineret ibi commorari omnes qui ad monasterium confugiebant, aliquot in vicinis solitudinibus cellas construi curavit beatus antistes. Ex his Richerius recenset septem, Abietes, sanctum Johannem, Orbacum, sanctum Præjectum, Visivallem, Begonis-cellam & Altam-petram, hæc in montis altissimi cacumine erat, in rupe supra ipsum monasterium imminens ad septentrionem, quæ etiam nunc prospicitur. Defunctorum tamen fratrum corpora ex his locis ad Medianum-monasterium afferebantur in communi cœmeterio sepelienda, quod etiam nunc perstat in vicino monte aliquot passibus ab ecclesia diffito versus meridiem. Locum illum invisimus qui totus est tumulis lapideis stratus, ex quibus multi sunt antiquissimi. In sacello quod ibidem constructum, visitur etiam nunc tumulus lapideus beati Hidulfi cum tribus aliis in quibus sancti Spinulus, Johannes & Benignus, qui sanctissime apud Begonis villam vixerant, sepulti fuisse dicuntur. Sacra eorum corpora è terra levata, cum sancti Maximini archiepiscopi Trevirensis reliquiis in majori basilica asservantur. Johannis & Benigni festivitatem in vetusto Kalendario monasterii sancti Gregorii annorum saltem 600. celebratam invenimus die v1. Idus Novembris. Ibi sanctus Maurus abbas *discipulus sancti Benedicti* appellatur die 15. Januarii. Hic codex olim

olim fuit monasterii in valle Gregoriana, ibi etiam cycli paschales habentur cum aliquot historiis, quas R. abbas nobis describi curavit. In alio cod. post Ordinem divini officii peragendi secundum consuetudinem eccl. Tull. referuntur tuta ejusdem ecclesiæ à Bertrando de Turre publicata die 24. Octobris 1359. Alius est codex annorum 6. ad 700. in quo habentur homiliæ XII. Pusefii Cæsanensis episcopi, sermo unus S. Fulgentio attributus, cum duobus aliis qui bini hunc eumdem titulum præferunt, *Sermo Castigatorius contra eos qui in festivitatibus per ebrietatem multa inhonesta committunt, & in audiendis causis munera super innocentem accipiunt.* In Lectionario annorum circ. 700. inter alias homilias triginta occurrunt Remigii monachi, id est Autisiodorensis, è quibus aliquot quæ ad sacramentum Eucharistiæ spectant, descripsit R. P. D. Hiacyntus Alliot D. abbatis nepos & cognominis. Ex Necrologio autem aliquot abbatum aliorumque regionis illustrium virorum nomina collegimus.

Die 14. ad monasterium Senoniense accessimus, cui præest R. D. Petrus Alliotus abbatis Medianensis frater, & ipse è Congregatione sancti Vitoni assumptus, situs est valle ampliata Mediani monasterii paulo amœnior, loca regularia adprime ad monasticum institutum disposita. Duplex ibi ecclesia: una Apostolorum principi dicata qua nunc utuntur religiosi ; altera vero sanctæ Mariæ, rotundo opere fabricata, videtur monasterii natalibus coæva. Hujus iconem & mensuras nobis depingi curavit R. abbas, qui & nos monuit similem haberi apud Hugoniscurtem, vicum à Senonia tribus aut quatuor leucis difsitum. Senoniensis ab Antonio abbate restaurata fuit, cujus effigies in vitro etiam nunc visitur : sic laudatur in Necrologio die VI. Kalend. Novemb. quod veteris ecclesiæ Senoniensis restaurator fuerit. Primus loci conditor fuit sanctus Gundelbertus archiepiscopus Senonensis in Gallia, qui exeunte sæculo septimo, relicta sede, in Vosagum venit, ibique, erecto in vasta solitudine monasterio, quod à sua sede Senonense voluit appellari, diutius sanctissime vixit. In Necrologio VI. Kalend. Novemb. legitur *commemoratio sancti Gundelberti præsulis hujus loci fundatoris.* Ejus tamen festivitas in Martyrologo ejusdem loci ab annis supra 500. conscripto nusquam comparet. In eo III. Kalend. Februarii *dormitio sanctæ Bathildis virginis Christi*, quod, licet multorum filiorum mater, sanctimonialis obierit. Dicitur etiam monasterium vallis-Galileæ. De hoc Petrus Damianus *in loco qui Grandiavium dicitur,* exstructum fuisse dicit.

In Bibliotheca pauci sunt, sed haud temnendi codices scripti. Ex his codex Evangeliorum annorum circiter 800. cum hac inscriptione: *Deo suoque Domino sancto Petro pro remedio animæ suæ Suthardus Senonensis abbas hunc librum contulit*; Richerii ejusdem loci monachi Chronicon, quod in tomo 3. Spicilegii Acheriani editum est; Necrologium ab annis 700. prima manu descriptum, & Martyrologium ab annis 500. Breviarium ecclesiæ Tullensis annorum 300. ex quibus multa collegimus. Vidimus & Tractatum Magistri Stephani Parisiensis in regulam sancti Benedicti ab annis circ. 300. scriptum, cui hæc epistola præfigitur. *Venerabili Patri & D. venerando Rofredo Insulano Divina providentia &c.*

Cum autem in evolvendis antiquis illis codicibus occuparemur, advenerunt duo abbates reverendissimi, Medianensis scilicet & Senoniensis, qui statim in nostros amplexus ruerunt, vixque exprimi potest, quanta fuerit tunc nostra utrorumque lætitia, quamque propensa mutua cordium effusio. Medianum postea profecti sumus, postera die Senonam reversuri, ut uterque abbas nos in suum monasterium susciperet.

Die 16. sacris persolutis, summo mane, duas in turmas separati viam arripimus. Mabillonius, deducente eum utroque abbate, recta in Alsatiam perrexit: ego vero, cum animus esset famosum montem Frankenbergensem perlustrandi simul cum aliis ad lævam perrexi. Per vias, immo per invia, per rupes & saxa, partim pedites, partim equo vecti, post superatos montes ad verticem montium editissimorum pervenimus, ubi magna planities, cæsis arboribus, apte efformata fuit, calmas ejusmodi loca appellant, ad enutrienda armenta. Hic immutato aere inter pruinas aliquandiu properantes, invenimus

IN ALSAT. ET LOTHARING.

aliquot casas ex lignis abiegnis inter se compactis, absque luto aut bitumine fabricatas, maxarias vocant, ac eorum habitatores maxaros. Istis unoquoque veris initio committuntur seu potius locantur boves sive vaccæ inito pacto, quid pro quolibet domino reddere debeant, quibus ad calmas deductis usque ad Octobrem ibi perseverant à relicto genere humano sejuncti, nullis fere obsoniis præter lacticinia utentes. Immo pro pane, eo enim rarissime utuntur nisi frumentum viliori pretio comparari possit, caseum quemdam crassiorem & insipidum habent. Boves quotidie singulas ad se nominatim convocant, quæ eis ita obediunt, ut ne una quidem inveniatur quæ ad proprii nominis pronuntiationem cito non accedat. Iis emulsis datur quasi pro mercede parum salis. Ceterum itineri ita assuetæ sunt regionum istarum boves, ut deficientibus ductoribus per se ipsas veris initio sponte ad montes properent, ac mense Octobri redeant in vicum. In isto montium cacumine stagnum ingens visitur, quod Mara vulgus appellat, quin & ex illis perpetui fontes scaturiunt, unde fit ut valles nusquam absque fluviolis aut torrentibus sint. Certe præter multos alios, non magni nominis fluvios, Mosa, Mosella, Araris, Ellum, Morta, aliique celebres inde originem capiunt.

Visitatis itaque illis locis ad ferri fodinas descendimus: hæ ad radices montis habentur, in cujus cacumine situm est castrum Salmense, quod illustri comitum, tum principum Salmensis familiæ nomen & originem præbuit: tum superatis iterum montibus, pervenimus in planitiem satis amœnam, quam fons in medio scaturiens alluit. Visebantur ibi antiquæ cujusdam villæ rudera, quam pretio comparatam utcumque reparari fecit abbas Medianensis, ut properantibus ad montem aliquis esset refrigerii locus, potissimum quod ulterius equi ascendere non possint. Sumpto itaque ibi prandiolo, dimissis equis, jam pedites, uno fere milliario progressi, ad radices tandem montis Frankembergensis, quem Duos montes regionis incolæ appellant, quod revera sit velut mons alter qui supra ceteros exsurgit, pervenimus. Hinc mons ita excisus esse incipit, ut nonnisi perrependo scandi possit, pedes molli *Donont seu Deuxmonts* terra agrestibusque herbis utcumque sustinentibus. Atque inde visitur rupes fere undique abrupta quæ versus occidentem in modum propugnaculi efformata, duabus aliis quasi aggere duplici fulciri videtur. Huc per foramina & petrarum scissuras ascendimus: tunc occurrit planicies, quæ centum circiter pedes lata, in longum plusquam quadrengintis passibus porrecta, altera rupe editiori terminatur. In ista planicie centum circiter passibus progressi, invenimus veteris ædificii reliquias, quod intra muros 37. pedibus longum, 28. latum fuerat, altum vero, uti ex lapidibus qui supersunt conjici potest, tredecim circiter pedes. Janua duplex erat, altæ pedes quinque, latæ duobus, una versus orientem, altera ad occiduum vergebat. Totidem erant fenestræ, una scilicet ad septentrionem, altera ad austrum, & utraque alta pedes quinque, lata quatuor. Ædificium istud ex lapidibus quadris & sectis confectum erat, ita solide compactis, ut in frusta comminui facilius, quam à sese disjungi possint, uti experimento comprobatum est: unde expiscari fas non fuit ferrone cæmento aut plumbo an quavis alia materia sibi invicem cohæreant.

Ceterum ædificium illud olim fuisse inhabitatum certum videtur, ex tegularum carbonumque reliquiis quæ in ipso, terra paululum effossa, frequentius occurrunt. Et forte temporis ductu mutatum, incendio etiam violatum fuit. In loco abhinc 25. circiter passibus dissito, erecta fuerat columna quadrata alta circiter viginti novem pedibus, uti ex lapidibus residuis certum est. Erat autem in tres gradus ita distincta, ut tres columnæ sibi invicem substratæ viderentur, ac singulæ quæque suam basim suumque capitellum habebat: denique supra totam hanc massam erecta erat statua, sed quæ hactenus, quantumcumque diligenter requisita, inter ædificii ruinas reperiri non potuit. In basi infima sculptæ erant inscriptiones, uti ex fugientibus fere abrasis litterarum aliquot vestigiis collegimus. Sed quanto libet conatu contenderimus aliqua ex iis saltem verba concinnare, numquam id assequi potuimus, præter has voces, quas jam aliqui è nostris divinaverant. Post 25. pedum intervallum habebatur aliud ædificium simile prorsus huic quod supra descripsimus, à quo tertium illis simile omnino & pari distantia è regione secundi versus Aquilonem restant vestigia putei. Hic temporum diuturnitate oppletus est.

Lustratis omnibus istis ædificiis, accessimus ad rupem omnium editissimam, in cujus facie meridionali exstat dimidiati anaglyphi toreuma in ipso lapide sculptam exhibens pugnam leonis adversus aprum. Leo furibundus aperto ore quasi aprum devoraturus, in eum insurgit, at ille ad sui defensionem paratus, à tergo habens rupem qua coarctatur, in loco paulo editiori sedet. Sub iis vero hæ voculæ ita sculptæ & quidem litteris Romanis habentur, ut prior vox sub leonis specie altera sub apro jaceat.

BELLICcVS H SVRBVR.

Post modum in ipsam rupem, quæ 15. pedibus reliquo monte editior est, manibus pedibusque reptando per petrarum foramina conscendimus, ubi alteram planitiem in ovi speciem efformatam invenimus, longam ex oriente in occidentem passus circiter & quinquaginta, latam vero ex Aquilone in austrum pedibus viginti quinque. Cælo tunc sereno utebamur, horaque erat circiter post meridiem secunda ; cumque mons ille ceteris montibus etiam altissimis, tertia saltem parte editior sit, ceteros omnes quasi sub nostris pedibus subjacentes cernebamus. Sed & inde prospectus facilius est in subjectas regiones citra & ultra Rhenum usque ad montes, quos Nigros appellant. Nec facile numeraveris urbes & pagos qui videri inde possunt. Hic paulisper consedimus, tum circumeuntes undecunque rupem hanc complura antiqua simulacra jacentia conspeximus, maxime versus Orientem & Aquilonem, nec dubium, quin si effoderetur terra, multo plura invenirentur. Nullum reperire licuit, quod integrum exstaret, sed omnia medio tantum corpore eminent. Lapides, in quibus sculpta sunt, qui quidem è vicinis locis ut plurimum excisi, paucis exceptis, quibus similes in ea regione nusquam videntur. Figuræ illæ non à barbaris si bene conjicio, sed à viris haud parum in sculptoria arte expertis effictæ sunt. Et quidem nonnullæ Romanam manum sapiunt, immo, nisi me mea fallat memoria, vidi hominis effigiem more Romanorum militum vestiti. Cum adhuc apud Medianum-monasterium versaremur, ostensum nobis est mulieris caput exinde ablatum, quod plane Romanorum arte dignum est. Porro hæc simulacra paganorum divinitates, aut eorum ministros repræsentant, ex his non unum Mercurium vidimus; qui caduceum lævâ, crumenam vero dextrâ manu gestabat. Est etiam mulier forte Bacchi ministra, quæ colubros inter se tortos tenet, aliis ejusmodi reptilibus ad pedes ejus jacentibus. Vidi & aliam cum gallo ad pedes ejus repræsentatam, forte Palladem. In altero lapide duplex est figura, hominis una, altera infantuli, sed & aliæ bene multæ occurrunt, in quibus nihil alicujus momenti observavimus. Hic locus esset tractandi cujusnam temporis aut nationis monumenta sint, sed ea de re fusius disseruit R. abbas Medianensis in epistola ad illustrissimum fratrem suum medicum regium. Hic nempe, qui ad hunc locum non semel adiit, in utramque partem rationes affert, quæ in Diario eruditorum habentur. Francorum fuisse probare videtur antiqua traditio cum Trithemii aliorumque auctoritate, qui putant hunc locum Frankemberg, id est, Francorum montem, appellari, quod ibi priorum Regum nostrorum tumuli habeantur. Sic isti: alii tamen sculpturam hanc Gallorum non esse, sed potius Romanorum, qui devictis populis, hoc monumentum posuere. Ego vero opinor, Gallorum esse, qui eo tempore quo cum Romanis mixti erant, sacra sua, ut paganorum mos fuit, hoc in monte peragebant. Sed hæc fusius prosequi nostri non est instituti. Satis nobis fuit ea quæ coram vidimus, hac in narratione sincero calamo repræsentasse.

Transactis in isto monte aliquot horis, cum jam sol vergeret in occasum, quanquam nobis in tam edito loco constitutis, non tam cito nobis sese subducturum putaremus, inde discedimus, ægre tamen, cum spes esset alicujus rei novæ inter rudera illa reperiundæ. Horruit animus ad præcipitia, quæ sub nostris pedibus aspiciebamus, quæ nobis inter ascendendum sursum respicientibus non adeo abrupta visa fuerant, & resumptis equis quos in villa dimiseramus, iter nostrum versus Alsatiam direximus. Sed cum jam in valle subobscura aliquantum processissemus, nox adeo obscura nos præoccupavit, ut ne quidem viam prospicere liceret. Etenim præter noctis tenebras, abietes frondosæ natura sua obscuræ lucis omnis reliquias præripiebant. Eramus tunc in montis declivio quem ad dexteram habebamus, ad lævam vero vallem, in qua Bruscha fluviolus decurrebat inter lapides, uti ex aquarum murmure nobis compertum erat. Tunc visum nobis est tutius pedites ambulare propter frequentes scopulos, in quos equi nostri sæpe impingebant, quod quidem magno nostro commodo nobis in mentem venit. Hac enim cautione neglecta, famulus, qui nos insequebatur, equo insidens, simul cum ipso in præcipitium ruit, quod cum ex ejus clamoribus nobis innotuisset, non absque magno labore & periculo utrumque retraximus. In tanta rerum angustia, cum paulo ulterius progressi fuissemus, inventa semita, eam prosecuti in planitiem devenimus, vidimusque in altera fluvii ripa casam, secandis lignis fabricatam, unde nobis ducem dari posse sperabamus. At cum frustra diutius conclamassemus, vacua quippe erat, nec ad eam absque periculo ob interjectum fluvium, adire non possemus, pernoctandi gratia, primam viam etsi difficilem insequi visum, quod fauste nobis evenit; nam duobus aut tribus abhinc milliariis prætergressi, ad Novam-villam pervenimus, ubi pernoctare statutum erat.

Die sequenti quæ 17. erat mensis Septembris, transmisso Brusca fluvio, in Alsatiam ingressi secundum asperos montes incessimus, primumque occurrit nobis in Argentoratensi diœcesi Haslacum, ubi olim Ordinis nostri monasterium à sancto Florentio Argentoratensi episcopo sæculo VII. conditum, quod jam à compluribus sæculis ad canonicos sæculares defecit. Nullum ibi monasticæ vitæ vestigium visitur, exceptis locorum regularium aliquot reliquiis. Claustrum variis defunctorum tumbis stratum est cum inscriptionibus annorum 300. & infra. Ex his *Harangus est de Scohennaw cellerarius hujus ecclesiæ, qui* obiit 7. *Kalend. Septembris anno* 1357. sed nulla monachum indicat: nisi quod in angulo claustri inter partem occiduam & aquilonarem, habetur sacerdotis in tumulo jacentis figura cum cucullo, sed absque ulla scriptura. At in navi ecclesiæ juxta altare quod sub Odeo situm est, exstat tumba abbatis cujusdam gestantis librum, qui prolixos habet capillos, ac prope caput duæ litteræ istæ majusculæ visuntur P. M. In circuitu hæc habentur, detritis ejus nomine ac dignitate: *Anno Domini* MCCCCXCIV. I. *Augusti, obiit* N...... *hujus ecclesiæ, orate pro eo.* In presbyterio è regione majoris altaris versus Aquilonem, exstat antiquum sepulcrum episcopi, quem vulgus sancti Florentii esse putat. Verum ex duobus ejus ecclesiæ canonicis, qui nobis curiose ecclesiam lustrantibus sese adjunxerunt, intelleximus, hunc esse tumulum Raggionis Argentinensis episcopi, qui sancti Florentii corpus ex ecclesia sancti Thomæ Argentinensi huc advexit, quod etiam paulo post ex ipsa inscriptione antiqua didicimus, quæ hos versus continet, in tumbæ circuitu sculptos.

Per quem prælatus Florentius ille beatus.
Translatus est hic, Raggio, jacet hic tumulatus.

In adverso pariete pendet in tabella instrumentum antiqua manu descriptum. *Caroli regis Romanorum & Bohemiæ exsistentis* tunc *in partibus Argentinensibus, quo testatur se assumtis secum Gersaco archiepiscopo Mogontinensi & Alberto episcopo Herbipolensi & Johanne de Ligtemberg præposito Argentinensi vicario episcopatus Argentinensis* sancti Florentii hic jacentis corpus visitasse integrumque reperiisse, *cum scriptionibus & laminis plumbeis* id attestantibus, & alia multa quæ ibi fuse habentur. *Datum in dicta ecclesia sancti Florentii* 1354. *die* 7. *Novembris.*

Paulo post transivimus Moltzico, opido eleganti, ubi episcoporum Argentinensium domus habetur, residentiam appellant. Tum Molshemium advenimus, qua in urbe, quæ situ amœna est, & à populis multum frequentata, ante subactum à Rege Argentoratum Capituli cathedralis
ecclesiæ

IN ALSAT. ET LOTHARING.

ecclesiæ sedes erat, ex quo Lutherani urbe episcopali potiti fuerant. Molsheimii Patres Societatis Jesu collegium habent amplissimum, quod inter Germaniæ academias annumerant: sumpto prandio, Carthusiam invisimus, quod ibi multos asservari codices manuscriptos auditum erat. Hos numero plusquam quadringentos, nobis humanissime ostendit venerabilis domnus Prior, sed nullum invenimus annis circiter trecentis antiquiorem excepto libro de vita contemplativa sub nomine sancti Prosperi, qui ad annos septingentos videtur accedere. Inter ceteros codices, vidimus historiam episcoporum Argentinensium, quæ ad annum usque 1508. pertingit in Guillelmo Heufteimo definens. Libros quatuor de Imitatione Christi absque auctoris nomine, anno 1474. scriptos, uti in fine legitur. Acta Basiliensis concilii, historiam sanctæ Ursulæ & sociarum ejus, tum inventionis ejus, revelationes Elizabeth Schonaaugiensi sanctimoniali factas, in libro qui dicitur Viarum Dei, anno 1156. edito. His subjungitur *historia* quædam quæ dicitur *nova* à fratre quodam scripta, qui eam omnibus virginibus inscripsit. Majoris fortasse momenti videbuntur Ludolfi opera propria ipsius manu scripta. Hujus quippe domus monachus fuit Argentorati, ubi sub nomine beatæ Mariæ de Monte constructa primum fuit, sed cum simul cum aliis Catholicis initio sæculo præcedentis urbem excedere coacti monachi fuissent, Molsheimium secesserunt, ubi domum magnificam construxere, Bibliotheca in loco apte disposito sita. Præter mss. codices, multis etiam referta est libris editis, & ecclesia elegantissima picturis exquisitissimis aliisque ornamentis egregie decorata. Vitreæ fenestræ quibus claustri arcus occluduntur, historias SS. Patrum tam delicato penicillo depictas exhibent, ut nihil ex hoc genere præstantius excogitari possit.

Res alias, si quæ sint in ea urbe, visu dignas, propter angustias temporis videre non licuit. Cum animus esset Altorfense monasterium uno circiter milliario ab urbe dissitum, hac ipsa die invisere, quo hora circiter tertia pervenimus. Absente Reverendissimo abbate, à reverendo Priore aliisque ejus loci cœnobitis humaniter excepti fumus, qui nos incitarunt, ut reliquum faltem diei apud ipfos tranfigeremus. Scifcitatis fi quid forte apud eos effet, quod ad Ordinis noftri hiftoriam illuftrandam conducere poffet, nihil fe tunc temporis habere refponderunt ob bellorum ingruentium tumultus. Ecclefia principalis fancto Cyriaco dicata eft, qui etiam loco nomen tribuit, pars ejus fuperior in qua chorus, antiqua eft, &, ni fallor, primæ fundationis, fornix in orbem definit abfque ulla arcuum diftinctione. Imam ejus partem fuftinet figura abbatis, pedum manu geftantis & fcapulari latiffimo induti, cujus partes hinc & inde pendentes vittis more antiquo fimul annectuntur, cum hac infcriptione quæ annos circiter 600. præferre videtur OTTO ABBAS. Aliorum abbatum tumuli paffim in ecclefia habentur, fed nullus fæculo proxime elapfo antiquior. Plures funt & antiquiores in veteri oratorio quod è regione majoris bafilicæ ad Aquilonem beato Gregorio confecratum. Ex his eft Johannes de Stella abbas, qui anno 1310. obiit. Aliquot etiam ejus loci & vicinorum monafteriorum abbates collegimus ex Necrologio, in quo de monafterii conditoribus hæc leguntur 4. Septembris, obiit *Eberhardus comes qui requiefcit in fummo choro, item domina Berta comitiffa ejus uxor, item Hugo comes & monachus hujus loci qui requiefcit ante altare fancti Gregorii in capella, item Hugo comes frater prædicti Hugonis qui requiefcit in hoc monafterio. Hi fuerunt fundatores monafterii.* Habent bullam Leonis papæ IX. qua fanctus Pontifex confirmat bona à fuis parentibus huic monafterio conceffa, ea lege, ut fub Regula fancti Benedicti perfeveraret. Et quidem Richerius libro 2. Chronici Senonienfis cap. 14. inter alia monafteria quæ ab ejufdem Pontificis parentibus dotata fuerunt, recenfet *monafterium quod Aldorf dicitur Ordinis fancti Benedicti, quod in Alfatia fitum eft.*

Cum vero jam fol occumberet, inde difceffimus apud Falkrix, quæ domus eft Reverendiffimi abbatis Medianimonafterii, haud procul ab Obernhomio (urbe imperiali) diffita, pernoctaturi. Hac ipfa die D. Mabilloneus montem fanctæ Othiliæ invifit, qui omnium illarum parrium editissimus est, ita ut exinde plusquam 300. pagos ac viginti urbes prospici posse affirmant.

Die 17. relicto iterum apud Falkrik Mabillonio versus inferiorem Alsatiam diverti, Mauri monasterium aliaque loca vicina invisurus, ac Molseimio iterum permeato, occurrit nobis ad dexteram Marilegium seu Marleia, hodie *Marleim*, ubi olim villa fuit regia, apud gentis nostræ auctores Gregorium Turonensem, Fredegarium & alios antiquos auctores celeberrima. Ibi educatus fuit Theodoricus Childeberti filius, qui postmodum in Burgundia regnavit. Unum è palatiis regni Austriaci illustrissimis fuisse probant illi auctores, Fiscum nobile appellat auctor vitæ sancti Disibodi, cujus, inquit, *adhuc dignitatem miri operis mœnia excelsa testantur*. Plura de eo Valesius in Notitia, & noster Michael Germanus in libro de Palatiis, qui quartus est Rei-diplomaticæ. Ceterum hujus palatii rudera adhuc visuntur juxta Marleium hodiernum versus vicum Kirkeim, ubi etiam palatium regium aliquando stetisse dicitur, nisi forte unum & idem sit quod cum inter Marleimium & Kirkeimium situm fuerit, sæpius Marleim, qui locus est præstantior, aliquando etiam Kirkeim dictum fuerit ob viciniam. Unde merito affirmavit noster Michael Germanus in libro de Palatiis, Kirkemium regni Austriaci palatium fictitium non fuisse, quamquam ejus situm ignoraverit.

Relicto itaque ad dexteram Marleimio & ad lævam Wanga, * ubi castrum munitissimum duplici muro circumdatum, sed penitus neglectum, Vaslonia, quod opidum est satis elegans, transivimus, indeque hora circiter tertia post meridiem ad Maurimonasterium advenimus, ubi à Reverendo domno Priore humane sumus excepti, absente illustrissimo abbate, qui ob Cæsareorum excursus Argentorati tunc temporis versabatur. Monasterii ædificia plus vetustatis quam venustatis præ se ferunt: eam si aliquando pax affulserit, instaurare, seu potius novam penitus construere molitur Reverendissimus abbas hodiernus. Monasterium istud primum Cella-Leobardi appellatum fuit à primo ejus auctore, qui Childeberto II. regnante vixit, dein Mauri-monasterium cognominatum

* Wangheu

est à Mauro abbate, cui Theodericus Francorum rex agnomento Kalensis privilegium concessit à Carolo Cointio editum tomo 2. Annalium. Inter monasteria, quæ imperatoribus nec munera nec milites præstare debebant, sed tantummodo preces pro incolumitate imperii, recensetur à Ludovico Pio in Statuto anni 817. Hoc fortasse privilegio gaudebat, ob Benedictum Anianensem qui imperatoris jussu huic monasterio aliquamdiu præfuerat, ut narratur in ipsius vita. Cum loci celebritas, tum publica fama spem mihi fecerant antiqua ibi monumenta reperiundi. Itaque rogavi ut mihi, si quæ forte apud eos essent Ordinis nostri historiæ profutura, invisere liceret. Primum quidem responderunt omnia esse in urbem translata, atque in tuto posita; cum tamen ipsos inter se viderem aliquid germanica lingua quæ mihi peregrina erat, mussitantes, suspicabar aliquid esse residui: sed cum eos urgerem, tandem per fenestram in locum admissus sum, ubi sua deposuerant. Sed nihil ibi inveni præter schedas aliquot chartaceas, quæ nihil antiqui continebant. In his erat catalogus abbatum, tum statuta aliquot & visitationis acta Congregationis Alsaticæ, quæ sæculo proxime elapso auctoritate Argentoratensis episcopi ex 7. monasteriis, quæ in ea diœcesi sunt, coaluit. Vidimus etiam apographa diplomatis Theoderici regis Francorum, tum chartam Stephani Mettensis episcopi, qua Adeloni abbati quædam jura dimittit ob summam monasterii penuriam; data est Metis anno 1125. inter alios subscripsere Tetianus abbas Gorziensis & Bertrannus abbas S. Arnulfi. Majoris est momenti bulla Alexandri papæ III. Garino abbati ceterisque fratribus Mauri monasterii, quam cum in apographo illo mendosam comperissem, ex Autographo, quod cum ceteris instrumentis, quæ habebat, nobis Argentorati summa cum humanitate ostendit R. domnus abbas, emendavimus. In ea Pontifex statuit, ut Regula sancti Benedicti ibi in perpetuum observetur, tum monasterii possessiones minutatim recenset & confirmat, terminosque constituit *sicut eos*, inquit, *vobis assignavit bonæ memoriæ Theodericus rex Francorum.* Memorat ecclesiam quam *bonæ memoriæ Orthebus* Basiliensis episcopus eis concesserat, cellam sancti Quirini in silva vastissima Vosago. *Ad hæc liceat*, inquit, *vobis clericos & laicos è sæculo fugientes liberos & absolutos ad conversionem in vestra ecclesia recipere &c. Data Laterani per manum Alberti S. R. E. presbyter cardinalis & cancellarii 2. Aprilis Indict. 12. Incarnat. Domini* 1179. *Pontificatus Alexandri papæ III.* xx.

19. Deducente nos R. domno Mauri-monasterii procuratore uno circiter milliario progressi, Sindelsbergensis Parthenonis rudera vidimus supra collem cognominem ad quam propius accedere visum est, exploraturi num aliquod superesset eo loci antiquum monumentum. Inter ædificiorum ruinas subsistit ecclesia, in qua epitaphium habetur Gisberti abb. Mauri-monasterii, qui hunc locum Rusticorum bello destructum suis sumptibus restauraverat, ut indicant versus ibidem sculpti supra ejus effigiem.

Quisquis præsentis spectator ades monumenti,
   Multiplici patrem prosperitate vide:
Ter mundo periit, qui ter tibi Christe resurgit
   Gisbertus Trini dux columenque chori

Infra effigiem.

Gisberti sacræ Sindelsberg sumtibus ædes
   Exstant quas stravit rustica seditio
Hæc cum virgineæ fuerint sacra aula cohortis
   Rudera Gisberti sunt reparata bonis.
Claustra sibi raptum quem Gengenbachica lugent
   Abbatem plangant Mauricolæque suum.
Ergo age qui tanti legis epigramma trophæi,
   Gisbertum supera pace precare frui.

Hic ut in catalogo habetur primo Altorfensis, tum Gegembacensis, ac denique Mauri-monasterii abbas fuit ob præclara merita in conventu Alsatiæ abbatum electus. Obiit anno 1586. in suo monasterio sepultus. Ceterum monasterium Sindelsberg, quod à Reichlino abbate Mauri monasterii pro Ordinis nostri sanctimonialibus excitatum fuerat, versus undecimi sæculi finem extremis hisce bellis deftructum, ac fanctimonialibus alio collocatis penitus exftinctum eft, reditufque ut plurimum Mauri-monafterio, unde excifi fuerant, attibuti funt.

Hora circiter octava Tabernas ingreffi fumus, in urbem in extrema Alfatiæ planitie fitam ad radices montium qui hanc provinciam à Lotharingia difterminant. Hunc locum tres Tabernas appellat Amianus, quod nomen aliis quoque locis Romani tribuerunt, Zabernas fcribunt auctores mediæ ætatis quibus vocabulum hodiernum magis convenit. Ibi erat epifcopi Argentinenfis fedes, cujus diœc. continebatur, ante fubactam à rege urbem: epifcopale palatium paucis magnificentia & elegantia cedit: fpectabiles funt potiffimum gradus ad aulam fuperiorem ampliffimam, quibus in tota Europa nulli effe dicuntur præftantiores. Horti amœni, fed ob principis abfentiam inculti, juxta palatium eccleſia exftat collegiata, in qua complures regionis & urbis nobiliorum virorum tumuli. Haud procul ab urbe verſus Aquilonem in montis declivio vifitur nobilis abbatia Sanctimonialium Ordinis noftri ad fanctum Joannem dicta, quæ ab aliquot annis *ad caules* agnomentum accepit ob prælium ibi inter vineta & caules commiffum. Paulo amplius diftat Novum-villare antiquum noftri Ordinis monafterium à fancto Pirminio conditum, fæculo octavo ineunte: fed exeunte decimo quinto, Alexandri VI. permiffu fæcularibus ceffit, qui, ut ait Trithemius, *facti funt ex monachis malis canonici pejores.* Luftratis Tabernis, cum nondum folvendi jejunii hora effet, comitante nos Reverendo patre Procuratore Mauri-monafterii cum alio viro armis inftructo, qui nos adverfus Cæfareorum incurfus defenderet, tendimus verfus Argentoratum quod hora circiter tertia pomeridiana fumus ingreffi.

Invenimus jam ibi Mabillonium, qui pridie Andelagenſe canonicarum fæcularium collegium vifitaverat. Situm eft in Alfatiæ montibus, cujus loci abbatiffa principis titulo gaudet. Olim erant fanctimoniales Ordinis noftri, quæ etiam nunc nullis licet votis adftrictæ fefe canonicas Benedictinas appellant communemque vitam agunt fub abbatiffæ regimine, in cujus poteftate funt omnes monaſterii reditus. Richardam imperatricem uxorem Caroli

Crassi, cujus hac ipsa die festum celebrabatur, loci conditricem & patronam agnoscunt, cujus sacrum corpus in ecclesia antiqua nondum è tumulo elevatum religiose asservatur sub altari majore. Falkrik reversus invenit ibi illustrissimum abbatem Camilliacum vicarium generalem, qui audito ejus adventu ei obviam processerat, ac simul die 19. visitato apud Plopseimiam illustrissimo Marchione Puteolensi, qui in excubiis erat adversus Germanos, Argentoratum advenerunt, qua in urbe in ædibus R. abbatis Medianensis hebdomada fere integra permansimus.

Argentoratum urbs est ad Illum fluvium, totius Alsatiæ facile princeps, situs amœnitate & frequentia civium nulli in illis partibus secunda, quam munimenta jussu regis Christianissimi ab aliquot annis constructa inexpugnabilem reddunt. Inter alias urbis ecclesias eminet cathedralis B. Mariæ sacra, quam à Lutheranis diu detentam, nunc obtinent Catholici, restituta ibi episcopali sede. Rotundus fornix versus orientem ævo Caroli Magni, aut, ut aliis placet, Pippini ipsius patris, constructus est; pars reliqua recentiorum est temporum. Portæ ac tota templi facies elegantiæ & magnificentiæ sunt incredibilis; Turris super eam insidet omnium altissima, quæ umquam visa fuerit, & exquisitissimo opere fabricata. Alteram, aut certe binas sibi æmulas exspectat. Ad summum fere usque ejus fastigium conscendimus. Hinc conspicua est tota Alsatia citra & trans Rhenum sita. Inde etiam facile videri poterant nostrorum castra, qui tunc temporis Rheno insidebant ad excubias adversus Germanos ex altera fluminis parte stantes, animo tentandi transitus in Alsatiam. Totum ecclesiæ ædificium in formam crucis constructum est, intus & extra multis ornamentis distinctum. Nullas habet in circuitu capellas, summum altare in medio crucis situm, quod opus est eminentissimi principis cardinalis Furstembergii Argentoratensis episcopi, Baldachino tegitur magnificentissimo, quod duodecim columnæ, ternæ & ternæ ad quatuor angulos sustinent. Habet à tergo chorum in extrema ecclesiæ parte versus orientem in semicicli figuram dispositum, cujus sedilia numero viginti quatuor pro totidem canonicis, eorum tesseris gentilitiis insignita parieti inhærent, in quorum medio eminet episcopi principis cathedra. Præter hæc duo inferiorum sedilium ordines habentur pro reliquo clero. Nullus ibi canonicus, è quorum gremio episcopus eligitur, qui non sit antiquissimæ & probatissimæ nobilitatis. Ex iis nonnullis è Gallia oriundi, inter quos erant tunc in urbe duo nobis amici, princeps scilicet de Turre Alverniæ, alter vero princeps Subisius ex antiqua Roanneorum familia, qui omnem nobis benevolentiam & humanitatem, quam alias jam sæpe fueramus experti, exhibuerunt. Nec grave tulerunt nobis quæcumque in eam ecclesia singularia videbantur minutatim ostendere. In crucis transverso versus Aquilonem, juxta sacrarii januam, servatur cathedra exigua quidem, sed ob hoc celebris quod ex ea Lutherus, Zuinglius & Bucerus falsa sua dogmata adversus avitam catholicam religionem disseminaverint. In parte ipsi opposita, ad austrum scilicet visitur horologium tota Germania celeberrimum ob diversos motus, qui horas, dies, menses, annos & sæcula indicant: paulo inferius lapis oblongus, è pariete egressus ad sustentandum primum fornicis collateralis arcum, ita artificiose dispositus cernitur, ut quocumque spectator se vertat, semper eum habeat versus se inclinatum.

In archivis beneficio principum Alverniæ & Subisii chartas complures vidimus. Ex his est donatio Rathadi episcopi, assentiente Ludovico imp. facta communitati ecclesiæ Argentinensis, eo jure quo jam à bonæ memoriæ Dagoberto facta fuerat. Data est anno 871. Paulo postea, id est, 881. Arnulfus rex aliqua donat suo fideli postmodum tradenda ad coenobium sanctæ Mariæ virginis, quod dinoscitur infra moenia Argentoriacensis esse constructum, ut fratribus illic servirent &c. Chartæ Gebhardi subscribit Aldegardus præpositus, Hebeardus & Luduvingus Cori episcopi, anno 1061. Wolmarus & Herlictia dederunt ecclesiæ sanctæ Mariæ Argentoratensi abbatiam in Hagethofen, eo pacto ut nunquam ibi cesset officium divinum &c.

Majori ecclesiæ adjungitur Seminarium simul & collegium

gium quæ à RR. PP. Societatis Jesu reguntur. Ædificiorum amplitudine & opibus paucis cedunt. Bibliotheca ibi est ingenti librorum numero referta. Huc invisimus illustrissimum archiepiscopum Dubliniensem, qui Argentorati pontificalia numera absente eminentissimo cardinale episcopo exercet, virum & sanctitate vitæ & suavitate morum non solum Catholicis, sed etiam Lutheranis venerabilem & acceptissimum.

Hac ipsa die quæ erat vigesima Septembris, adivimus ecclesiam beato Stephano sacram, quæ hodie parochialis est sub religiosorum Antonianorum cura, qui Argentorati, etiam quamdiu sub Lutheranorum dominio fuit, conventum habuerunt. Supra majorem portam habetur sancti Stephani martyrium in lapide sculptum cum quatuor versibus ab annis haud minus quam 700. In suprema collateralis parte sacellum habetur, in quod per gradus aliquot descenditur, quod nunc sacrarium est, ubi antiquum visitur lapideum sepulcrum absque inscriptione, quod beatæ Attalæ tumulum esse suspicabamur. Volunt tamen alii esse Irmengardis uxoris Lotharii imperatoris, quæ ibi sepulta dicitur. Hæc ecclesia sanctimonialium Ordinis nostri olim fuit, quæ postea, ut complures aliæ, canonissæ sæculares fuerunt. Etiam nunc perseverant, licet Lutheranæ, quibus leges præscripsit Bucerus, inter quas una est voti castitatis emittendi ab abbatissa. Domum canonialem etiam nunc retinent, & in eam summa cum humanitate fuimus admissi ad inspiciendas antiquitatis reliquias quæ ibi habentur. Ex his est sanctæ Athalæ quæ prima loci abbatissa fuit, pallium, quod amplissimum est, sed an sit tantæ antiquitatis alii judicabunt. In vetustissimis aulæis gesta depinguntur sanctæ Athalæ & sanctæ Othiliæ ; sed multo majori pretio ducimus vetera duo instrumenta Autographa Lotharii imperatoris, & quorum describendorum nobis licentia data fuit. Ejusdem loci abbatissarum catalogum à se ex chartis authenticis concinnatum dedit nobis V. C. Johannes Schilterus jurisconsultus, variis operibus in lucem editis apud eruditos celebratissimus. Hunc sæpius deducente nos erudito Schmideo invisimus, qui nobis complura opera à se de germanica lingua vetere edenda ostendit, & ipse quantum per vires licuit, in variis locis comitatus est.

Die 21. illustrissimus vir Ulricus Obrectus urbis advocatus generalis copiam nobis fecit antiqui diplomatis, quo imperator testatur ob deperdita vetera ecclesiæ Argentinensis instrumenta, hoc de novo à se concessum in bonorum omnium confirmationem: alia quoque de Willemburgensi monasterio commodavit, plura alia suppeditaturus, nisi Germanorum adventus impediisset. Ipsi enim incumbebat omnia ad expeditionem parare, quæ ad retundendos eorum conatus necessaria essent. Et quidem hac ipsa die circa meridiem, nuncio è castris adventante fore ut Germani transitum tentarent, illustriss. Marchio Usselanus ad Rheni ripam citius properavit cum reliquis copiis, quæ Argentorati erant, quod tamen non impedivit quominus arcem omnesque alias urbis munitiones citra & ultra Rhenum usque ad Kelium inviseremus.

Die 22. Germanos propter ripam Rheni ascendentes nostri secuti sunt ex altera fluminis parte: nos vero hanc diem in lustrandis urbis amœnitatibus invisendisque viris litteratis, deducente nos Schmideo consumpsimus. A collegio publico incœpimus, ubi Lutheranorum academia celeberrima. Erat olim Dominicanorum domus, cujus supersunt omnes fermæ regulares officinæ, ecclesia amplissima erat, in cujus navi synaxes celebrantur, reliqua pars in aulas conversa actibus publicis habendis inservit, & quo tempore ibi fuimus, unus è candidatis in jure laurea doctorali donabatur. Peristylium, seu, ut vulgo vocamus claustrum, integrum adhuc exstat, & passim visuntur defunctorum epitaphia etiam è dominicana familia. Potissimum Johannis Thauleri celebris vitæ spiritualis magistri, qui in hac domo diem supremum obiit tumulatusque est, nec sepulcrum ejus violatum umquam fuit, dormitorium in cellas etiam nunc distinctum scholaribus habitationem præbet. In amplissima aula Bibliotheca asservatur, multis libris & quidem rarissimis in omni scientiarum genere locuples. Plutei non sunt, ut in aliis Bibliothecis, parietibus affixi; sed in medio aulæ sic distributi sunt, ut varias cellas cancellis occlusas efficiant, singulæ cellæ singulis disciplinis attributæ: parietibus vero per totum circuitum tabellæ appensæ sunt virorum illustrium, eorum potissimum qui in hac academia floruerunt. Hæc omnia nobis singulatim, & cum omni humanitate ostendit illustr. vir D. Cheide doctor Medicus & academiæ Rector, aliquot aliis stipatus. Inter alios quamplures libros vidimus descriptionem Botanicam hortorum episcopi Aistetensis, quo libro nullum elegantiorem, aut cum majori cura confectum me umquam vidisse memini. E regione Bibliothecæ majoris sunt & aliæ cameræ multis libris refertæ, è quibus una manuscriptos codices continet. In eam introducti, quoscumque voluimus, pro libito evolvere licuit: inter ceteros vidimus præter aliquot sanctorum Patrum opuscula, Ennodii & Symmachi epistolas ab annis circiter 500. descriptas, Cassiani Collationes, Maximi episcopi & Leonis Magni sermones, Theophilactum in prophetas minores græce scriptum, historiam episcoporum Magdeburgensium, Erkembaldi Argentoratensis episcopi carmina de suis antecessoribus, Johannis episcopi Argentinensis statuta, item alia statuta à Bertholdo ejusdem urbis episcopo edita, Rituale & Breviarium ejusdem ecclesiæ, Monasteriorum & Ordinum variorum per Alsatiam & Bavariam descriptionem, Quæstiones de Evangelica paupertate, Dissidium inter monachos & sacerdotes in Etthingen, quomodo per Sixtum Pontificem fuerit compositum, Gebizonis Prioris Everbach in speculum futurorum Hildegardis, Epistolas complures variorum tam episcoporum & theologorum quam & principum aliorumque virorum illustrium, Historiam comitum principum de Henneberg. Nec desunt etiam auctores humaniorum litterarum etiam primæ classis, quales sunt Virgilius, Ovidius, Horatius, Catullus, & alii, quorum aliquot opera ibi asservantur. Vidimus & Pomponii Melæ opera, Flori historiam Romanam & alia multa quæ singillatim recensere non est operæ pretium. Sunt & ibi volumina legis Mosaicæ, quæ in Judæorum Synagoga, antequam Argentorato pellerentur, legi solebat.

Visis his omnibus, illustrissimus Rector nos in majus

urbis Nosocomium duxit, ubi in aula, quæ olim loci sacra ædes erat, anatomicas dissectiones, ac complurium animalium cadavera ostendit, tum lapides raros, aliquot naturæ portenta, aliaque ejusmodi artis suæ cimelia. Deinde in caveas amplissimas & eleganter concameratas descendimus, ubi portentosa vasa vinis antiquis & recentioribus oppleta inspeximus, unum ex his centum & quadraginta quinque modiorum nostrorum mensuram complectitur. Si quando plus solito vinum generosum crescit, servatur in multos annos. Antiquiora sunt annis 1525. 1519. & 1472. confecta. Paululum in scypho ex eo anno 1472. nobis propinatum est, quod licet caducum habet, tamen nescio quid residuum suæ generositatis.

Eadem die invisimus illustrissimum abbatem le Laboureur, virum eruditum, qui libros à se editos cum antiquo Argentinensi Breviario dedit, Autographum etiam diplomatis describere permisit.

Postridie collegiati sancti Petri cimelia nobis ostendit. Duæ sunt Apostolorum principi basilicæ dicatæ, & in utraque Lutherani navim occupant, & canonici Catholici chorum, in qua post peractam Lutheranam synaxim Missa & alia officia celebrantur. Alia est item collegiata sancto Thomæ sacrata, quæ tota à Lutheranis possidetur, ibique habent Canonicos suæ communionis, ex his est vir eruditus, qui nobis librum de artis typographicæ inventione à patre suo editum dedit.

Die 24. in majorem Lutheranorum ecclesiam quæ, uti diximus olim Dominicanorum erat, convenimus, ritus quos in sua Liturgia servant, exploraturi, quos in specula quadam constituti accurate observavimus. Tabellis egregia arte depictis ornata est, & supra mensam imago est D. N. in Cruce pendentis. Sedent omnes in suis locis per ætates sexusque discreti, ac post canticum quod promiscue omnes omnino lingua vernacula concinunt, minister in suggestu concionem habet, plana fere semper & æquali voce, exceptis aliquot interdum inflexionibus, quas legentis more facit absque declamationibus. Finita concione fores templi aperiuntur, ut iis, qui ad synaxim nolunt accedere, egrediendi copia sit. Tum minister accepto libro legit ea quæ ad Liturgiam pertinent, quæ omnia uti & cetera Germanico idiomate perficit, deinde ab omnibus, ut initio, simul cantantibus Psalmi aut aliæ preces persolvuntur. Interdum minister è suggestu descendens ad mensam accedit in superiori templi parte constitutam, supra quam arcula est plena panibus azymis, in formularum modum, iis omnino similium, quibus in sacris nostris utimur, ac in cornu sinistro hydria vino plena. In altero cornu quatuor vasa habentur in modum scyphorum majorum efformata. In horum duobus panis formulæ, in aliis vero duobus vinum, quantum pro communicantium numero satis est. Mox iis in medio mensæ dispositis, Liturgiam iterum in libro legit, qua lectione finita, unum ex ministris, qui juxta illum adstant, invitat, ut sibi ipsi panem & vinum porrigat, quæ & ipse postea tribus aliis ministrat. Inter ea organa resonant cum musica suavissima, vocum simul & instrumentorum melodia. Tum quatuor illi ministri accepto suo quisque scypho, ad quatuor mensæ angulos consistunt, & sic in anteriori facie duo, scilicet unus panem, & alter vinum, mulieribus; in posteriori vero alii duo viris porrigunt, quæ omnia absque ulla genuum flexione peraguntur; sed cum unusquisque panem aut vinum suscepit, à ministro monetur in memoriam revocandum esse corpus aut sanguinem Christi ab illis suscipi; quæ verba postquam stantes audierunt, in locum suum gravi & modesto incessu se recipiunt, ibique parvissimo intervallo stantes, postmodum sicut ceteri sedent. Finita communione, iterum cantatur, & postea omnes exeunt.

Post prandium Museum Ipoolii visitavimus, quod in omni genere curiosissimis cimeliis refertum est. Deinde ad ecclesiam cathedralem convenimus, ubi hac ipsa die publicæ gratiarum actiones D. O. M. referebantur ob initam pacem inter regem nostrum & Sabaudum principem. Id ipsum & fecere suo more Lutherani in suis ecclesiis. Chorus omnis Catholicus ad ecclesiam principem convenit, ac canticum *Te Deum* aliæque preces à musica exquisitissima persolutæ sunt celebrante serenissimo principe Alverniæ, alii vero majores canonici purpureis vestibus auro redimitis ornati in sedilibus suis erant. Almutia supra caput suum tam illi quam alii, quibus Almutii usus concessus est, deferunt. Affuere etiam cum illustrissimo archiepiscopo Dublinienfi duo Ordinis nostri abbates Mauri-monasterii & Medianensis, ac ceteri aliorum Ordinum Catholici viri. Interea in arce aliisque urbis munitionibus, tormenta bellica resonabant, & urbs tota per totam noctem ignibus illuminata fuit.

Die tamen postera, quæ erat 24. Septembris, immo ipsa nocte, ut rumor erat, Germani constituerant, Rheno transmeato, in Alsatiam irrumpere; quod cum non fecissent, Argentorato egressi inter illam urbem & Rhenum versus superiorem Alsatiam tendimus. In ipso urbis egressu sita erat abbatia Ordinis nostri sancti Arbogasti episcopi Argentoratensis nomine insignita, sed, reditibus alio distractis, itaque solo æquata, ut ne vix quidem vestigia ulla supersint. Dein transivimus Iskeriko, ubi fœdus de tradenda regi Christianissimo urbe Argentoratensi initum est. Paulo ulterius vicus est, ubi duæ ecclesiæ, è quibus una fuit abbatia sanctimonialium Ordinis nostri, quæ hodie reditibus sedi episcopali adjunctis, exstincta est. Rhenauvio ad lævam relicto, ubi nostrorum castra posita erant ad repellendos Germanorum transire molientium conatus, ad monasterium Ebersheimense hora circ. tertia advenimus. Sic dictum volunt ab Apro, qui cum Dagoberti regis filium, postea à sancto Arbogasto restitutum percussisset, occasionem dedit eo loci condendi monasterium, quo miraculi memoria servaretur. Alii tamen ejus auctorem fuisse Alticum sanctæ Othiliæ parrem, qui ipsum, regnante Theodorico, Clodovei junioris filio, condiderit ad fluvium Illum. Aliquando Novientum dicitur, hocque ipsum est quod Bucelinus se frustra in Argentinensi diœcesi diu quæsivisse conqueritur, quod sub nomine solius Ebersheimensis monasterii noverat. Bernardus abbas ædificia à Suecis eversa reparavit, novisque adauxit. Ecclesia, etsi non multum ampla, nulli tamen elegantia & vetustate cedit, picturis vel in fornice supremo adornata, horti amplissimi, ceteræque monasterii officinæ commodissimæ. Codices ibi scriptos non invenimus, chartæ vero, ut nobis asseruit domnus abbas alio erant delatæ. Cum in lustrando monasterio occuparemur, ecce advenit è Rheno Procurator totus anhelus, affirmans se inde fuisse profectum, cum gravissimum prælium inter Germanos nostrosque committeretur, & quamquam nostri milites Germanis virtute superiores essent, cum tamen istorum exercitus multo numerosior esset, iisque hac ipsa die, inopinantibus Gallis, multa hominum millia in auxilium advenissent, dubium esse non posse, quin, Rheno transmeato, totam Alsatiam depopularentur. Immo & se vidisse aiebat, aliquot jam fluvium scaphis superasse, nihilque aliud quam de fuga cogitandum esse proclamabat. His auditis abbas de nostra salute sollicitus celerem fugam consulebat, periculum esse in mora proclamans, cum Rheno viciniores essemus, quam ut ex aliunde salutem sperare liceret, nullusque vel exiguus vicus inter nos & hostes medius haberetur. Ea de re diu deliberandum non fuit; gratiis illustrissimo abbati redditis, equos conscendimus, atque celeri cursu Sceleftadium quod duobus ab eo loco leucis dissitum est, intra mediæ horæ spatium pervenimus, ob id potissimum animo mœstissimo effecti, quod ea occasione à Reverendissimo abbate Medianensi separati fuissemus, qui in Alsatiam remeare cogebatur, ut rebus suis domesticis provideret, quæ alias hostium rapinæ patuissent.

Sceleftadium urbs est ad Illum fluvium munitissima, olim palatio regali nobilitata, uti patet ex diplomatibus quæ libro 4. Rei diplomaticæ c. 129. laudantur. Hanc esse Elechum seu Elvetum, aut Hellebum locum celebrem apud veteres Geographos nonnulli contendunt. Nullum ibi Ordinis nostri monasterium, prioratu sanctæ Fidis, quem nostri Cluniacenses habebant ad RR. PP. Societatis Jesu translato, qui ibi Collegium instituerunt; quare in hospitio publico pernoctavimus non absque animi sollicitudine, ne vagantibus per rura Germanis exinde egredi non liceret. At summo mane diei sequentis scrupulus ille elevatus fuit nuntii adventu qui retulit Germanos nequaquam transmeasse Rhenum, omniaque pacata esse.

Discessimus itaque die 25. securi per jucundissimam

amœnissimamque hanc regionem properantes media fere via inter Rhenum, quem ad lævam habebamus, & complura opida ad dexteram, quæ ita ad montium radices frequentia sunt, ut inde scaturire videantur. Ex his tum Cella Fulradi & sancti Hippolyti opidum è monasterio Dionysii in Francia pendentis. Halsbacum abbatia olim Ordinis nostri sanctimonialium, nunc vero Dominicanorum, & alia complura quorum nomina non occurrunt. Celebris est etiam ibi locus ob Rusticorum cladem, qui post direptas varias regiones ibi contriti sunt visunturque etiam nunc eorum ossa.

Diœcesim Basilcensem ingressi, Columbariam pervenimus, quæ urbs est imperialis, ampla & inhabitantium multitudine frequentata: propugnaculis abrasis, muro simplici circumdatur. Hanc esse Argentuariam, locum apud veteres historicos celebrem contendit Valesius in Notitia, quem consule. Lutheranorum numerus ibi multo major est, quam Catholicorum; isti tamen principem ecclesiam obtinent quæ collegiata simul & parochialis est sancto Martino dicata. Cleri primus est abbas Monasteriensis qui statis diebus in pontificalibus ornamentis celebrat. Hac eadem die lustrato Turkeimio, urbe imperiali, sed exigua; per vallem Gregorianam progressi, ad Monasterium pervenimus, quod ab ea nomen obtinuit, estque Congregationi sancti Vitoni subjectum, ubi solitam erga nos RR. PP. ejusdem Congregationis humanitatem experti sumus à R. P. Priore aliisque ejus monasterii cœnobitis exhibitam. Monasterio urbs est cognominis inter imperiales recensita, cujus Senatus & cives abbati, qui in diœtis imperialibus inter principes sedet, sacramentum fidelitatis præstare tenentur. Monasterium & ex eo urbem & totam vallem Gregorianam ideo dictum volunt, quod à duobus Gregorii magni discipulis ibidem in ejus honorem conditum fuerit; in loco qui antea confluentes dicebatur ob Miilbachi & Fechinæ rivulorum, seu potius torrentium concursum. Certe antiquissimum esse nemo inficiabitur, ob id vero inter alia celebre, quod antistites ecclesiis Basilienfi & Bisuntinæ non semel suppeditaverit: amplissima ædificia sunt, sæpius ab hostibus violata, sed statim reparata

parata. Ecclesia per partes ædificata non ejusdem est structuræ. Ante majus altare jacet Christophorus de Monte-Justino, qui ibi dicitur monasterii reparator fuisse, obiit anno 1514. Idem præstitit his temporibus Carolus Marchand ex nostro monasterio sancti Germani à Pratis monachus assumtus in Gregorianum abbatem.

Servatur ibi pileus, quam olim Dagoberto regi usui fuisse volunt; eum defert abbas statis temporibus, potissimum cum solemni ritu monasterii possessionem init vel in pontificalibus celebrat.

Archivium multis præclaris diplomatibus autographis refertum est, ex iis descripsimus, quæ ad rem nostram facere videbantur. In Bibliotheca præter libros editos aliquot habentur mss. codices. In his Necrologium ab annis circiter 300. scriptum, & Martyrologium annorum 600. In isto die *Nonas Decembris* legitur: *Treviris sancti Nicetii episcopi qui composuit hymnum Te Deum laudamus.*

Die 27. Monasterio egressi Sultzbaco transivimus, ubi aquæ medicinales subacidæ in istis partibus celeberrimæ. Variis canalibus scaturiunt aliæ aliis acidiores ex quibus vix degustaveram ad explorandam earum diversitatem, cum curiosum fuisse pœnituit. Iter nostrum per horrendas solitudines prosecuti Lutzembaccum advenimus, ubi olim cella erat Murbacensi monasterio subjecta, nunc in collegiatam ecclesiam conversa. Ecclesia vetus est, supra cujus majorem portam antiquissima Salvatoris nostri imago lapidi insculpta visitur cum aliis duabus ad dexteram & sinistram sanctorum Michaelis archangeli & Gangulfi martyris. Ad latus septentrionale ecclesiæ supersunt adhuc claustrum, dormitorium & aliæ locorum regularium reliquiæ. Haud procul ab eo loco montem editissimum offendimus quem per arctissimam viam conscendere oportuit, inter altissimas hinc, illinc abyssos & præcipitia profundissima, ut in alterutram partem oculos declinare sine ingenti horrore non liceret.

Superato illo monte, cum paululum itineris inter sylvas factum esset, vidimus in profunda valle, veluti in puteo quodam maximo, ecclesiæ campanilia, tum cetera monasterii ædificia veluti ad nostros pedes jacentia, miratique sumus tam celebrem abbatiam in loco adeo horrido ædificatam fuisse: statimque Oratorium elegantissimum nobis occurrit, & paulo inferius in montis declivio alterum, quorum unus sancto Cornelio papæ, alterum vero beatæ Mariæ dedicatum est. Ad ipsius vero montis radices alia ecclesia exstabat sub titulo sancti Xisti papæ, sed nunc plane diruta jacet. Sunt & alia item beatæ Mariæ sacra versus meridiem è latere majoris basilicæ, cujus ne vestigia quidem supersunt. In ea erant canonici, qui abbati Murbacensi obedientiam promittebant, cujus formulam in codice Monasteriensi ms. qui olim Murbacensis monasterii fuit, invenimus. Pro his & statuta edidit Henricus ejusdem loci abbas ann 1345. ut ex ejus decreto constat.

Monasterium Murbacense, olim vivarius peregrinorum dictus, sæculo octavo ineunte, à sancto Pirminio episcopo conditum est in honorem sancti Leodegarii martyris, fundum suppeditante Eberhardo comite, uti constat ex Theodorici regis diplomate, quod sæculo V. Actorum SS. Ordinis nostri editum est. Inter præcipua Germaniæ monasteria locum habet, cujus abbas inter quatuor viros S. R. I. principes numeratur, duplicique gaudet suffragio in comitiis imperialibus ob Lutrensem abbatiam, quæ Morbacensi unita est: monachi tum pietate tum doctrina celebres inde prodierunt. Ecclesia antiqua est, complures in ea abbatum tumuli, ad lævam autem majoris altaris visitur sepulcrum Eberhardi comitis, sed tantam antiquitatem non præfert. Nullus ibi ad monasticam professionem suscipitur, quin generis sui antiquam & intemeratam nobilitatem certis instrumentis approbaverit. Aliquot ibi educantur pueri nobiles, qui in omni disciplinarum genere erudiuntur. Magnam esse ibi diplomatum copiam acceperamus, sed quod ob bellorum tumultus alio asportata essent, ea videre non licuit, hanc jacturam codicum mss. Bibliothecæ abundantia resarcivit, quorum non pauci sub prima regum nostrorum stirpe litteris majusculis aut franco gallicis descripti sunt. Ex his est Psalterium græcum litteris uncialibus scriptum, cui ab annis circiter 800. interpretatio interlinearis aliquot in locis adjecta est. Alius codex epistolas beati Pauli continet ab annis circiter 900. descriptas. Non minus antiqui sunt codices, in quibus novum

Testamentum cum præfatione sancti Hieronymi, Prudentii opera, Commentarius in Job. cui initium & finis defunt, carmen Paschale Sedulii, carmen Aldhelmi de virginitate, ubi de sancto P. Benedicto habetur: *Qui nostræ* &c. Cyclus Paschalis Victorii cum prævia epistola ad Hilarium papam, Collectio canonum auctore Dionysio exiguo, sed imperfecta. Ad calcem alterius codicis, in quo sancti Hieronymi epistolæ, sic legitur....... *vicus hunc librum scribere abba rogavit anno III. Childerici, regis quicumque legerit obsecro ut pro ipso & obedientiam implentibus orare dignetur*. Ejusdem saltem antiquitatis est codex litteris partim majusculis partim francogallicis exaratus, in quo quæstiones Orosii ad Augustinum, Vincentianæ objectiones, Prosper contra hæreticos de Prædestinatione & gratia, Augustini excerpta ex libro ad Marcellinum de perfectione justitiæ, ad Dardanum contra Donatistas &c. Item alius codex Merovingico charactere descriptus, in quo Pastorale sancti Gregorii, beati Augustini Homiliæ &c.

Sunt & alii codices optimæ notæ, in quibus sacræ Scripturæ libri, Interpretum & SS. Patrum opuscula, ab annis 800. quos singulatim recensere longius esset. In his Tertulliani Apologeticum, Cassiani Collectiones Patrum, S. Paulini opera, Alcuini epistola ad Carolum M. de Baptismo, Hexameron sancti Basilii ab Eustathio translatum, Concordia conciliorum & canonum, auctore Crisconio. Epistola Mansueti episcopi Mediolanensis ad Constantinum imperatorem, cum expositione fidei. Rufini historia, quam sequitur epistola sancti Clementis ad Jacobum, in cujus fine *Explicit epistola ut putatur S. Clementis*. Codex annor. 600. in quo Commentarii in Job cum prævia epistola Philippi presbyteri & commentatoris ad Nectarium episcopum. Recentiores sunt Historia & translatio trium Regum Coloniam, Tractatus de Scrutinio scripturarum Johannis Buchler Rectoris scholarum in Morbach an. 1466. quo tempore floruisse studia apud Morbacum sub Bartholomæi de Andolo abbate collegimus ex variis cod. mss. quos ipse dedit, aut antiquitate detritos reparare curavit, uti ex hac clausula discimus quæ in his omnibus fere legitur: *Orent legentes pro domno*

Bartholomæo de Andolo abbate Morbacensi cujus jussione reparatus est liber iste. Liber ceremoniarum Morbacensium annorum circiter 500. In vetusto Martyrologio quod annos 900. præferre videtur, celebratur duplex cathedra sancti Petri, una Romæ xv. Kalend. Februariii, altera apud Antiochiam, viii. Kalend. Martii, & v. Idus Julii legitur: *Depositio sancti Benedicti abbatis, id est, translatio ejus corporis.* In Kalendario veteris Missalis dicitur *Translatio sancti Benedicti de Monte Cassino.*

Die 28. Morbaco egressi Guevillare opidum adivimus, in collo vallis situm, ubi insignis præpositura Morbacensis. Hic R. D. Decanum Morbaci salutavimus; hæc dignitas est post abbatem prima in monasteriis Principalibus, hic porro degebat, ut rebus provideret, ob Germanorum metum, qui non solum prope Rheinanum, sed in aliis quoque locis transitum Rheni moliebantur. Inde Sultzio transivimus, tum Tannis, opidum utrumque pro locorum situ inter montes editissimos amœnum. In Isto ecclesia parochialis elegantissima cum turri in fronte quæ Argentinensis est veluti compendium. Hunc nunc occupant canonici è vico sancti Amarini huc translati. Advesperascente jam die, ad sanctum Amarinum pervenimus, olim opidum satis populosum, nunc ex quo à Suecis incendio violatum est, vicus semirutis aliquot domibus constans. Hospitia tamen habentur, sed in his regionibus incommoda, quod ignis apertis in focis nunquam accendatur, sed solummodo habeantur fornaces, seu hypocausta, quæ etiam tepefacta nos imbre perfusos nisi magno temporis intervallo exsiccare non poterant. Haud procul ab opido duæ sunt ecclesiæ, parochialis scilicet & ea quæ ante Canonicorum discessum collegiata erat, semidiruta, cujus ruinæ eam aliquando amplam fuisse indicant: SS. Sacramentum ibi, non super altare, sed in columna vicina asservatur. Juxta ecclesiam visitur Castrum antiquum, aut potius ruinæ.

Die sequenti summo mane discessimus & per vias asperrimas, & rupes iter fecimus, occurrente nobis monte Bussano, qui fere medius est inter Alsatiam, Burgundiæ comitatum & Lotharingiam. In ipsius cacumine fons est

est aquarum mineralium, Sulbacensibus fere consimilium. Præter naturales viarum difficultates imbre, quem augebat ventorum violentia aquas ex arborum foliis in nos excutiens, perfusi ita fuimus, ut nihil penitus sicci in nobis esset. In montis declivio Mosellam fluvium vidimus, nascentem ex parvulis rivulis, qui sibi invicem juncti torrentem primo ac post aliquot milliaria fluvium efficiunt. Secundum ejus ripam progressi Stratam attigimus, ubi ob D. Michaelis sollemnitatem sacro facto, prandimus in loco fere aperto, quem per fenestrarum male occlusarum rimas ventus purgabat, cumque focus fuisset accensus, udique cum foliis rami injecti fuissent, utcunque, exsiccati fuimus, lacrymoso non sine fumo. Prandio sumpto, equos conscendimus, & occidente sole, apud Romarici montem pervenimus.

Romarici mons opidum est ad Mosellam fluvium, cui nomen fecit insignis Canonicarum sæcularium ecclesia, quam, destructo per flammas sæculo x. veteri, quod supra montis verticem situm erat, cœnobio, Ludovicus III. imperator ibi ad montis radices instituit. Loco huic præest celsissima princeps Salmensis, quæ sicut & illustr. sua soror princeps Christina summa cum benevolentiæ significatione nos exceperunt, ibique diebus omnino duobus substitimus, plures ibidem remoraturi, nisi nos itineris necessitas exire coegisset. Ecclesia amplissima est, quam terræ motu ab aliquot annis concussam reparavit princeps abbatissa atque firmissimis columnis munivit. Summum altare Leo IX. Pont. Max. consecravit, in quo soli canonici septem, qui virginibus ministrandis instituti sunt, sacrum celebrant: retro illud in ecclesiæ extremitate, aliud est excelsius, in quo quinque thecæ SS. Reliquiarum potissimum sancti Romarici &c. Ibi est sanctæ Salitrudæ effigies cum velo, κολπςέγω, sive, ut vocant, pectorali amictorio & canonicarum pallio, sic & ejus statua ad ecclesiæ fores, sic & abbatissæ in sepulturis repræsentantur. Unde facile eruitur hic sanctimonialium notas diu retentas fuisse, quæ nunc plane deletæ sunt. In sacrario velum oblongum servatur, quod altari statis diebus imponitur, ipsumque aiunt à Romano Pontifice datum. Crux annorum circiter 7. ad 800. in qua Christi Domini veste induti effigies repræsentatur. In cœmeterio quod extra ecclesiam est, complures veteres tumuli. In ecclesia subterranea exstabat majus sacellum in honore S. P. Benedicti, sed penitus à recentioribus violatum est, ac altare penitus destructum, veritis scilicet ne inde Benedictinæ Regulæ sibi injungendæ occasio capraretur.

Die 30. una ex iis recepta fuit. Post ceremonias quæ in capitulo fieri solent, omnes in chorum processerunt; ibi abbatissa in sua sede stans, ante se in plano novam canonissam habuit, cui primo in occipite nescio quam catenulam affixit, tum pallium amplissimum super humeros, deinde parum panis sibi ab officiario oblatum ei porrexit, tum in calice parum vini, quo hausto ad stallum suum deducta est, denique preces & hymnus *Te Deum*. Processioni interfuimus & majori sacro, quod augustissime per sese ipsas cantatum fuit sicut & reliquæ officii divini partes, nullis adhibitis conductitiis. Chorus omnino cancellis occlusus est. Pallia habent amplissima foderaturis ornata, de reliquo sæcularibus puellis nimis similes. Claustrum est amplissimum, in quo ipsarum domus à se invicem distinctæ, nullus tamen vir in eo pernoctare sinitur, quod illustrissimarum principum zelo & religioni debetur: non quod id ante eas non prohibitum fuerit, sed quia denuo ab eis prohibitum caveant magnopere, ne quid contra audeatur.

Die primo Octobris ad montem conscendimus, ubi olim Habundense monasterium: paulo antequam ad verticem pertingeremus, vidimus initium pontis ad duos editissimos montes conjungendos destinati, quo sanctus Arnulfus Mettensis secesserat, vulgus Fezzeum dicit. In ipso montis supercilio duplex erat olim monasterium, quod in suo castro Habundensi sanctus Romanus circa annum 610. ædificaverat, ab ipso deinceps Romarici-mons dictum. Nunc translato, uti diximus, sanctimonialium monasterio, superest unum virorum quod à RR. PP. Benedictinis Congregationis sancti Vitoni, sacer mons vocatur. Ibi præter majorem ecclesiam ubi officia divina quotidie persolvuntur, quinque supersunt oratoria hinc inde in montis declivio sita. Ad Septentrionem unum in honorem sanctæ Crucis, alterum S. Michaeli dicatum, ad Austrum vero, primum est sanctæ Claræ, seu Cæciliæ, ubi sepulta fuit, visiturque etiam nunc ejus sepulcrum vacuum, secundum sanctæ Margaretæ, tertium vero quod ceteris antiquius videtur, duas in alas divisum est, in quarum sinistra duo sepulcra antiqua, quatuor columnis innixa habentur, sanctorum scilicet Amati & Romarici, quorum corpora cum aliis sanctorum reliquiis inde translata sunt, & nunc in canonicarum basilica asservantur, exceptis aliquot particulis, quæ cum corpore sanctæ Claræ in majori sacri montis oratorio habentur. Ceterum nulla fere antiquitatis vestigia supersunt, præter mortuorum sepulcra, quæ passim effodiuntur, exteriori majoris oratorii parieti aquilonari duæ visuntur hominum effigies in lapide quadrato sculptæ, quæ Romanam antiquitatem sapiunt: sed quinam ibi repræsententur divinare non licuit, semesis lapidibus. In Bibliotheca nonnulli supersunt codices mss. & quidem antiquissimi varios SS. Patrum tractatus & alia opuscula complectentes.

Per meridionalem montis partem quæ abruptissima est, inter rupes & saxa descendimus, visuri antrum, quod in declivio positum est, ubi sanctus Amatus pœnitentiam egisse dicitur. Locus est ita angustus, ut vix hominem capere possit, paulo inferius ecclesia est vicinorum vicorum parochialis, cujus porta meridionalis atriolum est, cum sepulcro antiquo absque inscriptione. Viginti circiter abhinc passibus exigua stat domus, quam duo eremitæ inhabitant.

Die 2. Octobris, Voloniam fluvium transmeavimus, qui junctus fluviolo ex Gerardi mari oriundo, ostreolas quasdam gignit in quibus gemmæ reperiuntur. Supra editissimum montem qui fluvio imminet, vetus est castellum ubi Lotharingiæ duces sedere solebant, dum gemmarum istarum piscatio fieret. Tum Campo ubi vetus ecclesia, quæ à Carolo magno constructa dicitur, & Brueriis opido lustratis, silvas ingressi, superatoque monte in ejus descensu ad locum pervenimus, ubi Renaldus, Tullensis episcopus, à Masero præposito sancti Deodati, qui è Tullensi sede fuerat pulsus, crudelissime interfectus fuit, ac tandem post solis occasum ad Medianum monasterium pervenimus, relicto ad dexteram S. Deodati opido, ad lævam Abbatia Ordinis Præmonstratensis, quam die sequenti invisimus, ubi ecclesia elegantissime ornata. In Bibliotheca codices, chartas etiam aliquot ibi & Pontificum bullas vidimus, quibus Monasterii privilegia & bona confirmantur. Ex his est bulla Eugenii tertii ubi hoc monasterium testatur à Carolo Crasso fundatum sub Andelagensis monasterii subjectione, & Præmonstratensem introductionem, quæ assensu Machildis abbatissæ facta fuerat, confirmat eo facto, ut nihil prædictum monasterium de suo jure perderet. Animus erat invisendi sancti Deodati ecclesiam, olim Ordinis nostri, sed jam à multis sæculis in canonicorum collegium conversam, & Bodonis Cellam, quæ pro monialibus condita fuerat, sub titulo sancti Salvatoris, quibus successere canonici regulares; sed id non permisit temporis angustia. Crux vero quam quinque illæ domus efficiunt, sic disposita est.

Meridies.

S. Deodatus.

Senonia Median. Monast. Stiviagium.

S. Salvator.

Quarta die post actas R. P. Priori ac D. Hiacynto itineris nostri comiti ceterisque Medianensis loci monachis gratias profecti, Ravonio, Baccarato transmeatis, venimus ad vicum nomine Bellaminium aliquot ab hinc annis celebrem ob nobilium Andegavensium cladem, qui ibi à Lotharingis oppressi fuerunt, tum Lunævilla transeuntes, ad Leonis-montem, cellam à Senoniensi monasterio pendentem, pervenimus. Ecclesia antiquitatem præ se fert. Die sequenti quæ sancto Placido Ordinis nostri protomartyri sacrata est, profecti apud sanctum Nicolaum sacrum celebravimus: inde prandio facto, R. abbati Senoniensi, qui nos huc usque comitatus fuerat, gratias egimus, ac comitante R. P. D. Carolo Georgio, qui nos Mettas usque

usque deduxit, Nanceium pervenimus, ubi, salutato illustrissimo Tullensium antistite, invisimus etiam V. C. D. Triguet sancti Deodati majorem præpositum, qui editam à se nobis dissertationem ostendit de sancto Euchario episcopo & martyre, quem apud Grandem, nusquam autem Tulli sedisse contendit. Grandis autem opidum est apud Leuchos, ubi rudera veteris amphitheatri etiam nunc visuntur. Ibi fons est rivuli, qui Gundulficurtem, Ligniacum & Barrum alluit.

Nanceio die sexta egressi, Prioratum sancti Godulfi de Leyo à sancto Arnulfo Mettensi subjectum, ubi nonnulli monachi sancti Vitoni habitant, ad dexteram habuimus, tum Buxerias, olim Ordinis nostri sanctimonialium, hodie canonissarum sæcularium collegium supra montem, ad cujus pedes ibi Murta in Mosellam influit, invisimus. Paulo ulterius ad lævam, haud procul à via publica, exstat Dei custodia *Doulewart*, ubi collegiata ecclesia exstabat, qua, reditibus primatiali Nanceii unitis, exstincta, locus Benedictinis Anglicæ nationis cessit. Ad Pontem-Motionis, urbem, quam corrupte Mussipontum appellant, appulimus circa meridiem. Duplex ibi urbs, Mosella in utramque fluente, quæ tamen ponte conjunguntur: vetus prior nobis occurrit satis populosa: ipsi mons imminet in cujus cacumine castri Motionis reliquiæ cernuntur, exinde & ex ponte qui supra fluvium erat, urbs nomen accepit. Celebris est ob academiam ibi à Lotharingicis principibus institutam, hanc regunt PP. Societatis Jesu, qui amplissimam ibi domum habent, antea ab Antoniacis habitam, reditus vero ad eam sustentandam suppeditavit Ordo Benedictinus, unitis hanc ob rem collegio multis beneficiis. Ecclesia elegans est, duabus turribus magnificis ornata. Haud procul exstat abbatia Ordinis Præmonstratensis B. Mariæ dicata, huc ab aliquot annis translata, amplissimis ædificiis sed male dispositis instructa. Utriusque loci Bibliothecam vidimus, editis non mss. refertam. Urbe egressi media fere via Gandiaco, *Jouy* transitur, ubi antiquissimi aquæductus reliquiæ visuntur, qui utrumque montem, inter quos Mosella fluit, conjungebat. Supersunt adhuc arcuum multi ex lapidibus albis pene in laterum formam diſſectis fabricati, altitudinis circiter pedes ſexaginta, quod opus à Romanis conſtructum fuiſſe nemo inſitiari poteſt, in vicino monte arcus illi majores in minores plurimos deſinebant ad evehendas aquas uſque ad Amphitheatrum, quod in ſuburbio ſitum erat, ad exercendam naumachiam. Hujus amphitheatri reliquiæ & caveæ in quibus beſtiæ includebantur, uſque ad noſtrum tempus ſuperfuere, quæ tandem à novis munimentis, quæ muris adjecta ſunt, penitus abſorptæ fuere. Certe vitæ ſancti Clementis auctor antiquus beatum hunc virum in cavernis amphitheatri, quod extra urbem ſitum eſt, aliquandiu inhabitaſſe refert.

Haud procul ab eo loco Moſella recipit fluviolum Gorziam, qui nomen celebri abbatiæ non longe abhinc diſſitæ tribuit, ſed nunc penitus deſtructa jacet, ac canonici aliquot, qui monachis ſubſtituti fuere, in vicina eccleſia ſacra peragunt. Urbi jam proximiores effecti tranſivimus Montiniaco, ubi abbatiola ſanctimonialium Ordinis noſtri recenter inſtituta à Meuriſſio eccleſiæ Mettenſis ſuffraganeo, qui hujus ſæculi initio urbis hiſtoriam deſcripſit.

Mettas ingreſſi die 6. Octobris ad ſancti Arnulfi monaſterium Congregationis ſancti Vitoni divertimus, ubi à R. P. Priore D. Philippo de l'Hopital per dies decem omnem humanitatem experti ſumus. Hac in urbe, quæ ampliſſima eſt, multæ ſunt præclaræ eccleſiæ ex quibus quatuor ſunt Ordinis noſtri monaſteria virorum è Congregatione ſancti Vitoni: præcipuum eſt ſancto Arnulfo epiſcopo Mettenſi ſacrum, quod ex ſuburbio in urbem translatum eſt. De ejus antiquitate, privilegiis & prærogativis, fuſius loqui non eſt hujus loci, cum id à Meuriſſio in epiſcopis Mettenſibus & à Valderico in libro, cui titulus, Auguſta baſilica S. Arnulfi, id abunde præſtitum ſit: ſed paucis tantummodo verbis exponam quæ tum ibi, tum in aliis urbis hujus ampliſſimæ locis antiqua videre licuit. In vetuſta ſancti Arnulfi Baſilica, quæ extra urbis muros ſita erat, ſepulti fuerant Ludovicus Pius imperator aliique reges & principes, quorum oſſa in novam translata ſunt, ſed ſolius Ludovici ſepulcrum exſtat, cujus jacentis figura ex lapide etiam nunc ſupra tumulum elevata. In facie ejus exteriori sculpti sunt Israelitæ mare rubrum trajicientes, quod opus Romanam sapit ætatem. In sacrario supersunt multa cimelia, quæ minutatim nobis ostensa fuerunt. In his casula ex serico rubeo formæ antiquæ, id est plane rotunda, circa collum acu depictæ sunt undecim figuræ totidem circulis inclusæ, auro & gemmis ornatæ. Duplex est ab ea parte, quæ collo immittitur, ad infimum usque fascia acu pariter facta, una scilicet supra pectus, altera vero in dorso. In anteriori, tribus circiter digitis lata, repræsentatur Christus Dominus throno insidens cum his litteris A. Ω. Inferius exstat sancti Petri figura cum his litteris S. PETRVS. Tum Seraphim, cum hac SERAPHYM. Deinde sanctus Paulus, & tandem alter Seraphim cum suis inscriptionibus. Posterior fascia uno semidigito strictior est; in suprema ejus parte, hæc legitur inscriptio litteris Romanis duas in lineas divisis acu exarata.

† *S. Ungrorum R. E. Gisla dilecta sibi conjunx ; mittunt hæc munera Domno Apostolico Johanni.*

Infra hanc inscriptionem decem sunt Apostolorum figuræ cum eorum nominibus. Ii sunt SS. Petrus, Paulus, Andreas, Jacobus, Thomas, Tadæus, Simon, Jacobus, Mathias, & alius cujus nomen legi nequit.

Hanc casulam à Leone IX. qui veterem basilicam dedicaverat, monasterio donatam fuisse traditione creditur. Altera est non minus antiqua & ejusdem formæ, quam à Carolo magno datam fuisse ferunt. Ejusdem fuisse aiunt craterem aureum, qui ibidem monstratur. Antiquior est patera ex ligno Tamariceo in naviculæ formam oblonga, si, ut illi asserunt, sancto Arnulfo usui fuerit. Præter hæc arcula habetur ex ære incaustico opere depicta, quæ varias aliquas figuras exhibet. In antica parte Reges Christum in Dei-paræ gyro sedentem venerantur, juxta quam Rex aliquis repræsentatur coronam vetusto more fabricatam in capite gestans cum sceptro, in cujus cacumine flos lilii visitur. In ea præter alia, servatur pecten, qui Hildegardis reginæ fuisse dicitur. In alia arcula servantur phialæ oleo plenæ, quæ olim pro reliquiis habebantur. Uni ex his inscribitur *Oleum B. Mariæ de Sardiniaco*. Sed istis multo pretiosiora sunt sanctorum Arnulfi & Patientis corpora, quæ in thecis argenteis sæculo XII. fabricatis honorifice servantur, ut indicant inscriptiones ipsis insculptæ. In archiviis complura sunt Pontificum & Regum diplomata autographa quæ inspeximus, & ea quæ nobis profutura videbantur, describere licuit. Bibliotheca libris tum editis, tum mss. locuples. Manuscriptos singillatim evolvimus. In his pleraque opera SS. Augustini, Hieronymi & Gregorii, Origenis, &c. Cypriani opera annorum circiter 700. in quibus liber de Lapsis. Juvencus annorum 800. Senecæ epistolæ annorum 700. Epistola Caroli Magni ad Odilbertum archiepiscopum de zelo, Religione & Prædicatione. Ejusdem epistola ad Baugulfum abbatem de studiis litterarum in monasteriis instituendis. Cassiani Institutiones monachorum, Paschasii Radberti liber de partu Virginis, cum epistola ad abbatissam & moniales B. Mariæ Suessionensis. Idem de Eucharistia, libri tres de religione oblationum Dei directi ad Pipinum regem filium Ludovici à cœtu episcoporum & sacerdotum Aquisgrani. Paschasii diaconi libri de Spiritu sancto. Homiliæ decem sancti Cæsarii episcopi Arelatensis ad fratres Lirinensis cœnobii. Rabanus de divinis Officiis. Eginardi opus de SS. Erasmo & Marcellino ejus tempore scriptus, id est ab annis 900. Johannis Chrysostomi Homiliæ 25. in Matthæum, quibus præfigitur epistola Aniani translatoris ad Orontium episcopum. Libri de vita contemplativa & activa quæ *religioso viro Prospero* attribuuntur. Carmen de præceptis bene vivendi ineditum, sicut & Elogium Calvorum ab Hucbaldo monacho Elnonensi compositum. Sunt & Glossaria duo antiquissima, quorum unum olim ad monasterium sancti Apri Tullensis pertinuit: hic titulus præfigitur. Incipit Glosarium ordine elementorum aggregatum ab Aynardo ab Incarnatione Domini DCCCLXIX. Indict. XII. imperio Magni Ottonis sepulcro dijudicatum Apri Leuchorum quinti Pontificis ad supplementum inibi degentium Pusionum. *Obsecro* &c. Habetur & Necrologium ampliffimum. In Kalendario annorum fere 400. manu paulo recentiori fcripto. *V. Kal. Febr. Natale B. Karoli Magni imperatoris.* Atque etiam feftum ejus celebrant Arnulfiani coenobitæ, fed ejus anniverfarium cum Miffa de defunctis fingulis annis in ecclefia cathedrali peragitur. Cetera omitto ficut & ea quæ de Archiviis defcripfimus Hiftoriæ Ordinis noftri aliquando profutura.

Abbatia fancti Vincentii olim in fuburbio, nunc dilatato pomœrio intra urbem fita eft. Originem fuam refert Theodorico epifcopo Mettenfi, qui illam anno 968. condidiffe dicitur. Supra januam horti ad clauftrum muro includitur lapis in quo Domini noftri J. C. effigies fculpta, & circa eam vetus infcriptio 600. ann.

Adfint pacifici regni cæleftis amici
Mundum linquendo Chriftum cum pace fequendo
Det judex verus vincens ut vivat Ogerus.

Loca regularia funt elegantia, bafilica vero magnifica eft, cujus fuudamenta anno 1248. pofuit Varinus abbas, uti ex infcriptione didicimus: anno 1376. à Theodorico epifcopo altare fummum confecratum eft. Multis fanctorum reliquiis nobilitatur. Supra altare majus theca fervatur, in cujus facie anteriori hæc legitur infcriptio: *Anno Domini* MCLX. *pofitæ funt in hoc fcrinio hæ reliquiæ pars capitis & capill.... S. Urfulæ maxilla cum dentibus, S. Pantulæ reliquiæ S. Virgine & aliarum Colonienfium Luciæ, Waldradæ, Mennæ, Félicitatis.* In parte poftica hæc habentur:

Nos, ô Vincenti, falva virtute potenti
Lux, pax atque via fis nobis virgo Lucia.

Luciæ corpus in theca feorfim affervatur in facello ejus nomini facrato in collaterali meridionali ecclefiæ. Ejus Paffionem, Tranflationem & alia in ejus honorem opufcula foluta & ftricta oratione edidit Sigibertus Gemblacenfis monachus, qui diu in Vincentiano monafterio litteras docuit. In poftica thecæ parte Philippi Apoftoli, fanctorum Martyrum Vincentii, Feliciani, Afclepiodati episcoporum & martyrum: Terentii, Sebastiani, Lazari, Livarii, Agapiti martyrum: Clementis, Goerici, Fortunati episcoporum: Stola & reliquiæ S. Elpidii episcopi. Sub ipso altaris lapide servatur theca argentea amplissima, in qua plurimorum martyrum reliquiæ habentur, quas ex diversis locis collegit Deodericus loci conditor, quorum inventio & nomina singillatim recensentur in instrumento publico, quod tomo 5. Spicilegii Acheriani editum est. Sed & ipsius Theoderici corpus è terra levatum honorifice servatur in theca lignea, cum ejus casula sericea coloris violacei. Descripsimus etiam aliquot chartas ex archivis. In Bibliotheca inter alios scriptos codices invenimus aliquot Sigeberti Gemblacensis opuscula hactenus inedita, Pauli Orosii historiam ab annis 800. descriptam, Librum testimoniorum veteris Testamenti, quem Paterius de opusculis sancti Gregorii papæ urbis Romæ cum summo studio excerpi curavit, annorum 600. Historiam Anglorum à Beda conscriptam, Glossas Petri Longobardi annorum 500. Librum in quo loci benefactorum effigies repræsentantur, nimio depictæ & alia nonnulla.

Monasterium sancti Clementis olim extra urbem, nunc à Vincentio, exiguo muro separatur. Non uno olim nomine designabatur; cum aliquando sancti Felicis qui loci patronus erat, nonnumquam sancti Clementis qui ibi sepultus est, vel etiam *monasterium basilicarum* diceretur. Sæculo decimo, ejectis inde canonicis, Benedictini monachi huc introducti fuere ab Adalberone episcopo Mettensi, qui ibidem etiam nunc perseverant, sub Congregatione sancti Vitoni. Isti, veteri monasterio penitus destructo, novum intra urbem cum ecclesia amplissima, cujus chorus jam perfectus est, à fundamentis exstruxere in eo loco, ubi olim *B. Mariæ Puellarum* abbatia habebatur. Complures ibi sanctorum reliquiæ in thecis diversis inclusæ, quarum præcipuæ sunt, corpus sancti Clementis loci patroni, Petri & Leguntii episcoporum Mettensium. Ex Martyrologio perantiquo annorum circiter 600. & ex Necrologio nonnihil collegimus ad illustrandam hujus monasterii & aliorum urbis historiam.

Sancti Symphoriani abbatia ceteris antiquitate aliisque

prærogativis non cedit; sed semel & iterum destructa, atque in locum urbis augustissimum translata, nullo ædificiorum splendore nitet. In Bibliotheca quatuor aut quinque supersunt codices manuscripti ex quibus est Reginonis abbatis Prumiensis collectio jussu Rabbodi archiepiscopi Trevirensis & Tayonis episcopi Cæsaraugustani facta ex sancto Gregorio, quæ ibi sub nomine Pauli Cæsaraugustani episcopi cognomento Samuelis Quirico episcopo dicata habetur. In fine vero legitur ejusdem Quirici epistola ad Tayonem. In alio codice ab annis 500. scripto post vitam sancti Clementis sic legitur: *Sancti Clementis epitaphium quod sic habetur ad caput ejus in marmore sculptum: Flavius Clemens consul Romanorum apostolus & episcopus Mediomatricum. Hoc Wigericus Primicerius & abbas Fingenius legerunt, dum scrinium ejus aperientes sacratissimum ejus corpus incorruptum atque integerrimum invenerunt.* Fingenius secundus est sancti Clementis abbas post restitutam ibi ab Adalberone sub sæculi decimi finem monasticam disciplinam. Tamen in vetustissimo Martyrologio sancti Clementis supra laudato, Translatio sancti Clementis, ipso revelante, facta fuisse dicitur anno 1050. ab Hermanno Pontifice Mettensi. Et sane Consulem Clementem nunquam Mettas adventasse ex Dione certi sumus, qui eum jussu Domitiani occisum fuisse memorat *illato ipsi crimine impietatis*, id est, quod Christianus esset.

Præter hæc quatuor virorum monasteria Ordinis nostri unum adhuc exstabat in prospectu urbis ultra Mosellam in montis declivio situm, sancto Martino sacrum, quo in communi suburbiorum Mettensium clade destructo, cum sese monachi Nanceium recepissent, monasterii reditus Primatiali uniti sunt. Qua occasione istius ecclesiæ Canonici bona quoque Prioratus à Molismo dependentis, quod ibi Martiniani monachi hospitio recepti habitarent, sibi absque alio titulo attribuerunt. Nec desunt in urbe Mettensi sanctimonialium Ordinis nostri coenobia. Tria etiam nunc supersunt, sancti Petri scilicet, sanctæ Mariæ & sanctæ Glodesindis: sed duorum priorum moniales, dimisso Benedictinæ religionis habitu, in Canonicas sæculares versæ sunt. Eas secutæ fuerant Glodesindianæ, sed tandem aliquando resipuerunt. Earum ecclesias invisimus, sicut & RR. PP. Cælestinorum monasterium, ubi complures mss. codices, sed omnes ferme sunt recentioris ævi, ab annis scilicet circiter 300. scripti, continentque ut plurimum ejusdem ætatis auctorum scripta. Inter eos sunt S. Thomæ, Gersonis, Alberti-Magni, Cardinalis de Turrecremata &c.

Ceteras omnes urbis basilicas non dignitate solum, sed & ædificii mole & magnificentia longe superat cathedralis ecclesia sancto Stephano sacra, quæ paucissimis Galliarum ecclesiis cedit. Ad januam Aquilonarem per multos gradus ascenditur, ibi visitur sancti Stephani figura leviticis indumentis vestiti, sed stolam defert episcoporum more, non transversam ut diaconi, nec in modum crucis ut presbyteri. Altare summum mensa est simplex, super quam sacra mysteria peraguntur. Corona ærea vastissima pendet in chori medio. In navi servatur Labrum porphyreticum rubei coloris, pedes decem longum, quod baptizandis Judæis, si quando Evangelio credant, adhibetur. Ecclesiæ claustrum adhæret, in quo aliæ minores basilicæ, sed nulla antiqua est, quamvis vulgus eas majori vetustiores arbitretur. Ædes episcopalis commoda, & veterum ædificiorum, quæ supersunt, structura & lapis ejusmodi sunt, ut ea primis Romanorum temporibus condita fuisse facile credas. In ecclesiæ bibliotheca multæ asservantur vetustæ editiones, tum etiam manuscripti, in quibus Pauli Orosii historia, Sacramentarium antiquum annorum 600. Epistolarum totius anni liber ab annis 800. scriptus, sicut & expositio in libros regum, ad cujus calcem habetur admonitio sancti Bonifacii episcopi de abrenuntiatione in Baptismo. Ejusdem ætatis sunt Virgilii opera cum Glossis antiquis. Omitto Hildegardis Prophetias, Concilii Basileensis autographum cum Bulla concilii, &c. Initio historiæ Eusebii quæ à Berlando monacho sancti Arnulfi scripta fuit ab annis 600. præmittuntur versus nonnulli ex quibus isti.

Est Eusebius in frontem codicis hujus
Qui quamvis sanctus, non est per cuncta peritus &c.
Hæc

IN ALSAT. ET LOTHARING.

Hæc & omnia alia cathedralis ecclesiæ præclara humanistium nobis ostendit V. C. Gabriel Bailly ejusdem ecclesiæ Cantor & Canonicus. Multum etiam debemus illustrissimo viro D. de Corberon Regis procuratori Catholico, qui & ea quæ apud se habebat, nobis cum summa benignitate ostendit, & quæ apud alios erant nobis ostendi procuravit. In his præclarum codicem Evangeliorum, cujus initio membranæ aliquot purpureæ litteris, figurisque aureis ornatæ. In Capitulorum indice, tres missæ notantur pro vii. Fratrum festivitate, die x. Julii. Ejusdem cl. dom. beneficio vidimus chartas Cameræ computorum Nanceii, quæ in arce asservantur, ad quam aditus nobis pro arbitrio patuit. Ea occasione arcis ædificia lustrantes vidimus reliquias abbatiæ sanctæ Mariæ monialium Ordinis nostri, id est, claustri & ecclesiæ partes integras aliaque loca regularia, quæ hodie tormentis bellicis recipiendis adhibentur.

Die 12. mensis Octobris animus erat vespertinis horis Judæorum Synagogam adire, quod ea die singulis hebdomadibus convenire soleant ad preces suo ritu effundendas. Sed jam solutus erat, cum illuc advenimus, eorum conventus, & fuit satis hac die loci dispositionem inspicere, postera die reversuri, tum quod Sabbatum esset, tum ob festum Tabernaculorum, quod ab eis exigebat, ut totam ferme illam diem in Synagoga transigerent. Sub arborum ramis tum etiam diversabantur, quas aut in hortis disponunt, aut in podiis pensilibus extra ædificia porrectis, aut certe, si aliter fieri nequit, ablatis è tecto tegulis, domorum suarum partem frondibus tegunt, ut vel sic tabernacula imitantes, ut in lege præscribitur, in istis locis comedant.

Synagogæ ædificium oblongum est, in cujus medio *tribuna* est cancellis inclusa, ad quam gradibus aliquot ascenditur; ibi levitæ cum summo sacerdote consistunt, & siqui de exteris videndi causa adveniat, huc etiam introducitur. Nullæ ibi videntur imagines sculptæ aut pictæ; sed in suprema loci parte armarium est, ubi legis volumina asservantur tapete altissimo, aureis argenteisque operibus distincto coopertum. Cancellis etiam includitur,

Tom. III.

ne quis propius accedat. Candelabrum cum septem globulis, ut lex præcipit ; sed & è parietibus lampades pendent, quæ tantum odoris fundunt, ut vix diu sustineri queat. Mulieres in subselliis sunt à viris omnino separatæ: si quæ autem ex legis præscripto ingredi non audeant, extra loci terminum sub dio orant: sed omnes magnificentissimis vestibus indutæ, sicut & viri, qui, præter solitas vestes, pileos vetustos in capite habent, cum cappis, nostris pluvialibus omnino similibus: sed caputia supra ipsum pileum habent. Sedent omnes in scamnis, quibus oppletus est omnino locus, suum quisque librum præ manibus tenentes, ex quibus interdum aliqua decantant, sed nihil omnino nisi hebraice hic depromitur.

Legit aliquando sacerdos, vestibus præscriptis ornatus, tum alius qui vel levita est aut certe ex genere sacerdotali; legem vero non in codicibus, sed in voluminibus legunt: cum vero cantant, sibi manibus aures arripiunt ac vocem immo totum corpus horrendum in modum contorquent. Tum venalis exponitur honor deferendi codicis legis, qui vero hunc honorem pluris emit, hujus est per totam Synagogam codicem circumeundo deferre in armarium.

Die 15. Octobris, monasterium sanctæ Barbaræ duabus leucis ab urbe versus orientem dissitum invisi. Ecclesia, seu potius ecclesiæ amplissimæ initium, sæculi præcedentis initio Franciscus Baudichius construxit, ut ibi conventus institueretur: sed morte præventus, re nondum facta, ecclesiæ cathedralis Mettensis canonicis data est, quam illi Valladeno abbati sancti Arnulfi dederunt, & exinde aliquot è nostris ibi sunt instituti. Baudichii sepulcrum prope majus altare situm est cum epitaphio. Obiit 20. Aprilis, anno 1558.

Cum vero nulla spes esset Treviros, uti animo destinaveramus, adeundi ob Germanorum incursus per Lotharingiam, revertimus, ac die 16. post gratias RR. PP. quatuor monasteriorum actas Mettis profecti, Pontem-Motionis, die vero sequenti Tullum advenimus, ubi in monasterio sancti Mansueti hospitati sumus, omnem nobis humanitatem exhibente R. P. Priore. Monasterium istud antiquissimum esse nemo potest inficiari, quod primorum eccl. Tullensis episcoporum temporibus conditum fuit. Situm est in loco peramœno haud procul ab urbe versus Aquilonem. Benedictinos monachos huc accersivit Gerardus sæculo x. Tullensis antistes, qui etiamnum ibi perseverant sub sancti Vitoni Congregatione. Ecclesia olim elegantia & magnitudine paucis nequidem cathedrali cedebat; sed sæculi hujus initio, agente urbis gubernatore, ne hostibus in obsidione prodesset, destructa fuit, exinde officia divina in Refectorio persolvuntur. Ecclesiæ ruina claustri partem secum involvit: superest solummodo exiguum oratorium, in quo sepulcrum visitur beati Mansueti; sed vacuum, quod ejus sacrum corpus in theca argentea inclusum in sacrario asservetur. Supra vero oratorii altare collocata est antiqua theca ex ligno confecta, in qua septem sanctorum corpora habentur, cum numismate Lucii veri, quod in sepulcro sancti Mansueti, cum primum sacrum ejus corpus è terra levatum est, repertum fuisse tradunt. In sacrario est calix antiquus cum duabus ansulis, in quo variæ figuræ repræsentantur, quæ ab annis circiter 700. sculptæ videntur; unde conjicimus calicem à sancto Gerardo datum, cujus ibidem etiam casula & alba asservantur. Alba nostris fere similis, nisi quod latissima est in inferiori parte, & ei assuta sunt ad extremitates panni pretiosissimi frusta quadratæ figuræ. In Bibliotheca pauci habentur libri rituales manuscripti; ex his codex Evangeliorum annorum fere 600. elegantissime scriptus, qui à Matrona quadam nobili sancto Michaeli oblatus fuit, ut versus initio præfixi indicant. Sed in archiviis & quidem præclaræ chartæ habentur, in quibus evolvendis, & quæ necessaria erant describendis, duos dies consumpsimus. Inter monasterium sancti Mansueti & urbem, exstabat olim abbatia sancto Leoni sacra, qua nulla fere in Galliis antiquior canonicorum Ordinis sancti Augustini. Ibi Hugo Metellus tempore sancti Bernardi degebat.

Die decima nona Tullum ingressi recta ad ecclesiam cathedralem sancto Stephano sacram, perreximus, quæ elegantissima est, ornata duabus turribus omnino æqualibus in facie. In ala navis aquilonari tumulus est Olrici Hazard, anno 1487. defuncti, canonici Tullensis, qui cum almutio, quod ipsi caput & humeros tegit, repræsentatur. In chori medio visitur sancti Gerardi, qui ecclesiam ædificasse dicitur, tumulus æreus supra quatuor columnas erectus. Repræsentatur sanctus antistes pontificalibus indumentis ornatus, cum rationali quod supra casulam gestat. E fornice ingens corona ærea pendet, ut in ecclesia Mettensi. In presbyterio prope unam è majoribus columnis, quæ ecclesiam sustinent, visitur cathedra lapidea, quæ olim retro majus altare posita, episcopalis erat sedes. Sacrarium ingressis nobis ostensus codex Evangeliorum mutilus venerandæ antiquitatis ex membranis purpureis, litteris aureis ex integro scriptus, ab annis saltem octogentis. Reliquiæ sanctorum in thecis ditissimis asservantur. Tres item habentur cruces aureæ gemmis lapidibusque pretiosis ornatæ, quæ a Pibone episcopo datæ dicuntur. Item quarta crux ex ligno cedrino pretiosissimis lapidibus fere omnino contecta; sed unde sit à sacrarii custode discere non potuimus. Habetur & in armario in murum cavato situla aquæ plena, quæ à sancto Gerardo benedicta olim fuisse dicitur à septingentis annis, nec exinde aut corrupta aut munita. Juxta ecclesiam majorem minor exstat sancto Johanni sacra, quæ *ad Fontes* cognominatur, sic antiquo more baptisterium majoris ecclesiæ sancto Johanni dicabatur. Porro mirum est in hac ecclesia nullum penitus haberi monumentum sancti Leonis papæ IX. qui eam tantopere dilexit, ut nec eam in Pontificem assumptus voluerit dimittere.

Præter cathedralem, aliam quoque canonicorum ecclesiam instituit sanctus Gerardus, sancto nempe Gengulfo sacram, quæ etiamnum perstat. Extra urbem haud procul à Mosella fluvio situm est sancti Apri monasterium in loco peramœno. Ecclesia veteri, quæ permaxima erat, ne urbis in obsidione noceret, diruta, alia, sed multo humilior ei substituta est. In ea asservatur corpus sacrum sui patroni, necnon & sancti Albini Tullensium episcoporum. In claustro visitur sepulcrum antiquum muro ecclesiæ inclusum, sed absque inscriptione. In Bibliotheca nullus est codex scriptus, sed archivia multis & præclaris Pontificum bullis, Regumque & aliorum diplomatibus & chartis referta, quæ non solum nobis describenda, quantum libuit, suppeditavit R. P. Humbertus Belhomius loci Prior, sed & etiam ipse manu propria multa descripsit: quo in opere reliquum diei & sequentem integrum absque ulla distractione impendimus.

Die 21. deducente nos eodem R. P. Priore, Brolio permeato, & Commerico, opido eleganti medio in itinere viso, apud sanctum Michaelem ad Mosam pervenimus, ubi quinque diebus solidis in archivii chartis videndis & describendis insudavimus.

Tribus aut quatuor abhinc milliaribus in vasta solitudine situm est Vetus-monasterium, quod ob loci antiquitatem & primævam sanctitatem invisere placuit. Primum itaque per vallem angustam progressi ad radicem altissimi montis pervenimus ad fontem Marsupii fluvioli, qui lustrata valle, monasterium alluit ac statim in Mosam se exonerat. Superato monte qui licet editissimus, nullum tamen oculis spectaculum exhibet ob silvas quibus circumcingitur, Veteris-monasterii reliquias lustravimus, potissimum ecclesiam quæ sane est amplissima. Ante majus altare sepulcrum visitur Smaragdi abbatis, sed translatis ad novum monasterium ejus ossibus vacuum, parieti ære incisa est inscriptio indicans hanc ecclesiam à Stephano III. papa multis comitato cardinalibus & episcopis consecratam fuisse. In porticu inferiori cellæ sunt, ex quibus per foramen prospectus est in ecclesiam, forte pro reclusis. In sacello quod est veluti majoris oratorii ala, visuntur duo tumuli parietibus hærentes; à latere scilicet Evangelii, Wolphangi loci conditoris, ex altera vero parte uxoris ejus: sed qui vetustate fatiscentes, nisi brevi manus medica adhibeatur, plane ruituri sunt, meliori tamen fato digni.

Die 26. Virodunum venimus in monasterio sancti Agerici hospitaturi, & die sequenti apud sanctum Vitonum, ubi diem 28. transegimus.

Die sequenti ad monasterium Bellilocense, quod olim Waslogium dicebatur, in Argonna per vias difficillimas pervenimus. Loci conditor & primus abbas fuit sanctus Rodingus natione Scotus, septimo sæculo exeunte. Nullum ibi præter locum ipsum antiquitatis monumentum exstat. In monasterii vicina solitudine persistit tuguriolum in quo sanctus Rodingus aliquandiu vixisse dicitur, fidelium concursu celebre. Sacræ vero reliquiæ Barrum translatæ fuerunt tempore Henrici ducis, qui monasterium expilavit sub sæculi 13. finem. Abbatum catalogum utcumque texuimus ex Necrologio.

Haud minus arduus fuit è Belliloco discessus, quam accessus fuerat: sed emensis quatuor circiter leucis, Campaniam ingressi planities immensas invenimus, compluribus rivulorum originibus scaturientes, quæ summæ appellantur. Summa Bionnæ, Summa Turbæ, Summa Remiæ: apud Vidulæ Summam parumper substitimus, ei jungitur Curtisolorum vicus ob caseos nominatus. Media inde via occurrit opidum B. Mariæ de Spina, ubi ecclesia, quæ loco tribuit nomen, cum ob populorum concursum, tum ob structuræ magnificentiam celebris, cui canonici regulares deserviunt. Juxta urbem visitur S. Memmii basilica, ob primi regionis Apostoli sepulcrum venerabilis. Hinc recta Catalaunum, à qua urbe haud procul abest ad Matronam fluvium, qui urbem alluit, Area lata & arboribus apprime inter se dispositis ornata, quæ civibus jucundissimum ambulacrum præbet. Hinc via est ad domum episcopalem perjucundam. Urbs est situ amœnissima, & populorum habitationibus frequens, cujus episcopus comitatus dignitate gaudens inter duodecim Franciæ Pares annumeratur. Urbem ingressi divertimus apud sanctum Petrum de Monte, Ordinis nostri sub Congregatione Vitoniana monasterium, ubi à R. P. D. Petro Ringot loci Priore ac totius Congregationis Præside cum omni benevolentiæ & amoris demonstratione fuimus suscepti. Hujus loci antiquitatem probat Henrici regis diploma anno 1043. datum, ubi dicit hanc ecclesiam à sancto Memmio primo Catalaunensis ecclesiæ episcopo consecratam fuisse. Rogerus episcopus Catalaunensis, sæculo XI. vertente, ibi monachos instituit sub Richardi Virdunensis abbatis disciplina. Ecclesia, quæ nunc visitur, fabrica est antiqua, sed non multum elegans, supra majorem portam lapis est antiquissimus, ubi Christi Domini sedentis in solio effigies repræsentatur ab annis circiter 800. exsculpta. Corpus sancti Elafii Catalaunensis episcopi in theca argentea asservatur; in lignea vero sanctorum Eulogii & Firmi, quorum actus penitus ignorantur. Bibliotheca librorum editorum numero & delectu paucis cedit. Codices mss. pauci omnino. Ex his unus sancti Hieronymi epistolas continet, numero 121. In altero sermones complures anonymi auctoris, sed antiqui. Unus est sub titulo *Admonitionis Sacerdotum in conventu*. Ubi eis inter alia hæc dicuntur : *Diem autem Dominicam & alias festivitates absque opera servili à vespera in vesperam celebrare docete.* Ad ordinandos vero. *De ordinandis pro certo scitote quia à nobis nullo modo promovebuntur, nisi in civitate nostra aut in antiquo monasterio ad tempus conversati fuerint & litteris eruditi*, &c. Ad hæc Rescriptio cujusdam sapientis de Antichristo ad Herbergam reginam Henrici Saxonum regis filiam.

Die sequenti, V. C. de Saint Remy ecclesiæ Catalaunensis Archidiaconum invisimus, qui à multis annis illustrandæ diœcesis historiæ insudans, pretiosa quæque provinciæ collegit; quæ nobis benignissime communicavit, ex quibus ea descripsimus quæ ad nostri Ordinis historiam spectant. Deinde illustrissimum antistitem Catalaunensem adivimus, qui postquam nos ad suam mensam admittere dignatus fuisset, suæ Bibliothecæ cimelia nobis humanissime ostendit. Præter editos, multos quoque habet scriptos codices, quorum plerosque à tineis & interitu vindicavit. Ex his sunt sanctorum aliquot acta antiqua, Itinerarium Antonini ab annis 800. conscriptum. Instrumentum autographum comitiorum generalium cleri Gallicani anno 1408. in causa schismatis Parisiis congregatorum, amplius eo quod Pithœus edidit; vetusta Sacramentaria. Unum est ecclesiæ Catalaunensis annorum circiter 700. cui Kalendarium præmittitur, in quo tria festa sancti Benedictini. Primum 21. Martii *Natale sancti Benedicti*; alterum die XI. Julii *sancti Benedicti abbatis*; tertium denique II. Nonas Decembris *Depositio sancti Be-*

nedicti abbatis; die vero ix. Kalendas Januarii *Vigilia Domini & natale sanctarum virginum* xi. *Canonicarum;* quæ sint illæ Canonicæ sciscitatus sum, sed nemo mihi ea de re potuit facere satis, nec hodie in ecclesia Catalaunensi celebrantur. Post vesperas, quibus sicut & die sequenti, festo scilicet omnium Sanctorum, celebravit soliemniter illustrissimus episcopus, non est gravatus ipse nobis minutatim ostendere quæ in ecclesia sua visu digna reputabat tum in sacrario, tum in ipsa basilica; quæ fulmine icta anno 166..... nunc penitus reparata est. Summum altare Baldachino supra quatuor columnas marmoreas erecto tegitur. Retro illud altare matutinale situm est, in quo turris ubi sanctissimum Sacramentum reservatur ad Viaticum. Subtus quod in theca argentea complurium Sanctorum reliquiæ, quæ incendium evaserunt, simul in unum permixtæ asservantur. In arcula antiqua aliquot sancti Remigii reliquiæ haberi dicuntur, de quibus ut puto in Kalendario Sacramentarii supralaudato die v. Idus Junii habetur Catalauni *Translatio reliquiarum B. Remigii.* In chori medio visitur sepulcrum illustrissimi antistitis Felicis de Vialart. Januæ autem chori versus alam meridionalem adstat sepulcrum antiqui cujusdam episcopi; sed quis fuerit, non licuit rescire. Portæ alteri superposita est inscriptio de basilicæ dedicatione per Eugenium III. comitantibus multis episcopis & cardinalibus, facta anno 1141. vii. Kalend. Novembris. Præter ecclesiam cathedralem sancto Stephano sacram, exstat apud Catalaunum ecclesia antiquissima B. Mariæ, quæ collegio canonicorum & parochiæ titulo insignita est, ad cujus fores statuæ ex lapide antiquissimæ conspiciuntur.

Die 2. Novembris post sacrum, quod in universali ecclesia hac ipsa die ad liberandas è piacularibus flammis animas defunctorum communi voto offertur, profecti versus Remos, ad monasterium sancti Basoli è nostris divertimus, quod mediis in silvis supra montem situm est. Natales ejus obscuri sunt, acceptos referunt nonnulli Sigeberto Austrasiorum regi, qui apud Remos regiam habebat. Ibi vivente Ægidio Remensi archiepiscopo, Basolus receptus à Diomeruso abbate, postea sanctitate vitæ

& miraculis post mortem celebris loco nomen suum dedit. Hic Artaldus è Remensi sede ab Hugone Viromandensi pulsus aliquamdiu habitavit, eodemque in loco, cum hæc expulsio turbas in ecclesia Remensi schismaque excitasset, habitum concilium fuit. Ecclesia antiqua est, quippe quæ ab Adsone abbate constructa sæculo decimo dicitur. S. Basoli corpus in amplissima theca ex argento confecta, supra majus altare. Lapis vero ejus sepulcralis in navi eo loco adhuc consistit quo vir beatus sepultus fuit. Uno circiter à monasterio milliario exstat crux erecta, ubi vir sanctus in tuguriolo vili statis diebus habitans pœnitentiæ operibus & orationi insistebat. Chartæ ibi nonnullæ inter quas una est, quam sanctus Bruno tum ecclesiæ Remensis scholasticus, magister & cancellarius, postea Cartusiani Ordinis institutor, scripsit. Ad montis radicem vicus exstat Verziacus nomine, qui monasterio nomen dedit; nec desunt qui putant ipsum ibidem antiquitus exstitisse, ob id maxime, quod illic exstet antiqua domus à cœnobio pendens, & à vulgo etiamnunc vetus-monasterium appellata.

Die 3. è monte descendimus inter vineta, quæ celebris illa vina producunt, ac Silleriaco transivimus, ubi castrum pernobilis Brulartorum familiæ, cujus hodie caput est illustrissimus Marchio Puteolensis. Paulo ulterius vidimus, sed non absque lacrymis, semidirutum Buxitum locum, uti vocat Frodoardus, quem nunc Pompellam vocant, sanguine gentis nostræ Apostolorum sæpius intinctum. Propius ad urbis muros crux est erecta, eo in loco quo Albertus Leodiensis antistes martyrium pertulit, ab iniquis ob ecclesiæ disciplinæ libertatem interfectus. Ingressi urbem in archimonasterio sancti Remigii hospitati sumus, statimque prandio recreati ad archiepiscopale palatium tendimus, nostri itineris rationem Illustrissimo archiantistiti reddituri. Id enim nobis, pro sua in nos benevolentia, injunxerat, ut eum Remos, in nostro reditu conveniremus.

Jam vero animus non est ea describendi omnia Remorum urbis insignia, satis convenit eam antiquitate cum sacra, tum profana, Templorum magnificentia, & sa-

Tom. III.

crarum Reliquiarum multitudine nulli in Gallia, paucis in toto orbe Christiano cedere. Vix enim alicubi figas pedem, ubi non exstet aliquod sanctitatis aut antiquitatis vestigium. Ecclesiæ metropolitanæ structura ceteris Sedis ejus prærogativis respondet : eam sive interius sive ulterius spectes, nihil magnificentius, augustius nihil, cujus obscuritas quæ ex vitrorum densitate & picturis oritur, sacrum nescio quem horrorem intrantium animis infigit. In crucis, cujus figuram ecclesiæ structura refert, medio mensa altaris visitur laminis aureis gemmisque ac variis lapidibus pretiosissimis omnino tecta, à qua quatuor aut quinque pedibus dissita erecta est pyramis marmorea, cujus infimam partem obtinet tabella ex auro purissimo Cœnam Dominicam repræsentans, mediam Dei-paræ Virginis, quæ ecclesiæ patrona est, sacra imago occupat ; supremum vero totius operis fastigium cruce auro & lapillis pretiosis obtecta superatur. Columnæ quibus cortinæ altaris sustentantur argenteæ totaque suppellex tantæ ecclesiæ conveniens. Altare matutinum seu cardinale in suprema ecclesiæ parte versus orientem situm est, retro quod in ipso medio est antiqua cathedra lapidea archiepiscopalis, cui archiepiscopi possessionem ineuntes insidere debent. In navi marmorea cellula visitur ubi sanctus Nicasius mortem pertulit. Non minutatim recenseo Sanctorum Reliquias, vasa sacra, ornamenta ecclesiastica quæ huic ecclesiæ reges, principes & antistites contulisse certatim videntur. Inter aliqua ornamenta casulæ sunt sancto Rigoberto, quæ Tilpino usui fuerunt, id est ab annis plusquam 900. factæ. Claustrum ecclesiæ adjacet versus septentrionem, ubi capitulum uni parti correspondet, alteri schola Remensis ecclesiæ, ubi Juris auditorium : tertiam vero Bibliotheca occupat multis libris tum editis tum mss. referta. In scriptis pleraque sanctorum Patrum opuscula quæ ab Eblone, aut Hincmaro Remorum archiepiscopis sæculo VII. donata fuere. Nonnulla dedit Odelricus præpositus, sæculo XI. cujus testamentum descripsimus. Eo item curante, descriptum est Necrologium ecclesiæ Remensis. Ex altera ecclesiæ parte visitur archiepiscopale palatium quod fere integrum paucis abhinc an-

IN ALSAT. ET LOTHARING.

nis à fundamentis construxit illustrissimus Archiprælul, quo nullum est per Galliam in sua simplicitate magnificentius. Idem illustrissimus Archiepiscopus Seminarium, cujus antea vix nomen erat, nunc ædificiis amplissimis auxit, doctissimis ac piissimis clericis instruxit, reditibus ditavit, ut institutor potius, quam restaurator censeri debeat. In prospectu majoris ecclesiæ habetur abbatia sancto Dionysio sacra, ubi regulares canonici sancti Augustini, sæculo undecimo labente, instituti sunt; primi propemodum, qui visi fuerint in Galliis hoc institutum profiteri. Ibi, præter editos, in Bibliotheca aliquot habentur codices scripti.

Post metropolitanam ecclesiam ceteris eminet basilica regalis archimonasterii Remigiani à Leone IX. an. MXLIX. consecrata, quæ & ædificii magnificentia & copia sacrorum pignorum, quæ ibi reconduntur, celebris est. Ibi regum aliquot, reginarum, aliorumque principum & virorum illustrium visuntur sepulcra, sicut & multorum archiepiscoporum, quorum illustriores sunt Tilpinus, Hincmarus & Fulco quorum supersunt epitaphia. Sed nihil beati apostoli Francorum Remigii mausoleo æquiparandum, cujus sive materiam spectes, sive artem, nihil desiderandum relinquitur; foribus aureis clauditur locus, in quo sacra theca servatur. In ea beatissimi viri corpus carne & ossibus integrum & incorruptum. Ibi etiam Ampulla sacra quam è cælo dilapsam scripsit Hincmarus ceterique post eum scriptores, ad Clodovei baptisma. Majus altare auro purissimo contectum, suorum donatorum, id est Fulconis & Hervei archiepiscoporum species repræsentat. Chori pavimentum ex minutissimis lapillis varii coloris stratum varias figuras elegantissime repræsentat, supra illud corona amplissima pendet, tot candelabris onusta quot annis vixit sanctus Remigius. Candelabrum ex ære cyprio magnæ cujusdam arboris speciem ob radiorum altitudinem exhibet, quæ omnia veluti simplicitati monastici instituti contraria carpsit sanctus Bernardus in apologia. Monasterii officinæ splendori ejus respondent. Biliotheca editis pariter & manuscriptis refertissima, manuscripti complures venerandæ sunt antiquitatis

& elegantissimæ, nonnulli aureis litteris exarati. Juxta hanc basilicam exstat vetus ecclesia sancto Juliano Brivatensi martyri sacra, de qua Gregorius Turonensis. Paulo inferius visitur ecclesia sancti Martini & alia sanctorum Timothei & Apollinaris. His partibus, cum terra effoditur, reperiuntur passim corpora, in quorum capite & brachiis & cruribus sudes, seu clavi majores ferrei, immissi sunt, quos martyres fuisse facile crediderim. Apud sanctum Timotheum complura sunt martyrum corpora, & ibi exstat cimiterium quod vulgo martyrum appellatur. Versus orientem exstat basilica Joviniana, nunc sancto Nicasio sacra, qua paucæ in tota Gallia delicatioris fabricæ. In infima parte visitur tumulus Jovini loci conditoris qui sub Valentiniano magno præfectus militum in Gallia fuit. Huic à Germanis victoriam reportanti obvius ivit idem imperator eumque consulem designavit, qua dignitate anno CCCLXVI. potitus est. Exstat etiam tumulus S. Nicasii antiquus. Ibi Gervasius monachos Ordinis nostri instituit medio sæculo XI. qui ibi etiam nunc perseverant sub nostra Congregatione. Regularia ædificia & elegantia & commoditate præstant: Bibliotheca libris editis instructissima, sed pauci sunt scripti. Juxta hanc basilicam, duæ sunt ad ejus latera, ad austrum sancto Johanni sacra, ubi sanctus Remigius Tolosanam virginem à dæmonio liberavit, & mortuam suscitavit. Ibi crucifixi effigies veste talari indutus repræsentata: altera sanctæ Balsamiæ quæ nutrix sancti Remigii fuisse dicitur, cui oratorium subterraneum adjungitur sancto Mauro dicatum, ubi foramen est in quo martyres delituisse dicuntur. Extra eam nobilis Parthenon Ordinis nostri sancto Petro sacer antiquitate & sanctitate nobilis. In ceteris hujus urbis basilicis, abbatiis, locis sacris è inscriptionibus minutatim recensendis nimius essem: sed præterire non possum arcus triumphales Cæsari erectos, qui etiam nunc supersunt. Ex illis unus est muris collegii majoris inhærens, qui vulgo porta Basilicaris appellatur. Tres alii nuper ad portam Martis detecti sunt inter rudera veteris castri, à quibus haud longe distabant Arenæ, quarum aliquot reliquiæ etiam nunc visuntur. Paulopost Santolius Poeta celebris Remis tunc exiſtens, tam egregii operis fabrica conſiderata, verſus edidit, qui ære cum arcu figuris ſculpti ſunt.

Haud procul ab urbe verſus ſeptentrionem exſtat in monte Or dicto abbatia ſancti Theoderici, ubi in Bibliotheca multi codices manuſcripti habentur, quorum plerique, ni fallor, tempore Willelmi abbatis, qui ſancti Bernardi familiaris fuit, comparati.

Die 4. quæ Dominica erat ad metropolitanam horis matutinis convenimus cum univerſo urbis clero ad ſupplicationem publicam pro reddendis D. Opt. gratiis. Mirati ſumus pietatem Cleri majeſtatemque etiam apud antiquos tanto in pretio habitam. Miſſæ ſollemni interfuimus ſicut & die ſequenti, qua in ſancti Caroli honorem ſacrum factum eſt, cui aderat illuſtriſſimus archipreſul. Ritus hujus eccleſiæ antiquos pleroſque obſervavimus. Confeſſionem & alia ante *Gloria in excelſis Deo*, in Sacriſtia ſacerdos cum miniſtris facit : ſed cantante choro Introitum, ſacerdos ad altare accedit fanonem digito portans, ac facta reverentia altari, ad cornu accedit, ubi extra altare legit & cantat quæ cantanda ſunt, nec ad altare ante offertorium accedit : pro offerendo multi ritus particulares, quos recenſere non vacat. In fine Miſſæ nemo umquam niſi DD. archiepiſcopus benedicit : ſed dicto per diaconum *Ite miſſa eſt*, niſi adſit D. archiepiſcopus, omnes in ſacriſtiam revertuntur.

Die 6. Remis exceſſimus, per portam Vidalæ; in ipſo urbis egreſſu exſtat vetus baſilica ſancto Eligio, ſtatim poſt ipſius mortem ſacra, de qua ſanctus Audoenus in ejuſdem Sancti vita : antiqua effigies quæ præ foribus viſitur illam ætatem ſapit. Apud Fimos urbem ſub nomine Finium Remorum, apud antiquos notiſſimam prandimus; ibi paſſa eſt ſancta Macra, in ſacello quod prope opidum adhuc exſtat : unde ſynodi ibi habitæ ad ſanctam Macram dictæ. Paulo poſt diœceſim Sueſſionenſem ingreſſi juxta Baſilicas, vulgo Baſoches tranſivimus ; locus ille ſic dictus eſt à Baſilicis quæ ibi exſtant, aut certe quod ibi palatium aliquando fuerit : locus venerabilis ob ſanctos Rufinum & Valerium martyrio illic conſummatos. Horum vitam Paſchasius Radbertus restituit, quem & ex eodem loco oriundum nonnulli suspicantur. Supra hunc locum visitur ecclesia sanctæ Mariæ in monte Tardanensi, ubi aliquot synodi sæculo x. habitæ, nunc est abbatia canonicorum regularium. Ulterius progressi, Brennaco transivimus, opido satis elegante, quod nobilitat abbatia sancti Evodii ex Ordine Præmonstratensi, quæ & basilicæ magnificentia & ædificiorum pulchritudine celebris est. Ibi etiam exiguus Ordinis nostri sanctimonialium conventus, sed recens institutus. Tandem post solis occasum apud sanctum Crispinum majorem Ordinis nostri monasterium prope Suessionas pervenimus, loci antiquitatem probant veterum testimonia, inter quos Gregorius Turonensis. Ecclesiam reparasse dicitur Ludovicus Rex anno 1157. quo tempore Berneredus, postea cardinalis præerat. Minima ejus pars quæ Calvinistarum manus evasit, antiquæ splendorem & amplitudinem indicat.

Die 7. invisimus ecclesiam cathedralem sancto Gervasio sacram, tum ædes episcopales, ubi hæc inscriptio visitur.

Hæc habet Urbs vere post Remos prima sedere.

Est enim episcopus Suessionensis provinciæ Remensis decanus: tum lustrata basilica sancti Johannis ad vineas dicta, quæ sane elegantissima est, ad monasterium sanctæ Mariæ Ord. nostri sanctimonialium accessimus. Ab Ebroino famoso illo palatii Majore conditum est, antiquitate, nobilitate, ac feminis illustribus quæ ibi floruerunt, præstantissimum; in ipso ingressu visitur crux ingens lignea parieti affixa, sancti Drausini vulgo appellata, juxta quam pernoctare solebant ii, quibus litem duello dirimere postridie incumbebat. Duo sunt antiquissima sepulcra, sed, deficiente inscriptione, & veterum traditione, quorumnam sint penitus ignoratur. Omissis aliis Basilicis & abbatiis, quæ frequentes in ea urbe sunt, invisimus nostrum sancti Medardi monasterium, quod à Calvinistis vastatum, nullum habet, præter vetera aliquot ædificia, suæ antiquitatis vestigium. Subtus ecclesiam cryptæ sunt subterraneæ, ubi Clotarius & Sigebertus reges sepulti, & sepulcrum S. Medardi. In veteribus ædificiis ad aquilonem sunt carceres antiqui, in quibus Ludovicum Pium inclusum fuisse, cum à suis exauctoratus huc relegatus fuisset, volunt. In horto vero supersunt reliquiæ vetustioris basilicæ, quam sanctam Sophiam appellant, quæ illam pro illis temporibus magnificentissimam fuisse probant. In sacrario codex vetus quatuor Evangeliorum in duas columnas litteris aureis elegantissimis scriptus, à Ludovico Pio datum fuisse indicat vetus inscriptio Ingranni abbatis qui illum laminis aureis & pretiosis lapillis exornari curavit. *Hæc tabula facta est à domno Ingranno abbate hujus loci anno Incarnati Verbi* MLXIX. *Pontific. Alexandri III.* X. *regni Ludovici Junioris* XXXIII. *librum autem istum obtulit Ludovicus Pius imperator beato Sebastiano in receptione ejusdem martyris incliti & papæ Gregorii urbis Romæ.*

Eadem die paulo ante meridiem profecti circa tertiam horam pervenimus apud Longum Pontem, Ordinis Cisterciensis celebrem abbatiam, in media silva inter montes sitam. Ædificia & amplitudine & magnificentia sunt incredibili, potissimum basilica, cui vix ulla cathedralis ecclesia comparari potest. In ea sepulti sunt aliquot Suessionenses episcopi celebres, Milo de Basochis qui S. Ludovicum cælesti chrismate perunxit, Josselinus sancti Bernardi amicus & Nevelo qui huc sancti Bernardi discipulos adduxit. Visitur & sepulcrum Petri Cantoris, qui, relictis sæculi pompis, hoc in loco monasticam professionem coluit. Celebrior est B. Johannes de Monte Mirabili, cujus sepulcrum in presbyterio ad latus Evangelii exstat, corpus ejus è terra levatum ibidem in theca asservatur. In lapide inferiori habitu militari indutus repræsentatur, & in alio supra quatuor columnas erecto, habitu monastico. Juxta ipsum jacent Maria de Tara ejus filia, cum Enguerranno de Codiciaco ejusdem Mariæ filio. In ea claustri parte, quæ ecclesiæ adhæret, scamna sunt ubi quotidide lectio ante completorium peragitur. Juxta portam, qua aditus est in templum, visitur sepulcrum Rodulfi I. Viromanduani comitis & Franciæ Senescalli, qui primus loci conditor fuit. In capitulo complures loci abbates cum nonnullis aliis provinciæ Nobilibus sepulti, quibus epitaphia scripta sunt, unum est Adæ Suessionensis comitissæ sic.

A. comitissa pia de Soissons, quæ jacet icy
Regno felici tecum sit Virgo Maria &c.

Juxta Capitulum alius est locus, ubi de rebus temporalibus conventui proponendis agitur ob silentii religionem, quod in Capitulo violari nefas est. Ibi etiam tabella cum malleolo pendet, cujus sonitu Religiosi ad exercitia communia convocari solebant. Visuntur etiam ibidem armaria pro libris recondendis, atque in aditu quo ad infirmitoria itur, cellula, quæ scriptoria dicebatur, quod in his locis monachi olim libris describendis occuparentur. Tum sequitur aula pro infirmis, deinde oratorium mortuorum, quod fratrum defunctorum corpora ibi aliquamdiu servarentur. Visitur & lapis concavus, qui eisdem lavandis inserviit. Bibliotheca multis libris tum mss. tum editis referta est. Præter sanctorum Patrum pleraque opuscula, vidimus Alphabetum Petri cardinalis, clero Romano nuncupatum, ab annis 500. scriptum, ubi ordine litterarum alphabetico de diversis rebus pertractat: Pœnitentiale Bartolomei Exoniensis, Collectionem antiquam sermonum. In Kalendario ab annis circiter 500. scripto, quod videtur usui fuisse sanctimonialibus beatæ Mariæ Suessionensis, complura habentur observatione digna. Post cænam gratissimum nobis fuit eo in loco pernoctandi, quem Nevelo primus ædificavit ad suscipiendos duodecim socios, quos cum abbate sanctus Bernardus è Claravalle huc misit. Supersunt adhuc muri atque fenestræ veteris illius ædificii, sed intrinsecus omnia mutata.

Die 8. dato nobis à Reverendissimo Patre Priore, qui nos duceret homine, primo prope Firmitatem Milonianem transivimus, ubi vetus castrum, olim munitum, habetur. Tum Calmangio, ubi Fontebraldenses moniales, inde via publica Romanorum usi, Strepiniaco hæsimus ubi olim Regum nostrorum palatium fuisse dicitur, tum fontibus Fontis-Ebraldi ad dexteram, & Cervo frigido
Mathurinensium

Mathurinensium Ordinis caput ad lævam dimissis Meldas tandem pervenimus.

Die 10. Latiniaco lustrato, sequenti die Calas venimus ubi celebris sanctimonialium Ordinis nostri abbatia à sancta Bathilde Clodovei II. uxore condita, ubi quiescit cum filio suo Clotario rege, cujus statua ex lapide, sed non tam antiqua. Ibidem palatium erat Regum primæ stirpis, uti ex antiquis historiis & compluribus diplomatibus constat, patet. Aliquot è nostris ibi commorantur, in basilica sanctæ Crucis, cujus pars infima parochialis est, sancti Michaelis titulo, sub cujus altari majore crypta est ad quam per aliquot gradus descenditur, ibique visitur beatissimæ Bathildis sepulcrum juxta altare quod ibi post modum erectum fuit. Hac ipsa die Parisios reversi sumus.

F I N I S.

ERRATA.

FAUTES.	CORRECTIONS.
Page 3. ligne 6 haud dubio	haud dubie
p. 5. l. 13. dſcipulis	diſcipulis
p. 7. l. 7. honeſtas	honeſtates
l. 36. Canonicus	Canonicum
p. 23. l. 30. imviſit	inviſit
p. 24. l. 4. publice	publicæ
p. 25. l. 8. ſchimaticos	ſchiſmaticos
p. 44. l. 21. electr.	electi
p. 64. l. 10. Carenſis	Cavenſis, & ſic poſtea
p. 65 l. 6. Apulia	Apuliæ
p. 66. l. 34. altare	altari
p. 85. l. 16. Segnio	Seguino
l. 20. Landvini	Lanvini
p. 87. l. 2. Concilis	Conciliis
p. 91. l. 21. Tauniacencis	Tauniacenſis
p. 106. l. 2. MXCXI.	MXCIX.
p. 107. l. 3. Carnotentia	Carnotenſia
l. 11. irre ſerit	irrepſerit
p. 109. l. 19. differi	differri
p. 112. l. 20. Corticæ	Corſicæ
p. 115. l. 6. ſcriptiones	ſubſcriptiones
p. 119. l. 28. monſterium	monaſterium
p. 121. l. 37. eſe	ſe ſe
p. 122. l. 27. Godefridi	Goffridi
p. 125. l. 27. eodem III.	eodem Victore III.
p. 125. l. 17. a &	& a
p. 136. l. 35. præcipit	præcepit
p. 137. l. 24. continere	contineri
p. 144. l. 9. lata	læta
p. 145. l. 11. quam	quem
l. 24. Raynoldus	Reynaldus, & ſic deinceps
p. 158. l. 33. Philippum	Philippus
p. 160. l. Atrebatenſi	Atrebatenſis
p. 161. l. 13. ſacres	ſacros
p. 163. l. 20. aliſque	aliiſque
p. 164. l. 10. Salmorianenſis	Salmoriacenſis
l. 30. ut fieret	ne fieret
l. 30. ut niſi	niſi
p. 167. l. 19. Cimererii	Cœmererii
p. 168. l. 11. ſuppellectilem	ſupellectilem
p. 170. l. 13. Evangeliſte	Evangeliſtæ
l. 14. nullum	nullam
l. 19. diplomata	diplomate
p. 180. l. 35. dedellandos	debellandos
p. 187. l. 25. Albanenſe	Albanenſi
p. 191. l. 15. Romanos	Rotmanos
l. 16. Salmoricenſi	Salmoriacenſi

ERRATA.

FAUTES.	CORRECTIONS.
Page 192. l. 10. mſſiis	miſſis
p. 201. l. 35. lougo	longe
p. 203. l. 13. excellentes	excellentis
p. 206. l. 29. celebrare	celebrato
p. 210. l. 5. quadragesimæ	quadragesimæ
p. 213. l. 29. veterem	veterem
p. 216. l. derniere, minori	minoris
p. 220. l. 26. excommnicati	excommunicati
p. 222. l. dern. compreſſa	compreſſæ
p. 224. l. 14. ea de	ea de re.
l. 16. præuidentem	præſidentem
l. 24. excommumicavit	excommunicavit
l. 25. perſonanum	perſonarum
p. 225. l. 1. nvicem	invicem
l. 15. humamanis	humanis
l. 38. ac.	at
p. 226. l. 17. uai	unos
l. 18. alii	alios
p. 227. l. 36. exercicu.	exercitu
l. 38 actoritate	auctoritate
p. 231. l. 30. Cluciacenſibus	Cluniacenſibus
p. 234. l. 10. Gaufredi	Gaufridi, & ſic poſtea
p. 235. l. 1. Petragericenſis	Petragoricenſis.
l. 21. notis	noctis
p. 243. l. 29. Foſſatenſibus.	Foſſatenſibus
p. 244. l. 28. Hoelis	Hoelli
p. 246. l. 6. quoqae	quoque
p. 253. l. 1. Sraſburgenſem	Straſburgenſem.
l. 34 Hi	Ibi
p. 253. l. 25. uttoque	utroque
p. 256. l. 28. quare præclaram	præclaram
p. 260. l. 12. efunctis	defunctis
p. 265. l. 18. Concilio	in Concilio
p. 267. l. 34. rem	reum
p. 268. l. 4. ſatisfactionem	ad ſatisfactionem
l. 36. gidii	Ægidii
p. 263. l. 19. mavit	confirmavit
l. 38. Ægid-	Ægidii
p. 277. l. 35. ſalutares	ſalutare
p. 282. l. 24. Pampilonenſim	Pampilonenſium
p. 293. l. 36. præ	piæ
p. 300. l. 25. ſanctæ	ſancto
p. 302. l. 22. elegia	elogia
p. 306. l. 32. voluerint	voluerunt
p. 312. l. 5. Laici	Laicis
p. 317. l. 5. tiam	etiam
l. 34. ſpe	ipſe
p. 318. l. 5. Taruennenſis	Teruannenſis
p. 322. l. 2. aia	alia

ERRATA.

FAUTES.	CORRECTIONS.
Page 325. l. 23. Canone	Conone
p. 329. l. 6. scientiar	scientia
p. 333. l. 5. egimus	egerimus
l. 6. memoravimus	memoraverimus
l. 15. Albinano	Albiniano
p. 415. l. 19. Eccl ;	Ecclesia
p. 419. l. 9. prospectus	prospectu
p. 421. l. 19. fluviolam	fluviolum
l 34. earum	suo
p. 424. l. 7. usu	usui
l. 38. quorum	quarum
p. 431 l. 11. monasterium	monasterio
p. 437. l. 9. monachorum	monachorum benevolentia
l. 23. venustat	venustabat
p. 441. l. 5. . tuta	statuta
p. 442. l. 1. Martyro logo	Martyrologio
l. 2 nusquame omparet	nusquam comparet
p. 444. l. 7. quadrengintis	quadringentis.
l. 35 fugientibes	fugientibus
p. 445. l. 8. circiter &	circiter centum &
l. 24. facilius	facilior
p. 451. l. 35. eam	eam Abbatiam
p. 454. l. 3 attributi	attributi
p. 456. l. 6. nonnullis	nonnulli
l. 33. subcribit	subscribit
p. 457. l 5. numera	munera
p. 458. l. 3. vis	vir
p. 463. l. 15. ex aliunde	aliunde
p. 480. l. 20. nimio	minio
l. 22. Vincentio	Vincentiano

Ex Typographia J. JOSSE.

www.ingramcontent.com/pod-product-compliance
Lightning Source LLC
Chambersburg PA
CBHW071704230426
43670CB00008B/903